Berner Kommentar

Kommentar zum schweizerischen Privatrecht

Berner Kommentar
Kommentar zum schweizerischen Privatrecht

Begründet von † Prof. Dr. M. Gmür
Fortgeführt durch † Dr. Dr. h. c. H. Becker

Unter Mitwirkung von:
Dr. R. Brehm in Basel; Prof. Dr. E. Bucher in Bern; † Dr. W. Bühler; Prof. Dr. P. Forstmoser in Zürich; Prof. Dr. H.-P. Friedrich in Basel; † Dr. G. Gautschi; Prof. Dr. H. Giger, Rechtsanwalt in Zürich; † Dr. S. Giovanoli; † Dr. E. Götz; Prof. Dr. C. Hegnauer in Wädenswil; † Prof. Dr. H. Huber; † Prof. Dr. P. Jäggi; † Dr. A. Janggen; Prof. Dr. K. Käfer in Zürich; Prof. Dr. E. A. Kramer in St. Gallen; Prof. Dr. M. Kummer in Bern; a. Bundesrichter Dr. P. Lemp in Lausanne; Prof. Dr. P. Liver in Bern; Prof. Dr. A. Meier-Hayoz in Meilen; Prof. Dr. H. Merz in Bern; Prof. Dr. E. Murer in Murten; Prof. Dr. V. Picenoni, Rechtsanwalt in Zürich; Prof. Dr. M. Rehbinder in Zürich; Prof. Dr. H. Rey in Zürich; Prof. Dr. H. M. Riemer in Zürich; Dr. M. Schaetzle, Rechtsanwalt in Zürich; Prof. Dr. B. Schmidlin in Genf; Prof. Dr. B. Schnyder in Freiburg; Bundesrichter Dr. K. Spühler in Lausannne; Prof. Dr. E. Stark in Zürich; † Dr. W. Stauffer; † Prof. Dr. P. Tuor; PD Dr. Rolf H. Weber, Rechtsanwalt in Zürich; † Dr. A. Ziegler; Prof. Dr. D. Zobl in Zürich.

Herausgegeben von
Professor Dr. Arthur Meier-Hayoz
Band IV
Das Sachenrecht

Verlag Stämpfli & Cie AG, Bern 1988

Schweizerisches Zivilgesetzbuch

Das Sachenrecht

1. Abteilung
Das Eigentum

5. Teilband: Grundeigentum IV
Das Stockwerkeigentum, Art. 712 a–712 t ZGB

Erläutert von
Dr. Arthur Meier-Hayoz
Professor em. der Universität Zürich
und
Dr. Heinz Rey
Professor an der Universität Zürich

Verlag Stämpfli & Cie AG, Bern 1988

Der Band ist in zwei Lieferungen erschienen:
Lieferung 1: Vorbemerkungen zu den Art. 712 a ff und Kommentar
zu den Art. 712 a–712 f ZGB, 1987
Literatur und Judikatur nachgeführt bis Ende Juli 1987
Lieferung 2: Kommentar zu den Art. 712 g–712 t ZGB, 1988
Literatur und Judikatur nachgeführt bis Ende Juli 1988

Zitiervorschlag
Vollzitat: Meier-Hayoz/Rey, Berner Komm., ZGB .... N ....
Kurzzitat: Meier-Hayoz/Rey, ZGB .... N ....

©
Verlag Stämpfli & Cie AG, Bern 1988

Alle Rechte vorbehalten, insbesondere auch das Recht
der ganzen oder teilweisen Vervielfältigung auf dem Weg der Photokopie,
der Mikrokopie oder eines ähnlichen Verfahrens.

Gesamtherstellung:
Stämpfli & Cie AG, Graphisches Unternehmen, Bern
Printed in Switzerland
ISBN 3-7272-3404-0

Vorwort

Mit dem Inkrafttreten der Stockwerkeigentumsnovelle am 1. Januar 1965 hat der schweizerische Privatrechtsgesetzgeber nicht nur dem Einzelnen den Weg zum Erwerb eines Eigenheimes geebnet, sondern zugleich auch einen bedeutsamen Lösungsansatz für das bodenrechtliche Problem der Wohnraumverknappung geschaffen. Das Institut des Stockwerkeigentums ermöglicht die Nutzung *eines* Grundstücks durch *mehrere* Eigentümer derart, dass jedem Stockwerkeigentümer eine dem Alleineigentümer weitgehend angenäherte Rechtsposition zukommt. Eine solche auf der Grundlage des Miteigentums konzipierte und durch Verleihung von Sonderrechten an die einzelnen Stockwerkeigentümer konkretisierte Mehrfachnutzung eines Grundstückes erfordert einen differenzierten Ausgleich zwischen den Einzelinteressen und den Gemeinschaftsinteressen. Die schweizerische Stockwerkeigentumsordnung ist gekennzeichnet durch eine liberale Grundhaltung bei der Gewichtung individualistischer und kollektivistischer Elemente: Sie verleiht den einzelnen Stockwerkeigentümern so viel Eigenständigkeit wie möglich und beschränkt die Bindung an die Gemeinschaft auf das Unerlässliche.
Es ist das grosse Verdienst von Professor PETER LIVER, dem Gesetzesredaktor und magistralen Präsidenten einer effizient tätig gewesenen Expertenkommission, dass das schweizerische Stockwerkeigentum dogmatisch klar strukturiert, auf grösstmögliche Praktikabilität zugeschnitten und harmonisch ins Sachenrechtssystem des ZGB eingefügt ist. Er hat es verstanden, auch all jene Bedenken auszuräumen, die bei der Entstehung des ZGB für die ablehnende Haltung Eugen Hubers noch entscheidend ins Gewicht fielen: Das Stockwerkeigentumsrecht steht im Einklang mit dem bei uns hochgehaltenen Akzessionsprinzip, die Klarheit der Grundbuchführung wird nicht in Frage gestellt, und die Hypothezierung einzelner Stockwerkeigentumsanteile ist gewährleistet.
Zahlreiche Assistenten haben an der Sammlung, Sichtung und Verarbeitung des Materials in verdienstvoller Weise mitgewirkt. Wir danken

herzlich den Damen lic. iur. Corinne Ehrensperger, Dr. iur. Laura Hunziker und den Herren Dr. iur. Reto Ruoss, lic. iur. Rodolfo Straub und PD Dr. iur. Rolf H. Weber. Ein ganz besonderer Dank gilt Dr. iur René Bösch, der mit unermüdlicher Anteilnahme das Projekt bis in die Schlussphase hinein fachkundig und gründlich begleitete, die Reinschrift besorgte und das Sachregister erstellte. Dankend erwähnen möchten wir auch die durch den Schweizerischen Nationalfonds für die Anstellung von Assistenten gewährte finanzielle Unterstützung.

Zürich, im August 1988 ARTHUR MEIER-HAYOZ
HEINZ REY

Inhaltsverzeichnis

	Seite
Verzeichnis der Abkürzungen	VIII
I. Allgemeines, Gesetze, Zeitschriften, Sammlungen	VIII
II. Schrifttum	XII

19. Titel: Das Grundeigentum

3. Abschnitt: Das Stockwerkeigentum

Vorbemerkungen zu den Art. 712a ff	1

A. Inhalt und Gegenstand
- I. Inhalt (Art. 712a) — 42
- II. Gegenstand (Art. 712b) — 94
- III. Verfügung (Art. 712c) — 128

B. Begründung und Untergang
- I. Begründungsakt (Art. 712d) — 154
- II. Wertquoten (Art. 712e) — 190
- III. Untergang (Art. 712f) — 207

C. Verwaltung und Benutzung
- I. Die anwendbaren Bestimmungen (Art. 712g) — 232
- II. Gemeinschaftliche Kosten und Lasten
  - 1. Bestand und Verteilung (Art. 712h) — 270
  - 2. Haftung für Beiträge
    - a. Gesetzliches Pfandrecht (Art. 712i) — 288
    - b. Retentionsrecht (Art. 712k) — 307
- III. Handlungsfähigkeit der Gemeinschaft (Art. 712l) — 329

D. Organisation
- I. Versammlung der Stockwerkeigentümer
  - 1. Zuständigkeit und rechtliche Stellung (Art. 712m) — 361
  - 2. Einberufung und Leitung (Art. 712n) — 409
  - 3. Ausübung des Stimmrechts (Art. 712o) — 422
  - 4. Beschlussfähigkeit (Art. 712p) — 427
- II. Der Verwalter
  - 1. Bestellung (Art. 712q) — 433
  - 2. Abberufung (Art. 712r) — 480
  - 3. Aufgaben
    - a. Ausführung der Bestimmungen und Beschlüsse über die Verwaltung und Benutzung (Art. 712s) — 497
    - b. Vertretung nach aussen (Art. 712t) — 515

Sachregister	541

Verzeichnis der Abkürzungen

I. Allgemeines, Gesetze, Zeitschriften, Sammlungen

A. (oder Aufl.)	Auflage
a (alt)	frühere Fassung des betreffenden Gesetzes (z. B. aOR)
a. A.	am Anfang
a.a.O. (=l.c.)	am angeführten Ort (loco citato)
ABGB	Allgemeines Bürgerliches Gesetzbuch für Österreich, vom 1. Juni 1911
ABl	Amtsblatt
Abs.	Absatz
Abschn.	Abschnitt
Abt.	Abteilung
AcP	Archiv für civilistische Praxis (Heidelberg 1820 ff; Tübingen 1878 ff; n. F. 1923 ff)
a. E. (oder i. f.)	am Ende (in fine)
a. F.	alte Folge
AG	Aktiengesellschaft
Al.	Alinea
a. M.	anderer Meinung
Anh.	Anhang
Anl.VZG	Anleitung über die bei der Zwangsverwertung von Grundstücken zu errichtenden Aktenstücke vom 7. Oktober 1920/29. November 1976
Anm.	Anmerkung
aOR	altes schweizerisches Obligationenrecht = BG über das Obligationenrecht, vom 14. Brachmonat 1881
ALR	Allgemeines Landrecht für die preussischen Staaten, vom 7. Februar 1794
Arch.	Archiv
Art.	Artikel
AS	Eidgenössische Gesetzessammlung (Bern 1848 ff), seit 1948: «Sammlung der eidgenössischen Gesetze»
ASR	Abhandlungen zum schweizerischen Recht (begründet von Prof. Dr. MAX GMÜR, fortgesetzt durch Prof. Dr. THEO GUHL und Prof. Dr. HANS MERZ, herausgegeben von Prof. Dr. HEINZ HAUSHEER; Verlag Stämpfli & Cie, Bern)
B	Beschluss
Basler Studien	Basler Studien zur Rechtswissenschaft (herausgegeben von Mitgliedern der juristischen Fakultät der Universität Basel; Helbing & Lichtenhahn, Basel)
BB	Bundesbeschluss (Beschluss der Schweizerischen Bundesversammlung)
BBl	Bundesblatt
Bd. (Bde.)	Band (Bände)
Beitr.	Beitrag, Beiträge
Bem.	Bemerkung
Berner Kommentar	Kommentar zum schweizerischen Privatrecht (begründet von Prof. Dr. MAX GMÜR, fortgesetzt von Dr. H. BECKER, hg. von Prof. Dr. A. MEIER-HAYOZ; Verlag Stämpfli & Cie, Bern)

Bern. Notar	Der Bernische Notar, Zeitschrift (bis 1960 Mitteilungen) des Verbandes bernischer Notare (Thun 1940 ff)
bes.	besonders
betr.	betreffend
BewG	Bundesgesetz über den Erwerb von Grundstücken durch Personen im Ausland, vom 16. Dezember 1983
BG	Bundesgesetz (mit Datum der Annahme durch die Bundesversammlung)
BGB	Bürgerliches Gesetzbuch für das Deutsche Reich, vom 18. August 1896
BGE	Entscheidungen des Schweizerischen Bundesgerichts. Amtliche Sammlung (Lausanne 1875 ff)
BGer	Bundesgericht
BGG	Bonner Grundgesetz, vom 23. Mai 1949
BGH	deutscher Bundesgerichtshof
BGHZ	Entscheidungen des deutschen Bundesgerichtshofes in Zivilsachen (Detmold 1951 ff)
BJM	Basler Juristische Mitteilungen (Basel 1954 ff)
BlSchK	Blätter für Schuldbetreibung und Konkurs (Wädenswil 1937 ff)
BR	Bundesrat
BRB	Bundesratsbeschluss
BRV	Bundesrätliche Verordnung
BS	Bereinigte Sammlung der Bundesgesetze und Verordnungen 1848–1947 (Bern 1949–1955)
Bull	Bulletin
BV	Bundesverfassung der Schweizerischen Eidgenossenschaft, vom 29. Mai 1874
BVerfG	Entscheidungen des Bundesverfassungsgerichts (Tübingen 1952 ff)
BVers	Bundesversammlung
BVG	Bundesgesetz über die berufliche Alters-, Hinterlassenen- und Invalidenvorsorge, vom 25. Juni 1982
bzw.	beziehungsweise
c.	contra
ca.	zirka
CCfr	Code civil français, vom 24. April 1804, mit seitherigen Änderungen
cfr.	confer = vergleiche
CCit	Codice civile italiano, vom 16. März 1942
D	Dekret
d.h.	das heisst
Diss	Dissertation (thèse)
DNotZ	Deutsche Notar-Zeitschrift (n. F. München 1950 ff)
DRpfleger	Der deutsche Rechtspfleger (Bielefeld 1948 ff)
E	Entwurf
EGBGB	Einführungsgesetz zum Bürgerlichen Gesetzbuch, vom 18. August 1896
eidg.	eidgenössisch
Einl.	Einleitung
Einleitungsband	Berner Kommentar zu den Art. 1–10, bearbeitet von P. LIVER, A. MEIER-HAYOZ, H. MERZ, P. JÄGGI, H. HUBER, H.P. FRIEDRICH und M. KUMMER (Bern 1962)
EJPD	Eidg. Justiz- und Polizeidepartement
Erl.	Schweizerisches Zivilgesetzbuch. Erläuterungen zum Vorentwurf des Eidgenössischen Justiz- und Polizeidepartements (von EUGEN HUBER), 2 Bde., 2.A., Bern 1914

Erw	Erwägung
etc.	et cetera
evtl.	eventuell
ExpKom	Expertenkommission
f (ff)	und nächstfolgende Seite(n) bzw. und nächstfolgende(r) Artikel
FG	Festgabe
FN	Fussnote
FS	Festschrift
G	Gesetz
GB	Geschäftsbericht
GBV	Verordnung betreffend das Grundbuch, vom 22. Februar 1910
g. M.	gleicher Meinung
GmbH	Gesellschaft mit beschränkter Haftung
GS	Gedächtnisschrift
GV	Generalversammlung
H.	Heft
HB	Handbuch
hg.	herausgegeben
Hrsg.	Herausgeber
HRV	Verordnung über das Handelsregister, vom 7. Juni 1937
i. a.	im allgemeinen
i. d. R.	in der Regel
i. e.	id est
i. e. S:	im engeren Sinne
i. f. (= a. E.)	in fine (am Ende)
insb.	insbesondere
IPR	Internationales Privatrecht
i. S.	in Sachen
i. S. v.	im Sinne von
i. V. m.	in Verbindung mit
i. w. S.	im weiteren Sinne
JBl	Juristische Blätter (Wien 1872–1938 und 1946 ff)
JT	Journal des Tribunaux (Lausanne 1853 ff)
JZ	Juristen-Zeitung (Tübingen 1951 ff)
KassGer	Kassationsgericht
KGer	Kantonsgericht
KRB	Kantonsratsbeschluss
KS	Kreisschreiben
KV	Kantonsverfassung
l. c. (= a. a. O.)	loco citato (am angeführten Ort)
LG	Landesgericht
lit.	litera
M	Marginale, Randtitel der amtlichen Gesetze
m. a. W.	mit anderen Worten
n (neu)	revidierte Fassung des betreffenden Gesetzes (z. B. nZGB)
N	Note (Fussnote oder Randnote)
n. F.	neue Folge
NJW	Neue Juristische Wochenschrift (München und Berlin 1948 ff)
Nr.	Nummer
NR	Nationalrat

NZZ	Neue Zürcher Zeitung (Zürich 1780 ff)
o. D. (o. J. = s. a.)	ohne Datum (ohne Jahr; sine anno)
OG	BG über die Organisation der Bundesrechtspflege, vom 16. Dezember 1943
OGer	Obergericht
ÖJZ	Österreichische Juristenzeitung (Wien 1946 ff)
OLG	Oberlandesgericht
OR (revOR)	revidiertes Schweizerisches Obligationenrecht = BG über das Obligationenrecht, vom 30. März 1911/18. Dezember 1936
ÖWEG	Wohnungseigentumsgesetz (österreichisches, vom 1. September 1975)
PGB	Privatrechtliches Gesetzbuch für den Kanton Zürich, von 1853–1855, beziehungsweise vom 4. September 1887
Pra	Die Praxis des Schweizerischen Bundesgerichts (Basel 1912 ff)
Prot	Protokoll
R	Reglement
recht	recht (Zeitschrift, Bern 1983 ff)
Rep	Repertorio di Giurisprudenza patria (Bellinzona 1869 ff)
Rev. de droit comparé	Revue internationale de droit comparé (Paris 1949 ff)
RGZ	Entscheidungen des Deutschen Reichsgerichts in Zivilsachen (Leipzig 1880–1943)
RR	Regierungsrat
RRB	Regierungsratsbeschluss
Rz	Randzeile
S.	Seite
s.	siehe
s. a. (= o. J.)	sine anno (ohne Jahr)
SAG	Die Schweizerische Aktiengesellschaft (Zeitschrift; Zürich 1928 ff)
sc.	sicilet = nämlich
SchKG	BG betreffend Schuldbetreibung und Konkurs, vom 11. April 1889/28. September 1949 (Schuldbetreibungs- und Konkursgesetz)
SchlT	Schlusstitel
s. d.	siehe dort
Semjud	La Semaine Judiciaire (Genf 1879 ff)
SHZ	Schweizerische Handels-Zeitung (Zürich)
SJK	Schweizerische Juristische Karthothek (Genf 1941 ff)
SJZ	Schweizerische Juristen-Zeitung (Zürich 1904 ff)
s. l.	sine loco (ohne Ort)
sog.	sogenannt
SPR	Schweizerisches Privatrecht (Verlag Helbing & Lichtenhahn, Basel)
SR	Systematische Sammlung des Bundesrechts, laufend nachgeführt
StenBullNR	Amtliches Stenographisches Bulletin der Bundesversammlung, Nationalrat
StenBullStR	Amtliches Stenographisches Bulletin der Bundesversammlung, Ständerat
StGB	Schweizerisches Strafgesetzbuch, vom 21. Dezember 1937
StR	Ständerat
Tab.	Tabelle
u. a.	unter anderem
u. E.	unseres Erachtens
usw.	und so weiter

u. U.	unter Umständen
V	Verordnung
vgl.	vergleiche
VV	Vollziehungsverordnung
VZG	Verordnung über die Zwangsverwertung von Grundstücken, vom 23. April 1920/4. Dezember 1975
WEG	Wohnungseigentumsgesetz (deutsches, vom 15. März 1951)
Z	Zeitschrift
z. B.	zum Beispiel
ZBGR	Schweizerische Zeitschrift für Beurkundungs- und Grundbuchrecht (Wädenswil 1920 ff)
ZBJV	Zeitschrift des Bernischen Juristenvereins (Bern 1865 ff)
ZBl	Zentralblatt für Staats- und Gemeindeverwaltung (Zürich 1900 ff)
ZGB	Schweizerisches Zivilgesetzbuch, vom 10. Dezember 1907
Ziff.	Ziffer
zit.	zitiert
ZPO	Zivilprozessordnung
ZR	Blätter für zürcherische Rechtsprechung (Zürich 1902 ff)
ZSR	Zeitschrift für schweizerisches Recht (Basel 1852 ff; n. F. Basel 1882 ff; die Bandnummern beziehen sich stets auf die neue Folge)
z.T.	zum Teil
Zürcher Kommentar	Kommentar zum Schweizerischen Zivilgesetzbuch (Schulthess Polygraphischer Verlag AG, Zürich)
z. Zt.	zur Zeit

II. Schrifttum

Die nachfolgend aufgeführten Werke werden nur mit dem Verfassernamen beziehungsweise mit dem beigefügten Zusatz zitiert. Sonderliteratur wird jeweils bei den einzelnen Abschnitten und Artikeln angegeben.
Für weitere Literatur zum gemeinschaftlichen Eigentum vgl. die Angaben in den Vorbemerkungen zu den Art. 646–654 N 1 ff.

ALIESCH: Graubünden nach der Einführung des Stockwerkeigentums (Diss Zürich 1976).
AMONN: Das Stockwerkeigentum in der Zwangsvollstreckung, BlSchK *1968* 1 ff.
ATTIAS: Les biens II: Droit immobilier (Paris 1982).
ATTIAS, copropriété: La copropriété des immeubles bâtis dans la jurisprudence (Paris 1979).
BÄRMANN: Theorie und Praxis des Wohnungseigentums (mit Bemerkungen zum schweizerischen Entwurf), SJZ *1960* 113 ff.
BÄRMANN: Praxis des Wohnungseigentums mit Formularen und Mustern (München 1968).
BÄRMANN/PICK: Wohneigentumsgesetz, Erläuterte Ausgabe (9.A., München 1978).
BÄRMANN/PICK/MERLE: Kommentar zum Wohnungseigentumsgesetz (5.A., München 1983; 4.A. München 1980; BÄRMANN, 1.A., München 1958; erschienen ist in der Zwischenzeit die 6.A., 1987).
BAUR: Lehrbuch des Sachenrechts (14.A., München 1987).
BESSON: La propriété par étages, ZBGR *1959* 336 ff.
BESSON: Questions pratiques relatives à la propriété par étages, ZBGR *1966* 348 ff.
BIELANDER: Das Stockwerkeigentum im Wallis und seine Überleitung in das neue Recht (Diss Fribourg 1931).

BOSISIO: Guida pratica del condominio per costruttori, notai, amministratori e condomini – con formulario (9a ed., Milano 1962).
BOURNIAS: Les formes juridiques de la propriété d'étage ou d'appartement en droit comparé, Rev. de droit comparé *1979* 583 ff.
BRANCA: Commentario del codice civile, libro terzo – della proprietà; comunione, condominio negli edifici, Art. 1100–1139 (5a ed., Bologna/Roma 1972).
BROGGINI, SPR I: Intertemporales Privatrecht, in: Schweizerisches Privatrecht Bd.I, hg. von GUTZWILLER (Basel 1969), 353 ff.
BROGLI: Das intertemporale Stockwerkeigentumsrecht der Schweiz am Beispiel des Kantons Wallis (Diss Freiburg 1985).
CARBONNIER: Droit Civil, III: Les biens (11e éd., Paris 1983).
DESCHENAUX: La propriété par étages dans l'avantprojet suisse, Semjud *1959* 457 ff.
DESCHENAUX: Introduction à la propriété par étages (cours public donné à l'Université de Fribourg, Fribourg 1965).
DIESTER: Kommentar zum Wohneigentumsgesetz (Köln 1952).
DIESTER: Die Rechtsprechung zum Wohneigentumsgesetz (München/Berlin 1967).
DIESTER: Zwanzig Jahre Wohnungseigentum, NJW *1971* 1153 ff.
DIESTER, Rechtsfragen: Wichtige Rechtsfragen des Wohnungseigentums unter Berücksichtigung der Novellierung des WEG (München 1974).
EGGEN: Die Entwürfe der Eidg. Justizabteilung über Miteigentum und Stockwerkeigentum, ZBGR *1959* 321 ff.
EGGEN: Das Stockwerkeigentum nach dem Bundesgesetz vom 19. Dezember 1963, Bern. Notar *1964* 237 ff.
EGGEN: Privatrechtliche Fragen des neuen Bauens und ihre Wirkungen auf das Grundbuch, ZBGR *1972* 207 ff.
EGGER: Zürcher Kommentar; Einleitung und Personenrecht (2.A., Zürich 1930).
ESCHER: Zürcher Kommentar; Erbrecht (3.A., 1. Halbband, Zürich 1959; 2. Halbband, Zürich 1960).
FAISTENBERGER/BARTA/CALL: Kommentar zum Wohnungseigentumsgesetz 1975 (Wien 1976).
FERID/SONNENBERGER: Das Französische Zivilrecht, Bd.II: Schuldrecht; Sachenrecht (2.A., Heidelberg 1986).
FLATTET: La propiété par étages et le droit suisse (Le Locle 1952).
FLATTET: La propriété par étages et par appartements, JT *1952* I 130 ff.
FLATTET: La propriété par étages, ZBGR *1953* 305 ff.
FLATTET: La propriété par étages, ZSR *1956* 591a ff.
FLATTET: La propriété par étages, 6e Journée juridique 1966 (Genève 1967) 7 ff.
FLATTET: Le rétablissement de la propriété par étages dans la législation suisse, Annales de la Faculté de droit d'Istanbul, t.16, 1966, n°s 23–25, 110 ff.
FLATTET: Copropriété par appartements et copropriété horizontale, in: Recueil de travaux suisses présentés au VIIIe Congrès international de droit comparé (Basel 1970) 141 ff.
FREI: Zum Aussenverhältnis der Gemeinschaft der Stockwerkeigentümer (Diss Zürich 1970).
FRIEDRICH: Die Wiedereinführung des Stockwerkeigentums in der Schweiz, ZSR *1956* 1a ff.
FRIEDRICH, FS GERWIG: Zur rechtlichen Konstruktion des Stockwerkeigentums, in: Festgabe für MAX GERWIG (Basler Studien Bd. 55, Basel 1960), 13 ff.
FRIEDRICH: Die Mieter-Aktiengesellschaft als Ersatz für das Stockwerkeigentum? SAG *1960/61* 41 ff.
FRIEDRICH: Stockwerkeigentum und Grundbuch, ZBGR *1964* 321 ff.
FRIEDRICH: Praktische Fragen im Zusammenhang mit der Begründung von Stockwerkeigentum, ZBGR *1966* 321 ff.
FRIEDRICH, SJK: Das Stockwerkeigentum, SJK *1301–1305* (Genève 1968/69).

FRIEDRICH, Reglement: Das Stockwerkeigentum, Reglement für die Gemeinschaft der Stockwerkeigentümer (2.A., Bern 1972).
FRIEDRICH: Erfahrungen mit dem Stockwerkeigentum, ZBGR *1973* 129 ff.
FRIEDRICH: Wieweit können Stockwerke mit Nutzungsdienstbarkeiten belastet werden? Bern. Notar *1980* 137 ff.
FRIEDRICH: Rechtsprobleme bei Appart-Hotels auf der Basis von Stockwerkeigentum, Bern. Notar *1983* 137 ff.
FRIEDRICH: Hat sich das Stockwerkeigentum bewährt? ZBGR *1986* 65 ff.
GALGANO: Diritto privato (3a ed., Padova 1985).
GAUTHIER, FS FLATTET: Copropriété par étages et malfaçons, in: Mélanges GUY FLATTET (Lausanne 1985), 227 ff.
GAUTSCHI: Berner Kommentar; Der einfache Auftrag (3.A., Bern 1971).
GIVORD/GIVERDON: La copropriété, loi du 10 juillet 1965 et décret du 17 mars 1967 (2ᵉ éd., Paris 1974).
GÖTTE: Die Teilung von nichtlandwirtschaftlichen Liegenschaften im Erbgang, mit besonderer Berücksichtigung der Schaffung von Stockwerkeigentum (Diss Zürich 1977).
GSCHNITZER: Österreichisches Sachenrecht (2.A., Wien 1985).
GUHL/MERZ/KUMMER: Das Schweizerische Obligationenrecht (7.A., Zürich 1980).
HAAB/SIMONIUS/SCHERRER/ZOBL: Zürcher Kommentar; Das Eigentum (Zürich 1977).
HAUGER: Schweizerisches Stockwerkeigentum und deutsches Wohnungseigentum im Rechtsvergleich (Diss Frankfurt/Bern 1977).
HEER: Die neue Stockwerkeigentumsordnung, ZBGR *1959* 343 ff.
HEINI, SPR II: Die Vereine, in: Schweizerisches Privatrecht Bd.II, hg. von GUTZWILLER (Basel 1967), 515 ff.
HINDERLING, SPR V/1: Der Besitz, in: Schweizerisches Privatrecht Bd.V/1, hg. von MEIER-HAYOZ (Basel 1977), 403 ff.
HINDERMANN: Leitfaden zum Baurecht und Stockwerkeigentum (3.A., Zürich 1976).
HOMBERGER: Zürcher Kommentar; Besitz und Grundbuch (2.A., 1938).
HUBER, SGPR: System und Geschichte des Schweizerischen Privatrechts, Bd.III (Basel 1889).
JANNUZZI/JANNUZZI: Il condominio negli edifici, Rassegna di giurisprudenza (2a ed., Milano 1978).
KADEN: La copropriété par étages et horizontale en droit allemand et suisse (Strasbourg 1968).
KISCHINEWSKY-BROQUISSE: La copropriété des immeubles bâtis (3ᵉ éd., Paris 1978).
KOZIOL/WELSER: Grundriss des bürgerlichen Rechts, Bd.II (7.A., Wien 1985).
KUNZ: Über die Rechtsnatur der Gemeinschaft zur gesamten Hand (ASR Heft 355, Bern 1963).
LEEMANN: Berner Kommentar; Die beschränkten dinglichen Rechte (Bern 1925).
LEEMANN: Das Stockwerkeigentum, insbesondere seine Überleitung in das neue Recht, SJZ *1913/14* 353 ff.
LIVER: Zürcher Kommentar; Dienstbarkeiten und Grundlasten (3.A., Zürich 1980).
LIVER: Stockwerkeigentum – Umwandlung und Neubegründung, ZBGR *1954* 3 ff und 65 ff.
LIVER, GS MARXER: Das Miteigentum als Grundlage des Stockwerkeigentums, in Gedächtnisschrift LUDWIG MARXER (Zürich 1963) 143 ff.
LIVER, FS HUG: Der Verzicht auf beschränkte dingliche Rechte und auf den Miteigentumsanteil, in: Festschrift für WALTHER HUG (Bern 1986) 353 ff.
LIVER: Fragen aus dem Gebiet des Baurechts und des Stockwerkeigentums, Bern. Notar *1969* 321 ff.
LIVER, SPR V/1: Das Eigentum, in: Schweizerisches Privatrecht Bd.V/1, hg. von MEIER-HAYOZ (Basel 1977), 1 ff.
MAGNENAT: La propiété par étages (Lausanne 1965).
MATHIS: Das Bauhandwerkerpfandrecht in der Gesamtüberbauung und im Stockwerkeigentum (Bern 1988).

MATHYS: Rechtsfragen im Zusammenhang mit der Verwaltung von Stockwerkeigentum, BJM *1972* 273 ff.
MEIER-GANDER: Die Zwangsvollstreckung von Stockwerkeigentum, BlSchK *1980* 1 ff und 33 ff.
MEIER-HAYOZ: Berner Kommentar; Das Eigentum; Systematischer Teil und allgemeine Bestimmungen, Art. 641–654 (5.A., Bern 1981).
MEIER-HAYOZ: Berner Kommentar; Grundeigentum I (3.A., Bern 1964; unveränderter Nachdruck mit Supplement 1974).
MEIER-HAYOZ: Berner Kommentar; Grundeigentum II (3.A., Bern 1975).
MEIER-HAYOZ: Berner Kommentar; Einleitungsband (Bern 1962) Art. 1 und 4.
MEIER-HAYOZ/FORSTMOSER: Grundriss des schweizerischen Gesellschaftsrechts (5.A., Bern 1984).
MEINHARDT: Das Wohnungseigentumsgesetz 1975 (Wien 1976).
MENGIARDI: Die Errichtung von beschränkten dinglichen Rechten zugunsten und zu Lasten von Miteigentumsanteilen und Stockwerkeigentumseinheiten (ASR Heft 415, Bern 1972).
MERLE: Das Wohnungseigentum im System des bürgerlichen Rechts (Berlin 1979).
MICHAUD: L'organisation de la communauté des propriétaires par étages (Diss Lausanne 1974).
MONTCHAL: La propriété par étages et par appartements, Principes et application en Suisse (Genève 1951).
MONTCHAL, Stockwerkeigentum: Das Stockwerkeigentum, Praktische Wegleitung (St. Gallen 1964).
MÜLLER CH.: Zur Gemeinschaft der Stockwerkeigentümer (Diss Bern 1973).
MÜLLER H.: Praktische Fragen des Wohnungseigentums (München 1986).
MÜLLER K.: Der Verwalter von Liegenschaften mit Stockwerkeigentum (Diss 3.A., Bern 1975).
MUTZNER: Berner Kommentar; Schlusstitel, 1. Abschnitt; Anwendungs- und Einführungsbestimmungen (2.A., Bern 1924).
OFTINGER/BÄR: Zürcher Kommentar; Sachenrecht, Fahrnispfand (3.A., Zürich 1981).
OTTIKER: Zum Bauhandwerkerpfandrecht bei Stockwerkeigentum, ZBGR *1971* 192 ff.
OTTIKER: Pfandrecht und Zwangsvollstreckung bei Miteigentum und Stockwerkeigentum (Diss Bern 1972).
PERLINGIERI: Codice civile annotato con la dottrina e la giurisprudenza, libro terzo (Torino 1984).
PETER-RUETSCHI, Erfahrungen: Erfahrungen mit dem Reglement der Stockwerkeigentümergemeinschaft und Anregungen (3.A., Zürich 1973).
PETER-RUETSCHI: Das Schweizerische Stockwerkeigentum (5.A. Zürich 1980).
PIOTET, SPR V/1: Dienstbarkeiten und Grundlasten, in: Schweizerisches Privatrecht Bd. V/1, hg. von MEIER-HAYOZ (Basel 1977), 519 ff.
PIOTET, SPR VI/2: Das Erbrecht, in: Schweizerisches Privatrecht Bd. VI/2, hg. von MEIER-HAYOZ (Basel 1981).
QUARCK: Die Verpfändung des Stockwerkeigentums (Diss Basel 1963; in Maschinenschrift).
REY: Berner Kommentar; Grunddienstbarkeiten; Systematischer Teil und Art. 730–731 (2.A., Bern 1981).
REY: Zur Quotenänderung beim Stockwerkeigentum, ZBGR *1979* 129 ff.
REY: Strukturen des Stockwerkeigentums, ZSR *1980* I 249 ff.
REY: Rinnendes Flachdach und Stockwerkeigentum, Besprechung von BGE *106* II 11 ff, recht *1984* 64 ff.
RIEMER, Sachenrecht II: Grundriss des schweizerischen Sachenrechts, Band II: Die beschränkten dinglichen Rechte, Bern 1986.
RIEMER: Die Anwendung des Vereinsrechts auf die Gemeinschaft der Stockwerkeigentümer, ZBGR *1975* 257 ff.

ROMANG (Hrsg.): Stockwerkeigentum, Haus- und Grundbesitz in Recht und Praxis, Handbuch (Zürich 1984; laufend aktualisiert).
RUEDIN J.: La propriété par étages et le registre foncier, ZBGR *1965* 1 ff.
RUEDIN J.: L'acte constitutif de propriété par étages, 10 années d'expériences pratiques, Stockwerkeigentum *1976/1* 5 ff.
RUEDIN R.: Propriété par étages et poursuite pour dettes et faillite, ZBGR *1975* 321 ff.
SATTIVA: Recherches sur la propriété par étages, Sa prohibition et son remplacement en droit suisse (Thèse Lausanne 1954).
SCHMID: Die Begründung von Stockwerkeigentum (Diss Zürich 1972).
SCHNEIDER: Das schweizerische Miteigentumsrecht (Diss Bern 1973).
STARK: Berner Kommentar; Der Besitz (2.A., Bern 1984).
STASSANO: Codice della comunione e del condominio, Repertitorio completo di Dottrina di giurisprudenza (3a ed., Milano 1977).
STEINAUER: Les droits réels, Tome premier (Bern 1985).
STÖCKLI: Die Behandlung von altrechtlichem Stockwerkeigentum nach dem neuen Bundesgesetz vom 19. Dezember 1963 über Miteigentum und Stockwerkeigentum, ZBGR *1965* 17 ff.
STUDER: Zur Willensbildung in der Gemeinschaft der Mit- und Stockwerkeigentümer (Diss Zürich 1964).
STUMP: Die Gemeinschaft der Stockwerkeigentümer (Diss Basel 1956; in Maschinenschrift).
TRABUCCHI: Istituzioni di diritto civile (25a ed., Padova 1981).
TUOR/PICENONI: Berner Kommentar; Erbrecht: Der Erbgang (2.A., Bern 1964).
TUOR/SCHNYDER: Das Schweizerische Zivilgesetzbuch (10.A., Zürich 1986).
VON TUHR/PETER: Allgemeiner Teil des schweizerischen Obligationenrechts, Bd.I (3.A., Zürich 1979; Supplement 1984).
VON TUHR/ESCHER: Allgemeiner Teil des schweizerischen Obligationenrechts, Bd.II (3.A., Zürich 1974).
WEBER: Die Stockwerkeigentümergemeinschaft (Diss Zürich 1979).
WEBER: Zur Prozessfähigkeit der Stockwerkeigentümer, SJZ *1979* 117 ff.
WEBER: Minderheitenschutz beim Stockwerkeigentum, ZBGR *1979* 144 ff.
WEITNAUER: Das Wohnungseigentumsgesetz, Kommentar (6.A., München 1982; erschienen ist in der Zwischenzeit die 7.A., 1988).
WIPFLI: Das gesetzliche Pfandrecht für Leistungen der Bauhandwerker an mehreren Liegenschaften und an Liegenschaften mit Eigentumswohnungen, ZBGR *1971* 65 ff.
WOLF M.: Sachenrecht (6.A., München 1985).
ZOBL: Berner Kommentar; Das Fahrnispfand, Systematischer Teil und Art. 884–887 (2.A., Bern 1982).

Vorbemerkungen zu den Art. 712 a–712 t

			Note	Seite
Übersicht	I.	*Entstehungsgeschichte*	3	2
		1. Ausgangslage	3	2
		a. Stockwerkeigentum im Privatrecht der Kantone	3	2
		b. Der Ausschluss der Neubegründung von Stockwerkeigentum im ZGB	5	3
		c. Ersatzformen	7	4
		d. Die Entwicklung nach Inkrafttreten des ZGB	11	5
		2. Revision der Miteigentumsordnung und Wiedereinführung des Stockwerkeigentums	14	7
		a. Revisionsgeschichte	14	7
		b. Revison der Miteigentumsordnung als Grundlage der Stockwerkeigentumsnovelle	19	8
		3. Die Verbreitung des Stockwerkeigentums	20	9
		4. Exkurs: Bedeutung des BVG für das Stockwerkeigentum	22	10
	II.	*Rechtsnatur des Stockwerkeigentums*	28	12
		1. Mögliche Rechtsformen	28	12
		2. Das schweizerische Stockwerkeigentum als besonders ausgestaltetes Miteigentum	31	14
		a. Die Miteigentumsordnung als Grundlage	31	14
		b. Die besondere Ausgestaltung des Miteigentums	33	15
		c. Die Besonderheiten des Stockwerkeigentums gegenüber dem gewöhnlichen Miteigentum	36	16
	III.	*Die Stockwerkeigentümergemeinschaft*	42	18
		1. Der Ausgleich individueller und gemeinschaftlicher Interessen	42	18
		2. Rechtsnatur	44	18
		a. Die sachenrechtliche Grundlage der Stockwerkeigentümergemeinschaft	45	19
		b. Die Stockwerkeigentümergemeinschaft als Personenverbindung	47	20
	IV.	*Rechtsvergleichung*	52	22
		1. Allgemeines	52	22
		2. Deutschland	53	22
		a. Entstehungsgeschichte	53	22
		b. Rechtsnatur des Wohnungseigentums	55	23
		c. Die Wohnungseigentümergemeinschaft	59	25
		3. Österreich	61	26
		a. Entstehungsgeschichte	61	26
		b. Rechtsnatur des Wohnungseigentums	64	27
		c. Die Wohnungseigentümergemeinschaft	66	28

		Note	Seite
4. Italien		68	29
a. Entstehungsgeschichte		68	28
b. Rechtsnatur des Stockwerkeigentums		70	30
c. Die Stockwerkeigentümergemeinschaft		71	30
5. Frankreich		73	31
a. Entstehungsgeschichte		73	31
b. Rechtsnatur des Wohnungseigentums		77	33
c. Die Wohnungseigentümergemeinschaft		79	34
V. *Intertemporales Recht*		82	34
1. Überführung von altrechtlichem Stockwerkeigentum ins neue Recht		83	35
a. Der Bereich der inhaltlichen Unterstellung unter das neue Recht		85	35
b. Die grundbuchliche Behandlung und Anpassung		86	36
2. Überführung von Ersatzformen		87	37
a. Rückumwandlung von umgewandeltem Stockwerkeigentum		91	38
b. Umwandlung von neubegründeten Ersatzformen		94	39
3. Zulässigkeit neuer Ersatzformen		97	41

1 Materialien   BBl *1962* II 1461 ff; StenBullNR *1963* 185 ff; StenBullStR *1963* 204 ff.

2 Literatur   Vgl. die Angaben im allgemeinen Schrifttumsverzeichnis.

I. Entstehungsgeschichte

1. Ausgangslage

a. Stockwerkeigentum im Privatrecht der Kantone

3   In der Schweiz gab es Stockwerkeigentum in fast allen Kantonen, allerdings in unterschiedlicher rechtlicher Ausgestaltung und Verbreitung. Eigentliche Heimat des altrechtlichen Stockwerkeigentums war der Kanton Wallis (LIVER, GS Marxer 145 und ZBGR *1954* 5; BROGLI, 12). Auch im Kanton Tessin war das Stockwerkeigentum von Bedeutung, wogegen seine Verbreitung in den anderen Kantonen – nicht zuletzt aufgrund andersgearteter Siedlungsweise – eher gering war (LIVER, ZBGR *1954* 5; vgl. auch STÖCKLI, ZBGR *1965* 17 ff).

Die Privatrechtskodifikationen der Deutschschweizer Kantone im 19. Jahrhundert waren – ebenso wie die landesrechtlichen Kodifikationen in Deutschland (vgl. hinten N 53) – dem Stockwerkeigentum nicht wohlgesinnt. So verbot beispielsweise das Zürcherische Privatrechtliche Gesetzbuch von 1887 in § 133 die Neubegründung von Stockwerkeigentum, tolerierte aber die noch bestehenden Verhältnisse (vgl. auch BROGLI, 3). In den vom französischen Code Civil (vgl. Art. 664) beeinflussten Westschweizer Kantonen war demgegenüber die Neubegründung von Stockwerkeigentum weiterhin zulässig (LIVER, ZBGR *1954* 6; BROGLI, 3). Vgl. den Überblick über die Regelung in den einzelnen Kantonen bei SATTIVA, 41 ff; HUBER, SGPR III 241 ff; LEEMANN, SJZ *1914* 353 f; STÖCKLI, ZBGR *1965* 17 ff; eingehend über das altrechtliche Stockwerkeigentum im Kanton Wallis BROGLI, 12 ff.

b. *Der Ausschluss der Neubegründung von Stockwerkeigentum im ZGB*

Gegen den Widerstand aus dem Kanton Wallis, aber im übrigen ohne grössere Opposition (LIVER, ZBGR *1954* 6; BROGLI, 4 f), wurde die Neubegründung von Stockwerkeigentum durch das schweizerische ZGB ausgeschlossen. Zwar enthielt es keine ausdrückliche und umfassende Verbotsnorm. Die Unzulässigkeit der Neubegründung von Eigentum an einzelnen Stockwerken ergab sich jedoch aufgrund des Akzessionsprinzips, wie es in Art. 642 niedergelegt worden ist und für Grundstücke in Art. 667 (superficies solo cedit) wiederholt wird. Die Unzulässigkeit der Neubegründung von Stockwerkeigentum ist sodann herzuleiten aus Art. 17 i. V. m. Art. 1 SchlT, vor allem aber aus Art. 45 Abs. 2 i. V. m. Abs. 1 SchlT, wonach dingliche Rechte, die aus irgendwelchem Grund untergegangen sind, nicht mehr neu begründet werden können. Art. 675 Abs. 2 ZGB untersagt zudem die Bestellung eines Baurechtes an einzelnen Stockwerken (vgl. BROGLI, 40 ff). Mit dem Ausschluss der Neubegründung von Stockwerkeigentum glaubte der Gesetzgeber, eine Lösung gefunden zu haben, um den rechtlichen, sozialen und wirtschaftlichen Schwierigkeiten, die das Stockwerkeigentum mit sich brachte, aus dem Wege zu gehen und die Streitigkeiten zu vermeiden, die so häufig mit ihm verbunden waren («ein halbes Haus ist eine halbe Hölle», «communio mater rixarum»!). Schon zahlreiche kantonale Gesetze hatten das Eigentum an Stockwerken ja nur als «lästige Erbschaft» aus früheren Zeiten übernommen (HUBER, SGPR III 241). EUGEN HUBERS ablehnende Haltung wurde sodann bestärkt durch die Sorge, mit der Zulassung des Stockwerkeigentums das von ihm hochgehaltene Akzessionsprinzip durchbrechen zu müssen, und durch die Befürchtung, das Stockwerkeigentum lasse sich grundbuchlich nicht richtig erfassen (SGPR III 241).

c. Ersatzformen

7 Die Tatsache, dass der Gesetzgeber von 1907 Ersatzformen für das altrechtliche Stockwerkeigentum zuliess, zeigt, dass das Stockwerkeigentum nicht ganz beseitigt werden sollte. Im Vordergrund standen dabei zwei sachenrechtliche Gebilde sowie die Mieter-AG (vgl. ausführlich zu den Ersatzformen: FRIEDRICH, ZSR *1956* 40aff; FLATTET, ZSR *1956* 655aff; BBl *1962* II 1461; BROGLI, 7).

8 Nach Art. 114 Abs. 2 GBV bestand die Möglichkeit, *einen* der Berechtigten als *Alleineigentümer von Grund und Boden* einzutragen und zugunsten des oder der anderen eine *übertragbare Dienstbarkeit* im Sinne von Art. 781 Abs. 2 zu errichten (nähere Ausgestaltung durch das kantonale Recht). Dieser Weg ist aber kaum je beschritten worden, denn er hat dem psychologischen Umstand zu wenig Rechnung getragen, dass eben jeder der Beteiligten Eigentümer und nicht nur Servitutsberechtigter sein will. Auch in seinen praktischen Konsequenzen vermochte er nicht zu befriedigen: Mit der Zerstörung des Hauses gehen die Dienstbarkeiten unter.

9 In einem Kreisschreiben des Eidgenössischen Justiz- und Polizeidepartements an die kantonalen Aufsichtsbehörden über das Grundbuch vom 10. Oktober 1951 (wiedergegeben u.a. in SJZ *1952* 100 und ZBGR *1951* 349f) wurde auf die Möglichkeit einer *Kombination von Miteigentum und dinglichem Nutzungsrecht* hingewiesen: Eintragung der Stockwerkeigentümer als Miteigentümer mit einer dem bisherigen Wertverhältnis ihrer Gebäudeteile entsprechenden Anteilsberechtigung und subjektiv-dingliche Verknüpfung dieser Miteigentumsanteile mit persönlichen Dienstbarkeiten gemäss Art. 781 Abs. 2. Dieser Ausweg hat sich jedoch als Irrweg erwiesen: Eine Dienstbarkeit, die inhaltlich genau dem Wohnrecht des ZGB entspricht (und das war der Fall), lässt der das Sachenrecht beherrschende Grundsatz der Typengebundenheit streng genommen gar nicht zu (vgl. LIVER, ZBGR *1954* 67ff; genauer dazu auch hinten N 88f). Der – vom praktischen Gesichtspunkt aus gesehen – schwerste Mangel dieses uneigentlichen Stockwerkeigentums lag indessen darin, dass es nach Art. 650 von jedem Teilhaber jederzeit aufgehoben werden konnte; ein rechtsgeschäftlicher Aus-

schluss dieses Aufhebungsanspruches konnte höchstens auf zehn Jahre festgesetzt werden (BGE *81* II 598 ff; FRIEDRICH, ZSR *1956* 54a ff).

Eine weitere Ersatzform, die *Mieter-Aktiengesellschaft*, entwickelte und verbreitete sich primär in der welschen Schweiz. Die société immobilière d'actionnaires-locataires ist eine Verbindung zwischen Aktiengesellschaft und Mietverträgen. Ein Gebäude mit Mietwohnungen steht im Eigentum einer Aktiengesellschaft. Die Mieter sind zugleich Aktionäre. Die Aktien werden zu Paketen zusammengelegt und durch ein Zertifikat vertreten. Ein Zertifikat entspricht wertmässig einer Wohnung. Dem Inhaber eines solchen Zertifikats wird das Recht eingeräumt, mit der Aktiengesellschaft einen Mietvertrag abzuschliessen. Dieses Recht ist als «wohlerworbenes» ausgestaltet; es kann dem «Mieter-Aktionär» somit nicht durch einen Mehrheitsbeschluss entzogen werden (vgl. Art. 646 OR). Auf diese Weise wurde und wird auch noch heute annähernd der Effekt des Stockwerkeigentums erreicht. Vgl. zur Mieter-AG: BUENSOD, Les sociétés immobilières d'actionnaires-locataires, SJZ *1950* 165 ff; COUCHEPIN, Aktiengesellschaften von Wohnungseigentümern, SAG *1950/51* 233 ff; FLATTET, Les sociétés immobilières d'actionnaires-locataires, JT *1949* I 610 ff; FRIEDRICH, ZSR *1956* 70a ff; derselbe, Die Mieter-Aktiengesellschaft als Ersatzform für Stockwerkeigentum?, SAG *1960/61* 41 ff; MONTCHAL, La propriété immobilière en Suisse – situation et perspectives (Genève 1949); BROGLI, 7, 116 ff; SCHMID, 156.

d. Die Entwicklung nach Inkrafttreten des ZGB

Altrechtliches Stockwerkeigentum hat sich mancherorts (wider alle Erwartungen) erhalten (vgl. zur Situation in den einzelnen Kantonen die Vorbemerkungen zu den Art. 646 ff N 40 der 3. Auflage des 1. Teilbandes des Kommentars zum Eigentumsrecht [Bern 1958]; zur Situation im Kanton Wallis BROGLI, 37 ff; vgl. dazu auch die vorn N 7 zitierten Werke). Seine Teilnahme am Rechtsverkehr war aber eingeschränkt, da es im Grundbuch nur angemerkt werden konnte (Art. 45 Abs. 1 SchlT). Immerhin hat das Bundesprivatrecht zur besseren Anpassung an die neue Rechtslage Ersatzformen (namentlich grundbuchfähige Ersatzmöglichkeiten) zugelassen, in welche das altrechtliche Stockwerkeigentum umgewandelt werden konnte (vgl. vorn N 7 ff). Man glaubte, den Beteiligten damit ein, wenn auch juristisch nicht gleichwertiges, so doch wirtschaftlich befriedigendes Surrogat anzubieten.

12 Weil aber diese und andere in der Praxis sich bildende Ersatzformen auf die Dauer nicht zu befriedigen vermochten (LIVER, GS Marxer 147ff) oder eine Umwandlung für die Betroffenen nicht in Frage kam (BROGLI, 6f), blieb eine Vielzahl altrechtlicher Stockwerkeigentumsverhältnisse weiter bestehen. Deren rechtliche Behandlung erwies sich indessen je länger desto schwieriger. Vor allem der Grundsatz von Art. 17 Abs. 3 SchlT, welcher die altrechtlichen Stockwerkeigentumsverhältnisse weiterhin dem *bisherigen* kantonalen Recht unterstellte, bereitete zunehmend Schwierigkeiten, zumal er als Übergangsregelung im eigentlichen Sinne nicht für die Dauer von Jahrzehnten gedacht war (BBl *1962* II 1464). Probleme entstanden insbesondere bei den *Verträgen* über Stockwerkeigentum, weil diese nach dem Wortlaut von Art. 17 SchlT bezüglich Form, Gültigkeit und Wirkungen der Herrschaft des alten Rechts unterstanden, welches infolge fehlender kantonaler Zuständigkeit (Art. 64 BV) nicht mehr geändert werden konnte (vgl. FRIEDRICH, ZSR *1956* 36af). In BGE *75* II 134 Erw 2 in fine entschied deshalb das Bundesgericht, dass die Übertragung von altrechtlichem Stockwerkeigentum in den Formen des neuen (Bundes-)Rechts zu erfolgen habe, soweit das mit dem Grundbuchsystem vereinbar sei (vgl. auch BBl *1962* II 1464). Eine Revision der gesetzlichen Ordnung drängte sich somit bereits aus Gründen einer der Praktikabilität und der Rechssicherheit dienenden Behandlung altrechtlichen Stockwerkeigentums auf. Hinzu kam, dass die zunehmende Verknappung und Verteuerung des Bodens eine rationellere Ausnützung des vorhandenen Baugrundes erforderte und der bedrohlichen Anonymisierung des Grundbesitzes (Überführung von Grund und Boden in das Eigentum juristischer Personen) wirksam begegnet werden sollte.

13 Die guten Erfahrungen, welche in ausländischen Rechtsordnungen mit dem Stockwerkeigentum gemacht wurden, hatten zudem die bisherigen Befürchtungen zum grossen Teil widerlegen können: sowohl diejenige, es sei ein ewiger Herd von Streitigkeiten, wie auch diejenige, es lasse sich im Grundbuch nicht klar und übersichtlich darstellen. Auch das Problem der Belastung mit Grundpfandrechten liess sich befriedigend lösen.

2. Revision der Miteigentumsordnung und Wiedereinführung des Stockwerkeigentums

a. Revisionsgeschichte

Verschiedene Gründe führten dazu, dass ein halbes Jahrhundert nach Inkrafttreten des ZGB die Wiedereinführung des Stockwerkeigentums in die Wege geleitet wurde. Einerseits sollte den veränderten wirtschaftlichen Verhältnissen Rechnung getragen werden; andererseits bewährten sich die als Ersatzformen vorgesehenen Rechtsfiguren nicht und altrechtliches Stockwerkeigentum blieb erhalten (zu den Gründen vgl. vorn N 8ff und HEER, ZBGR *1959* 343 ff; BBl *1962* II 1471 ff).

Die vorgesehene Wiedereinführung des Stockwerkeigentums bildete eine günstige Gelegenheit, gleichzeitig die Miteigentumsordnung zu revidieren. Sie gehörte zu den wenigen Teilen unseres Privatrechts, die sich nicht bewährt hatten. Besonders die Ordnung der Kompetenzen zur Vornahme von Verwaltungshandlungen, die Unterscheidung von gewöhnlichen und wichtigeren Verwaltungshandlungen und die fehlende Möglichkeit, einen Miteigentümer aus der Gemeinschaft auszuschliessen, waren die Schwachstellen der damals geltenden Miteigentumsordnung (Vorbemerkungen zu den Art. 646 ff N 20 ff in der 3. Auflage [zit. vorn N 11]; BBl *1962* II 1480 ff; vgl. zur Änderung der Miteigentumsordnung auch hinten N 19).

Ein Postulat von Nationalrat Cottier vom 30. März 1951, welches den Bundesrat einlud, die Revision der Bestimmungen des ZGB und der Grundbuchverordnung zwecks Wiedereinführung des Stockwerkeigentums zu prüfen (BBl *1962* II 1468 f), führte zu einer breiten Diskussion und zunächst vor allem zum Kreisschreiben vom 10. Oktober 1951 (vgl. vorn N 9). Erst in der Sommersession 1955 nahm der Bundesrat dann auf eine Interpellation von Nationalrat Meili hin zur gleichen Frage positiv Stellung; noch im gleichen Jahr beauftragte das EJPD Professor PETER LIVER als Gesetzesredaktor mit der Aufgabe, einen Vorentwurf samt Motivenbericht zur Revision der Miteigentumsordnung und Wiedereinführung des Stockwerkeigentums auszuarbeiten. Dieser, am 11. Mai 1957 eingereichte Vorentwurf wurde in drei Lesungen von einer kleinen Studienkommission wirklicher Sachverständiger (es waren die Herren Prof. CAVIN, Prof. DESCHENAUX, Prof. FRIEDRICH, Notariatsinspektor Dr. HUBER und Dr. EGGEN) bereinigt und ergänzt und gelangte 1962 als Entwurf und Botschaft des Bundesrates (BBl *1962* II 1461 ff) an die eidgenössischen Räte. Diese behandelten und verabschiedeten mit jeweils deutlicher Mehrheit die Gesetzesvorlage im Jahre 1963 (StenBullNR *1963* 185–228, 527–535, 563–565, 685; StenBullStR *1963* 204–225, 283–287, 376; vgl. auch die Vorbemerkungen zu den Art. 646 ff N 36 ff und BROGLI, 8 f).

17 Das «Bundesgesetz über die Änderung des vierten Teils des Zivilgesetzbuches (Miteigentum und Stockwerkeigentum)» vom 19. Dezember 1963 (AS *1964* 993 ff) wurde entgegen den im Parlament geäusserten Wünschen nicht unverzüglich, sondern durch Beschluss des Bundesrates vom 24. November 1964 erst auf den 1. Januar 1965 in Kraft gesetzt (AS *1964* 1005). Diese Verschiebung der Inkraftsetzung erfolgte zwecks Verhinderung spekulativer Auswüchse und befürchteter Missbräuche gegenüber Wohnungsmietern (K. MÜLLER, 10). Eine Anpassung der Grundbuchverordnung an die neue Ordnung war schon durch Bundesratsbeschluss am 21. April 1964 erfolgt (AS *1964* 413 ff). Die Grundbuchbehörden wurden durch ein Kreisschreiben des EJPD vom 24. November 1964 (BBl *1964* II 1198 ff) über die Neuerungen informiert.

18 Dem von LIVER ausgearbeiteten Vorentwurf von 1957 lag der Entwurf zu einem Musterreglement bei. Von einem Erlass des Reglements mit normativer Kraft wurde indessen abgesehen (BBl *1962* II 1486 f; FRIEDRICH, Vorbemerkungen N 5). Das Musterreglement ist in überarbeiteter Form zu finden bei FRIEDRICH, Reglement für die Gemeinschaft der Stockwerkeigentümer, und bei K. MÜLLER, 153 ff.

b. Revision der Miteigentumsordnung als Grundlage der Stockwerkeigentumsnovelle

19 Voraussetzung für die Einführung des Stockwerkeigentums war die Neuregelung der Bestimmungen des ZGB über das Miteigentum (Art. 646–652). Diese Revision verfolgte zwei Ziele: Einerseits sollte das Miteigentum so ausgestaltet werden, dass es die Grundlage für das Stockwerkeigentum bildet, andererseits sollten die in der Praxis beim gewöhnlichen Miteigentum aufgetretenen Unzulänglichkeiten behoben werden. Die Grundkonzeption selbst wurde beibehalten, wogegen vor allem die Verwaltung der gemeinsamen Sache einer eingehenden Neuregelung unterzogen wurde (aus dem alten Art. 647 wurden sechs neue Artikel geschaffen, Art. 647–647e). Die alte Unterteilung in «gewöhnliche» und «wichtigere» Verwaltungshandlungen hatte zu so schwerwiegenden Funktionsstörungen

und Missbräuchen bei der Verwaltung und Erneuerung von Gebäuden geführt, dass die baulichen Massnahmen nun in die Kategorien «notwendig» (Art. 647c), «nützlich» (Art. 647d) und «luxuriös» (Art. 647e) eingeteilt wurden. Sodann erfuhr die Miteigentümergemeinschaft eine Festigung durch das Einfügen körperschaftlicher Elemente. Neu geschaffen wurde schliesslich die Möglichkeit, ein Mitglied aus der Miteigentümergemeinschaft auszuschliessen (Art. 649b). Vgl. im einzelnen zu den wesentlichen Neuerungen LIVER, GS Marxer 171 ff; BBl *1962* II 1480 ff, und im 1. Teilband des Berner Kommentars zum Eigentumsrecht die Erläuterungen zu den Art. 646 ff.

3. Die Verbreitung des Stockwerkeigentums

[20] Die u. E. geglückte privatrechtliche Regelung des Stockwerkeigentums ist zweifellos nicht verantwortlich dafür, dass das Schweizervolk bis heute ein «Volk von Mietern» geblieben ist. Die Wohneigentumsquote (Anteil der von den Eigentümern selbst bewohnten Häuser und Wohnungen) sank sogar seit 1960 von 30,7% auf 29,9% im Jahre 1980. Die Schweiz steht mit diesen Zahlen im europäischen Vergleich an letzter Stelle (vgl. BRD: 39%; Österreich: 41%; Frankreich [1981]: 48%). Von den 1980 insgesamt 2 413 185 besetzten Wohnungen lag der Anteil der vom Eigentümer selbst bewohnten Eigentumswohnungen bei 2,4% bzw. bei 58 562 Einheiten. Der interkantonale Vergleich präsentiert sich folgendermassen: Während die Stockwerkeigentümerquote im Vergleich zu allen besetzten Wohnungen in 23 Kantonen unter dem gesamtschweizerischen Durchschnitt liegt oder diesen knapp erreicht (z. B. Zürich: 2,1%; Bern: 1,9%; Basel-Stadt: 1,2%; Genf: 2,4%), weisen der Kanton Zug und der Kanton Graubünden einen Anteil von 4,8% bzw. 4,3% auf; Spitzenreiter ist der Kanton Wallis als eigentliche Heimat des Stockwerkeigentums mit 18,5%. Zu beachten ist allerdings, dass zahlreiche Stockwerkeigentümer nicht in ihrer eigenen Wohnung wohnen (1980 wurden 35 298 vermietete Eigentumswohnungen gezählt!); die «potentielle Wohneigentumsquote» dürfte also noch etwas höher liegen (vgl. zum Ganzen: Wohnen in der Schweiz, Auswertung der eidg. Wohnungszählung 1980, Schriftenreihe Wohnungswesen, Bd. 34, Bern 1985).

[21] Von rechtspolitischem und wirtschaftlichem Interesse ist sodann der Stellenwert, der dem Stockwerkeigentum beim Erwerb von Grundstücken durch Personen im Ausland zukommt (zur gesetzlichen Grundlage und zu den Grundzügen der Regelung vgl. Art. 712a N 26 f). In der Periode von 1967 bis

1986 wurden insgesamt 52 259 Handänderungen mit Beteiligung von Personen im Ausland registriert; davon entfielen 36 239 bzw. 69,34% auf Stockwerkeigentum. Während Mitte der siebziger Jahre der Erwerb von Stockwerkeigentum an den bewilligungspflichtigen Handänderungen einen Anteil von bis zu 89% erreichte, lag dieser Anteil 1986 bei 70,6%. Von diesen 715 Handänderungen im Jahre 1986 wurden allein in den (Tourismus-)Kantonen Graubünden, Tessin, Waadt und Wallis 567 (79,3%) im Grundbuch eingetragen (vgl. zum Ganzen die vom Bundesamt für Justiz veröffentlichte Statistik der Entscheide über den Erwerb von Grundstücken durch Personen im Ausland, 1986).

4. Exkurs: Bedeutung des BVG für das Stockwerkeigentum

Zum Recht der beruflichen Vorsorge im allgemeinen vgl. RIEMER, Das Recht der beruflichen Vorsorge in der Schweiz, Bern 1985. Vgl. zur Problematik der Wohneigentumsförderung im Rahmen der beruflichen Vorsorge auch FREY/LAUR/UMBRICHT-MAUER, Das neue Pensionskassengesetz, Loseblatt-Handbuch, 3 Bde. (Zürich 1983; laufend aktualisiert), Teil 6 Kapitel 13.3.3 ff und Teil 4 Kapitel 10.4.

22 Fraglich ist, wie sich das Bundesgesetz über die berufliche Alters-, Hinterlassenen- und Invalidenvorsorge vom 25. Juni 1982 (BVG; SR 831.40) auf die Förderung des Stockwerkeigentums auswirken wird. Von der Tatsache ausgehend, dass einerseits durch den Abzug der Pensionskassenprämien beim Wohnsparer weniger freie Mittel verbleiben, zum andern aber bei den Vorsorgeeinrichtungen erhebliche Kapitalien geäufnet werden, die wertbeständigen Anlagen, also auch dem Grundeigentum zugeführt werden sollen, mussten gesetzliche Vorkehren getroffen werden, damit die zweite Säule keine negativen Auswirkungen auf die Wohnungseigentümerquote hat. Dies auch deshalb, weil Art. 53 der Verordnung über die berufliche Alters-, Hinterlassenen- und Invalidenvorsorge vom 18. April 1984 (BVV 2; SR 831.441.1) den Vorsorgeeinrichtungen ausdrücklich den Erwerb von Stockwerkeigentum zu Anlagezwecken gestattet. Das BVG sollte also auch dem Anliegen der Wohneigentumsstreuung Rechnung tragen (vgl. Botschaft des Bundesrates an die Bundesversammlung zum Bundesgesetz über die berufliche Alters-, Hinterlassenen- und Invalidenvorsorge vom 19. Dezember 1975, BBl *1976* I 149 ff, 188, 215 f, 249 ff). Das Postulat ist bis heute allerdings nicht verwirklicht worden. Die gesetzliche Regelung ist zuungunsten des privaten Wohnsparers ausgefallen. Seiner verfassungsrechtlichen Verpflichtung zur Förderung des privaten Wohneigentums (Art. 34^{sexies} BV,

Art. 34^quater Abs. 6 BV) ist der Bund in diesem Bereich *nicht* nachgekommen (vgl. LEO VON DESCHWANDEN, Wohneigentumsförderung mit den Mitteln der beruflichen Vorsorge? NZZ 19. November 1985).

Die auf das BVG abgestützte, auf den 1. Juli 1986 in Kraft gesetzte Verordnung über die Wohneigentumsförderung mit den Mitteln der beruflichen Altersvorsorge vom 7. Mai 1986 (SR 831.426.4) lässt nämlich die Förderung von Wohnungseigentum nur für den *Eigenbedarf* und gleichzeitig nur für *ein Objekt* zu (Art. 3 Abs. 2 und Art. 4). Ausserdem sind vom BVG lediglich zwei Formen der direkten Wohnungseigentumsförderung mit den BVG-Mitteln zugelassen worden, deren Wirksamkeit wiederum sehr fraglich ist: 23

– Gemäss Art. 37 Abs. 4 BVG hat zwar jeder Arbeitnehmer das Recht, sein *fälliges Altersguthaben* bis zur Hälfte herauszuverlangen, soweit er dieses Kapital zum Erwerb von Wohneigentum für den Eigenbedarf oder zur Amortisation von darauf lastenden Grundpfandschulden verwendet. Dies gilt allerdings nur für die unter der Herrschaft des BVG obligatorisch angesparten Gelder (vgl. dazu auch RUDOLF ROHR, Wohnsparer auf der langen Bank, SHZ 24. Juli 1986 [Nr. 30], 27). Mithin wird sich diese Bestimmung erst in einigen Jahren auswirken. Zudem entsteht der Anspruch bei Männern erst mit dem Erreichen des 65., bei Frauen mit dem 62. Altersjahr. 24

– Die Möglichkeit der *Verpfändung von Ansprüchen des Arbeitnehmers auf Altersleistungen* zum Zwecke des Erwerbs von Wohneigentum gemäss Art. 40 BVG, welche eine Ausnahme des in Art. 331c Abs. 2 OR statuierten Grundsatzes der Nichtverpfändbarkeit von Vorsorgeansprüchen darstellt, ist eine höchst fragwürdige Regelung: Weil nur Anwartschaften verpfändet werden können, ist das Pfand in seinem Wert stark gemindert, bei vorzeitigem Tod ist es gar wertlos (vgl. auch ROHR, a.a.O.; vgl. dazu auch: Der Schweizerische Hauseigentümer, 1. März 1987 [Nr. 5], 3, und: Der Schweizer Treuhänder *1987/3* 117 ff). Das in dieser Art umschriebene Pfandrecht bietet dem Gläubiger lediglich eine Scheinsicherheit und ist denn auch in der Praxis weitgehend ohne Bedeutung. Zudem erwies sich die weitverbreitete Hoffnung, dass diese Verpfändungsmöglichkeit wenigstens zu einem Amortisationsaufschub im Bereiche nachrangiger Hypotheken führen würde, als unbegründet (VON DESCHWANDEN, a.a.O., und NZZ 13. Januar 1986). 25

Mit Art. 82 BVG sollte der verfassungsrechtliche Auftrag von Art. 34^quater Abs. 6 BV erfüllt werden, wonach die Selbstvorsorge durch Massnahmen der Fiskal- und Eigentumspolitik zu fördern ist (vgl. BBl *1976* I 215 f). Es 26 sollte möglich sein, dass der Wohnsparer seine steuerbegünstigten Mittel beim Erwerb einer Liegenschaft oder eines Stockwerkeigentumsanteils als Eigenheim so einsetzen kann, dass ihm ein Darlehen mit Verzicht auf die Amortisation gewährt wird, welches durch ein Grundpfand im dritten oder gar vierten Rang gesichert wird (vgl. ROHR, a.a.O.). Mit Art. 4 der Verordnung über die steuerliche Abzugsberechtigung für Beiträge an anerkannte Vorsorgeformen vom 13. November 1985 (BVV 3; SR 831.461.3) wird für die Verpfändung von Leistungsansprüchen aber auf Art. 40 BVG verwiesen, womit diese Förderungsmöglichkeit des privaten Wohneigentums dahinfällt. Daneben fehlt auch die Möglichkeit, diese angesparten Mittel als Eigenkapital im Eigenheim anzulegen (vgl. Art. 3 BVV 3). Der fiskalische Anreiz zur Selbstvorsorge ist somit äusserst gering.

27 Die Chancen, dass die Wohnungseigentumsförderung wenigstens im Rahmen der gebundenen Selbstvorsorge (3. Säule) verwirklicht werden kann, müssen zur Zeit ebenfalls kritisch beurteilt werden (vgl. dazu und zum Entwurf zu einer «Verordnung über die Wohneigentumsförderung mit den Mitteln der gebundenen Selbstvorsorge» LEO VON DESCHWANDEN, NZZ 9. Juni 1987, 23, sowie Der Schweizerische Hauseigentümer 1. Juni 1987, 21).

II. Rechtsnatur des Stockwerkeigentums

1. Mögliche Rechtsformen

28 Stockwerkeigentum kann dogmatisch in mannigfacher Art und Weise konstruiert werden. Jede Rechtsordnung ist hier konfrontiert mit dem Dualismus von dinglichem Recht einerseits und persönlicher Gemeinschaftsbeziehung mehrerer Berechtigter andererseits (vgl. BÄRMANN, SJZ *1960* 119; FRIEDRICH, FS Gerwig 16). Die Ausgestaltung des Institutes ist verschieden, je nachdem, welcher der beiden Gesichtspunkte – der sachenrechtliche oder der gemeinschaftsrechliche – in den Vordergrund gestellt wird (FRIEDRICH, FS Gerwig 16): Stockwerkeigentum im weitesten Sinne dieses Wortes lässt sich entweder auf der Grundlage eines Mit- oder Gesamteigentumsverhältnisses verwirklichen, durch eine Kombination von Dienstbarkeiten, durch die Einräumung von Sondereigentum oder schliesslich durch die Verbindung von Körperschaftsanteilen mit einem Mietvertrag (vgl. FRIEDRICH, ZSR *1956* 40a ff, 153a ff; derselbe, FS Gerwig 14 ff; FLAT-

TET, ZSR *1956* 687a ff; WEBER, 4 ff; vgl. vor allem die grundlegende Untersuchung von BÄRMANN, Kommentar zum Wohneigentumsgesetz [1.A., München/Berlin 1958], 72 ff). Aus diesen Varianten haben sich in der Rechtswirklichkeit vor allem zwei Formen des Stockwerkeigentums herauskristallisiert, welche beide auf der Miteigentumsordnung aufbauen (das Gesamteigentum stand nie ernsthaft als Grundlage zur Diskussion; WEBER, 7; SCHMID, 8), sich jedoch in der Beachtung bzw. Nichtbeachtung des Akzessionsprinzips grundlegend unterscheiden: Das unechte (uneigentliche) und das echte (eigentliche) Stockwerkeigentum (vgl. Vorbemerkungen zu den Art. 646 ff N 33; BBl *1962* II 1478; FRIEDRICH, ZSR *1956* 19a ff; HAUGER, 6 ff; SCHMID, 9 ff; WEBER, 8 f; zum Akzessionsprinzip vgl. Syst. Teil N 98 f).

Das *echte Stockwerkeigentum* besteht in einer Kombination von Sondereigentum an einem von mehreren Stockwerken eines Gebäudes oder an Teilen eines Stockwerks mit dem Miteigentum am Boden und an den allen Stockwerken dienenden Teilen eines Gebäudes wie z. B. dem Fundament, den tragenden Mauern, den Treppen, dem Dach usw. (Vorbemerkungen zu den Art. 646 ff N 33; LIVER, ZBGR *1954* 3; BBl *1962* II 1478). In dieser individualistisch ausgeprägten Form des Stockwerkeigentums (LIVER, ZBGR *1954* 3) liegt das Hauptgewicht auf dem das Akzessionsprinzip durchbrechenden Sondereigentum (SCHMID, 9). Nicht zuletzt aufgrund der Tatsache, dass in Frankreich (Art. 546 und Art. 553 CCfr) und Italien (Art. 934 CCit) das Akzessionsprinzip dispositiver Natur ist (BÄRMANN/PICK/MERLE [4.A.], Einl. N 5f), haben sich die Gesetzgeber dieser Länder zum echten Stockwerkeigentum bekannt; ebenso in Belgien und Spanien (SCHMID, 9 f; J. RUEDIN, ZBGR *1965* 2; vgl. dazu hinten N 70 und N 77). [29]

Beim *unechten Stockwerkeigentum*, welches den Gemeinschaftsgedanken in den Vordergrund stellt (Vorbemerkungen zu den Art. 646 ff N 33; SCHMID, 11), steht das Grundstück mit dem ganzen Gebäude im Miteigentum aller Beteiligten, denen jedoch ein ausschliessliches dingliches Nutzungs- und Verwaltungsrecht an je einem Stockwerk oder bestimmten Teilen davon zusteht. Man spricht deshalb von besonders ausgestaltetem oder qualifiziertem Miteigentum (LIVER, GS Marxer 149 f, 184 ff; Vorbemerkungen zu den Art. 646 ff N 33 f; FRIEDRICH, FS Gerwig 24; REY, ZSR *1980* I 249). Diese Konzeption des Stockwerkeigentums, die das Akzessionsprinzip nicht durchbricht, fand vor allem aufgrund der umfangreichen Vorarbeiten von Professor Liver Eingang in die schweizerische Gesetzgebung. Unechtes Stockwerkeigentum kennen – allerdings mit teilweise anderen Ausgestaltungsformen – auch Deutschland (vgl. hinten N 55 ff; zur Streitfrage, ob in [30]

Deutschland echtes oder unechtes Stockwerkeigentum vorliege, vgl. SCHMID, 12 und die dort in Anm. 49 zitierte deutsche Literatur; BÄRMANN/PICK/ MERLE, Einl. N 626 ff und 654; WEBER, 8 ff) und Österreich (SCHMID, 12 f; J. RUEDIN, ZBGR *1965* 2; vgl. hinten N 64 f).

2. Das schweizerische Stockwerkeigentum als besonders ausgestaltetes Miteigentum

a. Die Miteigentumsordnung als Grundlage

31 Die gesetzliche Ordnung des Miteigentums stellt den Unterbau des Stockwerkeigentums dar, sie bildet gleichsam «den Stamm und die Äste, woraus das Stockwerkeigentum hervorwächst» (LIVER, GS Marxer 149). Aufbauend auf der Miteigentumsordnung als geteilter Gesamtberechtigung stellt das schweizerische Stockwerkeigentum nichts anderes als eine besonders ausgestaltete Miteigentumsberechtigung dar (Vorbemerkungen zu den Art. 646 ff N 34; LIVER, GS Marxer 184; BBl *1962* II 1478; BGE *111* II 338). Das ganze zu Stockwerkeigentum aufgeteilte Grundstück samt Haus und allen seinen Bestandteilen (vgl. dazu Art. 712a N 32) steht im Miteigentum aller Beteiligten, ohne dass irgendein Teil zu Sondereigentum ausgeschieden würde; es gibt überhaupt nur Miteigentum (Vorbemerkungen zu den Art. 646 ff N 33; LIVER, GS Marxer 149, 185 f; REY, ZSR *1980* I 249 ff; BGE *94* II 231 ff; unklar aber BGE *106* II 15 f, der zwischen gemeinschaftlichen Teilen und Teilen im Sonderrecht unterscheidet; ebenfalls missverständlich PETER-RUETSCHI, Stockwerkeigentum 60 f, die dieselbe Unterscheidung im Reglement, § 2 und § 3, trifft). Das dem einzelnen Stockwerkeigentümer zukommende Sonderrecht stellt somit kein Sondereigentum dar (vgl. hinten N 34).

32 Mit dieser Konzeption als unechtes Stockwerkeigentum bleibt die schweizerische Stockwerkeigentumsordnung im Gegensatz zu verschiedenen ausländischen Regelungen den Prinzipien des Sachenrechts treu. Dadurch, dass kein Sondereigentum an einem Gegenstand geschaffen wird, der gar nicht Sache im Rechtssinne sein kann, wird insbesondere auch das Akzessionsprinzip nicht durchbrochen (Vorbemerkungen zu den Art. 646 ff N 35; LIVER, GS Marxer 185 f; BBl *1962* II 1478; WEBER, 14 f).

b. Die besondere Ausgestaltung des Miteigentums

Stockwerkeigentum unterscheidet sich vom gewöhnlichen 33 Miteigentum dadurch, dass mit dem Miteigentumsanteil ein Sonderrecht zur ausschliesslichen Benutzung, Verwaltung und baulichen Ausgestaltung gewisser Gebäudeteile (Art. 712a Abs. 1) subjektiv-dinglich und daher grundsätzlich untrennbar verbunden ist (REY, ZSR *1980* I 249 ff; zur Ablehnung der sog. labilen subjektiv-dinglichen Verknüpfung vgl. REY, ZBGR *1979* 133 f). Durch diese Verknüpfung von Miteigentumsanteil und Sonderrecht weist auch das letztere Strukturen des Eigentums auf, doch ist das Sonderrecht notwendigerweise ein unselbständiges Recht. Umschreibt der Miteigentumsanteil – aus subjektbezogener Sicht betrachtet – die Rechtsposition des Mit- bzw. Stockwerkeigentümers an der gemeinschaftlichen Sache, so konkretisiert das Sonderrecht diese Rechtsstellung bezüglich eines realen Teils der Sache in der Weise, dass die anderen Stockwerkeigentümer eine genau umschriebene, durch Eintrag im Grundbuch festgestellte Einschränkung der Ausübung ihrer Rechtsposition an einzelnen Raumeinheiten erfahren (REY, ZSR *1980* I 255). Das Sonderrecht drängt also kraft seiner subjektiv-dinglichen Wirkung lediglich die Nutzungs- und Verwaltungsbefugnisse der anderen an der gemeinschaftlichen Sache Beteiligten an bestimmten Räumlichkeiten zurück (REY, ZBGR *1979* 134), ohne dass aber ein sich neben das Miteigentumsrecht stellendes eigenes dingliches Recht entsteht. Die untrennbare Verbindung von Miteigentums- und Sonderrecht stellt einen strukturbildenden Rechtsinhaltsbegriff dar und ist ein vom Gesetz ausgestalteter Typus (Typen- bzw. Formenfixierung) des Eigentums (Art. 646 N 5; REY, Syst. Teil N 186 und N 189 ff; derselbe, ZSR *1980* I 249 ff, insb. 254 f).

Weil das schweizerische Stockwerkeigentum als untrennbare subjektiv-ding- 34 liche Verbindung von Miteigentum und Sonderrecht konstruiert, das Sonderrecht somit notwendigerweise unselbständig ist, muss auch der Versuch scheitern, das Sonderrecht als eigenständigen Rechtsbegriff zu umschreiben und inhaltlich zu definieren. Abzulehnen sind deshalb die Theorien, die das Sonderrecht als «Servitut sui generis» bezeichnen (so FRIEDRICH, ZSR *1965* 22a, 43a ff; derselbe, FS Gerwig 15, 22 f; vgl. auch BÄRMANN, SJZ *1960* 121 f) oder ihm eigentumsähnlichen Charakter beimessen (so HAUGER, 7 f; vgl. auch das Postulat von PETER-RUETSCHI, NZZ 21. Juni 1960 [Nr. 2126], den Begriff «Eigentum am Raum» einzuführen); auch die Bezeichnung des Sonderrechts als «Sondernutzungsrecht» (OTTIKER, 26) ist abzulehnen (REY,

ZSR *1980* I 253 ff; WEBER, 15 f; LIVER, Art. 734 N 217; derselbe, GS Marxer 147 f). Unzutreffend ist auch die Qualifikation des Stockwerkeigentums als «dingliches Recht eigener Art» (so GÖTTE, 66 f und BGE *94* II 236); Stockwerkeigentum ist Eigentum und wird vom ZGB als besonderer Eigentumstypus in den Art. 712a ff geregelt (REY, ZSR *1980* I 255). «Sonderrecht» ist ein formal-abstrakter Rechtsbegriff, der lediglich die besondere Ausgestaltung des Miteigentumsanteils des Stockwerkeigentümers an einem realen Teil der Gesamtsache gegenüber dem gewöhnlichen Miteigentum zum Ausdruck bringen soll (so auch FLATTET, in Recueil S. 143, 148 ff, der deshalb die Verwendung des Begriffs «copropriété par appartements» vorschlägt; vgl. auch FREI, 21; vgl. aber auch die Kritik von WEITNAUER, N 17a vor § 1, der dieser Umschreibung eine «terminologische Verschleierung der wirklichen Rechtslage» vorwirft).

35 Der Stockwerkeigentümer ist also immer zugleich Miteigentümer am gemeinschaftlichen Grundstück und Sonderrechtsberechtigter an bestimmten Räumlichkeiten. Durch diese wechselseitige Beziehung von Miteigentum und Sonderrecht wird einerseits das Recht zur Nutzung, Verwaltung und baulichen Ausgestaltung bezüglich einer Stockwerkeinheit durch den Ausschluss der anderen Miteigentümer verstärkt und verselbständigt, andererseits wird die Rechtsstellung des Stockwerkeigentümers insofern beschränkt, als er von der Nutzung und Verwaltung aller anderen Stockwerkeinheiten ausgeschlossen wird (LIVER, GS Marxer 184; FLATTET, in Recueil S. 143 f; vgl. eingehender dazu Art. 712a N 38 ff).

c. Die Besonderheiten des Stockwerkeigentums gegenüber dem gewöhnlichen Miteigentum

36 Die Ordnung des Stockwerkeigentums baut auf jener des Miteigentums (Art. 646–651) auf, darf aber nicht mit dieser gleichgesetzt werden. Stockwerkeigentum ist besonders ausgestaltetes Miteigentum und weist demzufolge – teilweise grundlegende – Abweichungen gegenüber dem gewöhnlichen Miteigentum auf (ausführlich dazu LIVER, GS Marxer 187 ff):

37 – Der Stockwerkeigentümer erhält das Recht, *bestimmte Teile des Gebäudes ausschliesslich zu verwalten, zu nutzen und baulich auszugestalten* (Art. 712a und Art. 712b); er hat im Gegensatz zum gewöhnlichen Miteigentümer ein Sonderrecht an einem realen Teil der Sache (vgl. vorn N 33 ff und Art. 712a N 38 ff).

- Im Unterschied zum gewöhnlichen Miteigentümer hat der Stockwerkeigentümer *keinen gesetzlichen Anspruch auf Aufhebung des Miteigentums* (Art. 650 Abs. 1). Die Rechte des Stockwerkeigentümers müssen dauernden Bestand haben; deshalb kann das Stockwerkeigentum nur unter erschwerten Voraussetzungen aufgelöst werden (Art. 712 f Abs. 2 und 3, dort N 28 ff, N 43 ff und N 47 ff; vgl. auch Art. 650 N 30 f; LIVER, SPR V/1 96 ff). Immerhin verbleibt aber der Stockwerkeigentümergemeinschaft die Möglichkeit der Ausschlussklage gemäss Art. 649b (Art. 649b N 1 ff; vgl. auch Art. 712 f N 16). 38
- Der Stockwerkeigentumsanteil wird im Rechtsverkehr gleich wie der Miteigentumsanteil an einem Grundstück als Grundstück behandelt (Art. 655 Abs. 2 Ziff. 4, Art. 943 Abs. 1 Ziff. 4; vgl. vorn N 33 f). Im Gegensatz zum gewöhnlichen Miteigentumsanteil an Grundstücken muss aber für jeden Stockwerkeigentumsanteil *zwingend ein besonderes Grundbuchblatt* eröffnet werden (Art. 10a Abs. 1 und 2 GBV; Art. 646 N 34 f; Art. 712d N 15 und N 32 ff). Auch im Zwangsvollstreckungsverfahren wird der Stockwerkeigentumsanteil als Grundstück behandelt und unterliegt deshalb der Verordnung des Bundesgerichts über die Zwangsverwertung von Grundstücken (Art. 1 Abs. 1 VZG; ausführlich dazu Art. 712 f N 59 ff; zur Zwangsvollstreckung beim Miteigentumsanteil vgl. Art. 646 N 78 ff). 39
- Die *Organisation der Stockwerkeigentümergemeinschaft* ist gegenüber derjenigen der Miteigentümer *umfassender und differenzierter ausgebaut* worden. Weist schon die Miteigentümergemeinschaft körperschaftliche Züge auf, so nähert sich die Gemeinschaft der Stockwerkeigentümer noch bedeutend mehr der juristischen Person (vgl. hinten N 47 ff). In der Verwaltungsorganisation der Gemeinschaft nimmt der Verwalter (Art. 712q ff) eine wichtige Stellung ein, wobei im Gegensatz zum gewöhnlichen Miteigentum (Art. 647a und Art. 647b) jeder einzelne Stockwerkeigentümer – ja sogar ein Dritter, der ein berechtigtes Interesse hat – die Einsetzung eines Verwalters verlangen kann (Art. 712q und die Bemerkungen zu diesem Artikel). 40
- Als Ausgleich zu den körperschaftlichen Zügen der Stockwerkeigentümergemeinschaft wird die *Selbständigkeit des einzelnen Stockwerkeigentümers* durch die Verbindung seines Anteils mit einem Sonderrecht gegenüber dem gewöhnlichen Miteigentümer in verschiedener Hinsicht erhöht. Neben der eigenständigen grundbuchlichen Behandlung des Stockwerkeigentumsanteils (oben N 39) und dem Fehlen einer eigentlichen Teilungsklage (oben N 38) ist besonders auch das Fehlen eines gesetzlichen Vorkaufsrechts zu erwähnen (Art. 712c Abs. 1). 41

III. Die Stockwerkeigentümergemeinschaft

1. Der Ausgleich individueller und gemeinschaftlicher Interessen

42 Die einzelnen Stockwerkeigentümer treten kraft ihrer dinglichen Berechtigung an der gemeinschaftlichen Sache in eine enge rechtliche und soziale Beziehung zueinander, die vor allem durch das Spannungsfeld individueller und kollektiver Verfügungs- und Verwaltungsbefugnisse geprägt wird. Einerseits steht dem Stockwerkeigentümer ein gegenüber dem Miteigentum erweiterter Bereich individueller Verfügungs- und Verwaltungsbefugnisse zu, andererseits aber erfordert diese Rechtsposition auf Grund der engen räumlichen und sozialen Interdependenz zwischen den Stockwerkeigentümern ein Mindestmass an gegenseitiger Rücksichtnahme. Zudem verbleibt trotz der grossen Selbständigkeit des einzelnen Stockwerkeigentümers notwendigerweise ein Bereich gemeinsamen Handelns aller Beteiligten. Diese gegensätzlichen Interessenlagen erfordern einen Ausgleich und eine besonders intensive rechtliche Regelung der Beziehungen unter den Beteiligten, um sowohl dem Einzelnen die seiner Eigentümerposition adäquaten Freiheiten zu gewähren als auch ein möglichst problemloses Zusammenleben aller Stockwerkeigentümer und einen reibungslosen Ablauf der gemeinsamen Verwaltungshandlungen zu ermöglichen.

43 Strukturbildendes Element der Stockwerkeigentümergemeinschaft ist das besonders ausgestaltete Miteigentum, die dingliche Berechtigung mehrerer Personen an einer Sache (vgl. hinten N 45f). Jeder Stockwerkeigentümer ist kraft Gesetzes Mitglied dieser Rechtsgemeinschaft. Zur Besorgung der gemeinsamen Aufgaben bedarf es aber einer sowohl für das Innen- wie für das Aussenverhältnis verbindlichen Ordnung der Rechtsbeziehungen zwischen den Stockwerkeigentümern. Zur sachenrechtlichen Komponente tritt also immer auch eine gemeinschaftsrechtliche, eine «körperschaftliche» (RIEMER, ZBGR *1975* 258) bzw. «personenrechtliche» (FREI, 22ff) hinzu, um die Stockwerkeigentümergemeinschaft existenz- und funktionsfähig zu machen.

2. Rechtsnatur

44 Zur Wahrnehmung ihrer Aufgaben ist die Organisation der Stockwerkeigentümergemeinschaft stärker als diejenige der Miteigentü-

mergemeinschaft der juristischen Person angeglichen worden (vorn N 40). Besonders die Führung eines eigenen Namens, die Einräumung der beschränkten Handlungs-, Betreibungs- und Prozessfähigkeit (Art. 712l), die als «Organ» zwingend vorgeschriebene Stockwerkeigentümerversammlung (Art. 712m–712p) sowie die Möglichkeit der Einsetzung weiterer «Organe» (Verwalter, Art. 712q–712t; Ausschuss, vgl. die Bemerkungen zu Art. 712m), weisen auf körperschaftliche Elemente hin. Wie weit hat sich die Stockwerkeigentümergemeinschaft damit der juristischen Person angenähert?

a. Die sachenrechtliche Grundlage der Stockwerkeigentümergemeinschaft

Die Stockwerkeigentümergemeinschaft hat ihre Grundlage in der gemeinsamen und unmittelbaren dinglichen Berechtigung an einem allen Beteiligten gehörenden Grundstück einschliesslich seiner Bestandteile. Aufgrund dieser sich aus dem Miteigentum ergebenden mehrfachen Trägerschaft an ein und demselben Recht bilden die Stockwerkeigentümer eine Rechtsgemeinschaft (Vorbemerkungen zu den Art. 646 ff N 5), ohne dass es eines weiteren Rechtsaktes der Beteiligten bedürfte (FRIEDRICH, SJK *1304* 1; K. MÜLLER, 34). Charakteristisch für die so gebildete Rechtsgemeinschaft ist, dass nicht die Gemeinschaft als solche Rechtsträgerin ist, sondern dass die mehreren Beteiligten Träger der Rechte und Pflichten sind (Vorbemerkungen zu den Art. 646 ff N 5 und N 7; REY, ZSR *1980* I 258). Jeder Stockwerkeigentümer ist Träger des dinglichen Vollrechts, was zur Folge hat, dass bei Verfügungen über die gemeinsame Sache die Zustimmung aller Beteiligter erforderlich ist (Art. 648 Abs. 2; REY, ZSR *1980* I 258). Bezüglich seines Stockwerkeigentumsanteils hat der Stockwerkeigentümer aber grundsätzlich das unbeschränkte Verfügungsrecht (FREI, 21 f; vgl. ausführlicher dazu Art. 712a N 83 ff). 45

Die Rechtsgemeinschaft der Stockwerkeigentümer stellt (wie die Rechtsgemeinschaft der Mit- oder Gesamteigentümer) eine selbständige Form der Mehrheitsbeteiligung dar, welche neben der juristischen Person steht (Vorbemerkungen zu den Art. 646 ff N 6; KUNZ, 166). Von der juristischen Person unterscheidet sie sich unter verschiedenen Gesichtspunkten, insbesondere aber durch die fehlende Rechtspersönlichkeit (MEIER-HAYOZ/FORSTMOSER, Grundriss des schweizerischen Gesellschaftsrechts [5.A., Bern 1984], § 2 N 44 f). 46

b. Die Stockwerkeigentümergemeinschaft als Personenverbindung

47 Die Stockwerkeigentümergemeinschaft weist als auf sachenrechtlicher Grundlage beruhende Personenverbindung eine intensive Regelung der Beziehungen unter den Beteiligten auf (vgl. vorn N 42 f). Der Gesetzgeber hat sich von der Überzeugung leiten lassen, dass das Stockwerkeigentum nur existenz- und funktionsfähig ist, wenn über die für das gewöhnliche Miteigentum geschaffene Regelung hinaus die Rechtsbeziehungen unter den Stockwerkeigentümern sowie zwischen den Einzelnen und der Gemeinschaft eingehender – aber auch flexibel – geordnet werden (BBl *1962* II 1490; vgl. auch LIVER, GS Marxer 189 ff und 198 f). Diese Intention hat zu einer komplexen Ausgestaltung der Stockwerkeigentümergemeinschaft mit körperschaftlichen Elementen geführt, was sowohl im Innenverhältnis (in vielen Bereichen Mehrheitsprinzip bei der Willensbildung, Kompetenzverteilung zwischen Verwalter und Versammlung der Stockwerkeigentümer, subsidiäre Anwendung von Vereinsrecht) als auch im Aussenverhältnis (beschränkte Handlungs-, Betreibungs- und Prozessfähigkeit) zum Ausdruck kommt (FRIEDRICH, Grundzüge N 11 ff; MEIER-HAYOZ/FORSTMOSER [zit. vorn N 46], § 1 N 67; LIVER, SPR V/1 106 f; FREI, 22 ff; C. MÜLLER, 27 ff; WEBER, SJZ *1979* 117 ff; vgl. zum Ganzen die Bemerkungen zu Art. 712l).

48 Diese stark körperschaftsähnliche Ausgestaltung, welche zudem durch die Einräumung einer beschränkten Vermögensfähigkeit der Stockwerkeigentümergemeinschaft betont wird (Art. 712l und die Bemerkungen zu diesem Artikel), hat dazu geführt, dass diese (Verwaltungs-)Gemeinschaft wenigstens teilweise als juristische Person bezeichnet wird (LIVER, FS Hug 374; derselbe, SPR V/1 57; derselbe, ZBJV *1965* 308; C. MÜLLER, 29 f, 33; unklar FRIEDRICH, Grundzüge N 13 f und SJK *1304* 2). Dieser Auffassung kann *nicht* gefolgt werden:

49 – Die Stockwerkeigentümergemeinschaft kann als Rechtsgemeinschaft niemals die die juristische Person kennzeichnende umfassende eigene Rechtspersönlichkeit erlangen; Rechtsträger sind immer die einzelnen Stockwerkeigentümer (Vorbemerkungen zu den Art. 646 ff N 9; MEIER-HAYOZ/FORSTMOSER [zit. vorn N 46], § 2 N 44 f, N 64 f; FREI, 17; REY, ZSR *1980* I 162 ff). Dies gilt selbst für das zweckgebundene Sondervermögen, das die Stockwerkeigentümergemeinschaft gemäss Art. 712l Abs. 1 erwerben kann; formell ist die Gemeinschaft zwar rechtszuständig; die mate-

rielle Rechtszuständigkeit verbleibt hingegen notwendigerweise bei der Gesamtheit der Stockwerkeigentümer (REY, ZSR *1980* I 263 f; ausführlich dazu die Bemerkungen zu Art. 712l).

– *Die Funktion der Stockwerkeigentümergemeinschaft*, welche auf Grund der 50 gemeinschaftlichen Rechtsstellung der Beteiligten am Grundstück entsteht, *erschöpft sich in der Verfügung, Nutzung, Verwaltung und Erhaltung des wirtschaftlichen Wertes des gemeinsamen Grundstücks* (vgl. KUNZ, 100). Diese Tätigkeit kann nicht als gemeinsame Zweckverfolgung im Sinne einer «affectio societatis» qualifiziert werden; es fehlt regelmässig der Wille der Stockwerkeigentümer, sich zur gemeinsamen Verfolgung eines bestimmten gemeinsamen Zweckes zu einer Stockwerkeigentümergemeinschaft zu vereinigen (MEIER-HAYOZ/FORSTMOSER [zit. vorn N 46], § 1 N 37 ff, N 67 f; REY, ZSR *1980* I 258 f, 264). Gerade deshalb, weil der Wille zu einer gemeinsamen Zweckverfolgung fehlt, unterscheidet sich die Stockwerkeigentümergemeinschaft von den Personengesellschaften und erst recht von den Körperschaften (MEIER-HAYOZ/FORSTMOSER [zit. vorn N 46], § 1 N 11, N 61 ff).

Die Gemeinschaft der Stockwerkeigentümer ist somit keine juristische Per- 51 son. Sie wird durch die starke Betonung der Kollektivsphäre zwar der juristischen Person angenähert und im Rechtsverkehr in Teilbereichen (ähnlich wie die Personenhandelsgesellschaften) so behandelt, wie wenn sie es wäre. Aber wegen der fehlenden Rechtspersönlichkeit und der fehlenden affectio societatis weist die Stockwerkeigentümergemeinschaft nicht den Grad von Intensität und Geschlossenheit auf, der die juristische Person kennzeichnet (Vorbemerkungen zu den Art. 646 ff N 9; MEIER-HAYOZ/FORSTMOSER [zit. vorn N 46], § 2 N 45; REY, ZSR *1980* I 262 f; RIEMER, ZBGR *1975* 258; KUNZ, 70; FREI, 17; STEINAUER, § 34 N 1302 ff). Weil die Gemeinschaft der Stockwerkeigentümer keine juristische Person ist, kann sie (wie die Kollektiv- und die Kommanditgesellschaft) auch keine Organe im streng körperschaftlichen Sinne haben. Wenn dennoch für die Stockwerkeigentümerversammlung, für den Verwalter oder für den Ausschuss der Ausdruck «Organ» verwendet wird, so ergibt sich dies aus der funktionsbedingten Organisationsstruktur; die Bezeichnung der Organisationsträger als «Organe» ist organisatorischer und nicht organschaftlicher Natur (REY, ZSR *1980* I 264 f; WEBER, SJZ *1979* 117; vgl. auch die Bemerkungen zu Art. 712m).

IV. Rechtsvergleichung

1. Allgemeines

52   Eine vorzügliche rechtsvergleichende Darstellung des Stockwerkeigentumsrechts findet sich bei BÄRMANN/PICK/MERLE [4.A.], Einl. N 1ff. Vgl. auch die Übersicht bei BOURNIAS, Rev. de droit comparé *1979* 583 ff. Für die allgemeine historische Entwicklung des Stockwerkeigentumsrechts in Europa vgl. FLATTET, ZSR *1956* 599a ff und FRIEDRICH, ZSR *1956* 91a ff. Weitere Ausführungen zur Rechtsvergleichung finden sich bei Art. 712a, Art. 712d, Art. 712g, Art. 712m und Art. 712q. Für die rechtsvergleichenden Bemerkungen zur Miteigentumsordnung wird auf die Vorbemerkungen zu den Art. 646 ff N 47 ff und auf LIVER, GS Marxer 155 ff, verwiesen.

2. Deutschland

Aus der Literatur: BÄRMANN, SJZ *1960* 113 ff; BÄRMANN/PICK, Wohnungseigentumsgesetz (9.A., München 1978); BÄRMANN/PICK/MERLE, Einl. N 625 ff, § 1 N 1ff, § 3 N 5ff, N 1 vor § 10; dieselben, 4.A., Einl. N 1ff; BAUR, 276–280; BÖRNER, Das Wohnungseigentum und der Sachbegriff des bürgerlichen Rechts, in: FS für Hans Dölle, Bd. I (Tübingen 1963), 201–227; LENT/SCHWAB, Sachenrecht (19.A., München 1983) 223–227; MERLE, Das Wohnungseigentum im System des bürgerlichen Rechts (Berlin 1979); WEITNAUER, N 1ff vor § 1, § 3 N 1ff; WOLF, 50–53.

a. Entstehungsgeschichte

53   Das deutsche Recht kannte von seinen frühen Anfängen an die Möglichkeit eines Eigentums an Teilen eines Gebäudes in Form des Stockwerkeigentums. Obwohl die landesrechtlichen Kodifikationen wie z.B. das Preussische Allgemeine Landrecht das Stockwerkeigentum nicht regelten, hat sich dieses bis 1900 nach Landesrecht erhalten (WEITNAUER, N 2 vor § 1; BÄRMANN [1.A.], S. 290 ff). Bei der Schaffung des BGB wurde das Stockwerkeigentum als überlebt und als mit dem Akzessionsprinzip nicht vereinbar betrachtet und dessen Neubegründung durch § 93 BGB i. V. m. Art. 182 und Art. 189 EGBGB verboten (WEITNAUER, N 3ff vor § 1; BAUR, 277; MERLE, 16 ff). Der Gedanke des Wohnungseigentums wurde aber schon nach dem Ersten Weltkrieg wieder aufgegriffen, doch fand er erst aufgrund

der drückenden Wohnungsnot nach dem Zweiten Weltkrieg weiteren Auftrieb. Die gewaltige Aufgabe der Wiederherstellung verlorengegangenen Wohnraums, die Schwierigkeiten der Finanzierung des Hausbaues und der Wunsch nach breiter Eigentumsstreuung haben den Anreiz zur Schaffung einer neuen Form des Eigentums gegeben. Der Gesetzgeber ist den wirtschaftlichen und sozialen Erwägungen gefolgt und erliess nach nur eineinhalbjähriger Vorarbeit das «Gesetz über das Wohnungseigentum und das Dauerwohnrecht vom 15. März 1951», das die technische Bezeichnung «Wohnungseigentumsgesetz» (WEG) trägt und am 20. März 1951 in Kraft trat. Das WEG erlangte am 2. August 1951 auch in Berlin Geltung und am 5. Juli 1959 im Saarland. Nach zwei Änderungen vorwiegend technischer Natur in den Jahren 1952 und 1957 erfuhr das WEG durch die Novelle vom 30. Juli 1973 letztmals eine Revision von einiger praktischer Bedeutung (vgl. dazu WEITNAUER, N 11d und N 27ff vor § 1).

Der Einführung des Wohnungseigentums war anfänglich kein grosser Er- 54
folg beschieden (vgl. auch BBl *1962* II 1476). Die Skepsis gegenüber dem neuen Rechtsinstitut führte vorerst zur Bevorzugung von Mischformen wie den dem uneigentlichen Stockwerkeigentum ähnlichen «Eigenwohnungen», der Wohnungs-AG und Wohnungs-GmbH (DIESTER, NJW *1971* 1153). Seit Mitte der 60er Jahre aber erfreut sich das Wohnungseigentum zunehmender Beliebtheit. Heute besteht weitgehend Einigkeit darüber, dass sich das WEG, das DIESTER (NJW *1971* 1153) als eines der «wohnungswirtschaftlich und eigentumspolitisch wichtigsten Gesetze der Nachkriegszeit» bezeichnet, bewährt hat (WEITNAUER, N 24ff vor § 1; BÄRMANN [1.A.], S.65ff; BAUR, 276f; DIESTER, NJW *1971* 1153ff).

b. Rechtsnatur des Wohnungseigentums

Wohnungseigentum ist die Verbindung des Miteigentums 55
am gemeinschaftlichen Grundstück mit dem Sondereigentum an der Wohnung (§ 1 Abs. 2, § 3 WEG). Wird das Sondereigentum an Räumen, die nicht Wohnzwecken dienen, begründet, so spricht das WEG von Teileigentum (§ 1 Abs. 3 WEG), doch gelten für das Teileigentum die Vorschriften über das Wohnungseigentum entsprechend (§ 1 Abs. 6 WEG). Mit der Einführung des Sondereigentums hat der Gesetzgeber des WEG – anders als die Schöpfer des BGB – bewusst die Prinzipien von § 93 und § 94 BGB (superficies solo cedit) durchbrochen («... abweichend von § 93 des Bürgerlichen Gesetzbuches...», Art.3 Abs.1 WEG; vgl. die Begründung hierzu bei WEIT-

NAUER, N 13a ff vor § 1). Während heute weitgehend Übereinstimmung darüber herrscht, dass das Wohnungseigentum nicht nur ein beschränktes dingliches Recht, sondern echtes Eigentum darstellt (vgl. stellvertretend für viele BAUR, 278; LENT/SCHWAB, 225; WEITNAUER, N 17 ff vor § 1), besteht Uneinigkeit in der Beurteilung des Verhältnisses zwischen Miteigentum und Sondereigentum (vgl. auch die diesbezügliche Kritik von LIVER in GS Marxer 184 f und in SPR V/1 90).

56 Die herrschende Lehre und der BGH sind der Ansicht, Wohnungseigentum sei durch das Sondereigentum besonders ausgestaltetes Miteigentum; rechtlich sei somit das Miteigentum beherrschend, das Sondereigentum bilde bloss, aber immerhin, sein «Anhängsel» bzw. seinen Bestandteil (BGHZ 49, 250; BAUR, 278; WOLF, 50 f; LENT/SCHWAB, 225; WEITNAUER, N 17 ff vor § 1; WEBER, 10 f; jeweils mit weiteren Verweisen). Obschon das Sondereigentum Alleineigentum (§§ 903 ff BGB) an der Wohnung bzw. an der Räumlichkeit darstelle (BGHZ 49, 250), sei dieser Bereich des Alleineigentums untrennbar mit dem Miteigentum verbunden und juristisch von diesem abhängig (vgl. § 3, § 6, § 8 WEG). Das WEG gehe grundsätzlich von der Einheit des Eigentums am Grundstück und Gebäude aus (WEITNAUER, N 15 ff vor § 1). Gemäss dieser *Miteigentumstheorie* besteht das Wohnungseigentum also aus der unlösbaren subjektiv-dinglichen Verbindung des Miteigentums mit dem Sondereigentum und bildet einheitliches, echtes Eigentum (§ 903 BGB; BAUR, 278). Dabei wird das Miteigentum durch das Sondereigentum nicht qualitativ beschränkt, sondern quantitativ einerseits durch das eigene Sondereigentum erweitert und andererseits durch das fremde Sondereigentum beschränkt (WEITNAUER, N 17 vor § 1 mit Verweis auf § 3 Abs. 1 und § 7 Abs. 1 WEG; WEBER, 17). Gemäss dieser Konzeption ist das Wohnungseigentum als *unechtes Stockwerkeigentum* zu betrachten (SCHMID, 12; WEBER, 9; BOURNIAS, Rev. de droit comparé *1979* 589; a. M. HAUGER, 8 f).

57 BÄRMANN fasst das Wohnungseigentum als «dreigliedrige Einheit» («Trinität») auf, die sich durch die wechselseitige akzessorische Verbundenheit von Sondereigentum, Miteigentumsanteil und verdinglichtem Mitgliedschaftsrecht an der Wohnungseigentümergemeinschaft kennzeichnet (BÄRMANN [1. A.], 72 ff, 151 ff, 164 ff; vgl. nun BÄRMANN/PICK/MERLE, Einl. N 626 ff). Demgemäss sei das Wohnungseigentum eine neue Eigentumsart («typus sui generis»; so nun auch H. MÜLLER, N 2). Die *Trinitätstheorie* baut zwar ebenfalls auf dem Miteigentum auf, bezieht aber neben dem Sondereigentum zusätzlich auch das personenrechtliche Element der Beteiligung an der Gemeinschaft mit in die Betrachtungen ein (vgl. dazu auch MERLE, 142 ff).

Die drei Elemente stehen gleichberechtigt nebeneinander und bilden eine Einheit. Die Trinitätstheorie ermöglicht eine ganzheitliche Erfassung des Wohnungseigentums, wenngleich sie zumeist nicht zu anderen Resultaten führt (WEBER, 13). Kritik ist dieser Theorie aber vor allem hinsichtlich einer Überbewertung der gemeinschaftlichen Komponente erwachsen (vgl. vor allem WEITNAUER, N 17d vor § 1).

Keine gesetzliche Grundlage hat die von BÖRNER (FS Dölle 201 ff) entwik- 58 kelte *Sondereigentumstheorie,* wonach der Gegenstand des Sondereigentums eine selbständige, durch die vertikalen und horizontalen Grenzen bestimmte Sache sei, der dem Miteigentumsanteil am Grundstück als wesentlicher Bestandteil zugeordnet sei. Diese Auffassung wurde mit Hinweis auf die konkrete gesetzliche Regelung beinahe einhellig abgelehnt (BÄRMANN/PICK, § 1 N 7; BAUR, 278; WEITNAUER, N 17f vor § 1). Ebenso fanden weitere dogmatische Lösungsversuche kein nennenswertes Echo, so etwa auch jener von MERLE (Das Wohnungseigentum im System des bürgerlichen Rechts, Berlin 1979), der das Wohnungseigentum als grundstückähnliches Mitgliedschaftsrecht erfassen will (vgl. die Kritik hierzu und zu den weiteren Theorien WEITNAUER, N 17g ff vor § 1).

c. *Die Wohnungseigentümergemeinschaft*

Die §§ 10–19 WEG enthalten Regeln über die Gemein- 59 schaft der Wohnungseigentümer, wobei § 10 Abs. 1 Satz 1 WEG auf die subsidiär anwendbaren Bestimmungen des BGB (§§ 741 ff, §§ 1008 ff) verweist. Entsprechend der unterschiedlichen dogmatischen Erfassung des Wohnungseigentums wird auch die Wohnungseigentümergemeinschaft verschieden qualifiziert. Die Vertreter der Miteigentumstheorie (dazu vorn N 56) betrachten sie als Bruchteilsgemeinschaft im Sinne der §§ 741 ff BGB, die durch die Vorschriften des WEG weiter ausgebaut wird. Zudem besteht im Rahmen der Struktur der Bruchteilsgemeinschaft die Freiheit zur weiteren vertraglichen Ausgestaltung durch die Wohnungseigentümer (§ 10 Abs. 1 Satz 2 WEG). Trotz den aufgrund der besonderen Ausgestaltung vorhandenen körperschaftlichen Zügen (vgl. BAUR, 279) wird sie aber nicht zur juristischen Person (BÄRMANN/PICK/MERLE, Einl. N 651 f und N 8 vor § 10; STUDER, 15), sondern bleibt eine Bruchteilsgemeinschaft (WEITNAUER, N 21 vor § 1, § 10 N 8; LENT/SCHWAB, 226; vgl. dazu auch die Vorbemerkungen zu den Art. 646 ff N 49–51).

BÄRMANN dagegen sieht in der Wohnungseigentümergemeinschaft eine 60

Misch- bzw. Zwischenform zwischen Bruchteils- und Gesamthandsgemeinschaft und bezeichnet sie als «typus sui generis» mit überwiegend dinglichem Charakter (BÄRMANN/PICK/MERLE, Einl. N 651 und 652, N 9 vor § 10; vgl. die Kritik hierzu bei WEITNAUER, N 18a-21 vor § 1). Ähnlich wie BÄRMANN (BÄRMANN/PICK/MERLE, Einl. N 651f) deutet auch MERLE (S.142ff) das Wohnungseigentümerverhältnis als personenrechtliches Gemeinschaftsverhältnis, d.h. als eine aus personen- und vermögensrechtlichen Elementen bestehende einheitliche, verdinglichte Mitgliedschaft.

3. Österreich

Aus der Literatur: Vgl. FAISTENBERGER/BARTA/CALL, Kommentar zum Wohnungseigentumsgesetz 1975 (Wien 1976); GSCHNITZER, Österreichisches Sachenrecht (2.A., Wien 1985), 152–155; KOZIOL/WELSER, Grundriss des Bürgerlichen Rechts, Bd.II (7.A., Wien 1985), 49–52; MEINHARDT, Das Wohnungseigentumsgesetz 1975 (Wien 1976).

a. Entstehungsgeschichte

61   Die Geschichte des Wohnungseigentums in Österreich lässt sich mit derjenigen von Deutschland und der Schweiz vergleichen. Wohl verbot das ABGB von 1811 das Wohnungseigentum nicht, erwähnte es aber auch nicht. Ein Verbot wurde dann im Gesetz vom 30. März 1879 statuiert, wobei bestehendes Wohnungseigentum erhalten blieb (vgl. dazu BÄRMANN/PICK/MERLE [4.A.], Einl. N 270). Aufgrund der allgemeinen Wohnungsnot nach dem Zweiten Weltkrieg wurde mit dem «Bundesgesetz betreffend das Eigentum an Wohnungen und Geschäftsräumen vom 8. Juli 1948» ein erster Anlauf zur Wiedereinführung des Wohnungseigentums genommen. Die kurze Fassung dieses Gesetzes (13 Paragraphen) erwies sich aber schnell als so unvollständig und starr, dass es den neuen Bedürfnissen nicht gerecht zu werden vermochte. Dies führte zur Neufassung: Seit dem 1. September 1975 ist das neue «Wohnungseigentumsgesetz» (ÖWEG) in Kraft.

62 Dem neuen Gesetz liegt wie jenem von 1948 die Konstruktion des Wohnungseigentums als sog. unechtes Stockwerkeigentum zugrunde (vgl. dazu hinten N 64), doch wurde insbesondere der Gegenstand dieses Realrechts differenzierter ausgestaltet (§ 1 ÖWEG). Weiter sind die (zur Hauptsache zwingenden) Regeln über Nutzung und Verwaltung erweitert (§§ 13–20 ÖWEG) und im Zuge der Familienrechtsreform das gemeinsame Wohnungseigentum der Ehegatten eingeführt worden (§§ 9–11 ÖWEG; vgl. dazu KOZIOL/WELSER, 50f).

Die Wiedereinführung des Wohnungseigentums hat sich in Österreich insgesamt als Erfolg erwiesen: 1983 wurden über 220 000 Eigentumswohnungen gezählt (GSCHNITZER, 152).

b. *Rechtsnatur des Wohnungseigentums*

Gleich wie das schweizerische Recht bekennt sich auch das ÖWEG zur sonderrechtlichen Ausgestaltung des Miteigentums, mithin zum *unechten Stockwerkeigentum* (LIVER, GS Marxer 185f; vgl. dazu auch vorn N 30). Gemäss § 1 Abs. 1 ÖWEG ist das Wohnungseigentum «das dem Miteigentümer einer Liegenschaft eingeräumte dingliche Recht, eine selbständige Wohnung oder eine sonstige selbständige Räumlichkeit ausschliesslich zu nutzen und hierüber allein zu verfügen». Miteigentum und Wohnungseigentum sind untrennbar miteinander verbunden (§ 7 Abs. 1 ÖWEG) und unteilbar (§ 8 Abs. 1 ÖWEG). Grundlage des Wohnungseigentums ist und bleibt die Bruchteilsgemeinschaft des 16. Hauptstücks des ABGB, §§ 825–849 (vgl. dazu die Vorbemerkungen zu den Art. 646ff N 53ff), die durch die Regelung im ÖWEG eine sonderrechtliche Ausgestaltung erfährt, ohne dass das Akzessionsprinzip verletzt würde (BÄRMANN/ PICK/MERLE [4.A.], Einl. N 273; MEINHARDT, § 1; GSCHNITZER, 154f; LIVER, GS Marxer 185f). Weil beim Wohnungseigentum Sonderrecht und Miteigentum untrennbar miteinander verbunden sind, kann das Sonderrecht, das per definitionem unselbständig ist, weder als «Sondereigentum» noch als «Servitut» betrachtet werden (GSCHNITZER, 155; KOZIOL/WELSER, 49f; a. M. bezüglich der Servitut BÄRMANN/PICK/MERLE [4.A.], Einl. N 274; vgl. dazu auch die Bemerkungen zum schweizerischen Recht, vorn N 34).

Wohnungseigentum kann jedoch nur von denjenigen Miteigentümern erworben werden, denen ein «Mindestanteil» an der Liegenschaft zukommt (§ 2 Abs. 1 ÖWEG). Dieser bemisst sich nach dem Verhältnis des Nutzwertes des einzelnen Wohnungseigentumsobjektes zur Summe der Nutzwerte aller Objekte und ist vom Gericht festzusetzen (§§ 3–5 ÖWEG; vgl. dazu GSCHNITZER, 153; BÄRMANN/PICK/MERLE [4.A.], Einl. N 273). Die Begründung von Wohnungseigentum ist also abhängig von einer Mindestgrösse des jeweiligen Miteigentumsanteils. Dabei ist zu beachten, dass nicht alle Miteigentümer einer Gemeinschaft, denen ein Mindestanteil zusteht, die Verbindung mit dem Wohnungs-Nutzrecht eingehen müssen; es kann an ein und derselben Liegenschaft gewöhnliches Miteigentum gemäss den §§ 825ff ABGB neben Wohnungseigentum im Sinne des ÖWEG von 1975 bestehen

(FAISTENBERGER/BARTA/CALL, § 2 Rz 5ff; MEINHARDT, Anm. zu § 2; BÄRMANN/PICK/MERLE [4.A.], Einl. N 273 a. E.).

c. Die Wohnungseigentümergemeinschaft

66 Grundlage der Wohnungseigentümergemeinschaft ist die Miteigentümergemeinschaft des 16. Hauptstücks des ABGB, §§ 825–849. Das ÖWEG selbst kennt keine allgemeinen Organisationsvorschriften für die Gemeinschaft, sondern begnügt sich mit zwingenden Sondervorschriften über die Verwaltung in den §§ 13–20 und verweist in § 14 Abs. 1 auf die weiteren Regeln der §§ 825 ff AGBG. Als Bruchteilsgemeinschaft im Sinne der §§ 825 ff AGBG kommt der Wohnungseigentümergemeinschaft keine juristische Persönlichkeit zu (BÄRMANN/PICK/MERLE [4.A.], Einl. N 286; vgl. auch die Vorbemerkungen zu den Art. 646 ff N 53).

67 Zu beachten ist, dass sich die Gemeinschaft aus Wohnungseigentümern und aus gewöhnlichen Miteigentümern zusammensetzen kann (vgl. vorn N 65). Bedeutsam ist ferner, dass § 22 ÖWEG – anders als das ABGB für die gewöhnliche Miteigentümergemeinschaft – die Möglichkeit des Ausschlusses einzelner Mitglieder aus wichtigen Gründen vorsieht (vgl. dazu FAISTENBERGER/BARTA/CALL, § 22 Rz 1ff). Angesichts des Fehlens einer vom Gesetz vorgezeichneten Organisation kommt in der Praxis dem Verwalter (§§ 17 und 18 ÖWEG, §§ 836 und 837) eine bedeutende Stellung zu (GSCHNITZER, 155).

4. Italien

Aus der Literatur: BOSISIO, Guida pratica del condominio per costruttori, notai, amministratori e condomini – con formulario (9a ed., Milano 1962); BRANCA, Commentario del codice civile, libro terzo – della proprietà; comunione, condominio negli edifici, Art. 1100–1139 (5a ed., Bologna/Roma 1972); GALGANO, Diritto privato (3a ed., Padova 1985); JANNUZZI/JANNUZZI, Il condominio negli edifici, Rassegna di giurisprudenza (2a ed., Milano 1978); PERLINGIERI, Codice civile annotato con la dotrina e la giurisprudenza, libro terzo (Torino 1984); STASSANO, Codice della comunione e del condominio, Repertitorio completo di Dottrina di giurisprudenza (3a ed., Milano 1977); TRABUCCHI, Istituzioni di diritto civile (25a ed., Padova 1981).

a. Entstehungsgeschichte

68 Schon der alte Codice civile von 1865 regelte in seinen Artikeln 562–564 und 673–684 die Materie des Stockwerkeigentums (heute: condominio negli edifici oder proprietà per piani), ohne ihr allerdings über-

mässiges Gewicht beizulegen und über die rudimentäre Regelung des französischen Code civil (dessen Art. 664 er übernahm) hinauszugehen. Dies erklärt sich aus dem Umstand, dass damals das Stockwerkeigentum ein in manchen Regionen Italiens wenig verbreitetes, in anderen überhaupt fast unbekanntes Institut war (BOSISIO, 13). Erst die drückende Wohnungsnot nach dem Ersten Weltkrieg, hervorgerufen durch die künstliche Tiefhaltung der Mietzinse für Altwohnungen einerseits (mit der Folge, dass Altmieter, auch wenn der Bedarf bezüglich der Grösse nicht mehr gegeben war, in billigen Altwohnungen wohnen blieben) und den sprunghaft angestiegenen Verkauf von Wohnungen durch Hauseigentümer andererseits, brach der Begründung neuen Stockwerkeigentums die Bahn (BBl *1962* II 1476). Als tatkräftige Förderer des Stockwerkeigentums traten daneben auch Wohnbaugenossenschaften mit und ohne staatliche Beiträge, Architekten, Treuhandbüros (denen sich in der Übernahme der Hausverwaltungen ein neues Arbeitsfeld auftat) usw. auf. Mit dieser stürmischen, vor allem in den Städten auftretenden Ausbreitung des Stockwerkeigentums (vor einigen Jahren z. B. standen in Mailand ca. 35% der Wohnungen im Stockwerkeigentum und heute rechnet man mit einem noch höheren Prozentsatz; vgl. TRABUCCHI, 441 FN 1. 1966 lebten ca. 52,8% der Italiener in Eigentumswohnungen; dieser Prozentsatz ist inzwischen noch gestiegen; vgl. BÄRMANN/PICK/MERLE [4.A.], Einl. N 135) vermochte die rechtliche Regelung der Beziehungen zwischen den Stockwerkeigentümern nicht Schritt zu halten. Sie wurde deshalb zunächst auf vertragliche Grundlage gestellt und fand schliesslich in den Jahren 1934, 1935 und 1938 Eingang in die Spezialgesetzgebung (BOSISIO, 13).

Im Jahre 1942 erfuhr das italienische Zivilrecht eine umfassende Umgestaltung, in deren Zuge auch das Stockwerkeigentum im dritten Buch «della proprietà» ausführlich geregelt wurde. Die entsprechenden Bestimmungen finden sich im Anschluss an die Regelung der «comunione in generale» (Art. 1100–1116 CCit) im Kapitel «il condominio negli edifici» (Art. 1117–1139 CCit) sowie in den Artikeln 61–72 und 155/156 der Einführungs- und Übergangsbestimmungen. Die Normen der «comunione» gelten für das Stockwerkeigentum – das durch die Stellung im Codice civile eindeutig als Sonderform der «comunione», also der Bruchteilsgemeinschaft, angesehen wird – subsidiär (Art. 1139 CCit; STUDER, 18).

b. Rechtsnatur des Stockwerkeigentums

70   Wie Frankreich (und der übrige romanische Rechtskreis) hat auch Italien ein *eigentliches (echtes) Stockwerkeigentum*, eine Verbindung von Alleineigentum (proprietà esclusiva) und zwangsweisem Miteigentum (coproprietà forzosa) an den gemeinsamen Teilen (Bosisio, 17; Galgano, 171). Das Hauptgewicht liegt dabei auf dem das Akzessionsprinzip (zur dispositiven Natur des Akzessionsprinzips vgl. Art. 934 CCit und vorn N 29) durchbrechenden Sondereigentum (es ist sowohl eine vertikale als auch eine horizontale Aufteilung des Gebäudes zwischen verschiedenen Eigentümern möglich; zur in neuerer Zeit aufgekommenen «multiproprietà», die eine Aufteilung des Eigentums in zeitlicher Hinsicht vornimmt, vgl. Galgano, 171 f; zur Problematik des «time-sharing» im schweizerischen Recht vgl. Art. 712a N 14f). Das mit dem Sonderrecht verbundene Miteigentum (im gemeinschaftlichen Eigentum stehen aufgrund gesetzlicher Vermutung, wenn und soweit nichts anderes vereinbart ist, der Boden, auf dem das Gebäude steht, die Fundamente, Hauptmauern, Dächer, Treppen usw. und allgemein zum gemeinschaftlichen Gebrauch bestimmte Einrichtungen und Anlagen wie Lifte, Heizungsanlagen usw.; vgl. Art. 1117 CCit; Galgano, 170; Branca, 359; Bosisio, 28 ff) hat bloss akzessorischen Charakter (Perlingieri, Art. 1117 S. 493 und dortige Verweise; Schmid, 9). Eine Teilung der gemeinschaftlichen Elemente des Gebäudes ist grundsätzlich erlaubt, sofern dadurch der Gebrauch der Sache nicht behindert wird (Art. 1119 i. V. m. Art. 1138 Abs. 4 CCit).

c. Die Stockwerkeigentümergemeinschaft

71   Auch in Italien ist der praktisch übliche Fall der Errichtung von Stockwerkeigentum der Bau von Wohnungen durch einen Alleineigentümer. Erfolgt die Errichtung durch eine Mehrheit von Miteigentümern, besteht vor Fertigstellung und Zuteilung der einzelnen Wohnungen lediglich eine gewöhnliche Miteigentümergemeinschaft nach Art. 1100 ff CCit. Erst *nach* der Zuteilung entsteht unter ihnen echtes «condominio» und eine echte Gemeinschaft im Sinne von Art. 1117 ff CCit (Stassano, Art. 1117 Nr. 42 ff). Art. 156 der Einführungs- und Übergangsbestimmungen lässt auch zu, dass eine ursprüngliche Miteigentumsgemeinschaft in der Form einer Genossenschaft (società cooperativa) gebildet wird, wobei diese Verwaltungsform später beibehalten werden kann. Sind allerdings die Mitglieder

endgültige Eigentümer geworden, so stellt ihre Gemeinschaft nach herrschender Auffassung keine juristische Person mehr dar, sondern eine einfache Verwaltungsgemeinschaft (ente di semplice gestione; vgl. STASSANO, Art. 1117 Nr. 2ff).

In der italienischen Literatur ist streitig, ob es sich bei der Stockwerkeigentümergemeinschaft um eine juristische Person (personalità giuridica) oder eine blosse Rechtsgemeinschaft handelt, wobei zu beachten ist, dass schon der Begriff der juristischen Person selbst starker Kritik ausgesetzt ist. Die Mehrheit der Autoren und auch die Rechtsprechung gehen von einer Gemeinschaft ohne eigene Rechtspersönlichkeit, einer «ente di semplice gestione» aus (PERLINGIERI, Art. 1117 S.495, mit Hinweisen auf die Rechtsprechung; TRABUCCI, 442; JANNUZZI/JANNUZZI, Art. 1117 S.4f, mit eingehenden Nachweisen in Rechtsprechung und Literatur; a. M. BRANCA, Art. 1100–1116 S.5 ff und insb. Art. 1117–1139 S.359, der die Stockwerkeigentümergemeinschaft als juristische Person eigener Art [persona giuridica *collettiva*] sieht und bei Annahme einer «ente di gestione» keinen Sinn erkennt, vom *Beitritt* zu einer Stockwerkeigentümergemeinschaft zu sprechen; Nachweis bei PERLINGIERI, Art. 1117 S.495). 72

5. Frankreich

Aus der Literatur: ATTIAS, Les biens II: Droit immobilier (Paris 1982); ATTIAS, La copropriété des immeubles bâtis dans la jurisprudence (Paris 1979); CARBONNIER, Droit Civil III: Les biens (11ᵉ éd., Paris 1983); FERID/SONNENBERGER, Das Französische Zivilrecht, Bd. II (2.A., Heidelberg 1986), 631–642; GIVORD/GIVERDON, La copropriété, loi du 10 juillet 1965 et décret du 17 mars 1967 (2ᵉ éd., Paris 1974); KISCHINEWSKY-BROQUISSE, La copropriété des immeubles bâtis (3ᵉ éd., Paris 1978).

a. Entstehungsgeschichte

Schon vor der Einführung des Code civil von 1804 war in Frankreich, insbesondere in den Städten Grenoble und Rennes, eine Ordnung des Teileigentums nach Räumen in den «coutumes» anerkannt (BÄRMANN/PICK/MERLE [4.A.], Einl. N 9; FLATTET, ZSR *1956* 602a ff, 615a ff). Weil diese Teileigentumsformen den Verfassern des Code civil als systemfremd erschienen und um den lokalen Gegebenheiten Rechnung zu tragen, beschränkte sich der Code in Art. 664 auf die grundsätzliche Anerkennung der copropriété und auf die Regelung einer Verteilung der Lasten (FERID/SONNENBERGER, 631; BÄRMANN/PICK/MERLE [4.A.], Einl. N 9). Erst mit der 73 nach dem Ersten Weltkrieg herrschenden Wohnungsknappheit setzte eine intensive Nachfrage nach Eigenwohnungen ein. Dabei wirkte sich aber besonders der Mangel jeder gesetzlichen Ordnung des Miteigentums (vgl. dazu die Vorbemerkungen zu den Art. 646 ff N 60 ff) hemmend auf die Begründung von Wohnungseigentum aus (FERID/SONNENBERGER, 631 f). Die Notwendigkeit einer Anpassung der copropriété an die gewandelten Bedürfnisse führte 1938 zum Gesetz «tendant à régler le statut de la copropriété des immeubles divisés par appartements»; gleichzeitig wurde Art. 664 CCfr aufgehoben. Während sich das 1. Kapitel dieses Gesetzes mit den Wohnbaugesellschaften befasste, legte das 2. Kapitel die wesentlichen Grundlagen für die copropriété, die später lediglich noch verfeinert wurden (FERID/SONNENBERGER, 632; FLATTET, ZSR *1956* 626a ff).

74 Weil das Gesetz von 1938 die besonders nach dem Zweiten Weltkrieg auftretenden Probleme der Einbindung der Wohnungseigentümer in die Gemeinschaft nicht befriedigend zu lösen vermochte, wurde am 10. Juli 1965 das Gesetz «fixant le statut de la copropriété des immeubles bâtis» (im folgenden: Gesetz) erlassen und durch das Ausführungsdekret vom 17. März 1967 (im folgenden: Dekret) ergänzt. In diesem Gesetz wurde wiederum zwischen den Wohnbaugesellschaften und der copropriété unterschieden, letztere aber wesentlich genauer geregelt. Das Gesetz lässt sich von der historisch überlieferten dualistischen Konzeption der copropriété leiten, indem es von einer Kombination von Sondereigentum und von Miteigentum ausgeht und versucht, die Gemeinschafts- und die Eigentümerinteressen mittels einer weitgehend zwingenden Gemeinschaftsordnung auszugleichen (Art. 43 des Gesetzes; FERID/SONNENBERGER, 632; BÄRMANN/PICK/MERLE [4.A.], Einl. N 10; LIVER, GS Marxer 185).

75 Trotz verschiedentlich geäusserten Vorwürfen, das Gesetz atme den Geist staatlichen Interventionismus und könne den unterschiedlichen Interessenlagen nicht gerecht werden (vgl. ATTIAS II, Nr. 73; SCHMID, 10; FERID/SONNENBERGER, 632, mit Verweis auf die umfassende rechtspolitische Kritik in «Le Monde» vom 13.–17. März 1984), ist es seit 1965 zu keiner wesentlichen Reform mehr gekommen. Mit dem Gesetz vom 16. Juli 1971 wurden lediglich die Wohnbaugesellschaften, die gesellschaftsrechtliche Form des Wohnungseigentums, aus dem Gesetz von 1965 entfernt und im Gesellschaftsrecht angesiedelt. Diese gesellschaftsrechtliche Form der Aufteilung von Nutzungsrechten an Wohnungen geniesst heute nur noch bei der Diskussion um die «multipropriété», der zeitlichen Aufteilung der Nutzungsrechte an einer Wohnung, grössere Bedeutung (FERID/SONNENBERGER, 633; BÄR-

MANN/PICK/MERLE [4.A.], Einl. N 44) und ist nun im Gesetz vom 6. Januar 1986 «relatif aux sociétés d'attribution d'immeubles en jouissance à temps partagé» ausführlich geregelt (vgl. zur Situation im schweizerischen Recht Art. 712a N 14f).

Eine Besonderheit besteht bezüglich des Anwendungsbereichs des Wohnungseigentumsgesetzes insofern, als es ein bebautes Grundstück voraussetzt. Die copropriété findet nur auf *fertige*, für Appartement-Eigentum vorgesehene *Gebäude* Anwendung, bei denen *mindestens eine Wohnung verkauft* ist (FERID/SONNENBERGER, 633; BÄRMANN/PICK/MERLE [4.A.], Einl. N 10). Dies hat vielfältige Übergangsprobleme bei der Begründung zur Folge (vgl. dazu Art. 712d N 6).

76

b. Rechtsnatur des Wohnungseigentums

Entsprechend der Tradition im romanischen Rechtskreis, wonach das Akzessionsprinzip dispositiver Natur ist (Art. 546 und Art. 553 CCfr; vgl. auch vorn N 70 für das italienische Recht), ist das französische Wohnungseigentum nach der dualistischen Konzeption als *echtes Stockwerkeigentum* ausgestaltet. Die copropriété besteht im Eigentum an einem «lot» (Art. 1 Abs. 1), welches Sondereigentum an den parties privatives (Art. 2 Abs. 2) und Miteigentum in Form einer indivision (Art. 4) an den parties communes (Art. 3) umfasst (FERID/SONNENBERGER, 634; KISCHINEWSKY-BROQUISSE, Nr. 87; SCHMID, 9f; LIVER, GS Marxer 185; derselbe, SPR V/1 90 Anm. 4 mit einer Kritik an dieser Konstruktion). Die besondere Charakteristik dieser copropriété besteht im Fehlen einer Hierarchie zwischen Sonderrecht und Miteigentum. Sie bilden eine untrennbare Einheit (Art. 6), ohne dass das eine Recht im Verhältnis zum andern akzessorisch ist (KISCHINEWSKY-BROQUISSE, Nr. 87; ATTIAS, copropriété Nr. 35 ff; vgl. dagegen vorn N 56 zum deutschen Recht).

77

Für die Ausscheidung zwischen parties privatives und parties communes besteht weitgehend Vertragsfreiheit; die gesetzliche Aufzählung in Art. 3 Abs. 1 und 2 hat lediglich dispositiven Charakter (FERID/SONNENBERGER, 634; KISCHINEWSKY-BROQUISSE, Nr. 59). So können auch gewisse Nebenrechte an den gemeinschaftlichen Teilen (droits accessoires aux parties communes), wie z. B. das Recht auf Aufstockung und das Recht zur Errichtung neuer Gebäude auf dem gemeinsamen Grundstück, rechtsgeschäftlich in beschränktem Umfang einem einzelnen Eigentümer zugewiesen werden (Art. 3 Abs. 4; FERID/SONNENBERGER, 634; weitere Einzelheiten bei GIVORD/GIVER-

78

DON, Nr. 36 ff; KISCHINEWSKY-BROQUISSE, Nr. 76 ff, Nr. 116 ff; vgl. dazu auch Art. 712a N 6).

c. Die Wohnungseigentümergemeinschaft

79 Als Korrelat zur individualistisch geprägten dinglichen Ausgestaltung der copropriété unterliegt die Einbindung der Wohnungseigentümer in die Gemeinschaft weitgehend zwingenden gesetzlichen Normen (vgl. Art. 43 des Gesetzes). Die Gemeinschaft der Wohnungseigentümer (syndicat des copropriétaires) entsteht unmittelbar kraft Gesetzes und hat Rechtspersönlichkeit (personnalité civile; Art. 14 Abs. 1), sobald mindestens zwei Eigentümer vorhanden sind. Gemäss Art. 14 Abs. 2 des Gesetzes kann sie auch als Genossenschaft (syndicat coopératif) organisiert sein (vgl. dazu insb. GIVORD/GIVERDON, Nr. 331 ff).

80 Als juristische Person ist der «syndicat», unabhängig vom individuellen Recht jedes Eigentümers, partei-, prozess- und vermögensfähig. Die Eigentümer sind «Dritte» im Verhältnis zum «syndicat» (BÄRMANN/PICK/MERLE [4.A.], Einl. N 28). Eigentümer des Grundstücks und des Gebäudes ist der «syndicat» aber nicht; an diesen Teilen besteht Miteigentum der Beteiligten (BÄRMANN/PICK/MERLE [4.A.], Einl. N 28; LIVER, GS Marxer 192 Anm. 46; KISCHINEWSKY-BROQUISSE, Nr. 290 f; GIVORD/GIVERDON, Nr. 303 f).

81 Gemäss Art. 27 des Gesetzes können auch Untergemeinschaften (syndicats secondaires) mit eigener Rechtspersönlichkeit gebildet werden. Sofern es für eine Gebäudegruppe zweckmässig ist, können sich selbständige Gemeinschaften zudem zu einer Union zusammenschliessen (Art. 29 des Gesetzes und Art. 43 ff des Dekrets). Die Union stellt ebenfalls eine juristische Person dar, deren Rechts- und Vermögensfähigkeit allerdings auf ihren besonderen Zweck beschränkt ist (FERID/SONNENBERGER, 639).

V. Intertemporales Recht

82 Mit der Wiedereinführung des Stockwerkeigentums durch das Bundesgesetz vom 19. Dezember 1963 (vgl. dazu vorn N 14 ff) stellte sich dem Gesetzgeber auch das Problem, wie das vor 1912 begründete altrechtliche Stockwerkeigentum und die zwischen 1912 und 1965 begründeten Ersatzformen zu behandeln und ins neue Recht überzuführen sind. Zu diesem Zweck wurden in den SchlT ZGB die Marginalie zu Art. 20 und der Art. 45 Abs. 1 (Streichung des Wortes «Stockwerkeigentum») geändert und die Art. 20bis, 20ter und 20^{quater} eingefügt (BBl *1962* II 1502 ff).

Zum intertemporalen Sachenrecht im allgemeinen vgl. die Ausführungen im Systematischen Teil N 744 ff und die dort in N 744 zitierte Literatur. Zum Übergangsrecht der Miteigentumsordnung vgl. die Vorbemerkungen zu den Art. 646 ff N 41 ff.

1. Überführung von altrechtlichem Stockwerkeigentum ins neue Recht

Der Ausschluss der Neubegründung von Stockwerkeigentum durch das ZGB von 1907 hatte nicht dessen Untergang zur Folge; altrechtliches Stockwerkeigentum bestand gemäss Art. 17 Abs. 3 SchlT unter der Herrschaft des kantonalen Rechts weiter, konnte aber im eidgenössischen Grundbuch nur angemerkt werden (BROGLI, 60 f; vgl. vorn N 11). Durch Art. 20bis SchlT sind mit dem Inkrafttreten der Stockwerkeigentumsnovelle *alle altrechtlichen Stockwerkeigentumsverhältnisse,* soweit sie vor 1912 begründet wurden und bis 1965 überlebt hatten, inhaltlich *ex lege dem neuen Recht unterstellt.* Das gilt selbst für jene Verhältnisse, bei denen die Stockwerke oder Stockwerkteile nicht als Wohnungen oder Geschäftsraumeinheiten im Sinne von Art. 712b in sich abgeschlossen sind. Zu dieser Konzession sah sich der Gesetzgeber aufgrund der «funktionalen Einheit» von altrechtlichem und neurechtlichem Stockwerkeigentum gezwungen (BBl *1962* II 1502; BROGLI, 68 und 70 f). Dieser Verzicht auf das Erfordernis der Abgeschlossenheit und damit auch auf das Erfordernis des eigenen Zugangs ist jedoch die einzige Ausnahme von der sonst vollumfänglichen Unterstellung unter das neue Recht (vgl. auch Art. 10a Abs. 4 GBV; BROGLI, 71; SCHMID, 152; vgl. auch Art. 712b N 60). 83

Die automatische Unterstellung unter das neue Recht wirft indessen einige besondere Fragen auf, so vor allem diejenige nach der Tragweite der Unterstellung und jene nach der grundbuchlichen Behandlung (vgl. J. RUEDIN, ZBGR *1965* 1 ff; STÖCKLI, ZBGR *1965* 17 ff; BROGLI, 67 ff). 84

a. Der Bereich der inhaltlichen Unterstellung unter das neue Recht

Art. 20bis SchlT muss in Verbindung mit Art. 17 Abs. 2 und Art. 18 Abs. 3 SchlT betrachtet und ausgelegt werden (vgl. die Marginalien von Art. 17 ff SchlT [Sachenrecht] und Art. 20 ff SchlT [Besondere Eigentumsrechte]). Danach wird der *gesetzliche Inhalt* der altrechtlichen Verhält- 85 nisse vollumfänglich dem neuen Recht unterstellt (Art. 17 Abs. 2 SchlT), während der *rechtsgeschäftliche Inhalt* gemäss Art. 18 Abs. 3 SchlT nach dem alten Recht zu beurteilen ist, soweit er nicht gegen zwingende Normen des neuen Rechts verstösst. In diesem Sinne werden auch die intertemporalrechtlichen Grundsätze von Art. 1 und 3 SchlT beachtet (Vorbemerkungen zu den Art. 646 ff N 45; MUTZNER, Art. 17 N 70 und 73 ff; BROGGINI, SPR I 484 ff; BROGLI, 67 ff; SCHMID, 150 f; kritisch dazu STÖCKLI, ZBGR *1965* 28 f).

b. Die grundbuchliche Behandlung und Anpassung

86 Altrechtliches Stockwerkeigentum untersteht ex lege dem neuen Recht (vorn N 83). Ein allfälliger Grundbucheintrag hat deshalb bloss deklaratorischen Charakter (Art. 656 N 73; BROGLI, 72; SCHMID, 147). In Art. 20^{quater} SchlT hat der Bundesgesetzgeber den Kantonen die Kompetenz (nicht die Pflicht!) übertragen, zur Eintragung der bestehenden altrechtlichen Verhältnisse und zur Bereinigung des Grundbuches besondere Vorschriften zu erlassen. Art. 10a Abs. 4 GBV überlässt zudem den Kantonen die Freiheit, für altrechtliches Stockwerkeigentum «besondere Stockwerkeigentumsblätter nicht oder nur unter bestimmten Voraussetzungen» anzulegen. Die Kantone haben in unterschiedlichem Masse von dieser Kompetenz Gebrauch gemacht (vgl. BROGLI, 74). In manchen Kantonen wird eine solche Anpassung von Amtes wegen vorgenommen, in einigen auf Grund einer Feststellungsklage und in andern schliesslich durch vertragliche Übereinkunft der Berechtigten gemäss dem Anspruch nach Art. 18 Abs. 1 SchlT (BROGLI, 74 ff; STÖCKLI, ZBGR *1965* 25 f). Fehlen diesbezügliche kantonale Vorschriften, so besteht keine Pflicht zur Anpassung, selbst nicht bei Verfügungen über die Sache (Art. 656 N 73; BROGLI, 78 f; STÖCKLI, ZBGR *1965* 25 f; a. M. SCHMID, 147). Eine gewisse Doppelspurigkeit und Rechtsunsicherheit (so in bezug auf den Schutz des öffentlichen Glaubens des Grundbuches in Art. 973) lassen sich dadurch nicht vermeiden, doch ist angesichts der gesamthaft eher kleinen Zahl von weiterhin vorhandenen altrechtlichen Stockwerkeigentumsverhältnissen dieser Mangel von praktisch geringer Bedeutung.

Vgl. zum Ganzen auch Art. 712d N 22 f; BROGLI, 58 ff; SCHMID, 146 ff; STÖCKLI, ZBGR *1965* 17 ff.

2. Überführung von Ersatzformen

Weil das ZGB von 1907 die Neubegründung von Stockwerkeigentum ausschloss, zugleich aber Ersatzformen zugelassen wurden und sich darüber hinaus noch weitere in der Praxis entwickelten (vorn N 7ff), musste mit der Stockwerkeigentumsnovelle von 1963 auch die Rückumwandlung dieser Ersatzformen ins neue Recht geregelt werden (Art. 20ter und Art. 20^{quater} SchlT).

Die beiden am häufigsten verwendeten sachenrechtlichen Ersatzformen (Kombination von Alleineigentum an Grund und Boden bzw. Miteigentum am Grundstück mit irregulären Personaldienstbarkeiten gemäss Art. 781 Abs. 2, vgl. vorn N 8f) sind rechtlich fragwürdige Erscheinungen. Sowohl Art. 114 aGBV wie auch das Kreisschreiben von 1951 (vgl. vorn N 9) sahen die Eintragung von irregulären Personaldienstbarkeiten gemäss Art. 781 Abs. 2 im Grundbuch vor. Inhaltlich entsprachen diese Servituten genau dem Wohnrecht von Art. 776 ff (LIVER, ZBGR *1954* 69; BROGLI, 92; kritisch GERHARD EGGEN, Die Grundbuchpraxis, ZBGR *1950* 9).

Während in der Lehre diese Konstruktion zunächst beinahe einhellig begrüsst worden war (vgl. dazu BROGLI, 94f; SCHMID, 153f; kritisch dagegen PETER TUOR, Das neue Recht [Zürich 1912] 378f), mehrte sich mit der Zeit die Kritik an diesen Ersatzformen (vgl. vor allem LIVER, ZBGR *1954* 65ff; SATTIVA, 88ff, 105ff; FRIEDRICH, ZSR *1956* 41aff; FLATTET, ZSR *1956* 678aff): Zum einen wurde betont, die subjektiv-dingliche Verknüpfung von Miteigentum und Dienstbarkeiten sei ein Widerspruch in sich selbst, zum anderen wurde erkannt, dass neben dem vom Gesetz mit rein persönlichem Charakter ausgestalteten, unübertragbaren und unvererblichen Wohnrecht von Art. 776 ff nicht ein in die Form einer irregulären Personaldienstbarkeit (Art. 781 Abs. 2) gekleidetes übertragbares Wohnrecht zugelassen werden darf, ohne gegen den sachenrechtlichen Grundsatz des numerus clausus dinglicher Rechte zu verstossen (Syst. Teil N 86f; LIVER, Einl. N 61ff; BROGLI, 94ff; SCHMID, 157ff; in einem solchen Verstoss gegen die gesetzlich fixierten Dienstbarkeitstypen liegt ein unzulässiger «verdeckter Typenwechsel» vor, weil den Parteien im Zeitpunkt des Vertragsabschlusses das Bewusstsein der rechtlichen Unmöglichkeit des Vertragsinhaltes fehlte, vgl. REY, Funktionen des Dienstbarkeitsvertrages, ZBGR *1983* 257ff, 262). Dieser Ansicht ist nach zunächst schwankender Rechtsprechung auch das Bundesgericht in BGE *103* II 176 gefolgt (vgl. auch BBl *1962* II 1465f).

90 Sind somit diese sachenrechtlichen Ersatzformen dogmatisch fragwürdig, so stellt sich die Frage nach den Konsequenzen in bezug auf ihre Überführung ins neue Recht. Es ist dabei zu unterscheiden zwischen den Ersatzformen, die durch Umwandlung von altrechtlichem Stockwerkeigentum entstanden sind, und solchen, die nach 1912 neu gebildet wurden.

a. Rückumwandlung von umgewandeltem Stockwerkeigentum

91 Weil dem Bundesrat die Kompetenz zur Änderung des ZGB fehlt, wurden die rechtswidrigen Umwandlungen (vorn N 89) durch das Kreisschreiben von 1951 nicht nachträglich geheilt; daran vermochte auch die Tatsache nichts zu ändern, dass das Kreisschreiben im wesentlichen einer Antwort des Bundesrates auf ein Postulat aus dem Nationalrat im Jahre 1951 entsprach (vgl. vorn N 9; FRIEDRICH, ZSR *1956* 48af; FLATTET, ZSR *1956* 685a; BROGLI, 97; SCHMID, 158f). Folgerichtig betrachtete denn auch das Bundesgericht unter Verweis auf MEIER-HAYOZ (Syst. Teil N 38 in der 3. Auflage [Bern 1959], vgl. nun Syst. Teil N 81f) in BGE *103* II 176ff, 186, den Vertrag über die Begründung eines dem Wohnrecht entsprechenden, übertragbaren Benutzungsrechts als nichtig. Wie BROGLI (97ff) überzeugend darlegt, handelt es sich dabei um eine vollständige Nichtigkeit im Sinne von Art. 20 Abs. 1 OR, was zur Folge hat, dass das altrechtliche Stockwerkeigentum materiell bestehen blieb, als habe es nie eine Umwandlung in eine Ersatzform gegeben (BROGLI, 100; vgl. zur Frage, ob die Unverbindlichkeit der einstmals getroffenen Umwandlungsvereinbarung auch mit der Berufung auf einen Willensmangel geltend gemacht werden kann, BROGLI, 100ff; SCHMID, 159ff). Zu beachten bleibt, dass kein Gutglaubensschutz für Dritterwerber kraft Art. 973 besteht, denn das Fehlen der Eintragungsfähigkeit stellt einen Mangel dar, der auch dem gutgläubigen Erwerber entgegengehalten werden kann (LIVER, Art. 734 N 149; HOMBERGER, Art. 973 N 4; BGE *103* II 183).

92 Weil das altrechtliche Stockwerkeigentum nicht rechtsgültig umgewandelt worden ist, also weiterhin Bestand hatte, untersteht es wie das nicht umgewandelte kraft Art. 20bis SchlT ex lege dem neuen Recht (BROGLI, 100 und 104f; a. M. SCHMID, 163f). Gemäss Art. 20ter Abs. 2 SchlT soll aber diese Unterstellung erst mit der entsprechenden Änderung im Grundbuch «wirksam» werden (vgl. auch BBl *1962* II 1504). Der Wortlaut des Gesetzes scheint hier auf eine konstitutive Wirkung des Grundbucheintrages hinzu-

deuten, was zur Folge hätte, dass bis zur Änderung des Eintrages an der Fiktion des (nichtigen) Umwandlungsvertrages festgehalten würde. Dies erscheint kaum sinnvoll, zumal der ungerechtfertigte Grundbucheintrag keine Wirkungen nach aussen entfaltet (vorn N 91). Ausserdem ist der Gesetzgeber wohl nicht von der absoluten Nichtigkeit der erwähnten Ersatzformen ausgegangen (vgl. BBl *1962* II 1504; g.M. BROGLI, 104). Art. 20ter Abs. 2 SchlT setzt u. E. einen zumindest teilweise rechtsgültigen Eintrag voraus, was bei den beiden besprochenen Ersatzformen gerade nicht der Fall ist (vorn N 89). Aus diesen Gründen muss die Änderung des Grundbucheintrages als deklaratorisch betrachtet werden. Deshalb unterstehen auch diese altrechtlichen Stockwerkeigentumsverhältnisse seit 1965 ex lege dem neuen Recht (Art. 20bis SchlT; g.M. BROGLI, 104f und BGE *103* II 183; a.M. SCHMID, 162f; vgl. auch Art. 712d N 24).

Für die grundbuchliche Rückumwandlung gelten sinngemäss die gleichen Grundsätze wie für die Anpassung von nicht umgewandeltem Stockwerkeigentum (Art. 20^{quater} SchlT), wobei noch folgendes zu beachten ist: Im Interesse der Rechtssicherheit und der Transparenz des Grundbuches wäre eine Anpassung von Amtes wegen oder zumindest ein Hinweis der Grundbuchverwalter an die Beteiligten zur Rückumwandlung durch vertragliche Übereinkunft erwünscht (BROGLI, 105f; SCHMID, 162f). Liegt eine widerrechtliche Umwandlung von Stockwerkeigentum vor, fragt es sich, ob der Grundbuchverwalter die Anmeldung der Änderung einer Rechtsposition an der gemeinsamen Sache oder an einem Anteil abzuweisen hat. Dasselbe gilt für die Anmeldung einer Übertragung der (nichtigen) irregulären Personaldienstbarkeit auf einen Dritten. Ist die Umwandlung von Stockwerkeigentum widerrechtlich erfolgt, ist auch ein späteres Grundgeschäft, welches damit in direktem Zusammenhang steht, nichtig. Sofern es sich dabei – was u. E. zu bejahen ist – um eine «offensichtliche» Nichtigkeit handelt, hat der Grundbuchverwalter die Anmeldung abzuweisen (vgl. auch BROGLI, 107f; zur Voraussetzung der «Offensichtlichkeit» der Nichtigkeit als Abweisungsgrund vgl. BRÜCKNER, Sorgfaltspflicht der Urkundsperson und Prüfungsbereich des Grundbuchführers bei Abfassung und Prüfung des Rechtsgrundausweises, ZBGR *1983* 65ff und BGE *107* II 211). 93

b. Umwandlung von neubegründeten Ersatzformen

Neben den umgewandelten altrechtlichen Stockwerkeigentumsverhältnissen bestehen auch Ersatzformen, die erst nach 1912 be- 94 gründet wurden. Dabei handelt es sich neben den bereits dargestellten beiden sachenrechtlichen Ersatzformen (vorn N 8f und N 88) vor allem um die Mieter-AG. Weil diese keine sachenrechtliche Ersatzform ist, sondern ein rein obligatorisches Rechtsgebilde ohne dingliche Berechtigung eines Mieter-Aktionärs an einem Grundstück darstellt und somit keinen speziellen Grundbucheintrag zur Folge hatte (nur Alleineigentum der AG), wird sie auch nicht von Art. 20ter SchlT erfasst. Es besteht weder Verpflichtung noch Anlass zur Überführung ins neue Recht. Eine solche Umwandlung wäre besonders auch aus betriebswirtschaftlicher und vor allem aus steuerrechtlicher Sicht (Versteuerung des Liquidationserlöses!) nicht vorteilhaft (vgl. auch BROGLI, 119).

95 Obschon nach dem Wortlaut von Art. 20ter SchlT die Kompetenzdelegation an die Kantone nur das umgewandelte altrechtliche Stockwerkeigentum umfasst, müssen nach der ratio legis auch die nach 1912 gebildeten sachenrechtlichen Ersatzformen als in dieser Kompetenzdelegation mitenthalten betrachtet werden. Es rechtfertigt sich, Art. 20ter SchlT auf die neubegründeten Ersatzformen analog anzuwenden (BROGLI, 111f; SCHMID, 164). Schwierigkeiten ergeben sich jedoch aus der Tatsache, dass diese widerrechtlichen Ersatzformen (vgl. vorn N 88ff) nicht auf ein altrechtliches Stockwerkeigentumsverhältnis zurückzuführen sind, somit nicht die gleichen Rechtsfolgen wie bei den umgewandelten Ersatzformen eintreten können. Lässt die Auslegung des hypothetischen Parteiwillens zur Zeit des Vertragsabschlusses die Annahme zu, die Beteiligten hätten bei Kenntnis der Widerrechtlichkeit der Ersatzform ein gewöhnliches Miteigentumsverhältnis, verbunden mit einer rein obligatorischen Nutzungsanordnung, begründet, so kann die tatsächlich begründete Ersatzform (Miteigentum verknüpft mit irregulären Personaldienstbarkeiten) als teilnichtig im Sinne von Art. 20 Abs. 2 OR qualifiziert werden. In diesem Fall käme auf der Grundlage des gewöhnlichen Miteigentumsverhältnisses, welches weiter bestehen bleibt, eine Konversion der widerrechtlichen Dienstbarkeiten in ein bloss obligatorisches Nutzungsverhältnis in Frage, welches dann im Grundbuch angemerkt werden könnte (vgl. zu dieser Variante BROGLI, 120ff).

96 Lässt die Auslegung des hypothetischen Parteiwillens diesen Schluss nicht zu oder kann dieser nicht ermittelt werden, so ist von der vollumfänglichen Nichtigkeit der Ersatzform auszugehen (vgl. zur Frage, ob ein Mietvertrag von unbestimmter Dauer dem hypothetischen Parteiwillen entsprochen hat, BGE *103* II 185f Erw 4). Weil kein altrechtliches Stockwerkeigentumsverhältnis vorliegt, kann auch Art. 20bis SchlT nicht zur Anwendung kommen

(SCHMID, 165; scheinbar a. M. RUEDIN, ZBGR *1965* 16). Den Beteiligten
bleibt deshalb nur noch der Weg einer eigentlichen Neubegründung gemäss
Art. 712d.

3. Zulässigkeit neuer Ersatzformen

Bei der Frage nach der Zulässigkeit neuer, d. h. nach dem 97
1. Januar 1965 gebildeter Ersatzformen handelt es sich streng genommen
nicht um ein intertemporales Problem. Dennoch soll aus Gründen des sachlichen Zusammenhangs hier kurz darauf eingegangen werden.
Sachenrechtliche Ersatzformen können nur dann gebildet werden, wenn sie 98
die allgemeinen sachenrechtlichen Grundsätze, insbesondere jene der Typengebundenheit und der Typenfixierung, beachten (vgl. dazu Syst. Teil
N 56 ff, insb. N 77–87). Unzulässig sind deshalb Konstruktionen, die – aufbauend auf dem gewöhnlichen Miteigentum – den Beteiligten ein Wohnrecht in der Form einer irregulären Personaldienstbarkeit nach Art. 781
Abs. 2 einräumen (BGE *103* II 176 ff; vgl. vorn N 88 f). Denkbar hingegen
wäre die Bildung von gewöhnlichem Miteigentum, verbunden mit einer rein
obligatorischen Nutzungsanordnung, die im Grundbuch angemerkt werden
kann (Art. 647 Abs. 1).
Weiterhin zulässig ist auch die Mieter-AG, von der namentlich in der fran- 99
zösisch sprechenden Schweiz weiterhin Gebrauch gemacht wird. Immerhin
entfiel 1973 aufgrund der verschärften Verordnung des Bundesrates über
den Erwerb von Grundstücken durch Personen im Ausland (AS *1974* 94 ff)
ein wesentlicher Anreiz zur Bildung einer Mieter-AG, weil seither ausländische Beteiligungen an Immobiliengesellschaften bewilligungspflichtig sind
(Art. 1 VO; seit 1. Januar 1985 Art. 4 Abs. 1 lit. d und e BewG; vgl. dazu auch
Art. 712a N 26 f). Zudem weist die Mieter-AG einige Schwachstellen auf,
insbesondere in steuerrechtlicher Hinsicht (vgl. BROGLI, 117 f; SATTIVA, 84 ff;
vgl. auch die Bemerkungen vorn N 10).
Zur Problematik des sog. «time-sharing» vgl. Art. 712a N 14 f. 100

Art. 712a

A. Inhalt und Gegenstand
I. Inhalt

[1] Stockwerkeigentum ist der Miteigentumsanteil an einem Grundstück, der dem Miteigentümer das Sonderrecht gibt, bestimmte Teile eines Gebäudes ausschliesslich zu benutzen und innen auszubauen.

[2] Der Stockwerkeigentümer ist in der Verwaltung, Benutzung und baulichen Ausgestaltung seiner eigenen Räume frei, darf jedoch keinem anderen Stockwerkeigentümer die Ausübung des gleichen Rechtes erschweren und die gemeinschaftlichen Bauteile, Anlagen und Einrichtungen in keiner Weise beschädigen oder in ihrer Funktion und äusseren Erscheinung beeinträchtigen.

[3] Er ist verpflichtet, seine Räume so zu unterhalten, wie es zur Erhaltung des Gebäudes in einwandfreiem Zustand und gutem Aussehen erforderlich ist.

A. Eléments et objets
I. Eléments

[1] Les parts de copropriété d'un immeuble peuvent être constituées en propriété par étages, de manière que chaque copropriétaire a le droit exclusif d'utiliser et d'aménager intérieurement des parties déterminées d'un bâtiment.

[2] Le copropriétaire a le pouvoir d'administrer, d'utiliser et d'aménager ses locaux dans la mesure où il ne restreint pas l'exercice du droit des autres copropriétaires, n'endommage pas les parties, ouvrages et installations communs du bâtiment, n'entrave pas leur utilisation ou n'en modifie pas l'aspect extérieur.

[3] Il est tenu d'entretenir ses locaux de manière à maintenir l'état et l'aspect irréprochables du bâtiment.

A. Elementi e oggetto
I. Elementi

[1] La proprietà per piani è la quota di comproprietà d'un fondo, alla quale è inerente il diritto esclusivo del comproprietario di godere e di sistemare internamente una parte determinata di un edificio.

[2] Il comproprietario ha facoltà di amministrare, godere e sistemare i suoi locali, semprechè non comprometta l'esercizio del diritto corrispondente degli altri comproprietari, non danneggi in alcun modo le parti edilizie, le opere e gli impianti comuni e non ne pregiudichi la funzione e l'aspetto esteriore.

[3] Egli è tenuto a mantenere i suoi locali in modo che sia assicurato all'edificio uno stato irreprensibile e un buon aspetto.

Übersicht			Note	Seite
	I.	Begriff und Wesen des Stockwerkeigentums	7	47
	II.	Subjekte des Stockwerkeigentums	11	49
		1. Einzelpersonen	11	49
		2. Personenmehrheiten	12	49
		3. Ehegatten	16	52
		a. Allgemeines	16	52
		b. Ordentlicher Güterstand	18	53
		c. Vertragliche Güterstände	23	55
		4. Ausländer	26	56

		Note	Seite
III.	Objekt des Stockwerkeigentums und bauliche Konzeption der gemeinsamen Gebäulichkeiten	28	58
	1. Objekt des Stockwerkeigentums	29	58
	a. Liegenschaft oder Baurecht	29	58
	b. Bestandteile und Zugehör	32	59
	2. Bauliche Konzeption der gemeinsamen Gebäulichkeiten	33	60
	a. Grundlegende Anforderungen an die bauliche Gestaltung	33	60
	b. Anzahl von Stockwerkeinheiten	34	60
	c. Horizontales, vertikales und kombiniertes Stockwerkeigentum	35	61
IV.	Inhalt des Sonderrechts	38	62
	1. Allgemeines	38	62
	2. Nutzung und Gebrauch	41	63
	a. Grundsatz und Bedeutung der Zweckbestimmung des gemeinschaftlichen Objekts	41	63
	b. Besondere Nutzungsbeschränkungen	44	64
	aa. Gewerblicher und beruflicher Gebrauch	45	65
	bb. Gebrauchsüberlassung	50	66
	cc. Weitere Einschränkungen der Nutzung	53	67
	3. Verwaltung	57	68
	4. Bauliche Ausgestaltung	61	69
	5. Schutz der Rechte des Stockwerkeigentümers	67	71
V.	Gesetzliche Schranken der Ausübung des Sonderrechts	68	71
	1. Die Interessen der übrigen Stockwerkeigentümer	68	71
	a. Der Grundsatz	68	71
	b. Das Nachbarrecht	74	73
	2. Die Pflicht zum Unterhalt der Einheit (Abs. 3)	79	75
VI.	Der Stockwerkeigentumsanteil als Objekt des Rechtsverkehrs	83	76
	1. Veräusserung	85	77
	a. Gesamthafte Veräusserung	86	77
	b. Teilweise Veräusserung	88	77
	c. Einschränkungen der Veräusserungsbefugnis	90	78
	2. Belastung	93	79
	a. Obligatorische Rechte	94	79
	b. Beschränkte dingliche Rechte	95	80
	aa. Grundpfandrechte	96	80
	bb. Dienstbarkeiten	104	84
	cc. Grundlasten	112	87
	3. Begünstigung	114	88
	4. Verzicht	118	89

	Note	Seite
VII. Schutz des Stockwerkeigentümers im externen und internen Verhältnis	123	91
1. Im Verhältnis zu Dritten	123	91
2. Im Verhältnis der Stockwerkeigentümer unter sich	124	91
a. Klagen aus dem Eigentum	124	91
b. Klagen aus Besitz	125	92
c. Aus der Gemeinschaftsordnung sich ergebende Rechtsschutzbehelfe	127	92

1 Materialien BBl *1962* II 1487f, 1500–1502, 1512f; StenBullNR *1963* 188, 192, 204, 219, 685; StenBullStR *1963* 216, 376.

2 Literatur Neben den im allgemeinen Schrifttumsverzeichnis aufgeführten Werken sind hier noch zu beachten: HANS-ULRICH FREIMÜLLER, Die Stellung der Baurechtsdienstbarkeiten im System der dinglichen Rechte, Diss Bern 1967; PETER ISLER, Der Baurechtsvertrag und seine Ausgestaltung, Diss Zürich 1973; PETER LIVER, Von selbständigen und dauernden Baurechten, Bern. Notar *1959* 41ff; HEINZ REY, Funktionen des Dienstbarkeitsvertrages, ZBGR *1983* 257ff; RAINER SCHUMACHER, Das Bauhandwerkerpfandrecht, 2.A., Zürich 1982; DIETER ZOBL, Das Bauhandwerkerpfandrecht de lege lata und de lege ferenda, ZSR *1982* II 1ff.

3 Rechtsvergleichung zu den Art. 712a–712c Vgl. auch die Ausführungen in den Vorbemerkungen zu den Art. 712a ff N 29f, N 52–81 und die Bemerkungen in Art. 712b N 16, N 30, in Art. 712c N 9 sowie hinten N 3-6, N 14f, N 34.

Deutschland: Besonders zu beachten sind die §§ 1, 3, 5, 12, 14, 15 WEG. Wohnungseigentum ist die Verbindung des Miteigentums am gemeinschaftlichen Grundstück mit dem Sondereigentum an der Wohnung bzw. mit dem Teileigentum an nicht zu Wohnzwecken dienenden Räumlichkeiten (§ 1 Abs. 2 und Abs. 4, § 3 WEG). Obschon das WEG im Gegensatz zum ZGB Sondereigentum an bestimmten Gebäudeteilen einräumt, stellen sich bei der dinglichen Aussonderung zwischen gemeinschaftlichen Teilen und Teilen zu Sondereigentum gemäss WEG grundsätzlich dieselben Probleme wie im schweizerischen Recht (Art. 712b ZGB). Weil aber im WEG das Akzessionsprinzip ausdrücklich durchbrochen wird (§ 3 Abs. 1), reicht die Zuordnung von Sondereigentum teilweise weiter als die entsprechende Zuordnung von Sonderrecht gemäss Art. 712b ZGB (vgl. den umfassenden Vergleich bei WEBER, 53ff, und einzelne Vergleiche bei der Kommentierung von Art. 712b ZGB).

Die dingliche Ausscheidung wird in ihren Grundzügen in § 5 i.V.m. § 1 Abs. 5 und § 3 Abs. 2 WEG aufgezeichnet, wobei eine widerlegbare Vermutung für gemeinschaftliches Eigentum gilt (BÄRMANN/PICK/MERLE, § 5 N 1ff). § 1 Abs. 5 und § 5 Abs. 2 WEG bestimmen, dass Grund und Boden sowie alle tragenden Teile des Gebäudes sowie die gemeinschaftlichen Einrichtungen zwingend im Miteigentum stehen (WEITNAUER, § 5 N 1). Sondereigentum kann dagegen grundsätzlich nur an Räumen (Wohnung)

mit ihren Bestandteilen begründet werden, soweit diese nicht das Gebäude tragen (§ 3 und § 5 Abs. 1 WEG). Obschon das Erfordernis der Abgeschlossenheit in § 3 Abs. 2 WEG nur als Sollvorschrift ausgestaltet ist, hat es grosse Bedeutung, insbesondere im Zusammenhang mit dem zwingend zu erstellenden Aufteilungsplan (§ 7 Abs. 4 WEG; vgl. BÄRMANN/ PICK/MERLE, § 3 N 37 ff; WEITNAUER, § 3 N 7ff).
Wohnungseigentum ist echtes Eigentum, wobei die Eigentumsrechte im Interesse der Gemeinschaft im Verhältnis der Wohnungseigentümer untereinander durch die §§ 14 und 15 WEG beschränkt sind (BAUR, 278). Als echtes Eigentum kann das Wohnungseigentum grundsätzlich frei veräussert, genutzt, vermietet, verpachtet oder belastet werden (§ 13 Abs. 1 WEG). Abweichend von § 137 BGB kann die Veräusserung jedoch gemäss § 12 WEG an die Zustimmung der Wohnungseigentümergemeinschaft oder eines Dritten gebunden werden. Diese Veräusserungsbeschränkung (BAUR, 278, bezeichnet sie als «Veräusserungsverbot») erlangt durch Eintragung im Grundbuch dingliche Wirkung. Die Zustimmung kann aber nur aus wichtigem Grund verweigert werden.
Ob Untergemeinschaften mit sog. «Mitsondereigentum» zulässig sind, ist umstritten; nur für sondereigentumsfähige Trennwände wird deren Zulässigkeit allgemein bejaht (vgl. WEITNAUER, § 3 N 6a; BÄRMANN/PICK/ MERLE, § 5 N 66 ff).

Österreich: Besonders zu beachten sind die §§ 1, 2, 9–12 und 13 ÖWEG. 4
Das österreichische Wohnungseigentum ist sonderrechtlich ausgestaltetes Miteigentum ohne Einräumung von Sondereigentum. Für die Ausscheidung zwischen gemeinschaftlichen Teilen und Teilen zu Sonderrecht enthält Art. 1 ÖWEG sowohl allgemeine Grundsätze als auch Aufzählungen mit exemplifikativem Charakter. Gemäss Abs. 3 kann an Teilen, die allgemeinen Benutzung dienen oder deren Zweckbestimmung einer ausschliesslichen Nutzung entgegensteht, kein Wohnungseigentum begründet werden. Im Zweifel ist zu vermuten, dass es sich um einen allgemeinen Teil handelt (GSCHNITZER, 153). Sonderrecht kann dagegen an selbständigen Wohnungen und sonstigen selbständigen Räumlichkeiten, insbesondere an Garagen und abgegrenzten Abstellplätzen in Parkhäusern begründet werden (§ 1 Abs. 1 ÖWEG). Das Sonderrecht kann sich aber auch auf Zugehör bzw. Akzessorien der Wohnung oder der sonstigen Räumlichkeiten erstrecken, soweit sie von der Liegenschaft aus zugänglich und deutlich abgegrenzt sind (§ 1 Abs. 2 ÖWEG; z. B. Balkone, Keller, Terrassen, offene Abstellplätze usw.; vgl. im einzelnen dazu FAISTENBERGER/BARTA/ CALL, § 1 Rz 10 ff). Zu beachten ist, dass die Begründung von Wohnungseigentum eine Mindestgrösse des Miteigentumsanteils, einen «Mindestanteil», voraussetzt (§ 2 ÖWEG; zur Berechnung dieses Mindestanteils vgl. §§ 2–5 ÖWEG).
Die Verwaltung des Wohnungseigentumsobjektes steht ausschliesslich dem Wohnungseigentümer zu (§ 13 i. V. m. § 20 ÖWEG). Dieses Recht umfasst insbesondere auch die grundsätzliche Befugnis zu Widmungsänderungen seiner im Wohnungseigentum stehenden Wohnung, soweit nicht gemeinschaftliche Interessen entgegenstehen. Besondere Regelungen gelten für die Ehegatten, die das Wohnungseigentum gemeinsam erwerben (§§ 9–12 ÖWEG).

5   *Italien:* Besonders zu beachten sind die Art. 1103, 1117–1120, 1122, 1127 und 1139 CCit.
Stockwerkeigentum ist das Sondereigentum an einem von verschiedenen Stockwerken eines Gebäudes oder an Teilen eines Stockwerkes, verbunden mit dem Miteigentum an den allen Stockwerken dienenden Teilen (BOSISIO, 17; GALGANO, 171. Zu den Gegenständen, die nach gesetzlicher Vermutung im Miteigentum stehen vgl. die Vorbemerkungen zu den Art. 712a ff N 70 und Art. 1117 CCit). Das Recht jedes Stockwerkeigentümers an den im Miteigentum stehenden Gegenständen steht im Verhältnis zum Wert des ihm gehörenden Stockwerks (Art. 1118 CCit). Einzelne Gegenstände können unter der Voraussetzung, dass dadurch Bestand, Zweckbestimmung und ästhetische Gestalt des Gebäudes sowie die Sicherung des gemeinschaftlichen Gebrauchs nicht beeinträchtigt werden, zu Sondereigentum erklärt werden (analog Art. 1120 Abs. 2 CCit; vgl. auch STASSANO, Art. 1117 Nr. 50 ff und 131 ff). Allerdings muss eine solche Festlegung im Gründungsakt (titolo) selbst oder durch einstimmige Vereinbarung aller Eigentümer erfolgen (Art. 1117 CCit; BRANCA, 371 f; JANNUZZI/JANNUZZI, 46 ff).
Als Ausfluss dieses Sondereigentums gewährt das italienische Recht (Art. 1127 CCit) dem Eigentümer des letzten Stockwerks bzw. dem Eigentümer einer Sonnenterrasse das Recht zur Aufstockung, soweit die statischen Bedingungen des Gebäudes dies gestatten und das architektonische Aussehen nicht beeinträchtigt sowie der Zutritt von Luft und Licht zu den tieferliegenden Stockwerken nicht beträchtlich vermindert wird, jedoch unter Entschädigung der übrigen Miteigentümer. Ein Recht des Eigentümers des untersten Stockwerks auf Unterkellerung und Ausgrabung wird dagegen abgelehnt. Bei Arbeiten innerhalb der Sondereigentumsräume darf kein Schaden an gemeinschaftlichen Teilen und Einrichtungen entstehen (Art. 1122 CCit). Verursachter Schaden ist auszugleichen.

6   *Frankreich:* Besonders zu beachten sind die Art. 1–9 des Gesetzes vom 10. Juli 1965.
Wohnungseigentum (copropriété) ist das Eigentum an einem «lot», welches eine Verbindung von Sondereigentum an den parties privatives und Miteigentum an den parties communes darstellt (Art. 1 Abs. 1). Die dingliche Ausscheidung zwischen parties privatives und parties communes unterliegt weitgehend der Privatautonomie; die Art. 2–5 haben lediglich ergänzenden Charakter. An gemeinschaftlichen Teilen (z. B. Boden, Balkon, Terrassen) können auch Sondernutzungsbefugnisse (jouissances exclusives) zugunsten eines lots eingeräumt werden (FERID/SONNENBERGER, 634; KISCHINEWSKY-BROQUISSE, Nr. 63 ff; BÄRMANN/PICK/MERLE [4.A.], Einl. N 27). Art. 7 des Gesetzes statuiert die Vermutung, dass nichttragende Trennmauern zwischen parties privatives im Sondereigentum der jeweiligen Appartementseigentümer stehen (vgl. die Einzelheiten zum Ganzen bei GIVORD/GIVERDON, Nr. 36 ff; KISCHINEWSKY-BROQUISSE, Nr. 58 ff; ATTIAS, copropriété Nr. 32 ff; jeweils mit weiteren Verweisen).
Der Wohnungseigentümer kann über sein lot frei verfügen (Art. 9 des Gesetzes). Gemäss der neueren Judikatur sind Einschränkungen der Dispositionsfreiheit insofern zulässig, als sie durch die Zweckbestimmung des Gebäudes bedingt sind (FERID/SONNENBERGER, 636 mit Verweisen). Ein

eigentliches Vorkaufsrecht der Wohnungseigentümer kennt das französische Recht nicht (BÄRMANN/PICK/MERLE [4.A.], Einl. N 34). Die Veräusserung des «lot» ist aber an diverse Formvorschriften gebunden (vgl. Art. 4–6 des Dekrets). Das Nutzungsrecht am «lot» bestimmt sich nach Massgabe der Gemeinschaftsordnung (Art. 8 Abs. 1 des Gesetzes). So kann sich gemäss der Zweckbestimmung eine Beschränkung der Nutzungsbefugnisse auf privates Wohnen ergeben (sog. clause d'habitation bourgeoise; FERID/SONNENBERGER, 635).

Art. 27 des Gesetzes sieht ausdrücklich die Möglichkeit der Bildung von Untergemeinschaften vor. Zudem können sich gemäss Art. 29 des Gesetzes und Art. 43 ff des Dekrets selbständige Gemeinschaften zu einer Union zusammenschliessen (vgl. dazu die Vorbemerkungen zu den Art. 712a ff N 81).

I. Begriff und Wesen des Stockwerkeigentums

Das Stockwerkeigentum ist gemäss der Legaldefinition 7
von Abs. 1 besonders ausgestaltetes Miteigentum. Die Ordnung des Stockwerkeigentums baut auf derjenigen des Miteigentums (Art. 646 ff) auf, unterscheidet sich jedoch von dieser dadurch, dass dem einzelnen Stockwerkeigentümer ein Sonderrecht zur ausschliesslichen Nutzung, Verwaltung und baulichen Ausgestaltung bestimmter Gebäudeteile zusteht. Miteigentumsanteil und Sonderrecht sind untrennbar miteinander verbunden, Stockwerkeigentum ohne Miteigentum gibt es nicht. Das Sonderrecht hat also weder «eigentumsähnlichen Charakter» (wie HAUGER, 7f, meint) noch stellt es Alleineigentum dar; insofern ist der Ausdruck «seine Räume» (Abs. 3) missverständlich. Die Verknüpfung von Miteigentumsanteil und Sonderrecht ist selbst Eigentum und wird vom ZGB als besonderer Eigentumstypus behandelt (Art. 712a ff und Art. 655 Abs. 2 Ziff. 4; REY, ZSR *1980* I 254f). Zur rechtlichen Konstruktion des Stockwerkeigentums vgl. im einzelnen die Vorbemerkungen zu den Art. 712a ff N 31 ff.

Der Stockwerkeigentümer ist zuerst und vor allem Miteigentümer am ganzen Grundstück, am Gebäude und an allen seinen Bestandteilen (LIVER, SPR V/1 90 f; BBl *1962* II 1484); somit hat er primär alle Rechte und Pflichten, die sich aus dieser Stellung ergeben (LIVER, GS Marxer 184 und die Vorbemerkungen zu den Art. 712a ff N 31). Das Sonderrecht entsteht und bestimmt sich durch die gesetzliche oder rechtsgeschäftliche Umschreibung des Inhaltes des Miteigentums, das jedem Beteiligten zusteht: Das Recht zur ausschliesslichen Benutzung, Verwaltung und baulichen Ausgestaltung gewisser Gebäudeteile verstärkt einerseits die Rechtsstellung eines Miteigentümers, andererseits aber wird sie dadurch beschränkt, dass er von der Benutzung und Verwaltung anderer Stockwerkeinheiten ausgeschlossen wird (LIVER, GS Marxer 184). Damit hat der Stockwerkeigentümer im Gegensatz zum gewöhnlichen Miteigentümer ein Sonderrecht an einem realen Teil der Sache (Vorbemerkungen zu den Art. 712a ff N 33; REY, ZSR *1980* I 255). Er kann aber sein Sonderrecht an der Stockwerkeinheit nur in den Schranken, die sich aus seiner Rechtsstellung als Miteigentümer an der ganzen Sache ergeben, innehaben und ausüben (LIVER, GS Marxer 184).

9 Die Anteilsberechtigung des Stockwerkeigentümers stellt ein eigenes Rechtsobjekt dar, über das ihm in den Schranken des Gesetzes (hinten N 38 ff und insb. N 68 ff) die rechtliche Verfügungsmacht zusteht. Durch Rechtsgeschäft, insbesondere durch das Reglement, können indessen die Verfügungsbefugnisse eingeschränkt oder erweitert werden. Der Stockwerkeigentümer hat grundsätzlich die Möglichkeit, seinen Anteil zu veräussern, ihn mit Dienstbarkeiten, Grundlasten oder Pfandrechten zu belasten, oder – was eher selten vorkommt – darauf zu verzichten. Verkehrsfähig wird die Anteilsberechtigung durch ihre gesetzliche Behandlung als Grundstück (Art. 655 Abs. 2 Ziff. 4), wobei mit dem technischen Hilfsmittel der Wertquote (Art. 712e) der Umfang der Rechtsposition des einzelnen Stockwerkeigentümers am gesamten Rechtsinhalt des Miteigentums arithmetisch zum Ausdruck gebracht wird. Vgl. dazu im einzelnen die Bemerkungen zu Art. 712e.

10 Die Stockwerkeigentümer bilden eine (Rechts-)Gemeinschaft (Vorbemerkungen zu den Art. 646 ff N 9 und zu den Art. 712a ff N 44 ff), welche, um existenzfähig und funktionstüchtig zu sein, vom Einzelnen Rücksichtnahme auf die Interessen der übrigen Stockwerkeigentümer verlangt. Besteht der Wesensgehalt einer persönlichkeitsbezogenen freiheitlichen Eigentumsordnung darin, dem Eigentümer möglichst unbeschwerten Genuss an seiner Sache zu sichern und gleichzeitig Dritte bzw. die Allgemeinheit vor exzessiver Ausübung der Eigentumsmacht zu schützen (MEIER-HAYOZ, Vom Wesen des Eigentums, in: Revolution der Technik – Evolutionen des Rechts, Festgabe für Karl Oftinger, Zürich 1969, 171 ff, insb. 180 ff; Syst. Teil N 337 ff), so gilt das im besonderen für das Stockwerkeigentum. Die enge räumliche und soziale Beziehung der Stockwerkeigentümer bedarf einer besonderen Interessenabwägung und einer gegenüber dem Alleineigentum und dem gewöhnlichen Miteigentum intensiveren rechtlichen Regelung (vgl. BBl *1962* II 1490; vgl. auch die Vorbemerkungen zu den Art. 712a ff N 42 f). Die Ordnung des

Stockwerkeigentums ist daher immer vor dem Hintergrund eines Ausgleiches von Individual- und Gemeinschaftsinteressen zu betrachten und aus diesem heraus auszulegen.

II. Subjekte des Stockwerkeigentums

1. Einzelpersonen

Die Fähigkeit, Subjekt des Stockwerkeigentums zu sein, steht als Ausfluss der allgemeinen Rechtsfähigkeit nach Art. 11 allen natürlichen und juristischen Personen zu. Aus dem ZGB selbst folgen keine Beschränkungen der Fähigkeit zum Erwerb von Stockwerkeigentum, wohl aber kennen die Spezialgesetzgebung (hinten N 26 f) und das kantonale Recht (im Rahmen von Art. 59 ZGB) Einschränkungen (vgl. Art. 641 N 5 ff; HAAB/SIMONIUS/SCHERRER/ZOBL, Art. 641 N 27 f). 11

2. Personenmehrheiten

Neben einer Einzelperson können auch mehrere Personen gemeinsam Subjekt des Stockwerkeigentumsrechtes sein; es handelt sich dann entweder um Miteigentum (Art. 646 ff) oder Gesamteigentum (Art. 652 ff) an diesem. Es ist jedoch zu beachten, dass die Träger des Eigentumsrechtes immer die die Rechtsgemeinschaft bildenden Personen sind (vgl. Art. 641 N 7; Art. 652 N 17 und Vorbemerkungen zu den Art. 646 ff N 7; kritisch dazu LIVER, ZBJV 1965 309 f). Kollektiv- und Kommanditgesellschaft können zwar unter eigener Firma Stockwerkeigentum erwerben (vgl. Art. 562 und 602 OR) und auf ihre Firma ins Grundbuch eintragen lassen (Art. 30 Abs. 2 GBV), aber dennoch ist nicht die Gesellschaft als Gemeinschaft zur gesamten Hand eigentumsfähig, sondern sind es die sie bildenden Gesellschafter (MEIER-HAYOZ/FORSTMOSER [zit. in Vorbemerkungen zu den Art. 712a ff N 46], § 2 N 41 ff). Weiter ist zu beachten, dass die Mitglieder einer Gemeinschaft zur gesamten Hand (Kollektiv-, Kommanditgesellschaft, Erbengemeinschaft usw.) die gemeinsame Berechtigung an einem Stockwerkeigentumsanteil grundsätzlich nicht als Miteigentum ausgestalten können; eine Ausnahme bildet lediglich die einfache Gesellschaft (Art. 544 OR; Art. 646 N 10; WILHELM HARTMANN, Die Kollektiv- und Kommanditgesellschaft, Berner Kommentar, Bd. VII/1 [Bern 1943] Art. 562 N 21; ALFRED 12

SIEGWART, Die Personengesellschaften, Zürcher Kommentar, Bd.V/4 [Zürich 1938] Vorbemerkungen zu den Art. 530 ff N 52; kritisch dazu LIVER, SPR V/1 56).

13 Besteht eine Mehrheit von an einem Stockwerkeigentumsanteil Berechtigten, so bilden diese eine auf sachenrechtlicher Grundlage basierende *Untergemeinschaft,* in welcher sich die Beteiligten in die aus dem Anteil sich ergebenden Rechte und Pflichten zu teilen haben (vgl. z. B. auch Art. 712o). Für die Ausübung dieser Rechte und für die Wahrnehmung der Pflichten ist dabei die Frage von Bedeutung, ob die Untergemeinschaft als Bruchteils- oder als Gesamthandsgemeinschaft ausgestaltet ist (vgl. auch FRIEDRICH, ZSR *1956* 187a und 249a f). Während für die Gesamthandsgemeinschaft der Grundsatz der Gesamtverfügung gilt (vgl. Art. 653 N 3ff), hat der Miteigentümer in den Schranken des Gesetzes die Möglichkeit, über sein Recht am Stockwerkeigentumsanteil zu verfügen und teilweise den ganzen Anteil rechtlich zu vertreten (vgl. Art. 646 N 1ff). Vgl. zu den Untergemeinschaften i. a. Art. 712b N 82 ff; zur Stellung der Untergemeinschaften in der Stockwerkeigentümerversammlung vgl. die Bemerkungen zu Art. 712o.

14 In neuerer Zeit ist vor allem im romanischen Rechtskreis auch die Frage aufgeworfen worden, ob an Stockwerkeigentum Untergemeinschaften im Sinne eines *«time-sharing»* («temporales Multi-Eigentum», «propriété spatio-temporelle», «multipropriété») gebildet werden können (vgl. etwa FRIEDRICH, ZBGR *1986* 82f; BÄRMANN/PICK/MERLE, [4.A.] N 44; FERID/ SONNENBERGER, 633; PAUL-HENRI STEINAUER, La propriété privée aujourd'hui, ZSR *1981* II 117ff, 223f; ELMAR REIZE, Bewilligungspflichtige Personen und Geschäfte, in: HANGARTNER (Hrsg.), Das Bundesgesetz über den Erwerb von Grundstücken durch Personen im Ausland, Veröffentlichungen des Schweizerischen Instituts für Verwaltungskurse an der Hochschule St. Gallen, Neue Reihe Bd. 23 [St. Gallen 1985], 21ff, 30ff). Anders als bei zu Stockwerkeigentum aufgeteilten Appart-Hotels, wo ein einziger Stockwerkeigentümer seine Einheit während einer gewissen Zeit vermietet oder zu vermieten hat (vgl. dazu hinten N 52), sollen beim «time-sharing» an einem Stockwerkeigentumsanteil mehrere Miteigentumsanteile gebildet werden, wobei den einzelnen Miteigentümern die aus dem Sonderrecht fliessenden Rechte und Pflichten (dazu hinten N 38ff) zeitlich beschränkt, dafür periodisch wiederkehrend zustehen sollen (z. B. für eine Woche oder für einen Monat pro Jahr). Diese zeitliche Aufteilung der wesentlichsten Eigentumsbefugnisse widerspricht u. E. dem Wesen des gemeinschaftlichen Eigentums im allgemeinen und dem Wesen des Stockwerkeigentums im be-

sonderen: Einerseits ist das Exklusivrecht des Stockwerkeigentümers während des Bestandes der Sache zeitlich nicht begrenzt. Andererseits verletzt eine derartige zeitliche (periodische) Staffelung der Miteigentümerbefugnisse unter mehreren Miteigentümern die sachenrechtlichen Grundsätze der Typengebundenheit und der Typenfixierung (vgl. dazu Syst. Teil N 77 ff), weil unter dem Deckmantel des Miteigentums an einem Stockwerkeigentumsanteil ein zeitlich stark begrenztes, dafür periodisch wiederkehrendes Alleineigentum am Stockwerkeigentumsanteil angestrebt werden soll (unklar dazu REIZE, 30 f). Das ZGB kennt aber nur entweder Alleineigentum oder gemeinschaftliches Eigentum in den zwei Formen des Miteigentums und des Gesamteigentums (Syst. Teil N 350 ff). Für das gemeinschaftliche Eigentum des heutigen schweizerischen Rechts ist gerade charakteristisch, dass nicht Rechte unterschiedlicher Qualität an einer Sache bestehen, sondern dass sich die mehreren Berechtigten gleichzeitig in einer qualitativ gleichen Rechtsstellung befinden (Syst. Teil N 350 ff; Vorbemerkungen zu den Art. 646 ff N 10). Dieser Grundsatz würde jedoch durch eine solche zeitliche Staffelung der Eigentümerbefugnisse missachtet, indem innerhalb einer «time-sharing»-Gemeinschaft bezogen auf einen bestimmten Zeitpunkt im Ergebnis zwei qualitativ unterschiedliche Rechtspositionen bestehen: Jene des aktuell Nutzungsberechtigten und jene der nicht Nutzungsberechtigten. Zumindest für die Zeit der Nichtausübung würde das Miteigentumsrecht damit praktisch zur nuda proprietas ausgehöhlt (a. M. FRIEDRICH, ZBGR *1986* 82 f; a. M. scheinbar auch STEINAUER, ZSR *1981* II 233 f; andere Länder kennen zum Teil gesetzliche Regelungen für ein «time-sharing» auf sachenrechtlicher Grundlage, so z. B. Portugal und die Türkei).
Auch praktische Überlegungen führen de lege lata zu einer Ablehnung des «time-sharing» auf stockwerkeigentumsrechtlicher Grundlage. So würden z. B. erhebliche grundbuchtechnische Probleme mit dem «time-sharing» entstehen (Beispiel: An jedem von 10 Stockwerkeigentumsanteilen wird ein auf 1 Woche beschränktes Miteigentumsrecht gewährt; dies hätte die Eröffnung von 531 Grundbuchblättern zur Folge, Art. 10a GBV; a. M. FRIEDRICH, ZBGR *1986* 82, der grundbuchtechnische Schwierigkeiten verneint). Aus rechtspolitischer Sicht bestehen ebenfalls Zweifel an der Wünschbarkeit des «time-sharing», könnte doch diese Form des Immobiliensplitting die Bodenspekulation weiter anheizen. Eine andere Frage ist, wieweit der Gedanke des «time-sharing» bzw. des «multipropriété» auf der Grundlage gesellschaftsrechtlicher Formen verwirklicht werden kann und soll, z. B. in der Form einer AG. In Frankreich beispielsweise stehen diese Varianten des

«time-sharing» im Vordergrund (FERID/SONNENBERGER, 623 f: STEINAUER, ZSR *1981* II 233); mit dem Gesetz vom 6. Januar 1986 «relatif aux sociétés d'attribution d'immeubles en jouissance à temps partagé» wurde die gesellschaftsrechtliche Form der «multipropriété» einlässlich geregelt.

3. Ehegatten

Vgl. dazu HEINZ HAUSHEER (Hrsg.), Vom alten zum neuen Eherecht, ASR Heft 503 (Bern 1986) und darin vor allem die Beiträge von GEISER (S. 111 ff), HAUSHEER (S. 55 ff) und SCHWAGER (S. 181 ff); NÄF-HOFMANN, Das neue Ehe- und Erbrecht im Zivilgesetzbuch, Zürich 1986; PAUL PIOTET, Le régime matrimonial suisse de la participation aux aquêts, Bern 1986; HEINZ REY, Gemeinschaftliches Eigentum unter Ehegatten, ZBGR *1981* 321 ff.

a. Allgemeines

16 Eine Untergemeinschaft besonderer Art bilden die Ehegatten, und zwar nicht nur im Falle des gemeinsamen Erwerbes eines Stockwerkeigentumsanteils. Diese Gemeinschaft wird durch die Bestimmungen des Eherechts (Art. 159 ff), insbesondere durch das eheliche Güterrecht (Art. 178 ff) geprägt. Zu beachten ist, dass das neue Eherecht vom 5. Oktober 1984 gewisse grundlegende Änderungen in der Ordnung der ehelichen Gemeinschaft vornimmt, die auch Auswirkungen auf den Erwerb, die Verwaltung und die Nutzung des Stockwerkeigentums durch die Ehegatten haben, vor allem aber auf die Verfügung über den Stockwerkeigentumsanteil (vgl. Botschaft des Bundesrates über die Änderung des Schweizerischen Zivilgesetzbuches vom 11. Juli 1979, BBl *1979* II 1191 ff).

17 Von besonderem Interesse in bezug auf das Stockwerkeigentum sind die neuen *Regeln über die Wohnung der Familie* (vgl. zur Unterscheidung zwischen «ehelicher Wohnung» und «Wohnung der Familie» NÄF-HOFMANN, Nr. 87 ff und Nr. 113 ff; TUOR/SCHNYDER, 190). Art. 169 nZGB bestimmt, dass die Veräusserung des als Familienwohnung benutzten Stockwerkeigentumsanteils unabhängig von den Eigentumsverhältnissen immer der Zustimmung des anderen Ehegatten bedarf (vgl. BBl *1979* II 1263 f). Entsprechender Beschränkung unterliegen ausser der Veräusserung nach Art. 169 nZGB auch andere, die Rechte an den Wohnräumen der Familie beschränkende Rechtsgeschäfte (NÄF-HOFMANN, Nr. 143 ff). Selbst wenn die Stockwerkeigentumseinheit nicht Familienwohnung sein sollte, hat jeder Ehegatte gemäss Art. 178 nZGB in bestimmten Fällen die Möglichkeit, beim Richter ein Begehren um Beschränkung der Verfügungsbefugnis des anderen Ehegatten

zu stellen; der Richter kann sogar die Verfügungsbeschränkung im Grundbuch anmerken lassen (Art. 178 Abs. 3 nZGB; BBl *1979* II 1281 ff; NÄF-HOFMANN, Nr. 482 ff; vgl. auch hinten N 20). Es handelt sich dabei um eine eigentliche Grundbuchsperre des Bundesprivatrechts.

b. Ordentlicher Güterstand

Nach dem bisherigen ordentlichen Güterstand der Güterverbindung (Art. 195 ff), der auf gemeinsame Erklärung der Ehegatten hin beibehalten werden kann (vgl. Art. 9e nSchlT), fällt die Nutzung und Verwaltung des gesamten ehelichen Vermögens dem Manne zu (Art. 200 ff); lediglich Verfügungen über das Frauengut, die über die ordentliche Verwaltung hinausgehen, bedürfen der Zustimmung der Ehefrau (Art. 202 Abs. 1). Zudem besteht im Zweifel die Vermutung für die Zugehörigkeit zum Mannesgut, innerhalb desselben jedoch zugunsten der Errungenschaft (Art. 196 Abs. 1; vgl. CYRIL HEGNAUER, Eherecht [Bern 1979] 143 f). Die Ehefrau hat lediglich hinsichtlich des ehelichen Vermögens im Rahmen der Schlüsselgewalt (Art. 163 Abs. 1) Verwaltungsbefugnisse (Art. 200 Abs. 3); unbeschränkt sind ihre Rechte nur bezüglich ihres Sondergutes. Haben also Ehegatten unter dem Güterstand der Güterverbindung gemeinsam (zu Miteigentum oder als einfache Gesellschaft zu Gesamteigentum; vgl. dazu REY, ZBGR *1981* 324 ff) Stockwerkeigentum erworben, so steht dem Manne die Ausübung der Verwaltung alleine zu, während die Ehefrau lediglich bei besonders eingreifenden Massnahmen ein Mitbestimmungsrecht hat. Erwirbt nur der Mann Stockwerkeigentum, so hat die Frau lediglich Befugnisse im Rahmen der Fürsorge für die laufenden Bedürfnisse des Haushaltes (Art. 200 Abs. 3). 18

Im neuen Recht ist die **Errungenschaftsbeteiligung** ordentlicher Güterstand (Art. 181 nZGB und Art. 196 ff nZGB). Gemäss Art. 196 nZGB ist jeder Ehegatte während der Ehe Alleineigentümer von zwei Vermögensmassen, dem Eigengut und der Errungenschaft (Art. 196 ff nZGB; HAUSHEER, 60 ff; vgl. dazu auch PIOTET, 90 ff). Im Rahmen der gesetzlichen Schranken hat jeder Ehegatte das alleinige Nutzungs-, Verwaltungs- und Verfügungsrecht über sein Eigengut und über seine Errungenschaft (Art. 201 Abs. 1 nZGB). Diese «vertikale Trennung zwischen dem Frauen- und dem Mannesgut» (HAUSHEER, 63 f) erfährt insofern eine Einschränkung, als bei Beweislosigkeit bezüglich der Eigentumsverhältnisse gemäss Art. 200 Abs. 1 und 2 nZGB Miteigentum beider Ehegatten angenommen wird (vgl. HAUSHEER, 63 ff). Damit wird aber keine zusätzliche Gütermasse eingeführt. Vielmehr wird eine der 19 neuen güterrechtlichen Konstruktion angepasste Regelung für die Zuweisung von Vermögenswerten getroffen, deren eindeutige Zuordnung nicht bewiesen werden kann (HAUSHEER, 64; vgl. dagegen Art. 196 aZGB). Beim Stockwerkeigentum hat diese Miteigentumsvermutung indessen keine Bedeutung, weil der Grundbucheintrag ausschlaggebend ist.

20 Das Güterrecht wirkt in besonderer Weise auf die sachenrechtliche Regelung des Miteigentums gemäss Art. 646 ff ein: Während der Dauer der Errungenschaftsbeteiligung ist die *Verfügung* über den Miteigentumsanteil in Abweichung von Art. 646 Abs. 3 von der Zustimmung des anderen Ehegatten abhängig. Anders nur, wenn die Ehegatten die Möglichkeit freier Verfügung über ihre Anteile vereinbart haben oder im Zeitpunkt der Veräusserung des Miteigentumsanteils durch den einen der andere Ehegatte seine Zustimmung erteilt (Art. 201 Abs. 2 nZGB als lex specialis zu Art. 646 Abs. 3; HAUSHEER, 64 f; SCHWAGER, 215; vgl. dazu auch NÄF-HOFMANN, Nr. 691 ff). Für die Verfügung über den Miteigentumsanteil an der als Familienwohnung benutzten Stockwerkeinheit gilt diese Veräusserungsbeschränkung gemäss Art. 169 nZGB sogar zwingend und ohne Rücksicht auf den Güterstand (SCHWAGER, 215; vgl. dazu vorn N 17).

21 Für die *Auflösung* der Errungenschaftsbeteiligung sieht Art. 205 Abs. 2 nZGB eine besondere Regelung vor: In Ergänzung der Teilungsbestimmungen von Art. 650 f (diese werden nicht ersetzt, sondern erweitert: HAUSHEER, 68; SCHWAGER, 215) kann der Richter im Scheidungsurteil ein im Miteigentum stehendes Vermögensobjekt einem Ehegatten gegen Entschädigung des anderen ungeteilt zuweisen, sofern dieser ein überwiegendes Interesse nachweist. Dies ist für das Stockwerkeigentum insbesondere dann von Bedeutung, wenn der eine Ehegatte in der Stockwerkeinheit seinen Beruf oder sein Gewerbe ausübt (BBl *1979* II 1313) oder wenn der Stockwerkeigentumsanteil nicht weiter geteilt werden kann (vgl. zu den Voraussetzungen für die Bildung von Stockwerkeigentumseinheiten Art. 712b N 45 ff).

22 Eine ähnliche Regelung sieht das neue Recht für die Auflösung der Errungenschaftsbeteiligung im Fall des Ablebens eines Ehegatten vor für Stockwerkeigentumsanteile, die ganz im Eigentum des Verstorbenen standen: Gemäss Art. 219 Abs. 1 und 3 nZGB kann dem überlebenden Ehegatten unter Anrechnung an die Beteiligungsforderung und an den Mehrwertanteil das Eigentum, die Nutzniessung oder ein Wohnrecht an einem Stockwerk, das von den Ehegatten bewohnt wurde und dem verstorbenen Ehegatten gehört hat, ungeteilt zugewiesen werden. Dieses Zuweisungsrecht ist güterrechtlicher Natur, kann aber erst nach dem Hinschied eines Ehegatten ausgeübt

werden (BBl *1979* II 1325). Vom 1. Januar 1988 an besteht auch eine entsprechende erbrechtliche Bestimmung (Art. 612a Abs. 1 und 2 nZGB; vgl. zum Ganzen HAUSHEER, 76; NÄF-HOFMANN, Nr. 1015 ff; PIOTET, 148 f; SCHWAGER, 194 f).

c. Vertragliche Güterstände

Unterstehen die Ehegatten gemäss Ehevertrag dem Güterstand der **Gütergemeinschaft,** so bilden sie (wie nach bisherigem Recht, Art. 215 ff) eine besonders ausgestaltete Gesamthandsgemeinschaft. Diese kann entweder das gesamte Vermögen und alle Einkünfte der Ehegatten umfassen (Allgemeine Gütergemeinschaft, Art. 222 nZGB) oder auf gewisse Vermögensgegenstände beschränkt werden (Beschränkte Gütergemeinschaft, Art. 223 f nZGB); insbesondere kann auch Stockwerkeigentum vom Gesamtgut ausgeschlossen werden (vgl. Art. 224 Abs. 1 nZGB). Alle Vermögenswerte, die nicht zum Gesamtgut gehören, stellen Eigengut dar und werden vom jeweiligen Ehegatten gleich wie bei der Gütertrennung allein verwaltet (Art. 232 Abs. 1 i. V. m. Art. 247 nZGB; GEISER, 119 f). Immerhin gilt hier die Vermutung zugunsten des Gesamtgutes (Art. 226 nZGB; vgl. GEISER, 115). 23

Sachen im Gesamtgut stehen im Gesamteigentum der Ehegatten (Art. 652–654); demgemäss kann kein Ehegatte selbständig über seinen Anteil verfügen (Art. 222 Abs. 3 nZGB). Die ordentliche Verwaltung steht konkurrierend bzw. parallel (BBl *1979* II 1329; GEISER, 115 f) beiden Ehegatten zu (Art. 227 nZGB), wogegen jede ausserordentliche Verwaltungshandlung unter Vorbehalt der Bestimmungen über die eheliche Gemeinschaft (Art. 166 nZGB) der Zustimmung des anderen Ehegatten bedarf; immerhin gilt im Verkehr mit Dritten die Vermutung, eine Einwilligung liege vor (Art. 228 nZGB; vgl. dazu GEISER, 115 ff; vgl. auch die besonderen Verwaltungsregelungen von Art. 229 f nZGB). Für die Auflösung der Gütergemeinschaft kommen unter Vorbehalt der Art. 241–245 nZGB die Bestimmungen über die Teilung von Miteigentum (Art. 651) und die Durchführung der Erbteilung (Art. 610–615) sinngemäss zur Anwendung (Art. 246 nZGB). Von besonderem Interesse ist die Möglichkeit, einen Stockwerkeigentumsanteil, der sich im Gesamtgut befunden hat, nach dem Ableben eines Ehegatten ungeteilt dem überlebenden Ehegatten zuzuweisen (Art. 244 und Art. 612a nZGB; vgl. auch vorn N 22 über die entsprechende Regelung beim ordentlichen Güterstand). 24

25 Bei der **Gütertrennung** sind die Ehegatten innerhalb der gesetzlichen Schranken (vgl. insb. Art. 169 nZGB und Art. 178 nZGB) bezüglich ihrer Vermögensobjekte in der Nutzungs-, Verwaltungs- und Verfügungsmacht völlig frei (Art. 247 nZGB). Ist das Eigentum an einer besonderen Sache streitig, so gilt wie beim ordentlichen Güterstand die Miteigentumsvermutung (Art. 248 Abs. 2 nZGB; vgl. auch Art. 200 Abs. 2 nZGB; GEISER, 134). Steht ein Stockwerkeigentumsanteil im Miteigentum der Ehegatten, kann dieser bei Auflösung des Güterstandes ebenfalls ungeteilt und gegen Entschädigung des andern Ehegatten (Art. 251 nZGB) bzw. unter Anrechnung auf den Erbanteil (Art. 612a Abs. 1 nZGB) einem Ehegatten zugewiesen werden (vgl. auch SCHWAGER, 215).

4. Ausländer

26 Grundsätzlich kann ein Ausländer wie ein Schweizer Stockwerkeigentum in der Schweiz erwerben; er ist unbeschränkt eigentumsfähig (Art. 641 N 6; HAAB/SIMONIUS/SCHERRER/ZOBL, Art. 641 N 27). Seit 1961 ist jedoch der Grundstückerwerb durch Personen im Ausland einer Bewilligungspflicht unterstellt (BB über die Bewilligungspflicht für den Erwerb von Grundstücken durch Personen im Ausland vom 23. März 1961 [AS *1961* 203], abgeändert und verlängert durch BB vom 24. Juni 1977 [AS *1977* 1689], verlängert bis zum 31. Dezember 1984 durch BB vom 25. Juni 1982 [AS *1982* 1914]). Das am 1. Januar 1985 in Kraft getretene BG über den Erwerb von Grundstücken durch Personen im Ausland vom 16. Dezember 1983 (BewG, AS *1984* 1148, SR 211.412.31; zur Verfassungsmässigkeit des BewG vgl. BEAT RECHSTEINER, Beschränkungen des Grundstückerwerbs durch Ausländer [Diss Zürich 1985] 49–96, sowie Botschaft zu einem Bundesgesetz über den Erwerb von Grundstücken durch Personen im Ausland und zur Volksinitiative «gegen den Ausverkauf der Heimat» vom 16. September 1981, BBl *1981* III 639 ff) erfasst in seinem subjektiven Geltungsbereich einerseits alle natürlichen Personen ausländischer Staatsangehörigkeit (inkl. Flüchtlinge und Staatenlose; RECHSTEINER, 144) und andererseits alle ausländischen oder ausländisch beherrschten juristischen Personen und vermögensfähigen Gesellschaften ohne juristische Persönlichkeit (Art. 5 BewG).

27 Unter den objektiven Geltungsbereich fällt insbesondere auch der Erwerb eines Stockwerkeigentumsanteils (Art. 4 Abs. 1 lit. a BewG) sowie die Begründung eines Kaufs-, Vorkaufs- oder Rückkaufsrechts an einem solchen

(Art. 4 Abs. 1 lit. f BewG; BBl *1981* III 620 f). Überhaupt bezieht sich das BewG auf zahlreiche stockwerkeigentumsrelevante Fragen. Neben den allgemeinen Bewilligungsgründen von Art. 8 BewG (Erwerb als Betriebsstätte; Erwerb als Kapitalanlage ausländischer, in der Schweiz zur Geschäftstätigkeit zugelassener Versicherungseinrichtungen oder zur Deckung pfandgesicherter Forderungen ausländischer, in der Schweiz zur Geschäftstätigkeit zugelassener Banken und Versicherungseinrichtungen; Erwerb eines Stockwerkeigentumsanteils durch eine natürliche Person ohne kantonale Bewilligung, wenn ein Härtefall für den Veräusserer vorliegt; vgl. zu dieser unklaren und problematischen Härtefallklausel die Kritik von GERMANN MATHIER, Die Gesetzgebung aus der Sicht des Anwalts und Notars, in: HANGARTNER [Hrsg.], Das Bundesgesetz über den Erwerb von Grundstücken durch Personen im Ausland, Veröffentlichungen des Schweizerischen Instituts für Verwaltungskurse an der Hochschule St. Gallen, Neue Reihe Bd. 23 [St. Gallen 1986], 105 ff, 116 ff) können die Kantone gemäss Art. 9 Abs. 1 BewG durch Gesetz bestimmen, dass ein Erwerber einer Haupt- oder Zweitwohnung durch eine natürliche Person bewilligt wird, wenn sich diese Hauptwohnung am Ort ihres rechtmässigen und tatsächlichen Wohnsitzes befindet bzw. der Erwerber zum Ort der Zweitwohnung aussergewöhnlich enge, schutzwürdige Interessen unterhält. Daneben können die Kantone auch bestimmen, dass natürlichen Personen der Erwerb einer Ferienwohnung bzw. einer Wohneinheit in einem Apparthotel, d.h. einem in Stockwerkeigentum aufgeteilten Hotel (zum Begriff vgl. Art. 10 BewG und Art. 7 der Verordnung über den Erwerb von Grundstücken durch Personen im Ausland vom 1. Oktober 1984 [BewV], SR 211.412.411) im Rahmen des kantonalen Kontingents bewilligt werden kann (Art. 9 Abs. 2 BewG). Als zwingenden Verweigerungsgrund hingegen statuiert Art. 12 lit. d BewG den Erwerb eines Stockwerkeigentumsanteils als Zweitwohnung, wenn der Erwerber, seine Ehefrau oder eines seiner Kinder unter 20 Jahren eine solche in der Schweiz schon besitzt.

Vgl. zur Regelung im einzelnen MÜHLEBACH/GEISSMANN, Kommentar zum Bundesgesetz über den Erwerb von Grundstücken durch Personen im Ausland (Brugg/Baden 1986); HANGARTNER (Hrsg.), Das Bundesgesetz über den Erwerb von Grundstücken durch Personen im Ausland, Veröffentlichungen des Schweizerischen Instituts für Verwaltungskurse an der Hochschule St. Gallen, Neue Reihe Bd. 23 (St. Gallen 1986).

III. Objekt des Stockwerkeigentums und bauliche Konzeption der gemeinsamen Gebäulichkeiten

28 Zu der in diesem Kommentar befolgten Terminologie betreffend das Objekt des Stockwerkeigentums ist vorweg zu beachten:
- für das gesamte in Stockwerkeigentumsanteile aufgeteilte Grundstück wird die Bezeichnung «das gemeinschaftliche Grundstück» gebraucht;
- wird nur auf die Liegenschaft unter Ausschluss des Baurechts Bezug genommen, so wird der terminus technicus des ZGB verwendet, also «Liegenschaft» im Sinne von Art. 655 Abs. 2 Ziff. 1;
- statt von «Stockwerkeinheit» ist überall dort, wo auf die Einheit als Rechtsobjekt Bezug genommen wird, von «Stockwerkeigentumsanteil» die Rede.

1. Objekt des Stockwerkeigentums

a. Liegenschaft oder Baurecht

29 Weil das schweizerische Stockwerkeigentum als besonders ausgestaltetes Miteigentum konstruiert ist und das für das Sachenrecht grundlegende Akzessionsprinzip (vgl. dazu Syst. Teil N 98 f) wahrt, hat der Stockwerkeigentümer Miteigentum an der ganzen zu Stockwerkeigentum aufgeteilten Liegenschaft i. S. v. Art. 655 Abs. 2 Ziff. 1, d. h. am Boden und am Gebäude mit allen seinen Bestandteilen (LIVER, GS Marxer 185 f; STEINAUER, § 29 N 1124 ff; Pra *1985* Nr. 184; BBl *1962* II 1489). Grundsätzlich steht also der Boden im Miteigentum aller Stockwerkeigentümer, es sei denn, an einer Liegenschaft bestehe ein selbständiges und dauerndes Baurecht im Sinne von Art. 779 ff. Gemäss Art. 675 Abs. 1 ist dann nicht der Grundeigentümer, sondern der Bauberechtigte Eigentümer des erstellten Gebäudes (vgl. Art. 675 N 8 ff; HAAB/SIMONIUS/SCHERRER/ZOBL, Art. 675 N 1 ff).

30 Da dieses Baurecht als Grundstück gilt (Art. 655 Abs. 2 Ziff. 2 und Art. 943 Abs. 1 Ziff. 2), kann an diesem selbst Stockwerkeigentum begründet werden, was von Art. 712b Abs. 2 Ziff. 1 denn auch vorausgesetzt wird (FRIEDRICH, SJK *1302* 1 f; WEBER, 60; SCHMID, 28 f; vgl. zu den Besonderheiten des Baurechtsvertrages auch FRIEDRICH, Das Baurecht des Zivilgesetzbuches im Dienste öffentlicher Aufgaben, ZBl *1967* 292 ff). Zu beachten ist jedoch, dass das Baurecht nur an Grund und Boden, nicht aber an Gebäudeteilen

begründet werden kann: Der in Art. 675 Abs. 2 ausgesprochene Ausschluss der Begründung von Baurechten an einzelnen Stockwerken dient lediglich als besonderes Beispiel; Art. 675 Abs. 1 enthält schon den Grundsatz der Unzulässigkeit von Sondereigentum an Gebäudeteilen und damit ein Verbot des Baurechts an solchen Objekten (Art. 675 N 18 ff; HAAB/SIMONIUS/ SCHERRER/ZOBL, Art. 675 N 5; HUBER, ZBGR *1962* 62 f; ISLER, 34, mit weiteren Verweisen; BGE *111* II 139 f; a. M. LIVER in zwei Rechtsgutachten, abgedruckt in ZBGR *1973* 193 ff und 204 ff, sowie FREIMÜLLER, 28 f). Ausgeschlossen ist demzufolge die Errichtung von Stockwerkeigentum auf der Grundlage eines Baurechts, wenn ein funktioneller und baulicher Zusammenhang mit einem bestehenden Gebäude geschaffen würde (vgl. BGE *111* II 141). Denkbar hingegen wäre z. B. (sofern die Voraussetzungen von Art. 712b erfüllt sind) die Erstellung einer zu Stockwerkeigentum aufgeteilten Autoeinstellhalle im Baurecht, sofern diese bautechnisch völlig unabhängig von auf diesem Grundstück befindlichen Gebäuden ist (ähnlich EGGEN, ZBGR *1972* 211). Vgl. zur Unzulässigkeit der Begründung eines Baurechts an einem Stockwerkeigentumsanteil auch hinten N 108 ff.

Bei Vorliegen eines Baurechts ist der Stockwerkeigentümer nur Miteigentümer am Gebäude, nicht aber am Boden, auf dem dieses steht. Aus diesem Grund spricht das Gesetz in Art. 712a Abs. 1 von Miteigentum an einem Grundstück und nicht von Miteigentum am Boden oder an einer Liegenschaft (vgl. FRIEDRICH, SJK *1302* 2). Immerhin kann der Stockwerkeigentümer auch bei Bestehen eines Baurechts im Sinne von Art. 779 ff ausnahmsweise dann Eigentümer des Bodens sein, wenn er zugleich Baurechtsgeber ist. 31

b. Bestandteile und Zugehör

Was ein Stockwerkeigentümer in seiner Stockwerkeinheit durch Einbau mit dem Gebäude dauernd und fest verbindet (Böden, Decken, Türen, eingemauerte Maschinen, in die Wände eingelassene Spiegel und Schränke usw.), wird Bestandteil der gesamten Baute (Art. 642; vgl. zur Bestandteilsqualität Art. 642 N 14 ff). Er hat jedoch, weil er sein Alleineigentum am Bestandteil verloren hat, das Recht, diesen Bestandteil wieder zu entfernen (ius tollendi; Art. 642 N 59 f; LIVER, GS Marxer 186). Erfüllt eine Sache Zugehörqualität (vgl. dazu Art. 644 und 645 N 8 ff), so ist sie unter Vorbehalt gegenteiliger Willenskundgabe als sachenrechtlicher Teil des Zugehörträgers zu behandeln, steht also ebenfalls im Miteigentum aller Stock- 32 werkeigentümer (Art. 644; Art. 644 und 645 N 59 ff; HAAB/ SIMONIUS/SCHERRER/ZOBL, Art. 644/45 N 24; ZBGR *1983* 142 ff; zur Anmerkung von Zugehör vgl. auch Art. 78 GBV).

2. Bauliche Konzeption der gemeinsamen Gebäulichkeiten

a. Grundlegende Anforderungen an die bauliche Gestaltung

33 Im Gesetz findet sich keine Bestimmung, welche sich über die Beschaffenheit der zu Stockwerkeigentum aufzuteilenden Liegenschaft ausspricht. Aus Art. 712a sowie aus dem Erfordernis der Abgeschlossenheit von Räumen gemäss Art. 712b geht jedoch klar hervor, dass unbebaute Grundstücke (Gärten, Weiden usw.) als solche nicht zu Stockwerkeigentum ausgestaltet werden können, auch nicht, wenn man die vertikale Abgrenzung des Grundeigentums gemäss Art. 667 als «Luftraum» bezeichnet (vgl. dazu Art. 667 N 2f; für das deutsche WEG vgl. BÄRMANN/PICK/MERLE, § 5 N 17). Stockwerkeigentum kann nur an raumbildenden Bauwerken («umbauten Lufträumen», WEBER, 59) begründet werden. Es muss sich um Gebäude handeln, die einen (vgl. zu diesem Spezialfall hinten N 35) oder mehrere Räume enthalten und nach aussen allseitig abgeschlossen sind (FRIEDRICH, ZBGR *1966* 333; BÄRMANN/PICK/MERLE, § 5 N 17). Die Anforderungen an die Gestaltung der Gebäude ergeben sich nur mittelbar aus der Umschreibung des sonderrechtsfähigen Gegenstandes in Art. 712b (vgl. dazu Art. 712b N 45 ff; FRIEDRICH, SJK *1302* 2; für die Begründung von Stockwerkeigentum an Bauernhäusern, Bern. Notar *1980* 77 ff). Sind die Anforderungen an die bauliche Gestaltung erfüllt, kann auch an unterirdischen Bauten Stockwerkeigentum begründet werden (FRIEDRICH, § 1 N 2; vgl. zur Frage der Sonderrechtsfähigkeit unterirdisch gelegener Räume Art. 712b N 65).

b. Anzahl von Stockwerkeinheiten

34 Das ZGB enthält keine direkte Bestimmung über die im Einzelfall erforderliche Zahl von Stockwerkeinheiten. Begriffs- und wesensmässig müssen jedoch mindestens deren zwei vorhanden sein (FRIEDRICH, § 1 N 4; WEBER, 64). Eine Maximalzahl von Stockwerkeinheiten wird nicht

festgelegt und ergibt sich auch nicht aus der Natur der Sache. Stockwerkeigentum kann an Zweifamilienhäusern oder Wolkenkratzern, an Reiheneinfamilienhäusern oder an einer unbestimmten Anzahl einzelner Häuser auf dem gleichen Grundstück (vgl. zu diesem Fall nachfolgend N 35 und N 37) begründet werden. Je mehr Stockwerkeinheiten geschaffen werden, desto grösser wird die Stockwerkeigentümergemeinschaft. Dabei kann sich die Ausgestaltung und die praktische Durchsetzbarkeit der Verwaltungsordnung als schwierig erweisen (FRIEDRICH, § 1 N 5; BÄRMANN/PICK/MERLE, § 3 N 31 f; DIESTER, NJW *1971* 1156 f; vgl. zu den politischen Bestrebungen in Deutschland zur quantitativen Begrenzung der Wohneigentumseinheiten WEBER, 65 ff).

c. Horizontales, vertikales und kombiniertes Stockwerkeigentum

35 Der gesetzgeberische Idealtypus des Stockwerkeigentums besteht in der horizontalen Aufteilung der gemeinsamen Baute in Stockwerkeinheiten. Es ist jedoch unbestritten, dass Stockwerkeigentum auch durch eine vertikale Aufteilung des Gebäudes begründet werden kann, z.B. an Reiheneinfamilienhäusern oder an aneinandergebauten Garagenboxen (LIVER, Bern. Notar *1969* 328; FRIEDRICH, ZBGR *1973* 137; EGGEN, ZBGR *1972* 214; FLATTET, in Recueil S.143; Weber, 58). Vertikales Stockwerkeigentum kann aber auch an mehreren räumlich voneinander getrennten Häusern auf demselben Grundstück gebildet werden (vgl. die vorstehend Zitierten und J. RUEDIN, Stockwerkeigentum *1976/1* 7). Eine Kombination von horizontalem und vertikalem Stockwerkeigentum findet sich dann, wenn verschiedene vertikal voneinander getrennte Häuser auf demselben Grundstück ihrerseits horizontal in Stockwerkeinheiten aufgeteilt sind. Vielfach ist in solchen Fällen auch noch eine unterirdische Autoeinstellhalle vorhanden, welche wiederum eine Stockwerkeinheit bilden kann (REY, recht *1984* 64; WEBER, 58 f; LIVER, Bern. Notar *1969* 328 f; EGGEN, ZBGR *1972* 214 f; vgl. dazu Art. 712b N 65).

36 Eine besondere Kombination von horizontalem und vertikalem Stockwerkeigentum bilden die *Terrassenhäuser*. Obwohl vielerorts die Terrassensiedlungen noch in der Weise begründet wurden, dass das jeweilige Haus im Alleineigentum des Berechtigten steht (mit einer Regelung der engen Nachbarschaftsverhältnisse hauptsächlich in Form von Dienstbarkeitsrechten und Dienstbarkeitslasten), drängt sich gerade hier die Konstruktion als Stock-

werkeigentum auf. Dies um so mehr, als das ZGB eine für derartige Fälle notwendige Verwaltungs- und Nutzungsordnung nur für das Mit- und das Stockwerkeigentum vorsieht (Art. 647 ff und Art. 712gff; g. M. EGGEN, ZBGR *1972* 218).

37 Die dargestellten Aufteilungsmöglichkeiten müssen – obwohl nicht dem genauen Wortlaut des Gesetzes und nicht dem vom Gesetzgeber ins Auge gefassten Typus entsprechend – als zulässig und einem echten Bedürfnis nachkommend erachtet werden (g. M. LIVER, Bern. Notar *1969* 329; FRIEDRICH, § 1 N 2; WEBER, 58 f, mit Hinweis auf die so mögliche Befreiung von der Pflicht zur Einhaltung der Grenzabstandsvorschriften). Zu beachten ist aber, dass aufgrund der Tatsache, dass alle Beteiligten Miteigentum an allen Gebäuden erhalten und nur an ihrer jeweiligen Einheit das Sonderrecht des Stockwerkeigentums erwerben, eine besonders geartete Stockwerkeigentümergemeinschaft gebildet wird, die über die allgemeinen Schwierigkeiten solcher Gemeinschaften hinaus mit speziellen Problemen wie z. B. der sachgerechten Verteilung der gemeinschaftlichen Kosten (Art. 712h) oder der Organisation und Durchführung von durch grössere Spannungen belasteten Stockwerkeigentümerversammlungen (Art. 712m ff) konfrontiert wird (FRIEDRICH, ZBGR *1973* 137; REY, recht *1984* 64 ff; WEBER, 59). In diesem Fall ist es angebracht, für jedes Gebäude eine spezielle Organisation für den Innenbereich, eine Untergemeinschaft also, zu schaffen, und zwar mit beschränkter selbständiger Entscheidungskompetenz (WEBER, 137 f; kritisch FRIEDRICH, ZBGR *1973* 137 f; vgl. dazu auch Art. 712b N 82 ff, insb. N 86 ff, und die Bemerkungen zu Art. 712m).

IV. Inhalt des Sonderrechts

1. Allgemeines

38 Zusätzlich zu seiner Position als Miteigentümer am ganzen Grundstück erlangt der Stockwerkeigentümer gleichzeitig ein Sonderrecht an bestimmten Räumlichkeiten (zur Bestimmung derselben vgl. Art. 712b N 45 ff). Dieses mit dem Miteigentum untrennbar verbundene Sonderrecht setzt sich gemäss Art. 712a Abs. 1 und 2 aus drei Komponenten zusammen: Der Stockwerkeigentümer darf gewisse Gebäudeteile ausschliesslich *benutzen* (hinten N 41 ff), *verwalten* (hinten N 57 ff) und *baulich ausgestalten* (hinten N 61 ff). Im Rahmen der gesetzlichen und rechtsgeschäftlichen Um-

schreibung des Sonderrechtsinhaltes (Art. 712a; vgl. allgemein zur sachenrechtlichen Zuordnung Art. 712b N 71 ff) ist der Stockwerkeigentümer frei in der Ausübung seiner Befugnisse, wobei er jedoch auch in diesem Bereich autonomer Kompetenzen auf die Interessen der anderen Stockwerkeigentümer Rücksicht zu nehmen hat (Art. 712a Abs. 2; FRIEDRICH, § 6 N 1; hinten N 68 ff).

Der *Umfang* der sich aus dem Sonderrecht ergebenden Befugnisse an bestimmten realen Teilen des Gebäudes kann *durch Vereinbarung der Stockwerkeigentümer nicht zusätzlich erweitert* werden. Die Stellung des Stockwerkeigentümers ist eine alleineigentümerähnliche, die nur durch zwingende Gesetzesvorschriften und allfällige Rechte Dritter begrenzt ist (FRIEDRICH, § 6 N 12; WEBER, 218 f). Hingegen können die Befugnisse des Stockwerkeigentümers in bestimmtem Masse *durch Vereinbarung eingeschränkt* werden (FRIEDRICH, § 6 N 12; WEBER, 219); ein blosser Mehrheitsbeschluss ist allerdings nicht ausreichend, da es sich um eine Einschränkung der Eigentümerbefugnisse handelt (vgl. zur Änderung der Zweckbestimmung auch hinten N 43). Demgegenüber kann die Gebrauchsordnung des Alltags (zur Abgrenzung vgl. WEBER, 213 f; K. MÜLLER, 61 ff; genauer dazu die Bemerkungen zu Art. 712g) durch einfachen Mehrheitsbeschluss entweder generell in der Hausordnung oder konkret in einem Versammlungsbeschluss festgelegt werden (FRIEDRICH, § 16; WEBER, 212 ff). 39

Die aus dem Sonderrecht sich ergebenden Befugnisse eines bestimmten Stockwerkeigentümers können aber auch ganz spezifisch durch Errichtung von Grunddienstbarkeiten eingeschränkt werden. Vgl. dazu hinten N 104 ff. 40

2. Nutzung und Gebrauch

a. Grundsatz und Bedeutung der Zweckbestimmung des gemeinschaftlichen Objekts

Die Befugnis, eine Stockwerkeinheit ausschliesslich zu benutzen, stellt das wichtigste Recht des Stockwerkeigentümers dar (LIVER, SPR V/1 92). Grundsätzlich nimmt dieser eine alleineigentümerähnliche Stellung ein, deren Inhalt sich einerseits aus dem Gesetz (Art. 712a Abs. 2 und 3, Art. 684 usw.; vgl. dazu hinten N 68 ff) und andererseits aus der auf Rechtsgeschäft beruhenden Nutzungs- und Verwaltungsordnung ergibt. 41

Sofern rechtsgeschäftlich nicht ausgeschlossen, ist jede Art der Benutzung 42 zulässig, sei es zu Wohn- oder Geschäftszwecken (vgl. Art. 712b Abs. 1), sei es der Eigengebrauch oder die entgeltliche Gebrauchsüberlassung an Dritte (Miete, Pacht, dingliche Nutzungsrechte; FRIEDRICH, § 12 N 2), sofern sie weder die gleichen Rechte der anderen Stockwerkeigentümer noch die Interessen der Gemeinschaft verletzt (FRIEDRICH, § 6 N 2 und § 8 N 2; WEBER, 216f, 223). Der Umfang des Nutzungsrechts einer Stockwerkeinheit oder des ganzen Grundstücks kann durch die Zweckbestimmung des gemeinsamen Objekts im Reglement eingeschränkt werden (FRIEDRICH, § 8 N 2; WEBER, 203ff). Die Umschreibung des Zwecks hat für den Käufer eines Stockwerkeigentumsanteils besondere Bedeutung, bildet sie doch regelmässig das Motiv des Erwerbs (LIVER, SPR V/1 78; Art. 648 N 50). Nutzungsbeschränkungen können die Einräumung von Gebrauchsüberlassungen, die Haustierhaltung und vor allem die Zulässigkeit der Ausübung beruflicher oder gewerblicher Tätigkeiten betreffen (vgl. nachfolgend N 45 ff).

43 Eine nachträgliche Änderung der Zweckbestimmung (vgl. zur Abgrenzung von Zweckänderungen und Verwaltungshandlungen Art. 648 N 51 f; BGE 95 II 403) bedarf eines einstimmigen Beschlusses aller Stockwerkeigentümer, soweit diese nicht zuvor einstimmig ein anderes Quorum vereinbart haben (Art. 648 Abs. 2; Art. 648 N 53). Mangels anderer Abmachung sind somit Mehrheitsbeschlüsse betreffend Änderung der Zweckbestimmung ebenso wie die Verfügung eines Einzelnen für die nicht zustimmenden Stockwerkeigentümer unverbindlich (vgl. zur Frage, ob bei Verletzung der Quorumsbestimmungen Nichtigkeit oder bloss Anfechtbarkeit des Versammlungsbeschlusses vorliegt, die entsprechenden Bemerkungen zu Art. 712m; hier muss angesichts der grundlegenden Bedeutung der Zweckbestimmung Nichtigkeit angenommen werden). Über die ihnen zur Verfügung stehenden Rechtsbehelfe vgl. die Bemerkungen zu Art. 712m.

b. Besondere Nutzungsbeschränkungen

44 Im Reglement können besondere Einschränkungen der Gebrauchsrechte vorgesehen werden (vorn N 39 und N 42). Ziel solcher Einschränkungen ist meist die Eingrenzung gesetzlich zulässiger Immissionen (WEBER, 223). Es stellt sich jedoch die Frage nach den Grenzen reglementarischer Einschränkungen. Obschon die Stockwerkeigentümer einstimmig (vgl. vorn N 43) über die Zweckbestimmung der Liegenschaft befinden, muss davon ausgegangen werden, dass das mit dem Miteigentum subjektiv-dinglich verbundene Sonderrecht des einzelnen Stockwerkeigentümers in

seinem Wesensgehalt nicht ausgehöhlt und zur «nuda proprietas» abgewertet werden darf (vgl. auch WEBER, ZBGR *1979* 151, 160 ff). Die Zulässigkeit von Nutzungsbeschränkungen sollte im konkreten Einzelfall immer unter dem Gesichtspunkt der Abwägung von Individual- und Gemeinschaftsinteressen der Stockwerkeigentümer und unter Berücksichtigung der allgemeinen Grundsätze von Art. 20 OR, Art. 2 und allenfalls Art. 27 ZGB beurteilt werden (WEBER, 221; derselbe, ZBGR *1979* 158 ff; FRIEDRICH, Bern. Notar *1983* 181 ff; *BGE* 111 II 336 ff und die Besprechung dieses Entscheids von LIVER in ZBJV *1987* 148 ff). Unzulässig sind deshalb eigentumsfremde Beschränkungen (so etwa ein allgemeines Verbot des Empfangs von Besuchern).

aa. Gewerblicher und beruflicher Gebrauch

Ein allgemeiner Ausschluss jeglicher Berufsausübung ist 45 unhaltbar und praktisch auch gar nicht durchführbar (g. M. WEBER, 223; unklar FRIEDRICH, § 8 N 5f). Zum einen sind die Bezeichnungen «Gewerbe» und «Beruf» zu unbestimmt (vgl. auch BGE *111* II 330 ff; vgl. dagegen FRIEDRICH, § 8 N 6, der sich für eine Auslegung im weiten Sinne ausspricht), zum andern besteht normalerweise kein schützenswertes Interesse und kein sachlicher Grund, Angehörigen von stillen Berufsarten (z. B. Schriftstellern, Journalisten, Architekten) die Ausübung beruflicher Tätigkeit in ihrer Stockwerkeinheit allein aufgrund der gewerblichen Absicht zu verbieten. Dagegen können gewerbliche/berufliche Tätigkeiten, die erhebliche Immissionen verursachen, unzulässig sein, wenn es sich gemäss der Zweckbestimmung um ein Wohnhaus handelt (vgl. WEBER, 223 ff; vgl. dazu aber auch hinten N 74 ff), so z. B.:
– mit Geräusch und Geruch verbundene Gewerbe (Werkstätten, Drucke- 46 reien usw.);
– Restaurant, Bar, Dancing (vgl. ZBGR *1982* 270 ff);
– Theater, Kino;
– Massagesalon, Bordell (vgl. ZR *1985* Nr. 85).

In anderen Fällen kann es zweifelhaft sein, ob bestimmte Tätigkeiten von ei- 47 nem Berufs-/Gewerbeausübungsverbot erfasst werden, insbesondere bei der Eröffnung einer Praxis (Anwalt, Arzt, Zahnarzt; vgl. allgemein zum Problem der Arztpraxis WEBER, 225 ff). Bei der Klärung dieser Frage im Einzelfall ist wiederum von den allgemeinen Kriterien auszugehen (vgl. vorn N 44; zu den Rechtsbehelfen, die dem von einem generellen Gewerbeverbot

Betroffenen zur Verfügung stehen, vgl. die entsprechenden Bemerkungen zu Art. 712m).

48 Weil ein allgemeines Verbot jeglicher Berufs- und Gewerbeausübung zu unpräzis ist, sollte im Reglement eine differenzierte aber nicht zu einschränkende Regelung vorgenommen werden (FRIEDRICH, § 8 N 5; WEBER, 226 ff): Auf jeden Fall müsste festgelegt werden, welche Stockwerkeinheiten von einer Einschränkung betroffen sein sollen. Sodann könnte ein Katalog zulässiger bzw. unzulässiger Tätigkeiten aufgestellt oder die Einrichtung eines gewerblichen Betriebes oder Büros von der Zustimmung der Stockwerkeigentümerversammlung abhängig gemacht werden. Diese zweite Variante hat den Vorzug der grösseren Flexibilität und des erhöhten Ermessensspielraums im Einzelfall, birgt zugleich aber die Gefahr von Konflikten in sich. Deshalb ist es von Vorteil, im Reglement Bedingungen und Voraussetzungen zu statuieren, von denen eine Zustimmung oder Verweigerung abhängen soll. Vgl. zu den Gewerbebeschränkungen durch Grunddienstbarkeiten auch hinten N 106.

49 Zu beachten sind auch die öffentlich-rechtlichen Nutzungsbeschränkungen durch die kommunalen Wohnanteilspläne.

bb. Gebrauchsüberlassung

50 Das grundsätzliche Recht des Stockwerkeigentümers, seinen Stockwerkeigentumsanteil an Dritte zu vermieten oder zu verpachten (vgl. vorn N 42), kann gemäss Art. 712c Abs. 2 in der Weise eingeschränkt werden, dass den übrigen Stockwerkeigentümern im Begründungsakt oder durch nachträglichen, einstimmigen Beschluss ein Einspracherecht eingeräumt wird, welches jedoch nur aus wichtigem Grund ausgeübt werden darf (vgl. Art. 712c N 100ff). Ein vollständiger Ausschluss des Rechts auf Vermietung ist aber unzulässig (FRIEDRICH, § 12 N 8; WEBER, 232; ausführlich zum Einspracherecht Art. 712c N 85 ff).

51 Ein Einspracherecht des Stockwerkeigentümers ist aber insbesondere dort problematisch, wo sich ein Nebeneinander von Stockwerkeigentümern und Mietern infolge unterschiedlicher Interessenstruktur ungünstig auswirken kann (z. B. bei Ferienwohnungssiedlungen, WEBER, 233) oder wo das Verfahren der Beschlussfassung der Stockwerkeigentümerversammlung durch die grosse Anzahl von Stockwerkeigentümern umständlich ist. Zudem könnte die Erörterung der Frage, ob ein wichtiger Grund vorliegt, das gute Einvernehmen unter den Stockwerkeigentümern gefährden und Streit her-

aufbeschwören (FRIEDRICH, ZBGR *1966* 345; SCHMID, 106). In solchen Fällen wäre es zweckmässiger, Richtlinien betreffend die Vermietung von Stockwerkeinheiten im Reglement festzulegen (WEBER, 233).

Neben der Einschränkung des Vermietungsrechts ist aber auch die *Einführung des Vermietungszwangs* durchaus denkbar, vor allem im Fall der sich in den letzten Jahren in den Feriengebieten entwickelten Appart-Hotels. Ein solcher Vermietungszwang für die Zeit, in welcher der Stockwerkeigentümer sein Appartement nicht benützt, kann sachlich durchaus gerechtfertigt sein, wenn es um die Verhinderung des Entstehens ausgestorbener Siedlungen in der Zwischen- und Nachsaison geht (WEBER, 239). Verlangt wird vom Stockwerkeigentümer also im Gegensatz zu den anderen Nutzungsbeschränkungen nicht ein Unterlassen, sondern ein Tätigwerden; er verliert mithin das Recht, untätig zu sein. Es wird jedoch im konkreten Einzelfall zu beurteilen sein, ob eine Pflicht zur Vermietung des Stockwerkeigentums mit den allgemeinen Grundsätzen der Zulässigkeit von Nutzungsbeschränkungen (vgl. vorn N 44) vereinbar und sachlich begründet ist. Vgl. allgemein zu den Rechtsproblemen bei Appart-Hotels auf der Basis von Stockwerkeigentum FRIEDRICH, Bern. Notar *1983* 169 ff; zur Abgrenzung zwischen «time-sharing» und zu Stockwerkeigentum aufgeteilten Appart-Hotels vgl. vorn N 14. 52

cc. Weitere Einschränkungen der Nutzung

Im Reglement können weitere Nutzungsbeschränkungen statuiert werden. Zum einen ergeben sich solche (mehr oder weniger konkret umschriebene) Einschränkungen als mittelbare Folge der Beschränkung der Befugnisse zur baulichen Ausgestaltung einer Stockwerkeinheit (vgl. hinten N 61 ff), zum andern aus der Zweckbestimmung der gemeinsamen Baute. 53

Haustierhaltung: Grundsätzlich kann das Halten von gewissen Tieren (z. B. von Raubtieren, grösseren Reptilien, Hühnern und Enten) jedem Stockwerkeigentümer untersagt werden. Sachlich nicht gerechtfertigt erscheint aber auch hier ein absolutes Tierhaltungsverbot, soweit davon Tiere betroffen würden, die keine Immissionen (Lärm, Geruch usw.) verursachen (z. B. Fische, Hamster, Hauskatzen; WEBER, 229; derselbe, ZBGR *1979* 162). Schwieriger ist die Frage zu beurteilen bei Hunden und Katzen, die ins Freie gehen, ebenso bei Papageien (vgl. WEBER, 229 ff). 54

Es empfiehlt sich deshalb, im Reglement Richtlinien (allenfalls in Form eines Katalogs) über die zulässigen Haustiere zu erlassen und/oder durch ein- 55 stimmigen Beschluss die Haustierhaltung von der Zustimmung des Verwalters abhängig zu machen, die allerdings nur aus wichtigem Grund verweigert werden darf. Ein allfälliges Tierhaltungsverbot in der Hausordnung, welche mit Mehrheitsbeschluss abgeändert werden kann, ist unbeachtlich, da Eigentumsbeschränkungen nur einstimmig vereinbart werden dürfen (vgl. auch WEBER, 230 f).

56 *Musikausübung:* Das Musizieren in Stockwerkeinheiten kann zwar zeitlich (z. B. nicht vor 8.00 und nicht nach 20.00 Uhr) oder bezüglich bestimmter Musikinstrumente (z. B. Verbot von Trompeten, Schlagzeugen) im Reglement eingeschränkt, nicht aber generell verboten werden (WEBER, 217; derselbe, ZBGR *1979* 162).

3. Verwaltung

57 Ebenso wie das Nutzungsrecht steht dem Stockwerkeigentümer das Recht auf die alleinige Verwaltung seiner Stockwerkeinheit zu. Unter dem Begriff der Verwaltung sind alle Handlungen tatsächlicher oder rechtlicher Natur zu verstehen, die dazu bestimmt sind, die Stockwerkeinheit zu erhalten, ihren Zustand zu verbessern oder der ihrem Zweck entsprechenden Verwendung zuzuführen (vgl. Art. 647 N 2; zum Begriff der Verwaltung im Bereich der gemeinschaftlichen Teile vgl. auch die Bemerkungen zu Art. 712g und 712m). In diesem Sinne fallen auch die Vermietung und Verpachtung unter den Begriff der Verwaltung (C. MÜLLER, 20; vgl. ausführlich dazu vorn N 50 ff). Zur Verfügung über einen Stockwerkeigentumsanteil vgl. hinten N 83 ff.

58 In seinen Verwaltungshandlungen bezüglich seiner Stockwerkeigentumseinheit ist der Stockwerkeigentümer im Rahmen der gesetzlichen Bestimmungen und der reglementarischen Zweckbestimmung des gemeinschaftlichen Grundstücks frei. Für den Fall, dass eine Mehrheit von Personen an einem Stockwerkeigentumsanteil berechtigt ist (insb. Ehegatten), sind aber die für diese Untergemeinschaften geltenden Regeln über die interne Aufteilung der Verwaltungskompetenzen zu beachten (vgl. vorn N 12 ff sowie Art. 712b N 82 ff).

59 Der Stockwerkeigentümer kann auf die Ausübung dieses Rechts verzichten, nicht aber auf das Recht selbst, weil damit gerade Sinn und Zweck des Instituts verletzt würden (Art. 647 N 54; WEBER, 218; K. MÜLLER, 48; vgl. auch vorn N 44). Aus diesem Grunde muss eine generelle und vorbehaltlose Übertragung des dem Stockwerkeigentümer zustehenden Verwaltungsrechts

auf den Verwalter der Gemeinschaft als unzulässig erachtet werden (g. M. WEBER, 219, allerdings mit dem u. E. nicht unproblematischen Verweis auf das analoge Erfordernis der Bestimmbarkeit bei der Abtretung künftiger Forderungen [VON TUHR/ESCHER, 350; BGE *84* II 366 f]; anscheinend a. M. FRIEDRICH, § 12 N 6). Indessen sind auch hier Einschränkungen auf reglementarischer Grundlage durch einstimmigen Beschluss möglich (vgl. vorn N 39). So könnte dem Verwalter bei einem zu Stockwerkeigentum aufgeteilten Appart-Hotel das Recht (und auch die Pflicht) übertragen werden, *zeitweise* die Vermietung von Wohnungen zu übernehmen (WEBER, 219; vgl. eingehend zu diesen Problemen FRIEDRICH, Bern. Notar *1983* 169 ff; vgl. auch vorn N 52).

Neben den Einschränkungen der Gebrauchsüberlassungsrechte (vorn N 50 ff) ist aber auch die Einräumung des Rechts zur Ersatzvornahme ohne vorgängige richterliche Ermächtigung, aber erst nach vorausgegangener Anzeige durch den Verwalter, denkbar; immerhin sollte in diesem Fall dem betroffenen Stockwerkeigentümer ein Anfechtungsrecht gegen den Entscheid des Verwalters zuhanden der Stockwerkeigentümerversammlung eingeräumt werden (FRIEDRICH, § 9 Abs. 3 und 4 sowie N 4f; WEBER, 219). 60

4. Bauliche Ausgestaltung

Unter baulicher Ausgestaltung ist der nach individuellen Vorstellungen und persönlichen Bedürfnissen ausgerichtete *Innenausbau* einer Einheit zu verstehen, weil diejenigen Teile des Gebäudes, welche dessen äussere Gestalt und dessen Aussehen bestimmen, nicht zu Sonderrecht ausgeschieden werden können (Art. 712b Abs. 2 Ziff. 2; vgl. aber hinten N 81 sowie insb. Art. 712b N 19 ff zu sich stellenden Fragen bei Balkonen, Fenstern, Aussentüren usw.). Zudem sind dem Stockwerkeigentümer dadurch Grenzen gesetzt, dass er die Funktion von gemeinschaftlichen Teilen nicht beeinträchtigen darf (FRIEDRICH, § 7 N 5; vgl. auch Art. 712b N 32 ff) und die baupolizeilichen Vorschriften zu beachten hat (FRIEDRICH, § 6 N 11). 61

Für den Innenausbau kommen etwa in Betracht: 62
– die Beseitigung oder Verschiebung von nichttragenden Wänden;
– die Unterteilung von Räumen;
– das Anbringen von Boden-, Wand- und Deckenbelägen;
– neue Farbanstriche im Innern der Räume;
– der Einbau von Möbeln;

- bei gewerblichem Stockwerkeigentum Einrichtungen zum Betrieb einer Werkstätte, eines Ladens, einer Praxis usw.;
- der Einbau neuer oder zusätzlicher sanitärer bzw. elektrischer Installationen, sofern dadurch keine gemeinschaftlichen Teile oder damit im Zusammenhang stehende Interessen der anderen Stockwerkeigentümer beeinträchtigt werden;
- das Anbringen neuer Türen innerhalb der Stockwerkeinheit.

Vgl. FRIEDRICH, § 7 N 5; WEBER, 218; PETER-RUETSCHI, 20.

63 Schranken der baulichen Ausgestaltungsfreiheit ergeben sich aus dem Gesetz (vgl. hinten N 68 ff), aus der Belastung eines Stockwerkeigentumsanteils mit Dienstbarkeiten (hinten N 104 ff) oder aus Anordnungen im Reglement (die auf einstimmigem Beschluss basieren; vgl. vorn N 39). Die reglementarischen Einschränkungen stellen entweder Konkretisierungen der Zweckbeschreibung dar (z. B. Verbot der Einrichtung einer Werkstätte in einem ausschliesslich zu Wohnzwecken bestimmten Gebäude) oder haben einzelne bauliche Tätigkeiten zum Gegenstand (z. B. Verbot des Niederreissens nichttragender Zwischenwände, Unzulässigkeit der Unterteilung von Räumen) oder enthalten ein vollständiges Verbot, selbständig irgendwelche baulichen Veränderungen vorzunehmen (FRIEDRICH, § 6 N 12; WEBER, 219).

64 Zu beachten ist, dass die durch einen Stockwerkeigentümer in seine Einheit eingebauten Teile infolge Akzession Bestandteile der im Miteigentum stehenden Baute werden. Indessen ist zu berücksichtigen, dass diese baulichen Massnahmen vom einzelnen Stockwerkeigentümer kraft seines Sonderrechts vorgenommen werden dürfen und daher der Verfügungsmacht der übrigen Stockwerkeigentümer entzogen sind (vgl. vorn N 7f).

65 In der Regel hat der durch einen Stockwerkeigentümer vorgenommene Innenausbau keinen direkten Einfluss auf die Wertquote, insbesondere dann nicht, wenn damit keine flächen- oder kubikmässigen Veränderungen der im Sonderrecht stehenden Einheit vorgenommen werden (Art. 712e und dort N 27f; BGE *103* II 111 f). Die bauliche Ausgestaltung einer Einheit kann jedoch bei der Veräusserung oder hypothekarischen Belastung des betreffenden Stockwerkeigentumsanteils berücksichtigt werden (WEBER, 218).

66 Falls die bauliche Ausgestaltung einer Einheit ausserordentlich aufwendig ist, kann der betreffende Stockwerkeigentümer verpflichtet werden, hinsichtlich der Gebäudeversicherung einen zusätzlichen Prämienanteil zu bezahlen, sofern er nicht den Nachweis einer in seinem Namen abgeschlossenen speziellen Zusatzversicherung erbringt (Art. 712m Abs. 1 Ziff. 6; FRIEDRICH, § 23 N 2).

Zur Berücksichtigung der baulichen Ausgestaltung einer Einheit im Falle der Beendigung von Stockwerkeigentum, insbesondere bei Zerstörung des Gebäudes, vgl. Art. 712f N 50f.

5. Schutz der Rechte des Stockwerkeigentümers

Im externen Verhältnis stehen dem Stockwerkeigentümer sowohl die Klagen aus Besitzesstörung (Art. 926 ff) als auch die Klagen aus dem Eigentum (Art. 641) zu. Über beide Rechtsbehelfe verfügt der Stockwerkeigentümer auch im internen Verhältnis (Art. 641 N 59 und 92). Bei den possessorischen Rechtsbehelfen ist aber zu beachten, dass die anderen Stockwerkeigentümer an den gemeinschaftlichen Räumen und Anlagen Mitbesitz haben, so dass in diesen Fällen ein Stockwerkeigentümer lediglich die Klage aus Besitzesentziehung ergreifen kann. 67
Vgl. zum Ganzen hinten N 123 ff.

V. Gesetzliche Schranken der Ausübung des Sonderrechts

1. Die Interessen der übrigen Stockwerkeigentümer

a. Der Grundsatz

Die Ausübung des dem einzelnen Stockwerkeigentümer zustehenden Sonderrechts ist beschränkt durch die Interessen aller anderen Stockwerkeigentümer. Diese Schranke der Rechtsausübung lässt sich bis zu einem gewissen Grade mit dem Grundsatz des «civiliter uti» des Dienstbarkeitsrechts (Art. 737 Abs. 2; vgl. dazu LIVER, Art. 737 N 3 und N 43 ff) vergleichen. Zu beachten ist aber, dass sich die *Maxime der schonenden Rechtsausübung* einer Servitut (vgl. auch Art. 781 Abs. 2) auf das Verhältnis zwischen dem Inhaber eines beschränkten dinglichen Rechts und dem belasteten Eigentümer, also auf qualitativ ungleich berechtigte Rechtssubjekte bezieht, während Art. 712a Abs. 2 die Rechtsausübung der Stockwerkeigentümer, welche als Miteigentümer eine qualitativ gleiche Rechtsstellung einnehmen, beschränkt. Immerhin beeinflusst der aus dem «civiliter uti» folgende Grundsatz der Proportionalität insbesondere auch das Nachbarrecht 68

(LIVER, Art. 737 N 43 a. E.). Überhaupt hat in unserer Privatrechtsordnung der Grundsatz der schonenden Rechtsausübung einen weiten Anwendungsbereich: Art. 2 ZGB beschränkt unmittelbar den Inhalt der von ihm betroffenen Rechte durch das Gebot von Treu und Glauben bei deren Ausübung (EGGER, Art. 2 N 23 f; MERZ, Art. 2 N 28; teilweise a. M. LIVER, Art. 737 N 45 f). Dieser Grundsatz der Rücksichtnahme auf die Interessen anderer bei der Ausübung von Rechten gilt – wenn auch in unterschiedlicher Ausprägung – insbesondere für jede Gemeinschaft, vor allem, wenn es sich um die Bekämpfung exzessiver Ausübung von Eigentumsmacht handelt (MEIER-HAYOZ/ZWEIFEL, Der Grundsatz der schonenden Rechtsausübung im Gesellschaftsrecht, in: Festschrift für Harry Westermann, Karlsruhe 1974, 383 ff, insb. 389 ff; WEBER, 218). Angesichts der engen räumlichen Beziehungen untereinander sind gerade die Stockwerkeigentümer zu ganz besonderer gegenseitiger Rücksichtnahme verpflichtet (FRIEDRICH, § 7 N 3; vgl. auch vorn N 10).

69 Das Gesetz enthält in Art. 712a Abs. 2 Konkretisierungsansätze hinsichtlich der Interessen der anderen Stockwerkeigentümer:

70 – Der Stockwerkeigentümer muss alle Tätigkeiten unterlassen, mit denen er die Ausübung gleicher Rechte durch die anderen Stockwerkeigentümer behindert;

71 – sodann darf er mit seinen Handlungen weder gemeinschaftliche Bauteile, Anlagen und Einrichtungen beschädigen, noch diese in ihrer Funktion oder äusseren Erscheinung beeinträchtigen (in diesem Bereich überschneiden sich Art. 712a Abs. 2 und Art. 712b Abs. 2 Ziff. 2 teilweise; vgl. dazu nachfolgend N 72, N 81 und Art. 712b N 19 ff).

72 Art. 712a Abs. 2 statuiert demnach eine *doppelte Unterlassungspflicht:* Zum einen hinsichtlich der gemeinschaftlichen Teile, zum andern in bezug auf die im Sonderrecht stehenden Teile, indem der Stockwerkeigentümer das gleiche Recht der anderen Stockwerkeigentümer nicht beeinträchtigen darf (FRIEDRICH, § 6 N 1 und § 7 N 2; scheinbar a. M. WEBER, 220 Anm. 33, der nur hinsichtlich der gemeinschaftlichen Teile eine Unterlassungspflicht annimmt). Der Stockwerkeigentümer darf z. B. nicht beliebig Löcher in Wände bohren und dabei gemeinschaftliche Installationen verletzen sowie keine Wände mit tragender Funktion versetzen; untersagt ist ihm auch, den Balkon dauernd als Abstellplatz für Kisten, Möbel und dergleichen zu benutzen; fraglich hingegen ist, wie weit das Aufhängen von Wäsche auf dem Balkon das Interesse der anderen Stockwerkeigentümer verletzt (scheinbar bejahend FRIEDRICH, § 7 N 8; vgl. auch hinten N 76). In diesem Sinne stellt

Art. 712a Abs. 2 eine unmittelbar gesetzliche Eigentumsbeschränkung dar (Syst. Teil N 341); demgegenüber betrifft Art. 712b Abs. 2 Ziff. 2 die sachenrechtliche Zuordnung des Sonderrechtsbereichs (vgl. Art. 712b N 20).

Da das Gesetz im Bereich der Ausübungsschranken des Sonderrechts nur den generellen Rahmen setzt, ist es von Vorteil, wenn jede Gemeinschaft eine möglichst konkrete Gebrauchsregelung für ihr Gebäude aufstellt. Dies kann entweder im Reglement oder in der Hausordnung geschehen (FRIEDRICH, § 7 N 1; vgl. aber vorn N 39 und N 44 sowie die Bemerkungen zu Art. 712g).

b. Das Nachbarrecht

Die von Art. 712a Abs. 2 geforderte Rücksichtnahme auf die anderen Stockwerkeigentümer bei der Benutzung, Verwaltung und baulichen Ausgestaltung der im Sonderrecht stehenden Räume verweist implicite auch auf die Normen des Nachbarrechts (Art. 679, Art. 684 ff), insbesondere auf Art. 684. Diese Norm ist – anders als beim gewöhnlichen Miteigentum – auch auf Stockwerkeigentum anwendbar (Art. 648 N 191; HAAB/SIMONIUS/SCHERRER/ZOBL, Art. 684 N 14; BGE 55 II 22). Dies gilt auch beim vertikalen Stockwerkeigentum (vgl. vorn N 35). In diesem Sinne ist die Bemerkung von Art. 684 N 190 zu relativieren.

Art. 684 in Verbindung mit Art. 712a Abs. 2 verlangt eine Abwägung der Interessen des einzelnen mit den Interessen der Gesamtheit aller anderen Stockwerkeigentümer. Jedem Stockwerkeigentümer soll die ungestörte Benutzung und Ausübung seines gleichen Rechts ermöglicht werden; keiner soll in der Ausübung seines Sonderrechts einen die anderen beeinträchtigenden oder schädigenden Gebrauch machen dürfen. Unzulässig sind deshalb materielle und immaterielle (ideelle, psychische) Immissionen, wenn sie unter Beachtung der individuell-konkreten Interessenlage, unter Einbezug wirtschaftlicher und sozialer Gesichtspunkte, der persönlichen Umstände, der Lage und Beschaffenheit des Grundstücks sowie des massgeblichen Ortsgebrauchs *übermässig* sind (vgl. Art. 684 N 86 ff; zur Kasuistik vgl. Art. 684 N 154 ff).

Ähnlich wie Art. 684 umschreibt Art. 712a Abs. 2 und 3 den Inhalt des Grundeigentums nach der positiven und der negativen Seite auf der Grundlage des Prinzips der schonenden Rechtsausübung (vgl. vorn N 68): Art. 684 ganz allgemein für nachbarrechtliche Verhältnisse bei Grundstücken (Art. 684 N 1ff; HAAB/SIMONIUS/SCHERRER/ZOBL, Art. 684 N 1), Art. 712a

Abs. 2 und 3 beim Stockwerkeigentum. Indem die stockwerkeigentumsrechtlichen Bestimmungen zudem die Pflicht zur Wahrung des guten Aussehens des Gebäudes statuieren, erfasst ihr Normbereich ausdrücklich *auch negative Immissionen* (so können z. B. Anpflanzungen und Wäscheaufhängen sowohl zum Entzug der Aussicht bzw. des Lichts als auch zu unordentlichem Aussehen des gesamten Grundstücks bei Terrassenhäusern oder bei vertikalem Stockwerkeigentum führen; vgl. dagegen SJZ *1984* 212 ff, wo der Entzug der Aussicht allerdings von gemeinschaftlichen Teilen des Grundstücks ausging; vgl. auch FRIEDRICH, § 7 N 8). Mit diesem ausdrücklichen Verbot negativer Immissionen in Art. 712a Abs. 3 wird auch die von der herrschenden Lehre (HAAB/SIMONIUS/SCHERRER/ZOBL, Art. 684 N 12; LIVER, ZBJV *1967* 2; STARK, Art. 928 N 22; vgl. weiter die in Art. 684 N 50 Zitierten; neuerdings nun ebenfalls kritisch TUOR/SCHNYDER, 664f) und dem Bundesgericht (BGE *106* Ib 236f Erw 3 b.aa. mit weiteren Verweisen und BGE *106* Ib 383) vertretene Ansicht in Frage gestellt, wonach negative Immissionen (z. B. Entzug von Licht, Luft, Aussicht) aufgrund des Vorbehaltsbereichs kantonalen Privatrechts (Art. 686/688) und kantonalen öffentlichen Rechts nicht als von Art. 684 erfasste Einwirkungen zu betrachten seien. Wird Art. 684 Abs. 2 in einen funktionalen Zusammenhang zu Art. 712a Abs. 2 und 3 gestellt, bekräftigt das den Standpunkt, dass entgegen der herrschenden Lehre der Normbereich von Art. 684 auch negative Immissionen erfasst (vgl. dazu auch die ausführliche Begründung in Art. 684 N 52 ff).

77 Beispiele übermässiger Immissionen:
– Betrieb eines Tanzlokals in einem sonst zu Wohnzwecken vorgesehenen Appartementhaus über die ortsübliche Polizeistunde hinaus (ZBGR *1982* 270 ff);
– lärmige Gesellschaft zur Nachtzeit, Radio auf hoher Lautstärke (PETER-RUETSCHI, 22);
– erheblicher Tierlärm in einem Haus, in dem die Haltung von Haustieren grundsätzlich zulässig ist (vgl. vorn N 54f);
– allfällige ideelle Immissionen durch eine Dirnenwohnung in einer Wohnzone (WEBER, 217; vgl. auch ZR *1985* Nr. 85, insb. S. 214).

78 Die enge räumliche Beziehung der Stockwerkeigentümer verlangt für ein ungestörtes Zusammenleben, dass bereits bei der Erstellung der Gebäude bzw. bei der Bildung von Stockwerkeigentum in bestehenden Gebäuden der baulichen Ausgestaltung (Abdichtung der einzelnen Wohnungen gegen Lärm, Erschütterungen usw.) besondere Beachtung geschenkt wird (FRIEDRICH, § 7 N 4; SCHMID, 25f; vgl. auch Art. 712b N 5).

Vgl. im übrigen die ausführliche Kommentierung von Art. 684 im Band Grundeigentum II.

2. Die Pflicht zum Unterhalt der Einheit (Abs. 3)

Aus der besonderen Interessenlage heraus werden dem einzelnen Stockwerkeigentümer bezüglich seines Sonderrechts nicht nur Unterlassungspflichten, sondern auch positive Leistungspflichten auferlegt: Art. 712a Abs. 3 verpflichtet den Stockwerkeigentümer zur Vornahme gewisser Handlungen zur Erhaltung des Gebäudes in einwandfreiem Zustand und gutem Aussehen. Insofern besteht die Unterhaltspflicht nur im Rahmen der Interessen aller Stockwerkeigentümer (FRIEDRICH, § 9 N 2; vgl. auch Art. 712a Abs. 2). Diese positive Leistungspflicht ist als gesetzliche Realobligation zu qualifizieren (Syst. Teil N 277, 283 f; FRIEDRICH, § 9 N 1; K. MÜLLER, 46; a. M. LIVER, ZBJV *1965* 308 f; zum Begriff der Realobligation vgl. Syst. Teil N 81 ff). 79

Die Pflicht des Stockwerkeigentümers zur Vornahme von Unterhaltshandlungen besteht dann, wenn durch sein Untätigbleiben die Interessen und die Rechte der anderen Stockwerkeigentümer verletzt würden (K. MÜLLER, 48 f). So hat er z. B. defekte Wasserleitungen in seiner Einheit sofort reparieren zu lassen, um Feuchtigkeitsflecken an Decken, Böden und Trennwänden bzw. die Beeinträchtigung des Mauerwerks zu verhindern, oder den Arbeitern zu seiner Stockwerkeinheit Zutritt zu gewähren, wenn dies für Reparaturen an gemeinschaftlichen Objekten oder an anderen Stockwerkeinheiten erforderlich ist (PETER-RUETSCHI, 21). Überhaupt wirkt sich die Unterhaltspflicht vor allem bei der Behebung von Baumängeln aus (LIVER, SPR V/1 93). 80

Von der Unterhaltspflicht erfasst sind aber auch gewisse Gebäudebestandteile, die sich auf den «Raumaussenbereich» (WEBER, 140) auswirken, mithin die äussere Gestalt des Gebäudes bestimmen (Balkone, Türen, Fenster usw.). Obwohl die Raumaussenseite grundsätzlich das für die Bildung von Sonderrechten erforderliche Kriterium der Abgeschlossenheit nicht aufweist, geht die realobligatorische Unterhaltspflicht über den Sonderrechtsbereich hinaus und betrifft in gewissem Umfang auch die äussere Gestalt der Stockwerkeinheit (vgl. Syst. Teil N 277). Dies ergibt sich sowohl aus Gründen der Praktikabilität als auch aus der Abwägung von Individual- und Allgemeininteressen, zumal das Eigentumsausübungsrecht des Stockwerkeigentümers sehr stark durch den gestaltenden Einfluss der Stockwerkeigentümergemeinschaft auf alle von aussen sichtbaren Bauteile beschränkt 81 ist (K. MÜLLER, 19 und 49; WEBER, 104f; vgl. genauer dazu Art. 712b N 19ff und N 70). Folglich hat der einzelne Stockwerkeigentümer die Pflicht ebenso zur Reparatur zerbrochener Fensterscheiben, defekter Fensterrahmen, Rolläden, Sonnenstoren usw., zum Unterhalt von Fensterläden, Jalousien, Rolläden und Aussentüren (LIVER, SPR V/1 93), wie zur Pflege von Pflanzen auf dem Balkon. Die Pflicht zur Erhaltung des guten Aussehens betrifft allerdings nur die Aussenseite der Stockwerkeinheit, nicht aber deren Inneres: «Aussen fix, innen nix» (K. MÜLLER, 49).

82 Die positive Leistungspflicht von Art. 712a Abs. 3 geht weiter als das öffentlichrechtliche Gebot, eine Baute in «polizeigemässem Zustande» zu halten (Art. 641 N 50; ZR *1979* Nr. 87 Erw 5).

VI. Der Stockwerkeigentumsanteil als Objekt des Rechtsverkehrs

83 Wie der gewöhnliche Miteigentumsanteil (Art. 646 Abs. 3; Art. 646 N 55) ist auch der Stockwerkeigentumsanteil als qualifiziertes Miteigentum ein selbständiges Vermögensobjekt. Der Stockwerkeigentümer hat die Rechtsstellung eines Grundeigentümers, denn sein Stockwerkeigentum ist als qualifizierter Miteigentumsanteil ein Grundstück im Sinne des ZGB (vgl. Art. 655 Abs. 2 Ziff. 4, Art. 943 Abs. 1 Ziff. 4, Art. 10a Abs. 2–4 GBV; vgl. dazu die Vorbemerkungen zu den Art. 712a ff N 39). Dementsprechend finden für das Stockwerkeigentum im Rechtsverkehr, insbesondere auf seine Veräusserung und Belastung, die für das Grundeigentum geltenden gesetzlichen Bestimmungen Anwendung (LIVER, SPR V/1 95f).

84 Die Verfügungsbefugnisse des Stockwerkeigentümers können in dreifacher Hinsicht im Begründungsakt oder durch nachherige Vereinbarung eingeschränkt werden:

– unmittelbar durch die Bestellung eines *Vorkaufsrechts* zugunsten der Stockwerkeigentümer (Art. 712c Abs. 1; hinten N 90),

– durch die Einräumung einer *Einsprachemöglichkeit* gegen die Veräusserung eines Stockwerkeigentumsanteils, gegen dessen Vermietung und gegen dessen Belastung mit einer Nutzniessung oder einem Wohnrecht (Art. 712c Abs. 2; hinten N 91) sowie

– mittelbar durch die *Zweckbestimmung* im Reglement (vorn N 39 und N 42f).

1. Veräusserung

Der Stockwerkeigentümer kann seinen Miteigentumsanteil 85
und das damit untrennbar verbundene Sonderrecht grundsätzlich jederzeit veräussern. Der Erwerber des Stockwerkeigentumsanteils tritt als Sonderrechtsnachfolger in diejenige Rechtsposition am gemeinschaftlichen Objekt ein, welche der Veräusserer zuvor innehatte.

a. Gesamthafte Veräusserung

Stockwerkeigentum kann gesamthaft mit allen im Sonder- 86
recht stehenden Räumlichkeiten durch Kauf, Tausch oder Schenkung an aussenstehende Dritte, an einen anderen Stockwerkeigentümer oder u. U. auf die Stockwerkeigentümergemeinschaft übertragen werden (vgl. dazu Art. 712b N 83). Der Veräusserungsvertrag kann allenfalls auch Elemente des Werkvertrags (so beim Verkauf eines Stockwerkeigentumsanteils vor Fertigstellung des gemeinschaftlichen Gebäudes; BGE *107* II 211 ff), des Auftrags oder gar eines Gesellschaftsverhältnisses enthalten (FRIEDRICH, SJK *1303* 9; GAUTHIER, FS Flattet 229 f). Gemäss Art. 657 Abs. 1 bedarf der Veräusserungsvertrag der öffentlichen Beurkundung (vgl. auch Art. 216 und Art. 243 Abs. 2 OR).
Selbst wenn mehrere Stockwerkeigentumsanteile in ein und derselben Hand 87
vereinigt sind, gehen sie nicht unter, sondern behalten weiterhin ihre Selbständigkeit; jeder Teil kann jederzeit wieder veräussert werden (LIVER, Bern. Notar *1969* 330). Dies muss auch für den Erwerb eines Anteils durch die Stockwerkeigentümergemeinschaft gelten, wobei zu beachten ist, dass die Zweckbestimmung des Erwerbsobjekts mit der Verwaltungstätigkeit vereinbar ist (z. B. Erwerb von Büroräumen für den Verwalter; REY, ZBGR *1979* 137 f; vgl. allgemein zur beschränkten Vermögensfähigkeit der Stockwerkeigentümergemeinschaft die Bemerkungen zu Art. 712l).

b. Teilweise Veräusserung

Beim Stockwerkeigentum ist der Miteigentumsanteil sub- 88
jektiv-dinglich mit dem Sonderrecht an bestimmten Räumen verbunden (Vorbemerkungen zu den Art. 712a ff N 33 f). Aufgrund dieser untrennbaren Verbindung ist das Sonderrecht (wie auch der Miteigentumsanteil) unselbständig. Eine im Stockwerkeigentum stehende Raumeinheit kann nur dann

teilweise (z. B. durch Verkauf eines oder mehrerer Räume) auf einen aussenstehenden Dritten übertragen werden, wenn sie die Erfordernisse von Art. 712b Abs. 1 (Abgeschlossenheit, eigener Zugang) erfüllt und gleichzeitig der Miteigentumsanteil entsprechend aufgespalten sowie die Wertquote geändert werden (Art. 712e N 30 ff; REY, ZBGR *1979* 133 f).

89 Die Veräusserung einzelner Räume einer Stockwerkeigentumseinheit an einen anderen, an andere Stockwerkeigentümer (z. B. als Gesamteigentümer) oder an die Gemeinschaft ist als Teilverfügung über das Sonderrecht ebenfalls von einer gleichzeitigen Verfügung über den Miteigentumsanteil abhängig. Eine Quotenänderung ist auch in diesen Fällen erforderlich (Art. 712e N 30 ff; REY, ZBGR *1979* 135). Eine Ausnahme könnte lediglich dann und nur aus Zweckmässigkeitsgründen zugelassen werden, wenn Stockwerkeigentümer Räume tauschen, welche qualitativ und quantitativ gleichwertig sind (dazu sind aber, da es sich um eine Verfügung über Grundeigentum handelt, öffentliche Beurkundung und Eintragung im Grundbuch unerlässlich; vgl. dazu Art. 712e N 32).

c. Einschränkungen der Veräusserungsbefugnis

90 Im Unterschied zum gewöhnlichen Miteigentum (vgl. Art. 646 N 58) steht den Stockwerkeigentümern kein gesetzliches Vorkaufsrecht zu (Art. 712c Abs. 1). Ein *Vorkaufsrecht* kann jedoch im Begründungsakt oder zu einem späteren Zeitpunkt durch schriftliche Vereinbarung errichtet und im Grundbuch auf allen Stockwerkeigentumsblättern vorgemerkt werden (Art. 712c Abs. 1 i.f.; Art. 71a GBV; FRIEDRICH, SJK *1303* 10; vgl. Art. 712c N 32f). Einmal begründet, entspricht dieses Vorkaufsrecht inhaltlich weitgehend einem gesetzlichen, unterliegt also z. B. in seiner realobligatorischen Wirkung nicht der Beschränkung auf 10 Jahre wie ein vorgemerktes vertragliches (Art. 646 N 58; FRIEDRICH, ZBGR *1964* 342 f; STEINAUER, § 32 N 1220; a. M. OTTIKER, 225 f; vgl. eingehend dazu Art. 712c N 33).

91 In gleicher Weise kann den übrigen Stockwerkeigentümern ein *Einspracherecht* gegen Veräusserungen eingeräumt werden (Art. 712c Abs. 2). Dieses kann jedoch nur aus wichtigem Grund geltend gemacht werden (Art. 712c Abs. 3); formell bedarf es eines Beschlusses der Stockwerkeigentümerversammlung. Vgl. ausführlich dazu Art. 712c N 85 ff.

92 Weitere Veräusserungsbeschränkungen auf vertraglicher Grundlage zwischen den Stockwerkeigentümern sind dann zulässig, wenn sie nicht gegen

die Grundsätze von Art. 27 ZGB und Art. 20 OR verstossen (vgl. FRIEDRICH, § 47 N 20). Immerhin ist folgendes zu beachten: Einerseits sind solche Veräusserungsbeschränkungen mangels Grundbucheintrag auch gegenüber bösgläubigen Dritten nicht wirksam (FRIEDRICH, § 47 N 20), andererseits kann aus der vereinbarten Unveräusserlichkeit von Stockwerkeigentumsanteilen zwischen den Stockwerkeigentümern auf das Vorliegen eines Gesellschaftsverhältnisses geschlossen werden (Art. 646 N 59).

Zu den Veräusserungsbeschränkungen, die sich aus den besonderen Rechtsverhältnissen in einer Untergemeinschaft ergeben, vgl. vorn N 12f und insbesondere N 17 für die Ehegatten.

2. Belastung

Aufgrund der partiell-realen Dimension der Rechtsstellung des Stockwerkeigentümers hat dieser die Möglichkeit, seinen Stockwerkeigentumsanteil mit gewissen obligatorischen oder beschränkten dinglichen Rechten zu belasten. Die besondere Struktur des Stockwerkeigentums lässt jedoch nur solche Belastungen zu, die nicht mit der Rechtsposition der anderen Stockwerkeigentümer kollidieren und die Interessen der Gemeinschaft an der gemeinsamen Sache nicht verletzen (REY, Syst. Teil N 214). Neben den gesetzlichen Schranken sind insbesondere auch jene zu beachten, die sich aus der Zweckbestimmung bzw. aus dem Reglement ergeben (vgl. vorn N 39, N 42 und N 44). 93

a. Obligatorische Rechte

Der Stockwerkeigentümer kann seinen Stockwerkeigentumsanteil mit obligatorischen Rechten belasten: Grundsätzlich steht ihm die Möglichkeit offen, seinen Anteil zu vermieten oder zu verpachten. Dieses Recht lässt sich im Reglement einschränken: Einerseits kann sich aus der Zweckbestimmung (z.B. Verbot bestimmter gewerblicher Nutzungsarten, vgl. vorn N 45ff) ein Verbot der Verpachtung ergeben, andererseits kann den anderen Stockwerkeigentümern gemäss Art. 712c Abs. 2 ein Einspracherecht zustehen (vorn N 91 und Art. 712c N 85ff). Daneben ist auch die Belastung von Stockwerkeigentum durch die Bestellung von Grundlasten (Art. 782ff) zulässig (vgl. hinten N 112f). 94

b. Beschränkte dingliche Rechte

95 Ähnlich wie der einfache Miteigentümer (Art. 646 N 63 ff; REY, Syst. Teil N 204 ff) kann der Stockwerkeigentümer seinen Anteil mit beschränkten dinglichen Rechten belasten.

aa. Grundpfandrechte

96 Ist ein Gebäude zu Stockwerkeigentum (qualifiziertes Miteigentum) aufgeteilt, so ergeben sich – gleich wie beim gewöhnlichen Miteigentum – mehrere Möglichkeiten, ein Grundpfand zu errichten: Verpfändung des gemeinschaftlichen Grundstücks (Art. 648 Abs. 2), Verpfändung von einzelnen Stockwerkeigentumsanteilen oder Miteigentumsanteilen an diesen (Art. 646 Abs. 3; Art. 800 Abs. 1) und Verpfändung mehrerer oder aller Anteile zu Gesamtpfand (Art. 646 Abs. 3; Art. 798). Dies ist insofern problematisch, als einerseits die Zwangsvollstreckung in Stockwerkeigentumsanteile durchführbar sein muss, ohne dass das Miteigentumsverhältnis aufgehoben wird (LIVER, GS Marxer 196), anderseits aber allenfalls drei rechtlich verschiedene Pfandobjekte vorliegen (das gemeinschaftliche Grundstück, der qualifizierte Miteigentumsanteil an der Sache, der Miteigentumsanteil am Stockwerkeigentumsanteil), deren reale Sicherung (Verwertungssubstrat) weitgehend in den gleichen Gegenständen liegt (REY, ZSR *1980* I 256 und 258; OTTIKER, 29 ff; QUARCK, 78 ff; ZOBL, Art. 884 N 117). Die grundsätzliche Lösung dieser Problematik besteht in der für unsere Miteigentumsordnung charakteristischen Abstufung möglicher Pfandbelastungen: Jedes dieser Pfandobjekte (1.: Gemeinschaftliches Grundstück; 2.: Stockwerkeigentumsanteil; 3.: Miteigentumsanteil am Stockwerkeigentumsanteil) kann grundsätzlich nur dann belastet werden, wenn die nachgehenden Stufen nicht mit Grundpfandrechten oder Grundlasten beschwert sind (Art. 648 Abs. 3 und Art. 47 Abs. 2 GBV; Art. 648 N 41; OTTIKER, 30 und 32; ZOBL, Art. 884 N 118). Diese Regel konnte allerdings nicht ausnahmslos verwirklicht werden.

97 Bei der **Verpfändung des gemeinschaftlichen Grundstücks** (Art. 648 Abs. 2) ist zu unterscheiden, ob schon Pfandrechte an den einzelnen Stockwerkeigentumsanteilen bestellt worden sind oder nicht, und zwar deshalb, weil in beiden Fällen letztlich die Befriedigung aus einer bestimmten Quote des Sachwerts erfolgt (BGE *95* I 571; OTTIKER, 50; WIPFLI, ZBGR *1971* 81). Grundsätzlich ist es möglich, zunächst die ganze Liegenschaft bzw. das Baurecht

und erst später die einzelnen Stockwerke zu verpfänden (ZOBL, Art. 884 N 119). Überhaupt erlaubt Art. 648 Abs. 3 die Verpfändung des gemeinschaftlichen Grundstücks solange, als nicht die einzelnen Stockwerkeigentumsanteile mit Pfandrechten belastet sind. Diese Bestimmung ist indessen nicht zwingend: Mit Zustimmung aller Beteiligten, insbesondere auch der Gläubiger von bestehenden Pfandrechten an Stockwerkeigentumsanteilen, kann auch später das gemeinschaftliche Grundstück selbst verpfändet werden; dieses Pfandrecht am gemeinsamen Objekt geht dann den Anteilsbelastungen vor (Art. 648 N 41 und N 45; RIEMER, Sachenrecht II, § 18 N 22; ZOBL, Art. 884 N 118 und N 121; BGE 95 I 568 ff). Dasselbe Resultat kann dadurch erreicht werden, dass vor der Belastung der Anteile eine leere Pfandstelle ausgespart wird (Art. 648 N 41; FRIEDRICH, § 47 N 10; OTTIKER, 32 und 53; RIEMER, Sachenrecht II, § 18 N 22; BGE 95 I 575 f). Es gilt jedoch zu bedenken, dass die Gesamtbelastung des gemeinschaftlichen Grundstücks dem Gedanken des Stockwerkeigentums widerspricht und die wirtschaftliche Attraktivität des Kaufes eines Stockwerkeigentumsanteils beeinträchtigt (FRIEDRICH, § 17 N 7 und § 47 N 13 ff; OTTIKER, 31; QUARCK, 250 ff; BBl *1962* II 1500; vgl. auch die Situation bei der Sicherstellung von Pfandbriefen durch Verpfändung von Stockwerkeigentum bei LAURA HUNZIKER, Der schweizerische Pfandbrief, Diss Zürich 1986, 119 f). Die Banken verlangen deshalb bei der Finanzierung von Stockwerkeigentum regelmässig, dass das gemeinschaftliche Grundstück selbst pfandfrei ist (HUNZIKER, a.a.O.; vgl. auch OTTIKER, 33). Vgl. eingehend zur Belastung der gesamten Sache Art. 648 N 37 ff.

Besondere Bedeutung hat die **Verpfändung von Stockwerkeigentumsanteilen.** 98
Sie kann unabhängig davon vorgenommen werden, ob das gemeinschaftliche Grundstück bereits verpfändet ist oder nicht, hat aber ihrerseits Auswirkungen auf die nachträgliche Belastbarkeit des gemeinschaftlichen Objekts (vorstehend N 97). Die Belastung einzelner Anteile mit Grundpfandrechten ist auch dann zulässig, wenn mehrere oder alle Anteile im Eigentum einer einzigen Person stehen (vgl. Art. 712d Abs. 2 Ziff. 2; FRIEDRICH, ZSR *1956* 185 a f; OTTIKER, 34). Mehrere oder alle Anteile können zudem durch die Bestellung eines Gesamtpfandes belastet werden, wenn die zu verpfändenden Stockwerkeigentumsanteile demselben Eigentümer zustehen (Art. 798 Abs. 1; FRIEDRICH, § 47 N 11; OTTIKER, 34). Mangels solidarischer Haftung der Stockwerkeigentümer ist praktisch nur dieser Fall der vertraglichen Errichtung eines Gesamtpfandes zulässig (Art. 648 N 44 und ausführlich dazu SCHUMACHER, Nr. 366, Nr. 390 ff; ZBGR *1978* 29; scheinbar a. M. FRIEDRICH,

§ 47 N 11; vgl. auch BGE *102* Ia 81 ff; vgl. im weiteren DANIEL BONORAND, Ausgewählte Fragen zum Gesamtpfandrecht, Diss Basel 1982, S.1 ff zum Wesen des Gesamtpfandes und S.19 zum Ausnahmecharakter des Gesamtpfandes). Entsprechend dem Wesen des Stockwerkeigentums ist die Verpfändung von einzelnen Stockwerkeigentumsanteilen (Einzelbelastung; FRIEDRICH, § 47 N 13; «autonome» Belastung, OTTIKER, 30 f) ein geeignetes Instrument zur Förderung des Privateigentums (OTTIKER, 33; vgl. auch BBl *1962* II 1500 f).

99 Auf dieses Recht der Belastung eines Stockwerkeigentumsanteils mit Grundpfandrechten kann weder vertraglich noch durch Beschluss der Stockwerkeigentümer verzichtet werden (OTTIKER, 54; ZOBL, Art. 884 N 738). Immerhin ist es zulässig, sich mit bloss obligatorischer Wirkung (innerhalb der Schranken von Art. 27 ZGB und Art. 20 OR) gegenüber einem Dritten zu verpflichten, von diesem Recht keinen Gebrauch zu machen. Eine gegen diese Beschränkung verstossende Verfügung ist somit wirksam, verpflichtet aber grundsätzlich zu Schadenersatz (ZOBL, Art. 884 N 738).

100 Die Verpfändung von Stockwerkeigentumsanteilen oder von Miteigentumsanteilen an Stockwerken vollzieht sich nach den Vorschriften über das Grundpfandrecht (Art. 800 Abs. 1; Art. 646 N 69; OTTIKER, 29; ZOBL, Art. 884 N 113). Mithin bedarf es zur Errichtung eines Grundpfandes eines öffentlich zu beurkundenden Pfandvertrages bzw. einer schriftlichen Willenserklärung bei einer Eigentümerhypothek (OTTIKER, 61) sowie des konstitutiven Grundbucheintrags (Art. 799; Art. 40 ff GBV). Zudem wird diese Belastung als Konsequenz von Art. 648 Abs. 3 auf dem Grundbuchblatt des gemeinschaftlichen Grundstücks angemerkt (Art. 47 Abs. 3 i. V. m. Art. 10a GBV). Im übrigen sind die weiteren Voraussetzungen für die Errichtung von Grundpfandrechten zu beachten, die sich aus der besonderen Natur von Untergemeinschaften ergeben können, z. B. bei Ehegatten (vgl. vorn N 12 f und N 16 ff).

101 Im Gegensatz zum gewöhnlichen Miteigentum (vgl. Art. 646 N 66) ist auch die **Belastung von Miteigentumsanteilen an Stockwerkeigentumsanteilen** mit Grundpfandrechten möglich (HUNZIKER [zit. vorn N 97], 129; OTTIKER, 30; QUARCK, 78 ff; ZOBL, Art. 884 N 126). Voraussetzung ist jedoch, dass es sich bei diesen Anteilen um im selbständigen Eigentum stehende Grundstücke handelt. Sind die Miteigentumsanteile an einem Stockwerkeigentumsanteil hingegen mit einem anderen Stockwerkeigentumsanteil subjektiv-dinglich verbunden (vgl. Art. 32 GBV), kann dieses Anmerkungsgrundstück (der Miteigentumsanteil) grundsätzlich nur zusammen mit dem Hauptgrundstück,

d.h. in diesem Falle mit dem betreffenden Stockwerkeigentumsanteil, verpfändet werden (Art. 670 N 16; LEEMANN, Art. 800 N 3; OTTIKER, 33; REY, ZBGR *1979* 138f; SCHUMACHER, Nr. 420f; ZOBL, ZSR *1982* II 127. Die Frage, ob bei fehlender dauernder Zweckbestimmung des Anmerkungsgrundstücks selbständiges subjektiv-dingliches Miteigentum angenommen werden könnte, bei dem eine getrennte Verpfändung zulässig wäre, zumindest teilweise bejahend BENNO SCHNEIDER, Probleme des subjektiv-dinglichen Miteigentums, ZBGR *1976* 1 ff, insb. 15f; PETER LIVER, Die Anmerkung, ZBGR *1969* 10ff, insb. 14ff; verneinend ALFRED KELLENBERGER, Heutige Probleme der Grundbuchführung, ZBGR *1977* 1 ff, insb. 4ff, und Handbuch der Justizdirektion des Kantons Bern betreffend den Verkehr mit dem Grundbuchamt und die Grundbuchführung [Bern 1982], 43). Praktisch relevant werden diese Fragen z.B. dann, wenn Miteigentum an einer Sammelgarage besteht, welche selbst als eigener Stockwerkeigentumsanteil ausgestaltet ist.

Neben vertraglichen können auch **gesetzliche Pfandrechte** (Art. 712i, Art. 779i, Art. 808 Abs. 3, Art. 810 Abs. 2, Art. 836, Art. 837) an Stockwerkeigentumsanteilen begründet werden (vgl. HAAB/SIMONIUS/SCHERRER/ZOBL, Art. 646 N 13; SCHUMACHER, Nr. 361 ff). Die Frage, ob die Bestimmung von Art. 648 Abs. 3, wonach das gemeinschaftliche Grundstück nur solange verpfändet werden kann, als noch nicht einzelne Stockwerkeigentumsanteile mit Grundpfandrechten belastet sind, auch für gesetzliche Pfandrechte gilt, ist zu bejahen: Das Belastungsverbot von Art. 648 Abs. 3 gilt sowohl für mittelbare als auch für unmittelbare gesetzliche Pfandrechte (Art. 648 N 44; FRIEDRICH, § 47 N 10; LIVER, SPR V/1 78; OTTIKER, 65; SCHUMACHER, Nr. 367ff, Nr. 378ff; ZOBL, Art. 884 N 118; a.M. WIPFLI, ZBGR *1971* 83f. Immerhin besteht eine Ausnahme für jene gesetzlichen Pfandrechte, die allen eingetragenen Belastungen vorgehen; vgl. OTTIKER, 65). Kann also das gemeinschaftliche Grundstück z.B. nicht mehr mit einem *Bauhandwerkerpfandrecht* belastet werden, weil schon einzelne Stockwerkeigentumsanteile mit Grundpfandrechten belastet sind (Art. 648 Abs. 3), so ist das Bauhandwerkerpfandrecht als Teilpfandrecht im Sinne von Art. 798 Abs. 2 auf den einzelnen Stockwerkeigentumsanteilen zu errichten, und zwar mit Aufteilung der Pfandsumme entsprechend dem Verhältnis der im Grundbuch eingetragenen Wertquoten (Art. 648 N 44; OTTIKER, 65; derselbe, ZBGR *1971* 197ff; SCHUMACHER, Nr. 366; vgl. auch BGE *112* II 217f und *111* II 34f; a.M. WIPFLI, ZBGR *1971* 65ff). Die Belastung der einzelnen Stockwerkeigentumsanteile mit Teilpfandrechten entspricht überhaupt dem Wesen des

Stockwerkeigentums (Prinzip der Einzelbelastung, vgl. vorn N 98 a. E.) und ist deshalb ganz allgemein zulässig (OTTIKER, ZBGR *1971* 193 ff; SCHUMACHER, Nr. 378; ZOBL, ZSR *1982* II 126 f). Erbringt ein Bauhandwerker Leistungen, die im ausschliesslichen Interesse eines einzigen Stockwerkeigentümers liegen und lediglich der Ausstattung der diesem zu Sonderrecht zugewiesenen Gebäudeteile dienen, so ist es ohnehin gerechtfertigt, nur diesen Stockwerkeigentumsanteil mit dem Bauhandwerkerpfandrecht zu belasten (FRIEDRICH, SJK *1303* 13; SCHUMACHER, Nr. 379; WIPFLI, ZBGR *1971* 86; ZOBL, ZSR *1982* II 127; vgl. auch BGE *112* II 217f und *111* II 36 Erw 4.b.). Vgl. weiter auch die Bemerkungen zum Gemeinschaftspfandrecht in Art. 712i.

103 Weil verschiedene Pfandobjekte vorliegen, kann es kein Rangverhältnis i. e. S. zwischen Pfandrechten am gemeinschaftlichen Grundstück, an einzelnen Stockwerkeigentumsanteilen und an Miteigentumsanteilen an Stockwerkeigentumsanteilen geben (Art. 648 N 45; BGE *95* I 571). Immerhin ergibt sich eine gewisse Rangfolge dadurch, dass das Pfandrecht am gemeinschaftlichen Grundstück dem erst nachher begründeten Stockwerkeigentumsanteilspfand vorgeht (ZOBL, Art. 884 N 119; BGE *95* I 572) und dass bei der Verwertung von Stockwerkeigentumsanteilen die auf dem gemeinschaftlichen Grundstück ruhenden Lasten zu beachten sind (vgl. Art. 53 Abs. 3 und Art. 105 Abs. 3 GBV; Art. 648 N 45 sowie ausführlich dazu Art. 712f N 82 ff).

bb. Dienstbarkeiten

104 Zu Lasten eines Stockwerkeigentumsanteils können nach Art. 712c Abs. 2 sowohl eine Nutzniessung (Art. 745 ff) als auch ein Wohnrecht (Art. 776 ff) bestellt werden. Infolge der partiell-realen Dimension der Stockwerkeigentumsanteile (vgl. vorn N 7 ff) können diese grundsätzlich auch mit Grunddienstbarkeiten (Art. 730 ff) sowie mit irregulären Personaldienstbarkeiten (Art. 781) belastet werden (Art. 646 N 64; FRIEDRICH, § 47 N 3; LIVER, Einl. N 19 und Art. 730 N 22, jedoch noch a. M. in Bern. Notar *1969* 325; MENGIARDI, 131 f; MAGNENAT, 134; PIOTET, SPR V/1 525 f; REY, Syst. Teil N 216).

105 Der *zulässige Inhalt* von Personal-, Grund- und irregulären Dienstbarkeiten beurteilt sich zunächst nach deren gesetzlicher Ausgestaltung (Typengebundenheit und Typenfixierung; vgl. allgemein zum Problem der Belastung von Stockwerken mit Nutzungsdienstbarkeiten FRIEDRICH, Bern. Notar *1980*

137 ff), sodann aber besonders aufgrund der konkreten, durch Grundbucheintrag, Belege und Aufteilungspläne feststellbaren Rechtsstellung des belasteten Stockwerkeigentümers an der gemeinschaftlichen Sache, denn durch die Begründung von Dienstbarkeiten darf die Rechtsposition der anderen Stockwerkeigentümer nicht beeinträchtigt werden (Art. 646 N 63 f; LIVER, SPR V/1 95; MENGIARDI, 131 f mit Verweisen; REY, Syst. Teil N 217 ff; vgl. auch vorn N 68). So ist vor allem zu berücksichtigen, dass der Stockwerkeigentumsanteil Haftungsobjekt des gesetzlichen Pfandrechts der Stockwerkeigentümergemeinschaft für Beitragsforderungen aus der gemeinschaftlichen Verwaltung ist (Art. 712i). Mithin können zu Lasten von Stockwerkeigentumsanteilen nur solche Dienstbarkeiten begründet werden, welche dieselben als Haftungsobjekt des Pfandrechts nicht entwerten (REY, Syst. Teil N 218; LIVER, Bern. Notar *1969* 325).

Unter Beachtung der genannten Schranken ist die Begründung von Grunddienstbarkeiten und irregulären Personaldienstbarkeiten zu Lasten von Stockwerkeigentumsanteilen grundsätzlich auch dann zulässig, wenn damit eine nebensächliche Verpflichtung zur Vornahme von gewissen Handlungen durch den belasteten Stockwerkeigentümer verbunden ist. Nebensächlich gemäss Art. 730 Abs. 2 ist eine solche Handlung dann, wenn sie nur die Ausübung der Dienstbarkeit ermöglicht, erleichtert oder sichert (LIVER, Art. 730 N 203; PIOTET, SPR V/1 557; REY, Art. 730 N 148 ff und N 171 ff). Dies ist insbesondere bei den auf Immissionsverminderung ausgerichteten Bau- und Gewerbebeschränkungen denkbar (z. B. Pflicht zum Verlegen von Spannteppichen in einer Eigentumswohnung zur Verhinderung von Immissionen, BGE *106* II 315 ff und die Kritik von LIVER, ZBJV *1982* 116 f zu diesem Entscheid; vgl. dazu und zu den inhaltlichen Anforderungen an einen derartigen Dienstbarkeitsvertrag REY, ZBGR *1983* 258 ff sowie HUBER, ZBGR *1981* 255 ff). Durch die Errichtung von Grunddienstbarkeiten kann aber auch allgemein die Ausübung von bestimmten Gewerbearten in einzelnen Stockwerken beschränkt werden (MENGIARDI, 132; WEBER, 176; a. M. LIVER, Bern. Notar *1969* 325; vgl. dagegen zu den Gewerbebeschränkungen auf reglementarischer Grundlage vorn N 45 ff). 106

Als weitere an Stockwerkeigentumsanteilen begründbare Dienstbarkeiten kommen in Betracht: 107
– *Durchgangsrechte,* wobei es sich nicht um den einzigen Zugang handeln darf, weil das Erfordernis des eigenen Zugangs von Art. 712b Abs. 1 zu beachten ist (FRIEDRICH, ZBGR *1973* 140; REY, Syst. Teil N 221; WEBER, 176; a. M. LIVER, Bern. Notar *1969* 325; äusserst zurückhaltend MEN-

GIARDI, 127f und 132, der das Wegrecht nur als inhaltliche Ergänzung einer anderen Dienstbarkeit zulassen will; vgl. im einzelnen Art. 712b N 61 ff);

- *Durchleitungsrechte,* soweit es sich dabei nicht um Durchleitungsbaurechte im Sinne von Art. 675 handelt, sondern lediglich um die Pflicht, den Bau von Leitungen, die ins Miteigentum aller Stockwerkeigentümer fallen, zu dulden (MENGIARDI, 132 Anm. 4 mit eingehender Begründung; REY, Syst. Teil N 222; WEBER, 176);

- *Platzrechte,* d.h. (Mit-)Benutzung des Raumes einer anderen Stockwerkeinheit z.B. für eine Tresoranlage (LIVER, Art. 730 N 192; MENGIARDI, 132).

108 Unzulässig dagegen ist die Belastung eines Stockwerkeigentumsanteils mit einem *Baurecht* im Sinne von Art. 779 ff. Dies ergibt sich auch ohne das ausdrückliche Verbot in Art. 675 Abs. 2 aus der dogmatischen Konstruktion des Baurechts sowie aus jener des Stockwerkeigentums: Aus Art. 675 Abs. 1 muss das Erfordernis der funktionellen und baulichen Selbständigkeit des Baurechtsobjekts abgeleitet werden; Bestandteile sind mithin vom Baurechtsinhalt ausgeschlossen (Art. 675 N 19; HAAB/SIMONIUS/SCHERRER/ZOBL, Art. 675 N 5; REY, Syst. Teil N 222; ISLER, 32 und 34; a. M. FREIMÜLLER, 28f; vgl. auch vorn N 30). Weil der Stockwerkeigentümer zudem kein Sondereigentum an seinem Stockwerkeigentumsanteil erwirbt (Vorbemerkungen zu den Art. 712aff N 33f und vorn N 7f), kann er folglich ein solches (vgl. Art. 675 N 8ff; HAAB/SIMONIUS/SCHERRER/ZOBL, Art. 675 N 8) einem Dritten auch nicht einräumen. Ein Stockwerkeigentumsanteil in einem sowohl baulich als auch funktionell einheitlichen Bauwerk kann somit nie Belastungsobjekt eines Baurechts sein (Art. 675 N 18f; FRIEDRICH, SJK *1303* 2; HAAB/SIMONIUS/SCHERRER/ZOBL, Art.675 N 5; MENGIARDI, 70; REY, Syst. Teil N 222; ISLER, 34ff; BGE *99* Ib 140 und dazu LIVER, ZBJV *1975* 70f; BGE *111* II 134; a. M. LIVER, Bern. Notar *1959* 46 und ZBGR *1973* 193 ff, sowie FREIMÜLLER, 28f). Auch zu Lasten des Miteigentumsanteils an den nicht bebauten Teilen der Liegenschaft kann der Stockwerkeigentümer einem Dritten kein Baurecht einräumen, weil an diesem ebenfalls kein Sondereigentum besteht (Art. 646 N 63; MENGIARDI, 70f; REY, Syst. Teil N 208; ISLER, 24).

109 Bei einer konsequenten Beachtung der rechtlichen Konstruktion der Baurechtsdienstbakeit kann sich deshalb die vom Bundesgericht in BGE *99* Ib 143f (vgl. auch BGE *111* II 140) aufgeworfene, aber nicht beantwortete Frage, ob eine Ausnahme zugelassen werden könne, wenn das fragliche

Stockwerk einen selbständigen, von den gemeinschaftlichen Teilen des Gebäudes getrennten Zugang hat, so gar nicht stellen (g. M. ISLER, 36 f; a. M. FREIMÜLLER, 29, und EGGEN, ZBGR *1972* 211).

Weil bei einem zu Stockwerkeigentum aufgeteilten Gebäude überhaupt nur (wenn auch besonders ausgestaltetes) Miteigentum besteht (Vorbemerkungen zu den Art. 712a ff N 31 ff und vorn N 7 ff), so ist auch die Einräumung eines Höherbaurechts im Sinne von Art. 779 ff an einen Dritten zu Lasten eines oder mehrerer Stockwerkeigentumsanteile durch die Stockwerkeigentümergemeinschaft (selbst bei einstimmigem Beschluss) nichtig (BGE *99* Ib 140 und dazu LIVER, ZBJV *1975* 70 f). Immerhin haben die Stockwerkeigentümer die Möglichkeit, im Rahmen ihrer Kompetenzen für nützliche Verwaltungshandlungen (Art. 647d i. V. m. Art. 712g) zu beschliessen, dass einem Dritten ein Höher- oder Anbaurecht gewährt wird, dieser aber zugleich Stockwerkeigentümer wird und die Wertquoten geändert werden. Es wird also lediglich eine zusätzliche Stockwerkeigentumseinheit erbaut, ohne dass Sondereigentum entsteht (vgl. auch LIVER, ZBJV *1975* 71). Vgl. ausführlich dazu Art. 712e N 27 f und die Bemerkungen zu Art. 712g.

Zur Begründung von Stockwerkeigentum im Baurecht vgl. auch vorn N 29 ff.

Gemäss Art. 712c Abs. 2 kann den übrigen Stockwerkeigentümern ein Einspracherecht gegen die Belastung eines Stockwerkeigentumsanteils mit einer Nutzniessung oder einem Wohnrecht eingeräumt werden. Eine Erweiterung des Einspracherechts auf andere Dienstbarkeiten ist ausgeschlossen (FRIEDRICH, § 49 N 6). Ausführlich dazu Art. 712c N 91 ff.

cc. Grundlasten

Der Stockwerkeigentumsanteil kann auch mit Grundlasten (Art. 782 ff ZGB) belastet werden. Die dem jeweiligen Stockwerkeigentümer durch eine Grundlast erwachsende Pflicht zu einer positiven Leistung ist realobligatorischer Natur, wogegen das sich aus der Grundlast ergebende Verwertungsrecht dinglichen Charakter aufweist (Syst. Teil N 262; LIVER, Art. 744 N 40 und Art. 730 N 226; REY, Art. 730 N 199 ff; MENGIARDI, 71).

Neben öffentlichrechtlichen Grundlasten (und Gülten), deren Leistungsinhalte keinen Schranken unterworfen sind (Art. 782 Abs. 2 a. A.), kommen auch Personal- und Realgrundlasten in Betracht, die sich aus der Natur der belasteten Stockwerkeigentumsanteile ergeben können (z. B. Anteil am Mietzins bei Vermietung eines Stockwerkeigentumsanteils; PIOTET, SPR V/1

655; TUOR/SCHNYDER, 729f; bezüglich Geldleistungen a. M. LIVER, Art. 744 N 41, und MENGIARDI, 72) oder für die wirtschaftlichen Bedürfnisse eines berechtigten Grundstücks bestimmt sind (z. B. Pflicht zum Unterhalt einer Stockwerkeinheit durch den benachbarten Stockwerkeigentümer; MENGIARDI, 71f; problematisch ist das Beispiel von FRIEDRICH, § 47 N 3, insofern, als die Ausscheidung von Heizungsanlagen zu besonderen Stockwerken nur ausnahmsweise zulässig ist, vgl. Art. 712b N 39ff und N 51). Zur Errichtung von Grundlasten vgl. auch die Bemerkungen zu den Grundpfandrechten, welche weitgehend (vgl. insb. Art. 648 Abs. 3) auch für die Grundlasten zutreffen, vorn N 96ff.

3. Begünstigung

114 Grunddienstbarkeiten und Realgrundlasten können auch zugunsten eines Stockwerkeigentumsanteils begründet werden: Durch die partiell-reale Dimension und die subjektiv-dingliche Verknüpfung von Miteigentumsanteil und Sonderrecht weist der Stockwerkeigentumsanteil einen genügend hohen Grad an Verselbständigung und Verkehrsfähigkeit auf, um Begünstigungsobjekt von Grunddienstbarkeiten und Realgrundlasten zu sein (MENGIARDI, 140f).

115 Zugunsten eines Stockwerkeigentumsanteils kann eine Grunddienstbarkeit begründet werden, sofern sie dem jeweiligen Stockwerkeigentümer in seiner Eigenschaft und seiner Position als Stockwerkeigentümer materiellen oder immateriellen Nutzen bringt (abgeschwächtes Utilitätsprinzip; REY, Vorbemerkungen zu den Art. 730ff N 8ff; LIVER, Art. 730 N 103ff, und MENGIARDI, 142, die allerdings der Meinung sind, das Utilitätsprinzip sei völlig preisgegeben worden). Dieser Nutzen wird in den meisten Fällen zu bejahen sein, so z. B. bei Aussichtsrechten, Immissionsverboten, Baubeschränkungen (Höherbauverbot), Gewerbebeschränkungen, Platzrechten (Parkplätze) und Wegrechten; diese Vorteile werden oft auch den anderen Stockwerkeigentümern zugute kommen (vgl. LIVER, Bern. Notar *1969* 326; MENGIARDI, 142). Eine allenfalls mit der Grunddienstbarkeit verbundene Unterhaltspflicht des Berechtigten (Art. 741) stellt grundsätzlich keinen Hinderungsgrund für die Errichtung solcher Grunddienstbarkeiten dar (MENGIARDI, 142; WEBER, 177; zurückhaltend LIVER, Bern. Notar *1969* 326).

116 Eine Dienstbarkeit zugunsten eines Stockwerkeigentumsanteils kann auch zu Lasten eines anderen Stockwerkeigentumsanteils begründet werden (z. B. ein Wegrecht durch eine Stockwerkeinheit zugunsten eines angrenzenden

Stockwerks; MENGIARDI, 142; TUOR/SCHNYDER, 652; BGE *106* II 315; WEBER, 177; a.M LIVER, Bern. Notar *1969* 326). Weil eine solche Dienstbarkeit in das ausschliessliche Recht eines anderen Stockwerkeigentümers eingreift, kann nicht von einem Recht an eigener Sache gesprochen werden (MENGIARDI, 142). Zulässig ist aber auch die Belastung des gemeinschaftlichen Grundstücks zugunsten eines Stockwerkeigentumsanteils (z. B. Zuweisung einer Gartenfläche zugunsten eines Stockwerkeigentumsanteils zur ausschliesslichen Nutzung; FRIEDRICH, § 2 N 11). In diesem Fall liegt allerdings teilweise ein Recht an eigener Sache vor (Art. 648 N 48; FRIEDRICH, § 2 N 11; SATTIVA, 103; a. M. MENGIARDI, 142).

Unter Beachtung der Schranke von Art. 782 Abs. 3 kann zugunsten eines Stockwerkeigentumsanteils grundsätzlich auch eine Grundlast begründet werden (MENGIARDI, 147; vgl. auch vorn N 113). So kann z. B. ein Stockwerkeigentumsanteil mit einer Grundlast zu Lasten eines benachbarten Stockwerks oder eines dritten, von der zu Stockwerkeigentum aufgeteilten Liegenschaft unabhängigen Grundstücks mit der Verpflichtung zum Unterhalt begünstigt sein. 117

4. Verzicht

Der Stockwerkeigentümer kann auf seinen Miteigentumsanteil und auf das damit untrennbar verbundene Sonderrecht verzichten und so aus der Stockwerkeigentümergemeinschaft ausscheiden. Aber auch ein Verzicht ohne Ausscheiden des Stockwerkeigentümers ist möglich, sei es, dass sich mehrere Stockwerke in der Hand eines Berechtigten befinden und dieser auf einen Stockwerkeigentumsanteil verzichtet, oder sei es, dass der Stockwerkeigentümer eine bereits bestehende Stockwerkeinheit (unter Beachtung der Voraussetzungen von Art. 712b) zweiteilt, diese Änderung im Grundbuch eintragen lässt und danach auf einen der neu geschaffenen Stockwerkeigentumsanteile verzichtet (vgl. REY, ZBGR *1979* 142). 118

Der Verzicht auf einen Stockwerkeigentumsanteil bewirkt grundsätzlich nicht dessen Untergang und keine Akkreszenz der übrigen Stockwerkeigentumsanteile; die anderen Stockwerkeigentümer werden (auch im Interesse allfälliger Inhaber beschränkter dinglicher Rechte, insbesondere der Pfandgläubiger) nach Massgabe ihrer Wertquoten am gemeinschaftlichen Grundstück am fraglichen Stockwerkeigentumsanteil berechtigt, gleich wie wenn sie ihn gekauft hätten (Art. 646 N 71; LIVER, FS Hug 370 ff und SPR V/1 63). Der Stockwerkeigentumsanteil, auf den ein Stockwerkeigentümer verzichtet 119 hat, bleibt also als Objekt im Miteigentum der übrigen Stockwerkeigentümer weiter bestehen.

120 Die Verzichtserklärung, welche aufgrund der schriftlichen Äusserung des Verzichtswillens durch Änderung des Grundbucheintrages wirksam wird (vgl. Art. 13 und Art. 61 GBV; Art. 646 N 72 f; REY, ZBGR *1979* 142 f), hat zur Folge, dass die persönliche und die dingliche Haftung aufgespalten werden: Für die zum Zeitpunkt des Verzichts fälligen persönlichen Verpflichtungen haftet weiterhin der verzichtende Stockwerkeigentümer (Art. 646 N 71; Art. 649 N 3), während die übrigen Stockwerkeigentümer bloss mit dem auf sie übergegangenen Anteil haften. Eine Mehrbelastung der verbleibenden Stockwerkeigentümer kann sich nur dadurch ergeben, dass sich die Unterhaltsverpflichtung und die Lasten einer allfälligen Erneuerung des gemeinschaftlichen Grundstücks in Zukunft auf sie konzentrieren werden (LIVER, FS Hug 372).

121 Der Verzicht auf einen Stockwerkeigentumsanteil hat also grundsätzlich nicht – wie der Verzicht auf den gewöhnlichen Miteigentumsanteil (vgl. dazu Art. 646 N 71) – den Untergang der Stockwerkeinheit und Akkreszenz des Miteigentumsanteils bei jedem der verbleibenden Stockwerkeigentümer zur Folge (LIVER, FS Hug 370 f). Der Fortbestand der fraglichen Stockwerkeinheit und ihr Übergang ins Miteigentum aller verbleibenden Stockwerkeigentümer entspricht den allgemeinen sachenrechtlichen Grundsätzen (LIVER, FS Hug 371) und garantiert den auf Dauer ausgerichteten Bestand der Stockwerkeigentümergemeinschaft; die Stockwerkeigentümer bilden dann bezüglich dieser Einheit eine Untergemeinschaft auf sachenrechtlicher Basis (vgl. Art. 712b N 83 ff). Zudem entspricht dieses Ergebnis auch der Tatsache, dass bei der Vereinigung mehrerer oder aller Anteile in einer Hand die einzelnen Stockwerkeigentumsanteile nicht untergehen, sondern weiterhin selbständigen Bestand haben (vgl. Art. 712f Abs. 2 und dort N 6; LIVER, FS Hug 371 f).

122 Anders wäre die Rechtslage, wenn ein Stockwerkeigentümer aufgrund einer besonderen Verzichtserklärung auf die subjektiv-dingliche Verbindung des Sonderrechts mit dem Miteigentumsanteil ganz oder teilweise (durch vorangehende Teilungsverfügung; REY, ZBGR *1979* 142) verzichten würde: Dann wäre das Grundbuchblatt des Stockwerkeigentumsanteils zu schliessen (Art. 10a Abs. 2 GBV) und der Eintrag des Stockwerks auf dem Hauptbuchblatt der Liegenschaft oder des Baurechts zu löschen (Art. 33a GBV). Weil mit der Auflösung des Stockwerkeigentumsanteils auch die beschränkten dinglichen Rechte dahinfallen, setzt ein derartiger Verzicht aber die Zustim-

mung der Inhaber beschränkter dinglicher Rechte voraus (REY, ZBGR *1979* 143). Durch diese Auflösung wachsen nun die Rechte und Pflichten, die bisher die verselbständigte Rechtsposition bildeten, zufolge Akkreszenz bei jedem Stockwerkeigentümer entsprechend dem im Grundbuch eingetragenen Miteigentumsanteil an (vgl. zum Ganzen REY, ZBGR *1979* 142f; vgl. auch Art. 712e N 38ff).

VII. Schutz des Stockwerkeigentümers im externen und internen Verhältnis

1. Im Verhältnis zu Dritten

Gegenüber dem Dritten stehen dem Stockwerkeigentümer bezüglich seines Anteils die an das Eigentum und an den Besitz geknüpften Klagen wie einem Alleineigentümer zu (vgl. Art. 646 N 93). Die *Klagen aus dem Eigentum* umfassen insbesondere: Die Vindikation bei Vorenthaltung der Stockwerkeinheit (vgl. Art. 641 N 54ff), die Negatoria bei Störung seines Stockwerkeigentumsrechts (Art. 641 N 89ff), die Feststellungsklage (Art. 641 N 133ff) und die Klagen aus Art. 679 (Art. 641 N 123; Art. 679 N 1ff; vgl. dazu auch vorn N 67). Gemäss Art. 937 stehen dem Stockwerkeigentümer auch die *Besitzesschutzklagen* (Art. 926ff) zu, sei es in der Form der Klage auf Rückgabe des Besitzes (Art. 927), sei es in Form der Klage auf Beseitigung der Störung (Art. 928; Art. 641 N 145; FRIEDRICH, § 6 N 7; STARK, Einl. N 72 und Vorbemerkungen zu den Art. 926ff N 64ff). 123

Vgl. zu den Ansprüchen, die sich auf die ganze Sache beziehen, Art. 646 N 94ff sowie die Bemerkungen zu Art. 712h und Art. 712l.

2. Im Verhältnis der Stockwerkeigentümer unter sich

a. Klagen aus dem Eigentum

Die Klagen aus dem Eigentum (vgl. vorn N 123) stehen jedem Stockwerkeigentümer auch gegen den oder die anderen Stockwerkeigentümer zu (Art. 646 N 100; FRIEDRICH, § 6 N 9; vgl. auch BGE *55* II 21). 124

b. Klagen aus Besitz

125 Ist der Stockwerkeigentümer unmittelbarer Alleinbesitzer seiner im Sonderrecht stehenden Teile, stehen ihm auch gegen den oder die anderen Stockwerkeigentümer bezüglich seines Anteils alle Klagen aus dem Besitz zur Verfügung (Art. 646 N 101 und vorn N 123; STARK, Einl. N 71 f; scheinbar a. M. FRIEDRICH, § 6 N 9).

126 Die Beeinträchtigung der im Sonderrecht stehenden Teile stellt ebenso wie jene der gemeinschaftlichen Anlagen und Räume eine Verletzung der Gebrauchsordnung dar (FRIEDRICH, § 6 N 9). Im Gegensatz zu den einzelnen Stockwerken besteht an den sich im gewöhnlichen Miteigentum befindlichen Teilen Mitbesitz (Art. 646 N 102), es sei denn, dass einem Stockwerkeigentümer z. B. an einem eindeutig abgegrenzten Teil des nicht überbauten Landes der Liegenschaft der Alleinbesitz (Teilbesitz) eingeräumt wurde (vgl. auch STARK, Einl. N 71 ff). Besteht Mitbesitz, so ist in der Regel nur die Klage aus Besitzesentziehung, nicht aber diejenige aus Besitzesstörung möglich, weil letztere zum Streit über die Ordnung des Gebrauchs gehört, welcher grundsätzlich nicht ohne Prüfung des konkreten Innenverhältnisses entschieden werden kann. Eine Ausnahme liegt dann vor, wenn nicht der Bestand, Inhalt oder Umfang der Besitzsphären streitig ist, sondern der Kläger in der Ausübung dieses seines Rechts aus verbotener Eigenmacht gestört oder an ihr verhindert worden ist (Art. 646 N 102; LIVER, Art. 737 N 163 f; HINDERLING, SPR V/1 452; STARK, Vorbemerkungen zu den Art. 926 ff N 67 ff).

c. Aus der Gemeinschaftsordnung sich ergebende Rechtsschutzbehelfe

127 Neben den Klagen aus Eigentum und Besitz stehen dem Stockwerkeigentümer weitere, sich aus der Gemeinschaftsordnung ergebende Rechtsschutzbehelfe zu, um Beeinträchtigungen seiner Rechtsposition durch andere Stockwerkeigentümer abzuwehren:
- Klage auf richterliche Anordnungen bezüglich der Verwaltung der gemeinsamen Sache (Art. 647 N 33 ff; vgl. weiter die Bemerkungen zu Art. 712g und Art. 712m);
- Klage auf Durchführung der notwendigen Verwaltungshandlungen (Art. 647 Abs. 2 Ziff. 1 und dort N 53 ff; vgl. weiter die Bemerkungen zu Art. 712g und Art. 712m);

- Klage gegen die Einsprache der Stockwerkeigentümerversammlung bezüglich der Verfügung über einen Stockwerkeigentumsanteil wegen Nichtvorhandensein des wichtigen Grundes (Art. 712c Abs. 3 und dort N 103 ff);
- Klage auf Berichtigung der Wertquote (Art. 712e Abs. 2 und dort N 55);
- Klage auf Errichtung eines Reglements (Art. 712g Abs. 3);
- Klage auf Eintragung des gesetzlichen Pfandrechts für Beitragsforderungen (Art. 712i Abs. 2);
- Klage auf Einsetzung eines Verwalters (Art. 712q Abs. 1);
- Anfechtung von Beschlüssen der Stockwerkeigentümerversammlung, teilweise auch von Beschlüssen des Ausschusses und von Akten des Verwalters (Art. 712m);
- Klage auf Erfüllung der reglementarischen Verpflichtungen (vgl. die entsprechenden Bemerkungen zu Art. 712m);
- Klage auf Ausschluss eines Stockwerkeigentümers aus der Gemeinschaft (Art. 649b/649c und dort N 17 ff);
- Begehren um Ersatzvornahme (Art. 98 OR).

Vgl. allgemein zu den Klagen aus dem Miteigentum Art. 646 N 103.

Art. 712 b

II. Gegenstand

¹ Gegenstand des Sonderrechts können einzelne Stockwerke oder Teile von Stockwerken sein, die als Wohnungen oder als Einheiten von Räumen zu geschäftlichen oder anderen Zwecken mit eigenem Zugang in sich abgeschlossen sein müssen, aber getrennte Nebenräume umfassen können.
² Dem Stockwerkeigentümer können nicht zu Sonderrecht zugeschieden werden:
1. der Boden der Liegenschaft und das Baurecht, kraft dessen gegebenenfalls das Gebäude erstellt wird;
2. die Bauteile, die für den Bestand, die konstruktive Gliederung und Festigkeit des Gebäudes oder der Räume anderer Stockwerkeigentümer von Bedeutung sind oder die äussere Gestalt und das Aussehen des Gebäudes bestimmen;
3. die Anlagen und Einrichtungen, die auch den andern Stockwerkeigentümern für die Benutzung ihrer Räume dienen.

³ Andere Bestandteile des Gebäudes können im Begründungsakt und in gleicher Form auch durch nachherige Vereinbarung der Stockwerkeigentümer als gemeinschaftlich erklärt werden; ist dies nicht geschehen, so gilt die Vermutung, dass sie zu Sonderrecht ausgeschieden sind.

II. Objet

¹ Peuvent être l'objet du droit exclusif les étages ou parties d'étages qui, constitués en appartements ou en locaux commerciaux ou autres, forment un tout disposant d'un accès propre, la possibilité d'englober des locaux annexes distincts étant réservée.
² Le copropriétaire ne peut pas acquérir le droit exclusif sur:
1. Le bien-fonds et, le cas échéant, le droit de superficie en vertu duquel le bâtiment a été construit;
2. Les parties importantes pour l'existence, la disposition et la solidité du bâtiment ou des locaux d'autres copropriétaires ou qui déterminent la forme extérieure et l'aspect du bâtiment;
3. Les ouvrages et installations qui servent aussi aux autres copropriétaires pour l'usage de leurs locaux.

³ Les copropriétaires peuvent, dans l'acte constitutif de la propriété par étages, ou dans une convention ultérieure soumise à la même forme, déclarer communes encore d'autres parties du bâtiment; à ce défaut elles sont présumées être l'objet du droit exclusif.

II. Oggetto

¹ Possono essere oggetto del diritto esclusivo i singoli piani o porzioni di piano ordinati in appartamenti o in unità di locali per il commercio o altro scopo; essi devono costituire un tutto e avere un proprio accesso, ma possono comprendere locali accessori disgiunti.
² Non possono essere oggetto del diritto esclusivo:
1. il suolo su cui sorge l'edificio e il diritto di superficie in virtù del quale d'edificio è costruito;
2. le parti della costruzione che sono importanti per l'esistenza, la membratura e la solidità dell'edificio o dei locali di altri comproprietari, oppure determinano la forma esteriore e l'aspetto dell'edificio;
3. le opere e gli impianti che servono anche agli altri comproprietari per l'uso dei loro locali.

³ I comproprietari possono, nell'atto costitutivo o in una convenzione successiva avente la medesima forma, dichiarare comuni anche altre parti dell'edificio, le quali in caso diverso si presumono assoggettate al diritto esclusivo.

			Note	Seite
Übersicht	*I.*	*Allgemeines*	4	96
	II.	*Gemeinschaftliche Objekte*	6	97
		1. Bedeutung	6	97
		2. Zwingend gemeinschaftliche Objekte	8	98
		a. Boden und Baurecht	8	98
		b. Elementare Gebäudeteile	12	99
		aa. Grundlagen	12	99
		bb. Kasuistik	15	100
		cc. Zuordnungsprobleme bei Einfamilienhäusern und Nebenräumen	16	101
		c. Gebäudeteile, die die äussere Gestalt des Gebäudes bestimmen	19	102
		aa. Grundlagen	19	102
		bb. Besonderheiten	22	103
		aaa. Fenster	22	103
		bbb. Balkone, Veranden, Loggien	28	105
		ccc. Dachterrassen	30	105
		d. Gemeinsame Anlagen und Einrichtungen	32	106
		3. Gewillkürte gemeinschaftliche Teile	42	109
	III.	*Objekte des Sonderrechts*	45	111
		1. Raumbildende Gebäudeteile	45	111
		2. Voraussetzungen	47	112
		a. Abgeschlossenheit	47	112
		aa. Raumeigenschaft	48	112
		bb. Einheit von Räumen oder einzelne Räume	51	113
		cc. Spezialfälle	53	114
		b. Eigener Zugang	61	117
		3. Nebenräume	66	118
		4. Kasuistik	68	119
		a. Sonderrecht im Innenbereich des Gebäudes	69	119
		b. Sonderrecht im Aussenbereich des Gebäudes	70	120
	IV.	*Funktionale Bedeutung von Art. 712b*	71	120
		1. Schutzfunktion und Zuordnungsmechanismus	71	120
		2. Vermutung zugunsten des Sonderrechts	75	122
		3. Feststellung der Ausscheidung	78	123
	V.	*Das Problem der Untergemeinschaften*	82	124
		1. Untergemeinschaften auf sachenrechtlicher Basis	83	124
		2. Untergemeinschaften auf rechtsgeschäftlicher Basis	86	125
		3. Sogenannte Nachbargemeinschaften	89	126

1 Materialien	BBl *1962* II 1487ff, 1513f; StenBullNR *1963* 188f, 219f, 529f, 685; StenBullStR *1963* 207f, 216, 376.
2 Literatur	Neben den im allgemeinen Schrifttumsverzeichnis aufgeführten Werken sind hier noch zu beachten: ELMAR BOPP, Die vertragliche Ausgestaltung des Wohnungseigentums in der Praxis, dargestellt am Beispiel der Stadt Karlsruhe, Diss Karlsruhe 1968; HANS DIESTER, Loggien und Balkone sind Sondereigentum im Sinne des Wohneigentumsgesetzes, NJW *1961* 302f; derselbe, Das heutige Raumeigentum, NJW *1970* 1107ff; PETER LIVER, Von den selbständigen und dauernden Baurechten, Bern. Notar *1959* 41ff.
3 Rechtsvergleichung	Vgl. die Angaben in den Vorbemerkungen zu den Art. 712aff N 29f, N 52–81, in Art. 712a N 3–6 sowie hinten N 16 und N 30.

I. Allgemeines

4 In Art. 712b geht es um die Abgrenzung der sonderrechtsfähigen von den gemeinschaftlichen Teilen. Entsprechend der rechtlichen Konstruktion des Stockwerkeigentums als besonders ausgestaltetes Miteigentum (vgl. die Vorbemerkungen zu den Art. 712aff N 33ff) besteht diese Grenzziehung nicht in einer Eigentumsausscheidung, sondern in der Zuweisung von Gebäudeteilen zur ausschliesslichen Nutzung, Verwaltung und baulichen Ausgestaltung an die einzelnen Stockwerkeigentümer. Art. 712b regelt mithin die baulichen Anforderungen an die Sonderrechtsobjekte (Abs. 1) und trennt die zwingend gemeinschaftlichen Nutzungs- und Verwaltungsbefugnisse scharf von den sonderrechtsfähigen Objekten ab (Abs. 2). Der rechtliche Inhalt des Sonderrechts wird dagegen in Art. 712a und jener der gemeinschaftlichen Nutzung und Verwaltung in den Art. 712g–t bestimmt.

5 Die gesetzliche Regelung von Art. 712b verfolgt einen Schutzzweck in zweifacher Hinsicht: Zum einen soll der einzelne Stockwerkeigentümer sein Sonderrecht möglichst ungestört ausüben können und durch diese Ausübung die anderen nicht stören. Deshalb sieht Art. 712b Abs. 1 vor, dass die einzelnen Sonderrechtsbereiche voneinander klar abgegrenzt sein müssen (Erfordernis der in sich abgeschlossenen Räume mit eigenem Zugang). Zum andern sind die Interessen aller Stockwerkeigentümer an der Erhaltung des Miteigentums, vor allem aber des gemeinschaftlichen Gebäudes in einem möglichst einwandfreien bautechnischen Zustand, zu schützen. Um zu verhindern, dass durch die Ausübung von Sonderrechten die Interessen aller anderen Stockwerkeigentümer an der Erhaltung des gemeinsamen Objekts zur dauerhaften Nutzung verletzt werden, sieht Abs. 2 von Art. 712b zwin-

gend vor, dass an bestimmten Teilen des gemeinschaftlichen Grundstücks die Begründung von Sonderrechten ausgeschlossen ist. Die Wirkung dieser klaren Bestimmung wird durch die Sonderrechtsvermutung von Abs. 3 nicht relativiert, da sich diese Vermutung lediglich auf Bauteile bezieht, denen nicht eine wesentliche Funktion im Zusammenhang mit den genannten gemeinschaftlichen Interessen zukommt (vgl. BBl *1962* II 1514 und hinten N 75 ff).

II. Gemeinschaftliche Objekte

1. Bedeutung

Die Bedeutung von Abs. 2 liegt darin, diejenigen Bauteile, Anlagen und Einrichtungen, die neben dem Boden eine gemeinschaftliche Zweckbestimmung haben, der rechtsgeschäftlichen Disposition der Stockwerkeigentümer zu entziehen, um damit den Bestand des Miteigentums am gemeinschaftlichen Grundstück dauerhaft zu wahren (BBl *1962* II 1513; FRIEDRICH, SJK *1302* 6). Lediglich an denjenigen Teilen der Baute, die keine gemeinschaftliche Zweckbestimmung aufweisen, können exklusive Nutzungs- und Verwaltungsrechte (Sonderrechte) begründet werden. Deshalb ist entsprechend der dogmatischen Konstruktion des Stockwerkeigentums als besonders ausgestaltetes Miteigentum (vgl. die Vorbemerkungen zu den Art. 712a ff N 33 ff) und der Absicht des Gesetzgebers, bei der Abgrenzung zwischen den gemeinschaftlichen und den sonderrechtsfähigen Gebäudeteilen den Gemeinschaftsinteressen den Vorzug einzuräumen (vgl. hinten N 73), somit aber entgegen der Systematik von Art. 712b, der zuerst in Abs. 1 die Voraussetzungen sonderrechtsfähiger Räume normiert, folgerichtiger vom gemeinschaftlichen Zuordnungsbereich auszugehen, dessen Mindestumfang in Art. 712b Abs. 2 festgesetzt ist (vgl. zur Kritik an der gesetzlichen Systematik auch WEBER, 69, und MAGNENAT, 50; missverständlich FRIEDRICH, § 5 N 1, wonach alle diejenigen Gebäudeteile gemeinschaftlich sind, an denen kein Sonderrecht besteht).

Die im Vordergrund stehende Ausscheidung zwingend gemeinschaftlicher Gebäudeteile nimmt Rücksicht auf die Tatsache, dass im modernen Wohnungs- und Geschäftshausbau die gemeinschaftlich genutzten Gebäudeteile und die Gemeinschaftseinrichtungen erheblich zahlreicher und kostspieliger sind als in den Bauten früherer Zeit und deshalb wirtschaftlich bedeutungsvoller sind als die zu Sonderrecht ausgeschiedenen Gebäudeteile (BBl *1962*

II 1489; LIVER, GS Marxer 149 und SPR V/1 91; FRIEDRICH, SJK *1302* 6; WEBER, 69). Zudem sind die einzelnen Stockwerkeinheiten bautechnisch vom Rohbau abhängig; sonderrechtsfähige Bauteile entstehen erst mit dem Innenausbau der Räume (LIVER, SPR V/1 91). Die Bedeutung von Art. 712b Abs. 2 liegt also vor allem in der Ordnungsfunktion betreffend das Innenverhältnis der Stockwerkeigentümer, indem durch den Ausschluss bestimmter Objekte von der Zuteilung zu Sonderrecht (und somit durch eine Präjudizierung der gemeinschaftlichen Kosten) Konfliktmöglichkeiten zwischen den Stockwerkeigentümern in Nutzungs- und Verwaltungsangelegenheiten vermindert werden (vgl. auch hinten N 71 ff).

2. Zwingend gemeinschaftliche Objekte

a. Boden und Baurecht

8 Nicht zu Sonderrecht ausgeschieden werden können der *Boden der Liegenschaft,* auf dem das gemeinschaftliche Gebäude steht, und das *Baurecht,* kraft dessen das Gebäude erstellt wird (Art. 712b Abs. 2 Ziff. 1). Damit wird verhindert, dass am Grundstück selber, welches zu Stockwerkeigentum aufgeteilt wird, Sonderrechte begründet werden. Ist das Stammgrundstück eine Liegenschaft (Art. 665 Abs. 2 Ziff. 1, Art. 943 Abs. 1 Ziff. 1), so kann der Boden, d. h. der Untergrund der gemeinschaftlichen Baute und die nichtbebauten Bodenteile, nicht zu Sonderrecht zugeschieden werden. Sofern ein Baurecht die Grundlage für das Stockwerkeigentum bildet, ist dessen Zuweisung zu Sonderrecht ohnehin begrifflich ausgeschlossen. Die Ausscheidung zu Sonderecht setzt nämlich einen Bauteil und damit Sachqualität voraus, was auf die Baurechtsdienstbarkeit als beschränktes dingliches Recht nicht zutrifft, obschon sie ein Grundstück im Sinne des Gesetzes ist (Art. 655 Abs. 2 Ziff. 2, Art. 943 Abs. 1 Ziff. 2) und deshalb Objekt des Stockwerkeigentums sein kann (Art. 712a N 29 ff; Art. 712d N 12, N 25 ff und N 89 ff).

9 Am Boden als das dem Gebäude unterliegende Erdreich wäre ein Sonderrecht – zumindest ein kubenmässig begrenztes – wohl denkbar (so auch WEBER, 73; a. M. FRIEDRICH, § 5 N 7). Dies ist jedoch zu Recht von Gesetzes wegen ausgeschlossen, weil damit für die gesamte Baute eine abstrakte Einsturzgefahr geschaffen würde (z. B. Veränderungen der statischen Verhältnisse zufolge Grabungen). Dass auch die nicht bebauten Grundstücksteile zwingend gemeinschaftlich sind, findet seine Rechtfertigung in der Tatsache, dass damit dem untersten oder dem einflussreichsten Stockwerkeigen-

tümer verunmöglicht wird, den Boden für sich allein zu beanspruchen (vgl. StenBullNR *1963* 219; WEBER, 73).

Im einzelnen sind namentlich die folgenden Liegenschafsteile zwingend gemeinschaftlich (vgl. EGGEN, ZBGR *1972* 212f; FRIEDRICH, § 2 N 11; LIVER, SPR V/1 92; MAGNENAT, 58; SCHMID, 19; WEBER, 74f):
- Autoabstellplätze im Freien;
- Garten;
- Vor-/Trockenplätze im Freien;
- Offene Innenhöfe;
- Kinderspielplatz;
- Müllabladeplatz.

An diesen Liegenschaftsteilen können nur mittels der Benutzungsordnung im Reglement oder mittels der Einräumung von (örtlich begrenzten) Dienstbarkeiten besondere Nutzungsrechte begründet werden (LIVER, SPR V/1 92 Anm. 7; FRIEDRICH, § 2 N 11; EGGEN, ZBGR *1972* 212f; WEBER, 73f; vgl. dazu auch die Bemerkungen zu Art. 712g).

b. Elementare Gebäudeteile

aa. Grundlagen

In Art. 712b Abs. 2 Ziff. 2 werden alle «Bauteile, die für den Bestand, die konstruktive Gliederung und Festigkeit des Gebäudes oder der Räume anderer Stockwerkeigentümer von Bedeutung sind» als zwingend gemeinschaftlich erklärt. Mit dieser Generalklausel wird verhindert, dass durch deren Zuweisung in das Sonderrecht einzelner Stockwerkeigentümer die Erhaltung solcher Ojekte gefährdet wird, indem deren Unterhalt durch den Einzelnen ungenügend gewährleistet und ein die gemeinsamen Interessen schädigender Gebrauch nicht ausgeschlossen wäre (vgl. BBl *1962* II 1489; FRIEDRICH, § 5 N 9; WEBER, 75).

Die Generalklausel in Abs. 2 Ziff. 2 verwendet einerseits den Ausdruck «konstruktive Gliederung», welcher Bezug nimmt auf die «Festigkeit», und garantiert andererseits den «Bestand» des Gebäudes. Mit dieser Umschreibung soll gewährleistet werden, dass nicht nur das statisch relevante Konstruktionsgerippe zwingend gemeinschaftlich ist, sondern ganz allgemein das gemeinschaftliche Gebäude in seiner architektonischen Grundkonzeption und in seiner charakteristischen bautechnischen Ausgestaltung, z.B. als Wohn- oder Geschäftshaus, als Betonbaute oder Chalet. In diesem Sinne werden von Art. 712b Abs. 2 Ziff. 2 alle Gebäudeteile erfasst, welche die architektonische Konzeption und die bautechnische Konstruktion objektiv zum Ausdruck bringen. Welche Bauteile im konkreten Fall hierunter zu subsumieren sind, ist im einzelnen mittels der Kriterien «Bestand», «Gliederung» und «Festigkeit» zu ermitteln. Die Generalklausel ist indessen nicht zu weit auszulegen, sondern immer mit Blick auf die von den Gemeinschaftsinteressen betroffenen «elementaren Gebäudeteile» (zu diesem Begriff vgl. WEBER, 76; vgl. etwa zur Problematik bei Balkonen, Loggien, Veranden usw. hinten N 28 f).

14 Indem Abs. 2 Ziff. 2 von Art. 712b gleichzeitig auch auf die «äussere Gestalt und das Aussehen des Gebäudes» Bezug nimmt, scheint die Ausscheidung von elementaren Gebäudeteilen auch mittels dieses eher relativen Kriteriums möglich zu sein. Dies ist indessen nicht der Fall: Was als elementarer Gebäudeteil für Bestand und Festigkeit von Bedeutung ist, lässt sich regelmässig anhand objektiver Kriterien ermitteln. Was demgegenüber gemeinschaftlich sein soll, weil es die äussere Gestalt und das Aussehen des Gebäudes bestimmt, ist stärker von individuellen Umständen (wie der Lage des Gebäudes) oder von subjektiven Anforderungen (wie den konkreten Vorstellungen gerade dieses Stockwerkeigentümers) abhängig. Dementsprechend ist auch der richterliche Ermessensspielraum grösser (vgl. auch WEBER, 76 f und 86 ff sowie hinten N 19 f und N 74).

bb. Kasuistik

15 Als im vorgehend erläuterten Sinne elementare und somit zwingend gemeinschaftliche Gebäudeteile sind vor allem zu betrachten (vgl. dazu MAGNENAT, 58; K. MÜLLER, 18; SCHMID, 19; WEBER, 77 ff):
- **Fundament,** Stützpfähle, Ausschachtungen;
- Rohwerk der **Böden** als horizontale Abgrenzungen der einzelnen Stockwerkeinheiten;
- **Decken** mit tragender Funktion;
- **Mauerwerk:**
  - **Tragende Mauern und Stützmauern** (unklar FRIEDRICH, SJK *1302* 7, der für tragende Wände zwischen den einzelnen Stockwerkeinheiten gemeinschaftliches Sonderrecht annimmt);
  - **Umfassungsmauern,** soweit sie für den Bestand des Gebäudes notwendig sind; Aussenverputz, Stuckfassade, Fenstersimse usw. fallen dagegen unter den Tatbestand der äusseren Gestalt des Gebäudes (WEBER, 78; vgl. dazu hinten N 19 ff);
  - Keine zwingend gemeinschaftlichen Teile dagegen sind die nichttra-

genden Trennwände im Innern der Stockwerkeinheit (FRIEDRICH, § 4 Abs. 2; WEBER, 78; vgl. hinten N 69). Dasselbe trifft auch zu für nichttragende Trennwände zwischen zwei Stockwerkeinheiten (WEBER, 132; unklar FRIEDRICH, § 4 N 6 und SJK *1302* 7; a. M. PETER-RUETSCHI, 12; J. RUEDIN, Stockwerkeigentum *1976/1* 7) und für solche zwischen einer Stockwerkeinheit und gemeinschaftlichen Teilen (WEBER, 78; a. M. K. MÜLLER, 18; SCHMID, 19; MAGNENAT, 58; vgl. auch hinten N 92), da es sich nicht um elementare Gebäudeteile handelt, die für den Bestand oder für die Festigkeit des Gebäudes massgeblich sind. Immerhin ist der Umfang des Sonderrechts des einzelnen Stockwerkeigentümers an dieser Trennwand dadurch eingeschränkt, dass mehrere Beteiligte vorhanden sind. Dies hat jedoch auf die sachenrechtliche Zuordnung (vgl. hinten N 71 ff zur grundlegenden Unterscheidung von sachenrechtlicher Zuordnung und Bestimmung des Inhalts des Sonderrechts) keinen Einfluss (g. M. WEBER, 78; vgl. zur Problematik des nachbarlichen Sonderrechts auch hinten N 89 ff).

- **Dach:** Das Dach (gleichgültig ob es sich um ein konventionelles Giebeldach oder um ein Flachdach handelt) gehört immer zum Bestand des Hauses und ist somit zwingend gemeinschaftlich (WEBER, 79; K. MÜLLER, 18; SCHMID, 19; speziell zum Flachdach EGGEN, ZBGR *1972* 217, und REY, recht *1984* 65 zu BGE *106* II 16 f).

Zur Zuordnung der Fenster vgl. hinten N 22 ff.

cc. Zuordnungsprobleme bei Einfamilienhäusern und Nebenräumen

Stockwerkeigentum kann auch an mehreren auf demselben Grundstück liegenden, räumlich voneinander getrennten Einfamilienhäusern begründet werden (vertikales Stockwerkeigentum; vgl. Art. 712a N 35). In einem solchen Fall stellt sich infolge der sehr lockeren Verbindung zwischen den einzelnen Stockwerkeigentümern die Frage, ob das ganze Einfamilienhaus inkl. Fundament, tragende Mauern, Dach usw. zu Sonderrecht ausgeschieden werden kann. Während diese Frage in der Schweiz bisher kaum Probleme aufgeworfen hat (vgl. dazu etwa BGE *111* II 31 ff; die Frage bejahend SCHMID, 91; verneinend WEBER, 79 ff), hat sich in Deutschland eine grosse Diskussion über die *Sondereigentumsfähigkeit* von elementaren Gebäudeteilen entwickelt: Mit Verweis auf den dem einzelnen Wohnungseigentümer möglichst umfassend zuzuordnenden Herrschaftsbereich sowie auf die sozialen und wirtschaftlichen Vorteile (Konfliktvermeidung, leichtere Beleihung usw.), bejaht ein Teil der Rechtsprechung und der Lehre die Sondereigentumsfähigkeit (grundlegend OLG Köln, NJW *1962* 156 ff; OLG Frankfurt, NJW *1963* 814 ff; BÄRMANN/PICK/MERLE, § 3 N 22 f; BOPP, 46 ff, 53; vgl. auch die Übersicht bei WEBER, 80 ff). Der BGH und mit ihm ein namhafter Teil der Lehre verneint dagegen eine derartige Ausdehnung der Sondereigentumsfähigkeit (BGHZ 50, 56 ff; DIESTER, NJW *1961* 1330; WEITNAUER, § 3 N 14b und § 5 N 10; HAUGER, 65 f; vgl. weitere Verweise bei WEBER, 80 ff).

17 Obschon es im schweizerischen Recht nicht um die Zuweisung von Sondereigentum, sondern um jene von Sonderrecht geht, ist die Fragestellung dieselbe. U. E. muss die Ausdehnung des Sonderrechts auf alle elementaren Gebäudeteile bei Einfamilienhäusern abgelehnt werden: Zum einen würde eine solche Ausscheidung dem klaren Wortlaut von Art. 712b Abs. 2 Ziff. 2 widersprechen, zum andern würden damit die Grundsätze der Typengebundenheit und der Typenfixierung (vgl. dazu Syst. Teil N 77 ff) verletzt. Die gesetzliche Regelung des Stockwerkeigentums ist typengerecht auszulegen, d. h. aus seinem Wesen als qualifiziertes Miteigentum heraus. Durch eine vollumfängliche Sonderrechtszuordnung an einem Einfamilienhaus würde die alleineigentümerähnliche Stellung des Stockwerkeigentümers in erheblichem Masse verstärkt, was de facto einer Annäherung an das das Akzessionsprinzip durchbrechende Baurecht (Art. 675, Art. 779 ff) gleichkäme, dadurch aber der ratio legis der Art. 712a ff und insbesondere dem Gemeinschaftsgedanken des Stockwerkeigentums widerspräche (vgl. auch die einlässliche Begründung von WEBER, 83 ff; a. M. SCHMID, 91).

18 An getrennten Nebenräumen hingegen kann infolge der ihnen vom Gesetz in Art. 712b Abs. 1 i. f. eingeräumten Sonderstellung ein vollständiges Sonderrecht begründet werden, das sich auch auf deren elementare Bauteile beziehen kann (WEBER, 86; BÄRMANN/PICK/MERLE, § 3 N 18; LG Köln, NJW *1961* 322 f). Als Nebenräume sind allerdings nur solche Gebäudeteile zu betrachten, die zur Hauptraumeinheit in einem funktionalen Subordinationsverhältnis stehen (WEBER, 86; FRIEDRICH, § 2 N 8; vgl. eingehend dazu hinten N 66 f).

c. Gebäudeteile, die die äussere Gestalt des Gebäudes bestimmen

aa. Grundlagen

19 Neben den elementaren Gebäudeteilen ordnet Art. 712b Abs. 2 Ziff. 2 auch all jene Gebäudeteile zwingend dem gemeinsamen Be-

reich zu, welche «die äussere Gestalt und das Aussehen des Gebäudes bestimmen». Damit soll verhindert werden, dass einzelne Stockwerkeigentümer Eingriffe am Gebäude vornehmen, die die bauliche und ästhetische Einheit beeinträchtigen (FRIEDRICH, § 5 N 9). Da die «äussere Gestalt» von zahlreichen Faktoren bestimmt wird (Art des Gebäudes, Standort, Umgebung, Art der Gemeinschaft usw.), wird dem Richter bei der Festlegung der gemeinschaftlichen Gebäudeteile, welche die äussere Gestalt und das Aussehen der Baute bestimmen, ein weiter Ermessensspielraum gewährt. Bei der konkreten Zuordnung hat der Richter eine Interessenabwägung vorzunehmen, welche vor allem auch den wirtschaftlichen Sinn, die Praktikabilität und die Zweckmässigkeit der konkreten Anordnung zu berücksichtigen hat (WEBER, 87; vgl. dazu auch hinten N 74).

Art. 712b Abs. 2 Ziff. 2 überschneidet sich teilweise mit der Bestimmung von 20 Art. 712a Abs. 2 (K. MÜLLER, 49; WEBER, 88; vgl. dazu auch Art. 712a N 72). Dabei darf aber nicht ausser acht gelassen werden, dass Art. 712b die sachenrechtliche Zuordnung betrifft, wogegen Art. 712a den rechtlichen Inhalt des Sonderrechts bestimmt (vgl. auch hinten N 71 ff): Art. 712b Abs. 2 Ziff. 2 nimmt die primäre sachenrechtliche Ausscheidung des Sonderrechtsbereiches vor, Art. 712a Abs. 2 hingegen enthält eine unmittelbare gesetzliche Eigentumsbeschränkung (vgl. auch Art. 712a N 72). Im Einzelfall ist deshalb bei der sachenrechtlichen Zuordnung zu entscheiden, ob die Interessen der Gemeinschaft noch hinreichend gewahrt sind bzw., ob überwiegende Interessen des einzelnen Stockwerkeigentümers anerkannt werden können.

Zweifelsohne handelt es sich beim **Aussenverputz** um einen gemeinschaftlichen Teil, der das Aussehen eines Gebäudes bestimmt (K. MÜLLER, 18; SCHMID, 19; WEBER, 89), ebenso beim Fenstersims (WEBER, 89). Bei Fenstern, Balkonen, Veranden usw. stellen sich dagegen besondere Probleme. 21

bb. Besonderheiten

aaa. Fenster

Umstritten ist die Zuordnung der Fenster: Sollen sie als elementare Gebäudeteile und/oder als Teile, die zum Bestand der Hauptfassade gehören, zwingend gemeinschaftlich zugeordnet werden (so WEBER, 89 f und DIESTER, NJW *1961* 302), oder aber, da sie zugleich der Abgeschlossenheit der Stockwerkeinheit dienen, zu Sonderrecht ausgeschieden werden können (so K. MÜLLER, 19; SCHMID, 18; LIVER, SPR V/1 91). U. E. ist nach der Funktion der Fenster zu differenzieren: 22

23 – Handelt es sich um eigentliche **Fensterfronten** welche die Funktion von Abschlussmauern übernehmen (wie etwa im modernen Glashausbau), so gehören sie zum Bestand des Gebäudes (vgl. dazu vorn N 12 ff) und sind somit zwingend gemeinschaftlich.

24 – Handelt es sich dagegen um **gewöhnliche Fenster** und Balkontüren, so können diese zu Sonderrecht ausgeschieden werden, unterliegen aber dem gestaltenden Einfluss der Stockwerkeigentümergemeinschaft (vgl. auch Art. 712a N 81 und hinten N 70; g.M. K. MÜLLER, 19 und 49; SCHMID, 18; LIVER, SPR V/1 91 und 93; a.M. WEBER, 89 f). Immerhin darf, was aus Art. 712b Abs. 2 Ziff. 2 hervorgeht, die Grösse der Fenster und deren Art nicht verändert werden (WEBER, 89).

25 – Bei **Schaufenstern** muss grundsätzlich davon ausgegangen werden, dass sie zum Bestand des Gebäudes gehören und somit zwingend gemeinschaftlich wären (WEBER, 90; BÄRMANN/PICK/MERLE, § 5 N 36). Mit Blick auf die konkrete Interessenlage und aufgrund wirtschaftlicher sowie praktischer Überlegungen dürfte jedoch die Einräumung von Sonderrecht an Schaufenstern zugunsten des Ladenbesitzers zulässig sein, obschon dies eine Durchbrechung der dogmatischen Ausgestaltung des Stockwerkeigentums darstellt (ebenso WEBER, 90 f; BÄRMANN/PICK/MERLE, § 5 N 36 a. E.; SCHMID, 18; a.M. DIESTER, § 5 N 6a). In einem solchen Fall würden die Schaufenster aber wiederum in bestimmtem Masse dem gestalterischen Einfluss der Gemeinschaft unterliegen (vgl. vorn N 19 f und hinten N 70).

26 – **Fenstergitter** und **Fenstersims** dagegen bestimmen das Aussehen und die Gestaltung der Fassade wesentlich mit, sind somit also immer gemeinschaftliche Teile (WEBER, 89; DIESTER, NJW *1961* 303).

27 – **Rolläden, Jalousien** und **Sonnenstoren** beeinflussen zwar ebenfalls das Aussehen des ganzen Gebäudes, doch kann der Gemeinschaft, insbesondere mit Blick auf die Kostentragungs- und die Unterhaltspflicht, kein rechtsgenügendes Interesse an der Nichtbegründung von Sonderrecht an diesen Teilen zuerkannt werden (g.M. WEBER, 140; vgl. auch LIVER, SPR V/1 93). Dadurch, dass die von aussen sichtbaren Gebäudeteile dem gestaltenden Einfluss der Stockwerkeigentümergemeinschaft unterstehen (Art. 712a Abs. 2 i.f. und Abs. 3), können die anderen Stockwerkeigentümer allerdings das Anbringen auffälliger, mit den übrigen unverträglicher Rolläden bzw. Sonnenstoren (wesentlich grösseres Modell, andere Art, Farbgebung) verhindern (vgl. dazu auch Art. 712a N 81).

bbb. Balkone, Veranden, Loggien

Veranden und **Loggien** zeichnen sich dadurch aus, dass sie 28 in ihrer äusseren Gestaltung weitgehend den Räumen gleichzusetzen sind, wenngleich sie nach aussen weniger stark abgeschlossen sind (WEBER, 91; DIESTER, NJW *1961* 302). Weil die Gemeinschaftsinteressen bezüglich des Innenbereichs solcher Objekte regelmässig in den Hintergrund treten (z. B. hinsichtlich der Unterhalts- und Kostentragungspflicht), kann dem einzelnen Stockwerkeigentümer an einer Veranda oder einer Loggia durchaus ein Sonderrecht eingeräumt werden (ähnlich WEBER, 91 und 140). Die sonderrechtlichen Nutzungs- und Verwaltungsbefugnisse wirken sich aber lediglich auf den Innenbereich einer Loggia/Veranda aus, weil die Aussenseite dem gestaltenden Einfluss der Gemeinschaft unterliegt (Art. 712b Abs. 2 Ziff. 2, Art. 712a Abs. 2 i.f. und Abs. 3); insofern ist das Sonderrecht des Stockwerkeigentümers an diesen Objekten also beschränkt (WEBER, 91 und 140; SCHMID, 18; DIESTER, NJW *1961* 303).

Ähnliches gilt für die **Balkone:** Obwohl sie regelmässig kleiner sind als Ve- 29 randen und Loggien, wird auch hier das Interesse der Gemeinschaft am Balkon-Innenbereich durch jenes des einzelnen Stockwerkeigentümers zurückgedrängt. Auch aus Gründen der Praktikabilität erscheint es angemessen, dem Stockwerkeigentümer das Sonderrecht für den Balkon zuzuordnen (WEBER, 92 und 140; SCHMID, 18; K. MÜLLER, 19; DIESTER, NJW *1961* 303; vgl. auch Art. 19 des Reglementes von MICHAUD, 103, der die Unterhalts- und Reparaturkosten für Balkone dem jeweiligen Stockwerkeigentümer auferlegt; a. M. FRIEDRICH, ZBGR *1966* 333f; vgl. dazu auch hinten N 58). Gleich wie bei Veranden kann aber die Aussenseite des Balkons nicht zu Sonderrecht ausgeschieden werden (vgl. vorn N 28); dem einzelnen Stockwerkeigentümer sind alle Einwirkungen oder baulichen Massnahmen untersagt, die die äussere Gestalt des Gebäudes beeinträchtigen (z. B. Ersetzung einer Balkonmauer durch ein schmiedeisernes Gitter, Verglasung eines offenen Balkons usw.; vgl. WEBER, 92, und DIESTER, NJW *1961* 303; vgl. dazu auch Art. 712a N 72).

ccc. Dachterrassen

Während Einigkeit darüber besteht, dass das Dach ein 30 konstruktiver Gebäudeteil ist und zum Bestand des Gebäudes gehört, mithin zwingend gemeinschaftlich ist (vgl. vorn N 15), ist umstritten, ob an einer Dachterrasse Sonderrecht im Sinne einer alleineigentümerähnlichen Nutzung begründet werden kann. Die herrschende deutsche Lehre und Rechtsprechung bejahen die Sondereigentumsfähigkeit von Dachterrassen (jeweils mit weiteren Verweisen BÄRMANN/PICK/MERLE, § 5 N 27; HAUGER, 61; DIESTER, NJW *1961* 118f, 302f und 1330; vgl. auch WEBER, 128); in Italien wird dem Stockwerkeigentümer als Ausfluss der dogmatischen Konstruktion als echtes Stockwerkeigentum gemäss Art. 1127 CCit sogar das Recht zur Aufstockung einer Sonnenterrasse eingeräumt.

31 Auch in der Schweiz ist die Sonderrechtsfähigkeit von Dachterrassen schon bejaht worden (vgl. Entscheid der Justizdirektion des Kantons Bern vom 6. Dezember 1972, in ZBGR *1973* 21 ff; Bestätigung der Sonderrechtsfähigkeit von Dachterrassen im Rundschreiben vom 6. Januar 1973 des Grundbuchinspektors von Bern, abgedruckt in Bern. Notar *1973* 98, und im Kreisschreiben Nr. 5 vom 11. November 1974 des Grundbuchverwalters von Bern, abgedruckt in Bern. Notar *1974* 240). U. E. muss jedoch die Möglichkeit der Ausscheidung einer Dachterrasse zu Sonderrecht aus zwei Gründen abgelehnt werden: Zum einen ist das Erfordernis der Raumeigenschaft und somit auch jenes der Abgeschlossenheit gemäss Art. 712b Abs. 1 nicht erfüllt (Obergericht Zürich, ZR *1973* Nr. 44; HUBER, ZBGR *1973* 24; FRIEDRICH, ZBGR *1973* 142; WEBER, 127). Vor allem aber – dies ist der massgebliche Gesichtspunkt – handelt es sich bei der Dachterrasse um einen Gebäudebestandteil, der die äussere Gestalt und das Aussehen des Gebäudes so wesentlich mitbestimmt, dass er kraft Art. 712b Abs. 2 Ziff. 2 u. E. zwingend gemeinschaftlich ist (HUBER, ZBGR *1973* 24; EGGEN, ZBGR *1972* 217; WEBER, 92 und 127f; vgl. auch SCHMID, 19, und MAGNENAT, 58). Zulässig ist indessen, ein Recht auf ausschliessliche Benutzung der Dachterrasse in der Nutzungs- und Verwaltungsordnung zu begründen (EGGEN, ZBGR *1972* 217).

d. Gemeinsame Anlagen und Einrichtungen

32 Anlagen und Einrichtungen, die ihrer Funktion nach für alle Stockwerkeigentümer notwendig sind oder diesen dienen und die im gemeinsamen Interesse erstellt sind, werden von Art. 712b Abs. 2 Ziff. 3 ebenfalls als zwingend gemeinschaftlich erklärt. Immerhin ist zu differenzieren: Gemeinschaftlich sind Anlagen und Einrichtungen, wenn sie einer gemeinsamen Zweckbestimmung zugeführt werden und allen Stockwerkeigentümern offen stehen sollen; ob diese davon auch tatsächlich Gebrauch machen, ist irrelevant (BBl *1962* II 1313; WEBER, 93). Weist dagegen eine bestimmte An-

lage oder Einrichtung keinen direkten oder nur einen untergeordneten Bezug zur Gemeinschaft auf, ist die Einräumung von Sonderrechten an solchen Teilen durchaus denkbar (z. B. Hallenbad, Sauna usw.; vgl. dazu hinten N 38).

Gemeinschaftliche Anlagen und Einrichtungen sind namentlich (vgl. dazu WEBER, 93 ff; K. MÜLLER, 18 f; SCHMID, 19): 33

- **Waschküche**; vgl. auch BGE *99* Ib 440 ff für eine Wäscherei bei einem zu Stockwerkeigentum aufgeteilten Hotel. Allenfalls kann entsprechend der Grösse der einzelnen Stockwerkeinheit, der Anzahl der darin lebenden Personen oder der Benutzungsintensität eine besondere Kostenverteilung vorgenommen werden (WEBER, 93 f; vgl. dazu die Bemerkungen zu Art. 712h);
- **Trockenraum**;
- **Eingangstüre**;
- **Hofraum/Atrium**; dies ergibt sich regelmässig schon aufgrund von Art. 712b Abs. 2 Ziff. 1;
- **Treppenhaus**, Vestibüle, Eingangsflure, Korridore, Säulenhallen usw.;
- **Lift**, sofern die Grösse der Baute dies gebietet (z. B. bei Hochhäusern); gleich wie beim Treppenhaus kann die ungleiche Benutzung ihren Niederschlag nur in der Kostenverteilung finden (WEBER, 95; vgl. dazu die Bemerkungen zu Art. 712h);
- **gemeinsame Einstellräume** (z. B. Bastel-, Fitness- oder Fernsehräume), soweit sie ihrer Funktion gemäss allen Stockwerkeigentümern zugänglich sind (vgl. auch die Bemerkungen zu den Sauna-Anlagen, hinten N 38); Zivilschutzräume dagegen sind sonderrechtsfähig, ihre Benutzungsbeschränkung ist öffentlich-rechtlicher Natur;
- **Küche** bei zu Stockwerkeigentum aufgeteiltem Hotel;
- **Kamin**: je nach Bauart kann es sich auch um einen elementaren Gebäudeteil im Sinne von Art. 712b Abs. 2 Ziff. 2 handeln (WEBER, 95).

Besondere Probleme bzw. Differenzierungen ergeben sich bei: 34

- **gemeinschaftlichen Antennenanlagen**: Diese sind dann gemeinschaftlich, wenn sie nur den Stockwerkeigentümern des entsprechenden Wohnhauses dienen; soweit eine solche Anlage aber eine ganze Überbauung versorgt, ist die Ausscheidung zu Sonderrecht zugunsten einer Hausgemeinschaft als Untergemeinschaft denkbar (WEBER, 95 f; vgl. auch die entsprechenden Bemerkungen zu den zentralen Heizungsanlagen hinten N 39 ff). 35
- **Leitungen**: Strom-, Wasser-, Gas-, Rundfunk- und Fernsehleitungen usw. sind bis und mit den Abzweigungen zu den einzelnen Stockwerkeinheiten 36

gemeinschaftlich und bleiben es auch dann, wenn sie durch Räume im Sonderrecht führen (K. MÜLLER, 19; WEBER, 96). Im Zweifelsfalle sind alle Leitungen gemeinschaftlich (K. MÜLLER, 19 Anm. 51). Ausserdem ist zu beachten, dass für Schädigungen und Funktionsbeeinträchtigungen des gemeinschaftlichen Leitungsnetzes, die von im Sonderrecht stehenden Leitungsteilen ausgehen, der entsprechende Stockwerkeigentümer kostenpflichtig ist, soweit diesen ein Verschulden trifft (z. B. mangelhafter Unterhalt; WEBER, 96; BÄRMANN/PICK/MERLE, § 5 N 33).

37 – **Schwimmbädern im Garten:** Die Zuordnung zu den gemeinschaftlichen Teilen ergibt sich schon aus dem in Art. 712b Abs. 2 Ziff. 1 enthaltenen Ausschluss der sonderrechtlichen Ausgestaltung von Bodenflächen (WEBER, 96f; vgl. auch ZR *1978* Nr. 135). Zu bemerken ist, dass die spätere Errichtung eines Gartenschwimmbades eine luxuriöse bauliche Massnahme im Sinne von Art. 647e Abs. 1 darstellt, weshalb grundsätzlich ein einstimmiger Beschluss aller Stockwerkeigentümer erforderlich ist (Art. 647e N 5ff; WEBER, 96). Die Kostenverteilung für die Benutzung, den Unterhalt usw. ist im Reglement vorzunehmen.

38 – **Sauna-Anlagen und Hallenschwimmbädern:** Sind sie ihrer Funktion gemäss nicht allen Stockwerkeigentümern unbeschränkt zugänglich, ist deren Ausscheidung zu Sonderrecht durchaus denkbar (WEBER, 97; vgl. auch vorn N 32).

39 – **zentralen Heizungsanlagen:** Sie sind grundsätzlich zwingend gemeinschaftlich (SCHMID, 19; K. MÜLLER, 18; FRIEDRICH, § 2 N 6; derselbe, SJK *1302* 6; WEBER, 97). Vor allem im Zusammenhang mit zu Stockwerkeigentum aufgeteilten Grossüberbauungen stellt sich aber die Frage, ob die Heizungsanlagen nicht doch zu Sonderrecht ausgeschieden werden könnten unter gleichzeitiger Belastung mit Wärmelieferungspflichten zugunsten der einzelnen Stockwerkeigentümer (vgl. die Übersicht bei WEBER, 97ff). Im soweit ersichtlich einzigen publizierten Entscheid in der Schweiz sind die einzelnen Meinungen dargestellt (Entscheid des Regierungsrates des Kantons Obwalden in ZBGR *1975* 81ff; vgl. die eingehende Besprechung dieses Entscheids bei WEBER, 100ff).

40 Die Sonderrechtsfähigkeit von zentralen Heizungsanlagen muss grundsätzlich abgelehnt werden, weil solche Anlagen gemäss Art. 712b Abs. 2 Ziff. 3 zwingend gemeinschaftlich sind, soweit sie ihrer Funktion entsprechend eine gemeinschaftliche Zweckbestimmung aufweisen (BBl *1962* II 1513) und für die bestimmungsgemässe Benutzung der Stockwerkeigentumseinheiten notwendig sind (g. M. HUBER, ZBGR *1975* 86f und 90f;

ähnlich WEBER, 105 ff; a. M. FRIEDRICH, § 2 N 6 und § 47 N 3; Regierungsrat des Kantons Obwalden, ZBGR *1975* 81 ff; Eidg. Grundbuchamt, ZBGR *1975* 83 f; LIVER, Bern. Notar *1959* 52 f und ZBGR *1975* 85 [vgl. dazu aber auch HAUGER, 69, gemäss dem sich LIVER in einem unveröffentlichten Schriftenwechsel mit WEITNAUER gegen die Sonderrechtsfähigkeit von Heizungsanlagen ausgesprochen habe]). U.E. lässt sich eine Ausnahme von der zwingenden Zuordnung von zentralen Heizungsanlagen zu den gemeinschaflichen Teilen nur dann rechtfertigen, wenn eine Gesamtsiedlungsheizung so konzipiert ist, dass sie mehrere selbständige Stockwerkeigentumskomplexe beliefern soll. In einem solchen Fall handelt es sich um eine gewerbliche Heizungsanlage, die auch noch einem fremden Gebrauch dient und damit den Rahmen des gemeinschaftlichen Gebrauchs und implicite auch die beschränkte Vermögensfähigkeit einer einzelnen Stockwerkeigentümergemeinschaft (Art. 712l Abs. 1; vgl. dazu die Bemerkungen zu Art. 712l) sprengt (g. M. WEBER, 107 ff). Dient eine Heizungsanlage nur einem Teil der Stockwerkeigentümer, wäre ebenfalls die Begründung von Sonderrecht zugunsten einer Untergemeinschaft denkbar (vgl. WEBER, 109).

Abzulehnen ist die von LIVER (Bern. Notar *1959* 41 ff) und von EGGEN (ZBGR *1972* 215 ff) vorgeschlagene Lösung, eine zentrale Heizungsanlage im Baurecht (Art. 675, Art. 779 ff) zu erstellen. Eine solche Anlage stellt kein funktionell, wirtschaftlich und baulich einheitliches Bauwerk dar, das einer Aufteilung des Eigentums gemäss Art. 675 zugänglich wäre: Vielmehr dient es dem zu Stockwerkeigentum aufgeteilten Gebäude, steht also mit diesem in direkter funktionaler Beziehung und weist im Verhältnis zum gemeinsamen Gebäude Bestandteilsqualität auf (Art. 642 N 42 a. E. und N 64; Art. 675 N 19; WEBER, 105; vgl. auch BGE *111* II 139 ff; zur Bestandteilsqualität im allgemeinen vgl. Art. 642 N 14 ff). Baurechte können aber nie an Gebäudeteilen bzw. an Bestandteilen von Gebäuden begründet werden (Art. 675 Abs. 1 und 2; Art. 675 N 18 ff; eingehend dazu Art. 712a N 30 und N 108 ff). 41

3. Gewillkürte gemeinschaftliche Teile

Neben den von Abs. 2 zwingend vorgeschriebenen Teilen können die Stockwerkeigentümer im Begründungsakt oder später (vgl. dazu hinten N 78 ff) weitere Räumlichkeiten, Anlagen und Einrichtungen als gemeinschaftlich erklären (Art. 712b Abs. 3; FRIEDRICH, § 5 N 12 f; WEBER, 42

109; SCHMID, 20). Grenzen der Möglichkeit zur Schaffung weiterer gemeinschaftlicher Objekte ergeben sich nicht unmittelbar aus dem Gesetz, wohl aber aus der sachenrechtlichen Konstruktion des Stockwerkeigentums, aus dem Typus also, und aus dem Wesen des Gemeinschaftsverhältnisses: Einerseits dürfen nicht alle Gebäudeteile gemeinschaftlich erklärt werden, weil dann keine Sonderrechte, mithin auch kein Stockwerkeigentum mehr vorliegen würde; das Stockwerkeigentum verlangt begriffs- und typenspezifisch das Vorhandensein von mindestens zwei Stockwerkeinheiten (Art. 712a N 34). Daneben kann der Gemeinschaftsbereich selbstverständlich nur auf Gegenstände ausgedehnt werden, die überhaupt Objekt des Stockwerkeigentums sind (vgl. zum Objekt des Stockwerkeigentums Art. 712a N 29 ff): Weist ein Gegenstand nicht mindestens Bestandteils- oder Zugehörqualität auf, ist er der Unterstellung unter die gemeinschaftlichen Objekte unzugänglich (vgl. auch WEBER, 110). Andererseits folgt daraus, dass die Stockwerkeigentümergemeinschaft keine juristische Person ist (Vorbemerkungen zu den Art. 712a ff N 44 ff) und nur im Rahmen ihrer gemeinschaftlichen Verwaltungstätigkeit über ein eigenes Vermögen verfügt (Art. 712l), dass der Stockwerkeigentümergemeinschaft nicht gemeinschaftliche Teile zum Betrieb eines in ihrem Namen und auf ihre Rechnung geführten Gewerbes zugewiesen werden können. Eine solche Tätigkeit würde die Zweckbindung der auf sachenrechtlicher Grundlage basierenden Gemeinschaft (vgl. die Vorbemerkungen zu den Art. 712a ff N 45) sprengen (WEBER, SJZ *1979* 119; MATHYS, BJM *1972* 283; a. M. FRIEDRICH, ZBGR *1973* 139, und FLATTET, 39; vgl. dazu auch die Bemerkungen zu Art. 712l). Immerhin ist es zulässig, dass die Gemeinschaft zum Zwecke der Führung eines Gewerbebetriebes eine Handelsgesellschaft gründet und in deren Namen einen oder mehrere Stockwerkeigentumsanteile erwirbt (vgl. dazu WEBER, 110; vgl. zu den Untergemeinschaften hinten N 82).

43 Beispiele für gewillkürte gemeinschaftliche Gebäudeteile sind (vgl. FRIEDRICH, ZBGR *1973* 139; derselbe, § 5 N 12 f; SCHMID, 20; MAGNENAT, 59; WEBER, 111):

- Hauswartswohnung (diese könnte auch als Stockwerkeigentumsanteil ausgestaltet werden, welcher der Gemeinschaft zusteht);
- besondere Räume als Lager- oder Abstellräume, soweit sie nicht schon aufgrund von Art. 712b Abs. 2 Ziff. 3 zwingend gemeinschaftlich sind (vgl. vorn N 33);
- Autoeinstellhalle, soweit sie nicht schon aufgrund von Art. 712b Abs. 2 Ziff. 3 zwingend gemeinschaftlich ist;

- Bastel- und Spielräume;
- Gästezimmer.

Die Auflistung weiterer, kraft Art. 712b Abs. 2 zwingend gemeinschaftlicher 44
Teile unter der Bezeichnung «gewillkürte gemeinschaftliche Teile» oder ähnlich schadet zwar deren zwingender Zuordnung nicht, kann aber zu Missverständnissen führen, indem sie später als Widmung aufgefasst werden und somit als abänderbar erscheinen könnte (HUBER, ZBGR *1966* 254, in seiner Rezension zu FRIEDRICH, Reglement; WEBER, 111).
Zur Zuweisung von gemeinschaftlichen Teilen an Teilzusammensetzungen der Stockwerkeigentümergemeinschaft (Untergemeinschaften) vgl. hinten N 86 ff.

III. Objekte des Sonderrechts

1. Raumbildende Gebäudeteile

Soweit Gebäudeteile nicht zwingend gemeinschaftlich 45
sind oder als gemeinschaftlich erklärt wurden, können an diesen grundsätzlich Sonderrechte begründet werden. Art. 712b Abs. 1 stellt aber mit dem Erfordernis, dass es sich um Räume oder Einheiten von Räumen handeln muss, die abgeschlossen sind und einen eigenen Zugang aufweisen, eine weitere Beschränkung für die Bildung von Sonderrechtsbereichen auf: Stockwerkeinheiten können nur soweit gebildet oder später aufgeteilt werden, als die Teilstücke in sich geschlossene Einheiten mit eigenem Zugang darstellen (LIVER, Art. 743 N 12; K. MÜLLER, 17; WEBER, 112). Sonderrechte können also nicht a priori an allen nicht-gemeinschaftlichen Gebäudeteilen entstehen; insofern ist die Sonderrechtsvermutung von Art. 712b Abs. 3 eine problematische Anordnung (vgl. auch hinten N 75 ff).

Die Erfordernisse der Abgeschlossenheit und des eigenen Zugangs bedeu- 46
ten, dass ein Stockwerk eine **wirtschaftliche Einheit** bilden muss (FRIEDRICH, § 5 N 6; derselbe, ZBGR *1966* 334; SCHMID, 16; MAGNENAT, 37 und 51; WEBER, 113). Mit diesen Typenmerkmalen soll verhindert werden, dass kleine, für sich selbst nicht existenzfähige Räume (z. B. Toilette, Küche) zu Sonderrecht ausgeschieden oder dass Wohnungen unter mehrere Beteiligte aufgeteilt werden, wie dies nach früheren Stockwerkeigentumsrechten noch möglich war (BBl *1962* II 1513; LIVER, SPR V/1 92 f; WEBER, 113). Weil es sich bei diesen Voraussetzungen zur Bildung von Sonderrecht um typenwesentli-

che und strukturbildende Merkmale handelt, ist bei der Überprüfung grundsätzlich ein strenger Massstab anzuwenden. Doch sind dabei auch funktionale Gesichtspunkte wie Zweckmässigkeit, bauliche Verhältnisse, moderne Bautechnik usw. zu berücksichtigen (vgl. auch hinten N 74).

2. Voraussetzungen

a. Abgeschlossenheit

47 Gemäss Art. 712b Abs. 1 können Gegenstand des Sonderrechts nur «einzelne Stockwerke oder Teile von Stockwerken» sein, die «in sich abgeschlossen» sind («forment un tout disposant», «devono costituire un tutto»). Damit ist vorausgesetzt, dass Stockwerkeigentum einerseits nur an Räumen begründet werden kann (vorn N 45f) und dass andererseits der einzelne Raum oder die zu Stockwerkeigentum zusammengefassten Räume eine wirtschaftliche Einheit bilden.

aa. Raumeigenschaft

48 Sonderrecht kann grundsätzlich nur an allseits von Baustoffen aller Art (Mauerwerk, Holz, Glas, Metall, Eternit, Kunststoffe usw.) umschlossenen Gebäudeteilen begründet werden. Ein Sonderrechtsbereich muss somit immer drei Dimensionen aufweisen, d.h. Boden, Dach (bzw. Decke) und Wände (FRIEDRICH, ZBGR *1966* 333; SCHMID, 16; WEBER, 112; zu den unterirdischen Stockwerkeigentumseinheiten vgl. hinten N 65). In Verbindung mit dem Erfordernis des eigenen Zugangs (vgl. dazu hinten N 61 ff) folgt aus der Voraussetzung der Abgeschlossenheit weiter, dass der Raum bzw. die Einheit von Räumen abschliessbar sein muss (FRIEDRICH, ZBGR *1966* 333; WEBER, 113), wobei Vorrichtungen jeglicher Art (wie Holz-, Glas- und Metalltüren, Fallgitter usw.) dem Abgeschlossenheitserfordernis genügen (SJZ *1972* 13 betreffend der Verbindung einer Arztpraxis mit der Wohnung durch zwei Türen; WEBER, 116).

49 Ob das Erfordernis der Abgeschlossenheit erfüllt ist, hängt weitgehend vom Zweck der Nutzung ab. So genügen für Estrich- und Kellerabteile z.B. abschliessbare Holzplattenverschläge (FRIEDRICH, ZBGR *1966* 333; SCHMID, 17; WEBER, 116) und für Autoabstellboxen z.B. bis zur Decke reichende abschliessbare Drahtgitter (FRIEDRICH, ZBGR *1966* 333; derselbe, § 2 N 9f;

WEBER, 116; EGGEN, ZBGR *1972* 212); für Mansarden, Lager- und Bastelräume hingegen ist eine feste dreidimensionale Abgrenzung durch Mauern oder dergleichen erforderlich (FRIEDRICH, § 2 N 9; WEBER, 116; vgl. auch die Bemerkungen zu den Nebenräumen hinten N 66f). Unabdingbare Voraussetzung ist zudem, dass alle Arten von Abgrenzungsvorrichtungen fest montiert sind, so dass sie nicht ohne Gewaltanwendung verschoben werden können; frei verschiebbare Abgrenzungen genügen dem Erfordernis der Abgeschlossenheit nicht (SCHMID, 17f).

Das Erfordernis der Abgeschlossenheit bzw. jenes der räumlichen Umgrenzung dient verschiedenen Zwecken: 50
- Primär wird dadurch eine klare Abgrenzung zwischen den einzelnen Stockwerkeinheiten und gegenüber den gemeinschaftlichen Gebäudeteilen erreicht (WEBER, 112).
- Die klare Trennung ist Voraussetzung für die Unabhängigkeit des einzelnen Stockwerkeigentümers in der Benutzung und Verwaltung seiner Räume und trägt zur Konfliktvermeidung bei (LIVER, Art. 743 N 12; SCHMID, 15f; WEBER, 113).
- In Verbindung mit dem Erfordernis des eigenen Zugangs bietet die Voraussetzung der Abgeschlossenheit Gewähr, dass die der modernen Bautechnik entsprechenden Isolierungsmassnahmen ergriffen werden können (insb. Lärmschutzmassnahmen); diese dienen insbesondere der freien und ungestörten Ausübung des Sonderrechts (LIVER, SPR V/1 92f; SCHMID, 25; WEBER, 113).

bb. Einheit von Räumen oder einzelne Räume

Aus Art. 712b Abs. 1 lässt sich das Erfordernis der *wirtschaftlichen Selbständigkeit und Einheit* der zu einer Stockwerkeinheit zusammengefassten Räume ableiten; sie sollen geeignet sein, die angestrebten Zwecke zu erfüllen: Die Wohnzwecke, die geschäftlichen oder andere Zwecke. Dass es sich um eine Mehrzahl von zu einer Einheit zusammengefassten Räumen handeln müsste, wird vom Gesetz nicht vorausgesetzt. Auch an einzelnen Räumen kann Sonderrecht begründet werden, sofern diese entsprechend ihrer Zweckbestimmung wirtschaftlich selbständig sind und einen eigenen Zugang haben (dazu hinten N 61 ff). So können z.B. Garagen, Lagerhäuser, Einzimmerwohnungen, Sauna-Anlagen (vgl. vorn N 33, N 38) usw. zu Sonderrecht ausgeschieden werden (FRIEDRICH, ZBGR *1966* 334), nicht dagegen eine einzelne Toilette (WEBER, 113; OLG Düsseldorf in NJW 51

1976 1458f; unklar BGE *99* III 11f bezüglich einer Waschküche auf dem Dach einer Altstadtwohnung). Die Frage, ob an einer zentralen Heizungsanlage Sonderrecht begründet werden könne, ist entgegen FRIEDRICH (§ 2 N 6 und § 47 N 3) und LIVER (Bern. Notar *1959* 52f und ZBGR *1975* 85) wegen der zwingenden Zuordnung einer solchen Anlage zu den gemeinschaftlichen Teilen (vgl. dazu vorn N 39ff) u. E. prinzipiell zu verneinen. Andererseits können auch mehrere Wohnungen zusammen grundsätzlich nicht Gegenstand eines einzigen Sonderrechts sein.

52 Ob das Erfordernis der wirtschaftlichen Einheit erfüllt ist, beurteilt sich nach dem Zweck, dem die Stockwerkeinheit zu dienen hat (FRIEDRICH, ZBGR *1966* 334; SCHMID, 16; WEBER, 114). Für eine Ein- oder Mehrzimmerwohnung ist dabei vorauszusetzen, dass sie einen Mindestbestand an Einrichtungen wie z.B. Wasserversorgung, Küche, WC usw. aufweist und dass sie dem sozialen und hygienischen Mindeststandard genügt. Entsprechendes gilt insbesondere auch für die Aufteilung zu vertikalem Stockwerkeigentum wie bei Grossüberbauungen oder Einfamilienhaussiedlungen (vgl. dazu auch die Bemerkungen zu Art. 712a N 33). Für Gewerberäume ist entscheidend auf deren konkrete Funktion abzustellen: Erforderlich ist diejenige bautechnische Einrichtung und Infrastruktur, die zur Ausübung des Berufes bzw. des Gewerbes üblicherweise notwendig ist.

Zu den Besonderheiten bei den Nebenräumen vgl. hinten N 66f.

cc. Spezialfälle

53   Grundsätzlich sind an das Erfordernis der Abgeschlossenheit strenge Anforderungen zu stellen (vorn N 47ff). Bei einigen Gebäudeteilen rechtfertigen bautechnische und vor allem funktionale Gründe (zu deren Massgeblichkeit bei der sachenrechtlichen Ausscheidung vgl. hinten N 74) eine gewisse Lockerung des Abgeschlossenheitserfordernisses:

54 – **Benachbarte Stockwerkeinheiten:** Ein Stockwerkeigentümer besitzt zwei oder mehrere Einheiten, die aneinandergrenzen (z.B. zwei benachbarte Wohnungen oder nebeneinanderliegende Wohn- und Geschäftsräume; vgl. SJZ *1979* 13f). In solchen Fällen kann u.E. das Erfordernis der Abgeschlossenheit teilweise gelockert werden, weil die grundsätzliche Notwendigkeit der Abgrenzung der verschiedenen Nutzungsbereiche (vgl. vorn N 4f) trotz der getrennten grundbuchlichen Behandlung in den Hintergrund tritt. So dürfte es durchaus zulässig sein, dass nichttragende Trennwände zwischen zwei benachbarten Stockwerkeinheiten, die ein und

demselben Stockwerkeigentümer gehören, entfernt werden (g. M. WEBER, 117; vgl. zur Problematik der Ausscheidung von Zwischenwänden innerhalb der gleichen Stockwerkeinheit vorn N 15) oder dass eine Verbindungstüre zwischen aneinandergrenzendem Gewerberaum und Wohnung eingebaut wird (SJZ *1972* 13f). Problematisch ist hingegen die Verbindung von zwei übereinanderliegenden Einheiten mit einer Treppe im Innern des Gebäudes, weil dies nur mit einem Eingriff in die als zwingend gemeinschaftlich ausgeschiedene Decke möglich ist. Dafür ist gemäss Art. 647d Abs. 1 die Zustimmung der Mehrheit aller Stockwerkeigentümer erforderlich (vgl. die Bemerkungen zu Art. 712g). Erst bei Vorliegen eines zustimmenden Beschlusses ist eine derartige bauliche Massnahme zulässig (vgl. allgemein zum Problem der sog. Nachbargemeinschaften hinten N 89ff).

Auch in derartigen Fällen ist aber erforderlich, dass jede Stockwerkeinheit weiterhin eine wirtschaftliche Einheit bildet und dass die eine in Bestand, Benutzung und Funktion nicht völlig von der anderen abhängig ist (vgl. auch SJZ *1972* 13f). Die Lockerung der Abgeschlossenheit durch bauliche Massnahmen muss der persönlich und wirtschaftlich sinnvollen gemeinschaftlichen Nutzung der beiden benachbarten Einheiten dienen (vgl. WEBER, 117; WEITNAUER, § 3 N 7b), ohne dass diese zu einer einzigen wirtschaftlichen Einheit zusammengefasst werden (vgl. dagegen für die Zusammenlegung von Stockwerkeigentumsanteilen zu einer wirtschaftlichen und rechtlichen Einheit Art. 712e N 34f). 55

- **Autoabstellplätze**: Gemäss Art. 712b Abs. 2 Ziff. 1 können Abstellplätze im Freien nicht zu Sonderrecht ausgeschieden werden (vgl. vorn N 10). Ebensowenig können Autoabstellplätze auf einem Dach eines Hauses sonderrechtlich ausgestaltet werden, weil einerseits die Raumeigenschaft fehlt und andererseits das Dach ein zwingend gemeinschaftlicher Teil ist (WEBER, 119f; REY, recht *1984* 65; EGGEN, ZBGR *1972* 217; vgl. auch vorn N 15). Für Autoabstellplätze in Sammelgaragen besteht hingegen die Möglichkeit der Ausscheidung zu Sonderrecht, sofern die Einstellhalle ein gemeinschaftlicher Teil ist und die einzelnen Plätze nicht nur durch Bodenmarkierungen voneinander getrennt, sondern zumindest von eigentlichen abschliessbaren Gittern umgeben sind (WEBER, 116 und 118; FRIEDRICH, ZBGR *1966* 334f; derselbe, § 2 N 10; vgl. auch hinten N 66f zu den Nebenräumen). Im übrigen besteht auch die Möglichkeit, die gesamte Autoeinstellhalle als ein einziges Stockwerk auszugestalten und dieses ins Miteigentum aller zu stellen (Miteigentum am Stockwerkeigen- 56 tumsanteil; Bildung einer Untergemeinschaft; BGE 106 II 11 ff; vgl. dazu auch hinten N 82 ff); in diesem Fall gilt innerhalb der Halle das Abgeschlossenheitserfordernis nicht (EGGEN, ZBGR *1972* 215; FRIEDRICH, ZBGR *1966* 334 f; WEBER, 119). Dieser Miteigentumsanteil am Stockwerkeigentumsanteil kann durch Anmerkung i. S. v. Art. 32 Abs. 2, Art. 39 und Art. 82 GBV auch mit anderen Stockwerkeigentumsanteilen subjektiv-dinglich verbunden werden (vgl. Art. 712d N 61).

57 – **Veranden, Loggien:** Bei diesen ist die vollständige Abgeschlossenheit im Sinne der Umbautheit des Luftraumes nicht gegeben; immerhin ist aber der Sonderrechtsbereich klar bestimmt. Infolge der funktionalen Zugehörigkeit zur einzelnen Stockwerkeinheit bildet eine Veranda/Loggia mit dieser ein wirtschaftliches Ganzes, was eine Lockerung des Abgeschlossenheitserfordernisses und somit die sonderrechtliche Ausgestaltung des Innenbereichs einer Veranda/Loggia rechtfertigt (WEBER, 124; SCHMID, 18; DIESTER, NJW *1961* 302; somit findet das Sonderrecht seine Schranke im gestalterischen Einfluss der Stockwerkeigentümergemeinschaft bezüglich der Fassade, Art. 712b Abs. 2 Ziff. 2; vgl. dazu vorn N 19 f).

58 – **Balkone:** Bei den Balkonen fehlt die räumliche Abgeschlossenheit im Vergleich zu den Veranden und Loggien noch in höherem Masse, ist aber aufgrund der Bestimmbarkeit der Abgrenzung zu fingieren (g. M. WEBER, 125). Die Zuweisung des Innenbereichs des Balkons zu Sonderrecht rechtfertigt sich aus Gründen der Interessenstruktur und der baulich-funktionalen Zuordnung des Balkons zur betreffenden Stockwerkeinheit (WEBER, 125 f; SCHMID, 18; K. MÜLLER, 19; a. M. FRIEDRICH, ZBGR *1966* 333 f; J. RUEDIN, Stockwerkeigentum *1976/1* 7; PETER-RUETSCHI, 12 und 61; vgl. auch vorn N 19 f).

59 – **Dachterrassen:** Bei diesen fehlt die Abgeschlossenheit überhaupt, weshalb schon gemäss Art. 712b Abs. 1 die Bildung von Sonderrecht ausgeschlossen ist. Weil es sich bei den Terrassen zudem um Gebäudebestandteile handelt, welche die äussere Gestalt mitbestimmen, ist deren Zuordnung zu den gemeinschaftlichen Teilen zwingend (Art. 712b Abs. 2 Ziff. 2; vgl. zum Ganzen vorn N 30 f).

60 Bei altrechtlichem Stockwerkeigentum gemäss Art. 20bis SchlT gilt das Abgeschlossenheitserfordernis nicht, mithin sind zusätzliche bauliche Massnahmen nicht erforderlich (vgl. dazu BROGLI, 69 ff).

b. *Eigener Zugang*

61 Kumulativ zum Abgeschlossenheitserfordernis verlangt Art. 712b Abs. 1 als Voraussetzung der Bildung von Sonderrecht, dass der Raum oder die Räume einen eigenen Zugang aufweisen. Erst mit einem eigenen Zugang ist die «wirtschaftliche Einheit» perfekt.

62 «Eigen» ist der Zugang, wenn die Stockwerkeigentumseinheit von einem gemeinschaftlichen Teil (inner- oder ausserhalb des Gebäudes) betreten werden kann, ohne dass dafür im Sonderrecht stehende Räume anderer Stockwerkeigentümer in Anspruch genommen werden müssen (FRIEDRICH, ZBGR *1966* 335; derselbe, § 2 N 7; WEBER, 129). Ein solcher gemeinschaftlicher Teil wird in der Regel ein geschlossener Gang, Korridor bzw. eine Eingangshalle oder ein offener Platz bzw. Weg sein. Beim gewerblichen Stockwerkeigentum, besonders bei Einkaufszentren, wird es sich dabei um die gemeinschaftliche Geschäfts- oder Ladenstrasse handeln.

63 Das Erfordernis des eigenen Zugangs fehlt z. B. in folgenden Fällen:
– der einzige Zugang zum gemeinschaftlichen Treppenhaus führt durch eine sonderrechtlich ausgestaltete Garage (Notariatsinspektorat Zürich, Mitteilung Nr. 20, 23);
– eine Autoeinstellhalle ist zu Sonderrecht ausgeschieden und die einzelnen, nur durch die Halle zugänglichen Einstellboxen sollen ebenfalls sonderrechtlich ausgestaltet werden;
– eine Arztpraxis kann nur von der angrenzenden Wohnung betreten werden (vgl. SJZ *1972* 13 f).

64 Die Sicherstellung des einzigen Zugangs mittels einer Grunddienstbarkeit (Wegrecht) ist angesichts des klaren Wortlauts von Art. 712b Abs. 1 («eigener Zugang», «accès propre», «un proprio accesso») unzulässig (LIVER, Bern. Notar *1969* 325; derselbe, Art. 730 N 82; FRIEDRICH, ZBGR *1973* 140; derselbe, ZBGR *1966* 335; MENGIARDI, 128; MAGNENAT, 134; WEBER, 130). Denkbar hingegen ist die Schaffung eines zweiten Zuganges durch eine fremde Stockwerkeinheit mittels eines Wegrechts zur Verbesserung der Zutrittsmöglichkeit; dies ist allerdings nur dann zulässig, wenn der eigene Zugang nicht nur den einzigen Zweck hat, das zwingende gesetzliche Erfordernis formell zu erfüllen, in Wirklichkeit aber beabsichtigt ist, nur den über die fremde Einheit führenden Zugang zu benützen (Problem der Gesetzesumgehung; WEBER, 130; FRIEDRICH, ZBGR *1973* 140; zurückhaltend MENGIARDI, 132; a. M. LIVER, Bern. Notar *1969* 325; vgl. auch Art. 712a N 107).

65 Sofern die Voraussetzungen der Abgeschlossenheit und vor allem des eigenen Zuganges erfüllt sind, können auch *unterirdische Bauten* zu Stockwerkeigentum aufgeteilt werden (WEBER, 60; FRIEDRICH, § 1 N 2; EGGEN, ZBGR *1972* 210f; OLG Frankfurt, NJW *1971* 759 betreffend einen U-Bahnhof). Der Zugang zu den einzelnen Stockwerkeinheiten in dieser unterirdischen Baute muss aber auch hier über einen gemeinsamen Teil möglich sein. Praktisch relevant wird dieses Problem bei zu Stockwerkeigentum aufgeteilten unterirdischen Autoeinstellhallen in Grossüberbauungen (vgl. auch Art. 712a N 35). Liegt eine Baute vollständig im Erdinnern, ohne dass von der Erdoberfläche des nämlichen Grundstückes ein Zugang besteht, und ist der Bodeneigentümer am unterirdischen Bauwerk nicht beteiligt, so kann die Baute im Baurecht erstellt (Art. 675, Art. 779 ff; vgl. insb. zu den Voraussetzungen der Bildung von Stockwerkeigentum an einem Baurecht Art. 712a N 29 ff) und der Zugang von einem anderen Grundstück mittels Wegrecht gesichert werden (WEBER, 60; vgl. auch EGGEN, ZBGR *1972* 210f).

3. Nebenräume

66 Für Nebenräume werden die Erfordernisse der Abgeschlossenheit (vorn N 47 ff) und des eigenen Zugangs (vorn N 61 ff) gelockert. Es bedarf keiner eigentlichen Wände, doch muss es sich immerhin um Räumlichkeiten handeln (was z. B. auf die am Boden bezeichneten Autoabstellplätze nicht zutrifft; vgl. vorn N 10 und N 56). Erforderlich ist eine einigermassen solide, nur mit Gewalt verschiebbare Abgrenzung, die den Raumcharakter zumindest fingiert (z. B. Drahtgitter, Holzverschlag; SCHMID, 17; WEBER, 115; FRIEDRICH, ZBGR *1966* 333f). Der Massstab, welcher an das Abgeschlossenheitserfordernis bei Nebenräumen zu legen ist, ergibt sich aus dem Zweck des Nebenraumes und insbesondere aus dessen funktionaler Beziehung zu den Haupträumen (FRIEDRICH, ZBGR *1966* 334f; WEBER, 115f). Aus dem Gesetz ergibt sich ferner, dass Nebenräume keinen eigenen Zugang aufweisen müssen. Immerhin darf der mit einem Wegrecht belastete Grund- oder Stockwerkeigentümer dadurch in seinen Rechten nicht übermässig beeinträchtigt werden (WEBER, 130f). Zu beachten ist weiter, dass in der in Art. 20bis SchlT enthaltenen Ausnahme der Abgeschlossenheit auch eine Ausnahme vom Grundsatz des eigenen Zugangs mitenthalten ist (BROGLI, 71; WEBER, 131; vgl. auch LIVER, SPR V/1 92f).

67 Als Nebenräume bzw. Nebengebäude dürfen nur solche Räume betrachtet werden, die zur Stockwerkeinheit sowohl ihrer Funktion nach als auch in

wirtschaftlicher Hinsicht in einem Subordinationsverhältnis stehen (FRIEDRICH, § 2 N 8; WEBER, 115); andernfalls kann ein Verstoss gegen die zwingenden Vorschriften der Abgeschlossenheit und des eigenen Zugangs vorliegen (Gesetzesumgehung; WEBER, 86 und 115). Nebenräume können Mansarden, Keller-/Estrichabteile, Autogaragen und Einstellboxen, Bastel- oder Lagerräume sein. Sie müssen mit den Haupträumen nicht direkt verbunden sein, doch ist erforderlich, dass sie auf dem zu Stockwerkeigentum aufgeteilten Grundstück liegen, auf welchem sich auch das Hauptgebäude befindet (FRIEDRICH, § 2 N 8; WEBER, 115).

4. Kasuistik

Das Sonderrecht erfasst neben den die eigentlichen Räumlichkeiten bildenden Bauteilen auch deren Bestandteile und Zugehör (vgl. dazu Art. 712a N 32). Weil die Abgrenzung zwischen gemeinschaftlichen Teilen und solchen im Sonderrecht teilweise sehr komplex ist und damit diejenigen Teile bzw. Einrichtungen, an denen der einzelne Stockwerkeigentümer ein Wegnahmerecht hat (ius tollendi; vgl. dazu Art. 712a N 32), klar ermittelt werden können, ist die Erstellung eines Aufteilungsplanes empfehlenswert (FRIEDRICH, § 4 N 5; WEBER, 139; vgl. dazu Art. 712d N 50 ff). 68

a. Sonderrecht im Innenbereich des Gebäudes

Im Innenbereich der gemeinsamen Baute können Sonderrechtsobjekte sein: 69
– Bodenbeläge (Parkett-, Linoleumboden, Spannteppiche);
– Deckenverkleidungen;
– nichttragende Trennwände innerhalb der Wohnung (vgl. vorn N 15);
– nichttragende Trennwände zwischen zwei Stockwerkeigentumseinheiten oder zwischen einer Stockwerkeinheit und gemeinschaftlichen Teilen (vgl. hinten N 89 ff);
– Türen innerhalb der Wohnung, ebenso die Wohnungsabschlusstüre;
– eingebaute Schränke;
– Cheminée (vgl. auch vorn N 33 zum Kamin);
– Radiatoren;
– Öfen;
– Kücheneinrichtungen;
– Badezimmer-/Toiletteneinrichtungen;

– Boiler;
– Leitungen von den Abzweigungen an (vgl. vorn N 36);
– Kellerabteile (vgl. die Anforderungen an Nebenräume vorn N 66 f);
– Estrich (vgl. N 67);
– Garagenabteil (vgl. vorn N 67).

Vgl. dazu WEBER, 139 f; K. MÜLLER, 19; MAGNENAT, 56 f; SCHMID, 18; FRIEDRICH, § 4.

b. Sonderrecht im Aussenbereich des Gebäudes

70 Unter der Einschränkung des gestalterischen Einflusses der Gemeinschaft auf das Aussehen des Gesamtgebäudes (Art. 712a Abs. 2 und Art. 712b Abs. 2 Ziff. 2; vgl. vorn N 19 f) sowie unter Vorbehalt der Interessenabwägung im Einzelfall kommen folgende Bauteile und Einrichtungen im Raumaussenbereich zur sonderrechtlichen Ausgestaltung in Frage (vgl. K. MÜLLER, 19; SCHMID, 18; WEBER, 140 f):
– Veranda und Loggia (vgl. vorn N 28 und N 57);
– Balkon (vgl. vorn N 29 und N 58);
– Fenster mit den dazugehörigen Rolläden, Jalousien und Sonnenstoren (vgl. dazu vorn N 22 ff);
– evtl. Schaufenster (vgl. vorn N 25);
– allenfalls die Wohnabschlusstüre, sofern diese ins Freie führt.

Vgl. im übrigen auch die nachfolgenden Bemerkungen zu den Untergemeinschaften, hinten N 82 ff und insbesondere N 89 ff.

IV. Funktionale Bedeutung von Art. 712b

1. Schutzfunktion und Zuordnungsmechanismus

71 Das Gemeinschaftsverhältnis der Stockwerkeigentümer weist eine heterogene Interessenstruktur auf, die sich aus der Zweischichtigkeit der Nutzungs- und Verwaltungsbereiche ergibt: Jedem Stockwerkeigentümer steht einerseits ein Bereich autonomer Befugnisse zu, andererseits treffen ihn Rechte und Pflichten aus gemeinsamer Verwaltung und Nutzung. Ein auf Dauer ausgerichtetes Gemeinschaftsverhältnis bedarf deshalb einer klaren Abgrenzung der Interessensphären (vgl. auch die Vorbemerkungen zu den Art. 712a ff N 42 f). Der Schutzgedanke, der Art. 712b zu-

grunde liegt, manifestiert sich denn auch in zweifacher Hinsicht: Weil einerseits dem einzelnen Stockwerkeigentümer die möglichst ungestörte Ausübung seines Sonderrechts garantiert werden soll, sieht Art. 712b Abs. 1 vor, dass die einzelnen Sonderrechtsbereiche klar voneinander abgegrenzt sein müssen (Erfordernis der in sich abgeschlossenen Räume mit eigenem Zugang); weil andererseits auch die Interessen aller Stockwerkeigentümer an der Erhaltung des Miteigentums, insbesondere des gemeinsamen Gebäudes, zu schützen sind, bestimmt Art. 712b Abs. 2 zwingend, dass an bestimmten Teilen des gemeinschaftlichen Grundstücks die Begründung von Sonderrechten ausgeschlossen ist.

In diesem Sinne hat Art. 712b eine doppelte Schutzfunktion, die durch den 72 Zuordnungsmechanismus von Abs. 1 und 2 Normwirkung erhält: Zum *einen* liegt die Bedeutung dieser Zuordnung entsprechend der rechtlichen Konstruktion des Stockwerkeigentums als besonderes Miteigentum nicht in einer Eigentumszuordnung, sondern in der Ausscheidung von Bauteilen zur ausschliesslichen Nutzung, Verwaltung und baulichen Ausgestaltung, mithin in der Zuordnung von Sonderrecht, ohne dadurch Sondereigentum zu bilden (BBl *1962* II 1489; FRIEDRICH, Grundzüge N 8 und § 2 N 2). Zum *andern* ist diese Ausscheidung auf die sachenrechtliche Zuordnung der Nutzungs- und Verwaltungsbereiche beschränkt; der rechtliche Inhalt dieser zugewiesenen Bereiche dagegen wird für das Sonderrecht in Art. 712a und für die gemeinschaftliche Nutzung und Verwaltung in den Art. 712g–t bestimmt (vgl. auch WEBER, 53).

Dieser Ausscheidung von Nutzungsbereichen liegt eine gewisse *Antinomie* 73 zugrunde: Einerseits sollte dem einzelnen Stockwerkeigentümer entsprechend der rechtspolitischen Idee des Stockwerkeigentums eine möglichst umfassende und selbständige Herrschaft zukommen, andererseits sind aber die Konfliktmöglichkeiten um so zahlreicher und ist das Interesse aller an der Erhaltung des gemeinschaftlichen Objekts um so stärker gefährdet, je mehr der individuelle Herrschaftsbereich ausgedehnt wird (vgl. BBl *1962* II 1490). Bei dieser Abwägung der Schutzinteressen hat sich der Gesetzgeber von der Überzeugung leiten lassen, dass es für die befriedigende Entwicklung von Stockwerkeigentumsverhältnissen förderlicher sei, den Gemeinschaftsinteressen den Vorzug zu geben, und nicht nur allgemeine Richtlinien zu erlassen, sondern auch konkrete Konflikttatbestände zu regeln (BBl *1962* II 1490; StenBullNR *1963* 188; LIVER, GS Marxer 151 f). Neben den konkreten Ausscheidungsbestimmungen der Absätze 1 und 2 muss deshalb auch eine allgemeine Auslegungsrichtlinie im Sinne eines interpretativen

Vorrangs der gemeinschaftlichen Interessen angenommen werden (BBl *1962* II 1490; WEBER, 54f; K. MÜLLER, 17; FRIEDRICH, Grundzüge N 8). Diese klaren Ausscheidungsgrundsätze werden durch die Sonderrechtsvermutung in Abs. 3 nicht relativiert, da dieser nur eine untergeordnete Bedeutung zukommt (vgl. hinten N 75 ff).

74 Indessen ist zu beachten, dass Art. 712b versucht, eine möglichst *funktionale Ausscheidung* herbeizuführen. Deshalb ist die Abgrenzung von gemeinschaftlichen und zu Sonderrecht auszuscheidenden Gebäudeteilen im konkreten Fall nicht nur nach formal-dogmatischen Kriterien zu beurteilen, sondern auch nach wirtschaftlichen Gesichtspunkten, nach Kriterien der Zweckmässigkeit und nach Massgabe der konkreten baulichen Verhältnisse (WEBER, 55 und 67; BBl *1962* II 1489; FRIEDRICH, ZBGR *1973* 133 ff). Ihre Grenze findet diese funktionale Betrachtungsweise nur – aber immerhin – in den Ausscheidungsbestimmungen der Absätze 1 und 2 (vgl. auch BBl *1962* II 1513). Innerhalb dieser zwingenden Ordnung darf für die inhaltliche Ausgestaltung des Stockwerkeigentums vom Grundsatz der Vertragsfreiheit ausgegangen werden (Art. 19 Abs. 1 OR, Art. 7 ZGB; Syst. Teil N 86; vgl. auch WEBER, 70f); die Stockwerkeigentümer sind in den Schranken von Art. 712b Abs. 1 und 2 frei in der konkreten Aufteilung der Liegenschaft, insbesondere auch in der Schaffung weiterer gemeinschaftlicher Bestandteile des Gebäudes (Abs. 3; STEINAUER, § 29 N 1127 ff; FRIEDRICH, § 2 N 3 ff; derselbe, SJK *1302* 6f; vgl. auch Art. 712a N 33 ff zur baulichen Gestaltung und zu den Aufteilungsmöglichkeiten einer Liegenschaft).

2. Vermutung zugunsten des Sonderrechts

75 Art. 712b Abs. 3 enthält eine Zuordnungsvermutung besonderer Art: Für Teile, die weder zwingend (vorn N 8ff) noch gewillkürt (vorn N 42ff) gemeinschaftlich sind, besteht die Vermutung, dass an ihnen Sonderrecht besteht. Diese Sonderrechtsvermutung widerspricht dem tragenden Grundsatz der Ausscheidung zwischen gemeinschaftlichen Teilen und Sonderrecht, wonach die Gemeinschafts- gegenüber den Individualinteressen den Vorrang haben (dazu vorn N 73; vgl. auch die Kritik von WEBER, 141 f und von BÄRMANN, SJZ *1960* 121; a. M. FRIEDRICH, §5 N 5).

76 Eine grosse praktische Bedeutung hat diese Bestimmung allerdings nicht, denn auch für diese Gebäudeteile gelten die Voraussetzungen von Art. 712b Abs. 1 und von Art. 33b Abs. 1 GBV (klare Angabe der räumlichen Lage, Abgrenzung und Zusammensetzung der Stockwerkeinheiten; vgl. auch FRIED-

RICH, § 5 N 12; unklar WEBER, 142). Überdies ist die Sonderrechtsvermutung nur dann anwendbar, wenn feststeht, dass ein Bauteil keine gemeinschaftliche Funktion hat (BBl *1962* II 1514). Sie stellt also keine unwiderlegbare Fiktion, sondern eine blosse Vermutung dar, die durch den Nachweis eines höherrangigen Gemeinschaftsinteresses umgestossen werden kann.

Trotz dieser Sonderrechtsvermutung von Art. 712b Abs. 3 besteht also an Bauteilen, die im Begründungsakt weder zu Sonderrecht ausgeschieden noch als gemeinschaftlich erklärt wurden, zumeist gewöhnliches Miteigentum. Soll an solchen Teilen später noch Sonderrecht begründet werden, so hat dies gemäss Art. 712d Abs. 2 Ziff. 1 mittels eines Vertrages der Miteigentümer unter Einhaltung aller Formerfordernisse zu erfolgen (FRIEDRICH, SJK *1302* 8; vgl. dazu Art. 712d N 83 ff). 77

3. Feststellung der Ausscheidung

Die Zuordnung der Nutzungszuständigkeit bei einem zu Stockwerkeigentum aufgeteilten Gebäude erfolgt durch den Begründungsakt (Art. 712d Abs. 2 Ziff. 2 und Art. 712e, Art. 33b Abs. 1 GBV; FRIEDRICH, ZBGR *1966* 324; SCHMID, 170). Technisches Hilfsmittel für die einwandfreie Feststellung der Ausscheidung von gemeinschaftlicher und sonderrechtlicher Nutzungskompetenz ist der Aufteilungsplan (vgl. dazu Art. 712d N 50 ff). 78

Soweit die räumliche Ausscheidung im Begründungsakt selbst klar bestimmt ist, ist die Erstellung eines Aufteilungsplanes fakultativ (das ZGB erwähnt ihn denn auch mit keinem Wort; vgl. auch FRIEDRICH, ZBGR *1966* 336 und 342 f, sowie SCHMID, 170 f). Besonders bei komplizierterer baulicher Gestaltung des zu Stockwerkeigentum aufgeteilten Gebäudes ist aber die Ausfertigung eines Aufteilungsplanes empfehlenswert bzw. dann unerlässlich, wenn die räumliche Lage, Abgrenzung und Zusammensetzung der Stockwerkeigentumseinheiten im Begründungsakt nicht klar und bestimmt angegeben sind (Art. 33b Abs. 2 GBV). Zudem ist er immer dann einzureichen, wenn die Eintragung von Stockwerkeigentum vor Erstellung oder Fertigstellung des Gebäudes verlangt wird (Art. 33c Abs. 1 GBV). 79

Ob die im Begründungsakt und allenfalls im Aufteilungsplan getroffene Ausscheidung von Sonderrechtsteilen den gesetzlichen Vorschriften (insb. Art. 712b Abs. 1 und 2) entspricht, ist vom Grundbuchverwalter zu prüfen, da es sich um eine Frage der Eintragungsfähigkeit dinglicher Rechte handelt (Art. 33b Abs. 2 GBV; FRIEDRICH, § 2 N 12). Zu den Einzelheiten der 80 formellen Durchführung der Aufteilung einer Baute zu Stockwerkeigentum und der grundbuchlichen Behandlung vgl. die Bemerkungen zu Art. 712d.

81 Eine nachträgliche Änderung der räumlichen Aufteilung ist unter Beachtung der zwingenden Zuordnungsnormen von Art. 712b Abs. 1 und Abs. 2 (vgl. dazu vorn N 4f) grundsätzlich jederzeit möglich. Werden dadurch die Wertquoten verändert, was regelmässig der Fall sein dürfte (vgl. Art. 712e N 27 und N 43), so sind gemäss Art. 712e Abs. 2 die Zustimmung aller Beteiligten, die Genehmigung durch die Stockwerkeigentümerversammlung sowie die öffentliche Beurkundung dieser Vereinbarung erforderlich (REY, ZBGR *1979* 129f; FRIEDRICH, § 2 N 14; derselbe, ZBGR *1966* 340; WEBER, 165f). Vgl. im einzelnen dazu Art. 712e N 45 ff.

V. Das Problem der Untergemeinschaften

82 Innerhalb einer Stockwerkeigentümergemeinschaft können sich in verschiedenen Bereichen partielle Interessengruppen bilden, die gemeinhin als «Untergemeinschaften» bezeichnet werden (vgl. z.B. SCHMID, 23; FRIEDRICH, § 5 N 14; vgl. auch Art. 712a N 12 ff). Weil sich diese Gruppierungen aufgrund verschiedener Tatbestände bilden, weisen sie eine unterschiedliche Interessenstruktur auf, was wiederum bezüglich der sachenrechtlichen Zuordnung Auswirkungen hat. Deshalb ist zu differenzieren:

1. Untergemeinschaften auf sachenrechtlicher Basis

83 Bei einer Untergemeinschaft auf sachenrechtlicher Basis handelt es sich um eine Personenmehrheit, die entweder als Mit- oder Gesamteigentümergemeinschaft einen Stockwerkeigentumsanteil erwirbt, ohne vorher der Stockwerkeigentümergemeinschaft anzugehören (z.B. Ehegatten, Personenhandelsgesellschaften; vgl. dazu Art. 712a N 12f und N 16ff), oder um die Stockwerkeigentümergemeinschaft, die einen Stockwerkeigentumsanteil gemeinschaftlich (zu Gesamt- oder Miteigentum) erwirbt (vgl. auch WEBER, 135; zum Entstehen einer solchen Untergemeinschaft durch den Verzicht eines Stockwerkeigentümers auf seinen Anteil vgl. Art. 712a N 119ff und Art. 712e N 41f). Diese Untergemeinschaften (Rechtsgemeinschaften) sind also durch die mehrfache Zugehörigkeit der Rechte und Pflichten an einem Stockwerkeigentumsanteil gekennzeichnet.

Soweit es sich um sonderrechtsfähige Räume handelt, steht der Bildung ei- 84
ner solchen Untergemeinschaft nichts entgegen (vgl. auch Art. 712a N 12 ff).
Bei der sachenrechtlichen Ausscheidung ergeben sich keine Besonderheiten; es gelten die gewöhnlichen Grundsätze. Für die Stockwerkeigentümerversammlung ist anzumerken, dass die *Untergemeinschafter nur eine Stimme haben, die keine Differenzierungen zulässt* (Art. 712o Abs. 1). Deshalb ist vorgängig eine interne Willensbildung entsprechend der Natur des Gemeinschaftsverhältnisses vorzunehmen und dann ein Vertreter für die Versammlung zu bestimmen (vgl. ausführlich dazu die Bemerkungen zu Art. 712o).

Im weiteren dürfen auch Nebenräume zugunsten einer Untergemeinschaft 85
zu Sonderrecht ausgeschieden werden. Besonders bei Sammelgaragen ist ein derartiges Vorgehen oft anzutreffen: Die Garage ist als Stockwerkeigentumseinheit ausgestaltet, an welcher mehrere oder alle Wohnungseigentümer Miteigentum haben (EGGEN, ZBGR *1972* 215; WEBER, 135; BGE *106* II 11 ff, insb. 18 ff; durch Anmerkung im Grundbuch gemäss Art. 32 Abs. 2 GBV kann dieser Miteigentumsanteil zudem subjektiv-dinglich mit den einzelnen Stockwerkeigentumsanteilen verbunden werden, vgl. Art. 712d N 61). Aufgrund der Zuordnungsbestimmungen von Art. 712b Abs. 2 können einer Untergemeinschaft hingegen nicht Bauteile zu Sonderrecht zugewiesen werden, die zwingend gemeinschaftlich sind (WEBER, 136 f; vgl. auch DIESTER, NJW *1970* 1107 f; WEITNAUER, § 3 N 6a und § 5 N 17; BÄRMANN/PICK/MERLE, § 5 N 66). Einerseits darf nämlich trotz allfällig abweichenden Interessen einer Untergemeinschaft von der zwingenden Anordnung in Art. 712b Abs. 2 nicht abgewichen werden (Grundsatz der Typenfixierung, vorn N 74; g. M. WEBER, 136; a. M. WERNER HURST, «Mit-Sondereigentum» und «abgesondertes Eigentum», noch ungelöste Probleme des Wohnungseigentumsgesetzes? DNotZ *1968* 286 ff), andererseits würde damit insbesondere bei Grossüberbauungen verworrenen Rechtszuständen Vorschub geleistet, wie sie vor der Wiedereinführung des Stockwerkeigentums herrschten und eben auch gerade durch die Spezialzuordnung von Art. 712b Abs. 2 verhindert werden sollten (g. M. WEBER, 137; vgl. aber auch die Bemerkungen zu den zentralen Heizungsanlagen vorn N 39 ff).

Zur Problematik des sog. «time-sharing» vgl. Art. 712a N 14 f.

2. Untergemeinschaften auf rechtsgeschäftlicher Basis

Häufig werden Untergemeinschaften nicht auf sachen- 86
rechtlicher Basis (Zuordnung einer Stockwerkeinheit zu Sonderrecht), son-

dern auf rechtsgeschäftlicher (besondere Nutzungs- und Gebrauchsregelung) gebildet (vgl. WEBER, 137; FRIEDRICH, § 5 N 14 und § 19 N 7). Bei einer solchen Untergemeinschaft handelt es sich um die Vereinigung einer Gruppe von Stockwerkeigentümern, für welche die gemeinsame Nutzung und somit auch die Verwaltung und Kostentragung mittels der Gemeinschaftsordnung oder durch das Reglement eingeschränkt wird, ohne dass dabei die sachenrechtliche Zuordnung verändert würde (WEBER, 137).

87 Das Bedürfnis nach solchen Untergemeinschaften entsteht insbesondere dann, wenn nicht alle Stockwerkeigentümer an der Benutzung einer Einrichtung interessiert sind, z.B. an der Benutzung der Fernsehantenne, des gemeinschaftlichen Fitnessraumes, des Gartenschwimmbades usw. Besondere Bedeutung kommt diesen Untergemeinschaften bei Grossüberbauungen mit mehreren Wohnblöcken zu: Hier drängt sich meist eine spezielle Organisation im Innenbereich jedes Hauses auf (z.B. bezüglich der Benutzung der Waschküche, der Treppenhausreinigung usw.).

88 Bei der Bildung von Untergemeinschaften auf rechtsgeschäftlicher Basis ist darauf zu achten, dass eine funktionelle Trennung zwischen den verschiedenen Nutzungsbereichen vorgenommen wird (WEBER, 138) und dass die Entscheidungskompetenzen der Untergemeinschaften im Reglement genau konkretisiert werden (vgl. WEBER, 339f; vgl. auch die Bemerkungen zu Art. 712o).

3. Sogenannte Nachbargemeinschaften

89 Im Bereiche der benachbarten Stockwerkeinheiten (sog. Nachbargemeinschaften) stellt sich die Frage, wie im Sonderrecht stehende, zwei oder mehrere Stockwerkeinheiten trennende Teile zu behandeln sind (insb. Trennwände). Eine Nachbargemeinschaft kann jedoch nur dann entstehen, wenn die fraglichen Bauteile nicht zwingend gemeinschaftlich sind (WEBER, 132).

90 Nichttragende Trennwände zwischen zwei Stockwerkeinheiten sind, da der Stockwerkeigentümergemeinschaft kein rechtsgenügendes Interesse zuzubilligen ist, zu Sonderrecht auszuscheiden (vgl. vorn N 15). Dabei ist nach dem Verhältnis der beiden Stockwerkeigentümer an dieser im Sonderrecht stehenden Trennwand zu fragen. Nach FRIEDRICH (§ 4 N 6 und SJK *1302* 7; vgl. auch EGGEN, ZBGR *1972* 218 f) steht eine solche Trennwand in analoger Anwendung von Art. 670 im gemeinschaftlichen Sonderrecht. Diese Konstruktion erscheint indessen im Lichte stockwerkeigentumsrechtlicher Kau-

telen problematisch: Einerseits ist eine vollständige Beseitigung der Trennwand ausgeschlossen, weil es dann bei beiden Stockwerkeinheiten am Erfordernis der Abgeschlossenheit fehlen würde, andererseits erfordert die Verschiebung der Wand die Zustimmung aller anderen Stockwerkeigentümer, wenn dadurch eine Veränderung der Wertquote vorgenommen würde. U.E. lässt sich dieses Problem nicht aufgrund einer rein sachenrechtlichen Zuordnung lösen (keine Eigentumszuordnung, keine spezielle Annahme von Miteigentum der beiden Stockwerkeigentümer an der Trennwand [Art. 670 verweist auf die Art. 646 ff], die ja ohnehin aufgrund der dogmatischen Konstruktion des Stockwerkeigentums im Miteigentum aller Stockwerkeigentümer steht; vgl. die Vorbemerkungen zu den Art. 712aff N 31 ff), sondern durch eine Abwägung der Schutzinteressen. Mithin ist für jeden der beiden Stockwerkeigentümer je nach der Seite seiner Einheit Sonderrecht an der Trennwand anzunehmen, wobei ein dem Nachbarrecht ähnliches Verhältnis entsteht: Die aus dem Sonderrecht fliessenden Nutzungs- und Verwaltungsbefugnisse sind durch die jeweiligen Interessensphären gegenseitig beschränkt.

Diese Lösung hat den Vorteil, dass nicht hypothetische vertikale Trennlinien in der Wand konstruiert werden (die Wand steht im Miteigentum *aller* Stockwerkeigentümer) und dass den beteiligten Stockwerkeigentümern eine grösstmögliche Nutzungsfreiheit an dieser Wand zugestanden wird, weil die aus dem Sonderrecht fliessenden Nutzungsbefugnisse nur durch die gleichen Interessen des Nachbarn eingeschränkt sind (ähnlich WEBER, 132 ff). Zudem wird mit diesem Vorgehen Rücksicht genommen auf den grundlegenden Unterschied zwischen sachenrechtlicher Zuordnung (Bezeichnung der Räume, an denen Sonderrecht besteht) und der Bestimmung des rechtlichen Inhalts des Sonderrechtsbereiches (vgl. hierzu vorn N 71 ff). Denn bei dieser Ausscheidung ist nicht die Bezeichnung der sonderrechtlichen Gegenstände massgebend, sondern die Frage nach dem Umfang der Rechte an diesen Objekten (so auch P. TSCHÜMPERLIN, Grenze und Grenzstreitigkeiten im Sachenrecht, Diss Freiburg 1984, 41 ff und 60, der zwischen Sach- und Rechtsgrenzen unterscheidet). 91

Diese Konstruktion muss auch – allerdings entsprechend modifiziert – auf weitere Tatbestände Anwendung finden, so insbesondere auf: 92
– Trennwände zwischen Stockwerkeinheiten und gemeinschaftlichen Teilen, soweit diese nicht zwingend gemeinschaftlich sind (WEBER, 134; a.M. K. MÜLLER, 18, und SCHMID, 19; vgl. auch vorn N 15);
– Wohnungstüren (WEBER, 135; K. MÜLLER, 19).

Art. 712 c

III. Verfügung

¹Von Gesetzes wegen hat der Stockwerkeigentümer kein Vorkaufsrecht gegenüber jedem Dritten, der einen Anteil erwirbt, doch kann es im Begründungsakt oder durch nachherige Vereinbarung errichtet und im Grundbuch vorgemerkt werden.

²In gleicher Weise kann bestimmt werden, dass die Veräusserung eines Stockwerkes, dessen Belastung mit einer Nutzniessung oder einem Wohnrecht sowie die Vermietung nur rechtsgültig ist, wenn die übrigen Stockwerkeigentümer dagegen nicht auf Grund eines von ihnen gefassten Beschlusses binnen 14 Tagen seit der ihnen gemachten Mitteilung Einsprache erhoben haben.

³Die Einsprache ist unwirksam, wenn sie ohne wichtigen Grund erhoben worden ist, worüber auf Begehren des Einspruchsgegners der Richter im summarischen Verfahren entscheidet.

III. Actes de disposition

¹Le copropriétaire n'a pas le droit de préemption légal contre tout tiers acquéreur d'une part, mais un droit de préemption peut être créé dans l'acte constitutif de la propriété par étages ou par convention ultérieure et annoté au registre foncier.

²L'acte constitutif ou une convention ultérieure peut prévoir qu'un étage ne sera valablement aliéné, grevé d'un usufruit ou d'un droit d'habitation ou loué que si les autres copropriétaires n'ont pas, en vertu d'une décision prise à la majorité, formé opposition dans les quatorze jours après avoir reçu communication de l'opération.

³L'opposition est sans effet si elle n'est pas fondée sur un juste motif; le juge en décide à la demande du défendeur dans une procédure sommaire.

III. Disposizione

¹Il comproprietario non ha per legge il diritto di prelazione verso qualunque terzo che acquisti una quota, ma un tale diritto può essere stabilito nell'atto costitutivo o in una convenzione successiva ed essere annotato nel registro fondiario.

²Nello stesso modo può essere stabilito che l'alienazione d'un piano o d'una porzione di piano, la costituzione d'usufrutto o d'un diritto d'abitazione sullo stesso e la sua locazione siano valide solo se gli altri comproprietari, con decisione della maggioranza, non facciano opposizione entro quattordici giorni dal ricevimento della comunicazione.

³L'opposizione dev'essere giustificata da gravi motivi ed è decisa dal giudice in procedura sommaria a istanza della parte che la contesta.

			Note	Seite
Übersicht	*I.*	*Allgemeines*	4	130
	II.	*Das Vorkaufsrecht der Stockwerkeigentümer (Abs. 1)*	10	131
		1. Rechtsnatur	10	131
		2. Begründung und Änderung	19	133
		3. Vorkaufsberechtigte Personen	27	135
		4. Vormerkung im Grundbuch	32	137

	Note	Seite
5. Vorkaufsfälle	34	137
a. Entgeltliche, freiwillige Veräusserungsgeschäfte	34	137
b. Voraussetzungen des Eintritts eines Vorkaufsfalles	56	140
6. Ausübung des Vorkaufsrechts	61	142
a. Mitteilungspflicht	61	142
b. Ausübungsfrist	66	143
c. Ausübungserklärung	70	144
d. Wirkungen	73	144
7. Untergang	78	146
III. Das Einspracherecht (Abs. 2 und 3)	85	147
1. Bedeutung	85	147
2. Begründung und Änderung	88	148
3. Vormerkung	89	148
4. Einsprachefähige Rechtsgeschäfte	90	148
5. Geltendmachung	95	150
a. Beschlussfassung	96	150
b. Vorliegen eines wichtigen Grundes	100	151
6. Rechtsbehelfe gegenüber der Einsprache	103	152

Materialien   BBl *1962* II 1514; StenBullNR *1963* 219f, 529f, 563, 685; StenBullStR   1
1963 216f, 284, 376.

Literatur   Neben den im allgemeinen Schrifttumsverzeichnis aufgeführten Werken   2
und den Angaben bei Art. 681 und Art. 682 sind für das Vorkaufsrecht
noch zu beachten: ROLF BÄR, Ist die Begründung eines Bau- oder eines
Kaufrechts ein Vorkaufsfall? Bern. Notar *1960* 89ff; DORIS BINZ-GEHRING, Das gesetzliche Vorkaufsrecht im schweizerischen Recht, Diss Bern
1975; PIERRE CAVIN, Kauf, Tausch und Schenkung, in: SPR VII/1, Basel/
Stuttgart 1977, 1ff; GUHL/MERZ/KUMMER, Das Schweizerische Obligationenrecht, 7.A., Zürich 1980; HOMBERGER/MARTI, Grundeigentum VIII:
Vorkaufsrecht, SJK *431*; MEIER-HAYOZ, Der Vorkaufsfall, ZBGR *1964*
257ff; HANS MERZ, Zur zeitlichen Begrenzung der Kaufs-, Vorkaufs- und
Rückkaufsrechte, in: FS Simonius, Basel 1955, 235ff; OSER/SCHÖNENBERGER, Das Obligationenrecht, Zürcher Kommentar, Bd.V/2: Die einzelnen
Vertragsverhältnisse, Art. 184–418, 2.A., Zürich 1936; WALTER OTT, Die
Abtretung vertraglicher Vorkaufs-, Kaufs- und Rückkaufsrechte als Vertragsübernahme, ZBGR *1978* 257ff; THOMAS SUTTER, Einige Überlegungen zum Vorkaufsrecht, SJZ *1985* 277ff.

Rechtsvergleichung   Vgl. die Angaben in den Vorbemerkungen zu den Art. 712aff N 29f,   3
N 52–81, in Art. 712a N 3–6 und hinten in N 9.

I. Allgemeines

4   Beim gewöhnlichen Miteigentum ist im Falle der Veräusserung eines Anteils die Partnerwahlfreiheit durch das *gesetzliche* Vorkaufsrecht der andern Miteigentümer eingeschränkt (Art. 682 Abs. 1; vgl. Art. 682 N 1 und N 39 ff). Um die Verkehrsfähigkeit der Stockwerkeigentumsanteile nicht von Gesetzes wegen zu beeinträchtigen, wurde davon abgesehen, auch den Stockwerkeigentümern ein gesetzliches Vorkaufsrecht einzuräumen (BBl *1962* II 1514; StenBullStR *1963* 217).

5   Die Stockwerkeigentümer können jedoch ein relevantes Interesse haben, das gute Einvernehmen unter sich und die damit verbundene reibungslose Ausübung des Stockwerkeigentums rechtlich abzusichern. Daher sieht das Gesetz in Art. 712c zwei Möglichkeiten vor, unverträglich scheinenden Personen den Eintritt in die Gemeinschaft durch Erwerb des Eigentums oder eines Nutzungs- oder Gebrauchsrechts an einem Stockwerkeigentumsanteil zu verwehren. Der Entscheid darüber ist nach Art. 712c Abs. 1 und 2 den Stockwerkeigentümern selbst überlassen. Sie können entweder durch Begründung eines *Vorkaufsrechts* (Abs. 1) oder durch die Einführung eines *Einspracherechts* (Abs. 2) die Grundlage dafür schaffen, dass nicht genehme Dritte von der Aufnahme in die Gemeinschaft oder von der Teilnahme daran ausgeschlossen werden können.

6   Vorkaufsrecht und Einspracherecht sind die einzigen, vom Gesetz vorgesehenen rechtsgeschäftlichen Verfügungsbeschränkungen. Für beide wird festgehalten, dass sie nicht nur im Begründungsakt, sondern auch durch nachherige Vereinbarung errichtet werden können. Und für beide wird vorgesehen, dass ihnen durch Vormerkung im Grundbuch realobligatorische Wirkung verliehen werden kann.

7   Angesichts der Tatsache, dass Art. 712c nur diese beiden Beschränkungsmöglichkeiten der rechtlichen Verfügungsbefugnis der Stockwerkeigentümer zum Gegenstand hat, ist das Marginale «Verfügungen» zu weit gefasst. «Rechtliche Verfügungsbeschränkungen» wäre präziser.

8   Weil Vorkaufsrecht und Einspracherecht vor allem dazu dienen, ein ungestörtes Zusammenleben der Stockwerkeigentümer aufrechtzuerhalten, dürften sich solche Verfügungsbeschränkungen um so weniger aufdrängen, je grösser die Gemeinschaft ist und je geringer die persönlichen Beziehungen unter den einzelnen Stockwerkeigentümern sind (FRIEDRICH, ZBGR *1966* 345f; WEBER, 524; allgemein kritisch PETER-RUETSCHI, ZSR *1966* I 174f in Besprechung FRIEDRICH, Reglement).

Beim Vorkaufsrecht ganz allgemein von einem erheblichen Eingriff in die 9
Verfügungsbefugnis des Stockwerkeigentümers zu sprechen (so FRIEDRICH,
a.a.O., und PETER-RUETSCHI, a.a.O.) ist nicht zutreffend, besteht doch die
wesentliche Wirkung des Vorkaufsrechts nur darin, dass statt einem Dritten
allenfalls ein Gemeinschaftsmitglied als Käufer eintritt, ein Verkauf also
nicht schlechthin ausgeschlossen oder vom Belieben der anderen Stockwerkeigentümer abhängig ist (Art. 681 N 56 ff; MEIER-HAYOZ, ZBGR *1964*
280). Eine viel härtere Schranke der Verfügungsfreiheit würde dagegen ein
allgemeines Einspracherecht der übrigen Stockwerkeigentümer darstellen.
Der schweizerische Gesetzgeber hat indessen im Gegensatz zum deutschen
(§ 12 WEG; vgl. dazu BÄRMANN/PICK/MERLE, § 12 N 10 ff; WEITNAUER, § 12
N 2 ff; vgl. dazu auch Art. 712a N 3) auf die Statuierung eines rechtsgeschäftlich begründbaren Zustimmungsvorbehalts anderer Stockwerkeigentümer oder Dritter verzichtet (BBl *1962* II 1514; LIVER, GS Marxer 188). Die
Regelung von Art. 712c Abs. 2 und 3, dass lediglich die übrigen Stockwerkeigentümer gemeinsam und zudem nur aus wichtigem Grund Einsprache erheben können, wirkt sich weit weniger hemmend auf Handänderungen aus
(LIVER, GS Marxer 188; vgl. dazu auch hinten N 85 ff).

II. Das Vorkaufsrecht der Stockwerkeigentümer (Abs. 1)

1. Rechtsnatur

Im Gegensatz zum gesetzlichen Vorkaufsrecht der Mitei- 10
gentümer (Art. 682 Abs. 1), welches als solches ipso iure mit dem Miteigentum entsteht (Art. 682 N 28 und N 36), handelt es sich beim Vorkaufsrecht
der Stockwerkeigentümer gemäss Art. 712c Abs. 1 um ein *rechtsgeschäftlich*
begründetes (Art. 646 N 58; Art. 682 N 2; LIVER, GS Marxer 188; OTTIKER,
226; WEBER, 525). Von der Konzeption eines gesetzlichen Vorkaufsrechts
der Stockwerkeigentümer wurde – um die Partnerwahlfreiheit nicht generell
einzuschränken – in der Gesetzesberatung ausdrücklich abgesehen (Sten
BullStR *1963* 217).

Obwohl das Vorkaufsrecht hinsichtlich der Begründung, Abänderung und 11
Aufhebung *rechtsgeschäftlicher* Natur ist, bestehen aber – insbesondere
dann, wenn es vorgemerkt ist – bezüglich Inhalt und Wirkungen einige Par-

allelen zum gesetzlichen Vorkaufsrecht der Miteigentümer (Art. 646 N 58 a. E.; Art. 682 N 2; STEINAUER, § 32 N 1220; vgl. auch BINZ-GEHRING, 84 f; a. M. WEBER, 525, und OTTIKER, 225 ff). So unterliegt das Stockwerkeigentümer-Vorkaufsrecht nicht der zehnjährigen Begrenzung des Vormerkungsschutzes der übrigen rechtsgeschäftlichen Vorkaufsrechte (hinten N 33). Dabei darf man allerdings nicht so weit gehen (wie das SCHMID, 103 f, und K. MÜLLER, 154, tun) und den Inhalt des Stockwerkeigentümer-Vorkaufsrechts ausschliesslich Art. 682 entnehmen. Das Vorkaufsrecht der Stockwerkeigentümer ist und bleibt strukturell rechtsgeschäftlicher Natur. Die Bezeichnung als «Mischtypus», welcher «zwischen dem gesetzlichen und dem vertraglichen Vorkaufsrecht» steht (so FRIEDRICH, § 48 N 4; BINZ-GEHRING, 85; SCHMID, 103), trägt nicht zur präziseren Erfassung bei. Im Gegenteil würde dadurch das Unterscheidungskriterium zwischen rechtsgeschäftlichem und gesetzlichem Vorkaufsrecht, welches in der Art der Begründung liegt, verwischt. Ersteres entsteht allein durch Rechtsgeschäft (Vertrag, Beschluss, einseitige Willenserklärung unter Lebenden oder Rechtsgeschäft von Todes wegen; Art. 681 N 60), letzteres direkt kraft Gesetz (Art. 862 N 7).

12 Dass das rechtsgeschäftliche Stockwerkeigentümer-Vorkaufsrecht – einmal begündet – inhaltlich zwar weitgehend dem gesetzlichen Miteigentümer-Vorkaufsrecht entspricht, aber eben doch nicht durchgehend, zeigt sich darin,

13 – dass es in der Zwangsvollstreckung nicht ausgeübt werden kann (Art. 51 Abs. 1 VZG; WEBER, 525; ausführlich dazu hinten N 52) und

14 – dass es durch blosse schriftliche Vereinbarung abgeändert oder aufgehoben werden kann (vgl. hinten N 26), während für Änderungen des gesetzlichen Vorkaufsrechts öffentliche Beurkundung erforderlich ist (Art. 682 Abs. 3; Art. 682 N 9, N 38 und N 84).

15 Weil altrechtliches Stockwerkeigentum ex lege dem neuen Recht untersteht (Vorbemerkungen zu den Art. 712a ff N 83 ff), findet darauf ausschliesslich Art. 712c Anwendung. Das gilt auch für diejenigen nach 1912 umgewandelten Stockwerkeigentumsverhältnisse, welche eine Kombination von Miteigentum mit irregulären Personaldienstbarkeiten darstellten (vgl. dazu die Vorbemerkungen zu den Art. 712a ff N 91 ff). Der Vorschlag, das gesetzliche Vorkaufsrecht von Art. 682 im Sinne eines «wohlerworbenen Rechts» ins neue Recht zu übernehmen, ist nicht zu befürworten (g. M. BROGLI, 193; andeutungsweise schon Art. 682 N 45; a. M. STÖCKLI, ZBGR *1965* 28).

16 Unter den rechtsgeschäftlichen Vorkaufsrechten weist dasjenige der Stockwerkeigentümer insofern eine Besonderheit auf, als ihm regelmässig nicht

ein zweiseitiges Rechtsgeschäft (ein Vorkaufsvertrag) zugrunde liegt (dies allenfalls nur bei Vorliegen von lediglich zwei Stockwerkeinheiten), sondern entweder ein einseitiges oder ein mehrseitiges (vgl. hinten N 19 ff).

Beim Stockwerkeigentümer-Vorkaufsrecht handelt es sich sodann um eine 17 spezielle Art des *Realvorkaufsrechts* (Art. 681 N 24 und N 93; LIVER, SPR V/1 210; WEBER, 527), bei dem die berechtigte Person nicht namentlich bestimmt ist. Vorkaufsberechtigt sind vielmehr die jeweiligen Stockwerkeigentümer. Anders als beim gewöhnlichen Vorkaufsrecht, aber in Übereinstimmung mit demjenigen beim Miteigentum, hat man es hier regelmässig mit einer Vielzahl von Vorkaufsberechtigten zu tun: Es gibt so viele vorkaufsberechtigte Personen als Stockwerkeigentumsanteile vorhanden sind (vgl. dazu hinten N 27 ff).

Zu beachten ist weiter, dass das Stockwerkeigentümer-Vorkaufsrecht den 18 Singularsukzessoren der Stockwerkeigentümer gegenüber erst durch die Vormerkung im Grundbuch (wodurch es realobligatorischen Charakter erhält) Wirkung entfaltet (hinten N 32; vgl. auch Art. 681 N 50 ff, N 113 und N 255 ff).

2. Begründung und Änderung

Gemäss Art. 712c Abs. 1 kann das Vorkaufsrecht der 19 Stockwerkeigentümer entweder im öffentlich beurkundeten *Begründungsakt*, der in einer einseitigen Begründungserklärung oder einem Begründungsvertrag bestehen kann (Art. 712d Abs. 2; Art. 712d N 14 und N 71 ff), oder später durch *schriftliche Vereinbarung* der Stockwerkeigentümer (FRIEDRICH, § 48 N 3; derselbe, ZBGR *1966* 347; WEBER, 526) bestellt werden. Im letzterwähnten Fall genügt die Beachtung der einfachen Schriftform (Art. 216 Abs. 3 OR und Art. 71a Abs. 1 GBV; Art. 681 N 66; FRIEDRICH, § 48 N 2; derselbe, ZBGR *1966* 347; WEBER, 526; STEINAUER, § 32 N 1219), unabhängig davon, ob es sich um ein limitiertes (Art. 681 N 70; zur Problematik dieses Vorkaufsrechts vgl. Art. 681 N 67 ff und FRIEDRICH, ZBGR *1966* 347) oder unlimitiertes Vorkaufsrecht (Art. 681 N 66) handelt (a. M. LIVER, SPR V/1 206, der für das limitierte Vorkaufsrecht die öffentliche Beurkundung fordert).

Die dogmatische Erfassung der das Vorkaufsrecht begründenden Vereinba- 20 rung ist umstritten (vgl. die Übersicht in Art. 681 N 41 ff, sowie bei OTT, ZBGR *1978* 261 ff; SUTTER, SJZ *1985* 277 ff; URS PULVER, Börsenmässige Optionsgeschäfte, Auftrag und Abwicklung, Diss Zürich 1987, 214 ff). U. E.

ist der *Vorkaufsvertrag* grundsätzlich als *doppelt bedingter Kaufvertrag* aufzufassen, d. h. als Kaufvertrag mit der Suspensivbedingung, dass ein Vorkaufsfall eintrete, und mit der potestativen Bedingung, dass der Berechtigte eine frist- und formgerechte Ausübungserklärung abgebe (*Bedingungstheorie;* Art. 681 N 46 f; OSER/SCHÖNENBERGER, Art. 216 N 22; GUHL/MERZ/KUMMER, 304; CAVIN, SPR VII/1 156; MERZ, FS Simonius 238 f; BINZ-GEHRING, S. 39 Anm. 50, S. 40, 51; a. M. VON TUHR/PETER, 277; HAAB/SIMONIUS/SCHERRER/ZOBL, Art. 681 N 2; HOMBERGER, Art. 959 N 27, N 34; LIVER, SPR V/1 204 f; unklar, aber wohl ebenfalls a. M. BGE *105* II 9, offengelassen in BGE *111* II 143 ff; vgl. weiter auch SUTTER, SJZ *1985* 277 ff; OTT, ZBGR *1978* 261; PULVER, 214 ff). Die rechtsgeschäftliche Einräumung eines Vorkaufsrechts begründet für die einzelnen Stockwerkeigentümer nicht nur die Möglichkeit eines Vertragsabschlusses (so bei der Begründungstheorie), sondern vielmehr einen Kaufvertrag, dessen Wirksamkeit durch die Bedingung der rechtzeitigen Ausübungserklärung des berechtigten Stockwerkeigentümers gehemmt ist (sog. Wollensbedingung; vgl. dazu Art. 681 N 46 ff; OTT, ZBGR *1978* 267 f; PULVER, 235 f).

21 Dass beim Stockwerkeigentum das rechtsgeschäftliche Vorkaufsrecht nicht nur durch Vertrag, sondern auch durch einseitiges Rechtsgeschäft begründet werden kann, ändert im wesentlichen nichts an der dogmatischen Erfassung des Vorkaufsrechts im Sinne der Bedingungstheorie (vgl. auch Art. 681 N 20 und N 60 sowie GUHL/MERZ/KUMMER, 305). Sowohl die antizipierte Festlegung des Vorkaufsrechts als auch dessen Einführung durch Vereinbarung der Stockwerkeigentümer ersetzen lediglich die individuellen Vertragsabschlüsse zwischen den einzelnen Stockwerkeigentümern und bilden ihrerseits die Grundlage der Individualansprüche für den Vorkaufsfall, die Ausübung des Gestaltungsrechts (zur Qualifizierung des Vorkaufsrechts als Gestaltungsrecht vgl. Art. 681 N 46 und N 48; OTT, ZBGR *1978* 264; PULVER, 229 f).

22 Die Besonderheit des auf einseitigem Rechtsgeschäft basierenden Vorkaufsrechts besteht darin, dass es formell entsteht und sogar im Grundbuch vorgemerkt werden kann, obwohl es materiell erst im Zeitpunkt der Übertragung eines Stockwerkeigentumsanteils an einen Dritten wirksam wird. Bei der *antizipierten Festlegung* eines Vorkaufsrechts bedarf es also zunächst der Veräusserung einzelner Stockwerkeigentumsanteile, damit das Vorkaufsrecht materiell überhaupt existent wird (Art. 681 N 82c).

23 Wird das Vorkaufsrecht durch den Begründungsvertrag oder durch nachherige Vereinbarung der Stockwerkeigentümer eingeführt, so bildet dieses

mehrseitige Rechtsgeschäft die materielle Grundlage für die einzelnen suspensiv bedingten Vorkaufsverträge.

In beiden Fällen aktualisiert sich durch den Eintritt der ersten Bedingung, des Vorkaufsfalles, das Gestaltungsrecht des Vorkaufsberechtigten. Mit dem Eintritt der zweiten Bedingung, der fristgemässen Ausübung des dem Vorkaufsberechtigten eingeräumten Gestaltungsrechts, wird der individuelle Vorkaufsvertrag voll wirksam (vgl. dazu Art. 681 N 46 und hinten N 73 ff). 24

Das in Art. 712c Abs. 1 formal und abstrakt umschriebene Vorkaufsrecht der Stockwerkeigentümer kann bei seiner Begründung näher ausgestaltet werden (vgl. dazu Art. 681 N 62 ff). Vor allem können Bestimmungen über Dauer und Untergang (vgl. hinten N 78 ff), über die Beschränkung möglicher Vorkaufsfälle (hinten N 54 f), über allfällige Gegenleistungen des sein Vorkaufsrecht ausübenden Stockwerkeigentümers und über die Höhe des Übernahmepreises (limitiertes Vorkaufsrecht; vgl. dazu Art. 681 N 67 ff) festgelegt werden (FRIEDRICH, ZBGR *1966* 346 f; WEBER, 526). Ist ein Vorkaufsrecht zugunsten aller Stockwerkeigentümer bestellt (vgl. dazu hinten N 30), sollten auch Vorschriften über die bei der Mitteilung des Vorkaufsfalles einzuhaltende Form aufgestellt werden (FRIEDRICH, § 48 N 17, empfiehlt besonders bei grösseren Gemeinschaften die Übertragung der Mitteilungspflicht auf den Verwalter; vgl. auch WEBER, 526). 25

Nach seiner Begründung kann das Stockwerkeigentümer-Vorkaufsrecht jederzeit durch schriftliche Vereinbarung *abgeändert* oder *aufgehoben* werden. Das Erfordernis des Einverständnisses aller Beteiligten gilt aufgrund der Qualifizierung des Vorkaufsrechts als doppelt suspensiv bedingter Kaufvertrag (vorn N 20 f) auch dann, wenn das Vorkaufsrecht im Reglement geregelt ist. Es kann daher nicht durch einen für die Revision des Reglementes sonst genügenden Mehrheitsbeschluss abgeändert werden (FRIEDRICH, § 48 N 3; WEBER, 526). 26

3. Vorkaufsberechtigte Personen

Weil jeder Stockwerkeigentümer vorbehältlich einer abweichenden Vereinbarung vorkaufsberechtigt ist, handelt es sich – ähnlich wie beim Vorkaufsrecht der Miteigentümer (Art. 682 N 52 und N 56) – um ein spezielles Realvorkaufsrecht (Art. 681 N 91 und N 93). Aus einem Vorkaufsrecht gemäss Art. 712c Abs. 1 können ausschliesslich die Stockwerkeigentümer berechtigt sein, weil die Vorkaufsberechtigung mit dem zu Stockwerkeigentum ausgestalteten Miteigentumsanteil subjektiv-dinglich ver- 27 knüpft ist. Wird im Begründungsakt oder durch spätere Vereinbarung auch ein aussenstehender Dritter als vorkaufsberechtigt erklärt, so liegt ein «gewöhnliches» rechtsgeschäftliches Vorkaufsrecht gemäss Art. 681 vor, wenn und soweit die dazu erforderlichen formellen Voraussetzungen erfüllt sind (WEBER, 527).

28 Üben mehrere oder alle Stockwerkeigentümer das Vorkaufsrecht gleichzeitig aus, so erwirbt jeder mangels anderer Abrede in Analogie zum gesetzlichen Vorkaufsrecht der Miteigentümer (Art. 682 N 79) an der zu veräussernden Einheit einen Miteigentumsanteil im Verhältnis seiner Wertquote (FRIEDRICH, § 48 N 9; a. M. WEBER, 528). Um zu vermeiden, dass in einem solchen Fall der Ausübung eines Vorkaufsrechtes eine allzu grosse Gemeinschaft von Miteigentümern an einem Stockwerkeigentumsanteil entsteht, empfiehlt es sich, diesen Tatbestand (z. B. im Reglement) mittels einer *Rangordnung* der Vorkaufsberechtigung zu regeln. Diese kann z. B. vorsehen, dass der benachbarte Stockwerkeigentümer das Vorkaufsrecht an erster Stelle und für sich allein ausüben darf und an zweiter Stelle derjenige folgt, der zwar nicht unmittelbar benachbart ist, aber auf der gleichen Etage wohnt.

29 Bei der Begründung des Stockwerkeigentümer-Vorkaufsrechts oder anlässlich einer späteren Modifikation kann die Vorkaufsberechtigung auf einzelne Stockwerkeigentümer *beschränkt* werden, z. B. auf die direkten Nachbarn einer veräusserten Einheit (FRIEDRICH, § 48 N 10; derselbe, ZBGR *1966* 346; WEBER, 527; SCHMID, 103).

30 Im Reglement kann aber auch ein Vorkaufsrecht *zugunsten aller Stockwerkeigentümer* in dem Sinne vorgesehen werden, dass sie dieses aufgrund eines Versammlungsbeschlusses gemeinsam auszuüben haben und damit an der fraglichen Einheit *Miteigentum* erwerben (FRIEDRICH, § 48 N 12; SCHMID, 104; WEBER, 528). Die Anteilsberechtigung des Einzelnen am Erwerbsobjekt richtet sich quotenproportional nach seiner bisherigen Beteiligung. Für die entsprechende Beschlussfassung ist die qualifizierte Mehrheit gemäss Art. 647b (wichtigere Verwaltungsmassnahmen) massgebend (g. M. WEBER, 528; SCHMID, 103; a. M. FRIEDRICH, § 48 N 12, der diesen Tatbestand unter Art. 647d [nützliche bauliche Massnahmen] subsumiert).

31 Umstritten ist, ob die Einräumung eines Vorkaufsrechts zugunsten der *Gemeinschaft* zulässig ist (ablehnend FRIEDRICH, § 48 N 11, und SCHMID, 103; differenzierend WEBER, 528). Die Gemeinschaft als solche ist zwar nicht rechtsfähig (Vorbemerkungen zu den Art. 712aff N 47ff), im Rahmen der Verwaltungsfunktion aber beschränkt handlungs- und vermögensfähig (vgl.

die Bemerkungen zu Art. 712l). Soweit ein Vorkaufsrecht zugunsten der Gemeinschaft nur einen Erwerb eines Stockwerkeigentumsanteils zu Verwaltungszwecken vorsieht (z. B. als Abwartswohnung), ist dies u. E. zulässig, nicht aber ein Erwerb zu Anlagezwecken (vgl. auch die Bemerkungen zu Art. 712l).

4. Vormerkung im Grundbuch

Um dem rechtsgeschäftlichen Vorkaufsrecht der Stockwerkeigentümer verstärkte Wirkung gegenüber Dritten zu verleihen, kann es im Grundbuch vorgemerkt werden (Art. 959 ZGB, Art. 71a GBV; Art. 681 N 50 ff, N 62, N 64 und N 113 ff), was in Art. 712c Abs. 1 ausdrücklich vorgesehen ist (beim gesetzlichen Vorkaufsrecht ist die Vormerkung unzulässig; Art. 682 N 37). Die Vormerkung verleiht dem Stockwerkeigentümer-Vorkaufsrecht *realobligatorischen* Charakter (vgl. dazu Art. 681 N 50 ff, N 113 und N 255 ff). 32

Durch die Vormerkung erhält das Stockwerkeigentümer-Vorkaufsrecht gegenüber den seit seiner Vormerkung errichteten beschränkten dinglichen oder vorgemerkten persönlichen Rechten den Vorrang (Art. 681 N 54 und N 285 ff). Der Vormerkungsschutz unterliegt wegen der inhaltlichen Angleichung des Stockwerkeigentümer-Vorkaufsrechts an die gesetzlichen Vorkaufsrechte *nicht* der Beschränkung auf 10 Jahre, wie sie für rechtsgeschäftliche Vorkaufsrechte in Art. 681 Abs. 3 fixiert ist (Art. 646 N 58; Art. 681 N 130; FRIEDRICH, § 48 N 4; derselbe, ZBGR *1964* 342 f; STEINAUER, § 32 N 1220; SCHMID, 103; KARL SPIRO, Die Begrenzung privater Rechte durch Verjährungs-, Verwirkungs- und Fatalfristen, Bd. II [Bern 1975], 1253 Anm. 18; unklar WEBER, 525). 33

5. Vorkaufsfälle

a. Entgeltliche, freiwillige Veräusserungsgeschäfte

Das Stockwerkeigentümer-Vorkaufsrecht kann nur ausgeübt werden, wenn ein Vorkaufsfall eintritt. Nicht jede Handänderung des Stockwerkeigentumsanteils stellt dabei einen Vorkaufsfall dar. Ein solcher ist grundsätzlich nur dann anzunehmen, wenn ein *Rechtsgeschäft* vorliegt, 34 das *auf die Umsetzung eines Stockwerkeigentumsanteils gegen ein von jedermann erbringbares Entgelt gerichtet* ist (Art. 681 N 144; MEIER-HAYOZ, ZBGR *1964* 270; BGE *70* II 151; *84* II 481; *89* II 446; vgl. auch WEBER, 529, und SUTTER, SJZ *1985* 228 ff). Es kommt also auf einen mehr nach wirtschaftlichen Gesichtspunkten ausgerichteten Massstab an und nicht darauf, ob ein Kaufvertrag im juristisch-technischen Sinne abgeschlossen wird (MEIER-HAYOZ, ZBGR *1964* 270).

35 Im Sinne dieser generellen Regel stellen folgende Tatbestände einen Vorkaufsfall dar:

36 – der Abschluss eines *Kaufvertrages*, es sei denn, dass im Vertrag trotz der gewählten Form erbrechtliche Motive überwiegen (Art. 681 N 144 ff);

37 – der Abschluss eines *Kaufvorvertrages* oder eines *Kaufrechtsvertrages* (MEIER-HAYOZ, ZBGR *1964* 275 ff; LIVER, ZBJV *1960* 424 ff, unklar nun aber in SPR V/1 207; BÄR, Bern. Notar *1960* 92 ff; GUHL/MERZ/KUMMER, 306; a. M. BGE *90* II 142 und *85* II 578, wonach das Vorkaufsrecht erst bei der Ausübung des Kaufrechts ausgeübt werden kann; so auch SUTTER, SJZ *1985* 279). Das Interesse des Vorkaufsberechtigten rechtfertigt es, bei der Ausübung des Kaufrechts einen zweiten Vorkaufsfall anzunehmen (Art. 681 N 182; unklar LIVER, SPR V/1 207; a. M. BGE *85* II 577 f).

38 – die *Hingabe* des Stockwerkeigentumsanteils *an Zahlungs Statt* (Art. 681 N 157);

39 – die *freiwillige Versteigerung* (private oder öffentliche, Art. 229 ff OR);

40 – die «*Veräusserung*» eines Stockwerkeigentumsanteils *im Ausschlussverfahren* gegen einen Stockwerkeigentümer (vgl. Art. 649b/c N 29).

41 Keine Vorkaufsfälle sind demgegenüber:

42 – eine *Schenkung;* grundsätzlich stellt auch die gemischte Schenkung keinen Vorkaufsfall dar (Art. 681 N 171; MEIER-HAYOZ, ZBGR *1964* 268; WEBER, 529 f; BGE *82* II 586 Erw 7; *101* II 59 ff; *102* II 250 ff);

43 – Geschäfte, bei denen der Vorkaufsberechtigte nicht in der Lage ist, die im Vertrag mit dem Dritten festgesetzte Gegenleistung zu erbringen, so beim *Leibrentenvertrag* (Art. 516 ff OR), bei der *Verpfründung* (Art. 521 ff OR) und bei der Einbringung eines Stockwerkeigentumsanteils in eine Gesellschaft (*Illation;* vgl. dazu Art. 681 N 159 f; HAAB/SINONIUS/SCHERRER/ZOBL, Art. 681/82 N 32; SUTTER, SJZ *1985* 279);

44 – der Verkauf eines Stockwerkeigentumsanteils an einen Erben oder an den Ehegatten im Hinblick auf den *Erbgang* (Art. 681 N 145; WEBER, 530; BGE *87* II 268);

- das *Tauschgeschäft* (BGE *70* II 151); ein Vorkaufsfall aktualisiert sich aber dann, wenn nicht ein eigentlicher Tausch vorliegt, sondern ein doppelter Kauf mit Kompensation des Kaufpreises (Art. 681 N 172; WEBER, 531; SUTTER, SJZ *1985* 279 Anm. 21);
- die Einräumung eines beschränkten dinglichen Rechts (BGE *82* II 378 ff; SUTTER, SJZ *1985* 279).

Bei unfreiwilliger Veräusserung bzw. beim Fehlen eines einem freien Willen entspringenden Vertrages ist das Vorliegen eines Vorkaufsfalles ebenfalls ausgeschlossen, so insbesondere bei:
- der *Expropriation* und den expropriationsähnlichen Tatbeständen (Art. 681 N 162);
- der Handänderung infolge *Universalsukzession* (z. B. Erbgang, Fusion usw.) sowie *Erbteilung* (Art. 681 N 167);
- der *Errichtung einer Stiftung* (Art. 681 N 167; WEBER, 167);
- der Zusprechung des vorkaufsbelasteten Stockwerks durch *richterliches Urteil* an einen Dritten (Art. 681 N 166); dasselbe muss für einen *gerichtlichen Vergleich* gelten, obschon dieser u. U. teilweise vertraglichen Charakter aufweist (WEBER, 530);
- der *Zwangsvollstreckung* (Art. 73g Abs. 3 VZG i. V. m. Art. 51 Abs. 1 VZG); dies gilt auch für den freihändigen Verkauf durch die Vollstreckungsorgane oder den Freihandverkauf anlässlich einer Pfandverwertung (Art. 681 N 163 f; OTTIKER, 225 f; WEBER, 530; MEIER-GANDER, BlSchK *1980* 33 f). Bis zur Revision der VZG im Jahre 1975 war diese Frage noch umstritten (vgl. etwa FRIEDRICH, § 48 N 5 sowie SJK *1303* 15, der in der Zwangsversteigerung einen Vorkaufsfall erblickte; vgl. dazu auch Art. 712f N 78).

De lege ferenda ist die unterschiedliche Behandlung des gesetzlichen Vorkaufsrechts des Miteigentümers und des rechtsgeschäftlichen Vorkaufsrechts des Stockwerkeigentümers in der Zwangsverwertung zu überprüfen. Auszugehen wäre dabei u. a. davon, dass unter grammatikalischem Gesichtspunkt (Art. 682 Abs. 1 und Art. 712c Abs. 1) das Vorkaufsrecht der Miteigentümer und jenes der Stockwerkeigentümer einem Dritten gegenüber wirken soll, der «einen Anteil *erwirbt*». Wird unter Erwerb die Umsetzung des vorkaufsbelasteten Miteigentumsanteils gegen ein durch jedermann erbringbares Entgelt verstanden (vgl. vorn N 34), so ist in gesetzessystematischer Hinsicht eine Privilegierung des gesetzlichen Vorkaufsrechts gegenüber dem vorgemerkten rechtsgeschäftlichen der Stockwerkeigentümer kaum vertretbar (a. M. WEBER, 534 f). Auch unter teleologischem und vor allem unter funktionalem Aspekt lässt sich keine derartige Divergenz zwischen den beiden Vorkaufsrechten erkennen, welche eine unterschiedliche Behandlung in der Zwangsverwertung nahelegt; Unterschiede hinsichtlich Zweck und Funktion zeigen sich vor allem bei deren Entstehung (vorn N 11). Zu beachten gilt allerdings, dass im Falle einer Gleichbehandlung dieser Vorkaufsrechte in der Zwangsverwertung beim limitierten Vorkaufsrecht der Stockwerkeigentümer die rechtsgeschäftlich vorfixierte Preisbestimmung im Interesse der Gläubiger selbstverständlich nicht zum Tragen kommen darf; dasselbe gilt auch für das aufgrund von Art. 682 Abs. 3 vorgemerkte limitierte Vorkaufsrecht der Miteigentümer.

Vgl. im einzelnen zum Vorkaufsfall Art. 681 N 137 ff; MEIER-HAYOZ, ZBGR *1964* 257 ff; WEBER, 529 ff; SUTTER, SJZ *1985* 278 ff.

54 Den Stockwerkeigentümern steht es grundsätzlich frei, im Begründungsakt oder durch nachherige Vereinbarung (vgl. vorn N 19) limitativ oder exemplifikativ aufzuzählen, welche Handänderungen in welchem Stadium als Vorkaufsfälle zu gelten haben (Art. 681 N 137; MEIER-HAYOZ, ZBGR *1964* 266; JÄGGI, ZBGR *1958* 69 f; FRIEDRICH, § 48 N 6; SCHMID, 104; WEBER, 532). Eine beliebige Ausdehnung der Vorkaufsfälle ist indessen nicht möglich: Beim *vorgemerkten Vorkaufsrecht* ist eine Erweiterung der Vorkaufsfälle auf andere Vorzugsrechte angesichts des numerus clausus vormerkbarer persönlicher Rechte (Art. 959) unzulässig (Syst. Teil N 292 und N 279). Vormerkbar sind nur solche Verträge, die im Sinne des Gesetzes Vorkaufsverträge darstellen; anderen Vorzugsrechten (z. B. Vortausch-, Vormiet- oder Vorpachtverträgen, Rückkaufsrechten) muss der Grundbuchverwalter die Vormerkung verweigern (Art. 681 N 138; MEIER-HAYOZ, ZBGR *1964* 266; JÄGGI, ZBGR *1958* 74 f; vgl. auch FRIEDRICH, § 48 N 7).

55 Aber auch beim *nicht vorgemerkten Vorkaufsrecht* ist eine beliebig weite Umschreibung der Vorkaufsfälle unzulässig: Weil die für das Vorkaufsrecht an Grundstücken, mithin auch an Stockwerkeigentumsanteilen, vorgesehene einfache Schriftlichkeit (Art. 216 Abs. 3 OR) Ausnahmecharakter hat, darf sie nicht auf andere Einlösungsrechte ausgedehnt werden (Art. 681 N 139; MEIER-HAYOZ, ZBGR *1964* 266). Bei einer derartigen Erweiterung der Vorkaufsrechte (z. B. Eigentumsänderung infolge Erbgang) ist, weil es sich regelmässig um ein – allenfalls bedingtes – *Kaufsrecht* handelt, gemäss Art. 683 ZGB und Art. 216 Abs. 3 OR die öffentliche Beurkundung des Vertrages notwendig (Art. 681 N 139; MEIER-HAYOZ, ZBGR *1964* 226; JÄGGI, ZBGR *1958* 70; FRIEDRICH, § 48 N 7). Zur Abgrenzung zwischen Kaufs- und Vorkaufsrecht vgl. Art. 681 N 25 ff.

b. Voraussetzungen des Eintritts eines Vorkaufsfalles

56 Auch bezüglich der Voraussetzungen des Eintritts eines Vorkaufsfalles besteht eine Schranke: Um einen Vorkaufsfall bilden zu können, muss der Vertrag zwischen dem Vorkaufsverpflichteten und dem Dritterwerber gültig zustande gekommen sein; blosse Vertragsverhandlungen

genügen für die Ausübung des Vorkaufsrechts nicht (Art. 681 N 140 f und N 176 f; OSER/SCHÖNENBERGER, Art. 216 N 28; HAAB/SIMONIUS/SCHERRER/ZOBL, Art. 681/82 N 33; WEBER, 530; a. M. BGE *87* II 358).

Ist der Vertrag mit dem Dritten *nichtig* (z. B. wegen Formmangels, Art. 657 ZGB, Art. 216 OR, wegen Widerrechtlichkeit oder Unsittlichkeit des Vertragsinhalts, Art. 20 OR), so liegt kein Vorkaufsfall vor; die Ausübungserklärung ist wirkungslos (Art. 681 N 185; SUTTER, SJZ *1985* 280). Die bloss *einseitige Unverbindlichkeit* des Kaufvertrages (beim Vorliegen von Übervorteilung, Art. 21 OR, oder beim Vorliegen von Willensmängeln, Art. 23 ff OR) hindert demgegenüber die Ausübung des Vorkaufsrechts nicht. Erweist sich die fristgemässe (Art. 21 und Art. 31 OR) Unverbindlichkeitserklärung des Übervorteilten, des Irrenden, des Getäuschten oder des Bedrohten indessen als begründet, so fällt der Vorkauf ex tunc dahin (Art. 681 N 186; SUTTER, SJZ *1985* 280; BGE *102* II 252; *82* II 583 Erw 3 und 586 Erw 7). 57

Ist der Kaufvertrag *anfechtbar* (z. B. bei freiwilliger Versteigerung, Art. 230 OR, oder beim Vorliegen der Voraussetzungen von Art. 285 ff SchKG), so ist der Vertrag zwar vorerst gültig. Mit der Ausübung des Anfechtungsrechts fällt dieser aber ex nunc dahin und mit ihm auch das Vorkaufsrecht (Art. 681 N 187; SUTTER, SJZ *1985* 280; a. M. HAAB/SIMONIUS/SCHERRER/ZOBL, Art. 681/82 N 36; OSER/SCHÖNENBERGER, Art. 216 N 28). 58

Bedarf der Vertrag mit dem Dritten zu seiner Gültigkeit der behördlichen Bewilligung, so ist bezüglich des Eintritts des Vorkaufsfalles zu unterscheiden (vgl. Art. 681 N 188): Liegen die Umstände, die eine behördliche Bewilligung erforderlich machen, in der Person des Vorkaufsverpflichteten (z. B. im Falle von Art. 421), tritt der Vorkaufsfall im Zeitpunkt der Genehmigung ein (ZR *1955* Nr. 81; BGE *80* II 369; unklar SUTTER, SJZ *1985* 281). Liegen diese Umstände dagegen in der Person des Dritten (z. B. Bewilligung zum Erwerb eines Stockwerkeigentumsanteils durch einen Ausländer gemäss BewG; vgl. dazu Art. 712a N 26 f), so ist die behördliche Genehmigung nicht abzuwarten (vgl. Art. 17 Abs. 1 BewG; noch offengelassen in BGE *101* II 242 f und BGE *82* II 408; vgl. aber zur stark eingeschränkten Möglichkeit der Ausübung eines Stockwerkeigentümer-Vorkaufsrechts durch einen Ausländer Art. 9 Abs. 1 lit. c i. V. m. Art. 12 lit. e BewG und dazu Art. 712a N 27). 59

Mit dem gültigen Vertragsabschluss tritt der Vorkaufsfall ein. Der aktuellen Wirksamkeit des Vertrages mit dem Dritten oder gar der Erfüllung desselben bedarf es nicht. Ebensowenig ist die Anmeldung im Grundbuch erforderlich (Art. 681 N 192; BGE *42* II 34). Ist der Vertrag zwischen dem Vorkaufsverpflichteten und dem Dritten unter einer resolutiven oder suspensi- 60 ven Bedingung abgeschlossen worden, kann das Vorkaufsrecht gleichwohl ausgeübt werden (Art. 681 N 190; BGE *85* II 576; *73* II 166; kritisch SUTTER, SJZ *1985* 280 ff).

Vgl. ausführlich zum Ganzen auch Art. 681 N 176 ff.

6. Ausübung des Vorkaufsrechts

a. Mitteilungspflicht

61 Der veräussernde Stockwerkeigentümer ist gemäss Art. 681 Abs. 2 verpflichtet, die anderen vorkaufsberechtigten Stockwerkeigentümer vom Verkauf seines Stockwerkeigentumsanteils in Kenntnis zu setzen. Dies gilt auch dann, wenn das Vorkaufsrecht nicht vorgemerkt ist (Art. 681 N 201; BGE *83* II 16). Beim vorgemerkten Vorkaufsrecht der Stockwerkeigentümer hat der Grundbuchverwalter eine entsprechende Mitteilungspflicht, wenn der Verkauf an den Dritten zur Eintragung angemeldet wird (Art. 969 Abs. 1; Art. 681 N 209; vgl. auch Art. 682 N 71; nach JÄGGI, ZBGR *1958* 77 ff und Rep *1962* 138 f, hat diese Anzeige erst dann zu erfolgen, wenn der Dritte bereits eingetragen ist).

62 Wegen der speziellen Ausgestaltung des Vorkaufsrechts der Stockwerkeigentümer (Realvorkaufsrecht, welches jeweils allen eingetragenen Stockwerkeigentümern zusteht, vorn N 27 ff) sind *alle* Stockwerkeigentümer vom Verkauf zu benachrichtigen (es sei denn, dass eine bestimmte Person durch Vertrag oder Gesetz ermächtigt ist, eine solche Mitteilung für einen oder mehrere Stockwerkeigentümer entgegenzunehmen; BGE *92* II 152 f Erw 2a und 2d; LIVER, SPR V/1 221). Zutreffend empfiehlt FRIEDRICH (§ 48 N 17), vor allem bei grossen Gemeinschaften dem Verwalter die Aufgabe zu übertragen, den Stockwerkeigentümern vom Eintritt eines Vorkaufsfalles Kenntnis zu geben.

63 Ist die S*tockwerkeigentümergemeinschaft* vorkaufsberechtigt (vorn N 31), ist die Mitteilung an den Verwalter als deren Vertreter (Art. 712t Abs. 3), falls ein solcher nicht bestellt ist, an alle berechtigten Mitglieder zu richten.

64 Der mitteilungspflichtige Verkäufer wird nicht schon durch die Anzeige an die Vorkaufsberechtigten, dass Vertragsverhandlungen stattgefunden haben, von seiner Pflicht zur Mitteilung nach Abschluss des nämlichen Vertrages befreit (vgl. Art. 681 N 202). Die Mitteilungspflicht entsteht rechtswirksam erst mit *Eintritt* des Vorkaufsfalles (vgl. dazu vorn N 56 ff). Zudem muss die

Mitteilung, dass ein Verkauf stattgefunden hat, beim unlimitierten Vorkaufsrecht alle wesentlichen Bestimmungen des Kaufvertrages enthalten, insbesondere den Kaufpreis, aber auch Abreden über Nebenleistungen und sämtliche Vertragsfolgen, die für den Vorkaufsberechtigten nicht völlig belanglos sind (Art. 681 N 205; LIVER, SPR V/1 211; BGE *92* II 152). Sofern es sich um ein limitiertes Vorkaufsrecht handelt – was bei grösseren Stockwerkeigentümergemeinschaften eher selten sein dürfte –, genügt die blosse Bekanntgabe des erfolgten Vertragsabschlusses (Art. 681 N 205).

Sofern im Vorkaufsvertrag nicht besondere Formvorschriften statuiert wurden (z. B. Mitteilung durch eingeschriebenen Brief), kann die Benachrichtigung in jeder wahrnehmbaren Form erfolgen (Art. 681 N 208). Im weiteren muss dem Vorkaufsberechtigten die Besichtigung des zu verkaufenden Stockwerkeigentumsanteils gestattet werden, ansonst sich der Veräusserer nicht auf den Ablauf der Frist berufen kann (Art. 681 N 207). 65

b. *Ausübungsfrist*

Die Ausübungserklärung muss dem Empfänger innert der von Art. 681 Abs. 3 dispositiv vorgesehenen Verwirkungsfrist (BGE *101* II 243) von einem Monat zugegangen sein (Art. 681 N 215 und N 221; WEBER, 535). Diese – grundsätzlich nur für das vorgemerkte Vorkaufsrecht geltende – Monatsfrist ist um der Verkehrssicherheit willen analog auch für das nicht vorgemerkte Vorkaufsrecht als anwendbar zu betrachten (Art. 681 N 216; LIVER, ZBJV *1959* 26 f; MERZ, FS Simonius 239 f; a. M. BGE *82* II 16). 66

Der Fristenlauf beginnt grundsätzlich mit dem Tage, an dem den berechtigten Stockwerkeigentümern oder dem Verwalter als Stellvertreter der Gemeinschaft die Mitteilung darüber zugeht, dass ein Verkauf stattgefunden hat und (beim nicht limitierten Vorkaufsrecht) mit der Mitteilung über dessen wesentlichen Inhalt (vorn N 64). Fristbeginn ist deshalb nicht der Moment der effektiven Kenntnisnahme, sondern jener des Zugehens der Mitteilung (Empfangstheorie; Art. 681 N 217 a. E.; a. M. anscheinend LIVER, SPR V/1 211). 67

Die Ausübungsfrist ist gewahrt, wenn die Erklärung des Berechtigten dem Verpflichteten binnen Monatsfrist *zugegangen* ist (Absendung innert der Frist genügt nicht, Art. 681 N 221). 68

Die Monatsfrist kann als dispositive Verwirkungsfrist (vorn N 66) rechtsgeschäftlich (im Begründungsakt oder in einer späteren schriftlichen Vereinbarung der Stockwerkeigentümer) verlängert oder verkürzt werden (nur eine 69

Verkürzungs-, nicht aber eine Verlängerungsmöglichkeit anerkennen FRIEDRICH, § 48 N 17, und WEBER, 535). Allerdings muss bei der Verkürzung der Ausübungsfrist gewährleistet sein, dass dem Vorkaufsberechtigten «noch eine massvolle Überlegungszeit verbleibt» (WEBER, 535). Gerade dort, wo die Stockwerkeigentümer insgesamt vorkaufsberechtigt sind (vgl. vorn N 30), muss die Einberufung einer Versammlung vor Ablauf der Frist möglich sein, weshalb in diesem Fall eine Verkürzung der Ausübungsfrist kaum zulässig sein dürfte (vgl. auch FRIEDRICH, § 48 N 18).

c. Ausübungserklärung

70 Der Stockwerkeigentümer übt sein Vorkaufsrecht durch eine anspruchsbegründende, empfangsbedürftige Gestaltungserklärung aus. Diese muss bestimmt und eindeutig sein. Sie hat deshalb vorbehaltlos, unbedingt, unwiderruflich und unbefristet zu erfolgen (vgl. Art. 681 N 224; LIVER, SPR V/1 211). Die Einhaltung einer bestimmten Form ist vorbehältlich einer andersauntenden rechtsgeschäftlichen Bestimmung nicht erforderlich. Für die Eintragung des Vorkaufsberechtigten im Grundbuch ist jedoch eine schriftliche Erklärung, die sogenannte *Eintrittserklärung,* beizubringen (Art. 681 N 227).

71 Zur Abgabe der Ausübungserklärung ist der vorkaufsberechtigte Stockwerkeigentümer befugt. In dem Fall, da den Stockwerkeigentümern das Vorkaufsrecht gemeinsam zusteht, bedarf es eines entsprechenden Beschlusses der Stockwerkeigentümerversammlung gemäss Art. 647b (vgl. auch vorn N 30). Die Kundgabe der Ausübungserklärung durch einen Stellvertreter ist stets zulässig (Art. 681 N 228).

72 Adressat der Ausübungserklärung ist der vorkaufsverpflichtete Stockwerkeigentümer. Das ist beim vorgemerkten Vorkaufsrecht entweder der Verkäufer oder – nach erfolgter Übereignung – der Dritterwerber eines Stockwerkeigentumsanteils (nachfolgend N 74). Liegt ein nicht vorgemerktes Vorkaufsrecht vor, ist die Ausübungserklärung an den Veräusserer zu richten (vgl. N 75).

d. Wirkungen

73 Durch die Ausübung des Vorkaufsrechts wird der bisher in der Schwebe befindliche Vorkaufsvertrag zwischen dem Vorkaufsberechtigten und dem Vorkaufsverpflichteten wirksam; der bisher suspensiv be-

dingte Vertrag wird zu einem unbedingten. Der Berechtigte tritt also nicht anstelle des Dritten in den zwischen diesem und dem Verpflichteten abgeschlossenen Vertrag ein (Art. 681 N 236; a. M. WEBER, 536).

Bezüglich der einzelnen Wirkungen der Ausübung ist zu unterscheiden, ob es sich um ein vorgemerktes oder um ein nicht vorgemerktes Vorkaufsrecht handelt (vgl. ausführlich dazu Art. 681 N 241 ff). Ist das Vorkaufsrecht der Stockwerkeigentümer im Grundbuch *vorgemerkt,* so kann es aufgrund seines realobligatorischen Charakters (vorn N 32) immer gegenüber dem jeweiligen Eigentümer des Vorkaufsobjektes geltend gemacht werden. Die Berechtigten können sich dementsprechend nicht nur an den Veräusserer, sondern nach erfolgter Übertragung an den Dritterwerber halten (Art. 681 N 255; Art. 682 N 76; LIVER, SPR V/1 211). In diesem Fall wird der Dritterwerber Vertragspartei des Vorkaufsvertrages (BGE *92* II 155 f). Beim vorgemerkten Vorkaufsrecht kann der Berechtigte zudem die Löschung von Dienstbarkeiten, Grundlasten sowie später vorgemerkten Rechten (nötigenfalls auf dem Klageweg) verlangen, sofern er ihrer Errichtung nicht zugestimmt hat und seine Rechtsstellung durch deren Existenz beeinträchtigt wird (Art. 681 N 285 f; LIVER, SPR V/1 211). 74

Ein Vorkaufsrecht, das *nicht vorgemerkt* ist, kann lediglich gegenüber den an der Vereinbarung über die Begründung eines Stockwerkeigentümer-Vorkaufsrechts Beteiligten (vgl. Art. 681 N 234) geltend gemacht werden. Eine Ausnahme besteht dann, wenn die Vorkaufsverpflichtung vom Erwerber durch schriftliche vertragliche Abmachung übernommen wurde (Art. 681 N 97 ff, N 111; LIVER, SPR V/1 210; CAVIN, SPR VII/1 158 Anm. 21; HAAB/SIMONIUS/SCHERRER/ZOBL, Art. 681/82 N 30; OSER/SCHÖNENBERGER, Art. 216 N 34; vgl. dazu auch hinten N 83). 75

Weigert sich der Verpflichtete, den Stockwerkeigentumsanteil auf den Vorkaufsberechtigten zu übertragen, so steht diesem am Ort der gelegenen Sache (LIVER, SPR V/1 211; HOMBERGER/MARTI, SJK *431* 7; HAAB/SIMONIUS/SCHERRER/ZOBL, Art. 656 N 30; BGE |92 I 38 ff und *44* I 47) die Klage auf Zusprechung des Eigentums gemäss Art. 665 Abs. 1 zu (Gestaltungsklage; Art. 681 N 246; HAAB/SIMONIUS/SCHERRER/ZOBL, Art. 656 N 30 f; LIVER, SPR V/1 211; BGE *85* II 487). Ist jedoch der fragliche Stockwerkeigentumsanteil schon auf den Dritten übertragen worden, so ist beim nicht vorgemerkten Vorkaufsrecht eine Realexekution ausgeschlossen (vgl. BGE *75* II 136 f und *85* II 570 f); dem Verpflichteten gegenüber, weil er nicht mehr Eigentümer ist, dem Dritten gegenüber, weil er aus dem Vorkaufsvertrag nicht verpflichtet ist. Dem Vorkaufsberechtigten bleibt lediglich ein Schadener- 76 satzanspruch gegen den Verpflichteten wegen Nichterfüllung des Vorkaufsvertrages (Art. 97 ff OR; Art. 681 N 247; HOMBERGER/MARTI, SJK *431* 7; CAVIN, SPR VII/1 157f). Gegenüber dem Dritten hat er keinerlei Ansprüche, es sei denn, die Voraussetzungen von Art. 41 Abs. 2 OR wären erfüllt (Art. 681 N 247 a. E.; teilweise a. M. CAVIN, SPR VII/1 158).

77 Wird das Vorkaufsrecht von mehreren oder allen Stockwerkeigentümern ausgeübt, so erwirbt mangels besonderer Abmachung jeder einen seiner Wertquote entsprechenden Miteigentumsanteil am Verkaufsobjekt (Art. 682 N 79; FRIEDRICH, § 48 N 9; a. M. WEBER, 528; vgl. auch vorn N 28).

7. Untergang

78   Das *vorgemerkte Vorkaufsrecht* der Stockwerkeigentümer geht als Spezialfall eines Realvorkaufsrechts (vorn N 32) aus ähnlichen Gründen unter wie das gesetzliche Vorkaufsrecht (Art. 682 N 80 ff). Erlöschensgründe können, abgesehen vom vollständigen Untergang einer Stockwerkeinheit (insb. beim vertikalen Stockwerkeigentum; vgl. dazu Art. 712a N 35) oder des Gesamtgrundstücks (vgl. dazu Art. 712f N 20 ff), sein:

79 – *Vereinbarung*, die im Unterschied zum gesetzlichen Vorkaufsrecht (Art. 682 N 84) nicht der öffentlichen Beurkundung bedarf, oder *einstimmiger Beschluss* der Stockwerkeigentümer über die Aufhebung des Vorkaufsrechts (FRIEDRICH, § 48 N 3);

80 – *Umwandlung von Stockwerkeigentum in gewöhnliches Miteigentum*, wodurch allerdings ein gesetzliches Vorkaufsrecht an den Miteigentumsanteilen entsteht (Art. 682 Abs. 1; Art. 646 N 58);

81 – *Zeitablauf*, falls der Vormerkungsschutz lediglich auf eine bestimmte Dauer begründet wurde. Andernfalls gilt das vorgemerkte Stockwerkeigentümer-Vorkaufsrecht grundsätzlich für die gesamte Dauer des Stockwerkeigentumsverhältnisses (vgl. vorn N 33).

82 Keinen Untergangsgrund bilden beim vorgemerkten Stockwerkeigentümer-Vorkaufsrecht Handänderungen, bei denen das Vorkaufsrecht nicht ausgeübt wird (Art. 681 N 298; a. M. JÄGGI, ZBGR *1958* 72 ff; a. M. scheinbar auch GUHL/MERZ/KUMMER, 307, die diese Wirkung vom Willen der Vertragsparteien abhängig machen).

83 Beim *nicht vorgemerkten* Vorkaufsrecht der Stockwerkeigentümer wird der verpflichtete Stockwerkeigentümer grundsätzlich frei, wenn das Vorkaufsrecht im ersten Vorkaufsfall nicht innert der Verwirkungsfrist ausgeübt wird. Das Vorkaufsrecht erlischt. Hat der Stockwerkeigentümer hingegen die Vor-

kaufsverpflichtung ausdrücklich übernommen (Vertragsübernahme), so geht das nicht vorgemerkte Vorkaufsrecht nicht unter (vorn N 75; vgl. Art. 681 N 111 und N 296). Entsprechend ist die Rechtslage, wenn das nicht vorgemerkte Vorkaufsrecht im Reglement statuiert ist: Der Erwerber des Stockwerkeigentumsanteils tritt in dieselbe Rechtsstellung ein, die der Veräusserer innehatte. Die Vorkaufsverpflichtung geht als im Reglement enthaltene Pflicht auf den Erwerber über und hat für diesen unmittelbare Verbindlichkeit (Art. 649a i. V. m. Art. 712g; Art. 649a N 11 ff, insb. N 15).

Erwirbt ein Stockwerkeigentümer im nachhinein weitere Stockwerkeigentumsanteile, auf denen ein gegenseitiges Vorkaufsrecht lastet, besteht das Vorkaufsrecht wenigstens formell weiter, sofern es vorgemerkt ist. Nicht vorgemerkte Vorkaufsrechte erlöschen jedoch infolge Vereinigung (Konfusion; Art. 681 N 323). 84

III. Das Einspracherecht (Abs. 2 und 3)

1. Bedeutung

Mit der Statuierung eines gewillkürten Einspracherechts in Art. 712c Abs. 2 wird ähnlich wie beim Vorkaufsrecht die Möglichkeit geschaffen, «Hausgenossen, von denen eine Missachtung der gesetzlichen und reglementarischen Ordnung oder überhaupt ein gemeinschaftswidriges Verhalten zu erwarten ist» (LIVER, SPR V/1 96), von einer Teilnahme an der Stockwerkeigentümergemeinschaft auszuschliessen. Im Unterschied zum Stockwerkeigentümer-Vorkaufsrecht, welches ohne anderslautende Regelung durch den einzelnen Stockwerkeigentümer geltend gemacht werden kann, steht das Einspracherecht nicht dem einzelnen Stockwerkeigentümer zu, sondern den Stockwerkeigentümern als Rechtsgemeinschaft insgesamt. Deshalb ist für die Geltendmachung der Einsprache ein Beschluss der Stockwerkeigentümerversammlung erfoderlich (hinten N 96 ff). 85

Zur Geltendmachung des Einspracherechts bedarf es eines wichtigen Grundes (vgl. hinten N 100 ff). Ob ein solcher vorliegt, wird wohl regelmässig in der Gemeinschaft vor ihrer Beschlussfassung diskutiert. Dabei können sich Auseinandersetzungen ergeben, welche das gute Einvernehmen unter den Stockwerkeigentümern gefährden (FRIEDRICH, ZBGR *1966* 345). Das Bestehen eines Einspracherechts kann sich deshalb als kontraproduktiv erweisen (SCHMID, 105 f; WEBER, 537; vgl. vorn N 8f und hinten N 102). 86

87 Das Gesetz umschreibt das Einspracherecht lediglich in grossen Zügen unter Verzicht auf detaillierte Regelungen, so dass sich bei dessen Begründung – um Auslegungsfragen weitgehend zu vermeiden – eine auf die konkreten Umstände und die speziellen Bedürfnisse ausgerichtete rechtsgeschäftliche Ausgestaltung und Konkretisierung empfiehlt (WEBER, 537). Dies betrifft vor allem die Umschreibung der einsprachefähigen Rechtsgeschäfte (FRIEDRICH, § 49 N 4f; hinten N 90ff) und die Ordnung der Mitteilungspflicht des Stockwerkeigentümers, der ein solches Rechtsgeschäft abzuschliessen beabsichtigt. Eine exemplifikative Aufzählung von Umständen, deren Vorliegen für die Stockwerkeigentümer einen «wichtigen Grund» darstellt, kann die Beschlussfassung darüber erheblich erleichtern (vgl. dazu hinten N 101f).

2. Begründung und Änderung

88 Wie das Stockwerkeigentümer-Vorkaufsrecht ist das Einspracherecht, welches sich gegen die Veräusserung und gegen verschiedene Arten der Gebrauchsüberlassung einer Einheit richtet (hinten N 90ff), eine rechtsgeschäftliche Verfügungsbeschränkung, welche «in gleicher Weise» (Art. 712c Abs. 2) wie das Vorkaufsrecht durch Begründungsakt vorgesehen oder durch spätere Vereinbarung begründet und abgeändert werden kann (vorn N 19ff).

3. Vormerkung

89 Um eine Einsprache auch gegenüber späteren Erwerbern von Stockwerkeigentumsanteilen sowie gegenüber den Inhabern von an den Anteilen bestehenden beschränkten dinglichen oder obligatorischen (Nutzungs-)Rechten wirksam werden zu lassen, ist das Einspracherecht wie das Vorkaufsrecht (vorn N 32) im Grundbuch vorzumerken (Art. 712c Abs. 1; Art. 71a GBV; FRIEDRICH, § 49 N 10; WEBER, 538).

4. Einsprachefähige Rechtsgeschäfte

90 Art. 712c Abs. 2 sieht vor, dass gegen die *Veräusserung* eines Stockwerkeigentumsanteils Einsprache erhoben werden kann. Aufgrund der gesetzlichen Regelung von Vorkaufs- und Einspracherecht in demselben Artikel darf unter systematischen und teleologischen Gesichtspunkten (bezweckt wird in beiden Fällen die Fernhaltung gemeinschaftsstörender Personen; vorn N 5 und N 8f) angenommen werden, dass die beiden Institute

dieselben Veräusserungsgeschäfte erfassen (a. M. WEBER, 538 f). Mit Blick auf den Grundsatz der Verfügungsfreiheit und den Ausnahmecharakter des Einspracherechts (LIVER, GS Marxer 188) muss eine im Verhältnis zu den Vorkaufsfällen vorgenommene Ausweitung der der Verfügungsbeschränkung unterliegenden Rechtsgeschäfte auf alle vertraglichen Handänderungen (so WEBER, 539) abgelehnt werden (scheinbar a. M. auch FRIEDRICH, § 49 N 3f). Der Unterschied zwischen Vorkaufs- und Einspracherecht besteht nämlich nur in den Wirkungen ihrer Geltendmachung (a. M. WEBER, 539, der deren strukturelle Verschiedenartigkeit betont): Beim Vorkaufsrecht tritt – unter Aufrechterhaltung des Veräusserungsgeschäfts – ein bisheriger Stockwerkeigentümer anstelle des Dritten als Erwerber des fraglichen Stockwerkeigentumsanteils auf, wogegen mit dem Einspracherecht eine Handänderung schlechthin verhindert werden kann. Diese gegenüber dem Vorkaufsrecht einschneidendere Wirkung des Einspracherechts für den Veräusserer darf nicht noch durch eine Ausdehnung der einsprachefähigen Handänderungen verstärkt werden. Bezüglich der Veräusserung sind u. E. also Vorkaufsfälle und einsprachefähige Rechtsgeschäfte identisch. Es kann daher auf die Aufzählung jener Geschäfte, welche einen Vorkaufsfall darstellen, verwiesen werden (vorn N 34 ff).

Dem Einspracherecht der Stockwerkeigentümer sind nebst der Veräusserung eines Stockwerkeigentumsanteils auch noch dessen Belastung mit einer *Nutzniessung* (Art. 745 ff) oder einem *Wohnrecht* (Art. 776 ff) sowie dessen *Vermietung* unterstellt. Damit ermöglicht das Gesetz, dass zur Erhaltung eines möglichst ungestörten Gemeinschaftsverhältnisses nicht nur Handänderungen, sondern auch die Einräumung von obligatorischen oder dinglichen *Nutzungsrechten* an einem Stockwerkeigentumsanteil verhindert werden kann. Per analogiam ist das Einspracherecht auch anwendbar auf die in Abs. 2 nicht ausdrücklich genannte Einräumung anderer Nutzungsrechte wie die Verpachtung (Art. 275 ff OR) und die unentgeltliche Gebrauchsüberlassung (Art. 305 ff OR; so auch FRIEDRICH, § 49 N 3). 91

Mit dem gesetzgeberischen Zweckgedanken unvereinbar ist jedoch die Ausdehnung des Einspracherechts auf die Bestellung von Wertrechten, d. h. von Grundpfandrechten (FRIEDRICH, § 49 N 6; WEBER, 543). 92

Weil Art. 712c Abs. 2 nur *Rechtsgeschäfte* über einen Stockwerkeigentumsanteil einer Verfügungsbeschränkung zugänglich macht, kann zudem das gesetzliche Nutzniessungsrecht des überlebenden Ehegatten gemäss Art. 462 – im Recht von 1907 – nicht dem Einspracherecht unterworfen werden (so aber FRIEDRICH, § 49 N 3 und N 5). 93

94 Die in Art. 712c Abs. 2 gesetzlich vorgesehenen Einsprachemöglichkeiten können bei deren Festlegung im Begründungsakt oder durch spätere Vereinbarung nicht ausgedehnt, dafür aber eingeschränkt werden (FRIEDRICH, § 49 N 6; WEBER, 543). So können z. B. die Veräusserung an andere Stockwerkeigentümer (hierzu wird auch regelmässig ein wichtiger Grund fehlen, vgl. hinten N 100 ff) oder die Veräusserung an den Ehegatten oder an Personen, die mit dem Veräusserer in einem bestimmten Grad verwandt oder verschwägert sind, vom Einspracherecht ausgenommen werden.

5. Geltendmachung

95 Um das Einspracherecht rechtswirksam geltend machen zu können, müssen zwei Voraussetzungen kumulativ erfüllt sein: In formeller Hinsicht ist ein rechtsgültig zustande gekommener *Beschluss* der Stockwerkeigentümergemeinschaft erfoderlich (Abs. 2), materiell muss die Einsprache aus einem *wichtigen Grund* erfolgen (Abs. 3 e contrario).

a. Beschlussfassung

96 Der Einsprachebeschluss ist durch die Stockwerkeigentümerversammlung *innert 14 Tagen nach erfolgter Mitteilung* zu fassen (Art. 712c Abs. 2). Um zu vermeiden, dass eine Mitteilung unterbleibt, ist es zweckmässig, bei der Begründung des Einspracherechts auch die Pflicht zur Mitteilung samt den Folgen im Unterlassungsfall näher zu regeln. Insbesondere bei grösseren Gemeinschaften dürfte es sinnvoll sein, die Mitteilung durch den Verwalter vornehmen zu lassen und diesen zu beauftragen, zugleich mit der Mitteilung die Stockwerkeigentümerversammlung zwecks Beschlussfassung über die Geltendmachung des Einspracherechts einzuberufen (FRIEDRICH, § 49 N 11).

97 Die gesetzliche Frist von 14 Tagen hat den Zweck, die Ungewissheit über das Schicksal der Einsprache nicht in unzumutbarer Weise auszudehnen. Eine längere Frist hätte eine unverhältnismässige Belastung des Rechtsverkehrs zur Folge (LIVER, GS Marxer 188; WEBER, 546 f). Erforderlich ist deshalb die *unverzügliche* Einberufung der Stockwerkeigentümerversammlung nach erfolgter Mitteilung des Einsprachefalles. Nur ausnahmsweise und unter der Voraussetzung der nachweisbar unverzüglichen Einberufung dürfte daher die 14tägige Frist überschritten werden, wenn die erste Versammlung nicht beschlussfähig gewesen ist (vgl. Art. 712p Abs. 2; vgl. auch WEBER, 547,

der zugunsten der zwingend einzuhaltenden 14tägigen Frist von Art. 712c Abs. 2 die ebenfalls zwingende 10tägige Mindestfrist für die Ansetzung einer zweiten Versammlung [vgl. dazu die Bemerkungen zu Art. 712p] u. U. verkürzen will).

Ohne anderslautende Regelung ist der Beschluss mit einfachem Mehr der an der Versammlung anwesenden Stockwerkeigentümer zu fassen (FRIEDRICH, § 49 N 12; vgl. auch StenBullStR *1963* 217, 284). Dabei ist der Stockwerkeigentümer, gegen dessen Rechtsgeschäft sich die Einsprache richtet, nicht stimmberechtigt (g. M. SCHMID, 105, und C. MÜLLER, 93, mit Verweisung auf das Vereinsrecht; a. M. FRIEDRICH, § 49 N 15; WEBER, 546). Das ergibt sich schon aus dem Gesetzeswortlaut: Die Formulierung «...wenn die *übrigen* Stockwerkeigentümer ... auf Grund eines *von ihnen* gefassten Beschlusses...» ist u. E. so zu verstehen, dass der verkaufswillige Stockwerkeigentümer vom Stimmrecht ausgeschlossen sein soll (vgl. allgemein zum Problemkreis der Stimmrechtsbeschränkungen in der Stockwerkeigentümerversammlung die entsprechenden Bemerkungen zu Art. 712o). 98

Eine rechtsgeschäftliche Erleichterung der vom Gesetz statuierten Voraussetzungen für das Einspruchsverfahren ist nicht zulässig. Insbesondere kann das Einspracherecht nicht rechtsgeschäftlich jedem einzelnen Stockwerkeigentümer eingeräumt werden (FRIEDRICH, § 49 N 13; WEBER, 546). Eine Erschwerung ist demgegenüber möglich, z. B. durch Einführung eines qualifizierten Mehrs für die Beschlussfassung (WEBER, 546). 99

b. Vorliegen eines wichtigen Grundes

Nach Abs. 3 kann eine Einsprache nur erhoben werden, wenn ein wichtiger Grund vorliegt. Diese Voraussetzung ist *zwingender Natur* und kann deshalb nicht durch Vereinbarung gemildert oder aufgehoben werden (FRIEDRICH, § 49 N 8; WEBER, 544). Ein wichtiger Grund liegt vor, wenn unter Würdigung aller Umstände des Einzelfalles, insbesondere der Grösse, Bauart, und Zweckbestimmung des zu Stockwerkeigentum aufgeteilten Gebäudes, die Veräusserung oder Gebrauchsüberlassung an eine bestimmte Person für die übrigen Stockwerkeigentümer als unzumutbar erscheint (vgl. dazu FRIEDRICH, § 49 N 7; WEBER, 234 ff, 543 f). 100

Trotz der zwingenden Natur dieses Erfordernisses steht es den Stockwerkeigentümern frei, in der Gemeinschaftsordnung solche Gründe, die sie als wichtig erachten, exemplifikativ aufzuzählen. Dadurch können aber unwichtige Gründe nicht zu wichtigen erhoben werden. Vielmehr dient eine 101 solche Enumeration dem Richter als Anhaltspunkt für die von den Beteiligten selbst vorgenommene Gewichtung der Interessen (FRIEDRICH, § 49 N 8; vgl. auch WEBER, 544 f). Letztlich hat der Richter aber – bei aller Beachtung individueller Besonderheiten – stets auch nach objektiven Kriterien zu prüfen, ob ein wichtiger Grund vorliegt.

102 Eine klare und übersichtliche rechtsgeschäftliche Aufzählung von als wichtig erachteten Gründen zur Geltendmachung des Einspracherechts hat auch den Vorteil, dass jeder einzelne Stockwerkeigentümer daraus ableiten kann, inwieweit eine Veräusserung oder eine Einräumung von Nutzungsrechten an seinem Stockwerkeigentumsanteil an der Einsprache der anderen Stockwerkeigentümer scheitern könnte. Zudem kann damit eine weitgehende Gleichbehandlung aller Betroffenen gewährleistet werden (WEBER, 545). Zu beachten aber bleibt, dass die Erörterung der Frage, ob im konkreten Fall wirklich ein wichtiger Grund vorliegt, trotz einer exemplifikativen Aufzählung von beachtenswerten Umständen immer wieder zu Streitigkeiten führen kann. Es ist deshalb oft zweckmässiger, im Reglement Richtlinien festzulegen, die bei der Einräumung von Gebrauchsüberlassungsrechten zu beachten sind (WEBER, 233; vgl. dazu auch Art. 712a N 50 ff).

6. Rechtsbehelfe gegenüber der Einsprache

103 Gegen den durch die Versammlung der Stockwerkeigentümer gefassten Einsprachebeschluss kann der betroffene Stockwerkeigentümer auf Feststellung klagen, dass die Einsprache wegen Fehlens eines wichtigen Grundes unwirksam sei (Art. 712c Abs. 3). Passivlegitimiert ist die Stockwerkeigentümergemeinschaft (vgl. die Bemerkungen zu Art. 712l), welche durch den Verwalter vertreten wird, falls ein solcher bestellt ist (Art. 712t Abs. 2; FRIEDRICH, § 49 N 16).

104 Abs. 3 von Art. 712c sieht vor, dass über das Feststellungsbegehren des betroffenen Stockwerkeigentümers im *summarischen Verfahren* zu entscheiden ist. Gerichtsstand ist der Ort der gelegenen Sache (vgl. dazu auch BGE *105* Ia 23 ff). Der Entscheid über die Feststellungsklage kann durch Vertrag auch einem Schiedsgericht übertragen werden (FRIEDRICH, § 49 N 16; WEBER, 549).

105 Während des Verfahrens bleibt das fragliche Rechtsgeschäft in der Schwebe. Auch wenn dieses Verfahren rasch durchgeführt wird, können dem Einspruchsgegner daraus erhebliche Nachteile erwachsen. Wird der betroffene Stockwerkeigentümer in seinem Feststellungsbegehren geschützt,

so kann sich eine allfällige Schadenersatzpflicht derjenigen Stockwerkeigentümer ergeben, die die Einsprache (durch Mehrheitsbeschluss) veranlassten. Dies wird allerdings nur dort der Fall sein, wo die Einsprache offensichtlich ohne Vorliegen wichtiger Gründe, mithin in schuldhafter Weise erhoben wurde (FRIEDRICH, § 49 N 16; WEBER, 549).

Art. 712 d

B. Begründung und Untergang
I. Begründungsakt

¹ Das Stockwerkeigentum wird durch Eintragung im Grundbuch begründet.
² Die Eintragung kann verlangt werden:
1. auf Grund eines Vertrages der Miteigentümer über die Ausgestaltung ihrer Anteile zu Stockwerkeigentum;
2. auf Grund einer Erklärung des Eigentümers der Liegenschaft oder des Inhabers eines selbständigen und dauernden Baurechtes über die Bildung von Miteigentumsanteilen und deren Ausgestaltung zu Stockwerkeigentum.

³ Das Rechtsgeschäft bedarf zu seiner Gültigkeit der öffentlichen Beurkundung oder, wenn es eine Verfügung von Todes wegen oder ein Erbteilungsvertrag ist, der im Erbrecht vorgeschriebenen Form.

B. Constitution et fin
I. Acte constitutif

¹ La propriété par étages est sonstituée par inscription au registre foncier.
² L'inscription peut être requise:
1. En vertu d'un contrat par lequel les copropriétaires conviennent de soumettre leurs parts au régime de la propriété par étages;
2. En vertu d'une déclaration du propriétaire du bien-fonds ou du titulaire d'un droit de superficie distinct et permanent, relative à la création de parts de copropriété selon le régime de la propriété par étages.

³ L'acte juridique n'est valable que s'il est passé en la forme authentique ou, s'il s'agit d'un testament ou d'un acte de partage successoral, en la forme prescrite par le droit des successions.

B. Costituzione e cessazione
I. Atto costitutivo

¹ La proprietà per piani è costituita con l'iscrizione nel registro fondiario.
² L'iscrizione può essere chiesta sul fondamento di:
1. un contratto con il quale i comproprietari sottopongono le loro quote all'ordinamento della proprietà per piani;
2. una dichiarazione del proprietario del fondo o del titolare di un diritto di superficie per sè stante e permanente, attestante la costituzione di quote di comproprietà secondo l'ordinamento della proprietà per piani.

³ Il negozio richiede per la sua validità l'atto pubblico e, se è un testamento o una convenzione di divisione ereditaria, la forma prescritta dal diritto successorio.

Übersicht			Note	Seite
	I.	Allgemeines	7	159
	II.	Grundbuchliche Behandlung von Stockwerkeigentum	10	160
		1. Eintragung im Grundbuch	10	160
		a. Voraussetzungen	10	160
		aa. Anmeldung	10	160
		bb. Verfügungsberechtigung	12	160
		cc. Ausweis für die Eintragung des Eigentums	14	161
		b. Aufnahme im Grundbuch	15	161
		c. Grundbucheintrag als Konstitutivakt	21	163

	Note	Seite
d. Ausnahmsweise deklaratorische Bedeutung des Grundbucheintrages	22	163
aa. Überführung von altrechtlichem Stockwerkeigentum ins neue Recht	22	163
bb. Überführung von umgewandeltem Stockwerkeigentum ins neue Recht	24	164
2. Eintragungen auf den Grundbuchblättern	25	165
a. Eintragungen auf dem Blatt der Liegenschaft oder des selbständigen und dauernden Baurechts	25	165
b. Eintragungen auf dem Blatt des Stockwerkeigentumsanteils	32	166
aa. Nummer des betreffenden Blattes	33	166
bb. Beschreibung des Stockwerks	34	166
cc. Name des Berechtigten	35	166
dd. Allfällige beschränkte dingliche Rechte	38	167
c. Spezialproblem: Die «Verlegung» eines das Stammgrundstück belastenden Grundpfandrechts auf die Stockwerkeigentumsanteile	41	168
aa. Ausgangslage	41	168
bb. Fallgruppen	43	169
3. Aufteilungsplan	50	172
a. Bedeutung	50	172
b. Rechtsnatur	55	173
4. Vormerkungen	56	174
5. Anmerkungen	58	175
6. Umfang der Prüfungspflicht des Grundbuchverwalters	62	176
7. Grundbuchbeschwerde	65	177
III. *Rechtsgeschäftliche Begründung von Stockwerkeigentum*	66	177
1. Allgemeines	66	177
2. Objekt des rechtsgeschäftlichen Begründungsaktes	70	178
IV. *Der Begründungsvertrag*	71	179
1. Inhalt	71	179
2. Subjekte	81	180
3. Vertragliche Umwandlung von bestehendem Miteigentum in Stockwerkeigentum	83	180
4. Vertragliche Begründung von Stockwerkeigentum ohne vorbestehendes Miteigentum	86	181
5. Begründung von Stockwerkeigentum durch einen Erbteilungsvertrag im besonderen	88	182
V. *Die Begründungserklärung*	89	182
1. Einseitiges Rechtsgeschäft	89	182
2. Inhalt	94	184

	Note	Seite
3. Subjekte	95	184
a. Natürliche und juristische Personen	95	184
b. Erblasser im besonderen	97	185
VI. Begründung von Stockwerkeigentum durch richterliches Urteil oder behördliche Anordnung in der Erbteilung?	101	186
VII. Formvorschriften	109	188
1. Grundsatz der öffentlichen Beurkundung	109	188
a. Begründungsvertrag und Begründungserklärung	109	188
b. Aufteilungsplan	111	189
2. Ausnahmen	112	189

1 Materialien   BBl *1962* II 1497ff, 1514ff; BBl *1964* II 1198ff; StenBullNR *1963* 187f, 219f, 530; StenBullStR *1963* 217f.

2 Literatur   Neben den im allgemeinen Schrifttumsverzeichnis aufgeführten Werken sind hier noch zu beachten: PAUL PIOTET, Les effets typiques des annotations au registre foncier, ZBGR *1969* 34ff; ALFRED SANTSCHI, Die Rechtsberatung durch den Notar, ZBGR *1968* 1ff; RAINER SCHUMACHER, Das Bauhandwerkerpfandrecht, 2.A., Zürich 1982.

3 Rechtsvergleichung zu den Art. 712d–712f   Vgl. auch die Ausführungen in den Vorbemerkungen zu den Art. 712aff N 29f, N 52–81 sowie die Bemerkungen in Art. 712e N 4, 7, 17, 24, 28, 32, 42, Art. 712f N 5, 16 und hinten N 3–6, 17, 35, 50, 58, 65.

Deutschland: Besonders zu beachten sind die §§ 2–4, 7, 8, 11, 14, 18 und 19 WEG.
Das Wohnungseigentum entsteht (§ 2 WEG) durch Vertrag der Miteigentümer (§ 3 WEG) oder durch Teilung des bisherigen Alleineigentums am Gebäude (§ 8 WEG). Andere Begründungsformen sind nicht zulässig. So führt insbesondere die Anordnung der Aufteilung durch letztwillige Verfügung noch nicht zur Entstehung von Wohneigentum; rechtsbegründender Akt ist erst der Teilungsvertrag unter den Erben selbst mit anschliessendem Grundbucheintrag (BÄRMANN/PICK/MERLE, § 2 N 4).
Bei der vertraglichen Begründung von Wohnungseigentum bedarf es der dinglichen Einigung über die Einräumung von Sondereigentum in der Form der Auflassung (§ 925 BGB), eines gerichtlich oder notariell beurkundeten Vertrages (§ 313 BGB) über die Einräumung bzw. den Erwerb von Sondereigentum und des Eintrags im Grundbuch (§ 4 WEG). Die vertragliche Begründung kann auch schon vor Errichtung des Gebäudes er-

folgen und im Grundbuch vollzogen werden (§ 3 Abs. 1, § 7 Abs. 4 WEG; vgl. zu den sog. «Bauherrenmodellen» und «Bauerrichtungsverträgen» WEITNAUER, Anhang zu § 3). Weit häufiger ist die Begründung durch Teilung gemäss § 8 WEG (sog. «Vorratsteilung»; vgl. WEITNAUER, § 2 N 1; BAUR, 279f). Dabei kommt nur die freiwillige Teilung in Betracht, nicht aber die richterliche Teilungsentscheidung (WEITNAUER, § 2 N 1; vgl. aber die Differenzierung bei BÄRMANN/PICK/MERLE, § 2 N 10). In allen Fällen wird für jeden Miteigentumsanteil ein eigenes Grundbuchblatt («Wohnungsgrundbuch») eröffnet und hierauf das Grundbuchblatt des Gesamtgrundstücks geschlossen (§ 7 WEG). Konstitutiver Begründungsakt ist immer der Eintrag im Wohnungsgrundbuch (§ 4 Abs. 1, § 8 Abs. 2 Satz 2 WEG).

Im Gegensatz zu § 749 BGB ist die Auflösung der Wohnungseigentümergemeinschaft nur durch Vereinbarung aller Wohnungseigentümer in der Form von § 4 WEG möglich (vgl. auch § 11 WEG). Insbesondere ist die Auflösung im Zwangsvollstreckungsverfahren ausgeschlossen (§ 11 Abs. 2 WEG; vgl. dazu WEITNAUER, § 11 N 2f; BÄRMANN/PICK/MERLE, § 11 N 40). Als Ausgleich zur Unauflöslichkeit der Gemeinschaft sehen die §§ 18 und 19 WEG die Möglichkeit des Ausschlusses eines Wohnungseigentümers aus der Gemeinschaft vor, wenn dieser seine Pflichten in schwerer Weise verletzt.

Der Anteil des Wohnungseigentümers an den Nutzungen, Lasten und Kosten des gemeinschaftlichen Eigentums bestimmt sich grundsätzlich nach der im Grundbuch eingetragenen Miteigentumsquote (§ 16 WEG). Diese Regelung ist jedoch dispositiver Natur (§ 10 Abs. 1 Satz 2 WEG), weshalb in der Praxis oft sehr differenzierte Verteilungsschlüssel zur Anwendung gelangen (vgl. dazu im einzelnen BÄRMANN/PICK/MERLE, § 16 N 116ff; WEITNAUER, § 16 N 13eff).

Österreich: Besonders zu beachten sind die §§ 2-5, 7, 8, 12 und 21 ÖWEG. 4 Wohnungseigentum entsteht durch schriftliche Vereinbarung aller Miteigentümer (§ 2 Abs. 2 ÖWEG). Die dingliche Wirkung des Sonderrechts entsteht aber erst mit der «Einverleibung» im Grundbuch, und zwar im Eigentumsblatt auf dem Mindestanteil (§ 12 Abs. 1 ÖWEG). Vorrausetzung zur Begründung von Wohnungseigentum ist dabei, dass der Miteigentumsanteil eine gewisse Mindestgrösse aufweist, den sog. «Mindestanteil» (§ 2 Abs. 1 ÖWEG). Dieser bemisst sich nach dem Verhältnis des Nutzwertes des einzelnen Wohnungseigentumsobjekts zur Summe der Nutzwerte aller Objekte und wird vom Gericht bzw. von einer Schlichtungsstelle festgesetzt (§ 3 Abs. 1 ÖWEG; zur Berechnung im einzelnen vgl. §§ 3-5 ÖWEG).

Der gesetzliche Modellfall von § 2 Abs. 2 Satz 1 ÖWEG, die Umwandlung einer Miteigentümer- in eine Wohnungseigentümergemeinschaft, kommt in der Praxis selten vor (GSCHNITZER, 153). Regelfall ist die Begründung von Wohnungseigentum nach Plan durch einen Wohneigentums-Organisator (z.B. Baugesellschaft) mit sukzessivem Verkauf an die Bewerber (§§ 23–25 ÖWEG; vgl. dazu FAISTENBERGER/BARTA/CALL, § 2 Rz 48ff und § 23 Rz 1ff; BÄRMANN/PICK/MERLE [4.A.], Einl. N 277 und 284). Die Begründung kann auch durch letztwillige Verfügung erfolgen (FAISTENBERGER/BARTA/CALL, § 2 Rz 16).

Das Wohnungseigentum erlischt gemäss § 21 Abs. 1 ÖWEG durch Untergang des Wohnungseigentumsobjekts oder durch Eintragung des Verzichts im Grundbuch, nicht aber durch Zwangsversteigerung des Miteigentumsanteils (§ 7 Abs. 3 ÖWEG). Daneben sieht das Gesetz in § 22 ein gerichtliches Ausschlussverfahren vor, mit dem ein Wohnungseigentümer wegen Pflichtverletzung oder schädlichem Verhalten aus der Gemeinschaft ausgeschlossen werden kann (vgl. im einzelnen dazu FAISTENBERGER/BARTA/CALL, § 22 Rz 1 ff). Ein Teilungsanspruch steht dem Wohnungseigentümer nicht zu (§ 8 ÖWEG).

5 *Italien:* Besonders zu beachten sind die Art. 922, 1118, 1119, 1128 und 2643–2672 CCit sowie Art. 69 disp.cod.civ. (Einführungs- und Übergangsbestimmungen).
Die Begründung von Stockwerkeigentum durch eine Mehrheit von Miteigentümern wie auch die Übertragung von Wohnungen durch einen Alleineigentümer bedarf der notariellen Beurkundung (BÄRMANN/PICK/MERLE [4.A.], Einl. N 140). Das italienische Recht kennt nämlich kein Grundbuch (Ausnahme bilden die ehemals österreichischen Distrikte Südtirol und Venezien, wobei aber auch hier dem Grundbucheintrag, der sog. «intavolazione», keine konstitutive Bedeutung zukommt; vgl. GALGANO, 558). Die Einzelheiten des Eigentumserwerbs sind im Schuldrecht geregelt (vgl. insb. 6. Buch, 1. Titel, 1. Kapitel: Die Eintragung von Rechtshandlungen über unbewegliche Sachen, Art. 2643–2672 CCit). Das Eigentum geht mit dem Abschluss des (notariell beurkundeten) Kaufvertrages über (Art. 922 und Art. 2657 CCit). Die Publizität wird erreicht durch Eintragung des Vertrages in die sog. Immobiliarregister (registri immobiliari; vgl. GALGANO, 856). Die Feststellung der Eingentumsverhältnisse (wie auch der Belastungsverhältnisse) gestaltet sich deshalb sehr schwierig.
Das Recht an den gemeinschaftlichen Sachen ist gemäss Art. 1118 CCit proportional zum Wert des Stockwerks oder Stockwerkanteils des einzelnen Stockwerkeigentümers. Dieser Wert muss im Begründungsakt festgelegt werden. Es bestehen hierzu in der italienischen Praxis ausgereifte Werttabellen, die auch für die Verteilung der Kosten und Lasten und für das Stimmrecht massgebend sind. Eine Revision der Werttabellen ist nur unter den Voraussetzungen des Art. 69 der Einführungs- und Übergangsbestimmungen zulässig. Ein Verzicht auf das Recht an den gemeinschaftlichen Sachen entbindet nicht von den Beitragskosten (Art. 1118 Abs. 2 CCit).
Zum Untergang des Stockwerkeigentums bei vollständigem oder teilweisem Untergang des Gebäudes vgl. Art. 1128 CCit. Ein einseitiger Aufhebungsanspruch eines Stockwerkeigentümers ist ausgeschlossen (Art. 1119 CCit). Nicht vorgesehen ist im italienischen Recht der Ausschluss eines Stockwerkeigentümers aus der Gemeinschaft.

6 *Frankreich:* Die Besonderheit des Gesetzes vom 10. Juli 1965 liegt darin, dass es nur auf fertige Gebäude Anwendung findet, bei denen mindestens eine Wohnung verkauft ist. Die Erwerber haben während der Bebauung eines Grundstücks noch nicht die Rechtsstellung eines Wohnungseigentümers im Sinne dieses Gesetzes. Ihre Rechtsstellung bestimmt sich entwe-

der nach den Regeln über die vente d'immeubles à construire (Art. 1601-1 bis 1601-4, Art. 1642-1, 1646-1 und 1648 Abs. 2 CCfr; vgl. dazu FERID/ SONNENBERGER, 165 ff) oder – soweit die Bebauung in gesellschaftsrechtlicher Form erfolgt – nach Gesellschaftsrecht, insbesondere nach dem Gesetz vom 16. Juli 1971 (vgl. zu diesem Gesetz auch die Vorbemerkungen zu den Art. 712a ff N 75; vgl. im einzelnen BÄRMANN/PICK/MERLE [4.A.], Einl. N 11 ff; KISCHINEWSKY-BROQUISSE, Nr. 30 ff).

Weitere Entstehungsformen sind die Aufstockung eines Gebäudes (KISCHINEWSKY-BROQUISSE, Nr. 34 ff), die gerichtliche Teilung eines Gebäudes zu lots (KISCHINEWSKY-BROQUISSE, Nr. 53 Anm. 9) oder die Aufteilung eines Gebäudes durch einen Alleineigentümer. Immer aber liegt copropriété erst mit der Veräusserung bzw. Zuweisung einer Wohnung nach der Fertigstellung des Gebäudes an den Erwerbsberechtigten vor (FERID/ SONNENBERGER, 633). Drittwirksam wird die Aufteilung bzw. die Veräusserung aber erst mit der Publikation des «état déscriptif» (Verzeichnis, das die Gesamtsituation und die Eigentumsanteile aufführt) im Immobilienregister. Zudem ist eine «fiche» einzurichten, die über alle Publikationen Auskunft gibt. Ebenfalls publikationsbedürftig ist das règlement (Art. 13 des Gesetzes; vgl. zum Ganzen FERID/SONNENBERGER, 635).

Ebenso wie für die Begründung fehlen auch für den Untergang der copropriété Regeln im Gesetz von 1965. In Betracht kommen für den Untergang rechtsgeschäftliche und tatsächliche Gründe (z. B. Veräusserung, Umwandlung einer indivision usw.; vgl. dazu FERID/SONNENBERGER, 633). Gemäss Art. 6 des Gesetzes ist aber ein Aufhebungsanspruch des einzelnen Wohnungseigentümers ausgeschlossen. Art. 41 des Gesetzes, wonach mit der Zerstörung des Gebäudes automatisch eine indivision entsteht, ist lediglich ein Anwendungsfall von Art. 815 CCfr (FERID/SONNENBERGER, 633; GIVORD/GIVERDON, Nr. 512 f).

Das Miteigentumsrecht an den parties communes besteht in einer ideellen Quote (quote part), die für jedes lot entsprechend dem Wertverhältnis zwischen dem einzelnen Sondereigentum und dem übrigen Sondereigentum festgesetzt wird; Parteivereinbarungen haben jedoch Vorrang (Art. 5 des Gesetzes). Grundsätzlich bestimmt diese Quote auch die Rechtsstellung des einzelnen Wohnungseigentümers in der Gemeinschaft (FERID/ SONNENBERGER, 635).

I. Allgemeines

Die rechtsgeschäftliche Begründung von Stockwerkeigentum setzt – der Begründung anderer dinglicher Rechte entsprechend – voraus:
– ein materiell und formell gültiges Verpflichtungsgeschäft (causa, Rechtsgrund) und
– die Eintragung im Grundbuch.

In Übereinstimmung mit den das schweizerische Sachenrecht beherrschenden Prinzipien der Eintragung und der Kausalität regelt Art. 712d

- in Abs. 1 das Erfordernis der Grundbucheintragung (hinten N 10 ff),
- in Abs. 2 die zulässigen Rechtsgeschäfte (hinten N 66 ff) und
- in Abs. 3 die beim Abschluss dieser Verpflichtungsgeschäfte einzuhaltende Form (hinten N 109 ff).

9 Klar zum Ausdruck gebracht wird in Art. 712d auch die Abhängigkeit der dinglichen Perfektion (des Grundbucheintrages) von der causa (der rechtsgeschäftlichen Verpflichtung) durch die Formulierung in Abs. 2: «Die Eintragung kann verlangt werden *auf Grund* ...».

II. Grundbuchliche Behandlung von Stockwerkeigentum

1. Eintragung im Grundbuch

a. Voraussetzungen

aa. Anmeldung

10 Für das Eintragungsverfahren gilt auch beim Stockwerkeigentum grundsätzlich das *Antragsprinzip* (Art. 656 N 46). Der Grundbuchverwalter darf demnach, unter Vorbehalt der im Gesetz und in der Grundbuchverordnung vorgesehenen Ausnahmen (TUOR/SCHNYDER, 600), Eintragungen nur auf Anmeldung hin vornehmen (Art. 963 Abs. 1; Art. 11 GBV). Eine solche ist auch dann erforderlich, wenn altrechtliches oder umgewandeltes Stockwerkeigentum im Grundbuch eingetragen werden soll sowie in dem Fall, wo es nach Auflösung neubegründeter Ersatzformen zu einer Überführung ins neue Recht kommen muss (SCHMID, 168).

11 Die Anmeldung muss *in schriftlicher Form* geschehen und *«unbedingt und vorbehaltlos»* abgefasst sein (Art. 12 ff GBV). Es spielt dabei keine Rolle, ob das aufzuteilende Gebäude bereits erstellt ist oder erst Baupläne vorliegen (vgl. hinten N 70).

bb. Verfügungsberechtigung

12 Die Anmeldung für die Eintragung von Stockwerkeigentum muss von dem im Grundbuch bezeichneten Eigentümer des Grundstücks ausgehen (Art. 963 Abs. 1; Art. 15 Abs. 1 GBV). Da ein im Grundbuch

aufgenommenes selbständiges und dauerndes Baurecht (Art. 675, Art. 779, Art. 779a ff) als Grundstück gilt (Art. 655 Abs. 2 Ziff. 2, Art. 943 Abs. 1 Ziff. 2), ist auch dessen Inhaber zur Anmeldung berechtigt. Handelt es sich beim Eigentümer nicht um eine Einzelperson, sondern um eine Miteigentümergemeinschaft oder Gesamthandschaft, muss die Anmeldung von allen Beteiligten ausgehen (HOMBERGER, Art. 963 N 12). Der Berechtigte kann (bzw. die Berechtigten können) aber auch einen Vertreter zur Anmeldung ermächtigen.

Der Grundbuchverwalter hat abzuklären, ob der Antragsteller mit dem zur Verfügung Legitimierten identisch ist (Art. 15 Abs. 2 GBV). Erfolgt die Anmeldung durch einen Vertreter, ist beim gesetzlichen Vertretungsverhältnis ein Ausweis über die Verfügungsbefugnis und beim vertraglichen eine Vollmacht beizubringen (Art. 16 Abs. 1 GBV). Vgl. im einzelnen HOMBERGER, Art. 965 N 6ff. 13

cc. Ausweis für die Eintragung des Eigentums

Bei der Errichtung von Stockwerkeigentum dient als Rechtsgrundausweis entweder der Begründungsvertrag oder die Begründungserklärung (Art. 712d Abs. 2). Beide sind, vorbehältlich der erbrechtlichen Formvorschriften, öffentlich zu beurkunden (Art. 712d Abs. 3). Für die Anforderungen an deren Inhalt vgl. hinten N 71ff und N 94. 14

b. Aufnahme im Grundbuch

Das Stockwerkeigentum, welches als besonders ausgestaltetes Miteigentum gilt (vgl. die Vorbemerkungen zu den Art. 712aff N 33ff), wird erst durch die Eintragung im Grundbuch ein selbständiges Rechtsobjekt. Wie der gewöhnliche ist auch der mit einem Sonderrecht verbundene Miteigentumsanteil als Grundstück zu behandeln (Art. 655 Abs. 1 und Abs. 2 Ziff. 4, Art. 943 Abs. 1 Ziff. 4 sowie Art. 958), sodass im Rechtsverkehr die für die Verfügung über Grundstücke geltenden Bestimmungen zur Anwendung kommen. Nur so kann das Institut des Stockwerkeigentums sich voll entfalten und insbesondere seiner wirtschaftlichen Funktion ganz gerecht werden (BBl *1962* II 1498 f). 15

Stockwerkeigentum wird nach dem *Grundsatz der Realfolienordnung* (Syst. Teil N 102) ins Grundbuch aufgenommen. Für jeden Stockwerkeigentumsanteil muss in jedem Fall ein eigenes Hauptbuchblatt mit eigener Nummer 16 angelegt und eine Grundstücksbeschreibung hergestellt werden (Art. 2 und Art. 10a Abs. 2 GBV). Im Gegensatz dazu entscheidet der Grundbuchverwalter bei den gewöhnlichen Miteigentumsanteilen nach freiem Ermessen über die Eröffnung eines besonderen Blattes im Grundbuch (Art. 10a Abs. 1 GBV; Art. 646 N 34; s. auch BBl *1964* II 1198 sowie ZBGR *1964* 382). Indem für jeden Stockwerkeigentumsanteil eine besondere Blatteröffnung zwingend vorgeschrieben wird, ist die Selbständigkeit des einem jeden Eigentümer zustehenden Sonderrechts noch besonders hervorgehoben (FRIEDRICH, ZBGR *1964* 337). Das Vorgehen ist dasselbe, wie wenn selbständige und dauernde Rechte (Art. 943 Abs. 1 Ziff. 2), die durch Eintragung auf dem Blatt der belasteten Liegenschaft entstanden sind, durch Eröffnung besonderer Blätter ins Grundbuch aufgenommen werden (Art. 7 und 9 GBV; BBl *1962* II 1498).

17 Obwohl für jeden einzelnen Stockwerkeigentumsanteil ein eigenes Hauptbuchblatt angelegt wird (Art. 10a Abs. 2 GBV), bleibt das Blatt des zu Stockwerkeigentum aufgeteilten Grundstücks in Übereinstimmung mit der grundbuchlichen Behandlung selbständiger und dauernder Rechte weiterhin geöffnet (BBl *1962* II 1499 f). Diese Regelung unterscheidet sich von derjenigen des deutschen Rechts, wo das Grundbuchblatt des Gesamtgrundstücks geschlossen wird, nachdem für jeden Stockwerkeigentumsanteil ein sogenanntes «Wohnungsgrundbuch» angelegt worden ist (§ 7 Abs. 1 WEG; für die Nachteile dieser Lösung vgl. SCHMID, 176; s. auch FRIEDRICH, SJK *1302* 9).

18 Geht es um die Eintragung *von altrechtlichem Stockwerkeigentum* (hinten N 22 ff), können die Kantone bestimmen, ob besondere Stockwerkeigentumsblätter überhaupt nicht oder nur unter bestimmten Voraussetzungen angelegt werden sollen (Art. 10a Abs. 4 GBV i. V. m. Art. 20quater SchlT).

19 Muss für jeden zu Stockwerkeigentum ausgestalteten Miteigentumsanteil ein eigenes Hauptbuchblatt eröffnet werden, führt dies insbesondere bei grossen Bauten mit zahlreichen Einheiten zu einer Vielzahl von Grundbuchblättern. Wird das Hauptbuch *in Buchform* geführt (Art. 107a GBV), kann die Darstellung der betreffenden Rechtsverhältnisse unübersichtlich werden. Es empfiehlt sich deshalb, das Hauptbuch *in Form loser Blätter* (Kartothekform) einzurichten (Art. 107b GBV; Kreisschreiben des Eidgenössischen Grundbuchamtes vom 10. Januar 1966 an die kantonalen Aufsichtsbehörden über das Grundbuch betreffend Änderung der Grundbuchverordnung [Führung des Hauptbuches auf losen Blättern] durch BRB vom 17. Dezember 1965, abgedruckt in ZBGR *1966* 48 ff). Die Stockwerkeigen-

tumsblätter können in diesem Fall direkt hinter dem Blatt der Liegenschaft, auf welcher das Gebäude steht, oder des selbständigen und dauernden Baurechts eingereiht werden.

Bleiben mehrere Stockwerkeigentumsanteile in der Hand einer (natürlichen oder juristischen) Person vereinigt, kann für diese ein *Kollektivblatt* eröffnet werden, sofern die Voraussetzungen von Art. 947 und Art. 5 Abs. 1 GBV erfüllt sind (Kreisschreiben des Eidgenössischen Justiz- und Polizeidepartementes an die kantonalen Aufsichtsbehörden über das Grundbuch betreffend die grundbuchliche Behandlung des Stockwerkeigentums und des gewöhnlichen Miteigentums vom 24. November 1964, abgedruckt in BBl *1964* II 1198f sowie in ZBGR *1964* 382f). Aus praktischen Gründen ist es jedoch nicht immer empfehlenswert, ein solches Kollektivblatt zu errichten. So z. B. dann, wenn die Anzahl der zu beschreibenden Stockwerke so gross ist, dass das Kollektivblatt für die einzelnen Eintragungen nicht ausreicht (unveröffentlichte Meinungsäusserung des Eidgenössischen Grundbuchamtes i.S. D.AG an das Grundbuchamt Obwalden vom 25. Juli 1983, 3 Ziff. 4; ähnliche Bedenken äusserte bereits FRIEDRICH, ZBGR *1966* 325).

c. Grundbucheintrag als Konstitutivakt

Die Eintragung von Stockwerkeigentum im Grundbuch ist, da es in der Regel (für die Ausnahme vgl. hinten N 22 ff) keine ausserbuchliche Begründung gibt (FRIEDRICH, SJK *1302* 9), konstitutives Erfordernis für dessen Entstehung (BBl *1962* II 1514; LIVER, SPR V/1 99; BGE 96 III 27; zum Eintragungsprinzip i. a. vgl. Syst. Teil N 72 ff). Da das dingliche Recht erst durch den Registereintrag entsteht, ist dieser rechtsbegründender (und nicht nur rechtsinhaltlicher) Natur.

d. Ausnahmsweise deklaratorische Bedeutung des Grundbucheintrages

aa. Überführung von altrechtlichem Stockwerkeigentum ins neue Recht

Nach Art. 20bis SchlT werden die vom früheren kantonalen Recht beherrschten Stockwerkeigentumsverhältnisse (vgl. die Vorbemerkungen zu den Art. 712a ff N 11 f), die bis anhin bloss angemerkt werden konnten (Art. 45 Abs. 1 aSchlT; Art. 114 Abs. 1 aGBV), den Bestimmungen des neuen Rechts unterstellt. Dies ist sogar dann der Fall, wenn nicht alle Voraussetzungen hiefür erfüllt sind (beispielsweise die vom heutigen Recht verlangte Abgeschlossenheit der Stockwerke fehlt; für dieses sonst notwendige Erfordernis vgl. Art. 712b N 47 ff und N 60).

23 Der Übergang vom alten zum neuen Recht vollzieht sich mit sofortiger Wirkung *direkt von Gesetzes wegen* (Protokoll der Studienkommission für das Stockwerkeigentum, 1. Session, 83; für die Probleme, die sich im Zusammenhang mit wohlerworbenen Rechten ergeben können vgl. MUTZNER, Art. 17 N 70 und 73 ff; BROGGINI, SPR I 484 ff; BROGLI, 67 ff; SCHMID, 148 ff; STÖCKLI, ZBGR *1965* 28). Selbst wenn über das gemeinschaftliche Grundstück als solches oder über einzelne Stockwerkeigentumsanteile verfügt werden soll, ist eine vorherige Anpassung an das neue Recht und somit eine grundbuchgerechte Eintragung nicht erforderlich (Art. 656 N 73; BROGLI, 78 f; STÖCKLI, ZBGR *1965* 25 f; a. M. SCHMID, a.a.O.). Dies ist aber nur der Fall, wenn die Kantone nicht zugunsten einer besseren Übersichtlichkeit des Registers eine Grundbuchbereinigung angeordnet und diesbezügliche Vorschriften aufgestellt haben (Art. 20^{quater} SchlT; Art. 10a Abs. 4 GBV). Ein Grundbucheintrag hätte in diesem Fall aber lediglich *deklaratorische Bedeutung* (Art. 656 N 73; BROGLI, 72; SCHMID, 147).

S. zum Ganzen auch die Vorbemerkungen zu den Art. 712a ff N 83 ff.

bb. Überführung von umgewandeltem Stockwerkeigentum ins neue Recht

24 Laut Art. 20ter Abs. 1 SchlT sind die Kantone ermächtigt, umgewandeltes Stockwerkeigentum (für die möglichen Ersatzformen vgl. die Vorbemerkungen zu den Art. 712a ff N 7 ff) den neuen Gesetzesbestimmungen zu unterstellen. Eine solche Rückumwandlung soll gemäss Art. 20ter Abs. 2 SchlT aber erst wirksam werden, wenn die Eintragungen im Grundbuch entsprechend geändert worden sind (vgl. auch BBl *1962* II 1504). Nach dem Gesetzeswortlaut könnte den betreffenden Eintragungen konstitutive Bedeutung zukommen. Da aber die von Art. 114 Abs. 2 aGBV und dem Kreisschreiben des Eidgenössischen Justiz- und Polizeidepartementes an die kantonalen Aufsichtsbehörden über das Grundbuch vom 10. Oktober 1951 (abgedruckt u. a. in ZBGR *1951* 349 f und in SJZ *1952* 100) vorgeschlagenen Ersatzformen ex tunc nichtig sind (vgl. die Vorbemerkungen zu den Art. 712a ff N 91), können sie auch keine rechtlichen Wirkungen erzeugen. Es ist deshalb kaum sinnvoll, bis zur Änderung des Grundbucheintrages an der Fiktion eines nichtigen Umwandlungsvertrages festzuhal-

ten. Dies bedeutet, dass altrechtliches Stockwerkeigentum wiederhergestellt ist, als habe es nie Ersatzformen gegeben. Die betreffenden Rechtsverhältnisse werden gemäss Art. 20bis SchlT *ipso iure* der Stockwerkeigentumsnovelle unterstellt. Eine allfällige Änderung des Grundbucheintrages ist somit *deklaratorischer Natur* (g. M. BROGLI, 100 und 104f sowie BGE *103* II 183; a. M. SCHMID, 163 f). Für die Durchführung der von den Kantonen gegebenenfalls beschlossenen Unterstellung des umgewandelten Stockwerkeigentums unter die neuen Gesetzesbestimmungen gelten die gleichen Grundsätze wie für die Anpassung von altrechtlichem Stockwerkeigentum (Art. 20^{quater} SchlT).

S. zum Ganzen auch die Vorbemerkungen zu den Art. 712a ff N 87 ff. Für die Überführung neubegründeter Ersatzformen ins heutige Recht mit den Möglichkeiten der Konversion oder der Neubegründung vgl. insb. N 94 ff.

2. Eintragungen auf den Grundbuchblättern

a. Eintragungen auf dem Blatt der Liegenschaft oder des selbständigen und dauernden Baurechts

Neben der Numerierung des Grundbuchblattes (Art. 5 Abs. 1, Art. 9 Abs. 2 GBV) und der Liegenschaftsbeschreibung bzw. der Beschreibung des Baurechts (Art. 4 Abs. 1, Art. 9 Abs. 1 GBV) umfasst die Eintragung von Stockwerkeigentum gemäss Art. 33a GBV folgende Punkte:

– *die Nummer des Blattes eines jeden Stockwerkes:* Art. 10 Abs. 3 GBV verlangt, dass auf die einzelnen Anteilsblätter zu verweisen ist. Die Blattnummer ersetzt in diesem Fall die Namen der jeweiligen Eigentümer (Art. 32 Abs. 3 GBV mit Hinweis auf analoge Anwendung von Abs. 1 derselben Bestimmung);
– *den Bruchteil (Wertquote) eines jeden Stockwerkes ausgedrückt in Hundertsteln oder Tausendsteln:* Beim gewöhnlichen Miteigentum können dagegen auch weiterhin andere Nenner verwendet werden (vgl. Art. 33 Abs. 1 GBV);
– *die Bezeichnung des Eigentumsverhältnisses als Stockwerkeigentum* (StWE);
– *das Datum des Eintrages;*
– *die Angabe des Begründungsaktes* («Begründungsvertrag» oder «Begründungserklärung»);
– *die Verweisung auf die Belege.*

S. auch FRIEDRICH, ZBGR *1964* 338f, sowie SCHMID, 177f.

b. Eintragungen auf dem Blatt des Stockwerkeigentumsanteils

32 Die Eintragung umfasst gemäss Art. 10a Abs. 2 GBV und in analoger Anwendung der Bestimmungen über die Aufnahme von Liegenschaften sowie selbständigen und dauernden Rechten folgendes:

aa. Nummer des betreffenden Blattes

33 Der Zusatz «Stockwerkeigentum an Nr. ...» kann entweder bei der Beschreibung des Stockwerks allein (vgl. hinten N 34) oder auch bei der Blattnummer (analog Art. 9 Abs. 2 GBV) angebracht werden (FRIEDRICH, ZBGR *1964* 339; a. M. SCHMID, 179, der sich lediglich für die erste Variante ausspricht; s. auch die Mustervorlagen in BBl *1964* II 1202 ff).

bb. Beschreibung des Stockwerks

34 Diese ist unter Hinweis auf den Begründungsakt oder einen allfälligen Aufteilungsplan (vgl. hinten N 50 ff) zu erstellen (s. auch Art. 9 Abs. 1 GBV). Es sind folgende Punkte anzugeben:
- an welchem Grundstück das Stockwerkeigentumsverhältnis besteht (vgl. vorn N 33);
- die dem betreffenden Anteil entsprechende Wertquote (vgl. Art. 712e; für das Miteigentum s. ZBGR *1966* 219);
- die Anzahl der im Sonderrecht stehenden Räumlichkeiten (inklusive Nebenräume) sowie deren örtliche Lage (vgl. die Grundstücksbeschreibung auf den Mustervorlagen in BBl *1964* II 1202 und 1204).

Eine derart genaue Umschreibung der einzelnen Einheiten ist notwendig, weil Stockwerkeigentum in den Grundbuchplänen (i. S. v. Art. 942 Abs. 2, Art. 950 Abs. 1, Art. 2 und 3 GBV) nicht dargestellt werden kann (FRIEDRICH, SJK *1302* 10).

cc. Name des Berechtigten

35 Analog der Bestimmung über die Eintragung des Eigentums (Art. 31 GBV) ist auf dem Blatt des Stockwerks der Name des Berechtigten anzugeben. Steht die Einheit im *Eigentum mehrerer*, muss noch die Bezeichnung der Art des gemeinschaftlichen Eigentums beigefügt werden.

Im Falle von Miteigentum ist zudem der Bruchteil beim Namen jedes Miteigentümers (Art. 33 Abs. 1 GBV) und im Falle von Gesamteigentum das zugrundeliegende Gemeinschaftsverhältnis (Art. 33 Abs. 3 GBV) anzuführen (vgl. die Mustervorlagen in BBl *1964* II 1202 und 1204). Auch das deutsche Recht sieht den Fall vor, dass eine Wohnung schlechthin im Miteigentum stehen kann (BÄRMANN/PICK, Kurzkommentar § 1 bei II. mit weiteren Literaturangaben), wogegen das ÖWEG diese Möglichkeit nur für Ehegatten zulässt (s. u. a. KOZIOL/WELSER, 49 ff).

Praktische Schwierigkeiten können sich ergeben, wenn die Eigentumsbefugnisse nur während einer bestimmten Zeit ausgeübt werden sollen (sog. «time-sharing»; für die Rechtsprobleme, die sich in diesem Zusammenhang stellen, vgl. Art. 712a N 14f). Werden die verschiedenen Stockwerkeigentumsanteile z. B. einzeln unter 52 Miteigentümern aufgeteilt, um diesen die Nutzung des Anteils während einer Woche pro Jahr zu ermöglichen, müssen auf einem einzigen Grundbuchblatt die Namen von 52(!) Berechtigten eingetragen werden. Dies kann, insbesondere etwa dann, wenn solche Miteigentumsanteile übertragen werden sollen, zumindest bei der traditionellen Grundbuchführung in Buchform aus Platzgründen zu technischen Schwierigkeiten führen (a. M. FRIEDRICH, ZBGR *1986* 82 f). 36

Handelt es sich beim Eigentümer um eine *Personengesellschaft* oder um eine *juristische Person,* was vor allem beim gewerblichen Stockwerkeigentum häufig vorkommt, ist auf dem betreffenden Blatt die Firma oder der Name und der Sitz sowie die Art der Gesellschaft oder der juristischen Person einzutragen (Art. 31 Abs. 3 GBV). 37

dd. Allfällige beschränkte dingliche Rechte

Beschränkte dingliche Rechte zugunsten oder zu Lasten eines Stockwerkeigentumsanteils werden auf dem für diesen eröffneten Grundbuchblatt in der entsprechenden Kolumne («Dienstbarkeiten» bzw. «Grundlasten») eingetragen (vgl. die Mustervorlagen in BBl *1964* II 1202 ff). 38

Eingehende Ausführungen zum Stockwerkeigentumsanteil als *Belastungsobjekt* in Art. 712a N 95 ff. Zur Problematik im Zusammenhang mit Grundpfandrechten s. hinten N 41 ff.

Da für die einzelnen Stockwerkeigentumsanteile besondere Blätter eröffnet werden müssen (vgl. vorn N 16f), stellt sich die Frage, ob auf dem Blatt des gemeinschaftlichen Grundstücks eingetragene beschränkte dingliche Rechte 39 auf diesem verbleiben oder gelöscht und auf die Stockwerkeigentumsblätter *übertragen* werden sollen. Die Lösung ist nicht in allen Fällen dieselbe. Sie kann sich aus der Eintragungsart ergeben, hängt aber oft auch vom Willen der Begründer des Stockwerkeigentums ab (FRIEDRICH, ZBGR *1966* 326, s. ebenfalls die dort angeführten Beispiele). In diesem Zusammenhang ist noch zu beachten, dass in Grundbuchauszügen über Stockwerkeigentumsanteile auch die auf dem Blatt des gemeinschaftlichen Grundstücks eingetragenen Rechte und vorgehenden Belastungen anzugeben sind (Art. 105 Abs. 3 GBV).

40 Geht es um die Frage der Übertragung von örtlich festgelegten *Dienstbarkeiten* (als Lasten), kann die Bedeutung der gemeinschaftlichen Teile (vgl. Art. 712b N 8ff) im Zusammenhang mit den betreffenden Eigentumsbeschränkungen entscheidend sein. Ein Wegrecht über den gemeinschaftlichen Zugang zum Gebäude sollte beispielsweise nicht übertragen werden; entsprechende Eintragungen auf den Blättern der Stockwerkeigentumsanteile wären nutzlos und unnötig. Auch bei den *Grundlasten* können die gemeinschaftlichen Teile im Zusammenhang mit der (realobligatorischen) Leistungspflicht ausschlaggebend sein und gegen eine Übertragung sprechen. Besteht z. B. eine Wärmelieferungspflicht und bildet die Heizanlage einen gemeinschaftlichen Teil, ist eine Übertragung der Last auf die Stockwerkeigentumsblätter nicht erforderlich.

Zur Problematik der sog. Verlegung eines auf dem gemeinschaftlichen Grundstück lastenden *Pfandrechts* im speziellen s. nachfolgend N 41 ff.

c. Spezialproblem: Die «Verlegung» eines das Stammgrundstück belastenden Grundpfandrechts auf die Stockwerkeigentumsanteile

aa. Ausgangslage

41 Bei der Begründung von Stockwerkeigentum wird in der Praxis häufig die Löschung der pfandrechtlichen Belastung des Stammgrundstücks angemeldet. Gleichzeitig wird beantragt, die Pfandrechte entweder zu Lasten *aller* oder nur *einzelner* Stockwerkeigentumsanteile einzutragen. Diese Vorgänge werden als «Verlegung» oder «Verteilung» von Pfandrechten bezeichnet. Sieht der Begründungsakt lediglich eine kleine Anzahl von Stockwerkeigentumsanteilen vor, wird gelegentlich nur ein ein-

zelner Anteil mit einem Pfandrecht belastet, wobei dessen Pfandsumme identisch ist mit derjenigen des Stammgrundstücks. Das auf dem Stammgrundstück lastende Pfandrecht wird selbstverständlich gelöscht.

Wird die Eintragung der Pfandrechte zu Lasten von Stockwerkeigentumsanteilen mit gleichzeitiger Pfandentlassung des Stammgrundstücks beantragt, stellt sich für den Grundbuchverwalter die Frage, ob für die zwischen Eigentümer und Pfandgläubiger abgeschlossene «Verlegungs»- bzw. «Verteilungs»-Vereinbarung die einfache Schriftlichkeit genügt oder ob die öffentliche Beurkundung erforderlich ist. Die Beantwortung dieser Frage hängt davon ab, wie die einzelnen «Verlegungs»-Tatbestände (hinten N 43 ff) rechtlich qualifiziert werden. Diese grundbuchrechtlich bedeutsamen Vorgänge sind bis anhin von der Lehre noch nicht umfassend untersucht worden. Da auch die Materialien in dieser Hinsicht keine verlässlichen Anhaltspunkte geben, ist in der Grundbuchpraxis da und dort Unsicherheit entstanden. Die bundesrätliche Botschaft streift lediglich zwei Aspekte der «Übertragung» eines Pfandrechts vom Stammgrundstück auf die einzelnen Stockwerkeigentumsanteile: Zunächst wird darauf hingewiesen, dass bei der Begründung von Stockwerkeigentum nicht ein Anwendungsfall von Art. 833 vorliege (keine Verteilung der Pfandhaft auf die einzelnen Anteile; BBl *1962* II 1501). Sodann wird bemerkt – was ohnehin selbstverständlich ist – dass die «Verteilung der Pfandlast» nur mit Zustimmung der Pfandgläubiger erfolgen könne (BBl *1962* II 1502). 42

bb. Fallgruppen

– **Ein Grundpfandrecht wird vom Stammgrundstück im Sinne eines Gesamtpfandrechts auf die einzelnen Stockwerkeigentumsanteile «verlegt»:** Die Verpfändung mehrerer oder aller Stockwerkeigentumsanteile für ein und dieselbe Forderung im Sinne eines Gesamtpfandrechts gemäss Art. 798 ist grundsätzlich zulässig, vorausgesetzt, dass sich die Stockwerkeigentümer einig sind und die Grundpfandgläubiger zustimmen (Art. 648 N 29; HAAB/SIMONIUS/SCHERRER/ZOBL, Art. 646 N 24; LEEMANN, Art. 798 N 25f; OTTIKER, 29f und 34f sowie 146 Anm. 16; BGE *43* III 157ff, *45* II 63ff; Eidgenössisches Grundbuchamt, ZBGR *1943* 305). Für die Zustimmungserklärung genügt in der Praxis die *einfache Schriftlichkeit*. Zu beachten ist, dass Art. 798 Abs. 1 analoge Anwendung findet. Im Zeitpunkt, wo Stockwerkeigentum begründet und die einzelnen Stockwerkeigentumsanteile belastet werden sollen, müssen deshalb *alle* diese Anteile in 43 der Hand eines einzigen Eigentümers (natürliche oder juristische Person) vereinigt sein. Ist dies nicht der Fall, haben sich die verschiedenen Stockwerkeigentümer *solidarisch* gegenüber den Pfandgläubigern zu verpflichten (FRIEDRICH, § 47 N 11, OTTIKER, 48; SCHUMACHER, Nr. 391 ff; vgl. auch BGE *45* II 67 Erw 1 und BGE *102* Ia 81 ff; zur Verpfändung von Stockwerkeigentumsanteilen vgl. auch Art. 712a N 98 ff und zum Gemeinschaftspfandrecht die Bemerkungen zu Art. 712i).

44 Während das gemeinschaftliche Gebäude erstellt wird, dürfte die Verlegung eines das gemeinschaftliche Grundstück belastenden Grundpfandrechts auf die einzelnen Stockwerkeigentumsanteile im Sinne eines Gesamtpfandrechts (Art. 798 Abs. 1) für den Gläubiger zwecks Sicherung der Baukredite vorteilhafter sein als beispielsweise die Begründung von Einzelpfandrechten an allen Anteilen (vgl. auch FRIEDRICH, § 47 N 14 ff und derselbe in SJK *1303* 13 sowie OTTIKER, 148 ff). Allerdings verbindet sich damit für die Grundbuchführung der Nachteil, dass bei der Veräusserung eines Stockwerkeigentumsanteils dieser aus der Pfandhaft entlassen und die Pfandsumme entsprechend reduziert werden muss. Je grösser die Anzahl der Anteile ist, desto mehr Teillöschungen sind demnach erforderlich.

45 — **Ein Grundpfandrecht wird vom Stammgrundstück auf alle Stockwerkeigentumsanteile im Sinne von Einzelpfandrechten unter quotenproportionaler Aufteilung der Pfandsumme und unter Beibehaltung von Eintragungsdatum und Rang «verlegt»**: Dieses Vorgehen ermöglicht eine separate und in der Regel vorgangsfreie Finanzierung der Stockwerkeigentumsanteile, wozu aber die Einwilligung des Grundpfandgläubigers erforderlich ist (FRIEDRICH, SJK *1303* 13; derselbe, ZBGR *1964* 364; OTTIKER, 146; a. M. HEER, ZBGR *1959* 351 für den Fall, da Aufteilung und Wertquoten übereinstimmen). *Kontrovers* ist dagegen die *Formfrage,* nämlich ob einfache Schriftlichkeit genügt oder öffentliche Beurkundung erforderlich sei:

46 Die *Grundbuchpraxis* einiger Kantone (z. B. Bern, Zürich) qualifiziert die Verlegung eines bestehenden Grundpfandrechts vom Stammgrundstück auf alle Stockwerkeigentumsanteile als ein der Parzellierung eines Grundstücks ähnliches Verfahren. Deshalb wird – unseres Erachtens durchaus zutreffend – die in *einfacher Schriftform* abgefasste Zustimmungserklärung als ausreichend erachtet. Demgegenüber verlangen einzelne Grundbuchverwalter in der Westschweiz die *öffentliche Beurkundung.* Die Pfandverlegung auf alle Anteile unter gleichzeitiger Pfandentlassung des Stammgrundstücks erfolgt dort somit aufgrund eines öffentlich beurkun-

deten Aktes (dieser Vorgang wird als «novation avec répartition» bezeichnet).

In der *Literatur* scheint sich lediglich OTTIKER (146) – wenn auch nur peripher – mit dieser Problematik befasst zu haben. Er weist darauf hin, dass mit einer solchen Änderung der Pfandbelastung einerseits eine Löschung bisheriger und andererseits «die Begründung eines oder mehrerer neuer Pfandrechte» verbunden ist. Sofern damit die materielle Entstehung neuer Pfandrechte zu Lasten der Anteile gemeint ist, würde dies die *öffentliche Beurkundung* des «Verlegungs»-Vertrages (analog Art. 799 Abs. 2) nahelegen. Doch ist zu beachten, dass OTTIKER nicht unterscheidet, ob das Grundpfandrecht auf alle oder nur einzelne bzw. mehrere Stockwerkeigentumsanteile verlegt wird. 47

– **Das die Stammparzelle belastende Grundpfand wird lediglich auf einzelne Stockwerkeigentumsanteile oder auf einen einzelnen Stockwerkeigentumsanteil übertragen:** Ist die Stammparzelle mit einer Grundpfandverschreibung oder einem Eigentümer- bzw. Inhaberschuldbrief belastet, der bereits begeben oder verpfändet wurde, und wird das Pfandrecht auf einen einzigen Stockwerkeigentumsanteil übertragen, liegt eine *Pfandauswechslung* vor. Sofern mehrere, aber nicht alle Stockwerkeigentumsanteile belastet werden sollen, darf man wohl eine *Pfandvermehrung* annehmen. Da in beiden Fällen materiell neue Pfandrechte entstehen, ist analog Art. 799 Abs. 2 ein *öffentlich zu beurkundender Pfandvertrag* erforderlich (zur Notwendigkeit der öffentlichen Beurkundung bei der Pfandvermehrung vgl. LEEMANN, Art. 799 N 52 ff; s. auch ZBGR *1926* 302, wonach für die auf vertraglicher Grundlage erfolgte Änderung eines Inhaberschuldbriefes öffentliche Beurkundung erforderlich ist, und ZBGR *1951* 290, wo für die Erhöhung eines bestehenden Inhabertitels, der einem Dritten zu Faustpfand übergeben werden sollte, unter Hinweis auf BGE *71* II 265 ebenfalls die öffentliche Beurkundung als notwendig erachtet wurde; für das Wertpapierrecht i. a. vgl. MEIER-HAYOZ/VON DER CRONE, Wertpapierrecht [Bern 1985], § 5 N 254 ff und für den Schuldbrief im speziellen EVA LAREIDA, Der Schuldbrief aus wertpapierrechtlicher Sicht, Diss Zürich 1986; zur Grundpfandverschreibung vgl. u. a. TUOR/SCHNYDER, 735). 48

Anders verhält es sich, wenn die Stammparzelle mit einem Eigentümer- und/oder Inhaberschuldbrief belastet ist, die noch nicht begeben sind oder die sich wieder in den Händen des Schuldners befinden, ohne dass der Titel entkräftet wurde (vgl. dazu LAREIDA, a.a.O. 98 ff). Dies bedeutet also, dass sie sich im Besitz des Grundeigentümers befinden und nicht als 49

Grund- oder Faustpfand einem Dritten (Gläubiger) übergeben wurden. In diesem Fall ist für eine Übertragung des Pfandrechtsverhältnisses auf einzelne oder auf einen einzelnen Stockwerkeigentumsanteil die einfache Schriftform (in Analogie zu Art. 20 Abs. 1 GBV) ausreichend.

3. Aufteilungsplan

a. Bedeutung

50 Diejenigen Gebäudeteile, welche zu Sonderrecht ausgeschieden werden (vgl. dazu die Kasuistik in Art. 712b N 68 ff), sind im Begründungsakt (im Begründungsvertrag, hinten N 71 oder in der Begründungserklärung, hinten N 94) klar und bestimmt anzugeben (Art. 33b Abs. 1 GBV) und in der Kolumne «Beschreibung des Grundstücks» auf dem Hauptbuchblatt der einzelnen Stockwerkeigentumsanteile einzutragen (vorn N 34; s. auch die Mustervorlagen in BBl *1964* II 1200 ff). Lassen sich gewisse Räumlichkeiten (z. B. Nebenräume wie Keller, Estrichanteile, Garagen, Lagerräume usw.; vgl. im einzelnen Art. 712b N 66 f) jedoch nicht genügend lokalisieren, kann der Grundbuchverwalter verlangen, dass ein Aufteilungsplan eingereicht wird (Art. 33b Abs. 2 GBV; im Gegensatz dazu wird im deutschen Recht in allen Fällen ein solcher Plan verlangt, § 7 Abs. 4 WEG). Soll das Stockwerkeigentum im Grundbuch eingetragen werden, bevor das Gebäude erstellt oder fertiggestellt ist, muss ein solcher Plan sogar unbedingt vorliegen (Art. 33c Abs. 1 GBV).

51 Wie in Art. 33b Abs. 2 GBV vorgeschrieben, muss der Aufteilungsplan von «allen Eigentümern» unterzeichnet werden. Es kann sich dabei auch um ein und dieselbe Person handeln, beispielsweise dann, wenn der Eigentümer der Liegenschaft, auf der das Gebäude steht oder erstellt werden soll, oder der Bauberechtigte, durch dessen Erklärung Stockwerkeigentum begründet wird (Art. 712d Abs. 2 Ziff. 2; vgl. hinten N 67), den Aufteilungsplan dem Grundbuchverwalter einreicht. Nicht erforderlich ist dagegen die Unterschrift anderer dinglich Berechtigter, wie z. B. der Pfandgläubiger (sofern ihre Zustimmung nicht aufgrund einer im Grundbuch vorgemerkten Verfügungsbeschränkung eingeholt werden muss; s. Art. 960 Abs. 1 Ziff. 2).

52 Der Aufteilungsplan ist streng zu unterscheiden vom Grundbuchplan, der Bestandteil des Grundbuches ist (Art. 942 Abs. 2, Art. 950; Art. 2 und 3 GBV; FRIEDRICH, § 2 N 16) und die Parzellengrenzen amtlich feststellt. Im Ver-

gleich dazu ist der Aufteilungsplan bloss ein *zeichnerisches Hilfsmittel* für die Beschreibung der einzelnen Stockwerkeinheiten, mit dem zugleich die Abgrenzung der im Sonderrecht stehenden Bauteile gegenüber den gemeinschaftlichen Teilen dargestellt werden kann (FRIEDRICH, SJK *1302* 10; derselbe, ZBGR *1966* 336). Der Plan soll die Beschreibung der verschiedenen Stockwerkeigentumsanteile auf den dafür eröffneten Grundbuchblättern erleichtern und eine u. U. umständliche Umschreibung mit Worten vermeiden. Aus dem Aufteilungsplan muss ersichtlich sein, wo die im Sonderrecht stehenden Räumlichkeiten innerhalb des gemeinschaftlichen Gebäudes gelegen sind. Nötigenfalls kann der Grundbuchverwalter auch eine amtliche Bestätigung verlangen, woraus hervorgeht, dass die Stockwerkeinheiten einen eigenen Zugang haben und in sich abgeschlossen sind (vgl. Art. 33b Abs. 2 und Art. 33c Abs. 3 GBV; zur Bedeutung dieser doppelten Voraussetzung für die Begründung von Stockwerkeigentum s. Art. 712b N 71 f).

Der Aufteilungsplan besteht in der Regel aus mehreren Grundrissen, falls erforderlich auch aus Aufrissen (Querschnitten). Für die konkreten Anforderungen an die Ausgestaltung des Planes im einzelnen sind die Kantone zuständig, da das Bundesrecht in dieser Hinsicht keine Vorschriften enthält. Gleiches gilt für die Frage, wer den Aufteilungsplan aufzustellen hat (z. B. ein Architekt oder der Eigentümer selbst; die zwingende Einsetzung eines offiziellen Grundbuchgeometers durch kantonales Recht ist dagegen mit dem Bundesrecht nicht vereinbar; s. dazu FRIEDRICH, § 2 N 17; derselbe, ZBGR *1966* 337 f). 53

Wird ein unterschriebener Aufteilungsplan dem Grundbuchverwalter eingereicht, vermerkt er diesen in der Kolumne «Beschreibung des Grundstücks» auf dem Blatt der Stockwerkeinheit (s. die Mustervorlagen in BBl *1964* II 1202 und 1204). 54

b. Rechtsnatur

Da dem Aufteilungsplan lediglich Hilfsfunktion zukommt (vgl. vorn N 52), ergeben sich in rechtlicher Hinsicht folgende Konsequenzen: *Der Aufteilungsplan nimmt* (ebenso wie die Grundstücksbeschreibung) *nicht am öffentlichen Glauben des Grundbuchs teil* (FRIEDRICH, § 2 N 16; derselbe, ZBGR *1964* 340 f sowie ZBGR *1966* 336 f, a. M. dagegen in SJK 1302 11; SCHMID, 171; s. aber auch HOMBERGER, Art. 973 N 5 und BGE *59* II 221). Insbesondere kommt dem Verlauf der im Plan eingezeichneten Grenzlinien zwischen den im Sonderrecht stehenden Räumlichkeiten und den gemein- 55 schaftlichen Teilen keine Grundbuchwirkung zu. Gleiches gilt für das Flächenmass, welches auf der Grundlage des Grenzverlaufs berechnet wird. Dies bedeutet, dass der Aufteilungsplan keine Gewähr dafür bietet, dass die eingezeichneten Grenzen mit den tatsächlichen Verhältnissen im Gebäude übereinstimmen (vgl. ZR *1973* Nr. 44 und BGE *103* II 111). Unter den Parteien dagegen (z. B. zwischen Veräusserer und Erwerber eines Stockwerkeigentumsanteils) kann der Plan *schuldrechtliche Wirkung* entfalten, sofern die Richtigkeit der Grenzziehung zugesichert wurde (vgl. Art. 219 Abs. 1 OR, der jedoch auf die Grundbuchpläne i. S. v. Art. 942 Abs. 2 i. V. m. Art. 950 Bezug nimmt).

4. Vormerkungen

56 Von den persönlichen Rechten, die im Grundbuch vorgemerkt werden können (Art. 959 und Art. 70 ff GBV) und dadurch Wirkung gegenüber Dritten erhalten (sog. Realobligationen, Syst. Teil N 267 ff), sind beim Stockwerkeigentum insbesondere zu erwähnen: Das *rechtsgeschäftliche Vorkaufsrecht* (Art. 712c Abs. 1; vgl. Art. 712c N 32) und das *Einspracherecht* der Stockwerkeigentümer (Art. 712c Abs. 2 und 3; vgl. Art. 712c N 89). Als *Ausweis* für die Vormerkung dient dabei entweder der Begründungsvertrag bzw. die Begründungserklärung (Art. 712d Abs. 2) oder eine besondere Vereinbarung, für welche die einfache Schriftlichkeit genügt (Art. 71a Abs. 1 GBV). Wenn die Vormerkung vereinbart ist, kann sie von jedem aus dieser Vereinbarung Berechtigten oder Verpflichteten angemeldet werden (Art. 71a Abs. 3 GBV). Die entsprechenden Eintragungen sind auf den Grundbuchblättern der einzelnen Stockwerkeigentumsanteile, die mit einem Vorkaufs- oder Einspracherecht belastet werden sollen, vorzunehmen (vgl. die Mustervorlagen in BBl *1964* II 1200 ff). Auf den Blättern derjenigen Anteile, denen diese Rechte zukommen, kann gemäss Art. 39 GBV eine Anmerkung angebracht werden (s. auch HAAB/SIMONIUS/SCHERRER/ZOBL, Art. 681/682 N 16 und 28).

57 Ein *Nachrückungsrecht* für ein Pfandrecht an Stockwerkeigentumsanteilen anstelle von gelöschten oder verminderten Pfandrechten am gemeinschaftlichen Grundstück kann *nicht vorgemerkt* werden (vgl. Kreisschreiben des Eidgenössischen Justiz- und Polizeidepartementes vom 24. November 1964, BBl *1964* 1199 Ziff. 5).

S. im übrigen auch FRIEDRICH, § 48 N 19 und § 49 N 10; derselbe, ZBGR *1964* 342 ff; PIOTET, ZBGR *1969* 69 ff; SCHMID, 184 ff.

5. Anmerkungen

Wird Stockwerkeigentum im Grundbuch eingetragen, bevor das Gebäude erstellt oder fertiggestellt ist, muss dies gemäss Art. 33c Abs. 2 GBV auf dem Blatt der Liegenschaft als Ganzes oder des Baurechts sowie auf den einzelnen Blättern der Stockwerkeigentumsanteile angemerkt werden (LIVER, ZBGR *1969* 19). Die Anmerkung wird von Amtes wegen vorgenommen, wogegen für die Löschung nach Art. 33c Abs. 3 GBV eine entsprechende Anzeige erforderlich ist (FRIEDRICH, ZBGR *1966* 343). Diese muss den Nachweis enthalten, dass die Bauarbeiten tatsächlich abgeschlossen sind (Art. 33c Abs. 3 GBV) und das fertiggestellte Gebäude mit dem zuvor eingereichten Aufteilungsplan übereinstimmt. Trifft letzteres nicht zu, ist ein von allen Stockwerkeigentümern unterzeichneter berichtigter Plan einzureichen (gleiche Regelung auch im deutschen Recht, BÄRMANN/PICK, Kurzkommentar § 3 bei I.4.) und auf Verlangen des Grundbuchverwalters eine amtliche Bestätigung gemäss Art. 33b Abs. 2 GBV beizubringen (Art. 33c Abs. 3 GBV; werden diese Unterlagen nicht vorgelegt, ist das Stockwerkeigentum nach fruchtloser Fristansetzung zu löschen und in gewöhnliches Miteigentum zurückzuführen, Art. 33c Abs. 4 GBV i. V. m. Art. 976 ZGB; vgl. auch FRIEDRICH, ZBGR *1964* 358f sowie SCHMID, 194ff). 58

Auch das Reglement der Stockwerkeigentümer (Art. 712g Abs. 3) kann auf den Blättern der einzelnen Stockwerkeigentumsanteile angemerkt werden (vgl. die Mustervorlagen in BBl *1964* II 1203 und 1205; FRIEDRICH, § 50 N 1ff; LIVER, ZBGR *1969* 13). In einem solchen Fall ist beim Grundbuchamt eine entsprechende Anmeldung einzureichen, wozu der Verwalter sowie jeder Stockwerkeigentümer befugt ist. Als Beleg dient das mit den Unterschriften aller Beteiligten versehene Reglement oder ein beglaubigter Auszug aus dem Protokoll der Stockwerkeigentümerversammlung über dessen Annahme (Art. 82a Abs. 2 GBV; s. auch BGE *103* Ib 76ff). Soll die Anmerkung wieder gelöscht werden, ist ebenfalls die Zustimmung aller Gemeinschafter erforderlich (SCHMID, 198; a. M. FRIEDRICH, ZBGR *1964* 352f). 59

Sind auf den Blättern der Stockwerkeigentumsanteile Grundpfandrechte oder Grundlasten eingetragen, ist auf dem Blatt des gemeinschaftlichen Grundstücks darauf hinzuweisen (Art. 47 Abs. 3 GBV; s. auch das Musterformular in BBl *1964* II 1201). Wie aus Art. 47 Abs. 3 GBV ersichtlich ist, wird die Anmerkung von Amtes wegen vorgenommen. Gleiches gilt auch für deren Löschung, die erfolgt, sobald die Befreiung der betreffenden Stockwerkeigentumsanteile von den erwähnten Tatbeständen beantragt 60 wird (für die Frage, wie Auszüge anzufertigen sind, vgl. Art. 105 Abs. 3 GBV und FRIEDRICH, ZBGR *1964* 354f).

61 Zugehör (Art. 644), welche der Nutzung der gemeinschaftlichen Anlagen und Einrichtungen dient, kann auf den Grundbuchblättern der Stockwerkeigentumsanteile ebenfalls angemerkt werden (ZBGR *1983* 142). Die Anmerkung erfolgt gemäss Art. 78 Abs. 1 GBV auf schriftliches Begehren des Eigentümers. Steht dem jeweiligen Stockwerkeigentümer auch eine Eigentümerposition an einem anderen Grundstück zu, so ist dies auf dem Blatt des betreffenden Stockwerkeigentumsanteils anzumerken (Art. 32 Abs. 2, 39 und 82 GBV). In der Praxis wird häufig an einem Grundstück, auf dem sich eine Autoeinstellhalle oder Parkplätze befinden, Miteigentum begründet; die Miteigentumsanteile werden hierauf subjektiv-dinglich mit Stockwerkeigentumsanteilen verbunden (REY, ZBGR *1979* 138 f; vgl. auch BENNO SCHNEIDER, Probleme des subjektiv-dinglichen Miteigentums, ZBGR *1976* 1 ff, insb. 6 ff).

6. Umfang der Prüfungspflicht des Grundbuchverwalters

62 Der Grundbuchverwalter hat die Aufgabe, den Rechtsgrundausweis (Begründungsvertrag oder Begründungserklärung, Art. 712d Abs. 2) daraufhin zu prüfen, ob die für die Gültigkeit erforderliche *Form* erfüllt ist (Art. 965 Abs. 3). Dies ist im allgemeinen die öffentliche Beurkundung (Art. 712d Abs. 3). Ferner hat der Grundbuchverwalter zu prüfen, ob im Begründungsakt die *«räumliche Lage, Abgrenzung und Zusammensetzung der Stockwerkeinheiten»* klar und bestimmt angegeben sind (Art. 33b Abs. 1 GBV). Dies gilt auch für das Erfordernis der Abgeschlossenheit und des eigenen Zugangs gemäss Art. 712b (vgl. FRIEDRICH, § 2 N 12; derselbe, ZBGR *1964* 340f).

63 Was den *Begründungsakt* selbst betrifft, beschränkt sich die Prüfungspflicht des Grundbuchverwalters auf das allfällige Vorhandensein «offensichtlicher Nichtigkeit» (BGE *107* II 211 ff und redaktionelle Bemerkung zu diesem Entscheid in ZBGR *1983* 111 ff; BGE *102* Ib 8 ff), da er die materielle Gültigkeit der Kausalgeschäfte grundsätzlich nicht zu überprüfen hat (BGE *99* Ib 247 f Erw 3; BGE *98* Ib 95 Erw 2; s. zum Ganzen auch CHRISTIAN BRÜCKNER, Sorgfaltspflicht der Urkundsperson und Prüfungsbereich des Grundbuchführers bei Abfassung und Prüfung des Rechtsgrundausweises, ZBGR *1983* 65 ff, insb. 75 ff). Entsprechend ist die Rechtslage bei den *Vormerkun-*

gen betreffend Erweiterung oder Einschränkung des Vorkaufs- und Einspracherechts.

Keinerlei Prüfungs*pflicht* des Grundbuchverwalters besteht dagegen bezüglich der Übereinstimmung eines anzumerkenden Reglementes mit den zwingenden Gesetzesbestimmungen, denn die Anmerkung hat blosse Publizitätsfunktion (sie soll die Kenntnis der Gemeinschaftsordnung erleichtern). Aber die *Befugnis,* die Anmerkung eines offensichtlich gegen das materielle Recht verstossenden Reglementes abzuweisen, steht dem Grundbuchverwalter zweifellos zu (vgl. FRIEDRICH, § 2 N 13; derselbe, ZBGR *1964* 360f sowie SCHMID, 197). 64

7. Grundbuchbeschwerde

Entscheide des Grundbuchverwalters können mit der Grundbuchbeschwerde nach Art. 102 ff GBV angefochten werden (FRIEDRICH, ZBGR *1964* 341; derselbe, SJK *1302* 11). Verweigert der Grundbuchverwalter beispielsweise die Eintragung von Stockwerkeigentum, weil die Erfordernisse von Art. 712b nicht erfüllt sind, steht den Gründern die spezielle Beschwerde gemäss Art. 103 GBV zur Verfügung (HOMBERGER, Art. 956 N 3; s. auch SJZ *1972* 13f). Sie muss binnen zehn Tagen, von der Mitteilung des Grundbuchverwalters an gerechnet, bei der kantonalen Aufsichtsbehörde eingereicht werden (Art. 103 Abs. 1 GBV). Die gleiche Frist ist zu beachten, wenn der Entscheid der unteren an eine allfällige obere Aufsichtsbehörde weitergezogen werden soll (Art. 103 Abs. 2 GBV). Gegen den letztinstanzlichen Entscheid kann innerhalb von dreissig Tagen Verwaltungsgerichtsbeschwerde beim Bundesgericht erhoben werden (Art. 103 Abs. 4 GBV; HOMBERGER, Art. 956 N 5 und 24; eine ähnliche Regelung kennt auch das deutsche Recht, vgl. BÄRMANN/PICK, Kurzkommentar § 8 bei V.). 65

III. Rechtsgeschäftliche Begründung von Stockwerkeigentum

1. Allgemeines

Stockwerkeigentum entsteht regelmässig nicht von Gesetzes wegen, sondern muss gemäss Art. 712d Abs. 1 durch *Eintragung im Grundbuch* begründet werden (vgl. vorn N 15 ff und N 21; zur Ausnahme 66 beim altrechtlichen und umgewandelten Stockwerkeigentum s. vorn N 22 ff). Da diese Eintragung dem im Sachenrecht herrschenden Kausalitätsprinzip untersteht (vgl. dazu Syst. Teil N 88 ff), ist sie vom Nachweis eines Rechtsgrundes (Art. 712d Abs. 2) in der für dessen Gültigkeit erforderlichen Form (Art. 712d Abs. 3) abhängig.

67 Art. 712d Abs. 2 nennt als *Rechtsgrundausweis* (Art. 965; Art. 18 GBV; vgl. vorn N 14) für die Eintragung von Stockwerkeigentum im Grundbuch entweder den zwischen den Miteigentümern abgeschlossenen *Vertrag* über die Ausgestaltung ihrer Anteile zu Stockwerkeigentum (Ziff. 1) oder die *Erklärung* des Eigentümers der Liegenschaft oder des Baurechtsnehmers über die Bildung von Miteigentumsanteilen und deren Ausgestaltung zu Stockwerkeigentum (Ziff. 2).

68 Die gesetzliche Aufzählung der rechtsgeschäftlichen Begründungsarten von Stockwerkeigentum hat im Hinblick auf die Verkehrs- und Rechtssicherheit als *abschliessend* zu gelten (s. auch SCHMID, 26; zur ausnahmsweisen Entstehung von Stockwerkeigentum durch Gesetz, vorn N 23 f; zur Frage, ob Stockwerkeigentum auch durch richterliches Urteil oder Urteilssurrogat begründet werden kann, hinten N 101 ff).

69 Was die *Form* als Gültigkeitserfordernis rechtsgeschäftlicher Begründungsakte von Stockwerkeigentum betrifft, statuiert Art. 712d Abs. 3 den *Grundsatz der öffentlichen Beurkundung*. Wird Stockwerkeigentum dagegen durch eine Verfügung von Todes wegen oder einen Erbteilungsvertrag begründet, ist die dafür im Erbrecht vorgesehene Form zu beachten (dazu hinten N 112 ff).

2. Objekt des rechtsgeschäftlichen Begründungsaktes

70 Objekt des Begründungsaktes von Stockwerkeigentum kann immer nur *ein Gebäude in seiner Gesamtheit* sein (LIVER, SPR V/1 99; FRIEDRICH, Grundzüge N 18). Es ist deshalb ausgeschlossen, die Begründung von Stockwerkeigentum auf einzelne Teile eines Gebäudes zu beschränken. Ob das Gebäude bereits fertiggestellt oder erst noch zu errichten ist, spielt dagegen keine Rolle (vgl. Art. 33c Abs. 1 GBV). Allerdings können sich in diesem Zusammenhang Probleme schuldrechtlicher Natur ergeben (vgl. BGE *107* II 211 ff und *103* II 110 ff). Ferner stellen sich u. U. Fragen in grundbuchrechtlicher, wie auch in gebühren- und steuerrechtlicher Hinsicht. Dies ist beispielsweise dann der Fall, wenn der Kaufpreis für einen Stockwerkeigentumsanteil auf das unüberbaute Grundstück ausgerichtet ist,

das Erstellen oder Fertigstellen des Gebäudes in einem Werkvertrag geregelt wird und die Eigentumsübertragung doch erst in einem Zeitpunkt nach Fertigstellung stattfindet. Es kommt häufig vor, dass auf diese Weise versucht wird, die mit einer Handänderung verbundenen Gebühren und Steuern einzusparen (vgl. dazu BGE *107* II 211 ff sowie HUBER in ZBGR *1983* 111 f mit Hinweisen auf Literatur und Judikatur).

IV. Der Begründungsvertrag

1. Inhalt

Die Essentialia des Begründungsvertrages ergeben sich aus Art. 712e Abs. 1 sowie aus Art. 33b Abs. 1 GBV. Als *unbedingt notwendige Elemente* des Begründungsvertrages werden hier die *räumliche Ausscheidung der Stockwerkeinheiten* und die *Festsetzung der Wertquoten* vorgeschrieben (s. dazu FRIEDRICH, ZBGR *1966* 323 und Grundzüge N 20; J. RUEDIN, ZBGR *1965* 6 f; BBl *1962* II 1515 f; für die Definition der Wertquote vgl. Art. 712e N 1; zur räumlichen Ausscheidung der im Sonderrecht stehenden Objekte vgl. die Bemerkungen zu Art. 712b). 71

Daneben gibt es eine Anzahl von nur *bedingt notwendigen Vertragsbestandteilen*. Verschiedene Rechtshandlungen der Beteiligten sind nämlich nur verbindlich, wenn sie im Begründungsakt oder durch eine spätere Vereinbarung geregelt werden (FRIEDRICH, Grundzüge N 21 f und ZBGR *1966* 323 f; s. auch die einlässliche Darstellung bei SCHMID, 102 ff). Dazu gehören: 72

– die Gemeinschaftlicherklärung weiterer Gebäudeteile (Art. 712b Abs. 3); 73
– die Begründung eines Vorkaufs- oder Einspracherechts (Art. 712c Abs. 1 und 2); 74
– die vom Gesetz abweichende Regelung der Zuständigkeit und Beschlussfassung hinsichtlich Verwaltungshandlungen und baulichen Massnahmen (Art. 712g Abs. 2); 75
– die Begrenzung der Dauer, während der das Stockwerkeigentumsverhältnis bestehen soll (Art. 712f Abs. 2; FRIEDRICH, § 53 N 10); 76
– die Änderung des Baurechtsvertrages, aufgrund dessen das Gebäude erstellt worden ist (FRIEDRICH, § 47 N 27); 77
– die Vorschriften über den Verwendungszweck der Stockwerkeinheiten (Art. 648 Abs. 2); z. B. die Bestimmung, dass das betreffende Gebäude nur zu Wohnzwecken verwendet werden darf. 78

79 Problematisch ist hingegen die Vereinbarung von **Gerichtsstands- oder Schiedsgerichtsklauseln,** weil sich diese nicht auf die Verwaltung und Nutzung des gemeinschaftlichen Grundstücks beziehen (g. M. HUBER, ZBGR *1966* 254; a. M. FRIEDRICH, § 56–58 und ZBGR *1966* 331; zur Frage der Verbindlichkeit dieser Klauseln für den Rechtsnachfolger vgl. die Bemerkungen zu Art. 712g).

80 Die erwähnten Rechtshandlungen können grundsätzlich nur beschlossen werden, wenn alle Beteiligten zustimmen. Eine Ausnahme vom Erfordernis der Einstimmigkeit besteht nur dann, wenn das Gesetz bestimmt, dass im Begründungsakt ein Mehrheitsbeschluss vorgesehen werden darf (FRIEDRICH, Grundzüge N 23 sowie § 36 N 9 und 10).

2. Subjekte

81 Soll Stockwerkeigentum auf vertraglicher Basis errichtet werden, müssen sich die künftigen Stockwerkeigentümer in einer sog. *Gründungsgesellschaft* vereinigen (dazu SCHMID, 38 ff). Deren Mitglieder können natürliche oder juristische Personen sein. Es ist möglich, dass die Gründungsgesellschafter mit denen, die schon eine Rechtsgemeinschaft bilden (etwa eine Miteigentümergemeinschaft oder eine Erbengemeinschaft), identisch sind (vgl. SCHMID, 126 ff).

82 Bei dieser Gründungsgesellschaft wird es sich in der Regel um eine *einfache Gesellschaft* (Art. 530 ff OR) handeln (s. MEIER-HAYOZ/FORSTMOSER, Grundriss des schweizerischen Gesellschaftsrechts [5.A., Bern 1985] § 8 N 1ff). Die an der Begründung von Stockwerkeigentum Interessierten können auch die Rechtsform einer juristischen Person wählen. In diesem Fall liesse sich Stockwerkeigentum jedoch nur aufgrund einer Erklärung (Art. 712d Abs. 2 Ziff. 2; hinten N 89) begründen.

3. Vertragliche Umwandlung von bestehendem Miteigentum in Stockwerkeigentum

83 Nach Ziff. 1 von Art. 712d Abs. 2 kann das auf Begründung von Stockwerkeigentum gerichtete Verpflichtungsgeschäft in einem Vertrag von Miteigentümern bestehen über die Ausgestaltung ihrer Anteile zu Stockwerkeigentum. Bestehendes Miteigentum wird vertraglich zu Stockwerkeigentum umgewandelt. Diese Begründungsart ist dann gegeben, wenn – was heute jedoch selten zutreffen dürfte – Interessenten ein Grundstück

von einem Dritten zunächst zu gewöhnlichem Miteigentum erwerben und in einem späteren Zeitpunkt (z. B. nach Erstellen des Gebäudes oder falls dieses bereits besteht, nach dessen baulicher Umgestaltung) die Umwandlung von Mit- in Stockwerkeigentum vornehmen (vgl. dazu SCHMID, 27).

Diese Art der rechtsgeschäftlichen Begründung von Stockwerkeigentum war 84 vor allem im Zusammenhang mit der Wiedereinführung von Stockwerkeigentum bedeutsam. Sie ist nämlich vorwiegend auf jenen Sachverhalt ausgerichtet, bei dem seinerzeit im Hinblick auf die kommende Gesetzesnovelle bereits Miteigentum begründet wurde. Meistens waren die einzelnen Anteile noch mit obligatorischen Nutzungsrechten verknüpft, die inhaltlich dem Sonderrecht des künftigen Stockwerkeigentums entsprachen (s. dazu FRIEDRICH, ZBGR *1964* 341).

Der Vertrag, in dem die Umwandlung des bereits bestehenden Miteigen- 85 tums in Stockwerkeigentum vereinbart wird, bedarf (sofern er nicht im Rahmen einer Erbteilung abgeschlossen wird; hinten N 113) der *öffentlichen Beurkundung* (Art. 712d Abs. 3; hinten N 109f). Dieses qualifizierte Formerfordernis ist auch dann zu beachten, wenn die Wertquoten übereinstimmend mit den bisherigen Miteigentumsanteilen gebildet werden, also keine Eigentumsübertragung stattfindet (FRIEDRICH, ZBGR *1964* 331; derselbe, SJK *1302* 8).

4. Vertragliche Begründung von Stockwerkeigentum ohne vorbestehendes Miteigentum

Der Text von Art. 712d Abs. 2 Ziff. 1 ist insofern zu eng, als 86 er lediglich eine Art der vertraglichen Begründung von Stockwerkeigentum erwähnt, nämlich die Umwandlung bereits bestehenden Miteigentums in Stockwerkeigentum (vorn N 83ff). Die vertragliche Begründung von Stockwerkeigentum muss indessen nicht in zwei zeitlich getrennte Rechtsakte (Errichtung von Miteigentum und spätere Umwandlung in Stockwerkeigentum mittels Vertrag) zerfallen. *Die Begründung von Miteigentum und dessen Ausgestaltung zu Stockwerkeigentum kann vielmehr uno actu in ein und derselben Vertragsurkunde erfolgen* (BBl *1962* II 1514; FRIEDRICH, Grundzüge N 17; J. RUEDIN, ZBGR *1965* 5; SCHMID, 90). Auch hier ist selbstverständlich öffentliche Beurkundung Gültigkeitserfordernis (Art. 712d Abs. 3; hinten N 109f).

Die direkte vertragliche Begründung von Stockwerkeigentum in *einem* 87 Rechtsakt macht es möglich, dass mehrere Erwerber einer Liegenschaft oder eines selbständigen und dauernden Baurechts schon im Kauf- oder Baurechtsvertrag die Ausgestaltung ihrer Miteigentumsanteile zu Stockwerkeigentum vereinbaren können. Im Grundbuch muss dann nicht zuerst das Miteigentumsverhältnis und danach noch dessen Umwandlung in Stockwerkeigentum eingetragen werden (BBl *1962* II 1514f; FRIEDRICH, ZBGR *1964* 331; derselbe, SJK *1302* 8).

5. Begründung von Stockwerkeigentum durch einen Erbteilungsvertrag im besonderen

88   Durch einen Erbteilungsvertrag können die Erben ein zum Nachlass gehörendes Grundstück, entweder in Vollziehung einer erblasserischen Teilungsvorschrift oder freiwillig, zu Stockwerkeigentum aufteilen (BBl *1962* II 1515; FRIEDRICH, ZBGR *1964* 331; GAUTHIER, FS Flattet 229). Für den Vertrag gilt die im Erbrecht vorgeschriebene Form (Art. 712d Abs. 3), also die *einfache Schriftlichkeit* (Art. 634 Abs. 2). Unerheblich ist, ob die Wertquoten, deren Festsetzung zum notwendigen Vertragsinhalt gehört (vorn N 71), mit den Anwartschaften bzw. mit den Anteilen, zu denen die Erben am Nachlass beteiligt sind, übereinstimmen (FRIEDRICH, SJK *1302* 8). S. zum Ganzen auch SCHMID, 126 ff.

V. Die Begründungserklärung

1. Einseitiges Rechtsgeschäft

89   Als zweites Rechtsgeschäft, das einen Rechtsgrund für die Eintragung von Stockwerkeigentum im Grundbuch bildet, nennt das Gesetz die Erklärung des Eigentümers der Liegenschaft oder des Inhabers eines selbständigen und dauernden Baurechts über die Bildung von Miteigentumsanteilen und deren Ausgestaltung zu Stockwerkeigentum (Art. 712d Abs. 2 Ziff. 2). Es handelt sich um ein einseitiges Rechtsgeschäft (zur Person des Erklärenden s. hinten N 95 ff), welches sich dadurch auszeichnet, dass die zu Stockwerkeigentum ausgestalteten Miteigentumsanteile zunächst dem Begründer zustehen. Dieser kann die einzelnen Anteile dann in einem späteren Zeitpunkt verkaufen oder auch verschenken (BBl *1962* II 1515; FRIEDRICH, SJK *1302* 8; J. RUEDIN, ZBGR *1965* 5; SCHMID, 27). Die Möglichkeit, dass Miteigentums- bzw. Stockwerkeigentumsanteile in der Hand *einer*

Person vereinigt sind, gibt es erst seit der Wiedereinführung des Stockwerkeigentums (FRIEDRICH, Grundzüge N 18; s. auch die Vorbemerkungen zu den Art. 712aff N 41).

Die Frage, ob die Begründungserklärung auch im Vertrag enthalten sein 90 könne, mit welchem der Eigentümer der Liegenschaft oder der Baurechtsinhaber einen Stockwerkeigentumsanteil veräussert, wurde bei den gesetzgeberischen Vorarbeiten nicht behandelt (BBl *1962* II 1515). Ein zu Stockwerkeigentum ausgestalteter Miteigentumsanteil wird zwar erst durch den Grundbucheintrag Gegenstand des Rechtsverkehrs (vgl. vorn N 15). Da indessen auch über künftige Objekte obligatorische Rechtsgeschäfte abgeschlossen werden können (Syst. Teil N 124), muss es auch möglich sein, in einem solchen Fall die Begründungserklärung erst im Veräusserungsvertrag abzugeben. Notwendig ist allerdings, dass der Vertrag die für die Erklärung erforderlichen Elemente (vgl. hinten N 94) enthält. Technische Gründe, vor allem die genaue Beschreibung der zu Sonderrecht ausgeschiedenen Objekte, werden jedoch ein solches Vorgehen erschweren. Dies ist insbesondere dann der Fall, wenn das gemeinschaftliche Grundstück in mehr als zwei Teile aufzuspalten ist. Es liegt deshalb im Interesse des Erwerbers eines Stockwerkeigentumsanteils, sich durch den Einbau von Kautelen (z.B. Resolutivbedingung, Rücktrittsrecht, Konventionalstrafe) im Veräusserungsvertrag abzusichern (zur Stipulation einer Rücktrittsklausel zugunsten des Veräusserers vgl. SCHMID, 135).

Formell ist die einseitige Erklärung nichts anderes als ein Antrag an das 91 Grundbuchamt (zum Antragsprinzip vgl. vorn N 10), für das Grundstück Stockwerkeigentumsanteile zu bilden und diese im Grundbuch einzutragen (vorn N 67; FRIEDRICH, Grundzüge N 18).

Gemäss Art. 712d Abs. 3 bedarf die Begründungserklärung, gleich wie das 92 zwei- oder mehrseitige Rechtsgeschäft, der *öffentlichen Beurkundung* (dies im Unterschied zum Antrag auf Ausstellung eines Inhaber- oder Eigentümerschuldbriefes [Art. 20 GBV], worauf FRIEDRICH, SJK *1302* 8 verweist).

Wird Stockwerkeigentum aufgrund einer Erklärung des bisherigen Alleinei- 93 gentümers im Grundbuch eingetragen, bleiben alle Stockwerkeigentumsanteile zunächst in seiner Hand vereinigt (vorn N 89). Sie werden aber durch die Eintragung rechtlich verselbständigt und können nunmehr einzeln verpfändet oder mit Dienstbarkeiten belastet werden.

2. Inhalt

94 Die Begründungserklärung umfasst grundsätzlich die gleichen notwendigen Bestandteile wie der Begründungsvertrag, nämlich die *räumliche Ausscheidung der Stockwerkeinheiten und die Festsetzung der Wertquoten* (Art. 712e Abs. 1; vorn N 71). Der Eigentümer einer Liegenschaft oder der Inhaber eines Baurechts kann in der Erklärung zusätzlich noch die *Verwaltungs- und Nutzungsordnung* festlegen und ein *Reglement* aufstellen (Art. 712g Abs. 2 und 3), bevor eine Stockwerkeigentümergemeinschaft besteht (s. auch SCHMID, 133). Dadurch lassen sich unter den Beteiligten Konsensprobleme vermeiden, die sich aus dem Einstimmigkeitserfordernis für eine Änderung der gesetzlichen Verwaltungs- und Nutzungsordnung (Art. 712g Abs. 2) sowie aus der Notwendigkeit eines qualifizierten Mehrs für die Annahme des Reglements (Art. 712g Abs. 3) ergeben können. Spätere Erwerber von Stockwerkeigentumsanteilen haben sich dann der bereits vorgegebenen Gemeinschaftsordnung zu unterziehen, die u. U. einschneidende Beschränkungen ihrer Nutzungsbefugnisse und allenfalls einen erheblich ausgebauten Pflichtenkatalog (namentlich etwa hinsichtlich der Verwaltungs- und Unterhaltsbeiträge) enthält.

3. Subjekte

a. Natürliche und juristische Personen

95 Die einseitige Begründungserklärung kann von jeder handlungsfähigen (natürlichen oder juristischen) Person abgegeben werden, die Alleineigentümerin einer Liegenschaft (i. S. v. Art. 655 Abs. 2 Ziff. 1 und Art. 943 Abs. 1 Ziff. 1) oder alleinige Inhaberin eines selbständigen und dauernden Baurechts ist (Art. 655 Abs. 2 Ziff. 2, Art. 779 Abs. 3, Art. 943 Abs. 1 Ziff. 2).

96 Da es sich bei der Begründungserklärung um ein einseitiges Rechtsgeschäft handelt, können sich Rechtsgemeinschaften (z. B. Gemeinschaften der Gesamt- oder Miteigentümer) dieser Begründungsart von Stockwerkeigentum nicht bedienen (a. M. BÄRMANN/PICK, Kurzkommentar § 8 bei III.1.). Sie müssen vielmehr einen Vertrag im Sinne von Art. 712d Abs. 2 Ziff. 1 abschliessen. Dies ist auch der Fall, wenn es sich beim Baurechtsinhaber nicht um eine Einzelperson handelt (BBl *1962* II 1515).

b. Erblasser im besonderen

Der Erblasser kann bereits *zu Lebzeiten* an einem Grundstück im Sinne von Art. 712d Abs. 2 Ziff. 2 Stockwerkeigentum begründen. Statt die einzelnen Einheiten zu veräussern, behält der Erblasser sie bis zum Tod in seiner Hand vereinigt. Hat er eine entsprechende Verfügung von Todes wegen (Testament, Erbvertrag) aufgesetzt, kann er die verschiedenen Stockwerkeigentumsanteile seinen Erben oder Vermächtnisnehmern zukommen lassen. 97

Der Erblasser kann aber auch durch letztwillige Verfügung bestimmen, dass an einem zum Nachlass gehörenden Grundstück *nach seinem Tod* Stockwerkeigentum zu begründen sei, und vorschreiben, wie die dabei entstehenden Anteile auf die einzelnen Erben oder Vermächtnisnehmer verteilt werden sollen. 98

– Der Erblasser kann die entsprechenden Anordnungen in einer *letztwilligen Verfügung*, einem eigenhändigen (Art. 505), öffentlichen (Art. 499–504) oder mündlichen Testament (Art. 506–508) treffen. Bestimmungen über die Begründung von Stockwerkeigentum und die Zuteilung der Anteile können aber auch in einen *Erbvertrag* aufgenommen werden (für die Formerfordernisse vgl. hinten N 113 ff). 99

– Sind mehrere Erben vorhanden, kann der Erblasser eine *Teilungsanordnung* erlassen, wonach die Erben ein bisher ungeteiltes Grundstück zu Stockwerkeigentum aufgeteilt übernehmen sollen (FRIEDRICH, Grundzüge N 19; erselbe, ZBGR *1964* 333 und ZBGR *1966* 323; TUOR/PICENONI, Art. 608 N 1). Die Teilungsanordnung hat demnach keine dingliche, sondern lediglich obligatorische Wirkung. Mit dem Tod des Erblassers erwerben die Erben das Grundstück trotz der Teilungsanordnung zunächst zu Gesamteigentum (Art. 602 Abs. 2; Art. 656 Abs. 2). Damit Stockwerkeigentum der betreffenden Erben begründet werden kann, muss die Teilungsanordnung zuerst noch vollzogen werden (ESCHER, Art. 608 N 4), was in der Form eines Erbteilungsvertrages zu geschehen hat (s. dazu auch SCHMID, 144). 100

VI. Begründung von Stockwerkeigentum durch richterliches Urteil oder behördliche Anordnung in der Erbteilung?

101 Die Frage, ob Stockwerkeigentum im Rahmen der Erbteilung auch gegen den Willen eines oder mehrerer Erben durch richterliches Urteil begründet werden kann, ist 1968 vom *Bundesgericht* verneint worden (BGE *94* II 231 ff; zum Sachverhalt, wenn alle Erben mit der Errichtung von Stockwerkeigentum einverstanden sind, vgl. vorn N 81). In der *Literatur* wird die Möglichkeit der Begründung von Stockwerkeigentum durch richterliches Urteil sowie diejenige durch Anordnung einer Teilungsbehörde oder des Willensvollstreckers teils befürwortet (LIVER, ZBJV *1970* 57 ff und – differenziert – SPR V/1 58 Anm. 17; GÖTTE, 62 ff), teils abgelehnt (FRIEDRICH, Grundzüge N 15; PIOTET, SPR IV/2 872; SCHMID, 137 f; so wohl auch GAUTHIER, FS Flattet 229).

102 Die Frage, ob die Errichtung von Stockwerkeigentum durch richterliches Urteil bzw. behördliche Anordnung in der Erbteilung gegen den Willen eines oder mehrerer Erben zulässig ist, muss sowohl unter erbrechtlichen wie auch unter sachenrechtlichen Gesichtspunkten geprüft werden. Von Bedeutung sind allerdings auch die konkreten Umstände des Einzelfalles, weshalb sich wohl *keine allgemein gültige Lösung* finden lässt (s. den diesbezüglichen Hinweis in Art. 646 N 26). Es können lediglich einzelne Entscheidungkriterien und damit fallbezogene Lösungsansätze aufgezeigt werden:

103 – *Erbrechtlich* gilt, wie für alle Erbschaftsgegenstände so auch für Nachlassgrundstücke, der *Grundsatz der Realteilung*. Dieser besagt, dass die Erben Anspruch auf Zuweisung der Sachen in natura haben (TUOR/PICENONI, Art. 610 N 2 sowie Art. 612 N 2 und 10; BGE *94* II 233 f Erw 3; BGE *85* II 388 ff; BGE *78* II 408 ff). Soll ein Nachlassgrundstück entsprechend diesem Grundsatz durch Begründung von Stockwerkeigentum aufgeteilt werden, ist allerdings vorerst zu prüfen, ob dies sachenrechtlich zulässig und tatsächlich realisierbar ist. Zudem muss untersucht werden, ob zwischen der richterlichen Begründung von Stockwerkeigentum und derjenigen aufgrund einer erblasserischen Teilungsvorschrift (dazu vorn N 100) ein relevanter Zusammenhang besteht. Ferner ist zu prüfen, welche Funktion und Bedeutung dem mutmasslichen oder hypothetischen (auf die Errichtung von Stockwerkeigentum gerichteten) Willen des Erblassers zukommen kann.

— *Sachenrechtlich* betrachtet weist das Stockwerkeigentum eine *partiell-reale* 104
Dimension auf, die auf das mit dem Miteigentumsanteil subjektiv-dinglich
verbundene Sonderrecht zurückzuführen ist (REY, ZSR *1980* I 255). Daher kann im Rahmen der Erbteilung ein Grundstück und das sich darauf
befindliche Gebäude grundsätzlich zu Stockwerkeigentum aufgeteilt werden, sofern dies bautechnisch möglich ist (was z.B. bei einem bereits bestehenden Mehrfamilienhaus zutrifft). Zur baulichen Eignung gehört
auch, dass bei einer allfälligen Begründung von Stockwerkeigentum keine
wesentlichen, kostenverursachende bauliche Veränderungen vorgenommen werden müssen und das aufzuteilende Gebäude wertmässig in einem
vernünftigen Verhältnis zur Grundstücksfläche steht (diese tatsächliche
Voraussetzung ist u. U. nicht erfüllt, wenn der Bodenwert den Gebäudewert übersteigt).

— Grundsätzlich kann der Richter eine Erbengemeinschaft nicht gegen den 105
Willen eines Beteiligten durch die Begründung eines anderen Gemeinschaftsverhältnisses auflösen. Es ist indessen zu berücksichtigen, dass einem Stockwerkeigentümer in bezug auf die Nutzung der ihm zugeschiedenen Räumlichkeiten sowie hinsichtlich der Veräusserungsmöglichkeit
seines Anteils weitgehend eine Rechtsstellung zukommt, welche derjenigen des Alleineigentümers ähnlich ist. Dies und die nur lose Bindung des
Einzelnen an die Gemeinschaft (REY, ZSR *1980* I 258 ff) zeigt sich auch
darin, dass beim Stockwerkeigentum im Unterschied zum Miteigentum
kein gesetzliches Vorkaufsrecht besteht (vgl. dazu Art. 712c N 10 f). Die
richterliche oder behördliche Begründung von Stockwerkeigentum stellt
daher für den widerstrebenden Erben keine unzumutbare Belastung dar.
Macht dieser nämlich von der freien Veräusserungsmöglichkeit des ihm
zugewiesenen Stockwerkeigentumsanteils Gebrauch, ist das Ergebnis
etwa dasselbe, wie wenn er auf dem Prozessweg seinen Erbteil in Geld
herausverlangen würde.

— In *tatsächlicher* Hinsicht ist folgendes zu beachten: 106

— Aufgrund des richterlichen Urteils müssen *alle* Erben Stockwerkeigen- 107
tümer werden. Zudem sollten die Stockwerkeigentumsanteile wertmässig annähernd den Anteilen der betreffenden Erben am Nachlass entsprechen.

— Müssen aufgrund der baulichen Verhältnisse mehr Stockwerkeigen- 108
tumsanteile ausgeschieden werden als Erben vorhanden sind und lassen sich auch keine gleichwertigen Lose bilden, kann der Richter die
Versteigerung der überzähligen Anteile anordnen. Findet eine öffentli-

che Versteigerung statt, sind auch die einzelnen Erben befugt, daran teilzunehmen, wodurch ihre Interessen hinreichend geschützt werden. Eine richterliche Zuteilung überzähliger Anteile an mehrere oder an alle Erben ist dagegen unzulässig, weil dadurch gewöhnliches Miteigentum entstehen und somit der Grundsatz der Realteilung (s. vorn N 103) nicht verwirklicht würde. Ferner würde die Möglichkeit des Einzelnen, seinen Anteil frei zu veräussern, durch das gesetzliche Vorkaufsrecht der Miteigentümer eingeschränkt.

VII. Formvorschriften

1. Grundsatz der öffentlichen Beurkundung

a. Begründungsvertrag und Begründungserklärung

109 Ein Rechtsgeschäft unter Lebenden, sei es ein Begründungsvertrag oder eine Begründungserklärung, bildet nur dann einen gültigen Rechtsgrund für die Eintragung von Stockwerkeigentum im Grundbuch, wenn es öffentlich beurkundet ist (Art. 712d Abs. 3; Art. 18 GBV; BBl *1962* II 1515).

110 Die öffentliche Beurkundung hat der Gesetzgeber vorgeschrieben zum Schutz der Parteien vor unbedachten Abschlüssen von Rechtsgeschäften, zur Förderung der Präzision rechtsgeschäftlicher Verpflichtungen und zur Herstellung zuverlässiger und vollständiger Grundlagen für die Registereintragung (Art. 657 N 2ff, 92ff). Dennoch darf die Bedeutung der öffentlichen Beurkundung nicht überschätzt werden. Einerseits bedarf nur der wesentliche Inhalt des Begründungsaktes, der oft nicht sehr umfangreich ist, dieser Form (FRIEDRICH, ZBGR *1973* 136). Andererseits kommen die Urkundspersonen ihrer Belehrungs- und Aufklärungspflicht nicht immer im erforderlichen Ausmass nach (vgl. dazu SANTSCHI, ZBGR *1968* 1ff und HUBER, ZBJV *1967* 249ff).

b. Aufteilungsplan

Zur Bedeutung und Rechtsnatur dieses Planes vgl. vorn N 50ff.

Sind Begründungsvertrag oder Begründungserklärung öffentlich beurkundet, genügt es, wenn der Aufteilungsplan in der Urkunde als deren Bestandteil erklärt wird. Die Frage, wer den Plan zu unterzeichnen hat (die am Vertrag beteiligten Parteien, der die Erklärung abgebende Eigentümer der Liegenschaft bzw. der Baurechtsinhaber und noch zusätzlich die Urkundsperson oder nur diese allein), beantwortet das konkret anwendbare kantonale Beurkundungsrecht (vgl. ZBGR *1981* 42 ff und 45 ff). Sofern aber die räumliche Lage, Abgrenzung und Zusammensetzung der zu Sonderrecht ausgeschiedenen Räumlichkeiten im Begründungsakt selber nicht klar und bestimmt angegeben sind, ist gemäss der Spezialbestimmung von Art. 33b Abs. 2 GBV ein von allen Eigentümern unterzeichneter Aufteilungsplan beizubringen. In diesem Fall richten sich nur Zuständigkeit und Verfahren nach kantonalem Recht.

2. Ausnahmen

Gemäss Art. 712d Abs. 3 sind für Verfügungen von Todes wegen und für Erbteilungsverträge die im Erbrecht vorgeschriebenen Formen einzuhalten.

Für den *Erbteilungsvertrag,* aufgrund dessen Stockwerkeigentum errichtet werden soll, genügt die einfache Schriftlichkeit (Art. 634 Abs. 2; Art. 18 GBV; BBl *1962* II 1515; Art. 657 N 58; FRIEDRICH, SJK *1302* 8; derselbe, Grundzüge N 16; VITO PICENONI, Die Behandlung der Grundbuchgeschäfte im Erbgang, ZBGR *1972* 135; TUOR/PICENONI, Art. 634 N 16; BGE *94* II 238 Erw 5).

Wird die Begründungserklärung in einer *Verfügung von Todes wegen* abgegeben, sind einzuhalten:
- die auch bezüglich des Verfahrens bundesrechtlich geregelte Form der öffentlichen Beurkundung beim öffentlichen Testament (Art. 499 ff) und beim Erbvertrag (Art. 512);
- bei der eigenhändigen letztwilligen Verfügung die einfache Schriftform und die inhaltlichen Erfordernisse gemäss Art. 505;
- blosse Mündlichkeit im engen Rahmen der Zulässigkeit des Nottestamentes sowie die Beachtung der weiteren Vorschriften der Art. 506–508.

Art. 712 e

II. Wertquoten

¹ Im Begründungsakt ist ausser der räumlichen Ausscheidung der Anteil eines jeden Stockwerkes in Hundertsteln oder Tausendsteln des Wertes der Liegenschaft oder des Baurechts anzugeben.
² Änderungen der Wertquoten bedürfen der Zustimmung aller unmittelbar Beteiligten und der Genehmigung der Versammlung der Stockwerkeigentümer; doch hat jeder Stockwerkeigentümer Anspruch auf Berichtigung, wenn seine Quote aus Irrtum unrichtig festgesetzt wurde oder infolge von baulichen Veränderungen des Gebäudes oder seiner Umgebung unrichtig geworden ist.

II. Parts

¹ Outre la délimitation des étages ou parties d'étages, l'acte constitutif doit indiquer, en pour-cent ou en pour-mille de la valeur du bien-fonds ou du droit de superficie, la part que représente chaque étage ou partie d'étage.
² Les parts ne peuvent être modifiées qu'avec le consentement de toutes les personnes directement intéressées et l'approbation de l'assemblée des copropriétaires; toutefois, chaque copropriétaire peut demander une rectification si sa part a été, par erreur, fixée inexactement ou devient inexacte par suite de modificatons apportées au bâtiment ou à ses entours.

II. Quote di valore

¹ L'atto costitutivo deve determinare i piani o le porzioni di piano e indicare in centesimi o in millesimi il valore di ciascuno di essi come quota del valore dell'immobile o del diritto di superficie.
² La modificazione delle quote di valore richiede per la sua validità il consenso di tutti gli interessati diretti e l'approvazione dell'assemblea dei comproprietari; ogni comproprietario puó tuttavia domandare la rettificazione della sua quota, se sia stata determinata erroneamento o sia divenuta inesatta per le mutate condizioni dell'edificio o delle sue adiacenze.

Übersicht

		Note	Seite
I.	*Begriff und Bedeutung der Wertquote*	4	192
	1. Begriff	4	192
	2. Bedeutung	9	193
II.	*Festsetzung der Wertquoten*	14	194
	1. Zeitpunkt	14	194
	2. Art der Festsetzung	15	195
	3. Bezifferung	17	195
	4. Berechnung	19	196
III.	*Änderung der Wertquoten*	22	197
	1. Allgemeines	22	197
	2. Änderung der Wertquoten wegen ursprünglicher Unrichtigkeit	24	197

	Note	Seite
3. Änderung der Wertquoten wegen nachträglicher Veränderungen	27	198
a. Räumliche Vergrösserung oder Verkleinerung des Gebäudes	27	198
b. Bauliche Veränderungen in der Umgebung des Gebäudes	29	199
c. Teilweise Veräusserung eines Stockwerkeigentumsanteils	30	199
d. Zusammenlegung von Stockwerkeinheiten	34	201
e. Rechtsgeschäftliche Aufhebung des Sonderrechts an einem Stockwerkeigentumsanteil	36	201
f. Verzicht auf einen Stockwerkeigentumsanteil	38	202
g. Weitere Möglichkeiten räumlicher Veränderungen	43	203
h. Begründung und Untergang beschränkter dinglicher Rechte	44	204
IV. *Formelle Voraussetzungen der rechtsgeschäftlichen Quotenänderung*	45	204
1. Zustimmung aller unmittelbar Beteiligten	45	204
2. Öffentliche Beurkundung	47	205
3. Genehmigung der Stockwerkeigentümerversammlung	50	205
V. *Gerichtliche Geltendmachung des Berichtigungsanspruchs*	55	206
VI. *Grundbuchliche Behandlung*	56	206

Materialien   BBl *1962* II 1498, 1515f, 1519f; BBl *1964* II 1202ff; StenBullNR *1963* 530; [1] StenBullStR *1963* 217f.

Literatur   Vgl. die Angaben im allgemeinen Schrifttumsverzeichnis. [2]

Rechtsvergleichung   Vgl. die Angaben in den Vorbemerkungen zu den Art. 712a ff N 52–81, in [3] Art. 712d N 3–6 sowie hinten N 4, 7, 17, 28, 32, 42.

I. Begriff und Bedeutung der Wertquote

1. Begriff

4 Die Wertquote (part; quota del valore) ist eine *abstrakte Verhältniszahl*, die den Umfang der Rechtsposition des einzelnen Stockwerkeigentümers im Vergleich zu den anderen am gemeinsamen Rechtsobjekt Beteiligten arithmetisch ausdrückt (REY, Syst. Teil N 223; derselbe, ZSR *1980* I 256. Das deutsche Recht kennt den Begriff der Wertquote nicht; da aber auch das WEG in gewissen Bereichen eine der Wertquote entsprechende abstrakte Verhältniszahl voraussetzt, wird dort vom sog. Wertprinzip gesprochen; vgl. BÄRMANN/PICK/MERLE, § 25 N 11). Der Wortlaut von Art. 712e Abs. 1, wonach die Wertquote den Anteil eines jeden Stockwerkes am Wert der Liegenschaft oder des Baurechts anzugeben hat, ist zu eng und trägt zu deren begrifflichen Erfassung wenig bei.

5 Die Wertquote fixiert zahlenmässig das Ausmass der Beteiligung des Stockwerkeigentümers am gesamten, sowohl Rechte als auch Pflichten umfassenden Rechtsinhalt des Miteigentums (Art. 646 N 43 ff; FRIEDRICH, ZBGR *1973* 142 f; vgl. auch MENGIARDI, 46 f). Das Gesetz bezeichnet sie ausdrücklich als Bemessungsgrundlage für gewisse Rechte (z. B. für das Ausmass der Stimmkraft, Art. 712g Abs. 3) und Pflichten (nach Art. 712h Abs. 1 haben die Stockwerkeigentümer an die gemeinschaftlichen Lasten und Kosten Beiträge nach Massgabe ihrer Wertquoten zu leisten).

6 Die Wertquote ist ein technisches Hilfsmittel, um den Miteigentumsanteil verkehrsfähig zu machen und damit eine wichtige wirtschaftliche Zielsetzung des Gesetzgebers zu verwirklichen. Als blosse Verhältniszahl darf die Wertquote streng genommen dem Miteigentumsanteil aber nicht gleichgesetzt werden, da dieser Eigentumsobjekt und nicht blosse Rechnungsziffer ist. Die Auffassung, dass Wertquote und Miteigentumsanteil identisch seien (BBl *1962* II 1498; FRIEDRICH, SJK *1302* 3; derselbe, § 2 N 18 und ZBGR *1966* 338; SCHMID, 90, 100), ist daher zumindest ungenau (so bereits Art. 646 N 43; vgl. auch REY, Syst. Teil N 224 f; derselbe, ZSR *1980* I 256). Beim Erwerb eines Stockwerkeigentumsanteils ist deshalb nicht die Wertquote (z. B. 174/1000) Kaufgegenstand, sondern es ist dies der Miteigentumsanteil von 174/1000 am gemeinschaftlichen Grundstück verbunden mit einem Sonderrecht bezüglich bestimmter Räumlichkeiten (BGE *103* II 111 Erw 3a).

Die Grösse der Miteigentumsanteile und damit auch die Wertquoten sind 7
Anhaltspunkte für die Berechnung des Verkehrswertes der einzelnen Stockwerkeigentumsanteile. Die Wertquoten können dem Verkehrswert entsprechen, müssen dies aber nicht (BGE *103* II 111; Gleiches gilt auch für das deutsche Recht, BÄRMANN/PICK/MERLE, § 6 N 7 und WEITNAUER, § 16 N 1, wogegen das ÖWEG in § 3 Abs. 1 eine solche Übereinstimmung vorsieht; vgl. auch FRIEDRICH, § 2 N 22; derselbe, ZBGR *1973* 144 und ZBGR *1966* 338). Ändert sich der Verkehrswert eines Anteils (z. B. wenn er infolge eines kostspieligen Innenausbaus grösser wird oder sich wegen Beeinträchtigung der Aussicht durch ein Nachbargebäude verringert), hat dies grundsätzlich keinen Einfluss auf die Wertquote (BBl *1962* II 1516; FRIEDRICH, SJK *1302* 3; für die Berechnung der Wertquote s. hinten N 19 ff).

Die Festsetzung der Wertquoten ist ein notwendiges Element jeder Begründung von Stockwerkeigentum (Art. 712e Abs. 1; Art. 33a Abs. 2 lit. b GBV; BBl *1962* II 1516; vgl. auch vorn, Art. 712d N 71 und N 94). Der Nenner des Wertquotenbruches muss dabei stets in Hundertsteln oder Tausendsteln angegeben werden (anders dagegen beim gewöhnlichen Miteigentum, Art. 646; s. dazu auch LIVER, SPR V/1 55 Anm. 9). Der Grund für diese Vorschrift liegt insofern im öffentlichen Interesse, als die Wertquote für den Rechtsverkehr zahlenmässig sichtbar gemacht und im Hinblick auf die Rechtssicherheit mit verstärkter Konstanz versehen wird (ähnlich LIVER, SPR V/1 94). Deshalb nehmen die Wertquoten auch am öffentlichen Glauben des Grundbuches teil und können nur unter erschwerten Voraussetzungen abgeändert werden (Art. 712e Abs. 2; hinten N 22 ff).

2. Bedeutung

Sofern das Gesetz für einen Beschluss eine qualifizierte 9
Mehrheit nach Köpfen und Anteilen vorschreibt (z. B. Art. 712g Abs. 3, Art. 647d Abs. 1), hat die Wertquote Auswirkungen auf die *Stimmkraft* des einzelnen Stockwerkeigentümers. Dadurch wird das u. U. zu formalistische und die tatsächliche Anteilsberechtigung missachtende Kopfstimmenprinzip korrigiert und die konkrete Rechtsposition der Beteiligten besser berücksichtigt.

Die Wertquoten sind auch massgebend für die Feststellung der *Beschluss-* 10
fähigkeit der Stockwerkeigentümergemeinschaft (die Hälfte aller Stockwerkeigentümer, die zugleich zur Hälfte anteilsberechtigt sind, muss anwesend sein; Art. 712p Abs. 1).

11 Ferner bilden die Wertquoten den Verteilungsschlüssel für *finanzielle Leistungen Dritter,* welche diese im Zusammenhang mit dem gemeinschaftlichen Rechtsobjekt erbracht haben. Erträgnisse, welche das gemeinschaftliche Grundstück abwirft (z. B. Mietzinszahlungen Dritter für gemeinsame Räumlichkeiten), werden im Verhältnis der Wertquoten unter die Stockwerkeigentümer verteilt (sofern das Geld nicht zur Tilgung gemeinschaftlicher Schulden verwendet oder dem Erneuerungsfonds zugeschlagen wird). Dasselbe gilt für den Erlös aus der Veräusserung des ganzen Rechtsobjekts oder nur einzelner Teile davon (z. B. Verkauf eines Stockwerkeigentumsanteils, der bis anhin der Gemeinschaft zustand), sofern keine anderslautende Vereinbarung vorliegt (FRIEDRICH, § 53 N 9 und ZBGR *1973* 144). Ebenso wird im Schadensfall die Versicherungssumme (wiederum unter dem Vorbehalt anderer Abrede) nach Massgabe der Wertquoten unter die Stockwerkeigentümer verteilt, sofern das ganz oder teilweise zerstörte Gebäude nicht wieder aufgebaut werden soll (vgl. dazu auch MAGNENAT, 45).

12 Die Wertquoten sind ebenfalls massgebend, wenn in bezug auf die *Verteilung der gemeinschaftlichen Kosten und Lasten* Zweifel bestehen (vgl. die Bemerkungen zu Art. 712h; s. auch FRIEDRICH, § 18 N 2ff und ZBGR *1966* 339f). Gleiches gilt im Aussenverhältnis hinsichtlich der Haftung für Fremdkapital: Die Stockwerkeigentümer haften anteilsmässig im Verhältnis der Wertquoten, sofern das Gemeinschaftsvermögen zur Deckung der Schulden nicht mehr ausreicht (s. im einzelnen FREI, 71ff).

13 Die Wertquote ist dagegen nicht massgebend für die Festsetzung des erstmaligen oder eines späteren *Verkaufspreises* eines Stockwerkeigentumsanteils (FRIEDRICH, ZBGR *1973* 144). Spezielle Einrichtungen (z. B. ein individueller luxuriöser Innenausbau) können zwar den Verkaufspreis direkt beeinflussen, wirken sich aber nicht auf die Wertquote aus (BBl *1962* II 1516).

II. Festsetzung der Wertquoten

1. Zeitpunkt

14 Massgebender Zeitpunkt für die erstmalige Festsetzung der Wertquoten ist der *Begründungsakt*. Die Wertquoten müssen also spätestens im Zeitpunkt der Eintragung des Stockwerkeigentums im Grundbuch definitiv feststehen (Art. 712e Abs. 1, Art. 33a Abs. 2 lit. b GBV; Art. 712d N 71 und N 94; FRIEDRICH, § 2 N 19).

2. Art der Festsetzung

Entsprechend dem numerus clausus möglicher Begründungsarten von Stockwerkeigentum (Art. 712d N 67 f), können die Wertquoten entweder durch *einseitiges Rechtsgeschäft* (Erklärung des Eigentümers der Liegenschaft bzw. des Baurechtsinhabers, Art. 712d Abs. 2 Ziff. 2) oder durch *Vereinbarung* (Vertrag der an der Gründung Beteiligten, Art. 712d Abs. 2 Ziff. 1) festgesetzt werden. Ein Mehrheitsbeschluss wäre nicht ausreichend (SCHMID, 93; K. MÜLLER, 65).

Ausnahmsweise ist auch der *Richter* befugt, die Wertquoten festzusetzen (FRIEDRICH, § 2 N 23; abweichend K. MÜLLER, 65). Dies dann, wenn ein streitiges Begehren für eine nachträgliche Änderung der Wertquote vorliegt (Art. 712e Abs. 2; vgl. hinten N 55) oder sofern sich die Beteiligten bei der Eintragung von altrechtlichem Stockwerkeigentum (Art. 20bis SchlT; Art. 712d N 22 f) über die Grösse der Wertquoten nicht einigen können (FRIEDRICH, § 2 N 24).

3. Bezifferung

Im Unterschied zum gewöhnlichen Miteigentum (Art. 646) muss beim Stockwerkeigentum der *Nenner* des Wertquotenbruches immer in Hundertsteln oder Tausendsteln des Wertes der Liegenschaft oder des Baurechts angegeben werden (Art. 712e Abs. 1; Art. 33a Abs. 2 lit. b GBV; BBl *1962* II 1515; LIVER, SPR V/1 55 Anm. 9). Der Nenner muss also stets die Zahl 100 oder 1000 aufweisen (das Notariatsinspektorat des Kantons Zürich hält sogar Zehntausendstel für zulässig: Mitteilung Nr. 20, 9; s. dazu WEBER, 147 Anm. 26). In Italien hat der Nenner immer auf Tausendstel zu lauten (Art. 68 Abs. 2 Disposizioni per l'attuatione del codice e disposizioni transitorie). Das deutsche WEG schreibt dagegen keine bestimmten Zahlen vor, so dass im Nenner auch Hunderttausendstel und Millionstel erscheinen können (vgl. NJW *1958* 2116 und *1976* 1976).

Der *Zähler* des Wertquotenbruches soll in ganzen Zahlen erscheinen (FRIEDRICH, ZBGR *1973* 144; BESSON, ZBGR *1966* 352; MAGNENAT, 39). Aus Gründen der Praktikabilität, die im Verkehr mit dem Grundbuchamt zu berücksichtigen ist, und auch, um bei Abstimmungen in der Gemeinschaft der Stockwerkeigentümer auf eine einfache und schnelle Weise die qualifizierten Quoten festzustellen (WEBER, 147), sollen im Zähler keine mehrstelligen Dezimalbrüche (z. B. 166,66/1000) verwendet werden (DIESTER, Rechtsfragen N 146, spricht sich ebenfalls gegen eine zu weitgehende Aufsplitterung der Miteigentumsbruchteile aus, da dies weder aus rechtlichen noch aus wirtschaftlichen Gründen zur Ermittlung gerechter Anteilsverhältnisse erforderlich sei; a.M. MAGNENAT, 39 und J. RUEDIN, Stockwerkeigentum *1976/1* 9). Die Grundbuchpraxis des Kantons Bern lässt immerhin in Ausnahmefällen Dezimalbrüche im Zähler zu (Bern. Notar *1972* 61; kritisch dazu FRIEDRICH, ZBGR *1973* 144).

4. Berechnung

19   Das Gesetz enthält keine Vorschriften darüber, wie die Wertquoten zu berechnen sind und welche Faktoren dabei von Bedeutung sein sollen. Die Stockwerkeigentümer können somit das Wertverhältnis ihrer Anteile und die Methoden zur Ermittlung in eigener Kompetenz festlegen. Die Wertquoten müssen nicht einmal dem wirtschaftlichen Wert der Anteile entsprechen, die den einzelnen Beteiligten zu Sonderrecht zugeschieden sind (vgl. vorn N 7).

20 Da den Wertquoten in verschiedener Hinsicht erhebliche Bedeutung zukommt (vgl. vorn N 9ff), ist bei deren Berechnung zweifellos besondere Sorgfalt angezeigt (BBl *1962* II 1498; LIVER, SPR V/1 93, bezeichnet dies als «keine leichte Aufgabe»). Da exakte Methoden (WEITNAUER, § 16 N 1a) zur Berechnung der Wertquoten nicht bestehen, spielt die persönliche Erfahrung bei der Schätzung wertbestimmender Faktoren (wie z.B. Lage der Stockwerkeinheit, Aussicht, Lärmimmissionen usw.) eine grosse Rolle.

21 In der Literatur sind einige Methoden zur Berechnung der Wertquoten entwickelt worden (vgl. u.a. K. MÜLLER, 170ff, und SCHMID, 94ff, beide mit Beispielen), doch lassen sich diese kaum je direkt anwenden, weil die mitbestimmenden Faktoren sehr verschieden sind. Es empfiehlt sich deshalb, in schwierigen Fällen einen Sachverständigen (z.B. einen Architekten oder Bauingenieur) beizuziehen.

S. zum Ganzen auch FRIEDRICH, § 2 N 20f; derselbe, ZBGR *1966* 339 und ZBGR *1973* 143 sowie SJK *1302* 4; MONTCHAL, 29ff; MAGNENAT, 39ff; K. MÜLLER, 66f; WEBER, 148f; BÄRMANN/PICK/MERLE, § 16 N 129ff.

III. Änderung der Wertquoten

1. Allgemeines

Eine Änderung der ein erstes Mal im Begründungsakt 22
festgesetzten Wertquoten (vgl. vorn N 14) ist gemäss Art. 712e Abs. 2 grundsätzlich möglich, sofern bestimmte Voraussetzungen erfüllt sind.
Eine Korrektur der Wertquoten kann einerseits auf *Rechtsgeschäft* beruhen, 23
wobei die Zustimmung aller direkt Beteiligten sowie ein Genehmigungsbeschluss der Stockwerkeigentümerversammlung erforderlich sind. Andererseits hat jeder Stockwerkeigentümer einen *Anspruch* auf Berichtigung seiner Wertquote, sofern diese irrtümlich unrichtig festgesetzt wurde oder aufgrund baulicher Veränderungen am Gebäude bzw. in der Umgebung unrichtig geworden ist.

2. Änderung der Wertquoten wegen ursprünglicher Unrichtigkeit

Gemäss Art. 712e Abs. 2 hat jeder Stockwerkeigentümer ei- 24
nen unentziehbaren Anspruch (FRIEDRICH, § 3 N 13) auf Berichtigung seiner Wertquote, wenn diese im Begründungsakt irrtümlich unrichtig festgesetzt wurde (z. B. wegen unzutreffender Anwendung der Bewertungsmassstäbe; zur Berechnung der Wertquote vgl. vorn N 19 ff). Voraussetzung dafür ist allerdings, dass ein Festhalten an der ursprünglichen Wertquote den betreffenden Stockwerkeigentümer benachteiligen und im Vergleich zu den anderen Beteiligten an der gemeinschaftlichen Sache schlechterstellen würde (ähnlich für das deutsche Recht WEITNAUER, § 3 N 27a).
Aktivlegitimiert ist der Stockwerkeigentümer, dessen Wertquote irrtümlich 25
unrichtig festgesetzt wurde. *Passivlegitimiert* sind diejenigen Beteiligten, deren Wertquoten aufgrund des geltend gemachten Berichtigungsanspruchs entsprechend geändert werden müssen.
Der Berichtigungsanspruch wegen irrtümlich unrichtig festgesetzter Wert- 26
quote gemäss Art. 712e Abs. 2 ist von der Geltendmachung eines Irrtums im Sinne von Art. 23 ff OR zu unterscheiden. Der auf Art. 712e Abs. 2 gestützte Anspruch ist realobligatorischer Natur (zur Realobligation vgl. Syst. Teil N 267 ff und dort insb. N 277). Er richtet sich gegen die *Stockwerkeigentümer*, deren Wertquoten ebenfalls angepasst werden müssen. Demgegenüber

ist der Anspruch aus Art. 23 ff OR gegen den *Veräusserer* des Stockwerkeigentumsanteils, dessen Wertquote unrichtig ist, geltend zu machen. Ziel dieses Anspruchs ist es, den betreffenden Kaufvertrag wegen Irrtums bzw. eines anderen Willensmangels für einseitig unverbindlich zu erklären. Der Anspruch gemäss Art. 712e Abs. 2 ist dagegen nicht auf das *Dahinfallen eines Vertrages* gerichtet, sondern auf die *Berichtigung der Wertquoten*. Stellt ein Stockwerkeigentümer die irrtümlich unrichtige Festsetzung seiner Wertquote fest, kann er sich demnach entweder, gestützt auf Art. 23 ff OR, an den Veräusserer des Stockwerkeigentumsanteils wenden *oder,* aufgrund von Art. 712e Abs. 2, an jene Stockwerkeigentümer, deren Wertquoten ebenfalls zu ändern sind (s. auch FRIEDRICH, § 3 N 6; derselbe, ZBGR *1966* 340).

Zum Verfahren bei der Geltendmachung des Berichtigungsanspruchs vgl. hinten N 45 ff.

3. Änderung der Wertquoten wegen nachträglichen Veränderungen

a. Räumliche Vergrösserung oder Verkleinerung des Gebäudes

27 Bauliche Veränderungen am zu Stockwerkeigentum aufgeteilten Gebäude führen nicht zwingend zu einer Quotenänderung. Werden durch eine Vergrösserung bzw. Verkleinerung nur gemeinschaftliche Teile oder aber alle Stockwerkeinheiten etwa im selben Ausmass betroffen, bleiben die Beteiligten im gleichen Verhältnis berechtigt und verpflichtet wie zuvor (REY, ZBGR *1979* 131). Die Rechtsposition eines Stockwerkeigentümers wird erst dann verändert, wenn abgebrochene und nicht wieder aufgebaute Gebäudeteile im Sonderrecht standen oder sofern mehr oder weniger Stockwerkeinheiten erstellt werden als dies ursprünglich beabsichtigt war (s. dazu WEBER, 151 f).

28 Auch die bauliche Veränderung nur *einer* Stockwerkeinheit hat grundsätzlich keinen Einfluss auf die Wertquoten (vgl. BGE *103* II 111 f: Vergrösserung der Wohnfläche einer Attikawohnung um rund einen Drittel; für eine Quotenänderung hat sich demgegenüber das Zürcher Obergericht ausgesprochen, ZR *1973* Nr. 44; gegen eine Beeinflussung der Wertquoten in solchen Fällen entscheidet sich ebenfalls die vorherrschende Meinung in Deutschland, NJW *1976* 1976 f). Voraussetzung dazu ist allerdings, dass die

Rechtsstellung der übrigen Stockwerkeigentümer durch eine Vergrösserung bzw. Verkleinerung nicht betroffen wird. Aus diesem Grund führen auch bauliche Veränderungen im Innern einer Einheit (z. B. ein speziell luxuriöser Ausbau) nicht zu einer Quotenänderung (BBl *1962* II 1516; FRIEDRICH, § 3 N 5; derselbe, SJK *1302* 4). Ein Anspruch auf eine Korrektur der Wertquoten ist aber dann gegeben, wenn die Quadrat- bzw. Kubikmeterzahl ein bestimmender Faktor für die Quotenberechnung war (s. REY, ZBGR *1979* 131 f).

b. Bauliche Veränderungen in der Umgebung des Gebäudes

29 Eine bauliche Veränderung in der Umgebung des zu Stockwerkeigentum aufgeteilten Gebäudes (z. B. eine Überbauung des Nachbargrundstücks, die einzelnen Stockwerkeigentümern die Aussicht nimmt; FRIEDRICH, § 3 N 3) kann gemäss Art. 712e Abs. 2 zu einer Quotenänderung führen. Eine Korrektur ist aber nur dann erforderlich, wenn der betreffende Faktor (im oben erwähnten Beispiel also die unverbaute Aussicht) für die ursprüngliche Berechnung der Wertquoten nachweisbar relevant war und sofern eine Nichtanpassung zu einer unbilligen bzw. unzumutbaren Verschlechterung der Rechtsposition des betroffenen Stockwerkeigentümers im Vergleich zu den anderen Beteiligten führen würde (vgl. dazu REY, ZBGR *1979* 132 f).

c. Teilweise Veräusserung eines Stockwerkeigentumsanteils

30 Durch die Eintragung im Grundbuch wird der mit einem Sonderrecht verbundene Miteigentumsanteil rechtlich so verselbständigt, dass der einzelne Stockwerkeigentümer seine Einheit baulich umgestalten und insbesondere auch aufteilen darf. Entspricht die durch Abspaltung neu geschaffene Einheit den Erfordernissen von Art. 712b Abs. 1 (eigener Zugang, Abgeschlossenheit; vgl. Art. 712b N 47 ff sowie BBl *1962* II 1520), steht es dem betreffenden Stockwerkeigentümer frei, diese zu veräussern. Es sind dabei folgende Fälle zu unterscheiden:

- **Veräusserung an einen aussenstehenden Dritten:** Soll der neu entstandene 31 Teil einer Stockwerkeinheit auf einen aussenstehenden Dritten übertragen werden, ist dies nur möglich, wenn der Miteigentumsanteil entsprechend aufgespalten wird. Zudem muss die bestehende Wertquote als rechnerischer Ausdruck des Miteigentumsanteils (vgl. vorn N 4) abgeändert werden; es sind also für die beiden Einheiten neue Wertquoten festzulegen (REY, ZBGR *1979* 133 f; ähnlich FRIEDRICH, ZBGR *1966* 340).

32 – **Veräusserung an einen anderen oder an andere Stockwerkeigentümer:** Die teilweise Veräusserung eines Anteils oder der Tausch einzelner Räume unter den Stockwerkeigentümern kann grundsätzlich nicht ohne gleichzeitige Verfügung über den Miteigentumsanteil erfolgen (zur Verfügung über ein Stockwerk i. a. vgl. Art. 712a N 83 ff). Auch in einem solchen Fall ist eine Quotenänderung erforderlich (FRIEDRICH, § 3 N 2). Eine Ausnahme davon wäre lediglich dann gegeben, wenn sich die Räume bei einem Tausch quantitativ und qualitativ entsprechen (Art. 712a N 89; REY, ZBGR *1979* 135; a. M. anscheinend FRIEDRICH, § 3 N 8). Nach der in Lehre und Rechtsprechung der BRD herrschenden Auffassung ist bei einer Verfügung über Sondereigentum unter den Wohnungseigentümern eine Änderung der Bruchteilsverhältnisse nicht nötig (in diesem Sinne: BÄRMANN/PICK/MERLE, § 6 N 4; WEITNAUER, § 6 N 2a; NJW *1974* 1909 f sowie *1976* 1976 f; vgl. dazu die kritischen Bemerkungen von REY, ZBGR *1979* 135 ff).

33 – **Veräusserung an die Stockwerkeigentümergemeinschaft:** Die Stockwerkeigentümergemeinschaft ist im Rahmen ihrer Verwaltungstätigkeit vermögensfähig (vgl. die Bemerkungen zu Art. 712l; anders im deutschen Recht, vgl. BÄRMANN/PICK/MERLE, § 21 N 16) und kann somit auch einen Anteil ganz oder teilweise erwerben (Art. 712a N 86 und Art. 712b N 83; LIVER, Bern. Notar *1969* 330; zur Ersteigerung eines Anteils durch die Gemeinschaft in der Zwangsverwertung vgl. FRIEDRICH, § 22 N 17; OTTIKER, 233/246; vgl. auch Art. 712f N 67 und die Bemerkungen zu Art. 712i). Weil sie dadurch Miteigentümerin an der gemeinschaftlichen Sache wird, ist – bei teilweisem Erwerb – ein neuer Anteil zu schaffen und die bisherige Wertquote entsprechend abzuändern. Die Zweckbestimmung des Raumes, den die Gemeinschaft in ihrem Namen erwerben möchte, muss allerdings mit ihrer Verwaltungstätigkeit vereinbar sein. Ist dies nicht der Fall, haben die Stockwerkeigentümer im Hinblick auf den Erwerb ein besonderes Gemeinschaftsverhältnis zu bilden. Sie können z. B. eine einfache Gesellschaft gründen (Art. 530 ff OR) oder den betreffenden Anteil als Miteigentümer unter erneuter Quotenaufteilung erwerben (REY, ZBGR *1979* 138). Auf diese Weise entsteht eine auf sachenrechtlicher Grundlage basierende Untergemeinschaft, in der die Beteiligten die aus dem Stockwerkeigentumsanteil erwachsenden Rechte und Pflichten ent-

sprechend ihren Wertquoten zu übernehmen haben (zur Untergemeinschaft vgl. Art. 712b N 83). Eine Akkreszenz in dem Sinne, dass die neu geschaffenen Unteranteile mit den bereits bestehenden Anteilen verbunden werden, tritt allerdings nicht ein (vgl. Art. 712a N 87). Schon im Interesse allfälliger Drittberechtigter, insbesondere der Pfandgläubiger, muss das erworbene Objekt als solches bestehen bleiben.

d. Zusammenlegung von Stockwerkeinheiten

Der einzelne Stockwerkeigentümer kann seine Räumlich- 34
keiten nicht nur aufteilen, sondern auch zwei oder mehrere benachbarte Einheiten, die in seinem Eigentum stehen, zusammenlegen. Um dem Erfordernis der abgeschlossenen Einheit gemäss Art. 712b Abs. 1 (vgl. dort N 47 ff) zu genügen, muss zwischen den verschiedenen Teilen eine bauliche Verbindung bestehen, die es ermöglicht, eine der bisherigen Stockwerkeinheiten ohne Benutzung gemeinschaftlicher Teile direkt von der andern aus zu betreten. Befinden sich die zu vereinigenden Einheiten nebeneinander, kann dies durch einen einfachen Mauerdurchbruch erreicht werden; liegen sie dagegen übereinander, wird ein Deckendurchbruch mit Treppeneinbau vorzunehmen sein. Da es sich bei der Mauer oder der Decke um zwingend gemeinschaftliche Teile handelt (vgl. Art. 712b N 15 sowie hinten N 53), ist für solche baulichen Veränderungen die Zustimmung der übrigen Stockwerkeigentümer erforderlich.

Die Wertquote für den neu entstandenen Anteil wird gebildet, indem die al- 35
ten Wertquoten addiert werden. Dies ist möglich, da die zu vereinigenden Anteile demselben Eigentümer gehören und die Interessen allfälliger Drittberechtigter (insb. der Pfandgläubiger) durch die Zusammenlegung nicht tangiert werden (s. auch OTTIKER, 155).

Für den Fall, dass bei einer Verbindung von zwei benachbarten Stockwerkeinheiten diese weiterhin je eine wirtschaftliche Einheit bilden und rechtlich selbständig bleiben, die Wertquoten also nicht geändert werden müssen, vgl. Art. 712b N 54 f.

e. Rechtsgeschäftliche Aufhebung des Sonderrechts an einem Stockwerkeigentumsanteil

Sonderrecht und Miteigentumsanteil sind subjektiv-ding- 36
lich miteinander verknüpft (zum subjektiv-dinglichen Miteigentum vgl. REY,

ZBGR *1979* 133 f sowie LIVER, SPR V/1 59). Es stellt sich nun die Frage, ob diese Verbindung gelöst und das Sonderrecht aufgehoben werden kann, wenn die Stockwerkeigentümer gemeinsam einen Anteil zu Miteigentum erworben haben. Rechtlich ist es durchaus möglich und zulässig, Stockwerkeigentum in gewöhnliches Miteigentum umzuwandeln, sofern alle Beteiligten damit einverstanden sind (Art. 712f N 30; FRIEDRICH, § 53 N 2; derselbe, SJK *1302* 14; der Teilungsanspruch eines einzelnen Eigentümers ist dagegen ausgeschlossen, Art. 650 Abs. 1). Entsprechend lässt sich auch die subjektiv-dingliche Verbindung zwischen dem Sonderrecht und einem bestimmten Miteigentumsanteil auflösen (vgl. REY, ZBGR *1979* 140 sowie für das deutsche Recht DIESTER, Rechstfragen N 145). Durch die Vereinbarung aller Beteiligten erlöscht das Recht, einen oder mehrere Räume exklusiv zu nutzen. Diese stehen in der Folge allen Stockwerkeigentümern gemeinschaftlich zu, weil es sich nun um gemeinschaftliche Teile i. S. v. Art. 712b Abs. 3 handelt. Vorausgesetzt wird allerdings, dass am betreffenden Anteil nicht etwa Rechte Dritter (z. B. allfälliger Pfandgläubiger) bestehen. Durch eine Aufhebung des Belastungsobjekts, welches aus Miteigentumsanteil und Sonderrecht gebildet wird, würden die Interessen der Inhaber beschränkter dinglicher Rechte in unzulässiger Weise tangiert (vgl. REY, a.a.O.).

37 Die Auflösung der subjektiv-dinglichen Verbindung zwischen dem Sonderrecht und dem betreffenden Miteigentumsanteil bewirkt, dass die Rechtsstellung des einzelnen Stockwerkeigentümers am gemeinschaftlichen Objekt verfestigt wird. Die zusätzliche Nutzungsmöglichkeit eines oder mehrerer Räume führt zu einer Mehrberechtigung bzw. Mehrbelastung eines jeden Beteiligten, was äusserlich durch eine Quotenänderung sichtbar zu machen ist (vgl. REY, ZBGR *1979* 141). Beispiel: Fünf Stockwerkeigentümer haben je eine Wertquote von 20/100. Vier von ihnen übernehmen gemeinsam den fünften Anteil und heben das mit diesem verbundene Sonderrecht auf. Jeder Beteiligte erhält einen Miteigentumsanteil von 5/100, der zur bisherigen Wertquote von 20/100 addiert wird, was eine neue Wertquote von 25/100 ergibt (Akkreszenz).

f. Verzicht auf einen Stockwerkeigentumsanteil

38 Dem Stockwerkeigentümer steht es frei, auf seinen Miteigentumsanteil und das damit untrennbar verbundene Sonderrecht *ganz* oder *teilweise* zu verzichten. Es sind hier zwei praktische Möglichkeiten denkbar (vgl. REY, ZBGR *1979* 142):

– Ein Stockwerkeigentümer verzichtet auf seinen ganzen Anteil (Wohnung 39
oder einzelner Raum) und scheidet damit aus der Gemeinschaft aus.
– Ein Stockwerkeigentümer spaltet den bestehenden Miteigentumsanteil 40
auf, ändert die Wertquote entsprechend ab und verzichtet dann auf eines
der beiden neu entstandenen Objekte. Da ihm auf diese Weise immer
noch eine Einheit zusteht, ist er weiterhin Mitglied der Gemeinschaft.
Die Verzichtserklärung bewirkt jedoch keine Dereliktion in dem Sinne, dass 41
der betreffende Stockwerkeigentumsanteil herrenlos würde (eingehend dazu
LIVER, FS Hug 353 ff). Er wächst den übrigen Beteiligten grundsätzlich auch
nicht zufolge Akkreszenz (Konfusion bzw. Konsolidation) an, indem er in
ihren Anteilen aufgeht (vgl. Art. 712a N 119 und N 121). Der fragliche Anteil bleibt vielmehr bestehen, was ebenfalls im Interesse allfälliger Drittberechtigter liegt, und geht ins Miteigentum der verbleibenden Stockwerkeigentümer über. Diese bilden eine Untergemeinschaft (vgl. Art. 712b N 83),
in der sie nach Massgabe ihrer Wertquoten am betreffenden Anteil berechtigt und verpflichtet sind, gleich wie wenn sie ihn gekauft hätten (LIVER,
a.a.O. 370). Anders wäre die Rechtslage, wenn der verzichtende Stockwerkeigentümer mit einer besonderen Verzichtserklärung zugleich die subjektivdingliche Verbindung von Sonderrecht und Miteigentumsanteil auflöst (vgl.
dazu REY, ZBGR *1979* 142 f und Art. 712a N 122).
Als Folge des Verzichts werden die dingliche und die persönliche Haftung 42
aufgespalten. Der Verzichtende wird von allen künftigen Verpflichtungen
(insb. Verwaltungskosten und erst fällig werdende Lasten) befreit. Für persönliche Schulden gegenüber Grundpfandgläubigern bleibt er dagegen weiterhin haftbar. Gleiches gilt auch für Kostenbeiträge, die im Zeitpunkt des
Verzichts bereits fällig gewesen sind (LIVER, a.a.O., 372; nach italienischem
Recht, Art. 1104 CCit., haftet der Verzichtende für alle Beiträge an Aufwendungen, denen er zugestimmt hat).
S. zum Ganzen auch Art. 712a N 118 ff sowie für den Verzicht auf einen gewöhnlichen Miteigentumsanteil Art. 646 N 71 und LIVER, SPR V/1 63.

g. Weitere Möglichkeiten räumlicher Veränderungen

Eine im Sonderrecht stehende Einheit kann beispielsweise 43
gegen einen Raum ausgetauscht werden, an dem gemeinschaftliches Eigentum besteht. Weil damit eine Verfügung über den Miteigentumsanteil verbunden ist, muss die Wertquote geändert werden. Gleiches gilt, wenn ein
bisher im gemeinschaftlichen Eigentum stehender Raum ins Sonderrecht

überführt wird. Auch in diesem Fall wird der Mitgebrauch und damit die Mitberechtigung aller an einem Raum eingeschränkt (für das deutsche Recht vgl. WEITNAUER, § 6 N 2a, unter Hinweis auf TASCHE, DNotZ *1972* 710; s. ebenfalls NJW *1974* 152).

h. Begründung und Untergang beschränkter dinglicher Rechte

44 Werden zugunsten oder zu Lasten des zu Stockwerkeigentum aufgeteilten Grundstücks beschränkte dingliche Rechte begründet oder aufgehoben, haben die Beteiligten die daraus erwachsenden Rechte und Pflichten im Verhältnis ihrer Anteile zu übernehmen. Eine Korrektur der Wertquoten drängt sich nur dann auf, wenn durch die Begründung oder den Untergang eines beschränkten dinglichen Rechts die ursprünglich festgesetzten Quoten unrichtig geworden sind.

Für die beschränkten dinglichen Rechte i. a. vgl. Art. 712a N 95 ff.

IV. Formelle Voraussetzungen der rechtsgeschäftlichen Quotenänderung

1. Zustimmung aller unmittelbar Beteiligten

45 Eine Korrektur der Wertquoten bedarf gemäss Art. 712e Abs. 2 einer übereinstimmenden Willensäusserung aller direkt Beteiligten (ein Mehrheitsbeschluss genügt nicht; BBl *1962* II 1516; FRIEDRICH, § 2 N 19). Dieses Erfordernis ist zwingender Natur und lässt sich weder im Begründungsakt noch im Reglement wegbedingen (FRIEDRICH, § 3 N 13).

46 Der Kreis der unmittelbar Beteiligten wird gebildet durch all jene Stockwerkeigentümer, welche durch die beabsichtigte Quotenkorrektur und die damit verbundene Änderung der tatsächlichen oder rechtlichen Verhältnisse in ihrer Rechtsstellung direkt betroffen sind. Dazu gehören auch die Inhaber beschränkter dinglicher Rechte (g. M. OTTIKER, 152 f. und WEBER, 165 f.; a. M. SCHMID, 100 Anm. 74). So ist z. B. die Zustimmung der Grundpfandgläubiger zu einer Quotenkorrektur erforderlich, wenn der ihnen verpfändete Stockwerkeigentumsanteil verkleinert wird (vgl. im übrigen die Sicherungsbefugnisse der Grundpfandgläubiger gemäss Art. 808 ff).

2. Öffentliche Beurkundung

Die *Zustimmungsvereinbarung* (vorn N 45) ist öffentlich zu beurkunden, da es sich um ein eigentumsübertragendes Rechtsgeschäft handelt (Art. 656 N 18; FRIEDRICH, § 3 N 7).

Die *Erklärung* des Eigentümers von zwei oder mehreren Anteilen, diese zusammenzulegen (vorn N 34), bedarf ebenfalls der öffentlichen Beurkundung (FRIEDRICH, § 3 N 10). Gleiches gilt auch, wenn ein Stockwerkeigentumsanteil aufgespalten werden soll (vorn N 30 und N 40). Öffentliche Beurkundung ist erforderlich, weil bei einer Vereinigung oder Trennung von Anteilen die Eigentümerposition quantitativ verändert wird. Es spielt dabei keine Rolle, ob gleichzeitig ein Eigentümerwechsel und damit eine Eigentumsübertragung stattfindet.

Nach FRIEDRICH (§ 3 N 8) ist auch ein blosser *Abtausch* von Räumen, an denen Sonderrechte bestehen, öffentlich zu beurkunden, mit der Begründung, dass zwar nicht das Eigentum, aber der Inhalt des mit dem Stockwerkeigentumsanteil verbundenen Nutzungsrechts verändert wird (vgl. auch Art. 712a N 86).

3. Genehmigung der Stockwerkeigentümerversammlung

Da eine Quotenkorrektur immer auch die Interessen aller (nicht nur der unmittelbar beteiligten) Stockwerkeigentümer tangiert (BBl *1962* II 1516), ist die Zustimmungsvereinbarung (vorn N 45) von der Gemeinschaft zu genehmigen. Es genügt dabei ein einfacher Mehrheitsbeschluss, d.h. das einfache Mehr der abgegebenen Stimmen (FRIEDRICH, § 3 N 11). Nach FRIEDRICH (§ 3 N 13 und ZBGR *1966* 340f) kann das Genehmigungserfordernis allerdings durch die Versammlung im Begründungsakt oder im einstimmig angenommenen Reglement wegbedungen werden.

Ein Versammlungsentscheid ist auch dann erforderlich, wenn
- die Wertquoten von nur zwei Stockwerkeigentümern geändert werden (BBl *1962* II 1516; a.M. TASCHE, Kellertausch unter Wohnungseigentümern und verwandte Probleme, DNotZ *1972* 714);
- der Eigentümer von zwei oder mehreren Stockwerkeigentumsanteilen diese zusammenlegt (BESSON, ZBGR *1966* 353; a.M. WEBER, 155, der das Quotenänderungsverfahren auch bei der Aufspaltung eines Anteils nicht für notwendig erachtet; zum Erfordernis der öffentlichen Beurkundung

vgl. vorn N 48). Die Rechtsposition der übrigen Beteiligten wird dadurch insofern betroffen, als z. B. für die Beitragsforderungen gemäss Art. 712i Abs. 1 nach erfolgter Zusammenlegung nur noch ein Haftungsobjekt besteht oder die Objekte des Vorkaufs- bzw. Einspracherechts nach Art. 712c verändert werden. Da bei einer Vereinigung von Stockwerkeigentumsanteilen die neu entstandene Einheit dem zwingenden Erfordernis der Abgeschlossenheit (Art. 712b Abs. 1, dort N 47ff) genügen muss, sind bauliche Veränderungen an gemeinschaftlichen Teilen erforderlich (z. B. Mauerdurchbruch bei horizontaler, Deckendurchbruch bei vertikaler Zusammenlegung). Dafür ist aber die Genehmigung der übrigen Beteiligten ohnehin notwendig (Art. 647c und d).

54 Der Genehmigungsbeschluss der Stockwerkeigentümerversammlung ist dem Grundbuchamt durch beglaubigten Protokollauszug mitzuteilen (FRIEDRICH, § 3 N 12).

V. Gerichtliche Geltendmachung des Berichtigungsanspruchs

55 Der Berichtigungsanspruch gemäss Art. 712e Abs. 2 (für dessen Voraussetzungen vgl. vorn N 22ff) kann nötigenfalls auch unter Inanspruchnahme des Richters durchgesetzt werden (Protokoll der Studienkommission für das Stockwerkeigentum, 3. Session, 14). Die richterliche Berichtigung von Wertquoten erfolgt durch ein *Gestaltungsurteil*, da Quotenkorrekturen immer einer Übertragung von Grundeigentum gleichkommen. Die Änderung der Miteigentumsanteile bzw. der sie rechnerisch zum Ausdruck bringenden Wertquoten tritt mit der Rechtskraft des Urteils ein (Art. 656 Abs. 2; Art. 18 letzter Satz GBV). Die entsprechenden Grundbucheinträge haben deshalb lediglich deklaratorische Bedeutung.

VI. Grundbuchliche Behandlung

56 Im Grundbuch ist die Wertquote in der Kolumne der Grundstücksbeschreibung einzutragen, wo sie den zu Stockwerkeigentum ausgestalteten Miteigentumsanteil zahlenmässig konkretisiert. Beispielsweise: «20/100 Miteigentum an der Liegenschaft Bl. 1 mit Sonderrecht an der 5-Zimmer-Wohnung 1. Stock links...» (vgl. dazu auch die Mustervorlagen in BBl *1964* II 1202 und 1204).

Art. 712 f

III. Untergang

¹ Das Stockwerkeigentum endigt mit dem Untergang der Liegenschaft oder des Baurechtes und mit der Löschung im Grundbuch.

² Die Löschung kann aufgrund einer Aufhebungsvereinbarung und ohne solche von einem Stockwerkeigentümer, der alle Anteile in seiner Hand vereinigt, verlangt werden, bedarf jedoch der Zustimmung der an den einzelnen Stockwerken dinglich berechtigten Personen, deren Rechte nicht ohne Nachteil auf das ganze Grundstück übertragen werden können.

³ Die Aufhebung kann von jedem Stockwerkeigentümer verlangt werden, wenn das Gebäude zu mehr als der Hälfte seines Wertes zerstört und der Wiederaufbau nicht ohne eine für ihn schwer tragbare Belastung durchführbar ist; doch können die Stockwerkeigentümer, welche die Gemeinschaft fortsetzen wollen, die Aufhebung durch Abfindung der übrigen abwenden.

III. Fin

¹ La propriété par étages prend fin par la perte du bien-fonds ou l'extinction du droit de superficie et la radiation de l'inscription au registre foncier.

² La radiation peut être demandée en vertu d'une convention mettant fin à la propriété par étages ou, à ce défaut, par tout copropriétaire qui réunit entre ses mains toutes les parts, sous réserve du consentement des personnes ayant sur des étages des droits réels qui ne peuvent être transférés sans inconvénient sur l'immeuble entier.

³ Chaque copropriétaire peut demander la dissolution de la propriété par étages lorsque le bâtiment est détruit pour plus de la moitié de sa valeur et qu'une reconstruction serait pour lui une charge difficile à supporter; les copropriétaires qui entendent maintenir la communauté peuvent cependant éviter la dissolution en désintéressant les autres.

III. Estinzione

¹ La proprietà per piani si estingue con la perdita dell'immobile o del diritto di superficie c con la cancellazione dal registro fondiario.

² La cancellazione può essere domandata in virtù d'una convenzione di scioglimento, oppure dal comproprietario che accentra tutte le quote, sempreché vi consentano i titolari di diritti reali su piani o porzioni di piano, che non siano trasferibili su tutto il fondo senza pregiudizio.

³ Ogni comproprietario può chiedere lo scioglimento, qualora l'edificio perisca per più della metà del suo valore e la ricostruzione sia per lui un onere difficilmente sopportabile; tuttavia, i comproprietari che intendono continuare la comunione, possono evitare lo scioglimento tacitando gli altri.

			Note	Seite
Übersicht	*I.*	*Allgemeines*	4	209
		1. Grundsätzliche Antinomie zwischen Aufhebung (Untergang) und dauerhaftem Bestand des Stockwerkeigentums	4	209
		2. Verhältnis zwischen Untergangsgründen und eigentlichen Bestandesschutzinstrumenten	8	210

	Note	Seite
a. Limitierung der Untergangsgründe als Bestandesschutzinstrument im weiteren Sinne	8	210
b. Bestandesschutzinstrumente im engeren Sinne	16	211
aa. Ausschluss eines Stockwerkeigentümers	16	211
bb. Vorkaufs- und Einspracherecht	17	212
II. Untergang der Liegenschaft	20	213
1. Begriff der Liegenschaft	20	213
2. Auswirkungen des Untergangs	21	213
3. Erfordernis des vollständigen und dauernden Untergangs	22	213
4. Grundbuchliche Behandlung des Untergangs	24	214
III. Untergang des Baurechts	25	214
IV. Aufhebungsvereinbarung	28	215
1. Abschluss einer Aufhebungsvereinbarung	28	215
2. Inhalt	30	215
a. Aufhebung des Stockwerkeigentums durch Umwandlung in gewöhnliches Miteigentum	30	215
b. Aufhebung des Miteigentums	31	216
3. Form	38	216
4. Zustimmung Dritter	40	217
5. Richterliche Aufhebung	41	217
V. Aufhebungserklärung	43	217
VI. Aufhebungsanspruch	47	218
1. Ausnahmsweise Zulassung	47	218
2. Voraussetzungen	49	219
3. Geltendmachung	54	220
VII. Sonderfälle	57	221
1. Dereliktion	57	221
2. Zwangsweise Umwandlung von Stockwerkeigentum in gewöhnliches Miteigentum	58	221
VIII. Stockwerkeigentum in der Zwangsvollstreckung	59	222
1. Allgemeines	59	222
a. Rechtsquellen	59	222
b. Mögliche Objekte der Zwangsvollstreckung beim Stockwerkeigentum	60	222
aa. Das gemeinschaftliche Grundstück	61	222
bb. Der Stockwerkeigentumsanteil	63	223
cc. Das Vermögen der Stockwerkeigentümergemeinschaft	66	224
2. Das Verfahren im Falle, dass das gemeinschaftliche Grundstück nicht verpfändet ist	68	225
a. Betreibung auf Pfändung	68	225

	Note	Seite
aa. Pfändung des Stockwerkeigentumsanteils	68	225
bb. Verwertung des Stockwerkeigentumsanteils	75	227
b. Betreibung auf Pfandverwertung	80	228
c. Betreibung auf Konkurs	81	228
3. Das Verfahren im Falle, dass auch das gemeinschaftliche Grundstück verpfändet ist	82	228
a. Betreibung auf Pfändung	82	228
aa. Pfändung des Stockwerkeigentumsanteils	82	228
bb. Verwertung des Stockwerkeigentumsanteils	83	228
b. Betreibung auf Pfandverwertung	92	230
c. Betreibung auf Konkurs	93	231

Materialien	BBl *1962* II 1508f, 1516; StenBullNR *1963* 220, 530; StenBullStR *1963* 218.	1
Literatur	Vgl. die Angaben im allgemeinen Schrifttumsverzeichnis.	2
Rechtsvergleichung	Vgl. die Angaben in den Vorbemerkungen zu den Art.712aff N 52–81, in Art.712d N 3–6 sowie hinten N 5, 16.	3

I. Allgemeines

1. Grundsätzliche Antinomie zwischen Aufhebung (Untergang) und dauerhaftem Bestand des Stockwerkeigentums

Das Institut des Stockwerkeigentums kann seine soziale 4 und wirtschaftliche Funktion (vgl. die Vorbemerkungen zu den Art.712aff N 42f) nur erfüllen, wenn es auf einen möglichst dauerhaften Bestand hin ausgerichtet ist. Im Unterschied zum gewöhnlichen Miteigentum ist deshalb seine Auflösung erschwert. Ist Stockwerkeigentum einmal begründet, hat es grundsätzlich unbeschränkte Dauer. Dies zeigt sich u.a. im Fehlen eines Aufhebungsanspruchs der einzelnen Stockwerkeigentümer und in der Aufrechterhaltung des Stockwerkeigentums trotz Vereinigung aller Stockwerkeigentumsanteile in einer Hand:

– Der einzelne Stockwerkeigentümer kann nicht wie der gewöhnliche Miteigentümer grundsätzlich jederzeit die Auflösung der Gemeinschaft beantragen (Art.650 Abs.1), auch dann nicht, wenn dafür ein wichtiger Grund gegeben wäre (vgl. aber den besonderen Aufhebungsanspruch im Falle der ganzen oder teilweisen Zerstörung des gemeinschaftlichen Gebäudes gemäss Art. 712f Abs. 3, hinten N 47 ff; auch in den ausländischen Gesetzen ist eine Teilungsklage ausgeschlossen: § 11 WEG, Art. 6 französisches StWE-Gesetz, Art. 1119/1128 CCit., § 9 ÖWEG).

6 – Sind alle Miteigentumsanteile in einer Hand vereinigt, bleibt das Stockwerkeigentum dennoch weiter bestehen, es sei denn, der Betroffene verlange ausdrücklich dessen Löschung im Grundbuch (Art. 712f Abs. 2, hinten N 43 ff).

7 Dem Stockwerkeigentum liegt somit der gesetzgeberische Gedanke zugrunde, dass die Rechtsstellung des Stockwerkeigentümers «ohne zeitliche Beschränkung gesichert sein» soll (vgl. LIVER, SPR V/1 96). Indessen ist es nicht ausgeschlossen, die Gemeinschaft und damit das einmal begründete Stockwerkeigentum im Reglement oder in einer späteren Vereinbarung zeitlich zu begrenzen (vgl. FRIEDRICH, § 53 N 10).

2. Verhältnis zwischen Untergangsgründen und eigentlichen Bestandesschutzinstrumenten

a. Limitierung der Untergangsgründe als Bestandesschutzinstrument im weiteren Sinne

8 Weil das Stockwerkeigentum in seinem Bestand dauerhaft geschützt werden soll, müssen für dessen vollständige Auflösung ganz bestimmte qualifizierte Untergangsgründe vorliegen. Es handelt sich dabei um nachstehende, in Art. 712f Abs. 1 umschriebene Tatbestände:

9 – **Untergang der Liegenschaft bzw. des Baurechts** (s. hinten N 20 ff und N 25 ff). In beiden Fällen vollzieht sich der Eigentumsverlust unabhängig vom Grundbuch (vgl. HAAB/SIMONIUS/SCHERRER/ZOBL, Art. 666 N 2). Die nachfolgende Löschung der betreffenden Einträge ist somit lediglich deklaratorischer Natur (s. auch STEINAUER, § 31 N 1172 ff).

10 – **Löschung des Stockwerkeigentums im Grundbuch** (s. hinten N 15; contrarius actus zur Entstehung des Stockwerkeigentums durch Eintragung im Grundbuch, Art. 712d und dort N 15).

11 – Die Löschung kann verlangt werden aufgrund einer *Aufhebungsvereinbarung* (hinten N 28 ff) bzw. einer *Aufhebungserklärung* (hinten N 43 ff), sofern alle zu Stockwerkeigentum ausgestalteten Miteigentumsanteile in einer Hand vereinigt sind (Abs. 2). Dabei kommt der Löschung im Grundbuch konstitutive Wirkung zu.

– Jeder Stockwerkeigentümer kann ausserdem einen *Aufhebungsanspruch* 12
geltend machen, wenn das gemeinschaftliche Gebäude zu mehr als der
Hälfte seines Wertes zerstört ist und ein Wiederaufbau für den Betroffenen eine finanziell schwer tragbare Belastung darstellt (Abs. 3). Die
Feststellung, dass eine Aufhebung zulässig ist, weist noch keine rechtsgestaltende Kraft auf. Erst die nach erfolgter Liquidation vorzunehmende Löschung im Grundbuch bzw. das Aufhebungsurteil haben
konstitutive Wirkung (vgl. im einzelnen hinten N 47 ff).

In Art. 33 Abs. 4 GBV ist ein weiterer Untergangsgrund erwähnt, der gegen 13
den Willen der Beteiligten zur Aufhebung des Stockwerkeigentums führt.
Der Grundbuchverwalter kann nämlich aufgrund einer richterlichen Verfügung das vor Erstellung des Gebäudes eingetragene Stockwerkeigentum
löschen und *in gewöhnliches Miteigentum zurückführen,* wenn die Erfordernisse von Art. 33 Abs. 3 GBV nicht erfüllt sind (Einreichung eines bereinigten, allenfalls amtlich bestätigten Aufteilungsplanes; s. dazu Art. 712d
N 50 ff und hinten N 58).

Kein Untergang des Stockwerkeigentums tritt dagegen ein, wenn sämtliche 14
Beteiligten ihr Eigentum durch Verzicht aufgeben, ohne dasselbe auf Dritte
zu übertragen (sog. *Dereliktion,* Art. 666 Abs. 1). Die Stockwerkeigentumsanteile werden vielmehr nur herrenlos und der Aneignung fähig (vgl. hinten
N 57).

Art. 712 f mit der Marginalie «Untergang» («Fin», «Estinzione») nennt 15
nicht nur einzelne Tatbestände, die zur Auflösung des Stockwerkeigentums
führen, sondern regelt auch das damit verbundene *Aufhebungsverfahren.*
Dieses gilt als abgeschlossen, sobald die Eintragungen auf dem Hauptbuchblatt des gemeinschaftlichen Grundstücks gelöscht sowie die Blätter der
einzelnen Stockwerkeigentumsanteile geschlossen sind (vgl. hinten N 24,
N 26, N 30, N 44, N 55 f, N 58; für die verschiedenen Grundbucheinträge
s. Art. 712d N 25 ff).

b. Bestandesschutzinstrumente im engeren Sinne

aa. Ausschluss eines Stockwerkeigentümers

Der Bestand des Stockwerkeigentums kann durch das 16
rücksichtslose oder arglistige Verhalten eines Beteiligten gefährdet sein.
Zum Schutze eines friedlichen Zusammenlebens besteht deshalb die Möglichkeit, ein unzumutbar gewordenes Mitglied von der Gemeinschaft auszu-

schliessen (Art. 649b und c; der Ausschluss eines Eigentümers ist auch in Deutschland [§ 18f WEG] und in Österreich [§ 22 ÖWEG] vorgesehen, wogegen das französische und das italienische Recht keine diesbezüglichen Bestimmungen enthalten). Eine solche Massnahme stellt für den Betroffenen einen äusserst schwerwiegenden Eingriff in seine Rechtsverhältnisse dar. Der Ausschluss ist deshalb erst bei Vorliegen wichtiger Gründe und nur als ultima ratio zulässig, z. B. dann, wenn sich ein Stockwerkeigentümer «immer wieder streitsüchtig, gewalttätig, arglistig zeigt und dadurch ein friedliches Zusammenleben und einen nachbarlichen Verkehr, wie er unter Hausgenossen Brauch und gute Sitte ist, verhindert» (BGE *94* II 22).

Für den Ausschluss vgl. im einzelnen die Bemerkungen zu Art. 649b und 649c N 1ff.

bb. Vorkaufs- und Einspracherecht

17   Das Stockwerkeigentum muss reibungslos ausgeübt werden können, auch wenn neue Mitglieder in die Gemeinschaft eintreten (z. B. infolge der Veräusserung einer Einheit oder wegen Erbgangs). Es ist den Beteiligten überlassen, gegen den Einzug nicht genehmer Personen einen präventiven Schutz vorzusehen. Dazu stellt das Gesetz zwei Institute zur Verfügung, die allerdings – um im Einzelfall wirksam zu werden – einer ausdrücklichen rechtsgeschäftlichen Grundlage bedürfen:

18 – Das *Vorkaufsrecht* (Art. 712c Abs. 1) bewirkt, dass im Falle der Veräusserung eines Stockwerkeigentumsanteils der unerwünschte Dritte vom Erwerb ausgeschlossen werden kann. Allerdings sind grundsätzlich die mit dem Dritten ausgehandelten Bedingungen auch für den Vorkaufsberechtigten verbindlich.

19 – Das *Einspracherecht* (Art. 712c Abs. 2 und 3) ermöglicht es, den Übergang eines Stockwerkeigentumsanteils auf einen neuen Miteigentümer, Nutzniesser, Wohnberechtigten oder Mieter zu verhindern. Die Schutzwirkung ist indessen nicht absolut, da ein wichtiger Grund für die Fernhaltung des Betreffenden vorliegen muss.

Zum Vorkaufs- und Einspracherecht im einzelnen vgl. die Bemerkungen zu Art. 712c.

II. Untergang der Liegenschaft

1. Begriff der Liegenschaft

Der in Art. 712f Abs. 1 verwendete Begriff der «Liegenschaft» wird bekanntlich im Gesetz nicht definiert. Die Grundbuchverordnung dagegen bezeichnet die Liegenschaft in Art. 1 Abs. 2 als jenen Teil der Erdoberfläche, welcher im Sinne einer Parzelle genügend bestimmte Grenzen aufweist. Diese Definition ist allerdings nicht vollständig, da es sich bei der Liegenschaft nicht um ein zwei-, sondern um ein dreidimensionales körperliches Gebilde handelt (Art. 655 N 8). Insofern weist eine Liegenschaft, auf der sich ein zu Stockwerkeigentum aufgeteiltes Gebäude befindet, neben den in der Regel durch die Grundbuchpläne präzis festgelegten horizontalen Grenzen eine nicht zum vornherein klar fixierte vertikale Grenze auf (vgl. die Bemerkungen zu Art. 667).

2. Auswirkung des Untergangs

Geht die Liegenschaft samt dem sich darauf befindlichen Gebäude unter, hat dies zur Folge, dass die bestehenden Stockwerkeigentumsverhältnisse aufgelöst werden (unerheblich ist dabei, ob das Gebäude im Baurecht erstellt wurde oder nicht). Die Sache als Eigentumsobjekt existiert nicht mehr. Es entfällt damit ein wesentliches Strukturelement des Stockwerkeigentums, nämlich die direkte Sachherrschaft (vgl. dazu Syst. Teil N 238 ff und REY, Syst. Teil N 20 ff).

3. Erfordernis des vollständigen und dauernden Untergangs

Das Stockwerkeigentum erlischt nur dann, wenn die Liegenschaft vollständig und ohne Möglichkeit einer Wiederherstellung für immer untergeht (vgl. Art. 666 N 19). Nach menschlichem Ermessen und unter Berücksichtigung der neuesten technischen Erkenntnisse muss eine Ausübung der Eigentümerrechte nicht nur gegenwärtig, sondern auch in Zukunft ausgeschlossen sein. Kein vollständiger Untergang liegt beispielsweise vor, wenn die Liegenschaft von einer Lawine verschüttet und nur das darauf befindliche Gebäude zerstört wird. In einem solchen Fall kann jedoch ein Aufhebungsanspruch im Sinne von Art. 712f Abs. 3 gegeben sein (vgl. hinten N 47 ff).

23 Ein vollständiger und dauernder Untergang der Liegenschaft kann auf natürliche oder künstliche Ursachen bzw. auf deren gegenseitiges Zusammenwirken zurückzuführen sein. Beispiel: Infolge eines Erdbebens oder von Sprengungen versinkt eine am Seeufer errichtete Terrassensiedlung mit Grund und Boden im Gewässer.

4. Grundbuchliche Behandlung des Untergangs

24 Mit dem vollständigen und irreversiblen Untergang der Liegenschaft geht auch das Stockwerkeigentum unter. Das im Grundbuch lediglich noch formell bestehende Stockwerkeigentum muss buchmässig aufgehoben werden. Das Hauptbuchblatt der Liegenschaft ist deshalb zu schliessen. Diejenigen Blätter, welche für die zu Stockwerkeigentum ausgestalteten Miteigentumsanteile besonders angelegt wurden, sind ebenfalls zu schliessen (Art. 62 Abs. 1 i. V. m. Art. 10a Abs. 2 GBV).
Vgl. im übrigen die Bemerkungen in Art. 666 N 21.

III. Untergang des Baurechts

25 Ist ein zu Stockwerkeigentum ausgestaltetes Gebäude aufgrund eines Baurechts erstellt worden (s. dazu Art. 712a N 29 ff und Art. 712d N 89), fällt dieses mit dem zeitlichen Ablauf der Baurechtsberechtigung ohne weiteres ins Eigentum des Baurechtsbelasteten und wird Bestandteil seines Grundstücks (Art. 779c). Tritt der Heimfall ein und ist keine Verlängerung des Baurechtsverhältnisses vorgesehen, kann der Grundeigentümer die Löschung des nur noch formal bestehenden Grundbucheintrages verlangen (Art. 976 Abs. 1). Eine Mitwirkung des Baurechtsberechtigten ist dabei nicht erforderlich, sofern eindeutig feststeht, dass die von den Parteien vereinbarte Frist abgelaufen ist (HOMBERGER, Art. 976 N 1 und 3). Weil die Baurechtsdienstbarkeit keine dingliche Wirkung mehr entfalten kann, hat eine solche Löschung berichtigenden Charakter (HOMBERGER, Art. 964 N 3).

26 Wird die Eintragung des Baurechts im Grundbuch gelöscht, müssen sowohl das für die Baurechtsdienstbarkeit als selbständiges und dauerndes Recht

eigens eröffnete Hauptbuchblatt (Art. 7 GBV; Art. 655 N 27 ff) als auch die für die einzelnen Stockwerkeigentumsanteile besonders angelegten Blätter (Art. 10a Abs. 2 GBV) geschlossen werden. Sofern an den zu Stockwerkeigentum ausgestalteten Miteigentumsanteilen noch dingliche Rechte bestehen sollten, sind die diesbezüglichen Eintragungen ebenfalls zu löschen (FRIEDRICH, SJK *1302* 13).

Hat der Grundbuchverwalter dem Begehren des Baurechtsbelasteten entsprochen und die Eintragung gelöscht, muss er allen Beteiligten (Baurechtsberechtigter, Stockwerkeigentümer, Inhaber beschränkter dinglicher Rechte) davon Anzeige erstatten (Art. 969). Diese haben dann die Möglichkeit, innerhalb von zehn Tagen seit Zustellung der Mitteilung die Löschung beim Richter anzufechten (Art. 976 Abs. 2). 27

IV. Aufhebungsvereinbarung

1. Abschluss einer Aufhebungsvereinbarung

Gemäss Art. 712f Abs. 2 können die Stockwerkeigentümer aufgrund einer Aufhebungsvereinbarung das im Grundbuch eingetragene Stockwerkeigentum löschen lassen. Es muss eine übereinstimmende Willenserklärung aller Beteiligten vorliegen. Diese darf nicht durch einen Mehrheitsbeschluss ersetzt werden. 28

Für die auf die Aufhebungsvereinbarung anwendbaren Regeln des allgemeinen und besonderen Teils des OR kann auf die entsprechenden Bemerkungen zur vertraglichen Aufhebung von gewöhnlichem Miteigentum verwiesen werden (Art. 651 N 14 ff). 29

2. Inhalt

a. Aufhebung des Stockwerkeigentums durch Umwandlung in gewöhnliches Miteigentum

Die Vereinbarung über die Aufhebung des Stockwerkeigentums kann lediglich die Erklärung enthalten, dass das Stockwerkeigentum in gewöhnliches Miteigentum umgewandelt werden soll. Eine solche Vereinbarung bildet den Rechtsgrund für die Löschung des Stockwerkeigentums im Grundbuch und zur Eintragung des gewöhnlichen Miteigentums. 30

b. Aufhebung des Miteigentums

31 Ist die Umwandlung des Stockwerkeigentums in gewöhnliches Miteigentum vereinbart worden, kann in einer zusätzlichen, zeitlich später abgeschlossenen Vereinbarung noch die Aufhebung des gewöhnlichen Miteigentums beschlossen werden (Art. 650 Abs. 1). Inhalt dieser Vereinbarung ist z. B.:

32 – *der freihändige Verkauf an einen Dritten;*
33 – *die freiwillige Versteigerung;*
34 – *die körperliche Teilung;* eine solche Teilung der gemeinsamen Baute ist im Prinzip ausgeschlossen; indessen dürfte eine Realteilung beim sog. vertikalen Stockwerkeigentum möglich sein (s. dazu Art. 712a N 35): Besteht das Gebäude in einem Doppelhaus, kann dieses mit dem Grundstück so geteilt werden, dass einzig die Trennwand gemeinschaftlicher Bestandteil bleibt; stehen auf demselben Grundstück mehrere Gebäude, wird dieses parzelliert, wobei jeder Miteigentümer eine solche Parzelle mit dem dazu gehörenden Gebäude erhält; vgl. LIVER, SPR V/1 97f;
35 – *die Umwandlung in Gesamteigentum* (Art. 652 ff);
36 – *die Übernahme des gemeinschaftlichen Grundstücks durch einen oder mehrere Miteigentümer unter Auskauf der übrigen.*

S. dazu Art. 651 N 7ff sowie FRIEDRICH, § 53 N 8f.

37 Es ist allerdings auch möglich, dass die Umwandlung des Stockwerkeigentums in gewöhnliches Miteigentum und die Aufhebung dieses Miteigentums formell in einer *einzigen Urkunde* vereinbart werden.

3. Form

38 Für die Aufhebungsvereinbarung genügt die *einfache Schriftform,* sofern lediglich das Stockwerkeigentum als qualifiziertes Miteigentum aufgelöst werden soll (FRIEDRICH, § 53 N 2; derselbe, SJK *1302* 14). Weil kein Eigentum übertragen wird, sondern nur die Art der dinglichen Berechtigung am gemeinschaftlichen Grundstück ändert (gewöhnliches Miteigentum anstelle von Stockwerkeigentum), ist eine öffentliche Beurkundung nicht erforderlich.

39 *Öffentliche Beurkundung* bedarf dagegen die Vereinbarung über die Aufhebung des gewöhnlichen Miteigentums. Es spielt dabei keine Rolle, ob diese Vereinbarung gleichzeitig mit der vertraglichen Auflösung des Stockwerkeigentums oder erst in einem späteren Zeitpunkt erfolgt.

4. Zustimmung Dritter

Die Umwandlung des Stockwerkeigentums in gewöhnliches Miteigentum kann nicht ohne Rücksichtnahme auf jene Personen erfolgen, die an den einzelnen Anteilen dinglich berechtigt sind (zum Stockwerkeigentum als Belastungsobjekt beschränkter dinglicher Rechte vgl. Art. 712a N 95 ff). Sofern sie durch die Umgestaltung in ihrer Rechtsstellung beeinträchtigt werden, müssen sie der Aufhebungsvereinbarung schriftlich zustimmen (Art. 712f Abs. 2). Soll z. B. ein an einem Stockwerkeigentumsanteil bestehendes Grundpfandrecht auf das ganze Grundstück übertragen werden und erwachsen dem betreffenden Gläubiger dadurch Nachteile, ist dessen Zustimmung erforderlich (vgl. ebenfalls OTTIKER, 162, der eine Mitwirkung sämtlicher beteiligten Pfandgläubiger sogar stets für notwendig hält; nach FRIEDRICH, § 53 N 6, ist eine Zustimmung dagegen nicht erforderlich, wenn das Stockwerkeigentum lediglich in gewöhnliches Miteigentum umgewandelt wird; s. aber auch FRIEDRICH, SJK *1302* 14). 40

5. Richterliche Aufhebung

Stockwerkeigentum kann grundsätzlich nicht durch den Richter aufgehoben werden (vgl. aber die Ausnahmebestimmung in Art. 712f Abs. 3, hinten N 47 ff). 41

Der Richter kann jedoch angerufen werden, wenn sich die Beteiligten nach der Löschung des Stockwerkeigentums im Grundbuch und nach der Eintragung des gewöhnlichen Miteigentums über die Liquidationsart des gemeinschaftlichen Grundstücks nicht einigen können. Das gewöhnliche Miteigentum wird dann nach den Grundsätzen von Art. 651 Abs. 2 und 3 durch den Richter aufgehoben (vgl. Art. 651 N 18 ff). 42

V. Aufhebungserklärung

Sind alle Miteigentumsanteile in einer Hand vereinigt, kann der betreffende Stockwerkeigentümer die Löschung des Grundbucheintrages verlangen (Art. 712f Abs. 2). Dies ist beispielsweise dann der Fall, wenn bei der Verwertung grundpfandgesicherter Forderungen, welche das gemeinschaftliche Grundstück als Ganzes belasten, der Ersteigerer sämtliche Stockwerkeigentumsanteile erwirbt. 43

44 Die an den Grundbuchverwalter gerichtete Aufhebungserklärung stellt eine Löschungsbewilligung dar und ist als solche ein *einseitiges Rechtsgeschäft* (analog der Anmeldung zur Eintragung eines dinglichen Rechts). Die Aufhebungserklärung ist nicht nur formeller Antrag an das Grundbuchamt, die in der Löschung des Stockwerkeigentums bestehende Rechtsänderung zu vollziehen. Sie ist vielmehr auch materielles Verfügungsgeschäft, obwohl kein Eigentum übertragen, sondern lediglich die Eigentumsform (Alleineigentum anstelle von qualifiziertem Miteigentum) geändert wird (vgl. im einzelnen HOMBERGER, Art. 964 N 5ff).

45 Gemäss Art. 964 Abs. 1 genügt für die Aufhebungserklärung die *einfache Schriftform*. Diese gilt als eingehalten, wenn der Stockwerkeigentümer, welcher alle Miteigentumsanteile in seiner Hand vereinigt, die Einschreibung im Tagebuch unterzeichnet (Art. 964 Abs. 2 i. V. m. Art. 948 Abs. 1).

46 Wie bei der Löschung des Stockwerkeigentums aufgrund einer Aufhebungsvereinbarung (vgl. vorn N 40), ist auch bei der Aufhebungserklärung eventuell die schriftliche Zustimmung derjenigen Personen einzuholen, die an den einzelnen Stockwerkeigentumsanteilen noch dinglich berechtigt sind. Dies ist erforderlich, wenn sie durch die Umwandlung des Stockwerkeigentums in Alleineigentum in ihrer Rechtsstellung beeinträchtigt werden (Art. 712f Abs. 2).

VI. Aufhebungsanspruch

1. Ausnahmsweise Zulassung

47 Vom Grundsatz, wonach beim Stockwerkeigentum kein Auflösungsanspruch besteht (vgl. vorn N 5), statuiert Art. 712f Abs. 3 eine *Ausnahme*. Ist nämlich das gemeinschaftliche Gebäude ganz oder zu mehr als der Hälfte seines Wertes zerstört und stellt der Wiederaufbau für einen Beteiligten eine finanziell schwer tragbare Belastung dar, kann dieser die Aufhebung des Stockwerkeigentums verlangen. Der Teilungsanspruch ist angesichts seines Ausnahmecharakters an strenge Voraussetzungen geknüpft (vgl. hinten N 49 ff).

48 Die Stockwerkeigentümer dürfen die Voraussetzungen für die Geltendmachung des Aufhebungsanspruchs zweifellos erschweren (FRIEDRICH, § 27 N 5 a. E.). Ob sie diese Voraussetzungen auch erleichtern können, scheint hingegen fraglich. Angesichts des gesetzgeberischen Leitgedankens, das Stockwerkeigentum dauerhaft zu erhalten (vorn N 4 ff), des systematischen

Zusammenhangs zwischen Art. 712f Abs. 3 und Abs. 2 und wegen der nur ausnahmsweisen Zulassung eines Aufhebungsanspruchs, ist dies u. E. zu verneinen (a. M. FRIEDRICH, § 27 N 6).

2. Voraussetzungen

Jeder Stockwerkeigentümer kann den Aufhebungsanspruch gemäss Art. 712f Abs. 3 (unter Vorbehalt abweichender Regelung, vgl. vorn N 48) geltend machen, sofern folgende drei Voraussetzungen erfüllt sind: 49

– **Das gemeinschaftliche Gebäude muss zu mehr als der Hälfte seines Wertes zerstört sein.** Die Ursache der Zerstörung kann entweder ein Naturereignis (Lawine, Blitzschlag) oder ein deliktisches Verhalten (Brandstiftung, Sprengung) sein. Die Zerstörung muss vor allem gemeinschaftliche Teile (vgl. Art. 712b N 8ff) betreffen. Werden Teile vernichtet oder beschädigt, an denen Sonderrechte bestehen, entscheiden die betroffenen Stockwerkeigentümer selbst über deren Wiederherstellung, wobei die Interessen der übrigen Stockwerkeigentümer zu berücksichtigen sind (vgl. LIVER, SPR V/1 96 Anm. 13; vgl. dazu auch Art. 712b N 4f und N 71ff). Massgebend für die Ermittlung des Gebäudewertes dürfte in der Regel die beim Gebäudeversicherer (kantonale Brandassekuranz oder private Gesellschaft) gedeckte Summe sein, sofern diese das gemeinschaftliche Gebäude gesamthaft erfasst. Die erste Voraussetzung für die Geltendmachung des Aufhebungsanspruchs wäre dann erfüllt, wenn die objektiv veranschlagten Wiederaufbaukosten die Hälfte der Versicherungssumme übersteigen würden (vgl. MAGNENAT, 68). 50

– **Der Wiederaufbau des Gebäudes muss für den betroffenen Stockwerkeigentümer eine finanziell schwer tragbare Belastung darstellen.** Es handelt sich hier um eine subjektive Voraussetzung, die im Einzelfall aufgrund der konkreten Umstände zu prüfen ist. Von Bedeutung sind dabei vor allem:
– die effektiven Wiederaufbaukosten;
– die Versicherungsleistung;
– die Schadenersatzsumme, sofern das Gebäude durch unerlaubte Handlung zerstört wurde;
– die Höhe der anteilsmässigen Belastung;
– die finanziellen Verhältnisse des Betroffenen. 51

– **Der Stockwerkeigentümer, welcher die Gemeinschaft nicht fortsetzen will, erhält keine angemessene Abfindung.** Das Gesetz selbst spricht sich nicht 52 darüber aus, wie eine allfällige Abfindungssumme zu berechnen wäre. Massgebend dürfte wohl der objektive Verkehrswert des betreffenden Stockwerkeigentumsanteils sein (s. dazu FRIEDRICH, § 27 N 4).

53 Anders verhält es sich, wenn das gemeinschaftliche Gebäude zur Hälfte bzw. zu weniger als der Hälfte seines Wertes zerstört ist oder wenn die durch den Wiederaufbau bedingten Kosten durch die Versicherungsentschädigung ganz oder wenigstens soweit gedeckt sind, dass die finanzielle Belastung für alle Stockwerkeigentümer tragbar ist. In diesem Fall stellt der Wiederaufbau eine notwendige bauliche Massnahme dar, die von den Beteiligten gemäss Art. 647c mit der einfachen Mehrheit nach Personen beschlossen oder allenfalls nach Art. 647 Abs. 2 Ziff. 1 von jedem Stockwerkeigentümer verlangt werden kann (vgl. BBl *1962* II 1516).

3. Geltendmachung

54 Können sich die Stockwerkeigentümer über das Vorliegen eines Aufhebungsanspruchs nicht verständigen, besteht die Möglichkeit, aufgrund von Art. 712f Abs. 3 Klage zu erheben. Es ist allerdings zu beachten, dass damit (in Analogie zum Verfahren nach Art. 650) lediglich festgestellt werden kann, ob ein Aufhebungsanspruch überhaupt zulässig ist (vgl. auch STEINAUER, § 31 Nr. 1179). Genau genommen wird nur über das Austrittsrecht und nicht über die Auseinandersetzung im Sinne einer Aufhebung des Gemeinschaftsverhältnisses entschieden (vgl. Art. 650 N 2ff). Die Feststellung der Zulässigkeit der Aufhebung weist somit noch keine Gestaltungswirkung auf. Für die eigentliche Aufhebung stehen den Stockwerkeigentümern zwei Wege zur Verfügung:

55 – Wird das gemeinschaftliche Eigentum, nachdem die Zulässigkeit der Aufhebung festgestellt wurde, in Analogie zu Art. 651 Abs. 1 auf vertraglicher Grundlage liquidiert, so hat erst die Löschung im Grundbuch konstitutive Wirkung.

56 – In der Regel dürften die Feststellungsklage (Art. 712f Abs. 3) und die Aufhebungsklage zwecks Liquidation des gemeinschaftlichen Eigentums (Art. 651 Abs. 2 per analogiam) gleichzeitig erhoben werden (vgl. Art. 651 N 18ff; zur beschränkten Möglichkeit einer Realteilung s. vorn N 34). In diesem Falle hat das Aufhebungsurteil rechtsgestaltende Kraft und die nachfolgende Löschung im Grundbuch lediglich deklaratorische Wirkung (vgl. Art. 651 N 26).

VII. Sonderfälle

1. Dereliktion

Äusserst selten dürfte der in Art. 712f nicht speziell erwähnte Fall eintreten, dass sämtliche Stockwerkeigentümer ihr Eigentum durch Verzicht aufgeben, ohne dasselbe auf Dritte zu übertragen (sog. Dereliktion, Art. 666 Abs. 1; für die Voraussetzungen und Wirkungen des Verzichts vgl. Art. 666 N 4ff). Eine Dereliktion ist beispielsweise denkbar, wenn ein kleiner, in lediglich zwei Stockwerkeinheiten aufgeteilter Altbau in einen derart schlechten Zustand gerät, dass eine Renovation aufgrund einer Kosten-Nutzen-Rechnung und ein Neubau infolge eines behördlich angeordneten Abbruchverbotes nicht in Frage kommen (für weitere Beispiele vgl. Art. 666 N 3). Durch die Dereliktion gehen die Stockwerkeigentumsanteile als Grundstücke (Art. 655 Abs. 2 Ziff. 4, Art. 943 Abs. 1 Ziff. 4) nicht unter. Vielmehr erlischt nur das Eigentum; die einzelnen Stockwerkeigentumsanteile werden herrenlos und somit der Aneignung fähig (Art. 658 Abs. 1), es sei denn, dass das Eigentum nach kantonalem Recht ipso iure einem anderen zufällt (vgl. Art. 666 N 10).

2. Zwangsweise Umwandlung von Stockwerkeigentum in gewöhnliches Miteigentum

Wird Stockwerkeigentum im Grundbuch eingetragen, bevor das Gebäude erstellt oder fertiggestellt ist, muss gleichzeitig mit der Anmeldung ein Aufteilungsplan eingereicht werden (Art. 33c Abs. 1 GBV; für den Aufteilungsplan vgl. Art. 712d N 50ff). Der Aufteilungsplan ist nach Abschluss der Bauarbeiten eventuell zu berichtigen und auf Verlangen des Grundbuchverwalters durch eine amtliche (baupolizeiliche) Bestätigung zu ergänzen (Art. 33c Abs. 3 i. V. m. Art. 33b Abs. 2 GBV). Kommen die Stockwerkeigentümer dieser Aufforderung nicht nach, kann der praktisch wohl eher seltene Fall eintreten, dass das Stockwerkeigentum aufgrund einer richterlichen Verfügung zwangsweise in gewöhnliches Miteigentum zurückgeführt und der Grundbucheintrag entsprechend geändert wird (Art. 33c Abs. 4 GBV, wonach Art. 976 sinngemäss anzuwenden ist).
Für die verfahrensrechtlichen Schwierigkeiten, die sich bei einer solchen Umwandlung ergeben können, vgl. FRIEDRICH, ZBGR *1964* 358f.

VIII. Stockwerkeigentum in der Zwangsvollstreckung

1. Allgemeines

a. Rechtsquellen

59   Die Verordnung des Bundesgerichts über die Zwangsvollstreckung von Grundstücken vom 20. April 1920 in der revidierten Fassung vom 4. Dezember 1975 (= VZG; AS *1976* 164) enthält eine eingehende Regelung des betreibungsrechtlichen Verfahrens im Zusammenhang mit Stockwerkeigentum. Anlass für die gründliche Revision der VZG war vor allem (aber nicht nur) die Stockwerkeigentumsnovelle von 1963. Angesichts der grundlegenden Änderungen von 1975 ist bei der Berücksichtigung der früheren Gerichtspraxis kritische Zurückhaltung geboten. Mit der VZG wurde auch die Anleitung der Schuldbetreibungs- und Konkurskammer des Bundesgerichts über die bei der Zwangsverwertung von Grundstücken zu errichtenden Aktenstücke vom 7. Oktober 1920 (= Anl.VZG) angepasst (BGE *102* III 114 Ziff. 3). Ferner wurde Ziff. 1 des Kreisschreibens vom 1. Februar 1926 über die Behandlung von Miteigentum und Gesamteigentum im Konkurs (BGE *52* III 56 ff) aufgehoben (BGE *102* III 114 Ziff. 2).

b. Mögliche Objekte der Zwangsvollstreckung beim Stockwerkeigentum

60   Drei Vermögenskomplexe können beim Stockwerkeigentum von einer Zwangsvollstreckung betroffen werden:
- das gemeinschaftliche Grundstück,
- der einzelne Stockwerkeigentumsanteil oder
- das Vermögen der Stockwerkeigentümergemeinschaft.

aa. Das gemeinschaftliche Grundstück

61   Wie beim gewöhnlichen Miteigentum, ist es auch beim Stockwerkeigentum möglich, das gemeinschaftliche Grundstück (d.h. die Liegenschaft oder das Baurecht) zu *verpfänden* (z.B. zur Sicherung eines Baukredits; Art. 648 Abs. 2; vgl. im einzelnen dazu Art. 712a N 97. Für mit-

telbar gesetzliche Pfandrechte wie das Bauhandwerkerpfandrecht vgl. BGE *111* II 31 ff und Art. 712a N 102). Eine betreibungsrechtliche *Pfändung* des Grundstücks ist dagegen höchstens denkbar, wenn sämtliche Miteigentumsanteile in einer Hand vereinigt sind (vgl. FRIEDRICH, SJK *1303* 15). Leitet nun ein Gläubiger die Betreibung ein und ist das auf dem gemeinschaftlichen Grundstück lastende Pfandrecht zu realisieren, wird das Grundstück nach den Bestimmungen von Art. 133 ff SchKG und Art. 106a VZG versteigert. Da es sich beim gemeinschaftlichen Grundstück einerseits und der Gesamtheit der einzelnen Anteile andererseits um dasselbe Objekt handelt (s. u. a. QUARCK, 92), verlieren bei einer Versteigerung des Grundstücks sämtliche Beteiligten ihr Eigentum. Deshalb hat der Sachpfandgläubiger sein Betreibungsbegehren stets gegen alle Stockwerkeigentümer zu richten (BGE *67* III 109 f).

Sind neben dem gemeinschaftlichen Grundstück auch einzelne Stockwerkeigentumsanteile verpfändet (Art. 646 Abs. 3; vgl. dazu hinten N 63 ff), müssen diese Pfandrechte ebenfalls in die Lastenbereinigung aufgenommen werden (Art. 106a Abs. 2 VZG). Sie können den Grundstückspfandrechten allerdings nicht vorgehen, da die Verpfändung eines Stockwerkeigentumsanteils eine spätere Belastung des gemeinschaftlichen Grundstücks mit einem Pfandrecht grundsätzlich ausschliesst (Art. 648 Abs. 3; vgl. aber zu den Ausnahmen Art. 712a N 97). Bei einer Verwertung des gemeinschaftlichen Grundstücks dient der Steigerungserlös deshalb primär zur Deckung der das gemeinschaftliche Grundstück belastenden Pfandforderungen. Erst ein allfälliger Überschuss wird zur Befriedigung der betreffenden Anteilspfandgläubiger verwendet (Art. 106a Abs. 4 VZG). 62

Zur Verpfändung der gesamten Sache vgl. im einzelnen Art. 648 N 40 ff und HAAB/SIMONIUS/SCHERRER/ZOBL, Art. 646 N 24. Für die Pfandverwertung s. u. a. MEIER-GANDER, BlSchK *1980* 39 ff, AMONN, BlSchK *1968* 5 f, OTTIKER, 175 ff, FRIEDRICH, SJK *1303* 15 f sowie ZBGR *1976* 62.

bb. Der Stockwerkeigentumsanteil

Wird ein Stockwerkeigentümer betrieben, kann sein Anteil gepfändet bzw. als Pfand verwertet (zur Verpfändung vgl. Art. 712a N 98 ff) oder in die Konkursmasse einbezogen werden. In der Zwangsvollstreckung wird dieser Anteil im wesentlichen wie ein im Alleineigentum stehendes Grundstück behandelt. Er kann auf drei Arten von der Exekution betroffen werden: 63

- wenn ein Gläubiger, dem der Anteil verpfändet ist, auf Pfandverwertung betreibt;
- in einer Betreibung auf Pfändung gegen den betreffenden Stockwerkeigentümer;
- im Konkurs des Stockwerkeigentümers.

64 Das betreibungsrechtliche Verfahren ist verschieden, je nachdem, ob das gemeinschaftliche Grundstück als solches bereits verpfändet ist oder nicht (Art. 73e VZG). Diese beiden Sachverhalte sind deshalb getrennt darzustellen (vgl. dazu hinten N 68 ff und N 82 ff; s. auch Art. 646 N 78 ff sowie MEIER-GANDER, BlSchK *1980* 7 f, 33 ff und 41 f).

65 Ist an einem Stockwerkeigentumsanteil Miteigentum begründet worden (vgl. dazu Art. 712a N 12 f), kann der betreffende Miteigentumsanteil ebenfalls selbständiges Objekt einer Zwangsvollstreckung sein, sofern er nicht mit dem Stockwerkeigentumsanteil subjektiv-dinglich verbunden ist und deshalb unselbständiges Miteigentum darstellt (vgl. dazu ausführlich Art. 712a N 101). Beispiel: Eine Sammelgarage mit einer Wertquote von 20/100 steht vier Stockwerkeigentümern gemeinschaftlich zu. Auf jeden Beteiligten entfällt demnach ein Miteigentumsanteil von 5/100. Diese Anteile können einzeln verpfändet, von den Gläubigern gepfändet oder in die Konkursmasse einbezogen werden (Art. 646 Abs. 3; Art. 800 Abs. 1), wobei das gemeinschaftliche Eigentum nach Massgabe der betreffenden Quote (hier also zu 5/100) haftet.

cc. Das Vermögen der Stockwerkeigentümergemeinschaft

66 Nach Art. 712l Abs. 1 erwirbt die Stockwerkeigentümergemeinschaft unter ihrem eigenen Namen das sich aus ihrer Verwaltungstätigkeit ergebende Vermögen. Dazu gehören namentlich die noch ausstehenden und die künftigen Beitragsforderungen, die aus ihnen erzielten verfügbaren Mittel (wie z. B. der Erneuerungsfonds) sowie Schadenersatzforderungen und andere Ansprüche gegenüber Dritten. Dieses Vermögen haftet für die gemeinschaftlichen Kosten und Lasten gemäss Art. 712h und kann in der Betreibung gegen die Gemeinschaft gepfändet werden (s. auch LIVER, GS Marxer 192 ff). Anwendbar sind in concreto die Bestimmungen des SchKG über die Pfändung und Verwertung von beweglichen Sachen und Forderungen. Eine Betreibung auf Konkurs ist dagegen ausgeschlossen, da die Gemeinschaft nicht konkursfähig ist (vgl. FRIEDRICH, SJK *1305* 11). Im Betreibungsbegehren sind nicht die Namen sämtlicher Beteiligten anzuführen. Es

genügt vielmehr, wenn die Stockwerkeigentümergemeinschaft des Grundstücks X in Z als Schuldnerin bezeichnet wird (s. FRIEDRICH, § 57 N 15).

Das gemeinschaftliche Grundstück sowie die einzelnen Stockwerkeigentumsanteile gehören nicht zum Vermögen der Gemeinschaft. Diese kann aber von Gesetzes wegen Anteile pfänden, um ihre Beitragsforderungen zu sichern (Art. 712i; für das gesetzliche Pfandrecht vgl. Art. 712a N 102 sowie ausführlich die Kommentierung zu Art. 712i). Es ist deshalb möglich, dass bei einer Betreibung für Schulden der Gemeinschaft auch die betreffenden Stockwerkeigentumsanteile zwangsverwertet werden. Andererseits kann die Gemeinschaft den pfandbelasteten Stockwerkeigentumsanteil in der Zwangsverwertung auch selbst ersteigern, soweit sie (im Rahmen ihrer Verwaltungstätigkeit) vermögensfähig ist (vgl. dazu Art. 712e N 33 und die entsprechenden Bemerkungen zu Art. 712i und Art. 712l). 67

Für die Vollstreckung in das Vermögen der Stockwerkeigentümergemeinschaft vgl. die Bemerkungen zu Art. 712l sowie u. a. MEIER-GANDER, BlSchK *1980* 5f, AMONN, BlSchK *1968* 3ff, OTTIKER, 244ff, und FRIEDRICH, SJK *1305* 11f.

2. Das Verfahren im Falle, dass das gemeinschaftliche Grundstück nicht verpfändet ist

a. Betreibung auf Pfändung

aa. Pfändung des Stockwerkeigentumsanteils

Zur Vornahme der Pfändung und zur Verwaltung des gepfändeten Stockwerkeigentumsanteils ist das Betreibungsamt am Ort der gelegenen Sache zuständig (Art. 23d bzw. Art. 24 VZG). Es gelten weitgehend die allgemeinen Grundsätze von Art. 8-22 VZG. Daneben hat die VZG in Art. 23-23d aber noch zusätzliche Bestimmungen aufgestellt, welche insbesondere die Pfändung beim Stockwerkeigentum regeln. 68

In die *Pfändungsurkunde* sind neben den Personalien des Schuldners auch jene der übrigen Stockwerkeigentümer sowie deren Wertquoten (Art. 712e Abs. 1) aufzunehmen. Ferner müssen in der Urkunde das gemeinschaftliche Grundstück sowie die dem Schuldner zu Sonderrecht zugeschiedenen Objekte samt Zugehör beschrieben und deren Schätzungswert angegeben werden (Art. 23d VZG). Der Wert des einzelnen Stockwerkeigentumsanteils entspricht dabei nicht unbedingt der im Grundbuch eingetragenen Wertquote (vgl. Art. 712e N 7, N 19). 69

70 Der Betreibungsbeamte hat spätestens am Tag nach Vornahme der Pfändung die gemäss Art. 15 VZG notwendige *Verfügungsbeschränkung* im Grundbuch vormerken zu lassen (Art. 960 Ziff. 2; Art. 96 SchKG; Art. 23a lit. a VZG). Die Verfügungsbeschränkung bezieht sich nur auf den gepfändeten Anteil. Auf dem Hauptbuchblatt des gemeinschaftlichen Grundstücks soll die Anteilspfändung lediglich angemerkt werden (Art. 23a lit. a VZG).

71 Eine *Anzeigepflicht* der erfolgten Pfändung besteht gegenüber den am gepfändeten Anteil berechtigten Gläubigern, den Mietern und Pächtern der betreffenden Stockwerkeinheit sowie dem Schadensversicherer (Art. 23a lit. b VZG). Wirft das gemeinschaftliche Grundstück einen Ertrag ab, ist die Pfändung auch den übrigen Stockwerkeigentümern und einem allfälligen Verwalter mitzuteilen. Die auf den gepfändeten Anteil entfallenden Erträgnisse müssen ab sofort dem Betreibungsamt abgeliefert werden (Art. 99 und 104 SchKG; Art. 23a lit. c VZG).

72 Vom Zeitpunkt der Pfändung an ersetzt das Betreibungsamt den Schuldner bei der *Verwaltung* und Bewirtschaftung des gemeinschaftlichen Grundstücks. Zugleich verwaltet es auch die dem betreffenden Stockwerkeigentümer zu Sonderrecht zugeschiedenen Teile (Art. 23c i. V. m. Art. 10ff VZG).

73 Werden seitens des Schuldners oder eines Dritten die sich aus dem Grundbuch ergebenden Rechte des Schuldners bestritten, ist das *Widerspruchsverfahren* durchzuführen (Art. 23b Abs. 2 VZG i. V. m. Art. 106f SchKG). Dazu kommt es insbesondere dann, wenn behauptet wird:
- am gemeinschaftlichen Grundstück bestehe in Wirklichkeit nicht Stockwerkeigentum, sondern beispielsweise Gesamteigentum (Art. 652 N 45f);
- es komme dem Schuldner eine kleinere Quote als die im Grundbuch eingetragene zu;
- ein Dritter habe den Anteil ausserbuchlich erworben.

Ohne Rücksicht auf den Gewahrsam ist derjenige zur Klage aufzufordern, dessen Rechtsbehauptungen sich nicht mit den Eintragungen im Grundbuch decken (vgl. BGE *72* III 49).

74 Das Widerspruchsverfahren nach Art. 109 SchKG ist gemäss Art. 23b Abs. 1 VZG einzuleiten, wenn:
- ein angeblicher Stockwerkeigentümer im Grundbuch als Gesamteigentümer oder überhaupt nicht eingetragen ist;
- der Gläubiger verlangt, dass das gemeinschaftliche Grundstück gepfändet werde, weil er die Rechte der übrigen Stockwerkeigentümer bestreiten will.

bb. Verwertung des Stockwerkeigentumsanteils

Das Verwertungsverfahren gestaltet sich verschieden, je nachdem, ob das gemeinschaftliche Grundstück selbst verpfändet ist oder nicht. Darüber hat der vom Betreibungsamt anzufordernde Grundbuchauszug Auskunft zu geben (Art. 73 VZG). Für die Verwertung des Stockwerkeigentumsanteils gelten vorbehältlich der Bestimmungen von Art. 73–73h VZG die Vorschriften in Art. 25–72 VZG.

Die *Bekanntmachung der Steigerung* gemäss Art. 138 SchKG und Art. 29 VZG muss neben Angaben über die dem Schuldner zu Sonderrecht zugeschiedenen Bauteile auch solche über das gemeinschaftliche Grundstück enthalten (Art. 73a Abs. 1 VZG; s. ebenfalls Art. 31 Anl. VZG).

Im *Lastenverzeichnis* sind der zu verwertende Stockwerkeigentumsanteil sowie das gemeinschaftliche Grundstück samt Zugehör zu beschreiben und die entsprechenden Schätzungswerte anzugeben. Ferner müssen die auf dem Anteil und auf dem Grundstück liegenden Lasten (insb. die Pfandrechte) getrennt in das Verzeichnis aufgenommen werden (Art. 73c VZG). Dieses ist dem Schuldner sowie den Gläubigern, zu deren Gunsten der Stockwerkeigentumsanteil gepfändet ist oder denen der Anteil bzw. das gemeinschaftliche Grundstück haftet, und den aus Vormerkungen Berechtigten mitzuteilen (Art. 73d VZG).

Von Gesetzes wegen steht dem Stockwerkeigentümer kein *Vorkaufsrecht* zu, doch kann ein solches im Begründungsakt oder durch nachherige Vereinbarung errichtet und im Grundbuch vorgemerkt werden (Art. 712c und dort N 32). Das vertraglich begründete Vorkaufsrecht entfaltet zwar ähnliche Wirkungen wie das gesetzliche Vorkaufsrecht der Miteigentümer (s. Art. 712c N 11 ff), kann in der Steigerung aber nicht ausgeübt werden (vgl. Art. 51 Abs. 1 VZG). Die Zwangsverwertung stellt folglich, im Unterschied zum gewöhnlichen Miteigentum (Art. 646 N 82), keinen Vorkaufsfall dar (s. Art. 712c N 52).

Ist ein Stockwerkeigentumsanteil zu verwerten, muss allenfalls ein *Doppelaufruf* nach Art. 142 SchKG erfolgen. Dies ist beispielsweise dann der Fall, wenn der Stockwerkeigentumsanteil ohne Zustimmung des vorgehenden Pfandgläubigers mit einer Dienstbarkeit belastet worden ist oder wenn im Grundbuch vorgemerkte persönliche Rechte daran bestehen.

b. Betreibung auf Pfandverwertung

80   In der Betreibung auf Pfandverwertung gelten im wesentlichen die gleichen Bestimmungen wie für die Verwertung eines Anteils in der Betreibung auf Pfändung gegen einen Stockwerkeigentümer (Art. 102 VZG).

c. Betreibung auf Konkurs

81   Gehört zur Konkursmasse auch ein Stockwerkeigentumsanteil (Art. 130a VZG), sind für dessen Verwertung grundsätzlich die im Pfändungsverfahren geltenden Vorschriften anwendbar (Art. 73–73i VZG). Für den Fall, dass das gemeinschaftliche Grundstück nicht verpfändet ist, s. vorn N 75 ff. Ist das Grundstück pfandbelastet, vgl. hinten N 83 ff.

3. Das Verfahren im Falle, dass auch das gemeinschaftliche Grundstück verpfändet ist

a. Betreibung auf Pfändung

aa. Pfändung des Stockwerkeigentumsanteils

82   Neben den auf dem gepfändeten Anteil haftenden Forderungen hat das Betreibungsamt in der Pfändungsurkunde zusätzlich auch diejenigen Forderungen anzugeben, welche das gemeinschaftliche Grundstück belasten (Art. 23 Abs. 2 VZG). Dementsprechend ist die Pfändung ebenfalls den Sachpfandgläubigern anzuzeigen (Art. 94 Abs. 3 SchKG und Art. 806; Art. 23a lit. c VZG). Vgl. im übrigen vorn N 68 ff.

bb. Verwertung des Stockwerkeigentumsanteils

83   Die revidierten Bestimmungen der VZG bringen gerade für den Fall, dass neben dem zu verwertenden Stockwerkeigentumsanteil auch das gemeinschaftliche Grundstück pfandbelastet ist, bedeutsame Abweichungen vom früheren Verfahren. Sah die alte VZG in Art. 73b noch einen auf die Beendigung der bestehenden Miteigentumsverhältnisse hinzielenden Verwertungsmodus vor, kann nach der neuen Regelung der gepfändete Anteil ohne Auflösung des Stockwerkeigentumsverhältnisses selbständig versteigert werden.

Hat der vom Betreibungsamt eingeholte Grundbuchauszug ergeben, dass 84
das gemeinschaftliche Grundstück selbst pfandbelastet ist, wird der Zeitpunkt für die Steigerung noch nicht festgesetzt. Da für die Erstellung des Lastenverzeichnisses sämtliche am Stockwerkeigentumsanteil und am gemeinschaftlichen Grundstück bestehenden Rechtsverhältnisse bekannt sein müssen, wird vorerst eine *öffentliche Aufforderung zur Anmeldung von Rechtsansprüchen* im Sinne von Art. 73a Abs. 2 VZG erlassen (Art. 73a Abs. 3 VZG).

In das *Lastenverzeichnis* (Art. 73c und d VZG) sind die auf dem gepfändeten 85
Anteil und auf dem gemeinschaftlichen Grundstück liegenden Lasten aufzunehmen. Scheitern nämlich die Einigungsverhandlungen (vgl. nachfolgend N 86 ff), müssen die Teilnehmer der in diesem Fall notwendigen Steigerung über die Rechtsverhältnisse am Anteil wie auch jene am gemeinschaftlichen Grundstück umfassend orientiert sein. Diese Angaben sind vor allem deshalb bedeutsam, weil sie die Steigerungsgebote wesentlich beeinflussen können.

Ergibt das Lastenbereinigungsverfahren, dass das gemeinschaftliche Grundstück 86
selbst pfandbelastet ist, hat die Steigerung einstweilen zu unterbleiben (Art. 73e Abs. 1 VZG). Es muss zuerst das Resultat der *Einigungsverhandlungen* abgewartet werden. Je nach Zielsetzung stehen zwei mögliche Verhandlungswege offen:

– Das Betreibungsamt (bzw. die untere oder die obere Aufsichtsbehörde, 87
 Art. 73e Abs. 5 VZG) kann zunächst versuchen, durch Verhandlungen mit den am gemeinschaftlichen Grundstück pfandberechtigten Gläubigern und mit den anderen Stockwerkeigentümern eine *Verlegung der betreffenden Pfandrechte auf die einzelnen Anteile* herbeizuführen (für dieses Spezialproblem vgl. im einzelnen Art. 712d N 41 ff). Haftet der Schuldner zusammen mit anderen Stockwerkeigentümern solidarisch für eine durch das gemeinschaftliche Grundstück gesicherte Pfandforderung, ist eine Aufteilung der Schuldpflicht im Verhältnis der Wertquoten anzustreben (Art. 73e Abs. 2 VZG). Sind die Verhandlungen erfolgreich abgeschlossen worden, wird der gepfändete Anteil auf der Grundlage des diesem Ergebnis angepassten Lastenverzeichnisses versteigert oder freihändig verkauft (BGE *102* III 60 Erw 8). Dies hat den Vorteil, dass das bestehende Stockwerkeigentumsverhältnis in seiner konkreten Ausgestaltung erhalten bleibt.

– Das Betreibungsamt kann aber auch versuchen, durch Verhandlungen 88
 mit den Beteiligten eine Verständigung über die *Auflösung des Stockwerk-*

eigentums zu erreichen (Art. 73e Abs. 3 VZG). Haben die Verhandlungen Erfolg, kann das gemeinschaftliche Grundstück verkauft oder körperlich geteilt werden (zu den Voraussetzungen einer Realteilung vorn N 34). Der betreibende Gläubiger wird dann aus dem Anteil des Schuldners am Verkaufserlös bzw. aus dem Verwertungsergebnis der ihm zustehenden Parzelle befriedigt. Erwerben ein oder mehrere Stockwerkeigentümer den gepfändeten Anteil, kann auch die Auskaufssumme gemäss Art. 651 Abs. 1 der Befriedigung des Gläubigers dienen.

Für die Aufhebung von Stockwerkeigentum vgl. im einzelnen vorn N 28 ff.

89 *Scheitern die Einigungsverhandlungen,* ist nach erneuter Publikation und Benachrichtigung aller Beteiligten der gepfändete Stockwerkeigentumsanteil öffentlich zu versteigern (Art. 73 f Abs. 1 VZG). Es muss nicht, wie unter der alten VZG, das gemeinschaftliche Grundstück zwangsverwertet werden.

90 In den Steigerungsbedingungen ist darauf hinzuweisen, dass der Ersteigerer vollständig in die Rechtsstellung des Schuldners eintritt (Art. 73g Abs. 2 VZG; vorbehalten bleibt Art. 832 Abs. 2).

91 Der *Zuschlag* wird nach dem Deckungsprinzip (Art. 126 SchKG) berechnet, wonach ein Angebot mindestens den Betrag allfälliger dem betreibenden Gläubiger im Range vorgehender pfandgesicherter Forderungen übersteigen muss. Die Liegenschaftspfandrechte sind dabei nicht zu berücksichtigen (Art. 73h VZG). Die Vorschriften über die Verteilung des Erlöses gelten deshalb auch nur für die den Stockwerkeigentumsanteil belastenden Pfandforderungen (Art. 84a VZG).

Zur Versteigerung des Stockwerkeigentumsanteils auf Anordnung des Richters vgl. Art. 78a VZG.

b. Betreibung auf Pfandverwertung

92 Das in N 83 ff Ausgeführte gilt entsprechend auch für die Betreibung auf Pfandverwertung (Art. 102 VZG). Verlangt demnach der Gläubiger die Verwertung eines ihm verpfändeten Stockwerkeigentumsanteils und ist zugleich das gemeinschaftliche Grundstück mit Pfandrechten belastet, müssen ebenfalls Einigungsverhandlungen (vgl. vorn N 86 ff) durchgeführt werden (s. auch Art. 646 N 90).

c. Betreibung auf Konkurs

Gehört zur Konkursmasse ein Stockwerkeigentumsanteil und ist zugleich das gemeinschaftliche Grundstück verpfändet, muss die Konkurseröffnung auch den Sachpfandgläubigern angezeigt werden (Art. 130b Abs. 1 VZG). Nach Abschluss des Lastenbereinigungsverfahrens sind wie bei der Pfändung Einigungsverhandlungen durchzuführen (vgl. vorn N 86 ff). Bringen sie keine Lösung, wird der Stockwerkeigentumsanteil versteigert (Art. 130c VZG) oder freihändig verkauft (BGE *102* III 60 Erw 8). Bleiben die Verhandlungen und die Versteigerung ergebnislos, scheidet der Anteil aus der Konkursmasse aus und verbleibt im Eigentum des Schuldners (BGE *102* III 57 Erw 5). Die auf dem Anteil lastenden Pfandrechte gehen unter und müssen gelöscht werden (BGE *102* III 60 Erw 7). Die betreffenden Pfandforderungen sind gemäss Art. 219 Abs. 4 SchKG als unversicherte Forderungen zu behandeln. Ebenso sind Pfandforderungen, die das gemeinschaftliche Grundstück belasten, mit dem auf den Schuldner entfallenden Teilbetrag (bei Solidarhaftung des Schuldners mit ihrem Gesamtbetrag) als unversicherte Forderungen zu kollozieren (Art. 130c Abs. 2 VZG). Für die Konkursdividenden vgl. im einzelnen BGE *102* III 49 ff.

Art. 712g

C. Verwaltung und Benutzung
I. Die anwendbaren Bestimmungen

[1] Für die Zuständigkeit zu Verwaltungshandlungen und baulichen Massnahmen gelten die Bestimmungen über das Miteigentum.
[2] Soweit diese Bestimmungen es nicht selber ausschliessen, können sie durch eine andere Ordnung ersetzt werden, jedoch nur im Begründungsakt oder mit einstimmigem Beschluss aller Stockwerkeigentümer.
[3] Im übrigen kann jeder Stockwerkeigentümer verlangen, dass ein Reglement über die Verwaltung und Benutzung aufgestellt und im Grundbuch angemerkt werde, das zu seiner Verbindlichkeit der Annahme durch Beschluss mit der Mehrheit der Stockwerkeigentümer, die zugleich zu mehr als der Hälfte anteilsberechtigt ist, bedarf und mit dieser Mehrheit, auch wenn es im Begründungsvertrag aufgestellt worden ist, geändert werden kann.

C. Administration et utilisaton
I. Dispositions applicables

[1] Les règles de la copropriété s'appliquent à la compétence pour procéder à des actes d'administration et à des travaux de construction.
[2] Si ces règles ne s'y opposent pas, elles peuvent être remplacées par des dispositions différentes prévues dans l'acte constitutif ou adoptées à l'unanimité par tous les copropriétaires.
[3] Pour le reste, chaque copropriétaire peut exiger qu'un règlement d'administration et d'utilisation, valable dès qu'il a été adopté par la majorité des copropriétaires représentant en outre plus de la moitié de la valeur des parts, soit établi et mentionné au registre foncier; même si le règlement figure dans l'acte constitutif, il peut être modifié par décision de cette double majorité.

C. Amministrazione e uso
I. Disposizioni applicabili

[1] Per la competenza a fare atti d'amministrazione e lavori di costruzione si applicano le norme sulla comproprietà.
[2] A tali norme, qualora non dispongano altrimenti, può essere sotituito un altro ordinamento da stabilirsi nell'atto costitutivo o per decisione unanime di tutti comproprietari.
[3] Del rimanente, ogni comproprietario può chiedere che sia stabilito e menzionato nel registro fondiario un regolamento per l'amministrazione e l'uso, il quale dev'essere approvato da una maggioranza dei comproprietari che rappresenti in pari tempo la maggior parte del valore della cosa; con la medesima maggioranza può essere modificato il regolamento, anche se esso sia stabilito nell'atto costitutivo.

Übersicht		Note	Seite
	Materialien	1	234
	Literatur	2	234
	Rechtsvergleichung	3	234
	I. Allgemeines	7	239
	I. Grundzüge der gemeinsamen Verwaltung und Benutzung	11	241
	1. Erfordernis einer geordneten Verwaltung und Benutzung	11	241

		Note	Seite
	2. Anwendbares Recht	12	241
	3. Begriff und Bedeutung der gemeinsamen Verwaltung und Benutzung	13	242
	a. Die gemeinsame Verwaltung	13	242
	b. Die gemeinsame Benutzung	16	243
	c. Die gemeinsame Nutzung	17	243
	d. Abgrenzungen	20	244
	4. Objekte der gemeinsamen Verwaltung und Benutzung (gemeinschaftliche Teile, Anlagen und Einrichtungen)	23	244
	5. Organisation	24	245
	6. Bestand und Umfang einer Verwaltungs- bzw. Mitwirkungspflicht der Stockwerkeigentümer	29	246
III.	*Die Organisation der gemeinsamen Benutzung*	37	249
	1. Allgemeines	37	249
	2. Objekte der gemeinsamen Benutzung	39	249
	3. Träger der Benutzungsrechte	41	250
	a. Allgemeines	41	250
	b. Inhaber von besonderen Nutzungsrechten	44	251
	c. Inhaber von Dienstbarkeiten	49	251
	d. Inhaber obligatorischer Rechte	52	252
	4. Ausübung der Benutzungsrechte	53	252
IV.	*Die Ordnung der gemeinsamen Verwaltung und Benutzung*	64	255
	1. Die gesetzliche Zuständigkeitsordnung für Verwaltungshandlungen und bauliche Massnahmen (Abs. 1)	64	255
	2. Die Abänderbarkeit der gesetzlichen Zuständigkeitsordnung für Verwaltungshandlungen und bauliche Massnahmen (Abs. 2)	66	255
	a. Allgemeines	66	255
	b. Inhalt und Schranken	69	256
	c. Form	72	257
	d. Abänderung	74	257
	e. Rechtsnatur	77	258
	3. Das Reglement (Abs. 3)	78	258
	a. Allgemeines	78	258
	b. Rechtsnatur	82	259
	c. Entstehung und Abänderung	86	260
	d. Anspruch auf Erlass eines Reglementes	94	262
	e. Inhalt	97	263
	f. Abgrenzung zur Hausordnung	99	265
	aa. Bedeutung und Funktion der Hausordnung	99	265
	bb. Erlass und Abänderung	100	265
	cc. Wirkung	102	266
	dd. Inhalt	103	266

	Note	Seite
V. Schutz vor übermässiger Ausübung der Verwaltungs- und Benutzungsrechte	105	267
1. Vom Gesetz vorgesehene Rechtsbehelfe	105	267
a. Im allgemeinen	105	267
b. Ausschluss im besonderen	110	268
2. Rechtsgeschäftlich statuierte Sanktionen	111	268

1 Materialien	BBl *1962* 1490ff, 1494ff, 1516f; StenBull NR *1963* 188f, 221ff; StenBull StR *1963* 218f.
2 Literatur	Vgl. die Angaben im allgemeinen Schrifttumsverzeichnis.
3 Rechtsvergleichung	Vgl. auch die Ausführungen in den Vorbemerkungen zu den Art.712a ff N 52–81 und die Bemerkungen in Art.712h N 13, N 60, in Art.712l N 59, 85 sowie hinten N 3–6 und N 96.

Deutschland: Zu beachten sind besonders die §§ 10, 13–16, 20–22 WEG. Die Miteigentumsordnung des BGB stimmt mit der schweizerischen Regelung materiell weitgehend überein, so gerade auch im Bereich der Verwaltung und Benutzung des gemeinschaftlichen Grundstücks. Anders als bei uns hat der deutsche Gesetzgeber im Recht des Wohnungseigentums sich aber nicht mit einem einfachen Verweis auf die im BGB enthaltene Ordnung des allgemeinen Miteigentumsrechts begnügt. Vielmehr hat er das Verhältnis der Wohnungseigentümer unter sich und somit auch die Ordnung des gemeinsamen Gebrauchs (§ 15 WEG) sowie jene der gemeinschaftlichen Verwaltung (§ 21 ff WEG) im WEG einer besonderen Regelung unterzogen. Die §§ 741 ff, BGB betreffend die Bruchteilsgemeinschaft sind lediglich subsidär anwendbar. Immerhin stimmen die in den §§ 10 ff WEG enthaltenen Regeln inhaltlich weitgehend mit den §§ 741 ff BGB überein (WEITNAUER, § 10 N 1); so unterscheidet auch das WEG zwischen ordnungsgemässer Verwaltung (§ 21 Abs. 3–5), notwendigen (§ 21 Abs. 2) und luxuriösen Verwaltungshandlungen (§ 22 Abs. 1). Bemerkenswert ist zudem, dass jeder Wohnungseigentümer einen unabdingbaren individualrechtlichen Anspruch auf eine «ordnungsgemässe Verwaltung» hat (§ 21 Abs. 3 WEG; vgl. ausführlich dazu BÄRMANN/PICK/ MERLE, § 21 N 57ff). Was unter «ordnungsgemässer Verwaltung» zu verstehen ist, ergibt sich einerseits aus § 21 Abs. 5 WEG und andererseits aus den Vereinbarungen und Beschlüssen der Wohnungseigentümer.
Da die Vorschriften des 2. und 3. Abschnitts des WEG über die Gemeinschaft der Wohnungseigentümer und die Verwaltung weitgehend dispositiver Natur sind (vgl. die Übersicht über die wenigen zwingenden Vorschriften bei WEITNAUER, § 10 N 9f, und bei BÄRMANN/PICK/MERLE, N 12ff vor § 10), kommt der sog. *«Gemeinschaftsordnung»* (auch «Vereinbarung» genannt; § 10 WEG) besondere Bedeutung zu. In ihr können die Wohnungseigentümer – vergleichbar unserem Reglement – grundsätzlich die Gesamtheit ihrer Rechtsbeziehungen regeln, mit Einschluss der Fragen über den Gebrauch des Sondereigentums. Zu ihrer Entstehung bedarf die Gemeinschaftsordnung, die satzungsähnlichen Charakter aufweist

(WOLF, § 7 N 115), entsprechend ihrer grundsätzlich rechtsgeschäftlichen Natur der Zustimmung aller Wohnungseigentümer (ebenso zu deren Abänderung oder Aufhebung; vgl. ausführlich dazu und zur mitunter problematischen Abgrenzung zwischen den in § 10 WEG erwähnten Beschlüssen und Vereinbarungen BÄRMANN/PICK/MERLE, § 10 N 35 ff, sowie WEITNAUER, § 10 N 11). Gemäss § 10 Abs. 2 WEG wirkt eine solche Vereinbarung (im Gegensatz zu einem Beschluss i.S. des § 23) nur dann *gegen* einen Sonderrechtsnachfolger, wenn sie im Grundbuch eingetragen ist; die Wirkung *zugunsten* eines Sonderrechtsnachfolgers ist dagegen nicht von der Eintragung abhängig (vgl. WEITNAUER, § 10 N 13b).

Gemäss § 16 Abs. 1 WEG bestimmt sich der *Anteil* jedes Wohnungseigentümers an den Nutzungen sowie an den Lasten und Kosten nach dem im Grundbuch eingetragenen Wertverhältnis der Miteigentumsanteile (vgl. dazu auch Art. 712d N 3). Diese Anordnung ist jedoch nur dispositiver Natur, weshalb sich in den konkreten Vereinbarungen über das Gemeinschaftsverhältnis sehr oft differenzierte Regelungen finden (vgl. WEITNAUER, § 16 N 2a; BÄRMANN/PICK/MERLE, § 16 N 116 ff). Die Beiträge werden aufgrund des vom Verwalter aufzustellenden Wirtschaftsplanes (§ 28 WEG) provisorisch festgelegt und sind von den Wohnungseigentümern auf Aufforderung des Verwalters hin als Vorschüsse zu leisten. Die endgültige Höhe der Beiträge steht dann erst nach Abschluss des Wirtschaftsjahres fest. Besondere Mechanismen zur Sicherung der Beiträge jedes einzelnen Wohnungseigentümers kennt das WEG nicht (vgl. immerhin zu der sich aus dem BGB ergebenden Möglichkeit der Errichtung einer Reallast usw. BÄRMANN/PICK/MERLE, § 16 N 145). Dies erklärt sich indessen auch teilweise aus der Tatsache, dass die Wohnungseigentümer untereinander mangels anderweitiger Vereinbarung als Gesamtschuldner, d.h. solidarisch für die Verwaltungsschulden haften (vgl. ausführlich dazu BÄRMANN/PICK/MERLE, § 21 N 14 ff; WEITNAUER, § 10 N 19, und zur Nachschusspflicht § 16 N 13k; LENT/SCHWAB, 227). Überhaupt ist das deutsche Wohneigentumsrecht von der solidarischen Haftung der Wohnungseigentümer geprägt (vgl. BÄRMANN/PICK/MERLE, § 16 N 146).

Im Gegensatz zum schweizerischen Recht verleiht das WEG der Wohnungseigentümergemeinschaft weniger körperschaftliche Züge und betont stärker ihr Wesen als abgewandelte Bruchteilsgemeinschaft (vgl. BÄRMANN/PICK/MERLE, § 16 N 65; WEITNAUER, § 8b). Hinsichtlich der Klagelegitimation der Wohnungseigentümergemeinschaft, insb. für Gewährleistungsansprüche, besteht weitgehend Uneinigkeit zwischen den Vertretern der Gemeinschafts- und der Individualrechtstheorie (vgl. dazu LIVER, *ZBJV 1987* 147 f.; vgl. auch WEITNAUER, Anh. zu § 8 N 52 ff). Eine Besonderheit des WEG besteht überdies darin, dass es die Streitigkeiten unter den Wohnungseigentümern in weitesten Bereichen der ordentlichen Zivilgerichtsbarkeit entzieht und dem Verfahren der freiwilligen Gerichtsbarkeit zuweist (§ 43 WEG). Vgl. zur Begründung hierzu und zur Regelung im einzelnen BAUR, 280; WEITNAUER, Anh. § 43 N 1 ff.

Österreich: Besonders zu beachten sind die §§ 13–20 ÖWEG und die 4 §§ 833 ff ABGB.

Über Anordnungen und Massnahmen der ordentlichen Verwaltung entscheidet grundsätzlich die Mehrheit der Wohnungseigentümer (§ 14

Abs. 1 Ziff. 1–8 ÖWEG enthält eine exemplifikative Aufzählung der darunter fallenden Angelegenheiten), wobei die Grösse der Anteile die massgebende Berechnungsgrundlage darstellt (GSCHNITZER, 154). Für alle anderen (ausserordentlichen) Massnahmen der gemeinschaftlichen Verwaltung bedarf es grundsätzlich der Zustimmung aller Wohnungseigentümer, ausser es handle sich um nützliche Verbesserungen, die von einer Mehrheit beschlossen werden, wenn diese Mehrheit auch die Kosten trägt und wenn die überstimmte Minderheit nicht übermässig beeinträchtigt wird (§ 14 Abs. 3 ÖWEG; vgl. dazu auch FAISTENBERGER/BARTA/CALL, § 14 Rz 92 ff). Überdies sieht § 15 ÖWEG abweichend vom ABGB vor, dass jeder Wohnungseigentümer die Durchführung gewisser Verwaltungsmassnahmen (wie z. B. die Bildung angemessener Rücklagen oder die Bestellung eines Verwalters) durch die Anrufung des Richters herbeiführen kann, wenn sich ein entsprechender Mehrheitsbeschluss nicht erzielen lässt (vgl. dazu auch BÄRMANN/PICK/MERLE [4.A.], Einl. N 290). Bei Gefahr im Verzug ist sodann jeder Wohnungseigentümer befugt, ohne Zustimmung der andern die nötigen Abwehrmassnahmen zu treffen (§ 15 Abs. 2 a. E. ÖWEG).

§ 16 ÖWEG schreibt vor, dass für künftige Erhaltungs- und Verbesserungsarbeiten Rücklagen zu bilden sind. Diese Rücklagen stellen zweckgebundenes Vermögen der Miteigentümer dar, dessen Quoten mit den entsprechenden Wohnungseigentumsanteilen untrennbar verbunden sind (vgl. BÄRMANN/PICK/MERLE [4.A.], Einl. N 293). Die Aufwendungen für die gemeinschaftliche Liegenschaft werden von den Miteigentümern grundsätzlich im Verhältnis ihrer Anteile getragen, es sei denn, dass ein anderer Verteilungsschlüssel vereinbart worden ist (§ 19 ÖWEG; vgl. auch KOZIOL/WELSER, 51 f). Auch im Aussenverhältnis haften die Wohnungseigentümer nur anteilsmässig, nicht solidarisch (die Haftung des Wohnungseigentümers gegenüber Dritten ist zwar gesetzlich nicht geregelt; in Rechtsprechung und Schrifttum wird die Solidarhaftung aber einhellig abgelehnt; vgl. statt vieler GSCHNITZER, 154).

Über die Aufstellung eines eigentlichen Reglementes bzw. einer besonderen Nutzungs- und Verwaltungsordnung spricht sich das ÖWEG nicht direkt aus. Aber verschiedene Einzelbestimmungen (vgl. z. B. § 19 und § 24 ÖWEG) erwähnen die Möglichkeit von Vereinbarungen im Bereiche der Benutzung und Verwaltung der gemeinschaftlichen Liegenschaft. Die §§ 14–20 ÖWEG sind allerdings zwingender Natur, und auch § 24 ÖWEG setzt der Statuierung von Vereinbarungen und Reglementen enge Schranken (§ 24 ÖWEG geht von der grundsätzlichen Unwirksamkeit von Vereinbarungen aus, «die geeignet sind, die dem Wohnungseigentümer zustehenden Nutzungs- oder Verfügungsrechte aufzuheben oder zu beschränken»). Weil zudem nur die nicht zwingend allgemeinen Teile der Liegenschaft einer besonderen Benutzungsregelung zugänglich sein können (BÄRMANN/PICK/MERLE [4.A.], Einl. N 285; FAISTENBERGER/BARTA/ CALL, § 1 Rz 52 ff und § 14 Rz 47, 106), haben solche Vereinbarungen in Österreich ohnehin eine weit geringere Bedeutung als in der Schweiz.

5   *Italien:* Besonders zu beachten sind die Art. 1102, 1105, 1107 f, 1118 Abs. 2, 1119–1121, 1123–1126, 1134, 1136–1138 CCit sowie die Art. 63 Abs. 2 und Art. 68 f der Einführungs- und Übergangsbestimmungen.

Die Regelung der gemeinschaftlichen Verwaltung und Benutzung im italienischen Recht hat die entsprechende schweizerische Ordnung mitgeprägt (BBl *1962* II 1506f). Diese Materie ist besonders eingehend im Abschnitt über das «condominio negli edifici» bzw. gestützt auf die Verweisungsnorm von Art. 1139 CCit im Abschnitt über die «comunione» geregelt. Der CCit kennt – ähnlich wie das schweizerische Recht – die zweckmässige Einteilung in notwendige, nützliche und luxuriöse *Verwaltungshandlungen* (Art. 1102, 1108, 1120 und 1121 CCit). Die Durchführung der notwendigen Verwaltungshandlungen kann von jedem Stockwerkeigentümer beim Richter verlangt werden (Art. 1105 Abs. 4 CCit), soweit er diese aufgrund ihres dringenden Charakters nicht selbst vornehmen darf (Art. 1134 CCit). Erneuerungen im gewöhnlichen Rahmen (sog. «innovazioni») können mit der qualifizierten Mehrheit durch die Versammlung beschlossen werden (einfache Mehrheit nach Köpfen und ⅔-Mehrheit des Wertes des Gebäudes; Art. 1120 i.V.m. Art. 1136 Abs. 5 CCit). Kostspielige oder luxuriöse Erneuerungen (sog. «innovazioni gravose o voluttarie») bedürfen der Zustimmung aller oder müssen, sofern sie nur von Einzelnen genutzt werden, allein von diesen Benutzern finanziert werden (Art. 1121 CCit). Unzulässig sind Erneuerungen, welche die Stabilität oder Sicherheit des Gebäudes sowie das architektonische Aussehen desselben verändern oder gemeinschaftliche Teile des Gebäudes für den Gebrauch oder die Nutzung auch nur *eines* Stockwerkeigentümers unverwendbar machen (Art. 1120 Abs. 2 CCit).

Die Aufstellung eines *Reglementes* («regolamento») ist nur beim Vorhandensein von mehr als zehn Stockwerkeigentümern vom Gesetz zwingend vorgeschrieben (Art. 1138 CCit). Bei einer kleineren Gemeinschaft kann aber jeder einzelne Stockwerkeigentümer die Erstellung (oder Revision) eines Reglementes verlangen (Art. 1138 Abs. 2 CCit). Zu seiner Gültigkeit bedarf das Reglement der Eintragung in das Immobiliarregister (Art. 1138 Abs. 3 i.V.m. Art. 1129 Abs. 4 CCit, Art. 71 disp. att. cod. civ.; zur Rechtslage bei fehlender Eintragung vgl. PERLINGIERI, 529).

Das Reglement muss gemäss Art. 68 disp. att. cod. civ. vor allem eine genaue Bestimmung der proportionalen Werte (in Tausendstel) der Sondereigentumsanteile (vgl. dazu Art. 712a N 5) enthalten. Es darf die Rechte der einzelnen Stockwerkeigentümer aus Erwerbsakt oder Vereinbarung nicht mindern (Art. 1138 Abs. 4 CCit). Im weiteren sind auch die Vorschriften der Art. 1118 Abs. 2, 1119, 1120, 1129, 1131, 1132, 1136 und 1137 CCit (Beitragspflicht, Unteilbarkeit der gemeinschaftlichen Teile, Bestellung und Abberufung des Verwalters, Vertretung der Gemeinschaft, Konstituierung der Versammlung und Gültigkeit der Beschlüsse) nicht derogierbar (Art. 1138 Abs. 4 CCit).

Die *Verteilung der Kosten und Lasten* ist eingehend, aber nicht zwingend, in den Art. 1123–1126 CCit und in Art. 63 Abs. 2 disp. att. cod. civ. geregelt. Die Stockwerkeigentümer sind weitgehend frei, diese im Reglement oder durch spätere Beschlüsse selbst vorzunehmen. Grundlage für die Verteilung der Kosten und Lasten ist – ohne gegenteilige Vereinbarung – das Verhältnis des Wertes der Stockwerkeigentumsanteile (vgl. dazu die Vorbemerkungen zu den Art. 712a ff N 70) zum Gesamtwert der Liegenschaft (Art. 1123 Abs. 1 CCit). Ausnahmen von der proportionalen Verteilung der Kosten und Lasten können sich dann ergeben, wenn im Miteigentum stehende Einrichtungen nur einem Teil der Stockwerkeigentümer Nutzen bringen (Art. 1123 Abs. 2 CCit). In der Praxis werden deshalb detaillierte Unterscheidungen in bezug auf die Verteilung der Kosten und Lasten nach einzelnen Kategorien aufgestellt (z. B. Dächer und Sonnenterrassen, Treppen, Aufzüge, Zentralheizung). Überdies regeln die Art. 1124 und 1125 CCit noch besonders die Instandhaltung und Wiederherstellung der Treppen, Dachböden, Gewölbe und Decken. Für Aufwendungen eines Stockwerkeigentümers bezüglich der gemeinschaftlichen Sache, die dieser ohne entsprechende Ermächtigung des Verwalters oder der Versammlung vorgenommen hat, besteht nur bei dringlicher Notwendigkeit dieser Aufwendungen ein Anspruch auf Ersatz (Art. 1134 CCit). Der Erwerber eines Stockwerkeigentumsanteils haftet für rückständige Beiträge des laufenden und des vorangegangenen Jahres (Art. 63 disp. att. cod. civ.).

6 *Frankreich:* Besonders zu beachten sind die Art. 8–13 des Gesetzes vom 10. Juli 1965.

Entsprechend der Konstruktion des Wohnungseigentums und der Ausgestaltung der Wohnungseigentümergemeinschaft als juristische Person (vgl. dazu die Vorbemerkungen zu den Art. 712a ff N 77 ff) steht die Verwaltung der parties communes, d. h. der im Miteigentum (indivision) aller Wohnungseigentümer stehenden Gebäudeteile, ausschliesslich der Wohnungseigentümergemeinschaft bzw. deren Organen zu: der Eigentümerversammlung (assemblée générale des copropriétaires) und dem Verwalter (syndic). Zwingend angeordnet wird auch die Aufstellung einer Gemeinschaftsordnung (*règlement de copropriété;* Art. 8 und 43 des Gesetzes), in welcher gemäss Art. 8 Abs. 1 des Gesetzes die Zweckbestimmung und die Nutzung der parties privatives und der parties communes festgelegt wird; ausserdem normiert das Reglement die Verwaltung (vgl. FERID/SONNENBERGER, 638; BÄRMANN/PICK/MERLE [4.A.], Einl. N 31). In inhaltlicher Hinsicht besteht jedoch nur ein begrenzter Bereich privatautonomer Regelungsfreiheit. So darf das Reglement die Rechte der einzelnen Wohnungseigentümer nur soweit beschneiden, als dies angesichts der Zweckbestimmung des gemeinschaftlichen Gebäudes erforderlich ist (Art. 8 Abs. 2 des Gesetzes; BÄRMANN/PICK/MERLE [4.A.], Einl. N 31; FERID/ SONNENBERGER, 638).

Ist die Aufstellung des Reglements nicht schon einseitig vor der Begründung der copropriété durch den Bauträger erfolgt, entscheidet die Wohnungseigentümergemeinschaft in der Versammlung mit einer ¾-Mehrheit der Stimmen (nach Grösse der Miteigentumsanteile) und mit einfacher Mehrheit nach Köpfen (Art. 26b des Gesetzes; vgl. BÄRMANN/PICK/ MERLE [4.A.], Einl. N 31). Änderungen bedürfen ebenfalls eines solchen qualifizierten Mehrheitsbeschlusses. Damit das Reglement auch Wirkungen gegenüber Dritten entfalten kann, muss es im Immobiliarregister publiziert werden (Art. 13 des Gesetzes); konstitutive Wirkung hat die Publikation aber nicht (FERID/SONNENBERGER, 635). Die Rechtsnatur der Gemeinschaftsordnung ist nicht völlig geklärt. In der Praxis wird ihr aber zumeist ein Mischcharakter vorwiegend vertraglicher Natur beigemessen (vgl. dazu FERID/SONNENBERGER, 638; GIVORD/GIVERDON, Nr. 270; ATTIAS, copropriété Nr. 23 f).

Betreffend die Beteiligung der Wohnungseigentümer an den Lasten der copropriété unterscheidet Art. 10 des Gesetzes zwischen Eigentums- und Wohnlasten. Die *Eigentumslasten,* die gemäss Art. 10 Abs. 2 die Unterhalts- und Reparaturkosten umfassen, werden von den Wohnungseigentümern entsprechend dem Umfang ihrer Miteigentumsquote (vgl. dazu Art. 712d N 6 a. E.) getragen. Die *Wohnlasten,* zu denen die Aufwendungen gehören, die sich aus der Nutzung der gemeinsamen Einrichtungen und den damit verbundenen Dienstleistungen ergeben, werden dagegen gemäss Art. 10 Abs. 1 entsprechend den Nutzungsmöglichkeiten jedes Wohnungseigentümers verteilt; es kommt also nicht auf die effektive Benutzung an, sondern vielmehr darauf, was unter objektiven Gesichtspunkten an Benutzung möglich ist (vgl. dazu FERID/SONNENBERGER, 637; GIVORD/GIVERDON, Nr. 60 ff). Eine Änderung dieses Verteilungsschlüssels ist grundsätzlich nur durch einstimmigen Beschluss möglich (vgl. aber auch Art. 12 des Gesetzes; BÄRMANN/PICK/MERLE [4.A.], Einl. N 35). Als juristische Person ist die Wohnungseigentümergemeinschaft nicht nur handlungs- sondern auch rechts- und vermögensfähig (ebenso kommt ihr auch Partei- und Prozessfähigkeit zu; vgl. die Vorbemerkungen zu den Art. 712a ff N 79 ff). Die Forderungen gegenüber den einzelnen Wohnungseigentümern fallen deshalb direkt und ausschliesslich in ihr Vermögen. Immerhin ist die Wohnungseigentümergemeinschaft aber nicht Eigentümerin des gemeinschaftlichen Grundstücks (Vorbemerkungen zu den Art. 712a ff N 80).

Ähnlich wie das schweizerische Recht stellt auch das Gesetz vom 10. Juli 1965 der Wohnungseigentümergemeinschaft zwei besondere Rechtsbehelfe zur Sicherung ihrer Beitragsforderungen zur Verfügung: eine gesetzliche Hypothek am Wohnungseigentum des säumigen Eigentümers, die im Immobiliarregister eingetragen werden kann (vgl. dazu ATTIAS, II. Nr. 137; GIVORD/GIVERDON, Nr. 215), und ein dem Retentionsrecht ähnliches Privileg am vom Wohnungseigentümer eingebrachten Mobiliar.

I. Allgemeines

Die Stockwerkeigentümer sind aufgrund ihrer dinglichen 7 Berechtigung an dem im Miteigentum stehenden Grundstück zu einer Gemeinschaft verbunden. Die dingliche Berechtigung und die Gemeinschafterstellung gehören dabei untrennbar zusammen. Obschon dem einzelnen Stockwerkeigentümer eine möglichst alleineigentümerähnliche Stellung zukommen soll und wenngleich die Stockwerkeigentümergemeinschaft aufgrund der hier vertretenen Auffassung nicht als juristische Person qualifiziert wird (vgl. die Vorbemerkungen zu den Art. 712a ff N 45), ist es für die Besorgung gemeinsamer Angelegenheiten notwendig oder doch erwünscht, dass die Stockwerkeigentümer einheitlich vorgehen können. Dazu bedarf auch eine so lose Gemeinschaft wie diejenige der Stockwerkeigentümer einer in den Grundzügen vom Gesetzgeber vorgezeichneten *Organisation* und *Ordnung* (BBl *1962* II 1490f und StenBull NR *1963* 188f). Die zahlreichen *Funktionen* (Willensbildung, Geschäftsführung, Vertretung) müssen dabei *verschiedenen Organen zugewiesen* werden (vgl. zum Organbegriff im Stockwerkeigentumsrecht Art. 712m N 8).

8 Die im allgemeinen Miteigentumsrecht enthaltene Ordnung der Verwaltung und Benutzung, auf welche in Art. 712g verwiesen wird, steht in engem Zusammenhang mit dem in den Art. 712m ff speziell für die Stockwerkeigentümergemeinschaft statuierten Organisationsrecht. Die gesetzgebungstechnische Aufteilung der Rechtsgrundlagen für zwei derart eng aufeinanderbezogene Materien ist ungewohnt, bildet ab er für die Rechtsanwendung keine unüberwindlichen Schwierigkeiten. Während es beim *Organisationsrecht* der Art. 712m ff um die Bezeichnung der Funktionsträger geht, wofür vor allem auf das Vereinsrecht verwiesen wird (Art. 712m Abs. 2), erfolgt bei der *Verwaltungs- und Benutzungsordnung* die Zuweisung von Rechten und Pflichten an die einzelnen Funktionsträger, wofür insbesondere die Ordnung des allgemeinen Miteigentumsrechts heranzuziehen ist (Art. 712g Abs. 1).

9 Gemäss dem Marginale «Die anwendbaren Bestimmungen» handelt es sich bei Art. 712g primär um eine *Verweisungsnorm,* in der die für die Verwaltung und Benutzung der gemeinschaftlichen Teile des Grundstücks massgebenden Gesetzesbestimmungen bezeichnet werden. Darüber hinaus wird in Abs. 3 festgelegt, dass jeder Stockwerkeigentümer Anspruch auf Erlass eines Reglementes hat. Somit hat Art. 712g einen *relativ engen Normgehalt,* aber dennoch – angesichts der Vielzahl der aus dem Miteigentumsrecht heranzuziehenden Vorschriften – einen *weiten Normbereich*.

10 Es ist die Stärke der schweizerischen Stockwerkeigentumsnovelle, dass sich der Gesetzgeber bei dieser Funktionszuordnung vom Gedanken der Elastizität leiten liess (vgl. BBl *1962* II 1490 ff; LIVER, GS Marxer 190). Dies zeigt sich einerseits darin, dass neben den einzelnen Stockwerkeigentümern lediglich die Stockwerkeigentümerversammlung als obligatorischer Funktionsträger vorgesehen ist (Art. 712m ff) und die Einsetzung weiterer Organe (z. B. eines Verwalters, Art. 712q ff, oder eines Ausschusses, Art. 712m Abs. 1 Ziff. 3) nicht zwingend vorgeschrieben ist, sondern lediglich als zulässig und allenfalls als wünschenswert erachtet wird (hinten N 25 ff). Anderseits gewährt Art. 712g Abs. 2 – als direkte Folge dieser Freiheit in der organisatorischen Ausgestaltung – den Stockwerkeigentümern eine erhebliche Flexibilität beim Modifizieren der gesetzlichen Zuständigkeitsordnung.

II. Grundzüge der gemeinsamen Verwaltung und Benutzung

1. Erfordernis einer geordneten Verwaltung und Benutzung

Eine geordnete Verwaltung und Benutzung der gemeinschaftlichen Teile ist beim Stockwerkeigentum unerlässlich, weil nur so ein reibungsloses Zusammenleben der Beteiligten und die Funktionsfähigkeit der Gemeinschaft im Innenverhältnis gewährleistet werden können (zur Stockwerkeigentümergemeinschaft als Verwaltungs- und Nutzungsgemeinschaft vgl. die Vorbemerkungen zu den Art. 712a ff N 50; für die Verwaltung und Benutzung der im Sonderrecht stehenden Teile vgl. Art. 712a N 57 ff). Da Stockwerkeigentum regelmässig auf einen länger dauernden Bestand hin begründet wird, besteht noch stärker als beim gewöhnlichen Miteigentum das Bedürfnis nach einer soliden *Verwaltungsordnung*. Dieser kommt denn auch grössere Bedeutung zu als der *Benutzungsordnung*. Dementsprechend spricht das Gesetz ausser im Marginale lediglich in Abs. 3 von Art. 712g im Zusammenhang mit dem Reglement von Verwaltung *und* Benutzung. Von der über die Benutzung im Sinne des Gebrauchs der gemeinschaftlichen Teile hinausgehenden Nutzung im allgemeinen (Art. 648 N 11 ff) ist in Art. 712g überhaupt nicht die Rede.

11

2. Anwendbares Recht

Die schon für gewöhnliche Miteigentumsverhältnisse nicht befriedigende Regelung der Verwaltung im ZGB von 1907 ist im Hinblick auf die Wiedereinführung des Stockwerkeigentums verbessert und ergänzt worden (Art. 647 N 4 ff). In Art. 712g Abs. 1 konnte sich der Gesetzgeber daher für die Zuständigkeit zu Verwaltungshandlungen und baulichen Massnahmen damit begnügen, die nunmehr tragfähige Ordnung im allgemeinen Miteigentumsrecht für anwendbar zu erklären. Eine entsprechende ausdrückliche Verweisung auf die miteigentumsrechtliche Ordnung von Nutzung und Gebrauch fehlt demgegenüber im Stockwerkeigentumsrecht. Aber angesichts der Tatsache, dass auf das Stockwerkeigentum als qualifiziertem Miteigentum grundsätzlich die Bestimmungen des gewöhnlichen Miteigentums (Art. 646 ff) anwendbar sind, soweit die Art. 712a–t nicht et-

12

was Abweichendes vorsehen (vgl. die Vorbemerkungen zu den Art. 712a ff N 36 ff), kann das Fehlen einer speziellen Verweisung (entgegen WEBER, 199) nicht als gesetzgeberisches Versehen bezeichnet werden; ein ausdrücklicher Hinweis auf die Benutzung beim gewöhnlichen Miteigentum ist – entsprechend dem die Gesetzgebungstechnik des ZGB beherrschenden Grundsatz, wonach Selbstverständliches bei der textlichen Redaktion wegzulassen ist – nicht erforderlich. Für die Benutzung (im Sinne von Gebrauch) gemeinschaftlicher Teile des Stockwerkeigentums im besonderen ist wie für die Nutzung im allgemeinen von Art. 648 auszugehen.

3. Begriff und Bedeutung der gemeinsamen Verwaltung und Benutzung

a. Die gemeinsame Verwaltung

13 Unter den Begriff der gemeinsamen Verwaltung fallen alle «Handlungen tatsächlicher oder rechtlicher Natur, die dazu bestimmt sind, das betreffende Rechtsgut zu erhalten, zu mehren oder der seinem Zweck entsprechenden Verwendung zuzuführen» (Art. 647 N 2 gestützt auf SIBER, Jehr. Jahrbuch *1917* 107; KUNZ, 25 ff). Es handelt sich dabei also um alle Massregeln tatsächlicher (Reparatur, Umbau usw.) oder rechtlicher (Vermietung usw.) Art, die der Natur und der wirtschaftlichen Bestimmung des gemeinschaftlichen Grundstücks dienen (Art. 647 N 2 f; FRIEDRICH, § 28 N 2; derselbe, SJK *1305* 5; K. MÜLLER, 21; BÄRMANN/PICK/MERLE, § 20 N 18; WEITNAUER, N 2 vor § 20). Davon zu unterscheiden ist die Verwaltung, die jedem Stockwerkeigentümer bezüglich seinem Stockwerkeigentumsanteil zusteht (Art. 712a Abs. 2 und dort N 57 ff).

14 Zu den gemeinschaftlichen Verwaltungshandlungen gehören z. B.:
– die Regelung der Benutzung von gemeinschaftlichen Gebäudeteilen, Anlagen und Einrichtungen;
– die Festlegung des Verteilungsschlüssels für anfallende Kosten;
– der bauliche Unterhalt und die Erneuerung gemeinschaftlicher Teile (Dach, Lift, Heizung);
– die Einleitung von Negatorienklagen oder von possessorischen und petitorischen Klagen;
– die Unterbrechung der Verjährung bei Ansprüchen gegenüber Dritten (z. B. bei Gewährleistungsansprüchen aus Werkverträgen).

Ob eine Massnahme im Einzelfall eine gemeinschaftliche Verwaltungshandlung darstellt, ist unter Würdigung des konkreten gemeinschaftlichen Objekts sowie der Bedürfnisse der Gemeinschaft und unter Berücksichtigung der allgemeinen wirtschaftlichen Verhältnisse zu beurteilen (objektivierte Betrachtungsweise). 15

b. Die gemeinsame Benutzung

Unter Benutzung (als spezielle Art der Nutzung: Art. 648 N 11 ff) versteht man jede Art von Vorteil, den der Gebrauch der gemeinsamen Sache gewährt. Dieses Benutzungs- oder Gebrauchsrecht des Stockwerkeigentümers ist ein Realrecht, das mit dem einzelnen Stockwerkeigentumsanteil subjektiv-dinglich verknüpft ist (vgl. Syst. Teil N 264). Jeder Stockwerkeigentümer hat einen Anspruch darauf, die gemeinschaftlichen Teile benutzen zu dürfen. Da u. U. nicht alle Stockwerkeigentümer ihre Miteigentümerbefugnisse gleichzeitig ausüben können, muss eine möglichst kollisionsfreie gemeinsame Sachnutzung gewährleistet werden. Dazu dient – insbesondere bei grösseren Gemeinschaften – das Reglement, welches die Rechte und vor allem die Pflichten der Beteiligten differenziert festhält (vgl. dazu hinten N 78 ff). Eine Benutzungsordnung in der Form eines Reglements empfiehlt sich auch deshalb, weil sich je nach Ausmass des Gebrauchs die Auslagen für den laufenden Unterhalt und die Kosten der Verwaltungstätigkeit (Art. 712h Abs. 2 Ziff. 1 und 2) erhöhen oder vermindern. 16

c. Die gemeinsame Nutzung

Von der Benutzungs- oder Gebrauchsordnung ist die darüber hinausgehende Nutzungsordnung zu unterscheiden, die auch die Rechte auf Erträgnisse umfasst (Art. 648 N 11): 17
– Die *natürlichen* Früchte stehen allen Stockwerkeigentümern gemeinsam zu. Der Einzelne hat aber Anspruch auf einen seiner Wertquote entsprechenden Teil des Fruchtertrages (Art. 648 N 12; SCHNEIDER, 86 f). Es steht den Gemeinschaftern jedoch frei, eine andere Zuteilung vorzusehen (Art. 648 N 13), z. B. das unmittelbare Recht auf den Fruchtertrag einem bestimmten Stockwerkeigentümer einzuräumen. 18
– Bei den *zivilen* Früchten (vor allem Miet- und Pachtzinsen) hat jeder Stockwerkeigentümer das Recht, vom betreffenden Vertragspartner den seiner Wertquote entsprechenden Anteil zu verlangen (Art. 646 N 95). 19

d. Abgrenzungen

20 Die Verwaltung lässt sich von der Nutzung und Benutzung dadurch abgrenzen, dass sie im Interesse aller Stockwerkeigentümer erfolgt, während letztere dem Eigeninteresse der einzelnen Stockwerkeigentümer dienen (Art. 647 N 3; vgl. auch SJZ *1964* 223). Bei dieser Grenzziehung zwischen Massnahmen der Verwaltung und Gebrauchshandlungen ist entscheidend auf die konkreten Umstände des Einzelfalles abzustellen (Art. 648 N 18).

21 Von den gemeinschaftlichen Verwaltungs- und Benutzungsrechten im Sinne von Art. 712g ff sind jene zu unterscheiden, die dem einzelnen Stockwerkeigentümer hinsichtlich seiner eigenen Räume zustehen (ausschliessliche Verwaltung, Benutzung und bauliche Ausgestaltung, Art. 712a Abs. 2; vgl. vorn N 13 und hinten N 53 ff).

22 Die Verwaltungshandlungen sind schliesslich von der Änderung der Zweckbestimmung des gemeinschaftlichen Objekts (die nach Art. 648 Abs. 2 der Einstimmigkeit bedarf) abzugrenzen. Beispiele: Aus einem Wohn- wird ein Gewerbehaus, aus einem Gebäude mit normalen Eigentumswohnungen ein Appartement-Hotel; Umwandlung einer im gewöhnlichen Miteigentum stehenden Abwartswohnung in ein Geschäftslokal (Art. 648 Abs. 2 gilt auch dann, wenn die Zweckbestimmung nur für einen Teil der ganzen Sache geändert wird; vgl. Art. 648 N 51).

4. Objekte der gemeinsamen Verwaltung und Benutzung (gemeinschaftliche Teile, Anlagen und Einrichtungen)

23 Die gemeinsame Verwaltung und Benutzung bezieht sich lediglich auf die gemeinschaftlichen Teile. Nur ausnahmsweise können auch im Sonderrecht stehende Teile davon erfasst werden, nämlich dann, wenn zwingende Gründe (z. B. die Gefahr einer Schädigung) das Eingreifen der Gemeinschaft notwendig machen (vgl. Art. 712s N 14 und 61). Nach Art. 712b Abs. 2 Ziff. 2 und 3 sind gemeinschaftlich jene Gebäudeteile, Anlagen und Einrichtungen (z. B. Fundament, Dach, tragende Mauern, Heizung, Lift, Hauptleitungen), die aus Zweckmässigkeitsgründen nicht der ausschliesslichen Verwaltung und Benutzung des Einzelnen überlassen werden können (dazu eingehend Art. 712b N 6ff). Die Stockwerkeigentümer sind befugt, neben diesen zwingend gemeinschaftlichen Teilen (Art. 712b Abs. 2)

weitere Teile einstimmig als gemeinschaftlich zu erklären (Art. 712b Abs. 3; dort N 42 ff).

5. Organisation

Der Gesetzgeber hat darauf verzichtet, der Stockwerkei- 24 gentümergemeinschaft eine stark differenzierte Organisationsstruktur zu verleihen und hat sich statt dessen vom Gedanken der Elastizität leiten lassen (vorn N 10). Weil überdies der Zweck der Gemeinschaft auf die Verfügung, Nutzung, Verwaltung und Erhaltung des gemeinschaftlichen Grundstücks beschränkt ist (vgl. die Vorbemerkungen zu den Art. 712a ff N 50), konnte sich der Gesetzgeber auf die Statuierung einiger zentraler Bestimmungen beschränken und den Stockwerkeigentümern einen ansehnlichen Freiraum für verschiedene Ausgestaltungsvarianten einräumen (vorn N 10 und Art. 712m N 9). Besonders bedeutsam für die gemeinschaftliche Verwaltungstätigkeit ist neben der Einräumung einer auf die gemeinschaftliche Verwaltung beschränkten Handlungs- und Vermögensfähigkeit (Art. 712l) vor allem auch die Frage nach der Bestimmung der einzelnen Funktionsträger.

Zentraler Funktionsträger in der Stockwerkeigentümergemeinschaft ist die 25 *Stockwerkeigentümerversammlung* (Art. 712m ff). Sie ist das einzige obligatorische Gemeinschaftsorgan (zum Organbegriff im Stockwerkeigentumsrecht vgl. Art. 712m N 8) und übt als einziges Willensbildungsorgan im Rahmen der Stockwerkeigentümergemeinschaft die oberste Gewalt aus (Art. 712m N 12 f).

Daneben können im konkreten Fall weitere (fakultative) Funktionsträger 26 bestellt werden. Von Bedeutung ist vor allem der *Verwalter* (Art. 712q ff). Im weiteren kann auch ein *Ausschuss* bzw. ein *Abgeordneter* vorgesehen werden (Art. 712m Abs. 1 Ziff. 2 und 3). Dass der Gesetzgeber die Einsetzung eines Verwalters, der die Exekutivgewalt innerhalb der Stockwerkeigentümergemeinschaft ausüben soll, als wünschenswert erachtete, zeigt sich darin, dass er diesen Bereich ausführlich geregelt (Art. 712q–t) und dem einzelnen Stockwerkeigentümer einen Individualanspruch auf Einsetzung eines solchen eingeräumt hat (Art. 712q Abs. 1 und dort N 102 ff).

Als weitere allenfalls einzusetzende Organe kommen in Frage eine *Kontroll-* 27 *stelle* entsprechend der aktienrechtlichen Regelung der Art. 727 ff OR (vor allem bei grossen Gemeinschaften) oder eine *Schlichtungs-* oder *Vermittlungsinstanz*, der die Erledigung kleinerer Streitigkeiten übertragen werden kann (hinten N 113; vgl. auch FRIEDRICH, § 28 N4).

28 Der einzelne *Stockwerkeigentümer* hat im Rahmen der gemeinschaftlichen Verwaltung ebenfalls eine wichtige Stellung. Grundsätzlich sind zwar die Stockwerkeigentümerversammlung und vor allem der Verwalter für die gemeinschaftliche Verwaltung und Benutzung zuständig, doch wurden dem einzelnen Stockwerkeigentümer zum Schutze seiner Interessen (als am gemeinschaftlichen Grundstück dinglich Berechtigter) gewisse Interventionsrechte gegenüber der Mehrheit gewährt (vgl. auch STUDER, 74 ff), die eine geordnete Verwaltung sicherstellen sollen. Abgesehen von der Befugnis zur selbständigen Vornahme und Durchführung von dringlichen Verwaltungshandlungen (Art. 647 Abs. 2 Ziff. 2 und dort N 7 1 ff) sowie dem Recht auf Vornahme gewöhnlicher Verwaltungshandlungen (Art. 647a) ist dabei aber die Mitwirkung des Richters erforderlich, so z. B. bei der

– Anordnung notwendiger (baulicher oder nicht baulicher) Massnahmen (Art. 647 Abs. 2 Ziff. 1),
– Anordnung einer ordnungsgemässen Verwaltung (Art. 647 N 33 ff),
– Berichtigung unrichtiger Wertquoten (Art. 712e Abs. 2 und dort N 24 ff),
– Erstellung eines Reglements (Art. 712g Abs. 3; hinten N 78 ff),
– Anordnung der Errichtung eines Pfandrechts zur Sicherung von Beitragsforderungen (Art. 712i),
– Bestellung eines Verwalters (Art. 712q und dort N 102 ff) und bei der
– Abberufung des Verwalters aus wichtigen Gründen (Art. 712r Abs. 2 und dort N 15 ff).

6. Bestand und Umfang einer Verwaltungs- bzw. Mitwirkungspflicht der Stockwerkeigentümer

29 Grundsätzlich ist von der Idealvorstellung auszugehen, dass dort, wo sich mehrere Rechtssubjekte zu einer Gemeinschaft zusammenfinden, jeder Gemeinschafter aktiv an der Willensbildung der Gemeinschaft, an der Verwaltung der gemeinschaftlichen Sache sowie an der allgemeinen Zweckförderung teilnimmt (vgl. STUDER, 35 f). Da indessen positive Leistungspflichten eines Stockwerkeigentümers begrifflich im Miteigentum als subjektivem Recht nicht enthalten sind, muss dafür eine spezielle gesetzliche oder rechtsgeschäftliche Grundlage vorliegen (Art. 647 N 106; REY, ZSR *1980* I 252). Das Gesetz statuiert mit Ausnahme der Beitragspflicht (Art. 649 und Art. 712h) aber weder im Miteigentumsrecht noch im Stockwerkeigentumsrecht eine ausdrückliche Pflicht des Stockwerkeigentümers zur Vornahme von Verwaltungshandlungen oder zur gemeinsamen Zweck-

förderung (Art. 647 N 106). Lediglich aus dem auch für die Stockwerkeigentümer massgebenden Gebot von Treu und Glauben (Art. 2) wird in gewissen Fällen eine solche Pflicht abzuleiten sein (Art. 647 N 106; HAAB/SIMONIUS/SCHERRER/ZOBL, Art. 647 N 2; REY, ZSR *1980* I 252; STUDER, 35). Darüber hinaus generell «aus der Tatsache der Gemeinschaft selbst» eine individuelle Pflicht zur Mitwirkung an der Verwaltung herzuleiten (so STUDER, 36), ist u. E. nicht zulässig, zumindest soweit es sich um positive Leistungspflichten handelt (vgl. REY, ZSR *1980* I 252; vgl. immerhin hinten N 34).

Die einzige positivrechtlich verankerte Leistungspflicht des einzelnen Stockwerkeigentümers gegenüber der Gemeinschaft im Rahmen der gemeinschaftlichen Verwaltung besteht somit in der Beitragspflicht (Art. 712h Abs. 1). Hierbei kann jedoch nicht von einer eigentlichen Mitwirkungspflicht im streng technischen Sinne gesprochen werden, sondern nur von einer aus der dinglichen Mitberechtigung am gemeinschaftlichen Grundstück fliessenden wirtschaftlichen Leistungspflicht (LIVER, SPR V/1 93), die durch Art. 712h Abs. 1 normative Kraft erhält (vgl. ausführlich dazu Art. 712h N 9ff). 30

Bei den aus Art. 2 ableitbaren Pflichten des Stockwerkeigentümers im Bereiche der gemeinschaftlichen Verwaltung kann es sich um Treue-, Handlungs- und Duldungspflichten handeln. Dazu sind aber folgende Präzisierungen anzubringen: 31

– Eine Art. 2 übersteigende *Treuepflicht* des einzelnen Stockwerkeigentümers kennt das Stockwerkeigentumsrecht nicht. Eine solche wäre strukturwidrig, weil sich die Funktion der Gemeinschaft in der blossen Verfügung, Nutzung, Verwaltung und Erhaltung des wirtschaftlichen Wertes des gemeinschaftlichen Grundstücks erschöpft (Vorbemerkungen zu den Art. 712a ff N 50; vgl. auch REY, ZSR *1980* I 252; a. M. für das deutsche Recht WERNER MERLE, Das Wohnungseigentum im System des Bürgerlichen Rechts [Schriften zum Bürgerlichen Recht, Bd. 52, Berlin 1979], 153f). 32

– Eine allgemeine *Pflicht des Stockwerkeigentümers zur Mitverwaltung* (z. B. Teilnahme an der Stockwerkeigentümerversammlung) kann aus der gemeinschaftlichen dinglichen Mitberechtigung ebenfalls nicht abgeleitet werden (vorn N 29). Eine dauernde, hartnäckige Weigerung, an der Verwaltung der gemeinschaftlichen Sache teilzunehmen, kann allerdings u. U. als Verstoss gegen Art. 2 qualifiziert werden, was in besonders krassen Fällen zu einem Ausschluss des betreffenden Stockwerkeigentümers führen kann (Art. 649b; vgl. dazu STUDER, 36, und hinten N 110). 33

34 — Eine *Pflicht zum eigenständigen Handeln* kann sich im Stockwerkeigentumsrecht nur im Rahmen von Art. 2 i. V. m. Art. 647 Abs. 2 Ziff. 2 ergeben: Aus dem Gebot von Treu und Glauben sowie infolge des engen räumlichen Zusammenlebens (vgl. die Vorbemerkungen zu den Art. 712a ff N 42) kann u. U. eine Verpflichtung des Stockwerkeigentümers zur Vornahme dringlicher Massnahmen angenommen werden (z. B. Abwehr einer durch den Innenausbau der Stockwerkeinheit verursachten Gefahr für das gemeinschaftliche Gebäude, Fortführung einer im Rahmen von Art. 647 Abs. 1 begonnenen Tätigkeit usw.; Art. 647 N 74; FREI, 112; REY, ZSR *1980* I 252 Anm. 13; STUDER, 36 f). Bei der Annahme einer solchen Leistungspflicht ist indessen besondere Zurückhaltung geboten; vor allem darf aus dem nachbarrechtlichen Grundsatz der gegenseitigen Rücksichtnahme nicht schon auf eine Pflicht zum Eingreifen im überindividuellen Interesse geschlossen werden (STUDER, 37).

35 — Aus dem in vielen Bereichen des Stockwerkeigentumsrechts und insbesondere der gemeinschaftlichen Verwaltung massgebenden Mehrheitsprinzip (vgl. z. B. Art. 647b ff, Art. 712g Abs. 2 und 3, Art. 712m, Art. 712q und Art. 712r) lässt sich auch eine *Duldungspflicht* in dem Sinne ableiten, dass sich der bei der Beschlussfassung unterlegene Stockwerkeigentümer grundsätzlich mit Ausführungshandlungen der Mehrheit abzufinden hat (STUDER, 38). Für die Annahme einer Duldungspflicht bestehen aber in zweifacher Hinsicht Schranken: Selbstverständlich ist sie nur dort gegeben, wo für Verwaltungshandlungen nicht Einstimmigkeit vorausgesetzt wird. Sodann hat der Gesetzgeber auch das Mehrheitsprinzip insofern eingeschränkt, als er in verschiedenen Bereichen einen Individualanspruch auf richterliche Intervention gegenüber Beschlüssen der Gemeinschaft statuiert hat (z. B. Art. 647 Abs. 2 Ziff. 1, vgl. dazu Art. 647 N 64; Art. 712q Abs. 1 und dort N 102 ff; Art. 712r Abs. 2 und dort N 15 ff; vgl. auch STUDER, 88 f).

36 Neben diesen, aus dem Gesetz ableitbaren Pflichten des Stockwerkeigentümers können weitere Handlungs- und Duldungspflichten rechtsgeschäftlich begründet werden (z. B. im Begründungsakt oder im Reglement). Solche rechtsgeschäftlichen Pflichten dürfen allerdings nicht der Struktur des Stockwerkeigentums und insbesondere dem Wesen der Stockwerkeigentümergemeinschaft (vgl. dazu auch die Vorbemerkungen zu den Art. 712a ff N 45 ff) widersprechen (REY, ZSR *1980* I 252). Ebensowenig erscheint es zulässig, Pflichten der einzelnen Stockwerkeigentümer einzuführen, die in deren wirtschaftliche Handlungsfreiheit übermässig eingreifen (Art. 27; vgl.

auch WEBER, 492). Soweit aber eine Pflicht eines Stockwerkeigentümers im Bereiche der gemeinschaftlichen Verwaltung besteht, handelt es sich durchwegs um (gesetzliche oder rechtsgeschäftliche) Realobligationen (REY, ZSR *1980* I 252; STUDER, 38 f), was bedeutet, dass solche Pflichten nur soweit und solange bestehen, als der Stockwerkeigentümer kraft seiner dinglichen Mitberechtigung Mitglied der Gemeinschaft ist (STUDER, 39).

III. Die Organisation der gemeinsamen Benutzung

1. Allgemeines

37 Nach Art. 648 Abs. 1 ist jeder Stockwerkeigentümer befugt, die Sache insoweit «zu gebrauchen und zu nutzen, als es mit den Rechten der andern verträglich ist» (vgl. vorn N 16). Alle Stockwerkeigentümer haben unabhängig von der Grösse ihres Miteigentumsanteils das Recht, die gemeinschaftlichen Anlagen und Einrichtungen im Rahmen ihres Zwecks benutzen zu dürfen. Der Einzelne darf indessen durch seinen Gebrauch denjenigen der anderen Gemeinschafter nicht beeinträchtigen. Es wird deshalb verlangt, dass jeder Stockwerkeigentümer auf die gleichgerichteten Interessen der übrigen Beteiligten Rücksicht nimmt und eine Einschränkung der eigenen Rechte akzeptiert (FRIEDRICH, SJK *1303* 3; SCHNEIDER, 76; WEBER, 200 f und 241 f).

38 Die Anordnungen, welche eine reibungslose gemeinsame Sachnutzung garantieren sollen, können in verschiedenen Erlassen getroffen werden. Im Vordergrund stehen das *Reglement* und die *Hausordnung* (vgl. hinten N 78 ff und N 99 ff). Grundsätzliche Bestimmungen lassen sich im *Begründungsakt* aufstellen und Spezialfragen durch einen *Versammlungsbeschluss* ad hoc regeln. Schliesslich kann der *Richter* – auf entsprechendes Begehren hin – Vorschriften über die Benutzung erlassen (vgl. hinten N 94 ff).

2. Objekte der gemeinsamen Benutzung

39 Das Benutzungsrecht des einzelnen Stockwerkeigentümers bezieht sich in erster Linie auf diejenigen gemeinschaftlichen Teile, an denen sich von Gesetzes wegen keine Sonderrechte begründen lassen (z. B. Autoabstellplätze, Garten, Hofraum, Treppenhaus; Art. 712b Abs. 2 und

dort N 8ff). Aber auch an nicht zwingend gemeinschaftlichen Teilen, die nicht zu Sonderrecht ausgeschieden sind, können Benutzungsrechte ausgeübt werden (z. B. Swimming-Pool, Sauna, Fitness- und Bastelräume, Autowaschanlage; Art. 712b Abs. 3 und dort N 32, N 38 und N 42ff).

40 Das Benutzungsrecht besteht nicht nur an den *Bestandteilen* der gemeinschaftlichen Sache, sondern regelmässig auch an deren *Zugehör* (Art. 644; zum Ortsgebrauch als ein die Zugehörqualität mitbestimmendes Kriterium vgl. Art. 644/645 N 33ff; zum Hotelmobiliar als Zugehör bei Stockwerkeigentum s. ZBGR *1983* 142ff).

Zu den *natürlichen und zivilen Früchten* als Objekte der gemeinsamen Nutzung vgl. vorn N 17ff.

3. Träger der Benutzungsrechte

a. Allgemeines

41 Träger der Benutzungsrechte sind alle Stockwerkeigentümer gemeinsam. Der Gebrauchsanspruch des Einzelnen geht unmittelbar auf die ganze Sache, erfährt aber durch die gleichen Rechte der anderen Beteiligten eine Einschränkung (vgl. vorn N 16 und hinten N 61).

42 Im Begründungsakt oder in einem späteren Zeitpunkt kann interessierten Stockwerkeigentümern ein besonderes Nutzungsrecht an bestimmten Bereichen der gemeinschaftlichen Teile eingeräumt werden. Dies geschieht gewöhnlich aufgrund eines speziellen Rechtstitels (z. B. besonderes Nutzungsrecht, Mietrecht usw.). Steht die Nutzung nur einer Gruppe von Stockwerkeigentümern zu, bilden diese eine Untergemeinschaft (dazu eingehender Art. 712b N 86ff).

43 Für den Gebrauch und die Nutzung gemeinschaftlicher Räume und Einrichtungen können sich die Stockwerkeigentümer insgesamt oder gruppenweise auch zu einem besonderen Gemeinschaftsverhältnis zusammenschliessen. Normalerweise wird das in der Form einer gewöhnlichen Miteigentümergemeinschaft oder einer einfachen Gesellschaft geschehen. Zur Führung eines kaufmännischen Unternehmens (z. B. eines Restaurations- oder sonstigen Dienstleistungsbetriebes) muss indessen die Form einer Handelsgesellschaft gewählt werden (vgl. dazu MEIER-HAYOZ/FORSTMOSER, § 4 N 1ff). Betreffend die Bildung einer besonderen Gemeinschaft hinsichtlich Garagenplätzen vgl. WEBER, 184ff.

b. Inhaber von besonderen Nutzungsrechten

Im *Reglement* können den interessierten Stockwerkeigentümern bestimmter Stockwerkeigentumsanteile besondere Nutzungsrechte an gemeinschaftlichen Teilen eingeräumt werden (FRIEDRICH, § 2 N 11; WEBER, 169 ff). Solche besondere Nutzungsrechte (infolge der Gefahr einer terminologischen Verwischung der Begriffe «Sonderrecht» und «Sondernutzungsrecht» [vgl. dazu die Vorbemerkungen zu den Art. 712a ff N 34] wird im folgenden auf den im übrigen Schrifttum teilweise anzutreffenden Ausdruck «Sondernutzungsrecht» verzichtet und statt dessen die Bezeichnung besonderes Nutzungsrecht verwendet) lassen sich an einem bestimmten Flächenabschnitt des gemeinschaftlichen Grundstücks (Autoabstellplatz, Garten) oder an einem Teil des gemeinschaftlichen Gebäudes (Dachterrasse, Garageneinstellplatz) begründen. 44

Besondere Nutzungsrechte sind exklusive Gebrauchsrechte mit Ausschlussfunktion gegenüber den nicht berechtigten Stockwerkeigentümern. Diese sind lediglich schuldrechtlich verpflichtet, das besondere Nutzungsrecht zu respektieren und den vorgesehenen Gebrauch zu ermöglichen. 45

Bei den besonderen Nutzungsrechten handelt es sich nicht um dingliche Rechte. Da sie aber ins Reglement aufgenommen werden, können sie diesen in ihrer Wirkung sehr ähnlich sein (vgl. FRIEDRICH, § 2 N 11). 46

Besondere Nutzungsrechte sind ohne gleichzeitige Veräusserung des Stockwerkeigentumsanteils grundsätzlich unveräusserlich (Notariatsinspektorat Zürich, Mitteilung Nr. 20, 16). Will ein Stockwerkeigentümer deshalb sein Nutzungsrecht ohne gleichzeitige Veräusserung seines Stockwerkeigentumsanteils auf einen anderen übertragen, muss dieses zuerst zugunsten des Veräusserers aufgehoben und hierauf zugunsten des Erwerbers neu begründet werden. Dagegen ist es zulässig, die blosse Ausübung eines besonderen Nutzungsrechts Dritten zu überlassen. 47

Wie für die reglementarische Begründung von besonderen Nutzungsrechten ist auch für deren Aufhebung ein *Mehrheitsbeschluss nach Köpfen und Anteilen* (vorbehältlich eines vereinbarten Einstimmigkeitserfordernisses) notwendig (Art. 712g Abs. 3; vgl. auch WEBER, 16 Anm. 93). 48

c. Inhaber von Dienstbarkeiten

Das gemeinschaftliche Grundstück kann mit *Dienstbarkeiten* belastet werden, deren *Ausübung auf bestimmte Bereiche der gemeinschaftlichen Teile beschränkt* wird (s. dazu REY, Syst. Teil N 182 ff). Von die- 49 ser Möglichkeit ist indessen zurückhaltend Gebrauch zu machen. Einerseits sind solche Dienstbarkeiten atypisch, weil sie nicht ein Recht an einer «fremden» Sache begründen. Andererseits ist das reglementarisch begründbare besondere Nutzungsrecht (vorn N 44) die adäquate Regelungsform für spezielle Nutzungsbedürfnisse eines einzelnen Stockwerkeigentümers an Teilbereichen der gemeinschaftlichen Sache (FRIEDRICH, ZBGR *1973* 142; HUBER, ZBGR *1967* 190, und ZBGR *1972* 220).

50 Eine Gartenfläche oder ein markierter Autoabstellplatz kann der ausschliesslichen Nutzung eines einzelnen Stockwerkeigentümers zugeführt werden, indem eine *Grunddienstbarkeit* (Art. 730 ff) bestellt wird (EGGEN, ZBGR *1972* 212). Belastungsobjekt ist das gemeinschaftliche Grundstück und berechtigtes Grundstück der betreffende Stockwerkeigentumsanteil. Grunds ätzlich zulässig ist auch die Begründung einer *Personaldienstbarkeit* (Art. 745 ff), z. B. einer Nutzniessung am gemeinschaftlichen Grundstück mit Beschränkung der Ausübung auf einen Gartenanteil zugunsten eines Stockwerkeigentümers (vgl. dazu auch Art. 712a N 115 f).

51 Für die Bestellung einer Dienstbarkeit zu Lasten der gemeinschaftlichen Sache ist ein *einstimmiger Beschluss* der Stockwerkeigentümer erforderlich (vgl. Art. 712m N 95, Art. 648 N 38).

d. Inhaber obligatorischer Rechte

52 An den gemeinschaftlichen Teilen können schliesslich zugunsten von Stockwerkeigentümern oder Dritten obligatorische Rechte begründet werden (vor allem Miete, Pacht). Für den Abschluss eines solchen Vertrages ist je nach dessen Tragweite die *einfache* oder die *qualifizierte* Mehrheit erforderlich (Art. 647a, Art. 647b).

4. Ausübung der Benutzungsrechte

53 Der Gebrauch (= Benutzung, vorn N 16) der gemeinschaftlichen Teile, Anlagen und Einrichtungen des zu Stockwerkeigentum aufgeteilten Grundstücks erfolgt direkt durch die Gemeinschafter. Sie haben ein unmittelbares Benutzungsrecht (Art. 648 Abs. 1).

54 Da die unmittelbaren Gebrauchsrechte der Stockwerkeigentümer miteinander kollidieren können, hat die Benutzungsordnung dafür Gewähr zu bieten, dass die gemeinschaftlichen Teile für alle benutzbar bleiben (vgl. FRIEDRICH, SJK *1303* 3). Ausschlaggebend für die konkreten Gebrauchsmöglich-

keiten ist aber die *Zweckbestimmung* der gemeinschaftlichen Sache (Art. 648 Abs. 2). Sie betrifft die Sonderrechtsteile ebenso wie die gemeinschaftlichen Teile und dient als Auslegungsrichtlinie bei der Konkretisierung der Benutzungsordnung. Inwieweit die Zweckbestimmung der gemeinschaftlichen Sache durch eine Änderung der Benutzungsordnung tangiert wird, ist aufgrund der tatsächlichen Verhältnisse zu entscheiden (Art. 648 N 51).

Der Gesetzgeber hat es weitgehend den Stockwerkeigentümern überlassen, die Ausübung ihrer Benutzungsrechte zu regeln. Ausschlaggebend für das Mass der dem Einzelnen zustehenden Befugnisse sind jedoch die jeweils entsprechenden Rechte der anderen (vgl. SCHNEIDER, 76; ferner K. MÜLLER, 44; HAUGER, 181 f). Die Gemeinschaftsinteressen dürfen nicht dem Nutzen eines einzelnen Stockwerkeigentümers geopfert werden (Art. 712b N 71 ff; ferner BÄRMANN/PICK/MERLE, N 12 vor § 13). 55

Bestimmte gemeinschaftliche Teile können ihrer Natur entsprechend von allen Stockwerkeigentümern gleichzeitig benutzt werden, ohne dass sich Kollisionen bei der Rechtsausübung ergeben (z. B. Treppenhaus). In diesem Fall ist eine konkrete Regelung nicht erforderlich. Demgegenüber bedarf der Gebrauch von Anlagen und Einrichtungen, an denen in der gleichen Zeitspanne nur *ein* Stockwerkeigentümer sein Benutzungsrecht ausüben kann (z. B. Waschküche), einer gewissen Ordnung. Es kommen dabei verschiedene Möglichkeiten in Frage: 56

– Der Gebrauch erfolgt flächenmässig geteilt (so z. B. bei einer Gartenanlage). 57

– Die Ausübung der Benutzungsrechte wird zeitlich gestaffelt, wobei je nach der Einrichtung eine besondere Regelung notwendig ist (beim Gebrauch der Waschküche lässt sich z. B. eine Turnus-Nutzung vorsehen). 58

– Der Alleingebrauch bestimmter Gebäudeteile oder Anlagen erfolgt aufgrund eines besonderen Nutzungsrechts (vgl. vorn N 44 ff). 59

– Zur Bildung von Untergemeinschaften vgl. vorn N 42 f. 60

Vgl. zum Ganzen auch Art. 648 N 19; FRIEDRICH, § 14 N 3; WEBER, 244 f.

Soweit dem einzelnen Stockwerkeigentümer nicht besondere Nutzungsansprüche eingeräumt werden, sind seine Gebrauchsrechte insofern beschränkt, als er an den gemeinschaftlichen Teilen keine eigenmächtigen Veränderungen vornehmen und keinen die Rechte der anderen störenden oder die Interessen der Gemeinschaft sonstwie beeinträchtigenden Sondergebrauch machen darf (vgl. FRIEDRICH, SJK *1303* 3). Auch im Rahmen der erlaubten Benutzung müssen die in einem sehr engen Nachbarschaftsverhältnis stehenden Beteiligten (vgl. Art. 712a N 10) alle übermässigen und unnö- 61 tigen Beanspruchungen unterlassen. Gleich wie bei der Ausübung der aus dem Sonderrecht fliessenden Rechte gilt auch bei der Nutzung und beim Gebrauch gemeinschaftlicher Teile die dem Grundsatz des «civiliter uti» des Dienstbarkeitsrechts vergleichbare Maxime der schonenden Rechtsausübung (vgl. dazu Art. 712a N 68). Die Stockwerkeigentümer sind sowohl hinsichtlich des tatsächlichen Mitgebrauchs von gemeinschaftlichen Teilen durch die anderen als auch hinsichtlich der Auswirkungen des Gebrauchs bzw. der Nutzung gemeinschaftlicher Teile auf Sonderrechtsteile zu einer schonenden und sorgfältigen Rechtsausübung verpflichtet (Art. 648 N 21 f und Art. 712a N 68 ff). Die für den nachbarrechtlichen Immissionsschutz zu beachtenden Richtlinien (Art. 684 N 86 ff) gelten mithin in erhöhtem Masse auch für die Stockwerkeigentümer (vgl. dazu auch Art. 712a N 74 und Art. 684 N 191). Welche Handlungen im einzelnen untersagt sein sollen, lässt sich in der Verwaltungs- und Benutzungsordnung umschreiben (z.B. Verbot, das einheitliche Aussehen des Gebäudes zu verändern; weitere Beispiele bei FRIEDRICH, § 13 Abs. 2).

62 Die Benutzung der gemeinschaftlichen Gebäudeteile, Anlagen und Einrichtungen ist grundsätzlich unentgeltlich (FRIEDRICH, § 15 N 1; derselbe, SJK 1303 4). Die entsprechenden Aufwendungen fallen unter die gemeinschaftlichen Kosten (Art. 712h). Für bestimmte Anlagen kann im Reglement aber auch eine Benutzungsgebühr vorgesehen werden (z.B. ein Trommelgeld für die Waschmaschine). Die dadurch erzielten Einnahmen dürfen allerdings nur im Zusammenhang mit der betreffenden Anlage verwendet werden und nicht in den allgemeinen Verwaltungsfonds fliessen.

63 Die aus dem Gemeinschaftsverhältnis sich ergebenden Beschränkungen der Nutzungs- und Gebrauchsbefugnisse gelten auch für einen Dritten, der ein Benutzungsrecht erlaubterweise ausübt. Werden die gemeinschaftlichen Teile durch ihn übermässig beansprucht, kann die Gemeinschaft dagegen einschreiten (vgl. hinten N 105 ff).

IV. Die Ordnung der gemeinsamen Verwaltung und Benutzung

1. Die gesetzliche Zuständigkeitsordnung für Verwaltungshandlungen und bauliche Massnahmen (Abs. 1)

Die Zuständigkeitsordnung bestimmt, wer eine einzelne 64
Verwaltungshandlung oder bauliche Massnahme anordnen bzw. selber vornehmen darf. Ferner legt sie die Beschlussquoten fest, falls ein Versammlungsentscheid erforderlich ist.

Die Bestimmungen über das Stockwerkeigentum (Art. 712a-t) enthalten 65
keine spezielle Zuständigkeitsordnung. Art. 712g Abs. 1 verweist vielmehr auf die entsprechende Regelung des gewöhnlichen Miteigentums (Art. 647–647e). Dieser Verweis ist deshalb sinnvoll, weil Stockwerkeigentum qualifiziertes Miteigentum ist (vgl. die Vorbemerkungen zu den Art. 712a ff N 33 ff) und die Zuständigkeitsordnung für Verwaltungshandlungen und bauliche Massnahmen beim gewöhnlichen Miteigentum gleichzeitig mit der Wiedereinführung des Stockwerkeigentums einer umfassenden Revision unterzogen wurde (vgl. Art. 647 N 13 ff, 19; vgl. auch die Vorbemerkungen zu den Art. 712a N 19 ff).

2. Die Abänderbarkeit der gesetzlichen Zuständigkeitsordnung für Verwaltungshandlungen und bauliche Massnahmen (Abs. 2)

a. Allgemeines

Gemäss Art. 712g Abs. 2 können die Stockwerkeigentümer 66
die in den Art. 647–647e vorgesehene Zuständigkeitsordnung vorbehältlich zwingender Bestimmungen abändern (entsprechend Art. 647 Abs. 1). Dies kann entweder im Begründungsakt oder in einem späteren Zeitpunkt geschehen. Im letzteren Fall ist ein einstimmiger Beschluss erforderlich.
Der Grundsatz, wonach bei bestehendem Stockwerkeigentum die gesetzli- 67
che Zuständigkeitsordnung nur einstimmig abgeändert werden kann, ist zwingender Natur (vgl. FRIEDRICH, § 36 N 9). Der Grund liegt darin, dass ei-

nem Stockwerkeigentümer nicht gegen seinen Willen eine andere Ordnung aufgezwungen werden darf. Jeder Beteiligte soll insbesondere davor geschützt sein, dass ihm die Gemeinschaft finanziell schwer tragbare Belastungen auferlegt. Dies wäre bei spielsweise dann der Fall, wenn luxuriöse Anlagen mit blossem Mehrheitsbeschluss erstellt werden könnten (vgl. BBl *1962* II 1517). Die gesetzliche Zuständigkeitsordnung lässt sich deshalb nicht mit demselben Quorum abändern, welches für die Annahme eines Reglements genügt (Mehrheit nach Köpfen und Anteilen, Art. 712g Abs. 3). Eine lediglich aufgrund eines derartigen Mehrheitsbeschlusses vorgenommene Änderung der gesetzlichen Zuständigkeitsordnung ist nichtig.

68 Ob von der gesetzlichen Ordnung abgewichen werden soll, hängt von den konkreten Umständen ab. Doch ist dabei stets zu bedenken, dass Abgrenzungsschwierigkeiten entstehen können, wenn die Zuständigkeit im Bereich der Verwaltungshandlungen und der baulichen Massnahmen zu stark aufgesplittert wird.

b. Inhalt und Schranken

69 In einer einstimmig beschlossenen Verwaltungsordnung kann beispielsweise die gesetzlich vorgesehene Zuständigkeit für gewöhnliche Verwaltungshandlungen, zu denen im allgemeinen jeder Stockwerkeigentümer befugt ist (Art. 647a Abs. 1), auf den Verwalter übertragen werden (Art. 712s N 13). Sodann können die gesetzlichen Beschlussquoten abgeändert werden für:
– wichtigere Verwaltungshandlungen (Art. 647b N 3);
– notwendige bauliche Massnahmen (Art. 647c N 29);
– nützliche bauliche Massnahmen (Art. 647d N 19f);
– luxuriöse bauliche Massnahmen (Art. 647e N 5).
Vgl. allgemein zur Änderung gesetzlicher Quorumsbestimmungen Art. 712m N 90. A. M. PETER-RUETSCHI, NZZ 31. Dezember 1979, 11 f, die sich gegen eine Änderung der gesetzlichen Beschlussquoten ausspricht.

70 In einer Verwaltungsordnung lässt sich ferner anordnen:
– die Einräumung eines selbständigen Verwaltungsrechts zugunsten eines Stockwerkeigentümers an einem bestimmten Bereich der gemeinschaftlichen Teile;
– die Einschränkung des jedem Stockwerkeigentümer grundsätzlich zustehenden Rechts, seinen Stockwerkeigentumsanteil zu vermieten oder zu verpachten (vgl. Art. 712a N 50ff).

Neben den unentziehbaren Individualansprüchen des einzelnen Stockwerk- 71
eigentümers (z. B. Art. 647 Abs. 2 Ziff. 1 und 2; Art. 647 N 42) setzen auch die
allgemeinen Rechtsgrundsätze (Art. 27, Art. 19/20 OR) der rechtsgeschäftlichen Ausgestaltung der Zuständigkeitsordnung Schranken. Siehe auch
Art. 647 N 43.

c. Form

Erfolgt die Änderung der gesetzlichen Zuständigkeitsord- 72
nung für Verwaltungshandlungen und bauliche Massnahmen im *Begründungsakt*, gilt die für denselben vorgeschriebene Form (Art. 712d Abs. 3),
d. h.:
– öffentlich beurkundeter Begründungsvertrag oder öffentlich beurkundete
  Begründungserklärung;
– einfache Schriftlichkeit beim Erbteilungsvertrag;
– die im Erbrecht vorgesehenen Formen der Verfügungen von Todes wegen.

Vgl. ausführlich dazu Art. 712d N 109 ff.

Wird die gesetzliche Zuständigkeitsordnung in einem späteren Zeitpunkt 73
abgeändert, ist gemäss Art. 712g Abs. 2 ein *einstimmiger Beschluss* erforderlich. Dieser kommt nicht formfrei zustande, sondern ist anlässlich einer
Stockwerkeigentümerversammlung zu fassen und zu protokollieren (vgl. CH.
MÜLLER, 71 f; vgl. dazu Art. 712n N 32 ff).

d. Abänderung

Erweist sich die im Begründungsakt (Art. 712d Abs. 2) oder 74
in einem späteren Zeitpunkt vereinbarte Zuständigkeitsordnung infolge veränderter Verhältnisse oder neuer Bedürfnisse als unbefriedigend, stehen den
Stockwerkeigentümern grundsätzlich zwei Wege offen:
– Sie übernehmen die gesetzliche Zuständigkeitsordnung (Art. 712g Abs. 1), 75
  wodurch die Bestimmungen des gewöhnlichen Miteigentums anwendbar
  werden (Art. 647–647e; vorn N 65). Die Aufhebung des Änderungsbeschlusses bedarf als contrarius actus und analog dem Erfordernis für Beschlüsse bei rechtsgemeinschaftlich strukturierten Gesellschaften
  (Art. 534 Abs. 1 OR; MEIER-HAYOZ/FORSTMOSER, § 2 N 76) der Zustimmung aller Stockwerkeigentümer. Anders nur, wenn im Änderungsbeschluss für diesen Fall ein anderes Quorum vorgesehen wurde (vgl. dazu
  Art. 647 N 37).

76 – Die Stockwerkeigentümer können die vereinbarte Zuständigkeitsordnung (Art. 712g Abs. 2; vorn N 66 ff) modifizieren. Weil es sich dabei erneut um eine Änderung der gesetzlichen Ordnung handelt, ist wiederum Einstimmigkeit erforderlich (vgl. vorn N 66 f; s. auch FRIEDRICH, § 36 N 2 und 9).

e. Rechtsnatur

77 Die vereinbarte Zuständigkeitsordnung für Verwaltungshandlungen und bauliche Massnahmen kann als *gewillkürte, qualifizierte Verwaltungsordnung* bezeichnet werden. Sie ist insofern eine gewillkürte Verwaltungsordnung, als sie auf Beschluss beruht, in einem Reglement aufgenommen werden kann und wie dieses auch gegen Sonderrechtsnachfolger eines Stockwerkeigentümers wirkt (Art. 649a und dort N 11 ff; vgl. dazu ebenfalls Art. 647 N 37 ff). Wie beim Reglement (dazu nachfolgend N 78 ff) kann diese «Drittwirkung» mit der körperschaftsähnlichen Struktur der Stockwerkeigentümergemeinschaft (die Verwaltungsordnung hat eine den Statuten von juristischen Personen entsprechende Funktion) oder mit dem Vorliegen einer Realobligation (Rechte und Pflichten aus der Verwaltungsordnung stehen nicht einer individuell bestimmten Person, sondern dem jeweiligen Eigentümer eines Stockwerkeigentumsanteils zu) erklärt werden.

3. Das Reglement (Abs. 3)

a. Allgemeines

78 Obwohl dem Reglement in der Praxis grosse Bedeutung zukommt, beschränkt sich Art. 712g Abs. 3 darauf, jedem Stockwerkeigentümer das Recht auf Erlass eines Reglements einzuräumen und die Voraussetzungen seiner Begründung und Änderung festzulegen. Inhalt und Funktion des Reglements hat der Gesetzgeber lediglich global angedeutet, indem er von einem «Reglement über die Verwaltung und Benutzung» spricht. Die Stockwerkeigentümer verfügen somit über einen weiten Ermessensspielraum bei seiner Ausgestaltung.

79 Obschon das EJPD einen Musterentwurf für ein Reglement ausgearbeitet hatte, wurde bei der Wiedereinführung des Stockwerkeigentums darauf verzichtet, diesen zu veröffentlichen. Es wurde befürchtet, die Stockwerkeigen-

tümer könnten die darin enthaltenen Bestimmungen unbedacht übernehmen, ohne sie ihren individuellen Bedürfnissen anzupassen (BBl *1962* II 1486f; K. MÜLLER, 58f).

Das Reglement dient dazu, die Rechtsstellung des einzelnen Stockwerkeigentümers innerhalb der Gemeinschaft zu umschreiben. In diesem Sinne enthält es eine mehr oder weniger umfassende Aufzählung der für die Mitglieder einer konkreten Stockwerkeigentümergemeinschaft verbindlichen Rechtsregeln (vgl. dazu FRIEDRICH, ZBGR *1966* 328f). 80

Die gesetzliche Regelung betreffend das Reglement in Art. 712g Abs. 3, welche weitgehende rechtsgeschäftliche Gestaltungsfreiheit gewährt, erweist sich für den einzelnen Stockwerkeigentümer oft als problematisch: Bei Reglementen, die im Zeitpunkt des Begründungsvertrages (Art. 712d Abs. 1 Ziff. 1) aufgestellt werden, ist oft ein erhebliches Übergewicht des Verwalters bzw. der Verwaltung (meistens eine Treuhand- oder Immobiliengesellschaft) gegenüber den Stockwerkeigentümern feststellbar. Dies ist besonders dann nachteilig, wenn im Reglement eine Erschwerung seiner Abänderbarkeit vorgesehen ist (vgl. dazu hinten N 88ff). Von ursprünglicher Mitgestaltungsmöglichkeit ganz ausgeschlossen sind die Stockwerkeigentümer dann, wenn das Stockwerkeigentum aufgrund einer einseitigen Erklärung begründet (Art. 712d Abs. 2 Ziff. 2) und gleichzeitig schon das Reglement aufgestellt wird (vgl. Art. 712d N 94). Ähnlich ist die Rechtslage für jeden Stockwerkeigentümer, der im Zeitpunkt der Ausarbeitung des Reglements noch nicht Mitglied der Gemeinschaft war. Vgl. zur entsprechenden Problematik bei der Verwalterbestellung auch Art. 712q N 94. 81

b. Rechtsnatur

Das Reglement der Stockwerkeigentümer entfaltet wie die vereinbarte Nutzungs- und Verwaltungsordnung beim gewöhnlichen Miteigentum (Art. 649a) grundsätzlich auch Wirkung gegenüber den Sonderrechtsnachfolgern der einzelnen Stockwerkeigentümer sowie gegenüber den Inhabern beschränkter dinglicher Rechte an Stockwerkeigentumsanteilen (s. dazu Art. 649a N 14ff). Dies betrifft vor allem Servitutsberechtigte (z.B. Nutzniesser), für welche die im Reglement enthaltenen Nutzungsbeschränkungen bedeutsam sind (zur Frage der Verbindlichkeit von Gerichtsstands- oder Schiedsgerichtsklauseln für den Rechtsnachfolger vgl. hinten N 98 i.f.). 82

83 Die Verbindlichkeit des Reglements gegenüber den Rechtsnachfolgern der Stockwerkeigentümer ergibt sich aus der besonderen Struktur des Gemeinschaftsverhältnisses beim Stockwerkeigentum. Die Stockwerkeigentümergemeinschaft ist zum Teil durch körperschaftliche Elemente gekennzeichnet. Das Reglement weist deshalb einen gesellschaftsvertragsähnlichen Inhalt auf und ist hinsichtlich seiner Wirkung mit den Statuten einer Körperschaft vergleichbar (Art. 649a N 12; LIVER, ZBJV *1965* 308; derselbe, GS Marxer 175 ff sowie SPR V/1 70; ferner Ch. MÜLLER, 80 ff). Möglich ist aber auch, mit K. MÜLLER (46 und 59) die Verbindlichkeit des Reglements auf eine gesetzliche Realobligation zurückzuführen (vgl. Syst. Teil N 283 f).

84 Die verstärkte Wirkung des Reglements kommt selbstverständlich nur jenen Bestimmungen zu, die mit der Ordnung der *gemeinschaftlichen* Verwaltung und Benutzung in einem direkten Zusammenhang stehen (vgl. Art. 649a N 13; ähnlich HUBER, ZBGR *1966* 254; vgl. auch hinten N 98 i.f). Keine Wirkung kann deshalb z.B. eine reglementarische Bestimmung gegenüber den Rechtsnachfolgern eines Stockwerkeigentümers entfalten, die diesen verpflichtet, einen bestimmten Raum in dessen Sonderrecht lediglich und ausschliesslich als privates Museum zu benutzen (vgl. BGE *111* II 330 mit Kritik hierzu von LIVER in ZBJV *1987* 149). Eine solche reglementarische Bestimmung enthält einen unmöglichen und folglich nichtigen Inhalt (Art. 20 OR), doch ist u. U. eine Konversion in ein lediglich zwischen den direkt Beteiligten bestehendes Schuldverhältnis anzunehmen.

85 Die Verbindlichkeit des Reglements für die Sonderrechtsnachfolger der einzelnen Stockwerkeigentümer und für die Inhaber beschränkter dinglicher Rechte an Stockwerkeigentumsanteilen setzt *keine Anmerkung* im Grundbuch voraus (vgl. hinten N 92).

c. Entstehung und Abänderung

86 Gemäss Art. 712g Abs. 3 bedarf der Erlass eines Reglements eines Beschlusses der Stockwerkeigentümer mit einem Mehr nach Personen und Anteilen. Mit der Kombination von Kopf- und Anteilserfordernis soll verhindert werden, dass ein Stockwerkeigentümer (oder eine kleine Minderheit), dem mehr als die Hälfte der Stockwerkeigentumsanteile zusteht, der überwiegenden Mehrheit der anderen Beteiligten ein Reglement aufzwingen kann (BBl *1962* II 1495).

87 Ob das in Art. 712g Abs. 3 vorgesehene Quorum für den Erlass eines Reglements *erleichtert* werden kann, ist umstritten (verneinend FRIEDRICH, § 55

N 4, unter Hinweis auf den einseitig zwingenden Charakter dieser Bestimmung; bejahend: CH. MÜLLER, 100, ihm folgend WEBER, 386). Da in Analogie zu Art. 647d die Einführung des einfachen Mehrheitsprinzips die Rechtsstellung des Einzelnen nicht übermässig erschwert, dürfte eine erleichterte Beschlussfassung zulässig sein (vgl. Art. 647d N 20).

Eine *Erschwerung* der Beschlussfassung wird allgemein als zulässig erachtet, weil dadurch der Minderheitenschutz nur verstärkt wird (Art. 712m N 90). Es fragt sich indessen, ob dies auch für Art. 712g Abs. 3 gelten soll, der jedem Stockwerkeigentümer einen unentziehbaren und unverzichtbaren Anspruch auf Erlass eines Reglements gewährt (vgl. hinten N 94ff). Geht man davon aus, dass der Gesetzgeber auf diese Weise das Interesse des Einzelnen an einer geordneten Verwaltung und Benutzung schützen wollte, ist diesem Grundgedanken nicht nur beim Erlass des Reglements, sondern auch bei dessen *Abänderung* Rechnung zu tragen. 88

Gemäss Art. 712g Abs. 3 kann das Reglement mit der Mehrheit nach Personen und Anteilen abgeändert werden. Eine Erschwerung der Beschlussfassung dürfte insbesondere dann fragwürdig sein, wenn ein Reglement gleichzeitig mit der einseitigen Begründung von Stockwerkeigentum aufgestellt wurde (vorn N 8f) und sich später aus objektiven Gründen Änderungen aufdrängen, die an einem Einstimmigkeitserfordernis scheitern könnten. Der gesetzgeberische Gedanke, das Interesse an einer geordneten Verwaltung und Benutzung zu schützen, würde unter diesen Umständen unbeachtet bleiben. Die Beschlussfassung sollte deshalb im Hinblick auf die Abänderung von Reglementsbestimmungen nicht allzu stark erschwert werden (s. auch WEBER, 385f). 89

Für die Abänderung der gesetzlichen Zuständigkeitsordnung bezüglich Verwaltungshandlungen und bauliche Massnahmen (Art. 712g Abs. 2, vorn N 66f) reicht das qualifizierte Mehr nach Köpfen und Anteilen allerdings *nicht* aus. Es ist vielmehr Einstimmigkeit erforderlich. Dies gilt auch dann, wenn die Abänderung in einem Reglement erfolgt (Art. 712m N 102; s. auch LIVER, SPR V/1 105). 90

Wenn die konkreten Verhältnisse es nicht erfordern, können die Stockwerkeigentümer vom Erlass eines Reglementes absehen. Vor allem in kleinen Gemeinschaften ist es oft überflüssig (StenBull NR *1963* 221). Dennoch hat der Gesetzgeber die Aufstellung eines Reglements als grundsätzlich wünschenswert erachtet (BBl *1962* II 1494). 91

Das Reglement kann im Grundbuch angemerkt werden (Art. 712g Abs. 3, Art. 82a GBV). Die Rechtsgültigkeit und Verbindlichkeit des Reglements für 92 die Sonderrechtsnachfolger der einzelnen Stockwerkeigentümer und für die Inhaber beschränkter dinglicher Rechte an Stockwerkeigentumsanteilen (vorn N 49 ff) setzt indessen keine Anmerkung voraus; dieser kommt lediglich deklaratorische Bedeutung zu (vgl. dazu BGE *103* Ib 82 und *111* Ia 183). Doch gerade für die Rechtsnachfolger von Stockwerkeigentümern (z. B. Erben, Käufer eines Anteils) ist die Anmerkung des Reglements wünschenswert, weil mit diesem Buchungsvorgang das Reglement zu den Belegen genommen wird und beim Grundbuchamt eingesehen werden kann (zur Bedeutung, Wirkung und grundbuchtechnischen Behandlung der Anmerkung eines Reglements vgl. die entsprechenden Ausführungen zur Anmerkung der Nutzungs- und Verwaltungsordnung beim gewöhnlichen Miteigentum, Art. 647 N 45 ff).

93 Im bundesrätlichen Entwurf zur Änderung des vierten Teils des Zivilgesetzbuches (Miteigentum und Stockwerkeigentum) war die Anmerkung des Reglements im Grundbuch noch in einem eigenen Absatz aufgeführt (BBl *1962* II 1517, 1529). Deren Einbezug in Art. 712g Abs. 3 hat materiell nichts geändert.

d. Anspruch auf Erlass eines Reglements

94   Gemäss Art. 712g Abs. 3 hat der einzelne Stockwerkeigentümer gegenüber der Gemeinschaft einen Anspruch darauf, dass ein Reglement über die Verwaltung und Benutzung aufgestellt werde. Dieser Anspruch ist *unentziehbar* und auch *unverzichtbar*. Unverzichtbarkeit ist zu bejahen, weil ein solcher Anspruch nicht nur im Interesse des Einzelnen liegt, sondern zugleich den gemeinsamen Interessen aller Stockwerkeigentümer dient. Indessen ist es möglich, dass im konkreten Fall auf die Geltendmachung des Anspruchs verzichtet wird. Aber grundsätzlich und im voraus darf er den Stockwerkeigentümern auch mit ihrem Einverständnis nicht entzogen werden.

95 Der Anspruch auf Erlass eines Reglements ist gegenüber der Stockwerkeigentümergemeinschaft geltend zu machen, indem in der Versammlung ein entsprechender Antrag gestellt wird (Art. 712m Abs. 2 i. V. m. Art. 64 Abs. 3; für den Fall, dass ein Verwalter die gewünschte Versammlung nicht einberuft, vgl. Art. 712n N 14). Problematisch ist die Rechtslage aber dann, wenn eine Mehrheit die Durchsetzung dieses Anspruchs zu verhindern sucht oder verhindert, indem sie sich beispielsweise weigert, an der Ausarbeitung des Reglements mitzuwirken oder das Zustandekommen des qualifizierten

Mehrheitsbeschlusses aus sachlich nicht zu reichenden Gründen immer wieder verhindert. Soll der gesetzliche Anspruch auf Erlass eines Reglements einen Sinn haben, muss es dem antragstellenden Stockwerkeigentümer in solchen Fällen möglich sein, den Richter anzurufen. Die Klage richtet sich dabei gegen die Gemeinschaft und ist am Ort der gelegenen Sache zu erheben (vgl. dazu Art. 712l N 84 f).

Wenig geklärt ist indessen die Frage, wie weit der Anspruch auf Erlass eines Reglements durchsetzbar ist. Eine blosse Aufforderung des Richters an die Stockwerkeigentümer, sich an der Ausarbeitung des Reglements zu beteiligen, wäre wenig sinnvoll, wenn diese weiterhin hartnäckig Widerstand leisteten (CH. MÜLLER, 76, nimmt deshalb ohne nähere Begründung eine Gestaltungsklage an). Es kann angesichts des Fehlens konkreter gesetzlicher Anordnungen auch nicht Aufgabe des Richters sein, Reglementsbestimmungen zu formulieren oder über die Angemessenheit eines eingereichten Entwurfs zu befinden (in Deutschland kann demgegenüber der Richter gestützt auf die §§ 15 Abs. 3 und 21 Abs. 4 WEG nach billigem Ermessen eine Verwaltungs- und Gebrauchsregelung erlassen; s. dazu BÄRMANN/PICK/MERLE, § 15 N 27 ff und § 21 N 57 ff). Da dem antragstellenden Stockwerkeigentümer aber zumindest ein vernünftiger Gebrauch der gemeinschaftlichen Teile gestattet werden muss, hat der Richter wenigstens in diesem Rahmen zur Behebung konkreter Notlagen eine Regelung zu treffen (WEBER, 302, und ZBGR *1979* 176, zieht dafür einen extensiv verstandenen Treu und Glauben-Grundsatz heran und sieht die Leitlinie im Gedanken des Interessenausgleichs). Dazu gehört beispielsweise eine Benutzungsordnung für die Waschküche. Bestimmungen, die von gesetzlichen Vorschriften abweichen, darf der Richter allerdings auch in einem solchen Fall nicht erlassen (vgl. dazu FRIEDRICH, ZBGR *1966* 328 f).

e. Inhalt

In der Praxis enthalten die Reglemente oftmals nicht nur Bestimmungen über die gemeinschaftliche Verwaltung und Benutzung der im Stockwerkeigentum stehenden Sache, sondern oft eine sehr detaillierte Aufzählung von Rechten und Pflichten der Stockwerkeigentümer. Dabei können auch gesetzliche Vorschriften mit unverändertem Inhalt wiedergegeben werden (kritisch gegenüber Wiederholungen und einer möglichst umfangreichen Darstellung des Stockwerkeigentumsverhältnisses im Reglement HUBER, ZBGR *1966* 254). Nutzungs- und Gebrauchsbeschränkungen finden ihre Schranke – gleich wie die Beschränkungen der Sonderrechtsausübung – grundsätzlich in den zwingenden Bestimmungen des Stockwerkeigentums- und des Miteigentumsrechts, allenfalls auch in allgemeinen Grundsätzen (Art. 19/20 OR, Art. 27; vgl. auch vorn N 71 und Art. 712a N 33). Beim Abfassen des Reglements sind zudem immer die konkreten Umstände und Bedürfnisse zu berücksichtigen (z. B. Grösse der Stockwerkeigentümergemeinschaft, Alter sowie bauliche Konzeption des gemeinschaftlichen Gebäudes und der Anlagen, Kombination von horizontalem und vertikalem Stockwerkeigentum, vgl. dazu Art. 712a N 35 ff).

98 In ein Reglement können beispielsweise aufgenommen werden:
– die Umschreibung des Stockwerkeigentumsobjekts;
– die Beschreibung der Teile im Sonderrecht und der gemeinschaftlichen Teile;
– die Zweckbestimmung der gemeinschaftlichen Sache;
– der Ausschluss bestimmter Nutzungsarten (so z. B. hinsichtlich des Betriebes eines Restaurants, einer Tanz- oder Musikschule; vgl. dazu K. MÜLLER, 155 f; vgl. zu diesem Problemkreis auch BGE *111* II 330 mit Kritik von LIVER hierzu in ZBJV *1987* 149);
– die Voraussetzungen und das Verfahren für die Änderung der Wertquoten;
– die Benutzung der Teile im Sonderrecht und der gemeinschaftlichen Teile sowie deren Beschränkung;
– die Überlassung von Nutzungs- und Gebrauchsrechten an Dritte;
– die Bestimmungen über Unterhalt, Um- und Wiederaufbau des gemeinschaftlichen Gebäudes;
– die Ordnung der Beschlussfassung in der Versammlung (Art. 712m und dort N 66 ff sowie N 89 ff);
– die Stellung und Funktion des Verwalters (Art. 712q N 10 ff;
– die Verteilung der gemeinschaftlichen Kosten und Lasten (Art. 712h und dort N 21 ff;
– der Erlass einer Hausordnung (nachfolgend N 99 ff);
– Sanktionen bei Verletzung der Gemeinschaftsordnung (vgl. hinten N 111 ff);
– der Ausschluss eines Stockwerkeigentümers aus der Gemeinschaft (hinten N 110);
– die Aufhebung des Stockwerkeigentums (Art. 712f N 48);
– die Vereinbarung von Gerichtsstands- oder Schiedsgerichtsklauseln (solche Abreden sind allerdings problematisch, da sie sich nicht auf die Ver-

waltung und Benutzung des gemeinschaftlichen Grundstücks beziehen, vgl. Art. 712d N 79 und vorn N 84); damit diese Klauseln auch für den Rechtsnachfolger verbindlich werden, muss er ihnen schriftlich zustimmen (s. FRIEDRICH, ZBGR *1986* 82; vgl. auch BGE *110* Ia 106 ff und die redaktionelle Bemerkung zu diesem Entscheid in ZBGR *1986* 107). Zu den einzelnen Möglichkeiten der inhaltlichen Ausgestaltung eines Reglements s. die Vorlagen bei FRIEDRICH, § 1 ff; K. MÜLLER, 153 ff; SCHMID, 201 ff; MICHAUD, 99 ff; MAGNENAT, 153 ff; PETER-REUTSCHI, 59 ff; MONTCHAL, Stockwerkeigentum, 54 ff; HINDERMANN, 86 ff.

f. Abgrenzung zur Hausordnung

aa. Bedeutung und Funktion der Hausordnung

Die Hausordnung regelt die alltägliche Benutzung des gemeinschaftlichen Gebäudes sowie der dazu gehörenden Anlagen und Einrichtungen. Sie enthält vor allem *Ausführungsbestimmungen* zu den gesetzlichen und reglementarischen Vorschriften (FRIEDRICH, § 16 N 2). Besonders bei grösseren Stockwerkeigentümergemeinschaften werden alltägliche Benutzungshandlungen (vgl. die Aufzählung hinten N 104) in der Hausordnung geregelt, um das Reglement nicht mit Detailbestimmungen zu belasten. 99

bb. Erlass und Abänderung

Nach herrschender Auffassung (FRIEDRICH, § 16 N 3; CH. MÜLLER, 73; WEBER, 212) genügt für den Erlass einer Hausordnung ein mit der *einfachen Mehrheit* der Stockwerkeigentümer gefasster Beschluss. Es kann aber auch eine qualifizierte Beschlussfassung vorgesehen werden (vgl. WEBER, 387). Ebenso ist es möglich, den Verwalter oder den Ausschuss zur Aufstellung einer Hausordnung zu ermächtigen. Die Gemeinschaft kann sich dabei ein Genehmigungsrecht vorbehalten oder dem Verwalter gestützt auf Art. 712m Abs. 1 Ziff. 2 und Art. 712s Abs. 1 Weisungen für die inhaltliche Ausgestaltung der Hausordnung erteilen (vgl. Art. 712s N 68). Das Recht der Gemeinschaft, die vom Verwalter aufgestellte Hausordnung zu überprüfen oder durch andere Bestimmungen zu ersetzen, darf nicht ausgeschlossen werden (vgl. WEBER, 214). 100

101 Für die Abänderung der Hausordnung gilt dasselbe Quorum wie für deren Erlass. Es genügt, vorbehältlich einer abweichenden Regelung, ein einfacher Mehrheitsbeschluss.

cc. Wirkung

102 Wird die Hausordnung als ein Teil der gemeinschaftlichen Nutzungsordnung aufgefasst, so ist sie gemäss Art. 649a auch für die Rechtsnachfolger der Stockwerkeigentümer verbindlich (FRIEDRICH, § 16 N 7). Eine Anmerkung im Grundbuch ist allerdings nicht möglich. FRIEDRICH (§ 16 N 8) empfiehlt sodann, im Reglement klarzustellen, dass die Hausordnung auch für die Inhaber beschränkter dinglicher oder obligatorischer Rechte gelte. Unseres Erachtens kann reglementarisch aber lediglich die Pflicht vorgesehen werden, dass die Beachtung der Hausordnung in den einzelnen Verträgen mit dem dinglich oder obligatorisch Berechtigten aufgenommen werde.

dd. Inhalt

103 Die Hausordnung enthält vor allem Anordnungen administrativer und organisatorischer Natur, denen nicht grundsätzliche Bedeutung für das Zusammenleben der Stockwerkeigentümer als Nutzungs- und Verwaltungsgemeinschaft zukommt. Die Bestimmungen dürfen deshalb denjenigen einer höheren Regelungsstufe (Gesetz, Reglement) nicht widersprechen.

104 In eine Hausordnung können beispielsweise aufgenommen werden:
- die Regelung der Benutzung der gemeinschaftlichen Anlagen und Einrichtungen (z. B. Turnus-Nutzung beim Gebrauch der Waschmaschine);
- die Vorschriften zur Verhinderung von Beschädigungen gemeinschaftlicher Objekte;
- die Ordnung des Verfahrens zur sofortigen Schadensabwendung;
- die Anforderungen an die äussere Gestaltung des gemeinschaftlichen Gebäudes (Balkon- und Gartengestaltung);
- die Richtlinien für zulässige Immissionen (z. B. Zeitangaben für das Musizieren);
- die Regelung der
  - - Reinigungsarbeiten (Treppe, Vorplatz);
  - - Liftbenutzung;

– – Fenster- und Türschliessung;
– – Beleuchtung.
Zu den Möglichkeiten der inhaltlichen Ausgestaltung einer Hausordnung s. im einzelnen K. MÜLLER, 62; WEBER, 214; vgl. ferner BÄRMANN/PICK/MERLE, § 21 N 78 ff.

V. Schutz vor übermässiger Ausübung der Verwaltungs- und Benutzungsrechte

1. Vom Gesetz vorgesehene Rechtsbehelfe

a. Im allgemeinen

Gegen den Stockwerkeigentümer, der seine (aus Gesetz oder Reglement sich ergebenden) Benutzungsrechte überschreitet (z. B. durch übermässige Beanspruchung einzelner Einrichtungen) kann mit der
– Eigentumsfreiheitsklage (Art. 641 Abs. 2) und allenfalls mit den
– Klagen aus Art. 679 sowie mit der
– Besitzesstörungsklage (Art. 928)
vorgegangen werden. 105

Aktivlegitimiert ist die Gemeinschaft der Stockwerkeigentümer (Art. 712l und dort N 91 f). Sie wird durch den Verwalter vertreten, der in dringenden Fällen auch von sich aus handeln kann (Art. 712t N 60 ff). Ebenso ist jeder einzelne Stockwerkeigentümer zur Klage berechtigt (Art. 641 N 92; Art. 646 N 100; Art. 648 N 4 und 7; BGE *95* II 402; BGE *55* II 21 f in bezug auf das altrechtliche Stockwerkeigentum). 106

Passivlegitimiert ist der störende Stockwerkeigentümer. Handelt es sich beim Störer um einen Dritten, dem die Gemeinschaft oder ein einzelner Stockwerkeigentümer die Ausübung von Benutzungsrechten an gemeinschaftlichen Teilen überlassen hat (vorn N 44 ff), kann auch gegen diesen vorgegangen werden. 107

Wenn der störende Stockwerkeigentümer von der Gemeinschaft einen Raum oder eine bestimmte Grundstücksfläche (z. B. Parkplatz) gemietet oder an einen störenden Dritten untervermietet hat, ist Klage gestützt auf Art. 261 Abs. 1 bzw. Art. 264 Abs. 2 OR zu erheben (vgl. CH. MÜLLER, 83). 108

109 Ein übermässiger Gebrauch der Verwaltungsrechte liegt etwa dann vor, wenn ein Stockwerkeigentümer unbefugterweise dringliche Massnahmen im Sinne von Art. 647 Abs. 2 Ziff. 2 anordnet. Dagegen kann die Gemeinschaft oder ein Stockwerkeigentümer mit einer Unterlassungsklage einschreiten. Im übrigen ist der fehlbare Stockwerkeigentümer schadenersatzpflichtig (Art. 647 N 80 ff). Wird eine starke Stimmrechtsmacht eingesetzt, um die Verwaltungsrechte übermässig auszuüben, lässt sich der betreffende Versammlungsbeschluss u. U. anfechten (Art. 712m N 126 ff). Auf entsprechendes Begehren hin wäre auch die richterliche Verpflichtung zu einem bestimmten Tun denkbar (z. B. Abgabe einer Willenserklärung).

b. Ausschluss im besonderen

110 Verhält sich ein Stockwerkeigentümer derart gemeinschaftswidrig (indem er z. B. gegen die Bestimmungen über Ruhezeit und Ordnung in und um das Gebäude wiederholt verstösst), so dass ein Zusammenleben den anderen Stockwerkeigentümern nicht mehr zumutbar ist, kann er von der Gemeinschaft ausgeschlossen werden (zu den Voraussetzungen für einen Ausschluss vgl. BGE *113* II 19 und *94* II 22; ZBGR *1982* 372; Art. 649b/c N 8; FRIEDRICH, § 51 N 3ff; vgl. auch Art. 712f N 16). Da der Ausschluss einen sehr schwerwiegenden Eingriff in die Rechtsstellung des betroffenen Gemeinschafters darstellt, ist er nur zulässig, wenn alle anderen zumutbaren Massnahmen erfolglos geblieben sind (z. B. Mahnungen, Zurechtweisungen, eigentliche Schlichtungs- bzw. Vermittlungsversuche, Geldstrafe; BBl *1962* II 1510; Art. 649b/c N 7; BGE *113* II 19 und *94* II 23; ZR *1985* Nr. 85; vgl. dazu auch nachfolgend N 111 ff). Dies gilt u. E. auch in dem Fall, da der störende Stockwerkeigentümer offensichtlich nicht bereit ist, sich gemeinschaftskonform zu verhalten (teilweise a. M. ZBGR *1982* 373 Erw 4b); immerhin ergibt sich in einem solchen Fall die Möglichkeit, aufgrund des renitenten Verhalten des betreffenden Stockwerkeigentümers schneller zum Ausschlussverfahren zu schreiten.

2. Rechtsgeschäftlich statuierte Sanktionen

111 Die vom Gesetz vorgesehenen Klagen (vgl. vorn N 105) führen oft zu langwierigen und aufwendigen Prozessen, die überdies das Einvernehmen unter den Stockwerkeigentümern weiter verschlechtern können. Deshalb erscheint es sinnvoll, noch weitere, in ihren Auswirkungen we-

niger weitgehende Sanktionen in Analogie zu den für das Vereinsrecht entwickelten Möglichkeiten rechtsgeschäftlich einzuführen (vgl. allgemein zu den verbandsinternen Sanktionsmöglichkeiten ANTON HEINI, Die gerichtliche Überprüfung von Vereinsstrafen, in: FS Meier-Hayoz [Bern 1982], 223 ff). In Frage kommen etwa:

- Die *Mahnung* oder Zurechtweisung durch den Verwalter oder durch einen Stockwerkeigentümer als mildeste Massnahme (vgl. auch zur Ausfällung eines Verbotes oder Befehls an den Stockwerkeigentümer durch die Stockwerkeigentümergemeinschaft ZR *1985* Nr. 85). 112

- Die Einsetzung einer *Schlichtungs- bzw. Vermittlungsstelle* (vgl. Art. 712m Abs. 1 Ziff. 3 und Art. 712m N 40). 113

- Die *Beschränkung der Mitbenutzungs- und Mitverwaltungsrechte* (z. B. Sperrung der gemeinschaftlichen Waschküche; Ausschluss vom Stimmrecht, vgl. dazu Art. 712m N 70 ff). 114

- Die Einführung einer *Geldstrafe* als einschneidendste Massnahme (vgl. zur Frage, ob es sich dabei um eine Konventionalstrafe oder um eine Vereinsstrafe handle, WEBER, 488 ff). Das Recht, Geldstrafen zu verhängen, setzt aber klare Rechtsgrundlagen voraus. In der Verwaltungsordnung sind die mit Geldstrafen belegten Tatbestände einzeln zu umschreiben (Generalklauseln sind u. E. unzulässig), der entsprechende Bussenrahmen festzulegen (Minimum und Maximum), das für die Ausfällung der Strafen zuständige Organ (Ausschuss, Verwalter oder Dritter) zu bezeichnen und das von diesem zu beachtende Verfahren zu skizzieren (vgl. im einzelnen dazu FRIEDRICH, § 56 N 9 f und insbesondere WEBER, 487 ff). 115

Art. 712 h

II. Gemeinschaftliche Kosten und Lasten
1. Bestand und Verteilung

[1] Die Stockwerkeigentümer haben an die Lasten des gemeinschaftlichen Eigentums und an die Kosten der gemeinschaftlichen Verwaltung Beiträge nach Massgabe ihrer Wertquoten zu leisten.
[2] Solche Lasten und Kosten sind namentlich:
1. die Auslagen für den laufenden Unterhalt, für Reparaturen und Erneuerungen der gemeinschaftlichen Teile des Grundstückes und Gebäudes sowie der gemeinschaftlichen Anlagen und Einrichtungen;
2. die Kosten der Verwaltungstätigkeit einschliesslich der Entschädigung des Verwalters;
3. die den Stockwerkeigentümern insgesamt auferlegten öffentlich-rechtlichen Beiträge und Steuern;
4. die Zins- und Amortisationszahlungen an Pfandgläubiger, denen die Liegenschaft haftet oder denen sich die Stockwerkeigentümer solidarisch verpflichtet haben.
[3] Dienen bestimmte gemeinschaftliche Bauteile, Anlagen oder Einrichtungen einzelnen Stockwerkeinheiten nicht oder nur in ganz geringem Masse, so ist dies bei der Verteilung der Kosten zu berücksichtigen.

II. Frais et charges communs
1. Définition et répartition

[1] Les copropriétaires contribuent aux charges communes et aux frais de l'administration commune proportionnellement à la valeur de leurs parts.
[2] Constituent en particulier de tels charges et frais:
1. Les dépenses nécessitées par l'entretien courant, par les réparations et réfections des parties communes du bien-fonds et du bâtiment, ainsi que des ouvrages et installations communs;
2. Les frais d'administration, y compris l'indemnité versée à l'administrateur;
3. Les contributions de droit public et impôts incombant à l'ensemble des copropriétaires;
4. Les intérêts et annuités à payer aux créanciers titulaires de gages sur le bien-fonds ou envers lesquels les copropriétaires se sont engagés solidairement.
[3] Si certaines parties du bâtiment, certains ouvrages ou installations ne servent que très peu ou pas du tout à certains copropriétaires, il en est tenu compte dans la répartition des frais.

II. Spese ed oneri comuni
1. Definizione e ripartizione

[1] I comproprietari devono contribuire agli oneri comuni e alle spese dell'amministrazione comune proporzionalmente al valore delle loro quote.
[2] Tali oneri e spese sono segnatamente:
1. le spese per la manutenzione ordinaria, le riparazioni e le rinnovazioni delle parti comuni del fondo e dell'edificio, delle opere e impianti comuni;
2. le spese d'amministrazione, compresa l'indennità all'amministratore;
3. i contributi di diritto pubblico e le imposte dovuti collettivamente dai comproprietari;
4. gli interessi e gli ammortamenti dovuti ai creditori garantiti da pegno sull'immobile o verso i quali i comproprietari sono solidalmente responsabili.
[3] Se si tratta di parti dell'edificio, di opere o d'impianti che non servono o servono minimamente a taluni comproprietari, ne deve essere tenuto conto nella ripartizione delle spese.

			Note	Seite
Übersicht	Materialien		1	272
	Literatur		2	272
	Rechtsvergleichung		3	272
	I.	*Allgemeines*	4	272
		1. Bedeutung von Art. 712h	4	272
		2. Terminologie	7	273
	II.	*Beitragspflicht der Stockwerkeigentümer an die gemeinschaftlichen Kosten und Lasten (Abs. 1)*	9	274
		1. Rechtsnatur der Beitragspflicht	9	274
		2. Gegenstand der Beitragspflicht	10	274
		a. Allgemeines	10	274
		b. Deckungsbeiträge	11	275
		c. Vorschüsse	13	276
		3. Grundsatz der quotenproportionalen Kosten- und Lastenverteilung	15	276
		4. Abänderung des gesetzlichen Verteilungsschlüssels	17	277
		a. Fallgruppen	17	277
		aa. Abweichungen von Gesetzes wegen	17	277
		bb. Abweichungen gemäss Reglement oder Beschluss der Stockwerkeigentümerversammlung	21	277
		b. Mögliche Arten abweichender Beitragsregelungen	25	278
		c. Zuständigkeit	27	279
		5. Gläubiger der Beitragsforderungen	28	280
		6. Schuldner der Beitragsforderungen	30	280
	III.	*Exemplifikatorische Aufzählung gemeinschaftlicher Kosten und Lasten (Abs. 2)*	34	281
		1. Auslagen für den laufenden Unterhalt sowie für Reparaturen und Erneuerungen (Ziff. 1)	35	282
		a. Gemeinschaftliche Unterhaltskosten	35	282
		b. Gemeinschaftliche Reparatur- und Erneuerungskosten	44	283
		c. Abgrenzungen	45	283
		2. Kosten der Verwaltungstätigkeit (Ziff. 2)	49	284
		3. Öffentlichrechtliche Beiträge und Steuern (Ziff. 3)	59	284
		4. Zins- und Amortisationszahlungen (Ziff. 4)	63	286
	IV.	*Zwingende Schranke der quotenproportionalen Kosten- und Lastenverteilung (Abs. 3)*	66	286

1 Materialien:	BBl *1963* II 1517f; StenBull NR *1963* 225, 531, 563f; StenBull StR *1963* 219f, 285.
2 Literatur:	Vgl. die Angaben im allgemeinen Schrifttumsverzeichnis.
3 Rechtsvergleichung:	Vgl. die Angaben in den Vorbemerkungen zu den Art. 712a ff N 52–81, in Art. 712g N 3–6 sowie hinten N 13 und N 60.

I. Allgemeines

1. Bedeutung von Art. 712h

4   Art. 712h regelt die Frage, welche Kosten und Lasten von den Stockwerkeigentümern insgesamt zu tragen sind und nach welchem Schlüssel sie auf die einzelnen Gemeinschafter verteilt werden müssen (vgl. das Marginale: Gemeinschaftliche Kosten und Lasten, Bestand und Verteilung«). Abs. 2 von Art. 712h nennt exemplifikatorisch die wichtigsten Arten von Ausgaben der Gemeinschaft, wobei sich einerseits die mit der Verwaltung des gemeinschaftlichen Grundstücks zusammenhängenden Kosten und andererseits die mit dem Eigentum verbundenen Lasten rechtlicher sowie tatsächlicher Natur unterscheiden lassen. Nach Art. 712h Abs. 1 hat jeder Beteiligte an die gemeinschaftlichen Kosten und Lasten Beiträge zu entrichten (nach LIVER, SPR V/1 93, handelt es sich dabei um die wirtschaftliche Hauptverpflichtung des Stockwerkeigentümers). Massgebend für den Umfang der Leistungspflicht sind grundsätzlich die Wertquoten, doch kann eine vom gesetzlichen Verteilungsschlüssel abweichende Regelung vereinbart werden (s. hinten N 21 ff; zur Berechnung der Wertquote vgl. Art. 712e N 19 ff). Die Belastung des Stockwerkeigentümers im Verhältnis zur Grösse seines Anteils entspricht auch den Anforderungen des im Miteigentum geltenden Prinzips der relativen Gleichbehandlung (vgl. GÖTZ HUECK, Der Grundsatz der gleichmässigen Behandlung im Privatrecht [München/Berlin 1958], 28 ff). Stimmen Nutzung und Gebrauch dagegen nicht mit den Wertquoten überein, sieht Art. 712h Abs. 3 ausdrücklich vor, dass dies bei der Verteilung der Kosten zu berücksichtigen ist. Die einzelnen Beiträge müssen auf jeden Fall die gesamten Ausgaben decken, welche insbesondere durch den Unterhalt sowie die Erneuerung der gemeinschaftlichen Teile, Anlagen und Einrichtungen entstehen. Zu den Auslagen gehören sodann auch die

Steuern, Versicherungsprämien und sonstigen Beitragsleistungen, welche mit dem gemeinschaftlichen Grundstück als solchem zusammenhängen (vgl. hinten N 34 ff).

Art. 712h betrifft das Verhältnis der Stockwerkeigentümer untereinander und bezieht sich somit auf den *Innenbereich*. Die (vertragliche oder ausservertragliche) Haftung der Gemeinschafter gegenüber *aussenstehenden* Dritten wird in Art. 712l geregelt.

Art. 712h ist der Bestimmung über die Tragung der gemeinschaftlichen Kosten und Lasten beim gewöhnlichen Miteigentum (Art. 649) nachgebildet, zu Recht allerdings mit eingehenderer Regelung. Denn der Kostenverteilung in Art. 712h kommt beim Stockwerkeigentum als einem in besonderem Masse auf Stabilität und Dauer ausgerichteten Rechtsinstitut auch erhöhte Bedeutung zu.

2. Terminologie

Art. 712h spricht von gemeinschaftlichen *»Kosten und Lasten«* (»frais et charges«, »spese ed oneri«) und verwendet damit einen Doppelausdruck (vgl. FRIEDRICH, § 17 N 3; zur Unterscheidung von Kosten und Lasten in der BRD s. BÄRMANN/PICK/MERLE, § 16 N 26 ff). Die mit der Verwaltung des gemeinschaftlichen Grundstücks zusammenhängenden Kosten und die mit dem Eigentum verbundenen Lasten werden rechtlich jedoch gleich behandelt. So ist es beispielsweise unerheblich, ob die anteilsmässig zu tragenden Kosten gemeinschaftliche Teile, Anlagen oder Einrichtungen betreffen.

Der im deutschen Gesetzestext verwendete Ausdruck *»Beitrag«* (die französische und italienische Formulierung ist dagegen verbal: »Les copropriétaires contribuent...«, »I comproprietari devono contribuire...«) bedeutet nicht etwa, dass die Stockwerkeigentümer lediglich einen Teil der gemeinschaftlichen Kosten und Lasten zu tragen hätten (vgl. FRIEDRICH, SJK *1303* 5). Die Beiträge müssen vielmehr *sämtliche* Aufwendungen decken.

II. Beitragspflicht der Stockwerkeigentümer an die gemeinschaftlichen Kosten und Lasten (Abs. 1)

1. Rechtsnatur der Beitragspflicht

9   Die Pflicht der Stockwerkeigentümer, an die gemeinschaftlichen Kosten und Lasten beizutragen (Art. 712h Abs. 1), ist subjektiv-dinglich mit dem Stockwerkeigentumsanteil verbunden und stellt nach herrschender Lehre eine *gesetzliche Realobligation* dar (zum Begriff vgl. Syst. Teil N 267 ff; s. auch Art. 649 N 3 und CH. MÜLLER, 43). Schuldner der Beitragsforderung ist der jeweils im Grundbuch eingetragene Stockwerkeigentümer. Der Veräusserer eines Anteils wird allerdings nicht von allen bereits entstandenen Verpflichtungen entbunden. Ebensowenig kann sich ein Stockwerkeigentümer durch Verzicht auf seinen Anteil von solchen Verbindlichkeiten befreien (vgl. Art. 649 N 3). Für die Frage, welche Schulden noch beim Veräusserer bzw. Verzichtenden entstanden sind, ist der Zeitpunkt des Eigentumsüberganges bzw. der grundbuchlichen Eintragung des Verzichts massgebend (vgl. dazu auch Art. 712a N 120). Nicht entscheidend ist also etwa das Datum des Ausgabenbeschlusses oder jenes der Rechnungsstellung (vgl. CH. MÜLLER, 46).

2. Gegenstand der Beitragspflicht

a. Allgemeines

10   Art. 712h enthält keine Regelung hinsichtlich Art und Fälligkeit der Beitragsleistungen. Dies ist indessen vor allem darauf zurückzuführen, dass der konkrete Inhalt der Beitragspflicht davon abhängig ist, ob die Gemeinschaft einen Verwaltungs- und/oder Erneuerungsfonds aufweist (vgl. dazu Art. 712l N 42 ff und Art. 712m N 44 ff) und ob diese Vermögenskomplexe ausreichen, um die laufenden Verbindlichkeiten der Gemeinschaft zu erfüllen. Grundsätzlich kann aber zwischen zwei Arten von Beitragsleistungen unterschieden werden, aus deren Natur sich zugleich auch der Zeitpunkt ihrer Fälligkeit ergibt: Deckungsbeiträge und Vorschüsse.

b. Deckungsbeiträge

Werden Verpflichtungen der Gemeinschaft begründet, die 11
diese nicht aus den liquiden Mitteln ihres Gemeinschaftsvermögens (dazu
nachfolgend N 13 und Art. 712l N 43) begleichen kann, entstehen ex lege
Beitragsforderungen der Stockwerkeigentümergemeinschaft gegenüber den
Stockwerkeigentümern, welche zur Deckung der Verbindlichkeiten der Gemeinschaft dienen (vgl. auch FREI, 68 ff). Diese Deckungsbeiträge werden
entsprechend dem massgebenden Verteilungsschlüssel unmittelbar mit ihrer
Entstehung fällig (Art. 75 OR), da ein Auseinanderfallen der Fälligkeit von
Drittforderungen *gegen* die Gemeinschaft und der Entstehung von Beitragsforderungen *für* die Gemeinschaft unerwünschte Konsequenzen hätte (Betreibungen usw.).

Diese Beitragspflicht in Form von Deckungsbeiträgen der 12
einzelnen Stockwerkeigentümer gegenüber der Gemeinschaft ist eine direkte
Folge der ausschliesslichen Haftung der Gemeinschaft für Verbindlichkeiten, die aus der Besorgung gemeinschaftlicher Angelegenheiten entstehen
(ausführlich dazu Art. 712l N 53 ff). Umstritten ist, ob die Uneinbringlichkeit von solchen Deckungsleistungen einzelner Stockwerkeigentümer dazu
führen kann, dass die solventen Stockwerkeigentümer gegenüber der Gemeinschaft mit zusätzlichen (über den geltenden Verteilungsschlüssel hinausgehenden) Beitragsleistungen für den bestehenden Ausfall einspringen
müssen, entsprechend der *Nachschusspflicht* beim Verein (Art. 71 Abs. 2)
oder bei der Genossenschaft (Art. 871 OR). Mit FREI (69 f) und entgegen
FRIEDRICH (§ 18 N 5) sowie CH. MÜLLER (54 ff) ist eine derartige Nachschusspflicht u. E. grundsätzlich abzulehnen. Sie widerspräche dem für das
Stockwerkeigentumsrecht grundlegenden Prinzip anteilsmässiger Haftung
der einzelnen Stockwerkeigentümer (ausführlich dazu Art. 712l N 63 ff), das
im schweizerischen Recht durch den Sicherungsmechanismus der Art. 712i
und Art. 712k hinsichtlich ausstehender Beitragsforderungen wirksam verstärkt worden ist (vgl. Art. 712i N 4 ff). Denkbar ist indessen eine gegenüber
dem konkret anwendbaren Verteilungsschlüssel erhöhte Beitragspflicht eines oder mehrerer Stockwerkeigentümer, wenn ausnahmsweise eine solidarische Haftung Platz greift (vgl. Art. 712l N 73); möglich ist auch, dass ein
Stockwerkeigentümer freiwillig einen höheren Beitrag leistet.

c. Vorschüsse

13 Nach schweizerischem Recht sind die Stockwerkeigentümer grundsätzlich nicht verpflichtet, Kostenvorschüsse zu leisten (anders in Deutschland, vgl. § 28 Abs. 2 WEG). Es ist allerdings sinnvoll, eine enstprechende Pflicht rechtsgeschäftlich zu vereinbaren, sei es im Einzelfall mittels eines Versammlungsbeschlusses, sei es generell durch eine Reglementsbestimmung. Einerseits sind dadurch die zur Bestreitung der laufenden Aufwendungen erforderlichen Mittel der Gemeinschaft schneller zur Verfügung, andererseits ist die Einbringlichkeit der Beiträge dadurch besser gewährleistet (ebenso FRIEDRICH, § 21 N 2). Mit den Vorschüssen können auch ein Verwaltungsvermögen, das die Schwankungen der laufenden Kosten auszugleichen vermag, geäufnet oder Rückstellungen gebildet werden, indem damit ein Erneuerungsfonds gespiesen wird (vgl. Art. 712l N 45).

14 Die Höhe der Vorschüsse wird grundsätzlich von der Stockwerkeigentümerversammlung beschlossen (Art. 712m N 46 und WEBER, 472), es sei denn, diese habe den Verwalter (mittels konkretem Versammlungsbeschluss oder genereller Reglementsbestimmung) zur Festlegung von Vorschüssen ermächtigt. Die Vorschüsse haben den Charakter von Beitragsleistungen, die pro rata temporis entstehen. Mit der Genehmigung der Jahresrechnung wird dann der Umfang der Beiträge unter Anrechnung der geleisteten Vorschüsse endgültig festgelegt (vgl. dazu auch WEBER, 473).

3. Grundsatz der quotenproportionalen Kosten- und Lastenverteilung

15 Gemäss Abs. 1 von Art. 712h haben die Stockwerkeigentümer an die Lasten des gemeinschaftlichen Eigentums und an die Kosten der gemeinschaftlichen Verwaltung Beiträge nach Massgabe ihrer Wertquoten zu leisten (zum Begriff der Wertquote s. Art. 712e N 4 ff). Der Grundsatz der quotenproportionalen Verteilung der gemeinschaftlichen Kosten und Lasten steht im Einklang mit der Struktur des Stockwerkeigentums, d. h. mit der anteilsmässigen Rechtszuständigkeit der Beteiligten am gemeinschaftlichen Objekt (s. auch BBl *1962* II 1517 und FRIEDRICH, § 18 N 1).

16 Der Kostenverteilungsschlüssel nach Massgabe der Wertquoten ist aber lediglich *dispositiver Natur* (FRIEDRICH, § 18 N 3 und derselbe, SJK *1303* 6; für das gewöhnliche Miteigentum s. Art. 649 N 2). Im Reglement oder durch ei-

nen entsprechenden Beschluss der Stockwerkeigentümergemeinschaft (hinten N 21 ff) können Abweichungen von der gesetzlichen Ordnung vor gesehen werden. Die zwingende Schranke von Art. 712h Abs. 3 (hinten N 25 und N 66 ff) ist allerdings stets zu beachten.

4. Abänderung des gesetzlichen Verteilungsschlüssels

a. Fallgruppen

aa. Abweichungen von Gesetzes wegen

Den Grundsatz der quotenproportionalen Kosten- und Lastenverteilung hat das Gesetz in folgenden Fällen selbst durchbrochen: 17
- Art. 712h Abs. 3 sieht zwingend vor, dass bei der Kostenverteilung zu berücksichtigen ist, wenn bestimmte gemeinschaftliche Teile, Anlagen oder Einrichtungen einzelnen Stockwerkeigentümern nicht oder nur in ganz geringem Umfange dienen (vgl. eingehend dazu hinten N 66 ff). 18
- Stockwerkeigentümer, die sich an nützlichen oder luxuriösen Massnahmen nicht beteiligen, sind hierfür auch nicht kostenpflichtig (Art. 647d Abs. 3, Art. 647e Abs. 2). 19
- Der Inhaber einer aufwendig eingerichteten Eigentumswohnung hat vorweg einen zusätzlichen Prämienanteil an die Versicherung zu bezahlen (Art. 712m Abs. 1 Ziff. 6 als Konkretisierung von Art. 712h Abs. 3; vgl. dazu Art. 712m N 54). 20

bb. Abweichungen gemäss Reglement oder Beschluss der Stockwerkeigentümerversammlung

Die quotenproportionale Verteilung der gemeinschaftlichen Kosten und Lasten kann sachlich unrichtig oder unbefriedigend sein. In solchen Fällen drängen sich u. E. rechtsgeschäftliche Abweichungen vom gesetzlichen Verteilungsschlüssel auf. Beispiele (vgl. FRIEDRICH, § 18 N 2; s. auch WEBER, ZBGR *1979* 165 f): 21
- Dienen bestimmte gemeinschaftliche Teile, Anlagen oder Einrichtungen nicht allen Stockwerkeigentümern in gleicher Weise (z. B. Treppenhaus, Aufzug, Fernsehantenne usw.), entspricht das Mass der Benutzung *objek-* 22

tiv nicht den Wertquoten (vgl. dazu auch Art. 712h Abs. 3 und hinten N 25). Dies muss nicht unbedingt von Anfang an der Fall sein, sondern kann sich auch erst im Laufe der Zeit ergeben (z. B. wegen einer baupolizeilichen Anordnung, welche die weitere Benutzung einer Garage verbietet; FRIEDRICH, § 18 N 9).

23 – U. U. entspricht das Mass der Benutzung aus *subjektiven* Gründen, die in der Person eines Stockwerkeigentümers liegen, nicht der betreffenden Wertquote (z. B. gesteigerter Warmwasserverbrauch eines Gewerbebetriebes; s. auch hinten N 25).

24 Von der Änderung des gesetzlichen Verteilungsschlüssels ist die Änderung der Wertquoten (Art. 712e Abs. 2) zu unterscheiden. Ist eine Quotenkorrektur durchgeführt worden (für die Voraussetzungen vgl. Art. 712e N 22 ff), dürfte sich i. d. R. eine Änderung des Verteilungsschlüssels erübrigen (vgl. dazu auch WEITNAUER, § 16 N 2a).

b. Mögliche Arten abweichender Beitragsregelungen

25 Die Wertquote als Berechnungsgrundlage für die Kosten- und Lastenverteilung kann grundsätzlich durch ein anderes Kriterium ersetzt werden (s. vorn N 16, und FRIEDRICH, § 19 N 9). In Frage kommen etwa der Verkehrswert, der Steuerwert, die Bruttogeschossfläche oder der Kubikinhalt der Räume (vgl. dazu WEBER, 257 f). Es kann indessen auch auf den effektiven Gebrauch bzw. Verbrauch abgestellt werden. Bei vom gesetzlichen Verteilungsschlüssel abweichenden Beitragsregelungen ist aber allgemein eine gewisse Zurückhaltung geboten (FRIEDRICH, § 19 N 2). Sodann verlangt die Anwendung von Art. 712h Abs. 3 primär eine objektive Betrachtungsweise (REY, ZBJV *1988* 123). Mithin drängt sich eine Sonderlösung nicht schon beim kleinsten Unterschied in der Beanspruchung gemeinschaftlicher Teile, Anlagen oder Einrichtungen auf (FRIEDRICH, SJK *1303* 7) bzw. infolge einer rein subjektiv begründeten Nichtbenutzung gewisser gemeinschaftlicher Räume, Anlagen oder Einrichtungen auf (z. B. Nichtbenutzunge des Liftes, weil ein Stockwerkeigentümer aus gesundheitlichen Gründen ausschliesslich die Treppe benutzt; BGE *112* II 315; PETER-RUETSCHI, 35; REY, ZBJV *1988* 123), sondern erst dann, wenn diese erheblich vom Anteilsverhältnis abweicht. Ferner ist es oft schwierig, den tatsächlichen Gebrauch bzw. Verbrauch ohne unverhältnismässig grossen Aufwand auch nur annäherungsweise zu erfassen. Ebenso können sich bereits Probleme bei der Ermittlung der Kosten ergeben (so ist etwa Heizöl für Heizung und Warm-

wasser oder Strom für Beleuchtung, Heizung und Lift notwendig). Die Verbrauchskosten (z. B. Heizung, Warmwasser) lassen sich am einfachsten mit Energiezählern feststellen. Fehlen solche, wird man beispielsweise bei der Heizung am Kubikinhalt der beheizten Räume anknüpfen müssen (ungeeignet ist die Anzahl der Zimmer oder der Heizzellen) und beim Warmwasser an der Wohnfläche (ungeeignet ist das Verhältnis zwischen vorhandenen Wasserhahnen und benützenden Personen). Für die Gebrauchskosten (z. B. Lift, Treppenhaus) sind dagegen feste Bewertungsgrundsätze massgebend (z. B. je höher die Stockwerkeinheit gelegen ist, um so grösser muss der Kostenbeitrag sein).

Zu den einzelnen Möglichkeiten der Beitragsregelung vgl. vor allem K. MÜLLER, 178 ff; WEBER, 255 ff; MAGNENAT, 99 ff; MONTCHAL, 22 f; TONI RIESEN, Verteilung der Liftkosten unter den Stockwerkeigentümern, in: Aktuelles Stockwerkeigentum [Zürich 1984], 107 f; für Deutschland s. BÄRMANN/PICH/MERLE, § 16 N 116 ff.

Von der Abänderung des gesetzlichen Verteilungsschlüssels ist die *Vorwegbelastung* eines einzelnen Stockwerkeigentümers zu unterscheiden. Kosten, die ein Gemeinschafter ausschliesslich verursacht (z. B. erhöhte Reinigungskosten wegen häufigen Kundenempfangs oder zusätzliche Stromkosten für einen Verkaufsladen), werden von der gemeinschaftlichen Tragung mit entsprechendem Verteilungsschlüssel a priori ausgeschlossen und dem betreffenden Stockwerkeigentümer gesondert auferlegt (vgl. FRIEDRICH, § 18 N 4, und WEBER, 257). 26

c. Zuständigkeit

Über die Kostenverteilung im allgemeinen und über die Änderung des gesetzlichen Verteilungsschlüssels gemäss Art. 712h Abs. 1 im speziellen wird in der Stockwerkeigentümerversammlung entschieden (Art. 712m Abs. 1 Ziff. 4). Der enstprechende Beschluss erfolgt mit einfachem Mehr der in der Versammlung anwesenden Stockwerkeigentümer (vgl. dazu Art. 712m N 110), sofern das Reglement keine abweichende Bestimmung hierzu enthält. Ist der Verteilungsschlüssel im Reglement festgelegt, bedarf es indessen zu dessen Abänderung einer qualifizierten Mehrheit nach Köpfen und Anteilen gemäss Art. 712g Abs. 3 (vgl. Art. 712g N 86 ff und Art. 712m N 107). Erweist sich die Änderung des gesetzlichen oder rechtsgeschäftlich statuierten Verteilungsschlüssels aufgrund der konkreten Umstände als notwendig, kommt jedoch wegen des vorhandenen Stimmen- 27 verhältnisses kein Beschluss zustande, so hat der Richter die Höhe der Beiträge festzusetzen und deren Verteilung auf die einzelnen Stockwerkeigentümer vorzunehmen (vgl. auch FRIEDRICH, § 18 N 5, und derselbe in SJK *1301* 5).

5. Gläubiger der Beitragsforderungen

28 Die Stockwerkeigentümer schulden ihre Beiträge an die gemeinschaftlichen Kosten und Lasten nicht wie beim gewöhnlichen Miteigentum direkt den Gläubigern, sondern der *Gemeinschaft* (Art. 712l i. V. m. Art. 712i und k). Die Beitragsforderungen werden mit ihrer Entstehung ex lege Bestandteil des Verwaltungsvermögens (Art. 712l N 20; zur Beitragsforderung als Massaverbindlichkeit im Konkurs eines Stockwerkeigentümers vgl. BGE *106* III 118 ff sowie FRIEDRICH, Stockwerkeigentum *1981/3* 30 ff). Die Gemeinschaft ist gegenüber ihren Mitgliedern verselbständigt und weist somit wenigstens in gewisser Hinsicht körperschaftsähnliche Elemente auf (zur Stockwerkeigentümergemeinschaft vgl. die Vorbemerkungen zu den Art. 712a ff N 42 ff). Ist ein Verwalter bestellt worden, so hat dieser insbesondere die Aufgabe, den Stockwerkeigentümern Rechnung zu stellen (aufgrund des Kostenvoranschlages bzw. der Jahresabrechnung), die Beiträge einzuziehen und die gesetzlichen Sicherungsrechte (Pfand- und Retentionsrecht, Art. 712i und Art. 712k) im Namen der Stockwerkeigentümergemeinschaft geltend zu machen (zu den erwähnten Aufgaben des Verwalters vgl. im einzelnen Art. 712s N 47 ff).

29 Wird ein *Stockwerkeigentümer* in einer Angelegenheit der gemeinschaftlichen Verwaltung tätig (indem er z. B. dringliche Massnahmen i. S. v. Art. 647 Abs. 2 Ziff. 2 ergreift), hat er gestützt auf Art. 649 Abs. 2 einen Anspruch auf Ersatz der über seinen Anteil hinaus getragenen Aufwendungen (Art. 649 N 13 ff). Diesen Ersatzanspruch kann er gegenüber der Stockwerkeigentümergemeinschaft (oder gegenüber den anderen Beteiligten) geltend machen (vgl. dazu CH. MÜLLER, 44 f).

6. Schuldner der Beitragsforderungen

30 Schuldner der Beiträge an die gemeinschaftlichen Kosten und Lasten sind die *jeweiligen, im Grundbuch eingetragenen Stockwerkeigentümer* (zur Rechtsnatur der Beitragspflicht vgl. vorn N 9). Ist der Beitrag eines Beteiligten nicht erhältlich (auch nicht mit den gesetzlichen Zwangsmitteln Pfand- und Retentionsrecht, Art. 712i bzw. Art. 712k), haben die übrigen Stockwerkeigentümer nicht dafür aufzukommen (vgl. vorn N 12).

Sind an einem Stockwerkeigentumsanteil gleichzeitig *mehrere Personen* berechtigt (sog. Untergemeinschaften), richtet sich die Haftung für die Beitragsforderungen nach dem betreffenden Gemeinschaftsverhältnis (Mit- oder Gesamteigentum; vgl. Art. 712b N 82 ff). Die Frage, ob anteilsmässige oder solidarische Schuldnerschaft besteht, ist dabei u. U. nicht leicht abzuklären. FRIEDRICH (§ 18 N 7) schlägt deshalb vor, für solche Fälle im Reglement eine Solidarhaftung vorzusehen. 31

Räumt ein Stockwerkeigentümer einem *Dritten* ein dingliches oder obligatorisches Nutzungsrecht ein (z. B. Wohnrecht, Nutzniessung, Pacht oder Miete), entlastet ihn dies nicht von der vollen Beitragspflicht gegenüber der Gemeinschaft (s. FRIEDRICH, § 18 N 8; abweichend BÄRMANN/PICK/MERLE, § 16 N 50). Es ist indessen zu beachten, dass sich das Retentionsrecht der Gemeinschaft zur Sicherung ausstehender Beiträge (Art. 712k) auch auf die von Dritten (z. B. Wohnberechtigten oder Mietern) in die Räumlichkeiten des säumigen Stockwerkeigentümers eingebrachten Gegenstände erstrecken kann (vgl. Art. 712k N 39 ff). 32

Das Gesetz enthält keine eindeutige Antwort auf die Frage, wer Schuldner der Beitragsforderungen ist, falls diese im Zeitpunkt eines Eigentümerwechsels noch nicht fällig sind, wie etwa dann, wenn ein Handwechsel während einer Rechnungsperiode (z. B. für Heizkosten) oder vor Abschluss beitragspflichtiger Arbeiten an gemeinschaftlichen Gebäudeteilen (z. B. Fassadenrenovation) stattfindet. Massgebend ist auch hier der Grundsatz, dass der jeweilige Stockwerkeigentümer, welcher im Zeitpunkt der definitiven Abrechnung oder Rechnungsstellung im Grundbuch eingetragen ist, für die Beitragsforderung haftet (s. auch vorn N 30). Eine Frage des Rechtsverhältnisses zwischen Veräusserer und Erwerber des Stockwerkeigentumsanteils ist es, inwieweit der gegenüber der Gemeinschaft haftende Eigentümer auf seinen Rechtsvorgänger Regress nehmen kann. 33

III. Exemplifikatorische Aufzählung gemeinschaftlicher Kosten und Lasten (Abs. 2)

Abs. 2 von Art. 712h gibt eine «orientierende Übersicht» (BBl *1962* II 1517) über die wichtigsten Kosten und Lasten, die grundsätzlich von allen Stockwerkeigentümern anteilsmässig zu tragen sind. Die Aufzählung in Abs. 2 ist somit nicht abschliessend. Ihr exemplifikatorischer Charakter ergibt sich aus dem Gesetzestext durch das Wort «namentlich». 34

1. Auslagen für den laufenden Unterhalt sowie für Reparaturen und Erneuerungen (Ziff. 1)

a. Gemeinschaftliche Unterhaltskosten

35 Dazu gehören Ausgaben für laufende Unterhaltsarbeiten, welche notwendig sind, um die gemeinschaftlichen Objekte in einem solchen Zustand zu erhalten, dass sie ihrem Bestimmungszweck dienen können (sog. Kosten für die Instandhaltung, vgl. auch BÄRMANN/PICK/MERLE, § 16 N 30, 33 und 47). Darunter fallen einerseits die Aufwendungen zur Aufrechterhaltung des Zustandes, in dem sich die einzelnen Objekte befinden (z.B. Wartung der Heizung), und anderseits die Massnahmen zur Verhinderung einer Verschlechterung des bestehenden Zustandes (z.B. Erstellen einer Lawinenschutzmauer).

36 Es macht keinen Unterschied, ob die Massnahmen von der Versammlung bzw. vom Verwalter angeordnet werden oder ob ein einzelner Stockwerkeigentümer in einer Angelegenheit der gemeinschaftlichen Verwaltung tätig wird (z.B. gestützt auf Art. 647 Abs. 2 Ziff. 2) und nun Ersatzansprüche geltend macht (vgl. dazu Art. 712g N 28). Es ist ebenfalls nicht von Belang, ob eine gewöhnliche Instandhaltung vorliegt, die aus den vorhandenen Mitteln bestritten wird, oder ob es sich um Unterhaltskosten handelt, die neuer Mittel bedürfen. Soweit nämlich der handelnde Organisationsträger im Rahmen seiner Kompetenz gehandelt hat, entstehen gemeinschaftliche Kosten im Bereiche der Art. 647a–647e.

37 Gemeinschaftliche Unterhaltskosten können beispielsweise entstehen durch:

38 – die Aufrechterhaltung der Funktionsfähigkeit gemeinschaftlicher Einrichtungen (z.B. Balustraden, Geländer in Treppenhäusern, Abschrankungen in Autoeinstellhallen);

39 – den Unterhalt der notwendigen gemeinschaftlichen Anlagen (z.B. Wartung der Heizung, Kosten für gemeinschaftlichen Wasser-, Gas- und Stromverbrauch, Aufwendungen für Aufzüge);

40 – den Unterhalt weiterer gemeinschaftlicher Anlagen (z.B. Radio- und Fernsehantenne, Klingel-, Türöffnungs- und Gegensprechanlagen, Bastelräume);

41 – die Gartengestaltung (z.B. Anpflanzungen, Unterhalt von Kinderspielplätzen);

- die Anschaffung von notwendigen beweglichen Sachen (z. B. Gartenge- 42
räte, Reinigungsmaschinen, Reinigungsmittel);
- die Entschädigung für Dienstleistungen (z. B. Reinigungsarbeiten, Kam- 43
infeger).
Vgl. dazu FRIEDRICH, § 17 N 1 ff; derselbe, SJK *1303* 5 f; WEBER, 252 f;
MAGNENAT, 95 f.

b. Gemeinschaftliche Reparatur- und Erneuerungskosten

Bei den Auslagen für Reparaturen und Erneuerungen ge- 44
meinschaftlicher Objekte (auch etwa als Instandsetzungskosten bezeichnet, vgl. BÄRMANN/PICK/MERLE, § 16 N 30, 33 und 47) handelt es sich um Aufwendungen, die notwendig sind, um einen mangelhaften Zustand zu beseitigen (z. B. an der Hausfassade, am Dach) oder um Schäden zu beheben (z. B. Brand-, Wasserschäden).

c. Abgrenzungen

Keine gemeinschaftlichen Kosten sind jene Ausgaben, 45
welche sich auf die im Sonderrecht (Art. 712b Abs. 1) stehenden Gebäudeteile beziehen (z. B. Aufwendungen für Trennwände, Bodenbeläge oder den Deckenverputz). Insbesondere geht alles, was ein Stockwerkeigentümer zur Verbesserung und für den Unterhalt der eigenen Räume aufwendet, ausschliesslich zu seinen Lasten (BGE *107* II 143). Dies gilt auch für Objekte im Sonderrecht, die mit dem gemeinschaftlichen Gebäude dauernd und fest verbunden werden (z. B. Türen, in die Wände eingelassene Schränke) und dadurch Bestandteilsqualität erhalten (vgl. dazu Art. 712b N 32 und N 45 ff).
Kosten im Zusammenhang mit Gebäudeteilen, die im Sonderrecht von zwei 46
oder mehreren benachbarten Stockwerkeigentümern stehen (z. B. nichttragende Trennwände), sind ausschliesslich von diesen zu übernehmen (vgl. BÄRMANN/PICK/MERLE, § 16 N 53; für die sog. Nachbargemeinschaften s. Art. 712b N 89 ff).
Unterhaltskosten für Gebäudeteile, an denen einem Stockwerkeigentümer 47
ein besonderes Nutzungsrecht eingeräumt wurde (vgl. dazu Art. 712g N 44 ff), sind grundsätzlich von diesem zu übernehmen, jedenfalls dann, wenn es sich nicht um zwingend gemeinschaftliche Objekte handelt.

48 Schäden an gemeinschaftlichen Teilen, die ein Stockwerkeigentümer durch unsachgemässes Verhalten oder durch die Unterlassung einer gebotenen Handlung verursacht hat, müssen von ihm behoben werden (s. auch BÄRMANN/PICK/MERLE, § 16 N 54).

2. Kosten der Verwaltungstätigkeit (Ziff. 2)

49 Art. 712h Abs. 2 Ziff. 2 umfasst die Verwaltungskosten im engeren Sinne. Das Gesetz erwähnt ausdrücklich das Entgelt für den Verwalter. Daneben gehören zu den Kosten für die Verwaltungstätigkeit z. B.:

50 – die Bezahlung von Hilfspersonen (z. B. Hauswart, Gärtner);

51 – die Spesen und Entschädigungen für allenfalls bestellte Ausschuss-Mitglieder (vgl. zum Ausschuss i. a. Art. 712m N 26 ff);

52 – die Aufwendungen für die Kontrolle der Jahresrechnung durch einen Dritten;

53 – die Auslagen für die Durchführung der Stockwerkeigentümerversammlung sowie allfällige weitere Organisationskosten;

54 – das Material für die Verwaltungstätigkeit (z. B. Schreib- und Rechenmaschine);

55 – die Kosten eines Rechtsstreites (auf der Kläger- oder der Beklagtenseite), den der Verwalter im summarischen Verfahren oder in dringenden Fällen im ordentlichen Verfahren von sich aus zu führen berechtigt ist oder aufgrund eines Versammlungsbeschlusses im ordentlichen Verfahren führt (Art. 712t Abs. 2, Art. 712s Abs. 1; vgl. dazu Art. 712t N 40 ff);

56 – die Prämienzahlungen für Versicherungen (z. B. Elementar- und Haftpflichtversicherung; vgl. dazu Art. 712m N 50 ff);

57 – die Abgeltung, Bezahlung, Tilgung erfolgreich geltend gemachter Schadenersatzforderungen Dritter aus Haftung für unerlaubte Handlungen (z. B. Werk- und Grundeigentümerhaftung, Art. 58 OR, Art. 679; vgl. dazu Art. 712l N 98);

58 – die bei der Begründung von Stockwerkeigentum anfallenden Beurkundungs- und Grundbuchgebühren (FRIEDRICH, § 17 N 18).

3. Öffentlichrechtliche Beiträge und Steuern (Ziff. 3)

59 Nur jene öffentlichrechtlichen Beiträge und Steuern, die den Stockwerkeigentümern insgesamt auferlegt werden, fallen unter Art. 712h Abs. 2 Ziff. 3; dies bringt der französische Gesetzestext («... à l'as-

semblée des copropriétaires...») wohl besser zum Ausdruck als der deutsche («...den Stockwerkeigentümern insgesamt...»). Ob das gemeinschaftliche Grundstück als solches oder der einzelne Stockwerkeigentumsanteil Abgabe- bzw. Steuerobjekt ist, wird dabei durch das konkret anwendbare öffentliche Abgabe- und Steuerrecht bestimmt (Art. 646 N 114 und Art. 655 N 42; FRIEDRICH, § 17 N 11 und N 12 a.E. sowie SJK *1303* 5; vgl. auch Art. 712l N 59).

Da der einzelne Stockwerkeigentumsanteil privatrechtlich als Grundstück behandelt wird (Art. 655 Abs. 2 Ziff. 4) und damit rechtlich verselbständigt ist, widerspricht die einheitliche Besteuerung des gemeinschaftlichen Grundstücks dem Wesen des Stockwerkeigentums. Dennoch ist diese Besteuerungsart unter dem Gesichtspunkt von Art. 64 BV und Art. 6 ZGB nicht rechtswidrig, weil dadurch die Benutzung eines bundeszivilrechtlich geschaffenen Instituts zwar u. U. erschwert aber nicht verunmöglicht wird (FRIEDRICH, § 17 N 12; HANS HUBER, Berner Kommentar; Einleitungsband [Bern 1962] Art. 6 N 233, 238). So ist es insbesondere nicht unzulässig, die von der wirtschaftlichen Leistungsfähigkeit des einzelnen Stockwerkeigentümers unabhängig geschuldeten Objektsteuern einheitlich zu erheben, da sie das gemeinschaftliche Grundstück direkt betreffen (Art. 649 N 10; FRIEDRICH, § 17 N 14f; K. MÜLLER, 43). In der Praxis scheint sich aber die Auffassung durchgesetzt zu haben, die Stockwerkeigentumsanteile steuerrechtlich getrennt zu erfassen (bereits FRIEDRICH, § 17 N 13 und SJK *1303* 5; FREI, 87f; s. auch § 61 WEG, wonach die Grundsteuern beim Wohnungseigentümer anfallen). Dies gilt insbesondere für die direkte Bundessteuer, die vom einzelnen Stockwerkeigentümer aufgrund seiner persönlichen Verhältnisse erhoben wird (vgl. BRB über die Erhebung einer direkten Bundessteuer vom 9. Dezember 1940, Art. 3, 20, 21 Abs. 1 lit. b, 31 Abs. 3; s. auch ANNA NEKOLA, Besteuerung des Grundeigentums im Privatvermögen in der Schweiz [Diss Zürich 1983], 83ff und Tab. 4).

Bei jährlich wiederkehrenden Lasten (wie z. B. Wasserzins, Kehrichtabfuhr, Kanalreinigung) kann es sachgemäss sein, die Stockwerkeigentümergemeinschaft abgaberechtlich zu erfassen (g. M. FRIEDRICH, SJK *1303* 6, sowie FREI, 88). Dies dürfte ebenfalls für bestimmte einmalige Abgabeleistungen gelten (kritisch FREI, 88), sofern sie das gemeinschaftliche Grundstück als solches betreffen (z. B. Strassen- und Trottoirgebühren, Quartierplan- und Vermessungskosten usw.).

Unter Art. 712h Abs. 2 Ziff. 3 können auch die Prämienzahlungen für die obligatorische kantonale Gebäudeversicherung fallen.

4. Zins- und Amortisationszahlungen (Ziff. 4)

63 Ist das gemeinschaftliche Grundstück als solches verpfändet (vgl. dazu Art. 712a N 97) oder haben sich die Stockwerkeigentümer den Pfandgläubigern gegenüber solidarisch verpflichtet (z.B. falls ein Gesamtpfandrecht begründet wurde; Art. 798 Abs. 1), sind die geschuldeten Zins- und Amortisationszahlungen nach Ziff. 4 von Art. 712h Abs. 2 von allen Beteiligten gemeinsam zu erbringen (ausführlich dazu CH. MÜLLER, 61 ff). Nach Fertigstellung des Gebäudes sollte indessen von einer solchen (Rest-)Finanzierung des Stockwerkeigentums abgesehen werden, da sie dem Grundgedanken dieses Instituts (möglichst weitgehende Verselbständigung der einzelnen Anteile) widerspricht (vgl. FRIEDRICH, § 17 N 7; vgl. dazu Art. 712a N 97).

64 Kommt ein Stockwerkeigentümer seiner Beitragspflicht an die geschuldeten Zins- und Amortisationszahlungen nicht nach, kann die Gemeinschaft eine allfällige Zwangsverwertung des Grundstücks abwenden, indem sie von ihrem gesetzlichen Pfandrecht gemäss Art. 712i Gebrauch macht.

65 Obschon im Gesetz nicht ausdrücklich erwähnt, gehören auch die Zinsen für das im Baurecht erstellte Gebäude (vgl. Art. 712b Abs. 2 Ziff. 1) zu den gemeinschaftlichen Lasten. Somit ist jeder Stockwerkeigentümer ungeachtet einer allfälligen im Baurechtsvertrag vereinbarten Solidarhaftung verpflichtet, an den Baurechtszins einen seiner Wertquote entsprechenden Beitrag zu leisten (FRIEDRICH, § 17 N 8). Gegenüber dem Baurechtsgeber haftet indessen unmittelbar die Stockwerkeigentümergemeinschaft. Kommt sie ihrer Zahlungspflicht nicht nach, kann der Grundeigentümer verlangen, dass auf dem Grundbuchblatt des Baurechts ein Pfandrecht im Umfang von höchstens drei Jahresleistungen eingetragen wird (Art. 779i; s. dazu auch FRIEDRICH, § 17 N 9 und CH. MÜLLER, 59 f).

IV. Zwingende Schranke der quotenproportionalen Kosten- und Lastenverteilung (Abs. 3)

66 Art. 712h Abs. 3 schreibt vor, dass die Kostenverteilung dann nicht im Verhältnis der Wertquoten vorgenommen werden darf, wenn bestimmte gemeinschaftliche Bauteile, Anlagen oder Einrichtungen einem Stockwerkeigentümer nicht oder nur in ganz geringem Umfange dienen.

Diese gesetzliche Anordnung ist zwingender Natur (FRIEDRICH, § 18 N 10 und § 19 N 1; BGE *107* II 143 f; im bundesrätlichen Entwurf handelte es sich noch um eine Sollvorschrift, BBl *1962* II 1530). Dagegen verstossende Bestimmungen sind nichtig (Art. 20 OR; REY, ZBJV *1988* 122).

Eine dem zwingenden Grundsatz von Art. 712h Abs. 3 widersprechende Reglementsbestimmung oder ein dagegen verstossender Versammlungsbeschluss hat der Richter auf Begehren des betroffenen Stockwerkeigentümers hin aufzuheben (BGE *107* II 141 ff). Es fragt sich nun, ob der Richter auch befugt sei, die Höhe der Beiträge den konkreten Verhältnissen anzupassen bzw. deren Verteilung auf die einzelnen Stockwerkeigentümer vorzunehmen. Dies ist zu verneinen. So wie dem Richter die Festlegung eines neuen Vertragsinhalts durch einen korrigierenden Eingriff untersagt ist (HANS MERZ, Berner Kommentar, Einleitungsband [Bern 1962] Art. 2 N 251), fehlt ihm auch die Kompetenz zur inhaltlichen Ausgestaltung einer Reglementsbestimmung oder eines Versammlungsbeschlusses (kritisch WEBER, 268 und ZBGR *1979* 170 ff). Davon ist aber der Fall zu unterscheiden, da der Richter die Kostenverteilung vornimmt, weil kein entsprechender Beschluss zustande kommt (vgl. vorn N 27). 67

Welche Kosten im Einzelfall nicht allen Stockwerkeigentümern quotenproportional auferlegt werden dürfen, bestimmt sich nach den konkreten Umständen anhand objektiver Massstäbe. Eine Verminderung oder ein Entfallen der Kostenbeteiligung ist also lediglich dann zu bejahen, wenn eine bestimmte Anlage oder Einrichtung einem einzelnen Stockwerkeigentümer unabhängig von seinen subjektiven Bedürfnissen tatsächlich keinen Nutzen bringt (vgl. BGE *112* II 315 ff und vorn N 18 und N 21 ff). Dies ist beispielsweise besonders häufig der Fall, wenn vertikales oder kombiniertes Stockwerkeigentum vorliegt (vgl. dazu Art. 712a N 35 ff). Die Kosten aufgrund von Unterhalts- oder Instandstellungsarbeiten an Gebäudeteilen, die nur den Mitgliedern einer einzelnen Untergemeinschaft zugute kommen (zu den Untergemeinschaften vgl. Art. 712b N 82 ff), sind ausschliesslich von den Stockwerkeigentümern des betreffenden Hauses zu tragen (vgl. FRIEDRICH, § 19 N 7, und BGE *107* II 144). 68

Art. 712 i

2. Haftung für Beiträge
a. Gesetzliches Pfandrecht

¹ Die Gemeinschaft hat für die auf die letzten drei Jahre entfallenden Beitragsforderungen Anspruch gegenüber jedem jeweiligen Stockwerkeigentümer auf Errichtung eines Pfandrechtes an dessen Anteil.
² Die Eintragung kann vom Verwalter oder, wenn ein solcher nicht bestellt ist, von jedem dazu durch Mehrheitsbeschluss oder durch den Richter ermächtigten Stockwerkeigentümer und vom Gläubiger, für den die Beitragsforderung gepfändet ist, verlangt werden.
³ Im übrigen sind die Bestimmungen über die Errichtung des Bauhandwerkerpfandrechts sinngemäss anwendbar.

2. Garantie des contributions
a. Hypothèque légale

¹ Pour garantir son droit aux contributions des trois dernières années, la communauté peut requérir l'inscription d'une hypothèque sur la part de chaque copropriétaire actuel.
² L'administrateur ou, à défaut d'administrateur, chaque copropriétaire autorisé par une décision prise à la majorité des copropriétaires ou par le juge, ainsi que le créancier en faveur duquel la contribution est saisie peuvent requérir l'inscription.
³ Pour le reste, les dispositions relatives à la constitution de l'hypothèque légale des artisans et entrepreneurs s'appliquent par analogie.

2. Garanzia dei contributi
a. Ipoteca legale

¹ Al fine di garantire i suoi crediti per i contributi decorsi negli ultimi tre anni, la comunione ha il diritto di ottenere la costituzione di un'ipoteca legale sulla quota di ciascun comproprietario.
² L'iscrizione dell'ipoteca può essere domandata dall'amministratore o, in mancanza di questo, da ciascun comproprietario autorizzato per decisione della maggioranza dei comproprietari, o dal giudice, e dal creditore in favore del quale sia stato pignorato il credito per contributi.
³ Del rimanente, si applicano per analogia le disposizioni concernenti la costituzione dell'ipoteca legale degli artigiani e imprenditori.

Übersicht		Note	Seite
	Materialien	1	289
	Literatur	2	289
	Rechtsvergleichung	3	289
I.	*Allgemeines*	4	290
	1. Bedeutung von Art. 712i und Art. 712k	4	290
	2. Zur Problematik des Gemeinschaftspfandrechts	9	291
	3. Gesetzliche Grundlagen	11	292
	a. Art. 712i	11	292
	b. Bestimmungen über die Errichtung des Bauhandwerkerpfandrechts	12	292
	c. Bestimmungen der Grundbuchverordnung	13	293
	d. Allgemeine Bestimmungen des Grundpfandrechts und insbesondere der Grundpfandverschreibung	14	293

		Note	Seite
II.	*Begriff und Wesen des Gemeinschaftspfandrechts*	15	293
III.	*Der Anspruch auf Pfanderrichtung*	19	294
	1. Realobligatorische Natur	19	294
	2. Unverzichtbarkeit	21	295
IV.	*Die Grundlagen der Pfanderrichtung*	23	295
	1. Anspruchsberechtigung	23	295
	2. Anspruchsbelastung	24	296
	3. Privilegierte Forderungen	26	296
	a. Allgemeines	26	296
	b. Deckungsbeiträge	31	297
	c. Vorschüsse	32	298
	d. Zeitlicher Umfang des Privilegs	33	298
	e. Gläubiger der privilegierten Forderungen	38	299
	f. Schuldner der privilegierten Forderungen	41	300
	4. Pfandobjekt	44	300
V.	*Das Verfahren der Pfanderrichtung*	45	301
	1. Allgemeines	45	301
	2. Geltendmachung des Anspruchs	46	301
	a. Der Verwalter	47	301
	b. Ein einzelner Stockwerkeigentümer	48	301
	c. Ein Gläubiger der Gemeinschaft	49	302
	3. Eintragung im Grundbuch	50	302
	a. Allgemeines	50	302
	b. Aussergerichtliches Eintragungsverfahren	51	302
	c. Gerichtliches Eintragungsverfahren	54	303
	4. Abwendung der Eintragung durch Sicherheitsleistung	56	304
VI.	*Rechtsfolgen der Pfanderrichtung*	58	304
	1. Allgemeines	58	304
	2. Rang des Gemeinschaftspfandrechts	59	305
	3. Umfang der Pfandsicherung	60	305
	4. Unverjährbarkeit der gesicherten Forderungen	61	305
	5. Abwendung des Retentionsrechts	62	305
VII.	*Untergang des Pfandrechts*	63	305

Materialien   BBl *1962* II 1518f; StenBull NR *1963* 225, 531; StenBull StR *1963* 220.   1

Literatur   Neben den im allgemeinen Schrifttumsverzeichnis aufgeführten Werken   2
sind hier noch zu beachten: RAINER SCHUMACHER, Das Bauhandwerkerpfandrecht, 2.A., Zürich 1982; DIETER ZOBL, Das Bauhandwerkerpfandrecht de lege lata und de lege ferenda, ZSR *1982* II 1 ff.

Rechtsvergleichung   Vgl. die Angaben in den Vorbemerkungen zu den Art. 712a ff N 52–81 so-   3
wie in Art. 712g N 3–6.

I. Allgemeines

1. Bedeutung von Art. 712i und Art. 712k

4 Der Gesetzgeber hat es abgelehnt, die Stockwerkeigentümer für gemeinschaftliche Verbindlichkeiten solidarisch haften zu lassen (LIVER, SPR V/1 94; FRIEDRICH, SJK *1305* 9). Auch eine Pflicht zur Leistung von Nachschüssen durch die solventen Stockwerkeigentümer im Falle der Uneinbringlichkeit von Deckungsbeiträgen einzelner Stockwerkeigentümer ist im Gesetz nicht vorgesehen (vgl. Art. 712h N 12). Trotz Verzicht auf Solidarität und Nachschusspflicht musste eine Lösung gefunden werden, welche die einfache und möglichst risikolose Befriedigung der Gemeinschaftsgläubiger sicherstellt. Diese müssen sich nämlich darauf verlassen können, dass die Beitragsforderungen einbringlich sind, weil die Beiträge der Stockwerkeigentümer unter Umständen die einzigen Aktiven des Gemeinschaftsvermögens bilden (FREI, 46; vgl. auch Art. 712l N 20).

5 Um dieser Interessenlage gerecht zu werden, wurden für die *Sicherung der Beitragsforderungen* zwei besondere Einrichtungen geschaffen: Das Gesetz gewährt der Stockwerkeigentümergemeinschaft für die ausstehenden Beiträge an die Kosten und Lasten der Gemeinschaft (Art. 712h) der letzten drei Jahre den Anspruch auf Errichtung eines Pfandrechts an einem Stockwerkeigentumsanteil (*Gemeinschaftspfandrecht,* Art. 712i) und ausserdem ein *Retentionsrecht* wie ein Vermieter an den eingebrachten beweglichen Sachen, die sich in den Räumen eines Stockwerkeigentümers befinden (Art. 712k). Diesen Sicherungsmitteln ist gemeinsam, dass sie *realobligatorischen Charakter* haben und sich demzufolge gegen den jeweiligen im Grundbuch eingetragenen Stockwerkeigentümer richten, selbst wenn dessen Rechtsvorgänger mit den Beiträgen im Rückstand war. In ihrer Ausgestaltung weisen sie jedoch infolge der Verschiedenartigkeit der Pfandobjekte Unterschiede auf: Während das Retentionsrecht eine unmittelbar *gesetzliche Mobiliarhypothek* darstellt (die somit ex lege entsteht; Art. 712k N 13 ff), wurde das Gemeinschaftspfandrecht als *mittelbar gesetzliches Grundpfandrecht* in der Form der *Kapitalhypothek* ausgestaltet, das zu seiner Entstehung des Grundbucheintrages bedarf (hinten N 15 ff).

6 Diesen beiden Sicherungsmitteln kommt eine *interne* und vor allem eine *externe Funktion zu:* Im *Innenverhältnis* dienen sie lediglich – aber immerhin – den eigenen finanziellen Interessen der Gemeinschaft im Rahmen der ge-

meinschaftlichen Verwaltung (Art. 712h). Zudem bewirkt die Möglichkeit, ausstehende Beitragsforderungen zu sichern, dass in der Nichtbezahlung der pfandgesicherten Beiträge kein Ausschlussgrund i. S. v. Art. 649b erblickt werden darf (FRIEDRICH, § 22 N 2; STEINAUER, § 34 N 1351). Im *Aussenverhältnis* haben diese beiden Instrumente sowohl für die Gemeinschaft als auch für den Gemeinschaftsgläubiger erhebliche Bedeutung: Weil die Beitragsforderungen kraft Art. 712l Abs. 1 ex lege zum Verwaltungsvermögen gehören (vgl. Art. 712l N 20), dienen das Gemeinschaftspfandrecht und das Retentionsrecht einerseits unmittelbar der Sicherung des Haftungssubstrates der Gemeinschaft (FREI, 66 f). Andererseits begründen sie als Ausgleich zum gesetzgeberischen Verzicht auf eine solidarische Haftung der Stockwerkeigentümer eine *indirekte Haftung* des Einzelnen *gegenüber dem Gemeinschaftsgläubiger* (FREI, 69). Dem Gläubiger eröffnet sich durch die indirekte Pfandsicherheit in der Betreibung gegen die Gemeinschaft der (vorwiegend prozessuale) Vorteil der gleichzeitigen zwangsweisen Verwertung der einzelnen Stockwerkeigentumsanteile am Ort der gelegenen Sache in einem einzigen Verfahren (BBl *1962* II 1518; LIVER, GS Marxer 191 Anm. 4).

Im vorstehend dargelegten Sinne stehen die Art. 712i und Art. 712k also in einem funktionalen Zusammenhang mit Art. 712h und Art. 712l.

Nicht der Sicherung der Beitragsforderungen sondern vielmehr nur jener der Zwangsvollstreckung für eine gefährdete Forderung dient ein weiteres Institut, das indessen nicht besonders im Stockwerkeigentumsrecht verankert ist: der Arrest (Art. 271 ff SchKG). Vgl. dazu Art. 712k N 80 ff.

2. Zur Problematik des Gemeinschaftspfandrechts

Art. 712i verleiht der Gemeinschaft der Stockwerkeigentümer den Anspruch, an einem Stockwerkeigentumsanteil ein Pfandrecht (Gemeinschaftspfandrecht) eintragen zu lassen, sofern auf diesen Anteil entfallende Beiträge an die Kosten der gemeinschaftlichen Verwaltung oder an die Lasten des gemeinschaftlichen Eigentums ausstehen. Dieser *realobligatorische Anspruch* (hinten N 19 f) auf Errichtung eines Grundpfandrechts kann allerdings nur zu einer *Pfandsicherung für die Beitragsforderungen der letzten drei Jahre* führen. Das als *mittelbar gesetzliches Pfandrecht* ausgestaltete Gemeinschaftspfandrecht geniesst zudem weder ein Rang- noch ein Verwertungsprivileg.

Ungeachtet der Vorteile für die Beteiligten (dazu vorn N 6) könnte die Statuierung eines gesetzlichen Grundpfandrechts Bedenken wecken (vgl. für die Vorbehalte gegen das Bauhandwerkerpfandrecht ZOBL, ZSR *1982* II 4 9 ff). Diese sind aber hier nicht begründet. Weder widerspricht der von Art. 712i gewährte Pfanderrichtungsanspruch dem Prinzip der Altersprioritität (dazu Syst. Teil N 95 ff) noch verletzt er das Eintragungsprinzip (dazu Syst. Teil N 72 ff). Die vertraglichen Grundpfandgläubiger werden demzufolge durch das Gemeinschaftspfandrecht nicht benachteiligt (ähnlich für das Bauhandwerkerpfandrecht ZOBL, ZSR *1982* II 52 f). Ebensowenig in ihren Interessen beeinträchtigt sind die Kurrentgläubiger der einzelnen Stockwerkeigentümer. Die gemeinschaftliche Kosten und Lasten verursachenden Aufwendungen dienen in der Regel der Werterhaltung oder der Wertvermehrung des gemeinschaftlichen Grundstücks und damit auch der einzelnen Stockwerkeinheit (für den beim Bauhandwerkerpfandrecht ähnlich gelagerten Versionsgedanken vgl. ZOBL, ZSR *1982* II 50, 54).

3. Gesetzliche Grundlagen

a. Art. 712i

11   Art. 712i regelt nicht das Gemeinschaftspfandrecht als solches, sondern nur den *Anspruch* auf dessen *Errichtung*. Dieser Artikel gibt Auskunft darüber, unter welchen Voraussetzungen die Eintragung des Gemeinschaftspfandrechts verlangt werden kann und wer zur Stellung eines solchen Begehrens berechtigt ist.

b. Bestimmungen über die Errichtung des Bauhandwerkerpfandrechts

12   Gemäss Abs. 3 von Art. 712i sind «Im übrigen... die Bestimmungen über die Errichtung des Bauhandwerkerpfandrechts sinngemäss anwendbar.» Der Ausdruck «im übrigen» deutet darauf hin, dass nur diejenigen Rechtssätze aus dem Bauhandwerkerpfandrecht unter diese Verweisung fallen, die *in analoger Weise* zu Problemen Stellung nehmen, welche nicht bereits in Art. 712i Abs. 1 und Abs. 2 behandelt sind. Des weiteren dürfen gemäss ausdrücklicher Anordnung lediglich die Bestimmungen über die *Errichtung* des Pfandrechts beigezogen werden. Es handelt sich dabei um die folgenden Vorschriften: Art. 837 Abs. 1 Ziff. 3, Art. 837 Abs. 2 sowie Art. 839 Abs. 2 (vgl. dazu FRIEDRICH, SJK *1303* 8, und hinten N 51 ff). Keine

Beachtung finden dagegen Anordnungen über Rang und allfällige Vorrechte des zu schaffenden Pfandrechts (vgl. auch STEINAUER, § 34 N 1352 ff).

c. Bestimmungen der Grundbuchverordnung

Auf das Eintragungsverfahren sind die einschlägigen Normen der Grundbuchverordnung anzuwenden (Art. 22 und Art. 22a, sinngemäss Art. 50 i.V.m. Art. 40, Art. 75 Abs. 1 sowie Art. 76 GBV). 13

d. Allgemeine Bestimmungen des Grundpfandrechts und insbesondere der Grundpfandverschreibung

Auf das errichtete Pfandrecht kommen die allgemeinen Bestimmungen des Grundpfandrechts (Art. 793–823) sowie insbesondere die Normen über die Grundpfandverschreibung (Art. 824–835) zur Anwendung, soweit sie der Natur des Gemeinschaftspfandrechts nicht widersprechen. 14

II. Begriff und Wesen des Gemeinschaftspfandrechts

Das Gemeinschaftspfandrecht belastet als Grundpfandrecht einen Stockwerkeigentumsanteil (vgl. Art. 712a N 102 und hinten N 44), dessen jetziger oder früherer Eigentümer mit Beiträgen an die Kosten der gemeinschaftlichen Verwaltung oder an die Lasten des gemeinschaftlichen Eigentums (zu diesen Kosten und Lasten vgl. die Bemerkungen zu Art. 712h) im Rückstand ist. Es wird auf Ersuchen eines Berechtigten als Kapitalhypothek im Grundbuch eingetragen und geniesst weder Rangprivilegien noch Verwertungsvorrechte. 15

Der Gesetzgeber hat davon Abstand genommen, ein unmittelbares gesetzliches Pfandrecht für rückständige Beitragsforderungen einzuführen, obwohl dessen gesetzliche Regelung wesentlich einfacher gewesen wäre. Eine solche, allen anderen Grundpfandrechten vorgehende Belastung hätte indessen die vertraglichen Grundpfandgläubiger zu sehr benachteiligt (BBl *1962* II 1519; LIVER, SPR V/1 107 Anm. 15). Das Gemeinschaftspfandrecht wurde daher (weniger weit gehend) nur als mittelbares 16 gesetzliches Grundpfandfandrecht ausgestaltet (LIVER, SPR V/1 107; derselbe, GS Marxer 191 Anm. 44; RIEMER, Sachenrecht II, § 18 N 45; OTTIKER, 79). In dieser Eigenschaft bedarf es zu seiner Entstehung zwingend der Eintragung im Grundbuch (Art. 799; OTTIKER, 81; STEINAUER, § 34 N 1352; vgl. dazu auch ZOBL, ZSR *1982* II 57, 76).

17 *Rechtsgrund* für die Eintragung ist das Gesetz (Art. 712i; für den gleichliegenden Fall beim Fahrnispfandrecht vgl. ZOBL, Syst. Teil N 458). Als *Rechtsgrundausweis* für die Eintragung (dazu Art. 965 und OTTIKER, 82f) dient entweder die Anerkennung der Pfandforderung durch den Eigentümer des entsprechenden Stockwerkeigentumsanteils oder ein entsprechendes richterliches Urteil (Art. 839 Abs. 2; hinten N 51 ff).

18 Wie alle gesetzlichen Grundpfandrechte kann auch das Gemeinschaftspfandrecht nur als *Grundpfandverschreibung* eingetragen werden (OTTIKER, 61; RIEMER, Sachenrecht II, § 18 N 52). Obwohl diese Grundpfandart an sich als Maximal- wie auch als Kapitalhypothek (zu diesen beiden Formen der Grundpfandverschreibung vgl. TUOR/SCHNYDER, 741 f) begründbar ist, kommt für das Gemeinschaftspfandrecht nur die Form einer *Kapitalhypothek* (Art. 794 Abs. 1) in Frage, da Bestand und Umfang der zu sichernden Forderung für die Errichtung feststehen müssen (dazu hinten N 51 ff).

III. Der Anspruch auf Pfanderrichtung

1. Realobligatorische Natur

19 Der in Art. 712i statuierte Anspruch auf Errichtung eines Grundpfandrechts richtet sich gegen «jeden jeweiligen Stockwerkeigentümer» (Art. 712i Abs. 1). Der jeweilige Eigentümer eines Stockwerkeigentumsanteils ist vom Moment seiner Eintragung im Grundbuch an mit dem Pfanderrichtungsanspruch belastet. Dieser Anspruch stellt daher eine *gesetzliche Realobligation* dar (Syst. Teil N 271; RIEMER, Sachenrecht II, § 18 N 49; STEINAUER, § 34 N 1352; OTTIKER, 81; MATHIS, 20; BGE *106* II 186. Vgl. zum Begriff der Realobligation Syst. Teil N 271 ff; REY, Syst. Teil N 85). Er entsteht originär mit Erlangung der Eigentümerstellung (Syst. Teil N 287; CH. MÜLLER, 46). Folge dieser realobligatorischen Natur ist unter anderem, dass das Gemeinschaftspfandrecht selbst noch in der Zwangsvollstreckung gegen den Stockwerkeigentümer durchgesetzt werden kann (OTTIKER, 81).

Festzuhalten ist jedoch, dass lediglich der Anspruch auf 20
Pfanderrichtung als Realobligation ausgestaltet ist (BGE 106 II 186); die zu sichernde Forderung folgt dagegen den gewöhnlichen schuldrechtlichen Regeln, weshalb Schuldner und Anspruchsbelasteter nicht unbedingt die gleichen Personen sein müssen. Fallen die beiden Stellungen auseinander, führt dies zur Entstehung eines *Drittpfandrechts* (vgl. dazu auch hinten N 42).

2. Unverzichtbarkeit

Genausowenig wie ein Bauhandwerker auf den Anspruch 21
zur Errichtung eines Pfandrechts zwecks Sicherung seiner Forderungen verzichten kann (Art. 837 Abs. 2), ist es der Gemeinschaft der Stockwerkeigentümer möglich, den Schutz von Art. 712i auszuschlagen (die Gemeinschaft kann auch nicht auf diejenigen Forderungen gegen die Stockwerkeigentümer verzichten, welche dazu nötig sind, um Schulden der Gemeinschaft zu decken; FREI, 68). Art. 837 Abs. 2 ist sinngemäss anzuwenden, da es die Gemeinschaft allenfalls in der Hand hätte, die Stellung ihrer Gläubiger zu schwächen. Diese würden durch einen Verzicht auf den Pfanderrichtunganspruch der vom Gesetz vorgesehenen Möglichkeit beraubt, für eine von ihnen gepfändete Forderung die Eintragung des Gemeinschaftspfandrechts zu verlangen (Art. 712i Abs. 2). Dies wäre insbesondere deshalb stossend, weil die Gläubiger nicht in der Lage sind, ihre gegen die Gemeinschaft gerichteten Forderungen anteilsmässig direkt geltend zu machen, ohne vorher die Gemeinschaft für ihre gesamte Forderung belangt zu haben (dem einzelnen Stockwerkeigentümer steht die Einrede der «Vorausklage» zu; g. M. FREI, 71 ff; CH. MÜLLER, 32, 49 f; a. M. FRIEDRICH, SJK *1305* 8; derselbe, § 45 N 3; AMONN, BlSchK *1968* 4 f; OTTIKER, 250).

Ohne Zweifel ist jedoch der Gemeinschaft erlaubt, im Einzelfall den Pfand- 22
errichtungsanspruch nicht geltend zu machen, mithin auf die *Ausübung* dieses Rechts zu verzichten.

IV. Die Grundlagen der Pfanderrichtung

1. Anspruchsberechtigung

Berechtigt, die Errichtung des Gemeinschaftspfandrechts 23
zu verlangen, ist die Gemeinschaft der Stockwerkeigentümer (FRIEDRICH, ZBGR *1964* 362; OTTIKER, 82). Der Pfanderrichtungsanspruch ist ein Akzes-

sorium der ihr zustehenden und ex lege zu ihrem Vermögen gehörenden Beitragsforderung (für die Zugehörigkeit zum Gemeinschaftsvermögen vgl. Art. 712l N 20; LIVER, GS Marxer 193; FREI, 37; FRIEDRICH, § 22 N 8).

2. Anspruchsbelastung

24 Entsprechend seiner realobligatorischen Natur geht der Pfanderrichtungsanspruch der Gemeinschaft gegen den *jeweiligen Eigentümer* des Stockwerkeigentumsanteils, unabhängig davon, ob er beim Erwerb seines Anteils bezüglich rückständiger Beitragsforderungen gut- oder bösgläubig war (vgl. dazu für das Bauhandwerkerpfandrecht ZOBL, ZSR *1982* II 87 mit weiteren Hinweisen). Er hat sich vor der Übernahme des Anteils zu vergewissern, ob und wenn ja, in welchem Umfang, frühere Eigentümer ihren Beitragspflichten *nicht* nachgekommen sind. Begrenzt wird sein diesbezügliches Risiko dadurch, dass er mit seinem Anteil nur für die auf die letzten drei Jahre entfallenden Beitragsforderungen haftet (vgl. hinten N 33 ff).

25 Hat er dagegen seinen Anteil auf einer Zwangsversteigerung erworben und ist der Pfanderrichtungsanspruch nicht ins Lastenverzeichnis aufgenommen worden, kann für die im Zeitpunkt der Versteigerung bereits fälligen Beitragsforderungen die Eintragung des Gemeinschaftspfandrechts nicht mehr verlangt werden (BGE *106* II 190 ff). Ob der dadurch entstehende Ausfall durch die Stockwerkeigentümer anteilsmässig zu tragen ist, hängt davon ab, ob man eine Nachschusspflicht der Stockwerkeigentümer verneint (so Art. 712h N 12) oder bejaht.

3. Privilegierte Forderungen

a. Allgemeines

26 Der Pfanderrichtungsanspruch der Gemeinschaft besteht für die auf «die letzten drei Jahre entfallenden Beitragsforderungen» (Art. 712i Abs. 1). Nur *Beitragsforderungen* geniessen also das Privileg der Pfandsicherung.

27 Gemäss Art. 712h haben sämtliche Stockwerkeigentümer anteilsmässig an die Kosten von Verwaltung, Unterhalt und Instandstellung der gemeinschaftlichen Grundstücksteile beizutragen. Ebenso haben sie ih-

ren Teil der Lasten, welche auf dem gemeinschaftlichen Grundstück ruhen, zu über nehmen (zur Tragung von Kosten und Lasten vgl. die Bemerkungen zu Art. 712h; vgl. weiter dazu LIVER, SPR V/1 93, sowie FREI, 46). Sie sind verpflichtet, der Gemeinschaft entsprechend ihrer Beteiligung diejenigen Mittel zur Verfügung zu stellen, welche diese braucht, um die im Rahmen ihrer Handlungsfähigkeit eingegangenen Verbindlichkeiten zu erfüllen (FRIEDRICH, § 17 N 1; WEBER, 473).

Neben rechtsgeschäftlich eingegangenen zählen zu diesen Verpflichtungen auch solche aus Kausalhaftung für das gemeinschaftliche Grundstück und die gemeinschaftliche Baute (Art. 679; Art. 58 OR; CH. MÜLLER, 58), nicht jedoch Forderungen, welche dadurch entstehen, dass die Stockwerkeigentümer zusammen einen Schaden verursachen, für den sie ein gemeinsames Verschulden trifft (ebenso FREI, 78f; CH. MÜLLER, 58 Anm. 2). 28

Ebenfalls keine privilegierte Beitragsforderung entsteht, wenn die Stockwerkeigentümer ausserhalb der Gemeinschaft tätig werden (z. B. im Rahmen einer einfachen Gesellschaft) und beispielsweise eine Freihalteparzelle erwerben (so OTTIKER, 80). Dies ist keine Handlung gemeinsamer Verwaltung mehr. Abzulehnen ist aber die von MATHIS (BJM *1972* 189f) vertretene Auffassung, wonach Beiträge zuhanden des Erneuerungsfonds nicht von Art. 712i (und Art. 712k) erfasst sein sollen (g. M. OTTIKER, 80; WEBER, 474). 29

Ausgeschlossen ist es, durch Vereinbarung oder Reglement den Kreis der privilegierten (Beitrags-)Forderungen auszudehnen (FRIEDRICH, § 22 N 5). Unbenommen bleibt den Beteiligten jedoch die Einräumung eines vertraglichen Grundpfandrechts am Anteil eines Stockwerkeigentümers zugunsten der Gemeinschaft. 30

b. Deckungsbeiträge

Ist eine in den soeben umrissenen Kreis von gegen die Gemeinschaft begründbaren Verpflichtungen fallende Forderung entstanden und kann sie aus den liquiden Mitteln des Gemeinschaftsvermögens nicht beglichen werden, entstehen bei der Gemeinschaft Beitragsforderungen gegenüber den Stockwerkeigentümern, welche unmittelbar mit ihrer Entstehung fällig werden (sog. Deckungsbeiträge; vgl. Art. 712h N 11f). 31

c. Vorschüsse

32 Neben diesen, zur Deckung bestimmter gegen die Gemeinschaft gerichteter Ansprüche notwendigen und von Gesetzes wegen entstehenden Beitragsforderungen finden sich die Vorschüsse, welche von der Versammlung der Stockwerkeigentümer beschlossen oder vom Verwalter aufgrund einer dahingehenden Ermächtigung (durch Versammlungsbeschluss oder Reglementsbestimmung) festgelegt werden (vgl. dazu Art. 712h N 13f).

d. Zeitlicher Umfang des Privilegs

33 Der Pfanderrichtungsanspruch gemäss Art. 712i besteht für die auf die letzten drei Jahre entfallenden Beitragsforderungen. Darunter sind grundsätzlich die *in den letzten drei Jahren entstandenen Forderungen* zu verstehen. FRIEDRICH (§ 22 N 4), OTTIKER (81) und WEBER (468) gehen offenbar davon aus, dass die Beitragsforderungen erst mit Abschluss der entsprechenden Jahresrechnungen entstehen (vgl. auch MATHIS, BJM *1972* 187f, der für diejenigen Beitragsforderungen, die durch ein vorgängig von der Stockwerkeigentümerversammlung genehmigtes Budget gedeckt sind, den Pfanderrichtungsanspruch zulassen will). Diese Auffassung ist abzulehnen, wären doch diesfalls Forderungen gegen die Gemeinschaft unter Umständen (bis zum Abschluss des jeweiligen Rechnungsjahres) nicht durch Beitragsforderungen gegen die Stockwerkeigentümer gedeckt. Ausserdem könnte das Gemeinschaftspfandrecht für Forderungen aus dem laufenden Rechnungsjahr nicht beansprucht werden. Im übrigen findet diese Ansicht im Gesetzestext keine Stütze und drängt sich auch aus praktischen Überlegungen (entgegen OTTIKER, 81 Anm. 92) nicht auf, da sich die Höhe der einzelnen Beitragsforderungen leicht errechnen lässt (LIVER, GS Marxer 193).

34 Ebenfalls ohne Rückhalt im Gesetz nimmt das Bundesgericht in BGE *106* II 194f an, die Beitragsforderungen, für welche ein Gemeinschaftspfandrecht eingetragen werden soll, müssten fällig sein. Folgt man dieser Ansicht, könnten zwar die jeweils mit ihrer Enstehung sofort fällig werdenden Dekkungsbeiträge pfandrechtlich sichergestellt werden. Der Gemeinschaft würde dann aber kein Pfanderrichtungsanspruch für Vorschüsse zustehen, welche zwar beschlossen werden oder reglementarisch festgelegt sind, deren Fälligkeit aber noch nicht eingetreten ist.

35 Für den Beginn der rückwärts zu rechnenden Dreijahresfrist stellt OTTIKER (81) auf den Zeitpunkt des *Begehrens* auf Eintragung des Gemeinschafts-

pfandrechts ab, wogegen FRIEDRICH (§ 22 N 4) die *Eintragung* im Grundbuch zum Ausgangspunkt nimmt. Da der Zeitpunkt des Begehrens in der Regel in kürzerer zeitlicher Distanz zum Moment der Erstellung des Rechtsgrundausweises (Anerkennung der Pfandforderung, Eintragungsbewilligung oder richterliches Urteil; vgl. dazu hinten N 51 ff) liegt als die Eintragung selber, ist für die Berechnung dieser Dreijahresfrist wohl der frühere Zeitpunkt massgebend. Zur Festsetzung des in der Vergangenheit liegenden Endpunktes der dreijährigen Dauer findet Art. 77 Abs. 1 Ziff. 3 OR Anwendung.

Die zeitliche Beschränkung der das Sicherungsprivileg geniessenden Forderungen ist einerseits zum Schutz des mit dem Pfanderrichtungsanspruch realobligatorisch belasteten Erwerbers eines Stockwerkeigentumsanteils notwendig (BBl *1962* II 1519). Andererseits verhindert diese Befristung aber auch eine allzu nachlässige Eintreibung von Beitragsforderungen durch die Gemeinschaft (FRIEDRICH, § 22 N 4). 36

Aus dem Wortlaut von Art. 712i Abs. 1 geht hervor, dass diese Befristung lediglich für die *Errichtung* eines Gemeinschaftspfandrechts Beachtung verlangt. Sind bereits einmal Pfandrechte für Beitragsforderungen der verflossenen drei Jahre eingetragen, ist es daher nicht ausgeschlossen, in der Folge erneut ausstehende Beitragsforderungen ebenfalls pfandrechtlich zu sichern. Es können demnach Gemeinschaftspfandrechte für Beitragsforderungen, welche sich auf mehr als drei Jahre verteilen, eingetragen sein, da in diesem Fall eine Benachteiligung eines gutgläubigen Erwerbers des belasteten Anteils infolge der Publizität der Eintragung ausgeschlossen erscheint. 37

e. Gläubiger der privilegierten Forderungen

Die von Art. 712i privilegierten Forderungen haben eine ähnliche Rechtsnatur wie die aus der Nachschusspflicht der Vereinsmitglieder fliessenden Leistungspflichten (FREI, 70 f; CH. MÜLLER, 55). Ursprünglicher Gläubiger der Beitragsforderungen ist daher in jedem Fall die Stockwerkeigentümergemeinschaft (und nicht die einzelnen Stockwerkeigentümer; FRIEDRICH, SJK *1303* 7). Daraus erhellt, dass die Beitragsforderungen jeweils nur im Rahmen des gesetzlichen und reglementarischen Verhältnisses zwischen den einzelnen Stockwerkeigentümern und der Gemeinschaft bestehen. Sie sind demzufolge unter Umständen mit Einreden und Einwendungen aus diesem Verhältnis belastet. 38

39 Keinen Einfluss auf die Gläubigerstellung der Gemeinschaft hat die Pfändung einer Beitragsforderung (in der Zwangsvollstreckung gegen die Gemeinschaft). Nur im Fall, da dem betreibenden Gläubiger die Beitragsforderungen an Zahlungsstatt abgetreten werden (Art. 131 Abs. 1 SchKG), tritt er in die Stellung der Gemeinschaft ein und wird zum Gläubiger des Beitragsschuldners (sei dies nun der jetzige oder frühere Eigentümer des Anteils).

40 Ohne Zweifel ist es der Gemeinschaft auch möglich, ihr zustehende Beitragsforderungen im Rahmen ihrer Verwaltungstätigkeit abzutreten (Art. 164 ff OR).

f. Schuldner der privilegierten Forderungen

41 Von der Frage danach, wer durch den Anspruch auf Pfanderrichtung belastet sei, ist die Frage nach dem *Schuldner* der Beitragsforderungen zu trennen. Für die Eigenschaft als Beitragsschuldner ist massgebend, in wessen *Eigentümerzeit* die *Forderung entstanden* ist. Entscheidend für die Person des Eigentümers ist die Eintragung im Grundbuch (CH. MÜLLER, 46; FRIEDRICH, § 18 N 5). Dieser Zeitpunkt kann insbesondere für die pro rata entstehenden Vorschussforderungen entscheidend sein (für die Möglichkeit, im Reglement den jeweiligen Schuldner zu bestimmen, FRIEDRICH, § 18 N 8).

42 Auch bei nachträglicher Veräusserung des Stockwerkeigentumsanteils bleibt der frühere Eigentümer Schuldner der Beitragsforderungen. Wird in diesem Fall der Pfanderrichtungsanspruch gegenüber dem realobligatorisch belasteten neuen Eigentümer durchgesetzt, entsteht ein *Drittpfandrecht*.

43 Keinen Einfluss auf die Schuldnerstellung des Eigentümers hat die Überlassung des Stockwerkeigentumsanteils an einen Dritten aufgrund eines beschränkten dinglichen oder obligatorischen Rechts (so für die Miete CH. MÜLLER, 45). Der Eigentümer hat sich für eine Beteiligung an den auf ihn überwälzten Kosten und Lasten intern an seinen Geschäftspartner zu halten.

4. Pfandobjekt

44 Pfandobjekt des Gemeinschaftspfandrechts ist derjenige Stockwerkeigentumsanteil, auf den die rückständigen Beitragsforderungen entfallen. Er wird als eigenständiges Grundstück (Art. 655 Abs. 2 Ziff. 4, Art. 943 Abs. 1 Ziff. 4) mit dem Grundpfandrecht belastet (vgl. auch Art. 712a N 102).

V. Das Verfahren der Pfanderrichtung

1. Allgemeines

Indem der Kreis der durch das Gemeinschaftspfandrecht zu sichernden Forderungen zeitlich eingeschränkt wurde, konnte der Gesetzgeber darauf verzichten, die Geltendmachung des Anspruchs von der Beobachtung einer bestimmten Frist abhängig zu machen (FRIEDRICH, § 22 N 4). Die enstprechende Norm aus dem Bauhandwerkerpfandrecht ist nicht anwendbar (vgl. auch STEINAUER, § 34 N 1352a). 45

2. Geltendmachung des Anspruchs

Der Anspruch auf Pfanderrichtung steht (vom vollstreckungsrechtlichen Übergang der Forderung abgesehen) der Gemeinschaft zu (FRIEDRICH, SJK *1303* 7). Er kann indessen gemäss Art. 712i Abs. 2 von verschiedenen Personen durchgesetzt werden. 46

a. Der Verwalter

Ist ein Verwalter bestellt, ist er ex lege zur Durchsetzung des Pfanderrichtungsanspruchs berechtigt (STEINAUER, § 34 N 1352). Das Einziehen der Beitragsforderungen, zu dem auch deren Sicherung gehört, ist Teil seiner Aufgaben (vgl. auch Art. 712s N 49). 47

b. Ein einzelner Stockwerkeigentümer

Befindet sich kein Verwalter im Amt oder verzichtet dieser auf die Geltendmachung des Pfanderrichtungsanspruchs, kann auch ein einzelner Stockwerkeigentümer die Eintragung des Gemeinschaftspfandrechts beantragen. Voraussetzung dafür ist jedoch, dass er durch einen Mehrheitsbeschluss der Versammlung dazu ermächtigt wurde. Ist ein solcher Mehrheitsbeschluss nicht zu erreichen (weil z.B. die Mehrheit der Stockwerkeigentümer mit Beiträgen im Rückstand ist oder nur zwei Stockwerkeigentümer vorhanden sind), kann auch der Richter die Bewilligung zur Geltendmachung des Pfanderrichtungsanspruchs erteilen (vgl. auch STEINAUER, § 34 N 1352). 48

c. Ein Gläubiger der Gemeinschaft

49   Betreibt ein Gläubiger die Gemeinschaft für Forderungen aus Verpflichtungen, welche diese in eigenem Namen eingegangen ist, hat der Betreibungsbeamte in erster Linie die liquiden Mittel des Gemeinschaftsvermögens zu pfänden (Art. 95 Abs. 1 SchKG). Fehlt es an solchen oder reichen sie zur Befriedigung des Gläubigers nicht aus, fallen die zum Gemeinschaftsvermögen gehörenden Beitragsforderungen (vgl. Art. 712l Abs. 1) in den Pfandbeschlag. Lässt sich der Gläubiger diese Forderungen an Zahlungsstatt abtreten (Art. 131 Abs. 1 SchKG) oder wird er zu ihrer Einziehung ermächtigt (Art. 131 Abs. 2 SchKG), kann er auch den Anspruch auf Pfanderrichtung gegenüber dem Stockwerkeigentümer geltend machen, da nach Art. 170 OR bei der Abtretung von Forderungen auch die mit den Forderungen verknüpften Nebenrechte übergehen (vgl. dazu VON TUHR/ESCHER, 354 f).

3. Eintragung im Grundbuch

a. Allgemeines

50   Das Gemeinschaftspfandrecht als mittelbares gesetzliches Pfandrecht erhält dingliche Wirkung erst mit der Eintragung im Grundbuch. Neben dem *definitiven Eintrag* ist auch eine vorläufige Eintragung in der Form einer *Vormerkung* möglich (OTTIKER, 83). Eine solche vorläufige Eintragung dient vor allem der Rangsicherung des Gemeinschaftspfandrechts (Art. 961 Abs. 1) in einem Rechtsstreit um Bestand und/oder Höhe der Beitragsforderung (vgl. Art. 22 Abs. 4 GBV und Art. 961 Abs. 2; STEINAUER, § 34 N 1352c).

b. Aussergerichtliches Eintragungsverfahren

51   In analoger Anwendung von Art. 839 Abs. 2 kann das Gemeinschaftspfandrecht eingetragen werden, sofern der Eigentümer die Haftungssumme (nicht die Pfandforderung) *anerkennt* (ZOBL, ZSR *1982* II 152). Da der mit dem Pfanderrichtungsanspruch belastete Stockwerkeigentümer nicht in jedem Fall Schuldner der rückständigen Beitragsforderungen sein muss, kann es sich dabei nur um eine *Anerkennung der Pfandsumme* han-

deln (vgl. Art. 22a Abs. 1 und 3 i. V. m. Art. 22 Abs. 2 GBV; vgl. ZOBL *1982* II 152; vgl. auch RIEMER, Sachenrecht II, § 18 N 45; MATHIS, 133). Diese Anerkennung ermöglicht es dem Berechtigten, von sich aus die Eintragung des Pfandrechts im Grundbuch zu bewirken. Da Höhe und Zusammensetzung der Pfandsumme gesetzlich festgelegt sind (sie kann im Maximum die auf die letzten drei Jahre entfallenden Beitragsforderungen umfassen), ist eine Ausdehnung der Anerkennung auf andere Forderungen ausgeschlossen. Dafür braucht sie aber auch nicht öffentlich beurkundet zu werden. Schriftlichkeit sowie die Vorlage der Ausweise, aus denen die Berechtigung des Gläubigers ersichtlich ist, genügen (vgl. auch ZOBL, ZSR *1982* II 153 f.).

Anerkennt der Stockwerkeigentümer neben der Pfandsumme gleichzeitig auch noch die rückständigen Beitragsforderungen, schafft er damit einen provisorischen Rechtsöffnungstitel (Art. 82 Abs. 1 SchKG). 52

Neben der Anerkennung der Pfandsumme ist auch die *Eintragungsbewilligung des Stockwerkeigentümers* als Voraussetzung für die Eintragung im Grundbuch vorgesehen (Art. 712i Abs. 2). Hier meldet er das Gemeinschaftspfandrecht selber zur Eintragung an (Art. 22a Abs. 1 und 3 i. V. m. Art. 22 Abs. 2 GBV). Weil das einzutragende Pfandrecht auf gesetzlicher Anordnung beruht, ist öffentliche Beurkundung zwar unnötig, doch sind die gleichen Voraussetzungen zu erfüllen wie bei der Anerkennung der Pfandsumme (vgl. vorn N 51; ZOBL, ZSR *1982* II 155; vgl. dazu auch MATHIS, 133 f.). 53

c. *Gerichtliches Eintragungsverfahren*

Weigert sich der Eigentümer, die Pfandsumme anzuerkennen oder die Eintragungsbewilligung zu erteilen, ist der Pfanderrichtungsanspruch auf dem Rechtsweg durchzusetzen (Art. 22a Abs. 3 i. V. m. Art. 22 Abs. 2 GBV). Wird lediglich die vorläufige Eintragung in Form einer Vormerkung verlangt, ist das *summarische Verfahren* vor dem Einzelrichter (gemäss kantonaler Zivilprozessordnung) einzuschlagen (Art. 961 Abs. 3). Dazu ist der Verwalter ohne besondere Vollmacht berechtigt (Art. 712t Abs. 3). Soll das Gemeinschaftspfandrecht hingegen definitv eingetragen werden, ist ein *ordentliches Verfahren* anzustrengen, wozu der Verwalter eine entsprechende Vollmacht der Stockwerkeigentümerversammlung benötigt (vgl. Art. 712t N 44 ff). 54

55 In einem solchen Prozess wird lediglich das Bestehen einer rückständigen Beitragsforderung *festgestellt* (Feststellungsurteil; vgl. auch MATHIS, 134). Die Verbindung mit einer entsprechenden *Leistungsklage* gegen den Beitragsschuldner ist jedoch möglich und aus prozessökonomischen Gründen angezeigt (vgl. für das Bauhandwerkerpfandrecht ZOBL, ZSR *1982* II 159f). Gerichtsstand für dieses Verfahren ist der Ort der gelegenen Sache.

4. Abwendung der Eintragung durch Sicherheitsleistung

56 Durch Leistung hinreichender Sicherheiten ist der Stockwerkeigentümer in der Lage, die Eintragung des Gemeinschaftspfandrechts abzuwenden (Art. 839 Abs. 3 per analogiam). Die Sicherheit kann auch noch nach der definitiven Eintragung des Gemeinschaftsrechts mit der Folge erbracht werden, dass dieses wieder zu löschen ist (vgl. sinngemäss für das Bauhandwerkerpfandrecht SCHUMACHER, Nr. 905; ZOBL, ZSR *1982* II 161, mit weiteren Verweisen). In dieser Hinsicht ist das Gemeinschaftspfandrecht ein subsidiäres Sicherungsmittel (ZOBL, ZSR *1982* II 161, für das Bauhandwerkerpfandrecht).

57 Die Sicherheitsleistung kann entweder als *Personalsicherheit* (z. B. Bürgschaft, Bankgarantie) oder als *Realsicherheit* (z. B. Hinterlegung, Pfand) erbracht werden. Erforderlich ist aber, dass sie dem Sicherungszweck vollauf gerecht zu werden vermag (ZOBL, ZSR *1982* II 161. Für die möglichen Sicherheitsleistungen im allgemeinen vgl. ZOBL, Syst. Teil N 1099ff; zum Bauhandwerkerpfandrecht vgl. SCHUMACHER, Nr. 895ff).

VI. Rechtsfolgen der Pfanderrichtung

1. Allgemeines

58 Wird das Pfandrecht im Grundbuch eingetragen, ist damit der Stockwerkeigentumsanteil mit einem dinglichen Verwertungsrecht belastet. Der Gläubiger der in dieser Weise sichergestellten Beitragsforderung kann den Anteil verwerten lassen und sich aus dessen Erlös befriedigen (BGE *106* II 187).

2. Rang des Gemeinschaftspfandrechts

Da es sich beim Gemeinschaftspfandrecht um ein mittelbares gesetzliches Pfandrecht handelt, erhält es seinen Rang dem Prinzip der Alterspriorität folgend nach dem *Datum der Anmeldung* zur Eintragung oder Vormerkung (FRIEDRICH, § 22 N 15). Ebensowenig wie dem Gemeinschaftspfandrecht ein Rangprivileg zukommt, geniesst es in der Verwertung ein Vorrecht (FRIEDRICH, § 22 N 13). Die entsprechende Bestimmung des Bauhandwerkerpfandrechts (Art. 841) ist nicht anwendbar (OTTIKER, 83; STEINAUER, § 34 N 1352d).

59

3. Umfang der Pfandsicherung

Neben der im Grundbuch als Kapitalhypothek eingetragenen Pfandsumme, welche sich aus Beitragsforderungen der letzten drei Jahre zusammensetzt, haftet das Pfandobjekt gemäss Art. 818 Abs. 1 zusätzlich für allfällige *Verzugszinsen* und *Betreibungskosten*.

60

4. Unverjährbarkeit der gesicherten Forderungen

Die Beitragsforderungen sind unabhängig davon, welcher Verjährungsfrist sie ihrer Natur nach unterworfen wären (Art. 127 f OR), solange *unverjährbar,* als zu ihrer Sicherung ein Grundpfandrecht *eingetragen* ist (Art. 807). Die Verjährung beginnt nicht und steht still, sofern sie vor der Eintragung des Pfandrechts ihren Anfang genommen hat.

61

5. Abwendung des Retentionsrechts

Die Sicherstellung der ausstehenden Beitragsforderungen durch Errichtung eines Grundpfandrechts bewirkt, dass für dieselben Forderungen das Retentionsrecht von Art. 712k erlischt (vgl. ausführlich dazu Art. 712k N 54ff).

62

VII. Untergang des Pfandrechts

Neben dem Untergang des Pfandobjekts (vgl. dazu Art. 712f N 20ff) führt nur eine Löschung im Grundbuch zum Untergang des dinglichen Grundpfandrechts (Art. 801). Bleibt das Gemeinschafts-

63

pfandrecht eingetragen, obwohl die damit gesicherte Forderung weggefallen ist, führt es nur noch eine formelle Buchexistenz.

64 Erfüllt der Beitragsschuldner (sei dies nun der frühere oder der aktuelle Eigentümer des Stockwerkeigentumsanteils) die gesicherte Forderung, kann vom Gläubiger die Erteilung der Löschungsbewilligung verlangt werden.

65 Ist der mit dem Gemeinschaftspfandrecht belastete Stockwerkeigentümer nicht selber Schuldner der Beitragsforderung, besteht mit anderen Worten ein Drittpfandrecht, besitzt er ein *ius offerendi* (Art. 827 Abs. 1). Er hat das Recht, den Pfandgläubiger zu befriedigen, worauf die gesicherte Forderung und das Pfandrecht auf ihn übergehen (Art. 827 Abs. 2, Art. 110 Ziff. 1 OR). Es steht ihm dann frei, das Pfandrecht löschen zu lassen.

66 Ebenfalls gelöscht wird das Pfandrecht nach *Verwertung* des belasteten Stockwerkeigentumsanteils (BGE *106* II 189). Diese Verwertung wird dadurch erreicht, dass die Gemeinschaft der Stockwerkeigentümer oder der Gläubiger, welcher die Beitragsforderungen in der Betreibung gegen die Gemeinschaft gepfändet hat, am Ort der gelegenen Sache (BBl *1962* II 1518; AMONN, BlSchK *1968* 4) Betreibung auf Pfandverwertung gegen den Eigentümer des Anteils einleiten. Daneben können sie zusätzlich den Beitragsschuldner (auf Pfändung oder Konkurs) betreiben. Belangen sie einen Drittschuldner auf Zahlung der Beitragsforderungen, steht diesem das *beneficium execussionis realis* wohl nicht zu (vgl. SIMONIUS, Probleme des Drittpfandes, ZSR *1979* I 359 ff, 368).

67 Ob die Gemeinschaft bei der Versteigerung des Stockwerkeigentumsanteils mitbieten darf, ist umstritten (dafür: LIVER, SPR V/1 105; FRIEDRICH, SJK *1305* 7; derselbe, § 22 N 17; FREI, 42; OTTIKER, 246. Dagegen: CH. MÜLLER, 32 Anm. 32. Unklar BBl *1962* II 1492). U. E. sind gegenüber der Zulassung der Gemeinschaft keine Bedenken am Platz, soweit diese den Stockwerkeigentumsanteil im Rahmen ihrer auf die Verwaltungstätigkeit beschränkten Vermögensfähigkeit zu erwerben gedenkt (vgl. Art. 712l N 34 ff und Art. 712f N 67).

Art. 712 k

b. Retentionsrecht — Die Gemeinschaft hat für die auf die letzten drei Jahre entfallenden Beitragsforderungen an den beweglichen Sachen, die sich in den Räumen eines Stockwerkeigentümers befinden und zu deren Einrichtung oder Benutzung gehören, ein Retentionsrecht wie ein Vermieter.

b. Droit de rétention — Pour garantir son droit aux contributions des trois dernières années, la communauté a sur les meubles qui garnissent les locaux d'un copropriétaire et qui servent soit à leur aménagement soit à leur usage le même droit de rétention qu'un bailleur.

b. Diritto di ritenzione — Per i crediti da contributi decorsi negli ultimi tre anni, la comunione ha, come un locatore, il diritto di ritenzione sulle cose mobili che si trovano nei locali del comproprietario e servono all'uso o al godimento dei medesimi.

Übersicht

		Note	Seite
Materialien		1	308
Literatur		2	308
Rechtsvergleichung		3	308
I.	*Allgemeines*	4	309
	1. Gesetzliche Grundlagen	5	309
	a. Art. 712k	6	309
	b. Art. 272–274 OR	7	309
	c. Art. 283–284 SchKG	10	310
	d. Art. 895 ff	11	310
	2. Begriff und Wesen des Retentionsrechts	12	310
	a. Begriff	12	310
	b. Wesen	13	311
II.	*Grundzüge des Retentionsrechts*	20	312
	1. Retentionsberechtigte	21	312
	a. Die Gemeinschaft der Stockwerkeigentümer	21	312
	b. Dritte	22	313
	2. Retentionsgesicherte Forderungen	23	313
	a. Allgemeines	23	313
	b. Deckungsbeiträge	26	314
	c. Vorschüsse	27	314
	d. Zeitlicher Umfang	28	314
	e. Gläubiger der Beitragsforderungen	30	315
	f. Schuldner der Beitragsforderungen	31	315
	3. Retentionsobjekte	32	315
	a. Bewegliche Sachen	33	315
	b. Sachen zur Einrichtung oder Benutzung	34	316
	c. Sachen des Stockwerkeigentümers	38	316
	d. Sachen eines Mieters	39	317

		e.	Sachen eines Untermieters	47	319
		f.	Sachen Dritter	50	319
	4.	Fehlende Sicherstellung		54	320
III.	*Wirkungen des Retentionsrechts*			57	321
	1.	Allgemeines		57	321
	2.	Umfang der Retentionssicherung		58	322
	3.	Verjährung der retentionsgesicherten Forderungen		59	322
	4.	Zurückbehaltungsrecht		60	322
	5.	Verfolgungsrecht		62	322
IV.	*Durchsetzung des Retentionsrechts*			66	323
	1.	Allgemeines		66	323
	2.	Aufnahme einer Retentionsurkunde		67	324
	3.	Rechtsfolgen der Aufnahme einer Retentionsurkunde		69	324
		a.	Allgemeines	69	324
		b.	Verfügungsverbot und Rückschaffungsrecht	70	325
		c.	Notwendigkeit der Prosequierung	71	325
		d.	Sicherstellung	73	325
V.	*Dahinfallen des Retentionsrechts*			75	326
	1.	Allgemeines		75	326
	2.	Untergang der gesicherten Forderungen		77	327
	3.	Aufhebung der räumlichen Beziehung		78	327
VI.	*Exkurs: Der Arrest*			80	327

1 Materialien   BBl *1962* II 1519; StenBull NR *1963* 225; StenBull StR *1963* 220.

2 Literatur   Neben den im allgemeinen Schrifttumsverzeichnis aufgeführten Werken sind hier noch zu beachten: KURT AMONN, Grundriss des Schuldbetreibungs- und Konkursrechts, 4.A., Bern 1988; ROLF EICHENBERGER, Das Retentionsrecht des Vermieters und Verpächters mit besonderer Berücksichtigung des Schuldbetreibungs- und Konkursrechts, BlSchK *1972* 65ff; HANS FRITZSCHE, Schuldbetreibung und Konkurs, Bd.II, 2.A., Zürich 1968; ANDREAS HÖCHLI, Der Untermietvertrag, Diss Zürich 1982; OFTINGER/BÄR, Das Sachenrecht, Zürcher Kommentar, Bd.V/2: Das Fahrnispfand (Art.884–918), 3.A., Zürich 1981; CLAUDE REYMOND, Gebrauchsüberlassungsverträge, in: SPR VII/1 [Basel 1977], 199ff; SCHÖNENBERGER/SCHMID, Das Obligationenrecht, Zürcher Kommentar, Bd.V/2 b: Miete – Pacht – Leihe, 2. Lfg. (Art.261–274), Zürich 1977; ANDREAS SPRENGER, Entstehung, Auslegung und Auflösung des Mietvertrages für Immobilien, Diss Zürich 1972.

3 Rechtsvergleichung   Vgl. die Angaben in den Vorbemerkungen zu den Art.712aff N 52–81 sowie in Art.712g N 3–6.

I. Allgemeines

Angesichts der Bedeutung, welche die Beiträge der Stockwerkeigentümer an die gemeinschaftlichen Kosten und Lasten nicht nur für die Gemeinschaft, sondern auch für deren Gläubiger besitzen (vgl. Art. 712i N 6) und als Folge des Verzichts auf eine solidarische Haftung der Stockwerkeigentümer für gemeinschaftliche Schulden und des Verzichts auf die Statuierung einer Nachschusspflicht, hat der Gesetzgeber neben dem Pfanderrichtungsanspruch (Art. 712i) auch ein *Retentionsrecht* an den beweglichen Sachen in den Räumen einer Stockwerkeinheit geschaffen. Vgl. allgemein zur Bedeutung des Retentionsrechts und zu dessen Funktion Art. 712i N 4 ff. 4

1. Gesetzliche Grundlagen

Die Regelung des Retentionsrechts findet sich nur zu einem kleinen Teil im Abschnitt über das Stockwerkeigentum. Daneben gelten gemäss ausdrücklicher Verweisung die Bestimmungen über das Retentionsrecht des Vermieters und die weiteren Normen des Retentionsrechts gemäss Art. 895 ff. Im einzelnen gilt folgendes: 5

a. Art. 712k

Diese Norm umschreibt den *Umfang* der durch das Retentionsrecht zu sichernden Forderungen, bezeichnet die *retentionsfähigen Gegenstände* und den *Retentionsberechtigten*. Ausserdem verweist dieser Artikel auf das Retentionsrecht des Vermieters. 6

b. Art. 272–274 OR

Diese von Art. 712k angesprochenen Art. 272–274 OR aus dem Mietrecht sind sinngemäss zu übernehmen («...wie ein Vermieter»), aber selbstverständlich nur diejenigen Punkte, welche in der stockwerkeigentumsrechtlichen Bestimmung keine Regelung erfahren haben. So sind die Regeln über die Entstehung und den Untergang des Retentionsrechts (Art. 272 und Art. 273 OR; vgl. dazu SCHÖNENBERGER/SCHMID, Art. 272–274 N 5) sowie über dessen Ausübung (Art. 274 OR; SCHÖNENBERGER/SCHMID, Art. 272–274 N 5) beizuziehen. Keine Beachtung findet jedoch 7

8

die Bestimmung von Art. 272 Abs. 1 OR, welche den Umfang der gesicherten Forderungen umschreibt (verfallener Jahreszins und laufender Halbjahreszins).

9 Entsprechend der Tatsache, dass es sich beim Retentionsrecht um ein Grenzgebiet zwischen Privat- und Zwangsvollstreckungsrecht handelt (REYMOND, SPR VII/1 255), finden sich Vorschriften über die Ausübung desselben zum Teil auch im SchKG.

c. Art. 283–284 SchKG

10 Die auf das Retentionsrecht anwendbaren vollstreckungsrechtlichen Bestimmungen beschlagen die Frage nach der *Aufnahme der Retentionsurkunde* (Art. 283 SchKG), zeichnen die Möglichkeiten des Retentionsberechtigten bei *Gefährdung seines Anspruchs* auf und versetzen ihn in die Lage, weggeschaffene *Retentionsgegenstände zurückzuholen* (Art. 284 SchKG, welcher Art. 274 Abs. 2 OR entspricht).

d. Art. 895 ff

11 Neben diesen Bestimmungen finden auch noch die Regeln über das allgemeine Retentionsrecht (Art. 895 ff; SCHÖNENBERGER/SCHMID, Art. 272–274 N 4) Anwendung, soweit sie mit der besonderen Natur des Retentionsrechts der Stockwerkeigentümergemeinschaft in Einklang stehen.

2. Begriff und Wesen des Retentionsrechts

a. Begriff

12 Das von Art. 712k eingeführte Retentionsrecht ist ein *generelles gesetzliches Gesamtpfandrecht*. Es erlaubt der Gemeinschaft der Stockwerkeigentümer, sich aus der Verwertung von beweglichen Sachen, welche sich in einer Stockwerkeinheit befinden und zu deren Einrichtung oder Benutzung dienen, unter Vorbehalt der Rechte Dritter für die in den letzten drei Jahren entstandenen Beitragsforderungen zu befriedigen. Das Retentionsrecht entsteht mit *Einbringung* der Sachen in die Räume des Stockwerkeigentümers. Es besteht *ohne Besitz* des Retentionsberechtigten und geht auch bei vorübergehender Entfernung nicht unter.

b. Wesen

Infolge seiner Ausgestaltung als *gesetzliche Mobiliarhypo-* 13
thek ist für die Entstehung des Retentionsrechts der Stockwerkeigentümergemeinschaft weder der Abschluss eines Pfandvertrages noch die Einräumung des Besitzes an den Retentionsobjekten notwendig. Vielmehr genügt, dass die vom Gesetz verlangten Voraussetzungen erfüllt werden und die retentionsfähigen Sachen in eine bestimmte *räumliche Beziehung* zum Retentionsberechtigten gelangen (ZOBL, Syst. Teil N 459).

Anders als beim Retentionsrecht gemäss Art. 895 ff ist es 14
bei demjenigen der Stockwerkeigentümergemeinschaft nicht nötig, dass die Retentionsgegenstände individualisiert sind (es handelt sich um ein generelles Pfandrecht; ZOBL, Syst. Teil N 466). Die Individualisierung hat jedoch vor der Verwertung durch die Aufnahme in einer Retentionsurkunde zu erfolgen (vgl. hinten N 67 f).

Neben fälligen sichert das Retentionsrecht der Gemeinschaft auch *nicht fäl-* 15
lige Forderungen (Art. 895 Abs. 1 findet keine Anwendung; vgl. REYMOND, SPR VII/1 253). Infolge der *akzessorischen Natur* des Retentionsrechts müssen jedoch bestimmte Forderungen vorhanden sein. Gehen sämtliche gesicherten Forderungen unter, hat auch das Retentionsrecht keinen Bestand mehr (BGE *61* II 264).

Als *dingliches Recht* bietet das Retentionsrecht dem Berechtigten die Mög- 16
lichkeit, der Retention unter liegende Sachen zu verfolgen. Zudem ist sein Recht unter Umständen stärker als dingliche Rechte Dritter (vgl. dazu SCHÖNENBERGER/SCHMID, Art. 272–274 N 7; vgl. auch hinten N 39 ff). Ausserdem geht der Retentionsberechtigte in der Verwertung der Retentionsgegenstände den Kurrentgläubigern des Retentionsbelasteten vor (EICHENBERGER, BlSchK *1972* 66).

Wie der Pfanderrichtungsanspruch gemäss Art. 712i hat auch das Reten- 17
tionsrecht der Gemeinschaft *realobligatorischen Charakter:* Jeder jeweilige Stockwerkeigentümer muss dulden, dass seine Gegenstände sowie solche Dritter, die von ihm eingebracht wurden, für Beitragsforderungen, welche frühere Eigentümer schulden, verwertet werden (FRIEDRICH, § 22 N 6; derselbe, SJK *1303* 8; CH. MÜLLER, 26). Das Retentionsrecht an den Sachen des betreffenden Stockwerkeigentümers entsteht mit deren Einbringung durch diesen und geht unter, sobald der Stockwerkeigentümer sein dingliches Recht am Stockwerkeigentumsanteil aufgibt und unter Billigung der Gemeinschaft mit seinen Sachen die Stockwerkeinheit verlässt.

18 Die realobligatorische Natur des Retentionsrechts kann damit begründet werden, dass mit den durch die Beitragsforderungen zu deckenden Aufwendungen das gemeinschaftliche Grundstück in gebrauchsfähigem Zustand erhalten wird. Die Erhaltung der Gebrauchsfähigkeit ist aber auch für eine Werterhaltung der einzelnen Stockwerkeinheiten notwendig. Anders als im Rahmen eines Mietvertrages, in welchem der Mietzins lediglich ein Entgelt für die *Überlassung des Gebrauchs* an der Sache darstellt, sind die mit den Beitragsforderungen zu deckenden Aufwendungen stark auf den Miteigentumsanteil des einzelnen Stockwerkeigentümers bezogen. Sie kommen daher auch einem neuen Eigentümer zugute (z. B. Renovation, wertvermehrender Ausbau des gemeinschaftlichen Grundstücks). Demgegenüber zieht ein Nachmieter keine Vorteile aus der Gebrauchsüberlassung der Sache an seinen Vormieter, weshalb er mit seinen Sachen nicht für ausstehende Mietbetreffnisse seines Vorgängers haftet.

19 Die Haftung des jeweiligen Stockwerkeigentümers mit den von ihm eingebrachten beweglichen Sachen ist jedoch zu seinem Schutz auf die in den *letzten drei Jahren entstandenen Beitragsforderungen* beschränkt. Zudem hat er die Möglichkeit, intern von seinem Vorgänger für von diesem geschuldete Beitragsforderungen Ersatz zu verlangen.

II. Grundzüge des Retentionsrechts

20 Das Retentionsrecht der Stockwerkeigentümergemeinschaft als *dingliches Zurückbehaltungs- und Befriedigungsrecht* entsteht unabhängig von Wissen oder Willen der Gemeinschaft ex lege, sobald sämtliche materielle Voraussetzungen erfüllt sind (dagegen hat die Gemeinschaft für die Durchsetzung des Retentionsrechts tätig zu werden; vgl. hinten N 66 ff).

1. Retentionsberechtigte

a. Die Gemeinschaft der Stockwerkeigentümer

21 Das in Art. 712k geregelte Retentionsrecht steht der Gemeinschaft der Stockwerkeigentümer zu. Es entsteht als Akzessorium der Beitragsforderungen, deren ursprünglicher Gläubiger nur die Gemeinschaft sein kann. Von der Frage nach der Retentionsberechtigung ist diejenige

nach der Ermächtigung zur Geltendmachung (hinten N 67) zu trennen (für die Frage, wessen Objekte vom Retentionsrecht erfasst sind, wer also retentionsbelastet ist, vgl. hinten N 32 ff).

b. Dritte

22 Obwohl das Retentionsrecht in jedem Fall bei der Stockwerkeigentümergemeinschaft entsteht, ist sie nicht immer daraus berechtigt. Vielmehr ist es möglich, dass sie die gesicherten Forderungen abtritt und damit der Zessionar das Retentionsrecht als Nebenrecht der Forderung erwirbt (Art. 170 OR). Voraussetzung ist allerdings, dass die Forderung überhaupt abgetreten werden kann (vgl. dazu hinten N 30).

2. Retentionsgesicherte Forderungen

a. Allgemeines

23 Das ohne Pfandvertrag ex lege entstehende Retentionsrecht der Gemeinschaft erfasst wie dasjenige des Vermieters nur bestimmte Forderungen. Ihr Kreis ist in Art. 712h umschrieben, weshalb die entsprechende Bestimmung in Art. 272 OR für das Retentionsrecht der Stockwerkeigentümergemeinschaft bedeutungslos ist. Es ist daher unzulässig, die auf die letzten drei Jahre entfallenden Beitragsforderungen mit dem verfallenen Jahreszins von Art. 272 OR gleichzusetzen und der Gemeinschaft zusätzlich zu den drei Jahren noch ein Retentionsrecht für Forderungen zu gewähren, welche dem laufenden Halbjahreszins entsprechen.

24 Sind aber die gesicherten Forderungen Beitragsforderungen und nicht Mietzinse, erübrigt sich auch die Diskussion, ob allenfalls mietzinsähnliche Leistungen vom Retentionsrecht erfasst werden. Alles was im Rahmen der Verwaltungstätigkeit für das gemeinschaftliche Grundstück aufgewendet wird, lässt entsprechende Beitragsforderungen bei den Stockwerkeigentümern entstehen. Was als Beitragsforderung in diesem Sinne gilt und in den zeitlichen Rahmen von Art. 712k fällt, geniesst die Retentionssicherheit.

25 Ob eine bestimmte Forderung Beitragsforderung und damit retentionsgesichert sei, ist eine Frage des materiellen Rechts (Art. 712h), welche im Streit-

fall der Richter und nicht das Betreibungsamt zu entscheiden hat (SPRENGER, 119 Nr. 244). Die gegen den einzelnen Stockwerkeigentümer gerichteten Beitragsforderungen lassen sich in *Vorschüsse* und *Deckungsbeiträge* unterteilen (Art. 712h N 10 ff). Beide werden durch das Retentionsrecht gedeckt (vgl. für den Pfanderrichtungsanspruch Art. 712i N 26 ff).

b) Deckungsbeiträge

26 Die Deckungsbeiträge dienen unmittelbar der Befriedigung von Gläubigern der Gemeinschaft. Sie entstehen, sobald feststeht, dass das bereits geäufnete Vermögen der Gemeinschaft nicht ausreicht, um fällige Forderungen von Gemeinschaftsgläubigern zu tilgen (vgl. Art. 712h N 11 f).

c. Vorschüsse

27 Die vom einzelnen Stockwerkeigentümer geforderten Vorschüsse werden von der Gemeinschaft beschlossen oder sind im Reglement festgelegt (vgl. Art. 712h N 13 f). Sie dienen primär zur Äufnung eines ergänzenden Verwaltungsvermögens und nicht unmittelbar zur Begleichung von von Verwaltungsschulden.

d. Zeitlicher Umfang

28 Das Retentionsrecht der Gemeinschaft besteht für «die auf die letzten drei Jahre entfallenden Beitragsforderungen» (Art. 712k). Damit sind die *in den letzten drei Jahren entstandenen Beitragsforderungen* gemeint. Für die Berechnung der Dreijahresfrist ist das *Begehren um Verwertung* der Retentionsobjekte bzw. die *Konkurseröffnung* über deren Eigentümer als Ausgangspunkt zu nehmen (SCHÖNENBERGER/SCHMID, Art. 272–274 N 19; SPRENGER, 119 Nr. 246), nicht dagegen der Zeitpunkt der Aufnahme der Retentionsurkunde.

29 Anders als das Pfandrecht, welches aufgrund von Art. 712i im Grundbuch eingetragen werden kann und damit auch nach Ablauf der drei Jahre den Beitragsforderungen Pfandsicherheit gewährt, erneuert sich das Retentionsrecht für neue Forderungen, während früher entstandene aus der Retentionsberechtigung fallen (REYMOND, SPR VII/1 254; SCHÖNENBERGER/SCHMID, Art. 272–274 N 19).

e. Gläubiger der Beitragsforderungen

Ursprünglicher Gläubiger der Beitragsforderungen ist in 30 jedem Fall die *Gemeinschaft*. Es ist nicht möglich, dass die ex lege zu ihrem Vermögen gehörenden Beitragsforderungen bei einem anderen Gläubiger entstehen. Möglich ist jedoch, dass die Gemeinschaft ihre Forderungen gegen die einzelnen Stockwerkeigentümer im Rahmen ihrer Verwaltungstätigkeit abtritt. Mit dieser Abtretung erwirbt der neue Gläubiger als Akzessorium auch das Retentionsrecht (vorn N 22; SCHÖNENBERGER/SCHMID, Art. 272–274 N 23 f).

f. Schuldner der Beitragsforderungen

Schuldner der Beitragsforderungen ist derjenige, in dessen 31 *Eigentümerzeit* die entsprechende Forderung entstanden ist. Auch nach Veräusserung seines Stockwerkeigentumsanteils bleibt er persönlicher Schuldner gegenüber der Stockwerkeigentümergemeinschaft. Dies kann dazu führen, dass das realobligatorisch ausgestaltete Retentionsrecht einen neuen Eigentümer als Nichtschuldner belastet und dieser die Verwertung seiner Sachen für die Schulden seines Vorgängers dulden muss, soweit er nicht Sicherheit leistet (hinten N 54 ff; FRIEDRICH, § 22 N 6; für den Mieter eines Stockwerkeigentumsanteils vgl. hinten N 39 ff).

3. Retentionsobjekte

Neben dem Kreis der Forderungen, für welche das Retentionsrecht besteht, sind auch die Objekte, welche dafür haften, beschränkt. 32 Vom Retentionsrecht erfasst werden nur bewegliche Sachen, die sich in den Räumen eines Stockwerkeigentümers befinden und zu deren Einrichtung oder Benutzung gehören.

a. Bewegliche Sachen

Für den Begriff der beweglichen Sachen kann auf Syst. 33 Teil N 172 verwiesen werden. Keine retentionsfähigen Objekte bilden die vom Stockwerkeigentümer in seiner Einheit eingebauten und damit fest verbundenen Gegenstände (wie z. B. Küchenkombinationen und Einbauschränke), welche mit ihrem Einbau zu Bestandteilen der Hauptsache wurden (vgl. dazu Art. 712a N 32) und damit dem Gemeinschaftspfandrecht gemäss Art. 712i unterliegen.

b. Sachen zur Einrichtung oder Benutzung

34 Dem Retentionsrecht unterliegen nur bewegliche Sachen, welche zur «Einrichtung und Benutzung der Stockwerkeinheit gehören» (Art. 712k), mithin deren *Zweckbestimmung* entsprechen. Welchen Zwecken eine bestimmte Stockwerkeinheit dienen soll, ergibt sich aus dem Begründungsakt oder aus dem Reglement (vgl. Art. 712a N 38f und N 42f; Art. 712g N 98). Lassen diese die Verwendung der Stockwerkeinheit zu verschiedenen Zwecken zu (z. B. als Wohnung oder zur Ausübung eines Gewerbes), ist massgebend, welcher Verwendungszweck im konkreten Fall vorliegt. Diese von SPRENGER (120 Nr. 250) für das Retentionsrecht des Vermieters vertretene Meinung muss für das Retentionsrecht der Gemeinschaft noch in vermehrtem Masse gelten, da ein Stockwerkeigentümer viel eher als ein Mieter in der Lage ist, seine Stockwerkeinheit in den Dienst anderer Zwecke zu stellen. Im einzelnen ist folgendes festzuhalten:

35 — Wird eine Stockwerkeinheit als *Wohnung* benutzt, werden vom Retentionsrecht Gegenstände erfasst, welche üblicherweise Wohnzwecken dienen. Vom Retentionsrecht ausgenommen sind jedoch persönliche Objekte wie Kleider, Schmuck usw. Ebenfalls nicht erfasst werden Geld oder Wertpapiere (REYMOND, SPR VII/1 255; vgl. im einzelnen dazu SPRENGER, 120 Nr. 250).

36 — Wird die Stockwerkeinheit dagegen für *gewerbliche Zwecke* verwendet, können Gegenstände, welche der Berufsausübung dienen, retiniert werden (vgl. im einzelnen dazu SCHÖNENBERGER/SCHMID, Art. 272–274 N 7ff).

37 — In allen Fällen ausgeschlossen ist das Retentionsrecht an *Kompetenzstücken* (vgl. REYMOND, SPR VII/1 255).

c. Sachen des Stockwerkeigentümers

38 In jedem Fall unterliegen dem Retentionsrecht der Stockwerkeigentümergemeinschaft die der Einrichtung oder Benutzung dienenden beweglichen Sachen des *jeweiligen Stockwerkeigentümers,* unabhängig davon, ob er Schuldner der Beitragsforderungen ist (für die von ihm eingebrachten Sachen Dritter vgl. hinten N 50ff).

d. Sachen eines Mieters

Anstatt eine Einheit selber zu nutzen, kann der Stockwerk- 39
eigentumsanteil auch vermietet werden. In diesem Fall befinden sich bewegliche Sachen eines Mieters in den Räumen der betreffenden Stockwerkeinheit. Ein Retentionsrecht an Sachen des Stockwerkeigentümers entfällt, soweit keine solchen in der Einheit vorhanden sind.

Es stellt sich die Frage, ob Sachen des Mieters neben dem Retentionsrecht 40
des Stockwerkeigentümers als Vermieter auch noch dem *Retentionsrecht der Gemeinschaft* für die Beitragsforderungen gegen den Stockwerkeigentümer unterliegen. Bejaht man dies, ist es zudem fraglich, welchen Umfang dieses Retentionsrecht hat (vgl. FRIEDRICH, § 22 N 6).

Die erste der gestellten Fragen ist aufgrund des klaren Gesetzeswortlautes 41
von Art. 712k («...sich in den Räumen eines Stockwerkeigentümers befinden...») zu bejahen. Überdies erfasst die Verweisung von Art. 712k auch Art. 272 Abs. 2 OR, welcher das Retentionsrecht des Vermieters auf Sachen eines *Untermieters* erstreckt, obwohl der Untermieter in keinem vertraglichen Verhältnis zum Vermieter steht und diesem insbesondere keinen Mietzins schuldet. Dem Verhältnis des Untermieters zum Vermieter entspricht das Verhältnis des Mieters eines Stockwerkeigentumsanteils zur Gemeinschaft der Stockwerkeigentümer. Auch er steht zu ihr in keinen vertraglichen Beziehungen und wird insbesondere *nicht Beitragsschuldner* (vgl. dazu Art. 712i N 43). Diese beiden Tatbestände entsprechen sich somit in wesentlichen Punkten, so dass sich eine *Erstreckung des Retentionsrechts der Gemeinschaft auf Sachen des Mieters* rechtfertigt.

Auch für die Frage nach dem Umfang des Retentionsrechts ist von der Re- 42
gelung des Mietrechts auszugehen. Gemäss Art. 272 Abs. 2 OR steht einem Vermieter das Retentionsrecht an Sachen des Untermieters nur soweit zu, als diesem gegenüber das Recht des Untervermieters reicht. Der Untermieter kann sich daher durch Zahlung der seinem Vertragspartner geschuldeten Zinsen vom Retentionsrecht (des Untervermieters und des Vermieters), welches u. E. nur entsprechend den Beträgen (verfallener Jahreszins und laufender Halbjahreszins) des von ihm dem Untervermieter geschuldeten Zinses besteht, befreien.

Diese Auffassung ist wohl zutreffend, da der Untermieter lediglich mit dem 43
Untervermieter in Kontakt steht und sich nicht darum kümmern muss, ob dieser seinen Verpflichtungen nachgekommen ist. Ausserdem weiss er vielleicht gar nicht, dass sein Vertragspartner nicht Eigentümer der ihm überlas-

senen Räume ist. Aus diesen Gründen muss es zur Befreiung vom Retentionsrecht genügen, dass er seine eigenen Pflichten erfüllt.

44 Entsprechend zu behandeln ist aber auch der Mieter eines Stockwerkeigentumsanteils. Auch er ist lediglich Mieter und hat u. U. ausschliesslich mit dem Stockwerkeigentümer Kontakt. Auch ihm ist es nicht möglich, in jedem Fall festzustellen, ob der Stockwerkeigentümer seinen Beitragspflichten nachgekommen ist. Zudem kann ihm verschlossen bleiben, dass sein Vermieter nicht Eigentümer des gesamten Grundstücks, sondern nur eines oder mehrer Stockwerkeigentumsanteile ist.

45 Als *Mieter* muss er zwar für den Fall, dass er seinen Pflichten nicht nachkommt, mit dem Retentionsrecht seines Vermieters rechnen. Ein weitergehendes Retentionsrecht hat er jedoch nicht in seine Überlegungen mit einzubeziehen. Es scheint daher richtig, das *Retentionsrecht der Gemeinschaft dem Retentionsrecht des Stockwerkeigentümers als Vermieter zu überlagern*, soweit dessen Recht gegen den Mieter reicht. Das Retentionsrecht der Gemeinschaft an Gegenständen des Mieters ist daher auf das von diesem geschuldete Mietzinsbetreffnis für ein verfallenes Jahr und für das laufende Halbjahr beschränkt (g. M. FRIEDRICH, SJK *1303* 8). Beim Retentionsrecht der Gemeinschaft gegenüber dem Mieter eines Stockwerkeigentumsanteils handelt es sich gleich wie bei demjenigen des Vermieters gegenüber dem Untermieter um ein selbständiges Recht (SCHÖNENBERGER/SCHMID, Art. 272–274 N 14; HÖCHLI, 47f; so wohl auch FRIEDRICH, SJK *1303* 8).

46 An sich bestünde die Möglichkeit, den Mieter als Dritten im Sinne von Art. 273 OR zu behandeln. Damit hätte die Gemeinschaft ein Retentionsrecht an seinen Sachen, sofern sie nicht wusste oder wissen musste, dass diese nicht dem Stockwerkeigentümer gehören. Gegen diese Auffassung ist aber einzuwenden, dass beim Retentionsrecht des Vermieters der Untermieter, welcher beim Retentionsrecht der Stockwerkeigentümergemeinschaft dem Mieter entspricht, *nicht als Dritter* behandelt wird (SCHÖNEBERGER/SCHMID, Art. 272–274 N 13; HÖCHLI, 59). Nur derjenige, welcher die zu retinierende Sache nicht selber in die Räume eingebracht hat und sich durch Erfüllung der Pflichten aus dem Mietvertrag befreien kann, muss für den Fall, dass sein Recht an der Sache dem Vermieter nicht bekannt wird oder bekannt sein muss, die Verwertung seiner Sache ohne Einschränkung dulden. Dies entspricht dem allgemeinen Grundsatz, dass derjenige, welcher eine Sache freiwillig aus der Hand gibt, daraus entstehenden Schaden selber zu tragen hat.

e. Sachen eines Untermieters

Auch der Mieter eines Stockwerkeigentumsanteils muss die Einheit nicht selbst benutzen. Er kann sie, soweit dies nicht im Reglement ausdrücklich untersagt ist (vgl. dazu auch Art. 712a N 50 ff), im Rahmen eines Mietvertrages einem Dritten überlassen. 47

Keine besonderen Schwierigkeiten bereitet in diesem Fall das Retentionsrecht des Stockwerkeigentümers als Vermieter an den Sachen des Untervermieters. Hier gelten die allgemeinen Grundsätze (SCHÖNENBERGER/SCHMID, Art. 272–274 N 23 ff; HÖCHLI, 57 ff). Fraglich könnte jedoch sein, ob die Gemeinschaft ihr Retentionsrecht für Beitragsforderungen auch an Sachen eines Untermieters besitzt. 48

Unseres Erachtens spricht nichts dagegen, auch den Untermieter im Rahmen des Retentionsrechts, welches seinem Vertragspartner zusteht, mit seinen Sachen für die Beitragsforderungen haften zu lassen. Wie schon das Retentionsrecht der Gemeinschaft gegenüber dem Mieter auf ein verfallenes Jahr und ein halbes laufendes Jahr des von diesem seinem Vertragspartner geschuldeten Zins beschränkt ist, muss auch hier der Kreis der Forderungen, für welche das Retentionsrecht der Gemeinschaft geltend gemacht werden kann, wieder entsprechend eingeschränkt werden. Kommt das Retentionsrecht der Gemeinschaft in diesem Fall zum Tragen, überlagert es das Retentionsrecht des Eigentümers als Vermieter sowie das Retentionsrecht des Untervermieters. Aus den gleichen Gründen wie beim Mieter ist zudem die Behandlung des Untermieters als Dritten abzulehnen. 49

f. Sachen Dritter

Das Retentionsrecht des Vermieters erstreckt sich gemäss dem Gesetzestext von Art. 712k und kraft des Verweises auf die Art. 272–274 OR gemäss Art. 273 OR auch auf Gegenstände Dritter, welche durch den Mieter oder Untermieter in die gemieteten Räume eingebracht wurden. Diese Bestimmung gilt analog auch für das Retentionsrecht der Gemeinschaft. 50

Nicht erfasst werden lediglich vorübergehend eingelagerte Sachen (SCHÖNENBERGER/SCHMID, Art. 272–274 N 10), dem Dritten abhanden gekommene Sachen (Art. 273 Abs. 1 OR) sowie Sachen, von denen die Gemeinschaft wusste oder wissen musste, dass sie nicht dem Mieter oder einem allfälligen Untermieter eines Stockwerkeigentumsanteils gehören. Der gute Glaube der 51

Gemeinschaft, welcher im übrigen vermutet wird (SCHÖNENBERGER/SCHMID, Art. 272–274 N 37), kann durch eine entsprechende Anzeige im Zeitpunkt des Einbringens der Gegenstände zerstört werden (SCHÖNENBERGER/ SCHMID, Art. 272–274 N 37; SPRENGER, 130 Nr. 273). Diese Anzeige ist an die Gemeinschaft bzw. deren Verwalter (vgl. Art. 712t Abs. 1) und allenfalls an den Vermieter zu richten (vgl. auch SCHÖNENBERGER/SCHMID, Art. 272–274 N 38, und SPRENGER, 130 Nr. 272). Der gute Glaube der Gemeinschaft kann sodann durch den Beweis zerstört werden, dass es der Gemeinschaft an der nötigen Aufmerksamkeit fehlte. An diesen Beweis sind aber strenge Anforderungen zu stellen. Insbesondere ist die Gemeinschaft grundsätzlich nicht verpflichtet, in das Register der Eigentumsvorbehalte oder ins Güterrechtsregister Einsicht zu nehmen (vgl. GUHL/MERZ/KUMMER, 373; SCHÖNENBERGER/SCHMID, Art. 272–274 N 40f, mit weiteren Verweisen; SPRENGER, 129f Nr. 271 f).

52 Dem guten Glauben der Gemeinschaft nicht abträglich ist die Tatsache, dass der Stockwerkeigentümer, welcher die Sachen eines Dritten eingebracht hat, selber Mitglied der Gemeinschaft ist. Dagegen muss sich u. E. die Gemeinschaft das Wissen dieses Stockwerkeigentümers anrechnen lassen, wenn ein Mieter seines Stockwerkeigentumsanteils Gegenstände Dritter einbringt und ihm dies bekannt ist. Gleich zu behandeln ist die Einbringung von Sachen Dritter durch einen allfälligen Untermieter.

53 Ist die Gemeinschaft der Stockwerkeigentümer bezüglich der Rechte an Sachen, welche Stockwerkeigentümer, Mieter oder Untermieter eingebracht haben, gutgläubig, so fragt sich, in welchem Umfang das Retentionsrecht an diesen Sachen besteht. Kann es jeweils nur in dem Umfang geltend gemacht werden, in dem das Recht des Vertragspartners des die Sache Einbringenden reicht oder bilden die auf die letzten drei Jahre entfallenden Beitragsforderungen die Grenze des Retentionsrechts? Unseres Erachtens haften die Gegenstände Dritter unabhängig davon, wer sie eingebracht hat, *im ganzen Umfang der gesicherten Beitragsforderung*. Dies aus der Überlegung, dass der Dritte das Retentionsrecht durch Anzeige abwenden könnte und er dadurch, dass er seine Sache aus der Hand gibt, gewisse Risiken auf sich nimmt.

4. Fehlende Sicherstellung

54 Das Retentionsrecht an beweglichen Sachen kann durch Sicherstellung abgewendet werden. Damit wird nicht nur die Verwertung vermieden, sondern auch der Retentionsbeschlag verhindert. Durch die Si-

cherheitsleistung geht das Retentionsrecht unter (vgl. OFTINGER/BÄR, Art. 898 N 8). Dies ergibt sich zwar weder aus Art. 712k noch aus den Art. 272–274 OR, sondern aus Art. 898 Abs. 1. Die Möglichkeit der Sicherstellung wurde für das Retentionsrecht des Vermieters übernommen (OFTINGER/BÄR, Art. 898 N 8 f; SCHÖNENBERGER/SCHMID, Art. 272–274 N 59; SPRENGER, 123 Nr. 256; BGE *90* II 53 ff und *61* III 76) und ist für das Retentionsrecht der Stockwerkeigentümergemeinschaft analog anzuwenden (STEINAUER, § 34 N 1353a).

Die Sicherstellung vor der Aufnahme einer Retentionsurkunde kann durch Personal- oder Realsicherheiten erfolgen (OFTINGER/BÄR, Art. 898 N 13). Für die Stockwerkeigentümer von besonderer Bedeutung ist in diesem Zusammenhang die Möglichkeit, ausstehende Beitragsforderungen durch ein Gemeinschaftspfandrecht im Sinne von Art. 712i zu sichern. Ist ein solches im Grundbuch eingetragen und bietet es für die ausstehenden Beitragsforderungen hinreichend Sicherheit (vgl. dazu auch Art. 712i N 6), so entfällt ein Retentionsrecht an beweglichen Sachen für die nämlichen Beitragsforderungen (so wohl auch STEINAUER, § 34 N 1353a). 55

Erfolgt eine Sicherstellung erst *nach Aufnahme der Retentionsurkunde*, fällt dagegen das Retentionsrecht als solches nicht dahin. Vielmehr tritt die Sicherheitsleistung (vgl. dazu hinten N 73 f) anstelle der Retentionsgegenstände und ist in die Retentionsurkunde aufzunehmen. Damit wird also nicht das Retentionsrecht als solches abgewendet, sondern die *Verwertung der Retentionsgegenstände verhindert* (vgl. dazu hinten N 73). 56

III. Wirkungen des Retentionsrechts

1. Allgemeines

Sind sämtliche Erfordernisse des Retentionsrechts erfüllt, ist es *latent* vorhanden. Zwar können die Gegenstände durch den Retentionsbelasteten weiterhin verwendet werden und Verfügungen über sie sind möglich. Dem Retentionsberechtigten steht jedoch ein *Zurückbehaltungsrecht* zu. 57

2. Umfang der Retentionssicherung

58 Das Retentionsrecht der Gemeinschaft bietet nicht nur Sicherheit für die auf die letzten drei Jahre entfallenden *Beitragsforderungen*, sondern daneben auch für *Betreibungs- und Retentionskosten* (SPRENGER, 119 Nr. 274).

3. Verjährung der retentionsgesicherten Forderungen

59 Das Retentionsrecht als solches beeinflusst die Verjährung der retentionsgesicherten Beitragsforderungen nicht. Diese verjähren entsprechend ihres konkreten Rechtsgrundes nach den Art. 127 f OR. Sind sie verjährt, kann auch die Aufnahme einer Retentionsurkunde nicht mehr verlangt werden. Hingegen ist zu beachten, dass das Begehren um Aufnahme der Retentionsurkunde die Verjährung der Beitragsforderung unterbricht, weil es sich hierbei um eine Betreibungshandlung im Sinne von Art. 135 Ziff. 2 OR handelt (SPRENGER, 125 f Nr. 261).

4. Zurückbehaltungsrecht

60 Wollen Stockwerkeigentümer, Mieter oder allfällige Untermieter ausziehen oder Gegenstände fortschaffen, steht dem Retentionsberechtigten ein Zurückbehaltungsrecht zu (Art. 274 Abs. 1 OR; vgl. SCHÖNENBERGER/SCHMID, Art. 272–274 N 77). Zur Durchsetzung dieses Zurückbehaltungsrechts kann der Retentionsberechtigte die Hilfe des Betreibungsamtes oder der Polizei in Anspruch nehmen. In dringenden Fällen ist ihm auch die Selbsthilfe erlaubt (Art. 283 SchKG). Unter das Zurückbehaltungsrecht fallen nur so viele Gegenstände als zur Deckung der Forderungen nötig sind.

61 Neben dem Verwalter (Art. 712s Abs. 1) können auch die einzelnen Stockwerkeigentümer (Art. 712g Abs. 1 i. V. m. Art. 647 Abs. 2 Ziff. 2) für die retentionsberechtigte Gemeinschaft handeln und das Zurückbehaltungsrecht durchsetzen.

5. Verfolgungsrecht

62 Das Retentionsrecht als dingliches Recht bleibt nur dann aufrechterhalten, wenn eine *räumliche Beziehung* zwischen den Sachen und

der Stockwerkeinheit bestehen bleibt. Geht diese Verbindung dauernd verloren, erlischt das Retentionsrecht (vgl. hinten N 78 ff).

Art. 274 Abs. 2 OR gewährt daher den Retentionsberechtigten die Befugnis, durch das Retentionsrecht gebundene und aus den Räumen weggeschaffte Gegenstände durch die Polizei zurückbringen zu lassen. Dieses Verfolgungsrecht besteht allerdings nur für *heimlich* oder *gewaltsam* fortgeschaffte Gegenstände. Der Begriff der Heimlichkeit ist weit auszulegen. Die Gemeinschaft hat den Stockwerkeigentümer bzw. seinen Mieter oder dessen Untermieter nicht zu überwachen (SCHÖNENBERGER/SCHMID, Art. 272–274 N 84; BGE *101* II 94). Als gewaltsam gilt eine Wegschaffung dann, wenn der Widerstand der Gemeinschaft gebrochen wird, d. h. wenn der physische Widerstand eines Verwalters oder eines Stockwerkeigentümers gegen die Wegschaffung erfolglos bleibt. 63

Das Begehren um Rückschaffung der entfernten Gegenstände ist innert zehn Tagen seit der Wegschaffung (SCHÖNENBERGER/SCHMID, Art. 272–274 N 81) beim Betreibungsamt der gelegenen Sache geltend zu machen. Unerheblich ist, in welchem Zeitpunkt der Retentionsberechtigte von der Wegschaffung Kenntnis erhält. An die Stelle der Rückschaffung kann auch die Verwahrung der Gegenstände beim Betreibungsamt treten. 64

Die Rückschaffung kann nicht mehr verlangt werden, wenn Dritte nach der Entfernung aus den Räumen gutgläubig dingliche Rechte an der Sache erworben haben (Art. 284 Abs. 2 SchKG; SPRENGER, 131 Nr. 276 f). Sind diese dinglichen Rechte jedoch vor der Entfernung der Sache aus den Räumen entstanden, ist diese zurückzugeben (BGE *101* II 97 f). 65

IV. Durchsetzung des Retentionsrechts

1. Allgemeines

Kommt der Stockwerkeigentümer seinen Zahlungspflichten nach und gefährdet er das Retentionsrecht der Gemeinschaft auch nicht durch die Wegschaffung von Gegenständen, bleibt es bei dessen latentem Vorhandensein. Erfüllt der Stockwerkeigentümer jedoch seine Zahlungsverpflichtungen nicht mehr und will sich die Stockwerkeigentümergemeinschaft aus den Retentionsgegenständen befriedigen, muss sie diese *individualisieren* lassen (SCHÖNENBERGER/SCHMID, Art. 272–274 N 43). Dies geschieht durch die *Aufnahme einer Retentionsurkunde,* welche das Reten- 66 tionsrecht an sich nicht berührt (SCHÖNENBERGER/SCHMID, Art. 272–274 N 55; AMONN, § 34 N 28). Anschliessend kann die Verwertung der in der Urkunde erfassten Retentionsgegenstände verlangt werden.

2. Aufnahme einer Retentionsurkunde

67 Für die Aufnahme der Retentionsurkunde ist das Betreibungsamt am Ort der Räume des säumigen Stockwerkeigentümers zuständig (SCHÖNENBERGER/SCHMID, Art. 272–274 N 47; FRITZSCHE, 250). Ermächtigt, die Aufnahme einer Retentionsurkunde zu begehren, ist ein allenfalls vorhandener *Verwalter* sowie in Analogie zu Art. 712i ein einzelner *Stockwerkeigentümer* auf Beschluss der Mehrheit hin oder mit Bewilligung des Richters (vgl. dazu Art. 712i N 48). In gleicher Weise wird wohl auch ein *Gläubiger,* welcher die Beitragsforderungen gepfändet hat, die Aufnahme einer Retentionsurkunde verlangen dürfen.

68 Gegenüber dem Betreibungsamt muss die gesicherte Forderung glaubhaft gemacht werden (FRIEDRICH, § 22 N 19). Zudem ist für noch nicht fällige Vorschüsse eine unmittelbare Gefährdung der Ansprüche der Gemeinschaft darzutun (EICHENBERGER, BlSchK *1972* 70; SPRENGER, 126 Nr. 262). Das Betreibungsamt darf die Aufnahme der Retentionsurkunde nur verweigern, falls die Forderung offensichtlich unbegründet ist (vgl. dazu FRITZSCHE, 252, mit Verweisen auf die reichhaltige Judikatur).
Für das Recht des Zessionars, die Aufnahme zu verlangen, vgl. EICHENBERGER, BlSchK 1972 70f. Für Details der Aufnahme einer Retentionsurkunde vgl. AMONN, § 35 N 23 ff und FRITZSCHE, 252 ff.

3. Rechtsfolgen der Aufnahme einer Retentionsurkunde

a. Allgemeines

69 Mit der Aufnahme der Retentionsurkunde stehen die retinierten Gegenstände unter *Retentionsbeschlag*. Das Vollstreckungssubstrat ist individualisiert. Weil die Retentionsurkunde nur der Sicherung einer künftigen Vollstreckung dient, stellt deren Aufnahme weder eine Vollstreckungsmassnahme dar, noch entfaltet sie materiellrechtliche Wirkungen. Ihre

Schutzwirkung besteht lediglich – aber immerhin – in einem vorläufigen Verfügungsverbot (AMONN, § 34 N 28 f).

b. Verfügungsverbot und Rückschaffungsrecht

Die in der Retentionsurkunde aufgezeichneten Gegenstände können zwar noch immer benützt werden, Verfügungen darüber sind jedoch verboten (SPRENGER, 126 Nr. 263). Werden dem *Retentionsbeschlag* unterliegende Gegenstände aus den Räumen entfernt, geht auch nach zehn Tagen (vgl. Art. 274 Abs. 2 OR) das Retentionsrecht nicht mehr unter. Vorbehältlich des gutgläubigen Rechtserwerbs durch Dritte kann die Rückschaffung jederzeit verlangt werden (SCHÖNENBERGER/SCHMID, Art. 272–274 N 56 f; vgl. auch vorn N 62 ff). 70

c. Notwendigkeit der Prosequierung

Der Retentionsbeschlag als strafrechtlich geschütztes Verfügungsverbot erlischt, falls nicht fristgerecht prosequiert d. h. die Betreibung auf Pfandverwertung eingeleitet wird (SCHÖNENBERGER/SCHMID, Art. 272–274 N 58). Auch wenn aber der Retentionsbeschlag wegfällt, bleibt das dingliche Retentionsrecht bestehen. 71

Die Betreibung auf Pfandverwertung ist für verfallene Beitragsforderungen innert zehn Tagen nach Aufnahme der Retentionsurkunde, für laufende Beitragsforderungen (noch nicht fällige Vorschüsse) zehn Tage nach deren Verfall einzuleiten (Kreisschreiben des Bundesgerichts vom 12. Juli 1909 i. V. m. Art. 283 Abs. 3 SchKG). Andernfalls kann das Ausscheiden der Retentionsobjekte aus der Retentionsurkunde verlangt werden (EICHENBERGER, BlSchK *1972* 73). In der Zwangsvollstreckung wird das Retentionsrecht wie ein Faustpfandrecht behandelt (Art. 37 Abs. 2 SchKG; vgl. im einzelnen dazu FRITZSCHE, 257 ff; SCHÖNENBERGER/SCHMID, Art. 272–274 N 64 ff). 72

d. Sicherstellung

Die Verwertung der Retentionsgegenstände kann gemäss einhelliger Auffassung nach Aufnahme der Retentionsurkunde durch Leistung einer Barkaution abgewendet werden (Art. 898 Abs. 1 per analogiam; AMONN, § 34 N 27; FRITZSCHE, 256; ZOBL, Syst. Teil N 1181). Mit der Sicher- 73 stellung nach Aufnahme der Retentionsurkunde werden die Retentionsgegenstände durch die Sicherheitsleistung in der Retentionsurkunde ersetzt, diese behält weiterhin ihre Wirkung (SCHÖNENBERGER/SCHMID, Art. 272–274 N 60f; GUHL/MERZ/KUMMER, 374; FRITZSCHE, 256; BGE *90* III 56f Erw 1). Die Sicherstellung nach Aufnahme der Retentionsurkunde ist bis zum Zeitpunkt der Verwertung zulässig, selbst wenn die Verwertung auf dem Wege der Zwangsvollstreckung erfolgt (g. M. SCHÖNENBERGER/SCHMID, Art. 272–274 N 63; a. M. OFTINGER/BÄR, Art. 898 N 15, mit weiteren Verweisen; EICHENBERGER, BlSchK *1972* 69).

74 Die Stockwerkeigentümergemeinschaft erwirbt an der Sicherheitsleistung ein Pfandrecht (FRITZSCHE, 257). Dabei handelt es sich aber nicht um ein selbständiges Rechtsobjekt. In der Betreibung wird die Sicherheitsleistung deshalb wie ein Retentionsgegenstand behandelt (FRITZSCHE, 257; BGE *61* III 75 Erw 1). Verliert aber die Retentionsurkunde mangels Prosequierung ihre Wirkung (vgl. vorn N 71 f), so muss die Sicherheit herausgegeben werden (SCHÖNENBERGER/SCHMID, Art. 272–274 N 61).

V. Dahinfallen des Retentionsrechts

1. Allgemeines

75 Es bestehen verschiedene Gründe für das Dahinfallen eines Retentionsrechts. Unzutreffend scheint uns, generell vom Untergang des Retentionsrechts zu sprechen. Vielmehr muss differenziert werden, ob ein aus einem bestimmten rechtlichen Verhältnis fliessendes Retentionsrecht überhaupt untergeht (Verzicht auf jegliches Retentionsrecht; SCHÖNENBERGER/SCHMID, Art. 272–274 N 27), ob das Retentionsrecht nur für eine bestimmte Forderung erlischt, für weitere Forderungen aus diesem Rechtsverhältnis aber bestehen bleibt, oder ob schliesslich das Retentionsrecht nur an gewissen Objekten nicht mehr besteht.

76 Lediglich in die Zukunft weist der Untergangsgrund von Art. 273 Abs. 2 OR, welcher im Mietrecht das Retentionsrecht an Sachen Dritter vom Zeitpunkt der Kündigungsmöglichkeit an für neue Forderungen nicht mehr entstehen lässt (SCHÖNENBERGER/SCHMID, Art. 272–274 N 42). Der in dieser Bestimmung verkörperte Gedanke ist für das Retentionsrecht der Stockwerkeigentümergemeinschaft entsprechend zu übernehmen. Weil der Gemeinschaft aber die Möglichkeit fehlt, dem Stockwerkeigentümer zu

kündigen, entfällt ihr Retentionsrecht an Sachen Dritter für Beitragsforderungen, welche nach dem Zeitpunkt ihrer Kenntnis neu entstehen.

2. Untergang der gesicherten Forderungen

77 Das Retentionsrecht als Zurückbehaltungs- und Befriedigungsrecht geht an allen retentionsfähigen Gegenständen unter, falls der Retentionsberechtigte aus den gesicherten Forderungen befriedigt wird oder infolge Untergangs dieser Forderungen keine Befriedigung mehr möglich ist. Für den Untergang der gesicherten Forderungen sind die allgemeinen Grundsätze des OR massgebend (SPRENGER, 124 Nr. 257).

3. Aufhebung der räumlichen Beziehung

78 Wenn auch das Retentionsrecht der Gemeinschaft keinen Besitz des Retentionsberechtigten an den Retentionsgegenständen voraussetzt, ist doch deren räumliche Beziehung zur Stockwerkeinheit notwendig. Ist noch keine Retentionsurkunde aufgenommen worden und geht diese räumliche Beziehung dauernd verloren, erlischt das Retentionsrecht bezüglich aller aus den Räumen entfernten Gegenstände. Vorbehalten bleibt das Verfolgungsrecht SCHÖNENBERGER/SCHMID, Art. 272–274 N 28; vorn N 62 ff).

79 Sind die entfernten Gegenstände jedoch bereits unter Retentionsbeschlag, geht das Retentionsrecht infolge der Wegschaffung nur unter, falls nach Entfernung durch Dritte gutgläubig Rechte daran erworben wurden (SCHÖNENBERGER/SCHMID, Art. 272–274 N 56). Eine lediglich vorübergehende Entfernung aus den Räumen lässt das Retentionsrecht bestehen und zwar unabhängig davon, ob eine Retentionsurkunde aufgenommen wurde oder nicht (SCHÖNENBERGER/SCHMID, Art. 272–274 N 11).

VI. Exkurs: Der Arrest

80 Neben den beiden besonderen Sicherungsmitteln des Stockwerkeigentumsrechts (Gemeinschaftspfandrecht, Art. 712i, und Retentionsrecht, Art. 712k) steht dem Gläubiger eines Stockwerkeigentümers u. U. noch ein weiterer Rechtsbehelf zur Verfügung, mit dem er zwar nicht seine Forderung sichern kann, aber immerhin die Zwangsvollstreckung für eine gefährdete Forderung: Der Arrest (Art. 271 ff SchKG).

81 Entsprechend seiner reinen Sicherungsfunktion hat der Arrest bloss provisorischen Charakter (AMONN, § 51 N 1ff; vgl. dagegen zu den weiteren Funktionen von Gemeinschaftspfandrecht und Retentionsrecht Art. 712i N 6). Betreffend das Stockwerkeigentum hat er indessen eine besondere Bedeutung im Rahmen des sog. «Ausländerarrestes»: Wohnt ein Stockwerkeigentümer nicht in der Schweiz (vgl. auch zur Möglichkeit des Erwerbs eines Stockwerkeigentumsanteils als Zweitwohnung durch einen Ausländer Art. 712a N 26f), so hat ein Gläubiger dieses Stockwerkeigentümers die Möglichkeit, die zwangsweise Eintreibung seiner Forderung durch Verarrestierung des Stockwerkeigentumsanteils zu sichern (Art. 271 Abs. 1 Ziff. 4 SchKG; vgl. dazu AMONN, § 51 N 12f). Diese Sicherungsmöglichkeit bietet einem Gläubiger eines ausländischen Schuldners eine wesentliche Erleichterung: Der Arrest begründet einen Gerichtsstand in der Schweiz für Klagen gegen einen im Ausland wohnenden Stockwerkeigentümer, der seine Stockwerkeinheit bloss als Ferien- oder Zweitwohnung benützt und sonst keinen Geschäftssitz oder kein Spezialdomizil in der Schweiz hat (vgl. zu dieser Voraussetzung des Ausländerarrestes Art. 50 SchKG und dazu AMONN, § 51 N 13).

82 Ähnlich wie das Retentionsrecht von Art. 712k bietet der Arrest dem Gläubiger nur einen vorsorglichen und provisorischen Schutz. Will er die Sicherung der Zwangsvollstreckung seiner Forderung weiter aufrecht erhalten, muss er binnen zehn Tagen seit Arrestnahme mittels Betreibung oder gerichtlicher Klage seine Forderung geltend machen *(Arrestprosequierung; Art. 278 SchKG).* Kommt er dieser Obliegenheit nicht nach, fällt der Arrest dahin.

83 Eine Verarrestierung eines Stockwerkeigentumsanteils kommt jedoch nur in Frage, wenn eine gegen den Stockwerkeigentümer bestehende Forderung nicht anderweitig, d.h. durch ein Gemeinschaftspfandrecht (Art. 712i) oder durch ein Retentionsrecht (Art. 712k) gesichert ist (Art. 271 Abs. 1 SchKG: «... soweit dieselbe nicht durch ein Pfand gedeckt ist ...»). Insofern ist der Arrest im Verhältnis zu Art. 712i und Art. 712k ein *subsidiärer* Sicherungsbehelf (Art. 271 Abs. 1 i.V. m. Art. 37 Abs. 1 und 2 SchKG; AMONN, § 51 N 3). Ausführlich zum Arrest AMONN, § 51 N 1ff.

Art. 7121

III. Handlungsfähigkeit der Gemeinschaft

¹ **Unter ihrem eigenen Namen erwirbt die Gemeinschaft das sich aus ihrer Verwaltungstätigkeit ergebende Vermögen, wie namentlich die Beitragsforderungen und die aus ihnen erzielten verfügbaren Mittel, wie den Erneuerungsfonds.**

² **Die Gemeinschaft der Stockwerkeigentümer kann unter ihrem Namen klagen und betreiben sowie am Ort der gelegenen Sache beklagt und betrieben werden.**

III. Exercice des droits civils

¹ La communauté acquiert, en son nom, les avoirs résultant de sa gestion, notamment les contributions des copropriétaires et les disponibilités qui en sont tirées, comme le fonds de rénovation.

² Elle peut, en son nom, actionner et être actionnée en justice, poursuivre et être poursuivie au lieu de situation de la chose.

III. Esercizio dei diritti civili

¹ La comunione acquista in proprio nome i beni risultanti dalla sua amministrazione, in particolare i contributi dei comproprietari e le disponibilità che ne risultano, come il fondo di rinnovazione.

² Essa può, in proprio nome, stare in giudizio come attrice o convenuta, escutere o essere escussa, nel luogo in cui trovasi la cosa.

Übersicht		Note	Seite
	Materialien	1	330
	Literatur	2	330
	Rechtsvergleichung	3	331
I.	*Allgemeines*	4	331
II.	*Das Verwaltungsvermögen (Abs. 1)*	7	332
	1. Bedeutung	7	332
	2. Rechtsnatur	10	333
	3. Vermögenserwerb unter «eigenem Namen»	15	334
	4. Vermögenserwerb im Rahmen der Verwaltungstätigkeit	17	335
	5. Objekte des Verwaltungsvermögens	19	336
	a. Beitragsforderungen	20	336
	b. Forderungen gegenüber Dritten	21	337
	aa. Allgemeines	21	337
	bb. Forderungen aus Vertrag	22	337
	cc. Forderungen aus ausservertraglicher Schädigung	31	339
	dd. Forderungen aus Grundlasten	32	339
	c. Rechte an Fahrnisgegenständen	33	339
	d. Rechte an Grundstücken	34	340
	aa. Grundeigentum	34	340
	bb. Beschränkte dingliche Rechte	37	340
	cc. Grundbuchliche Behandlung	39	341

	Note	Seite
e. Spezielle Vermögenskomplexe	42	342
aa. Verwaltungsfonds	43	342
bb. Erneuerungsfonds	44	342
III. Beschränkte Handlungs-, Prozess- und Betreibungsfähigkeit (Abs. 2)	46	343
1. Wesen und Bedeutung	46	343
2. Beschränkte Handlungsfähigkeit im Innen- und Aussenbereich	49	344
a. Beschränkte aktive und passive Geschäftsfähigkeit	49	344
aa. Grundlagen	49	344
bb. Haftung der Gemeinschaft aus gemeinschaftlichen Angelegenheiten	53	345
b. Beschränkte Deliktsfähigkeit	60	347
c. Abgrenzungen	63	348
aa. Keine unmittelbare solidarische Haftung der einzelnen Stockwerkeigentümer neben der Gemeinschaft	63	348
bb. Ausschliessliche Haftung der einzelnen Stockwerkeigentümer	70	350
cc. Sonderfall	75	351
3. Beschränkte Prozess- und Betreibungsfähigkeit	76	351
a. Verfahrensrechtliche Stellung der Stockwerkeigentümergemeinschaft	76	351
aa. Grundlagen	76	351
bb. Vertretung der Gemeinschaft im Prozess	80	353
cc. Gerichtsstand	84	354
dd. Prozessuale Grundsätze und Zuständigkeitsbestimmungen	86	354
b. Beschränkte aktive Prozess- und Betreibungsfähigkeit	90	356
c. Beschränkte passive Prozess- und Betreibungsfähigkeit	96	358
aa. Allgemeines	96	358
bb. Beschränkte passive Prozessfähigkeit	98	358
cc. Beschränkte passive Betreibungsfähigkeit	99	359

1 Materialien   BBl *1962* II 1490 ff, 1504 f, 1518 f; StenBull NR *1963* 188 f, 225 f, 685; StenBull StR *1963* 220, 376.

2 Literatur   VICTOR GILLIOZ, L'autorisation d'ester en justice au nom de la communauté des copropriétaires par étage, SJZ *1984* 284 ff; MAX GULDENER, Schweizerisches Zivilprozessrecht, 3.A., Zürich 1979; MAX KUMMER, Grundriss des Zivilprozessrechts, 4.A., Bern 1984; WALTER J. HABSCHEID, Schweizerisches Zivilprozess- und Gerichtsorganisationsrecht, Basel/Fankfurt a. M. 1986; RUTH HÄFLIGER, Die Parteifähigkeit im Zivilprozess, Diss Zürich 1987; ALFRED SIEGWARTD, Zürcher Kommentar; Die Personengesellschaften, Art. 530–619, Zürich 1938: STRÄULI/MESSMER, Kom-

mentar zur Zürcherischen Zivilprozessordnung, 2.A., Zürich 1982; HANS-ULRICH WALDER, Zivilprozessrecht, 3.A., Zürich 1983.

Rechtsvergleichung Vgl. die Angaben in den Vorbemerkungen zu den Art. 712a ff N 52–81, in Art. 712g N 3–6 sowie hinten N 59 und 85. 3

I. Allgemeines

Um die Stockwerkeigentümergemeinschaft als geschlossene Einheit am Rechtsverkehr teilnehmen zu lassen, hat der Gesetzgeber Lösungsmöglichkeiten angestrebt, die sich bei anderen Rechtsgemeinschaften bewährten; er hat sich deshalb für eine Anlehnung an das Recht der Personenhandelsgesellschaften entschieden (vgl. BBl *1962* II 1490f). Entsprechend der gesetzlichen Regelung der Kollektiv- und Kommanditgesellschaft (Art. 552 ff OR) hat er der Stockwerkeigentümergemeinschaft trotz fehlender Rechtsfähigkeit für den Bereich gemeinschaftlicher Verwaltungstätigkeiten Handlungs- und Vermögensfähigkeit verliehen. Der Stockwerkeigentümergemeinschaft fehlt zwar (wie der Kollektiv- und der Kommanditgesellschaft) die eigene Rechtspersönlichkeit, sie wird jedoch in Teilbereichen der gemeinschaftlichen Verwaltung so behandelt, wie wenn sie eine juristische Person wäre (Vorbemerkungen zu den Art. 712a ff N 49 ff und hinten N 46 ff). 4

Indem Abs. 1 von Art. 712l die Gemeinschaft der Stockwerkeigentümer für *fähig* erklärt, *im Bereich gemeinschaftlicher Verwaltung Vermögen zu erwerben*, wird in diesem limitierten Bereich die Zuständigkeit der einzelnen Stockwerkeigentümer *formell* zurückgedrängt. Sie wird jedoch materiell nicht aufgehoben, weil jeder Stockwerkeigentümer notwendigerweise Träger der Rechte und Pflichten bleibt (vgl. die Vorbemerkungen zu den Art. 712a ff N 43 und 45). Es liegt daher nicht die bei einer Körperschaft typische Aufhebung der Rechtszuständigkeit des Einzelnen und deren Übertragung auf einen selbständigen und damit rechtsfähigen Vermögensträger vor (Vorbemerkungen zu den Art. 712a ff N 49; MEIER-HAYOZ/FORSTMOSER, § 2 N 41 ff). 5

Vor allem um den Rechtsverkehr mit Dritten zu erleichtern, hat der Gesetzgeber der Stockwerkeigentümergemeinschaft als Korrelat zu ihrer beschränkten Vermögensfähigkeit eine ebenfalls *beschränkte Handlungsfähigkeit* verliehen: Die Stockwerkeigentümergemeinschaft ist im Bereiche der gemeinschaftlichen Verwaltung geschäfts- und deliktsfähig sowie prozess- und betreibungsfähig (Abs. 2 von Art. 712l). 6

II. Das Verwaltungsvermögen (Abs.1)

1. Bedeutung

7   Der Gesetzgeber hat der Stockwerkeigentümergemeinschaft eine beschränkte Vermögensfähigkeit verliehen, um die gemeinschaftliche Verwaltung (vgl. dazu Art.712g N 13 ff) zu erleichtern. Der Vorteil eigener *Vermögensbildung für die Ausübung der Verwaltungstätigkeit* zeigt sich insbesondere bei grösseren Gemeinschaften, indem der Verwalter durch liquide Mittel aus dem Verwaltungsvermögen die üblicherweise anfallenden Verwaltungskosten decken kann, ohne dass jeweils ein spezielles Tätigwerden der Stockwerkeigentümer erforderlich wäre. Das Vermögen (zum Vermögensbegriff vgl. Syst. Teil N 151) der Stockwerkeigentümer als gesetzliches Sondervermögen (dazu hinten N 10 ff) erfüllt somit in erster Linie den Zweck einer erleichterten Abwicklung der Verwaltung. Indirekt dient es der Interessenwahrung der Stockwerkeigentümer an der Erhaltung der gemeinsamen Sache in einem optimal nutzungsfähigen Zustand (vgl. REY, ZSR 1980 I 264; LIVER, GS Marxer 190; FREI, 24).

8   Im *Aussenbereich* zeigt sich die Bedeutung des Verwaltungsvermögens der Stockwerkeigentümer darin, dass es gegenüber den Gläubigern der Stockwerkeigentümergemeinschaft das primäre Haftungssubstrat bildet. Weil die Gemeinschaft im Rahmen dieses Verwaltungsvermögens haftet und betrieben werden kann, kommt auch der Sicherung der einzelnen Vermögensobjekte erhebliche Bedeutung zu. Diese Sicherungsfunktion findet ihren Niederschlag im Gemeinschaftspfandrecht (Art. 712i) und im Retentionsrecht (Art. 712k), mit welchen die ex lege im Verwaltungsvermögen entstehenden Beitragsforderungen gesichert werden können (vgl. Art. 712i N 4 ff). Die Existenz des Verwaltungsvermögens (zusammen mit der passiven Betreibungsfähigkeit der Gemeinschaft) ermöglicht einem Gläubiger sodann, Forderungen gegenüber der Gemeinschaft durch ein einfaches Vorgehen und somit auch prozessökonomisch einzutreiben (vgl. hinten N 47).

9   Höhe und Umfang des Verwaltungsvermögens beeinflussen zudem die Kreditwürdigkeit der Stockwerkeigentümergemeinschaft, z.B. im Zusammenhang mit Unterhaltsarbeiten am gemeinschaftlichen Grundstück.

2. Rechtsnatur

Das Verwaltungsvermögen der Stockwerkeigentümergemeinschaft stellt ein *zweckgebundenes Sondervermögen* dar (REY, ZSR *1980* I 264).

Sondervermögen ist es insofern, als ein bestimmter Vermögensteil hinsichtlich Haftung, Verwaltung, Nutzung usw. anders behandelt wird als das übrige Vermögen (Syst. Teil N 156 f): Die *Ausübung des Rechts* an denjenigen Vermögensobjekten, welche der Verwaltungstätigkeit der Gemeinschaft dienen, steht kraft besonderer gesetzlicher Anordnung in Art. 712 l Abs. 1 der Stockwerkeigentümergemeinschaft als solcher zu. Die *Rechtszuständigkeit* an den betreffenden Vermögensobjekten verbleibt dagegen entsprechend der dogmatischen Konstruktion der Stockwerkeigentümergemeinschaft als Rechtsgemeinschaft bei den einzelnen Stockwerkeigentümern (REY, ZSR *1980* I 263 f; vgl. dazu auch die Vorbemerkungen zu den Art. 712a ff N 47 ff). Während das Verwaltungsvermögen also in formeller Hinsicht als Einheit erscheint, die der Gemeinschaft zugeordnet ist, wird es sachenrechtlich nicht als solche betrachtet (nicht als im Alleineigentum der Gemeinschaft, sondern im Miteigentum der Stockwerkeigentümer stehend) und demzufolge materiell den einzelnen Stockwerkeigentümern zugeordnet (vgl. dazu Syst. Teil N 158).

Was die Rechtszuständigkeit an *Forderungen* betrifft, welche Teile des Verwaltungsvermögens bilden (vgl. hinten N 20 ff), kann als Folge des dem schweizerischen Sachenrecht zugrunde gelegten engen Sachbegriffs (vgl. Syst. Teil N 115) kein Miteigentum der Stockwerkeigentümer, sondern lediglich eine dem Miteigentum entsprechende Berechtigung bestehen (vgl. auch die Vorbemerkungen zu den Art. 646 ff N 25). Demgegenüber wird in der Literatur teilweise die Auffassung vertreten, dass an den Aktiven des Erneuerungsfonds, somit auch an Forderungen, Miteigentum aller Stockwerkeigentümer bestehe (vgl. FRIEDRICH, § 20 N 4; WEBER, 476). Diese Stellungnahmen erfolgten wohl in Anlehnung an die bundesrätliche Botschaft, in der ausgeführt wird: «Der Miteigentumsanteil eines jeden Stockwerkeigentümers umfasst als seinen Bestandteil auch den Anteil an diesem Vermögen» (BBl *1962* II 1518). FREI (58) wiederum vertritt die Meinung, dass das Verwaltungsvermögen einheitlich als «bislang nicht bekannte Form der Mehrheitsberechtigung» zu betrachten sei.

Zweckgebunden ist das Sondervermögen insofern, als es von Gesetzes wegen der gemeinschaftlichen Verwaltung dienen muss (vgl. dazu hinten N 17 f).

Diese Zweckbindung ist bei der Stockwerkeigentümergemeinschaft (deren Funktion sich in der Verfügung, Nutzung, Verwaltung und Erhaltung des wirtschaftlichen Wertes des gemeinschaftlichen Grundstücks erschöpft) enger als bei einer weitere Zwecke verfolgenden Personengesellschaft oder Körperschaft.

14 Das charakteristische Wesenselement dieses Sondervermögens liegt also einerseits in dessen Zweckbindung, andererseits und vor allem aber darin, dass die Rechtszuständigkeit (welche das zentrale Unterscheidungskriterium zwischen Körperschaften und Rechtsgemeinschaften bildet; MEIER-HAYOZ/FORSTMOSER, § 2 N 44; REY, ZSR *1980* I 263) an diesem Vermögen in eine formelle und eine materielle Zuständigkeit aufgespalten ist. Die Rechtslage entspricht derjenigen bei den Personenhandelsgesellschaften (vgl. MEIER-HAYOZ/FORSTMOSER, § 2 N 45): Obwohl die effektive Rechtsträgerschaft (= materielle Zuständigkeit) den einzelnen Stockwerkeigentümern zukommt, ist formell die Gemeinschaft zur Rechtsausübung zuständig, und zwar so, wie wenn sie eigene Rechtspersönlichkeit hätte.

Vgl. ausführlich zu den Besonderheiten der materiellen und formellen Rechtszuständigkeit REY, ZSR 1980 I 262 ff.

3. Vermögenserwerb unter «eigenem Namen»

15 Nach Art. 712l Abs. 1 kann die Gemeinschaft «unter ihrem eigenen Namen» Vermögensobjekte erwerben. Dies bedeutet nicht, dass die Gemeinschaft von Gesetzes wegen verpflichtet ist, sich einen Namen zu geben (FRIEDRICH, § 1 N 6; FREI, 32). Es steht den Stockwerkeigentümern aber offen, die Gemeinschaft im Reglement oder durch einen Versammlungsbeschluss mit einem Namen zu kennzeichnen. Ein solcher Name ist eine Kollektivbezeichnung, unter der die Stockwerkeigentümergemeinschaft im Rahmen ihrer Verwaltungstätigkeit nach aussen in Erscheinung tritt.

16 Es handelt sich dabei nicht um eine Firmenbezeichnung, weshalb die entsprechenden Bestimmungen (Art. 934, Art. 944 ff OR) keine Anwendung finden. Für die Stockwerkeigentümergemeinschaft ist analog der Stiftung und dem Verein das personenrechtliche Namensrecht von Art. 29 zu beachten. Um Verwechslungen zu vermeiden, fordert FREI (33) die Bezeichnung «Stockwerkeigentümergemeinschaft» als Zusatz zum Namen. FRIEDRICH (§ 1 N 6) empfiehlt zudem, die Bezeichnung des gemeinschaftlichen Gebäudes im Namen zu verwenden. Soweit ersichtlich ist, entstanden bisher in der Praxis keinerlei Probleme mit der Namensgebung von Stockwerkeigentü-

mergemeinschaften, insbesondere auch nicht in prozessualer Hinsicht (vgl. etwa die Beispiele in der bundesgerichtlichen Rechtsprechung: «Stockwerkeigentümergemeinschaft Zähringerstrasse 21–23, Bern», BGE *112* II 312 ff; «Stockwerkeigentümergemeinschaft Chemin du Crêt», BGE *109* II 423 ff; «Block G Adlikon», unveröffentlichter Entscheid vom 11. Dezember 1982; «Chesa Violetta», BGE *108* II 195; «Stockwerkeigentümergemeinschaft Brentsch-Parc», BGE *106* II 11 ff).

4. Vermögenserwerb im Rahmen der Verwaltungstätigkeit

Aus dem Wortlaut von Art. 712l Abs. 1, wonach die Gemeinschaft das sich aus «ihrer Verwaltungstätigkeit» anfallende Vermögen erwirbt, sowie aus dem systematischen Zusammenhang von Art. 712l (insbesondere aus dem Randtitel «C. Verwaltung und Benutzung») ergibt sich eine *funktionelle Beziehung zwischen dem Vermögen der Stockwerkeigentümergemeinschaft und ihrer Verwaltungstätigkeit*. Dadurch unterscheidet sich dieses Sondervermögen vom Vermögen einer Gesellschaft. Das Vermögen der Stockwerkeigentümergemeinschaft dient nicht einer gemeinsamen Zweckverfolgung im Sinne des Gesellschaftsrechts, sondern lediglich dem Interesse an der Verwaltung, Nutzung und Erhaltung der gemeinsamen Sache (Vorbemerkungen zu den Art. 712a ff N 50 und vorn N 7). Ist das Sondervermögen der Stockwerkeigentümergemeinschaft ein durch die sachenrechtliche Struktur der Gemeinschaft «gebundenes» Vermögen, so wird dadurch die Vermögensfähigkeit der Gemeinschaft determiniert. Es handelt sich um eine *auf den Bereich der gemeinschaftlichen Verwaltung beschränkte Vermögensfähigkeit* (BBl *1962* II 1491 f; FREI, 34 ff, der den Begriff «Verwaltungsvermögensgemeinschaft» geprägt hat).

Welche konkreten Vermögenswerte dem Verwaltungsvermögen zugerechnet werden können, beantwortet sich danach, ob diese Objekte im einzelnen in den Bereich der Verwaltungstätigkeit der Stockwerkeigentümergemeinschaft gehören. Auszugehen ist dabei vom Begriff der Verwaltung als Gesamtheit aller «Handlungen tatsächlicher oder rechtlicher Natur, die dazu bestimmt sind, das betroffene Rechtsgut [in casu das gemeinschaftliche Grundstück] zu erhalten, zu mehren oder der seinem Zweck entsprechenden Verwendung zuzuführen» (Art. 647 N 2; vgl. dazu auch BGE *109* II 426 Erw 1 d). Leitlinie der Verwaltungstätigkeit ist dabei – «im sinnvollen Umgang mit dem Gegebenen» (KUNZ, 26) – die Verfolgung des der Stockwerkeigentümerge-

meinschaft am besten dienenden Zieles. Die Verwaltungsaktivität hat sich also auf die Interessen aller Stockwerkeigentümer, mithin auf das gemeinsame Interesse schlechthin auszurichten (vgl. auch WEBER, SJZ *1979* 121 ff).
Vgl. im einzelnen zum Begriff und zum Umfang der gemeinschaftlichen Verwaltung Art. 712g N 13 ff.

5. Objekte des Verwaltungsvermögens

19 Das Verwaltungsvermögen kann aus (obligatorischen) Forderungen und (dinglichen) Rechten an Sachen bestehen, sofern diese in einem funktionellen Zusammenhang mit der gemeinschaftlichen Verwaltung stehen (vorn N 17 f).

a. Beitragsforderungen

20 Den bedeutendsten und deshalb auch vom Gesetz explizit vorgesehenen Teil des Verwaltungsvermögens bilden die Beitragsforderungen. Diese als Realobligationen ausgestalteten Forderungen der Gemeinschaft gegen die einzelnen Stockwerkeigentümer werden mit ihrer Entstehung ex lege Bestandteil des Verwaltungsvermögens (FREI, 37 f. Bei der einfachen Gesellschaft und der Kollektivgesellschaft ist dies hingegen umstritten; vgl. SIEGWART, Art. 570 N 15 ff), ebenso der Pfanderrichtungsanspruch als Akzessorium der Beitragsforderung (Art. 712i N 23). Von besonderer Bedeutung ist in diesem Zusammenhang, dass die Beitragsforderungen bei Konkurseröffnung über einen Stockwerkeigentümer unmittelbar von Gesetzes wegen eine Massaschuld darstellen und somit vorweg aus der Konkursmasse bezahlt werden müssen (BGE *106* III 118 ff, insb. 124 ff Erw 4–6; vgl. dazu auch FRIEDRICH, Stockwerkeigentum *1981/3* 30 ff). Die Höhe der Beiträge bemisst sich nach den tatsächlichen Kosten, welche der Gemeinschaft anfallen (Korrelation von Aussenverpflichtungen und Beitragsforderung); die Stockwerkeigentümer haben deshalb nicht irgendwelche Zahlungen in beliebiger Höhe zu leisten (CH. MÜLLER, 48).
Vgl. ausführlich zu den Beitragsforderungen Art. 712h N 9 ff; zur Sicherung der Beitragsforderungen durch Gemeinschaftspfandrecht und durch Retentionsrecht vgl. Art. 712i N 4 ff sowie hinten N 37.

b. Forderungen gegenüber Dritten

aa. Allgemeines

Ansprüche und Forderungen (vgl. zur Unterscheidung dieser beiden Begriffe KELLER/SCHÖBI, Das Schweizerische Schuldrecht, Bd.I: Allgemeine Lehren des Vertragsrechts [3.A., Zürich 1988], 4f), welche die Stockwerkeigentümergemeinschaft im Zusammenhang mit ihrer Verwaltungstätigkeit gegenüber Dritten erwirbt, fallen grundsätzlich in ihr Vermögen (vorn N 17f). Dabei wird es sich im wesentlichen um Forderungen gegenüber Dritten handeln, die aus Vermietung, Verpachtung, Gewährleistungsansprüchen aus Reparatur und Erneuerung gemeinschaftlicher Grundstücksteile entstehen (vgl. auch BGE *109* II 426). Daneben können aber auch Forderungen aus ausservertraglicher Schädigung zum Verwaltungsvermögen gehören (vgl. FREI, 46). 21

bb. Forderungen aus Vertrag

Alle vermögensrechtlichen Forderungen aus Verträgen, welche die Gemeinschaft als geschlossene Einheit, durch den Verwalter oder durch einen bevollmächtigten Stockwerkeigentümer in ihrem Namen abschliesst, fallen unmittelbar ins Verwaltungsvermögen. Im einzelnen ist folgendes zu beachten: 22

– Hat eine Stockwerkeigentümergemeinschaft auf Grund eines entsprechenden Beschlusses mit einem Unternehmer einen Werkvertrag abgeschlossen (beispielsweise zwecks Ausführung von Unterhalts- oder Reparaturarbeiten) und beziehen sich die unternehmerischen Leistungen auf gemeinschaftliche Teile (vgl. dazu Art.712b N 8ff), so fallen die vermögensrechtlichen Forderungen aus diesem Vertrag dem Gemeinschaftsvermögen zu (z.B. Forderungen zufolge Nicht- oder Schlechterfüllung; Art.712h Abs.2 Ziff.1e contrario; BGE *111* II 458 und dazu LIVER, ZBJV *1987* 145ff; vgl. auch BGE *106* II 21 und dazu REY, recht *1984* 65f). 23

– Eher selten dürfte der Fall vorliegen, dass ein einzelner Stockwerkeigentümer durch Abschluss eines Werkvertrages eine «dringliche Massnahme» zur Abwendung von «drohendem oder wachsendem Schaden» (Art.647 Abs.2 Ziff.2 i.V.m. Art.712g Abs.1; vgl. dazu Art.712g N 28) ergreift. Unter den materiellen Voraussetzungen von Art.647 Abs.2 Ziff.2 (vgl. dazu Art.647 N 75ff) handelt der Stockwerkeigentümer als gesetzli- 24 cher Vertreter der Gemeinschaft (Art. 647 N 78) und berechtigt (bzw. verpflichtet) diese (vgl. dazu auch hinten N 52). Aus diesem Werkvertrag entstehende Forderungen fallen deshalb unmittelbar ins Verwaltungsvermögen der Stockwerkeigentümergemeinschaft. Dieselbe Wirkung tritt auch ein, wenn ein Stockwerkeigentümer als rechtsgeschäftlicher Vertreter (Art. 32 ff OR) tätig wird.

25 – Gewährleistungsansprüche aus Kaufverträgen, welche die Gemeinschaft mit Dritten im Rahmen ihrer Verwaltungstätigkeit abgeschlossen hat (z. B. Fahrniskauf, Grundstückskauf [Erwerb eines Stockwerkeigentumsanteils usw. im Zusammenhang mit der Verwaltungstätigkeit, vgl. hinten N 34 ff]), bilden ebenfalls Objekte des Verwaltungsvermögens.

26 – Die Gemeinschaft kann auch *Forderungen durch Abtretung erwerben,* sofern dieselben vom Bereich ihrer Verwaltungstätigkeit erfasst sind. Dies trifft u. a. auch auf Gewährleistungsansprüche aus Werkverträgen zu, die der Gemeinschaft von den einzelnen Stockwerkeigentümern abgetreten werden (BGE *109* II 426 f, *106* II 21 f). In der Praxis zedieren oft die Begründer von Stockwerkeigentum, welche die gemeinschaftlichen Gebäude erstellen lassen, ihre Gewährleistungsanspüche aus den Werkverträgen an die Erwerber von Stockwerkeigentumsanteilen (vgl. zur Problematik dieses Vorgehens REY, recht *1984* 66 ff). Diese treten hierauf diese Ansprüche an die Gemeinschaft ab. Die entsprechenden Forderungen fallen grundsätzlich ins Verwaltungsvermögen (vgl. auch nachfolgend N 27 ff). Die Gemeinschaft kann dann dieselben Forderungen gegenüber den Unternehmern geltend machen (BGE *109* II 426 f; zur aktiven Prozessfähigkeit der Stockwerkeigentümergemeinschaft vgl. hinten N 90 ff).

27 Ob eine an die Gemeinschaft abgetretene Forderung ins Verwaltungsvermögen fällt und dementsprechend von der Stockwerkeigentümergemeinschaft geltend gemacht werden kann, muss im konkreten Fall entschieden werden. Bei Gewährleistungsansprüchen betreffend das gemeinschaftliche Gebäude darf dies grundsätzlich angenommen werden, vor allem im Hinblick auf das gemeinsame Interesse aller Stockwerkeigentümer an der Erhaltung des gemeinschaftlichen Grundstücks sowie unter dem Aspekt der Prozessökonomie (BGE *111* II 458, *109* II 427, *106* II 21; ZR *1978* Nr. 116; WEBER, SJZ *1979* 123 ff; a. M. ZR *1978* Nr. 117).

28 – Der aus der formellen Zusage eines Unternehmers gegenüber der Gemeinschaft entstandene Anspruch, Mängel an gemeinschaftlichen Bauteilen zu beheben, fällt ebenfalls in das Vermögen der Gemeinschaft (BGE *106* II 20 ff Erw 6).

– Weiter ist zu beachten, dass der Stockwerkeigentümergemeinschaft auch vermögensrechtliche Forderungen aus dem Verwaltervertrag zustehen können, so insbesondere Schadenersatzforderungen (Art. 97 ff OR, Art. 321e OR, Art. 398 OR; vgl. im einzelnen dazu Art. 712q N 65 ff). 29

– Weil der erforderliche funktionelle Zusammenhang zwischen Forderung und gemeinschaftlicher Verwaltung fehlt, kann dagegen die Gemeinschaft *Minderungsansprüche aus Kaufverträgen,* die zwischen Veräusserer und Erwerber einzelner Stockwerkeigentumsanteile abgeschlossen wurden, *nicht* durch Zession erwerben (dazu REY, recht *1984* 66 f). 30

cc. Forderungen aus ausservertraglicher Schädigung

Forderungen gegenüber Dritten oder gegenüber einzelnen Stockwerkeigentümern aus ausservertraglicher Schädigung (z. B. Art. 41 und Art. 58 OR, Art. 679) können ebenfalls zum Verwaltungsvermögen gehören, soweit die Schädigung Auswirkungen auf die gemeinschaftliche Verwaltung hat (Beispiel: Die Beschädigung der gemeinschaftlichen Baute erfordert Instandstellungsarbeiten durch die Gemeinschaft unter entsprechender Kostenfolge; vgl. auch WEBER, SJZ *1979* 120). Die Schadenersatzforderungen aus ausservertraglicher Schädigung fallen dann – gleich wie jene aus vertraglicher Haftung – unmittelbar ins Verwaltungsvermögen und können von der Gemeinschaft in ihrem eigenem Namen geltend gemacht werden (vgl. auch hinten N 92). 31

dd. Forderungen aus Grundlasten

Soweit die Stockwerkeigentümergemeinschaft Grundeigentum erwerben kann (hinten N 34 ff), fällt eine allfällig damit verbundene (realobligatorische) Forderung aus einer Realgrundlast (Art. 782 Abs. 2; z. B. Anspruch auf Warmwasserbezug) ebenfalls in ihr Vermögen. Desgleichen verhält es sich, wenn sie Berechtigte aufgrund einer Personalgrundlast ist. 32

c. Rechte an Fahrnisgegenständen

Teile des Verwaltungsvermögens bilden sodann bewegliche Sachen, die im Dienste der täglichen Verwaltung stehen. Dazu gehören z. B. Büro- und Reinigungsmaterial, Werkzeuge, Heizölvorräte usw. (vgl. FREI, 42). 33

d. Rechte an Grundstücken

aa. Grundeigentum

34 Der Erwerb von Grundeigentum oder von beschränkten dinglichen Rechten fällt grundsätzlich nicht in den Bereich der gemeinschaftlichen Verwaltung, weshalb sich die Vermögensfähigkeit der Gemeinschaft prinzipiell nicht auf derartige Rechte erstreckt. Wollen die Stockwerkeigentümer z. B. zusammen ein benachbartes Grundstück oder einen Miteigentumsanteil an einem Stockwerkeigentumsanteil erwerben, so haben sie dies als Gesamt- oder Miteigentümer zu tun (vgl. auch Art. 712b N 83).

35 Lediglich ausnahmsweise kann eine Stockwerkeigentümergemeinschaft dingliche Rechte an Grundstücken erwerben, nämlich dann, wenn dies durch ihre Verwaltungstätigkeit als geboten erscheint. Unter dieser Voraussetzung dürfte es zulässig sein, dass die Gemeinschaft beispielsweise als Pfandgläubigerin (Art. 712i) in der Zwangsvollstreckung gegenüber einem Stockwerkeigentümer dessen Stockwerkeigentumsanteil erwirbt (Art. 712f N 67 und Art. 712i N 67; LIVER, ZBJV *1965* 310; derselbe, SPR V/1 106f; FRIEDRICH, ZBGR *1964* 361 Anm. 73; derselbe, § 22 N 17; FREI, 42; OTTIKER, 233, 246; a. M. K. MÜLLER, 38, und CH. MÜLLER, 32 Anm. 32).

36 Bei grösseren Gemeinschaften kann auch der Erwerb eines Stockwerkeigentumsanteils als Abwartswohnung eine Verwaltungshandlung sein. Denkbar ferner auch der Erwerb eines Nachbargrundstücks, um davon ausgehende Immissionen zu vermeiden, sofern auf diese Weise eine möglichst störungsfreie Nutzung der gemeinschaftlichen Baute und damit deren Werterhaltung gewährleistet werden können. Anders dagegen der Erwerb eines Grundstücks bzw. Grundstückteils, um darauf im Namen der Gemeinschaft ein Gewerbe auszuüben (z. B. gewerbliche Heizungsanlage, Betrieb eines Restaurants, Hotels usw.): In einem solchen Fall wäre die rein sachenrechtliche Grundlage der Stockwerkeigentümergemeinschaft und damit der Rahmen der beschränkten Vermögensfähigkeit überschritten (vgl. dazu die Vorbemerkungen zu den Art. 712a ff N 50 und Art. 712b N 40).

bb. Beschränkte dingliche Rechte

37 Beschränkte dingliche Rechte können ebenfalls Teile des Verwaltungsvermögens bilden, sofern sie im Rahmen der Verwaltungstätigkeit erworben werden (vgl. dazu vorn N 17f). Darunter fallen das Pfand-

recht der Gemeinschaft für die auf die letzten drei Jahre entfallenden Beitragsforderungen gegenüber den einzelnen Stockwerkeigentümern (Art. 712i) sowie das Retentionsrecht an den Einrichtungsgegenständen für dieselben Forderungen (Art. 712k).

Ebenso dürfte es, sofern überhaupt je aktuell, zulässig sein, die Gemeinschaft im Grundbuch als Berechtigte einer irregulären Dienstbarkeit (Art. 781) einzutragen. Hingegen ist die Begründung eines Wohnrechts (Art. 776 ff) oder einer Nutzniessung (Art. 745 ff) zugunsten der Stockwerkeigentümergemeinschaft sowohl infolge der meist fehlenden Subsumierung dieses Sachverhalts unter die Verwaltungstätigkeit (vgl. auch FREI, 44 f) als auch wegen den damit verbundenen Schwierigkeiten der grundbuchlichen Behandlung (nachfolgend N 39 ff) abzulehnen. 38

cc. Grundbuchliche Behandlung

Erwirbt eine Stockwerkeigentümergemeinschaft ein Grundstück zu Eigentum, sollten auf dem betreffenden Grundbuchblatt in der Eingentümerkolumne neben dem Namen der betreffenden Stockwerkeigentümergemeinschaft als «formeller Eigentümerin» auch die einzelnen Stockwerkeigentümer als (materielle) Miteigentümer eingetragen werden. Da es sich hier um ein dem subjektiv-dinglichen Miteigentum analoges Eigentumsverhältnis handelt (vorn N 12), sind entsprechend Art. 32 GBV nicht die Namen der einzelnen Stockwerkeigentümer, sondern die Grundbuchnummern eines jeden Stockwerkeigentumsanteils einzutragen. Analoges gilt für die Eintragung der Stockwerkeigentümergemeinschaft als Inhaberin eines beschränkten dinglichen Rechts (Pfandrecht, Retentionsrecht, Dienstbarkeit, Grundlast als Verwertungsrecht). 39

Falls die Stockwerkeigentümergemeinschaft als Berechtigte einer Personaldienstbarkeit eingetragen werden sollte (vgl. vorn N 38), wären dementsprechend auch die Namen der einzelnen Stockwerkeigentümer zu vermerken. Dabei könnten sich, sofern das Grundbuch nach herkömmlicher Art geführt wird, insbesondere bei grossen Stockwerkeigentümergemeinschaften technische Schwierigkeiten ergeben. 40

Bei der grundbuchlichen Behandlung von Grundstücken als Objekte des Verwaltungsvermögens zeigt sich die Problematik der fehlenden Rechtspersönlichkeit der Stockwerkeigentümergemeinschaft besonders deutlich. Da sie keine juristische Person ist, hat die Angabe des «Namens» und der «Art» im Sinne von Art. 31 Abs. 2 GBV keine materielle Bedeutung, so dass analog Art. 32 GBV vorzugehen ist. 41

e. Spezielle Vermögenskomplexe

42 Die Stockwerkeigentümergemeinschaft kann Teile ihres Vermögens (meistens dürfte es sich um Kapitalien handeln) entsprechend deren bestimmungsgemässer Verwendung zu speziellen Vermögenskomplexen zusammenfassen. In der Praxis werden meistens die Mittel für die laufende Verwaltung in einem Verwaltungsfonds und die Mittel für grössere Unterhaltsarbeiten und Renovationen in einem Erneuerungsfonds zusammengefasst.

aa. Verwaltungsfonds

43 Mit der Schaffung eines Verwaltungsfonds (als Barkasse, als Postcheque- oder Bankkonto) kann die Verwaltung bedeutend erleichtert werden, indem nicht für jede noch so kleine Ausgabe (wie etwa für Energie- und Warmwasserbezug, für kleinere Reparaturen, für die Entschädigung von Hauswart und Verwalter) einzelne Beiträge von den Stockwerkeigentümern einzufordern sind.

bb. Erneuerungsfonds

44 Die Äufnung eines Erneuerungsfonds soll die Ausführung grösserer Unterhalts- und Erneuerungsarbeiten erleichtern. Damit kann verhindert werden, dass die einzelnen Stockwerkeigentümer ihre für umfangreiche Instandstellungsarbeiten anfallenden Kostenanteile kurzfristig zu erbringen haben. Zwar steht die Bildung eines Erneuerungsfonds im freien Ermessen der Stockwerkeigentümer, doch lässt dessen ausdrückliche Erwähnung in Art. 712l Abs. 1 i.f. und in Art. 712m Abs. 1 Ziff. 5 darauf schliessen, dass der Gesetzgeber die Schaffung eines Erneuerungsfonds als wünschbar betrachtete (vgl. ausführlich dazu Art. 712m N 44 und N 46).

45 Der Erneuerungsfonds wird durch zusätzliche Beitragsleistungen der Stockwerkeigentümer bzw. durch den Überschuss aus den ordentlichen Beiträgen gespiesen. Die Höhe der Beiträge bestimmt grundsätzlich die Stockwerkeigentümerversammlung (Art. 712m N 45). Ebenso ordnet diese das Vorgehen bei der Beanspruchung der Gelder an.

Vgl. ausführlicher zum Ganzen Art. 712m N 44 ff und Art. 712s N 55 ff.

III. Beschränkte Handlungs-, Prozess- und Betreibungsfähigkeit (Abs. 2)

1. Wesen und Bedeutung

Um die Abwicklung der gemeinschaftlichen Verwaltung im Verkehr mit Dritten zu erleichtern, hat der Gesetzgeber der Stockwerkeigentümergemeinschaft als Korrelat zur beschränkten Vermögensfähigkeit *nach aussen in beschränktem Umfang* die *Handlungsfähigkeit* und als prozessuales und vollstreckungsrechtliches Spiegelbild derselben (KUMMER, 63; GULDENER, 127) die *Prozess- und Betreibungsfähigkeit* verliehen (Art. 712l Abs. 2). In Angelegenheiten der gemeinschaftlichen Verwaltung ist sie geschäfts- und deliktsfähig und kann im Prozess sowie in der Zwangsvollstreckung als geschlossene, selbständige Einheit behandelt werden. Dass dabei die Stockwerkeigentümergemeinschaft gleich wie die Kollektiv- und die Kommanditgesellschaft als Rechtsgemeinschaft *nicht rechtsfähig* ist (Vorbemerkungen zu den Art. 712a ff N 49 und vorn N 4f), schliesst nicht aus, dass sie kraft dieser besonderen gesetzlichen Anordnung (Art. 712l Abs. 2; vgl. auch Art. 562 und Art. 602 OR) – in beschränktem Umfang – *wie ein selbständiger Rechtsträger behandelt* wird (vgl. KUNZ, 77 f). Insofern bewirkt die Zuerkennung der Handlungsfähigkeit nur – aber immerhin – das Recht, dass die Stockwerkeigentümergemeinschaft als Einheit unter einer Kollektivbezeichnung am Rechtsverkehr teilnehmen kann (K. MÜLLER, 38; vgl. auch FREI, 26 ff). Es bleibt aber immer zu beachten, dass materiell die einzelnen Stockwerkeigentümer Rechtsträger sind und bleiben (vgl. auch vorn N 11 f und 14).

Die *beschränkte Handlungsfähigkeit* hat zunächst den Vorteil, dass die Stockwerkeigentümergemeinschaft im Bereich gemeinschaftlicher Verwaltung und Nutzung unter ihrem Namen Rechtsgeschäfte abschliessen kann (z. B. Werkverträge, sofern die unternehmerischen Leistungen gemeinschaftliche Teile betreffen). Die *aktive Prozess- und Betreibungsfähigkeit* ihrerseits sichert die Durchsetzung jener Ansprüche, welche die Gemeinschaft aufgrund ihrer Vermögensfähigkeit (vorn N 22 ff) erworben hat. Die *passive Prozess- und Betreibungsfähigkeit* stellt dagegen für den Gläubiger der Gemeinschaft in verfahrensmässiger Hinsicht eine wesentliche Erleichterung bei der Geltendmachung seiner Ansprüche dar. Im Falle der Betreibung oder der Klageeinreichung ist es beispielsweise nicht erforderlich, Namen und Adressen der einzelnen Stockwerkeigentümer ausfindig zu machen, was sich besonders bei grossen Gemeinschaften, deren Mitglieder teilweise im Ausland wohnen, als schwierig erweisen würde.

48 Da die Stockwerkeigentümergemeinschaft lediglich *beschränkt* handlungsfähig ist, ergeben sich in der Praxis Probleme bei der umfangmässigen Begrenzung ihrer Handlungs-, Prozess- und Betreibungsfähigkeit. Zur Ermittlung derselben ist im konkreten Fall wie bei der Frage nach dem Umfang der Vermögensfähigkeit vom Begriff der Verwaltung auszugehen (vgl. dazu vorn N 17f). Zu beachten ist dabei besonders, dass Vermögensfähigkeit, Handlungs-, Prozess- und Betreibungsfähigkeit einen *inneren funktionellen Zusammenhang* aufweisen, weshalb grundsätzlich nicht unterschiedliche Grenzen der einzelnen formellen Zuständigkeitsbereiche festgelegt werden dürfen (vgl. dazu auch WEBER, SJZ *1979* 120ff). Gerade weil das Gesetz der Gemeinschaft aber nur beschränkte Zuständigkeiten zuerkennt, ist in jedem Einzelfall die *Sachlegitimation* (Aktiv- bzw. Passivlegitimation, welche von der Partei- und Prozessfähigkeit zu unterscheiden ist; vgl. STRÄULI/MESSMER, § 27/28 N 19; WALDER, § 25 N 4 ; HABSCHEID, N 321f) sorgfältig zu prüfen (vgl. dazu BGE *109* II 423ff, *106* II 11ff; ZBGR *1983* 9ff; ZR *1978* Nr. 116 und Nr. 117; vgl. ferner REY, recht *1984* 66 und LIVER, ZBJV *1987* 145ff).

2. Beschränkte Handlungsfähigkeit im Innen- und Aussenbereich

a. Beschränkte aktive und passive Geschäftsfähigkeit

aa. Grundlagen

49 Die Stockwerkeigentümergemeinschaft ist sowohl gegenüber dem einzelnen Stockwerkeigentümer wie auch gegenüber Dritten im Bereich der gemeinschaftlichen Verwaltung handlungsfähig. Diese auf die gemeinschaftliche Verwaltung beschränkte Handlungsfähigkeit ist vor allem im Bereich der Geschäftsfähigkeit von praktischer Bedeutung: Die Stockwerkeigentümergemeinschaft kann gegenüber ihren Mitgliedern oder gegenüber Dritten aufgrund eines Rechtsgeschäftes Rechte erwerben (aktive Geschäftsfähigkeit) und Verpflichtungen eingehen (passive Geschäftsfähigkeit).

Einerseits sind die vermögenswerten Rechte, welche die Stockwerkeigentü- 50
mergemeinschaft erwirbt, Objekt ihres Sondervermögens (vgl. ausführlich
dazu vorn N 19 ff). In Verbindung mit der beschränkten Vermögensfähigkeit
(vorn N 17) bewirkt die ebenfalls beschränkte Geschäftsfähigkeit andererseits, dass für rechtsgeschäftlich eingegangene Verpflichtungen der Stockwerkeigentümergemeinschaft aus gemeinschaftlichen Angelegenheiten unmittelbar das Verwaltungsvermögen haftet. Im Bereich rechtsgeschäftlicher
Verpflichtungen der Gemeinschaft ist diese selbst direkte formelle Trägerin
der Haftung, das Verwaltungsvermögen ist unmittelbares Haftungssubstrat
(FREI, 63 f; CH. MÜLLER, 49. Vgl. auch hinten N 53 ff zur Frage, ob Ansprüche Dritter auch gegenüber einzelnen Stockwerkeigentümern geltend gemacht werden können). Dies hat für den Gläubiger den Vorteil, dass er
nicht den einzelnen Stockwerkeigentümer, der seinen Wohnsitz im Ausland
haben kann, anteilsmässig belangen muss (BBl *1962* II 1491; vgl. auch hinten N 76 ff).

Aufgrund ihrer lediglich beschränkten Geschäftsfähigkeit kann die Stock- 51
werkeigentümergemeinschaft nur Verträge abschliessen, die mit ihrer Verwaltungstätigkeit in einem funktionellen Zusammenhang stehen (z. B. Kauf-
und Werkverträge, Aufträge, Verwaltervertrag usw.). Fehlt dieser Zusammenhang, ist der Vertrag für die Stockwerkeigentümergemeinschaft nicht
verbindlich.

Der Vertragsschluss kann durch alle Stockwerkeigentümer direkt erfolgen 52
(falls die Stockwerkeigentümergemeinschaft z. B. lediglich aus zwei Stockwerkeigentümern besteht, wird dies regelmässig zutreffen). Ein Vertrag mit
einem Dritten kann auch durch einen gesetzlichen Vertreter der Stockwerkeigentümergemeinschaft (Verwalter, Art. 712s und Art. 712t; einzelner Stockwerkeigentümer, vgl. z. B. Art. 647 Abs. 2 Ziff. 2 und Art. 647a Abs. 1) oder
durch einen rechtsgeschäftlich bestellten Vertreter erfolgen (z. B. Verwaltungsausschuss, Art. 712m Abs. 1 Ziff. 2; vgl. dazu auch Art. 712m N 52. Vgl.
zum Ganzen FREI, 110 ff). Vgl. ausführlich zu den Kompetenzen der einzelnen Funktionsträger im Rahmen der gemeinschaftlichen Verwaltung
Art. 712g N 24 ff.

bb. *Haftung der Gemeinschaft aus gemeinschaftlichen Angelegenheiten*

Gemeinschaftliche Schulden enstehen vorab aus Rechts- 53
geschäften, die der Verwalter oder die Stockwerkeigentümer oder ein anderer, kraft rechtsgeschäftlicher Vertretungsmacht eingesetzter Vertreter für

die Gemeinschaft eingehen (z. B. Kaufvertrag, Werkvertrag, Auftrag). Ebenso haftet die Gemeinschaft für Verbindlichkeiten, die im Zusammenhang mit dem gemeinschaftlichen Eigentum stehen (zu den besonderen gesetzlichen Anordnungen hierzu vgl. hinten N 56 ff).

54 Die Stockwerkeigentümergemeinschaft haftet auch für Schäden, die der Verwalter bei Erfüllung vertraglicher Verpflichtungen der Gemeinschaft verursacht hat (Art. 101 OR). Dass der Verwalter zugleich Vertreter und Beauftragter der Gemeinschaft ist (Art. 712s und Art. 712t), schliesst eine Haftung der Stockwerkeigentümergemeinschaft aus Art. 101 OR nicht aus (vgl. VON TUHR/ESCHER, 123 f; FRIEDRICH, § 47 N 10; FREI, 89; K. MÜLLER, 42). Zu beachten ist allerdings, dass eine derartige Haftung durch eine entsprechende Reglementsbestimmung beschränkt oder aufgehoben werden kann (Art. 101 Abs. 2 OR. Die Beschränkung der Freizeichnungsmöglichkeit nach Art. 101 Abs. 3 OR findet selten Anwendung, da der Verwalter i. d. R. nicht in einem Arbeitsverhältnis steht; vgl. dazu Art. 712q N 37 ff) und dass die Gemeinschaft für eigene, selbständige Handlungen des Verwalters nicht haftet (vgl. VON TUHR/ESCHER, 125 f; K. MÜLLER, 42). Eine Organhaftung der Stockwerkeigentümergemeinschaft nach Art. 55 ZGB ist ebenfalls ausgeschlossen, weil der Verwalter nicht Organ im Sinne dieser Bestimmung ist (vgl. Art. 712m N 8; FRIEDRICH, § 45 N 11; K. MÜLLER, 42; FREI, 89, scheinbar a. M. LIVER, SPR V/1 102 Anm. 5).

55 Einzelne Stockwerkeigentümer oder aussenstehende Dritte können auch Ansprüche aus ungerechtfertigter Bereicherung (Art. 62 ff OR) direkt gegenüber der Gemeinschaft geltend machen (beispielsweise kann ein einzelner Stockwerkeigentümer die Gemeinschaft für zuviel bezahlte Beiträge an die gemeinschaftlichen Kosten und Lasten belangen).

56 Zu beachten ist, dass die Stockwerkeigentümergemeinschaft auch aufgrund *spezieller gesetzlicher Tatbestände* zu Leistungen verpflichtet sein kann:

57 – Dies betrifft vor allem die Zahlung von *Baurechtszinsen* und *Amortisationsleistungen* (vgl. Art. 712h Abs. 2 Ziff. 4; vgl. dazu Art. 712h N 63 ff; FRIEDRICH, § 17 N 8 f, und CH. MÜLLER, 59 ff). Weil die Stockwerkeigentümer mit ihnen als wiederkehrende Ausgaben wie mit anderen regelmässigen Zahlungen zu rechnen haben, sind sie vom Gesetzgeber den übrigen Verwaltungskosten gleichgestellt worden (CH. MÜLLER, 61 ff).

58 – Aus dem gleichen Grund kann der *Grundpfandgläubiger,* dem das Stammgrundstück verpfändet ist (vgl. Art. 648 Abs. 3 und dazu Art. 712a N 97), *Zinsen und Amortisationszahlungen* ebenfalls gegenüber der Gemeinschaft geltend machen (vgl. auch CH. MÜLLER, 60 f). Dies trifft auch auf

Forderungen aus Bauhandwerkerpfandrechten, welche das gemeinschaftliche Grundstück belasten (vgl. dazu Art. 712a N 102), und aus Gesamtpfandrechten an allen Anteilen zu (CH. MÜLLER, 63 f).

— Üblich und der privatrechtlichen Regelung des Stockwerkeigentums entsprechend ist auch, dass das öffentliche Recht die Stockwerkeigentümergemeinschaft als *Steuer- oder Abgabesubjekt* behandelt und entsprechende Forderungen direkt gegenüber derselben geltend macht (vgl. Art. 712h Abs. 2 Ziff. 3). Weil es aber dem öffentlichen Recht freisteht, das Steuerobjekt zu bestimmen (anders in Deutschland, wo nach § 61 WEG jede Wohneigentumseinheit als eigenes Steuerobjekt zu behandeln ist), ist es nicht unzulässig, jedoch dem Wesen und der Konstruktion des Stockwerkeigentums zuwiderlaufend, wenn der Staat die solidarische Haftung aller Stockwerkeigentümer vorsieht (dazu Art. 712h N 59 ff; vgl. auch FRIEDRICH, § 17 N 10 ff; FREI, 86 ff; CH. MÜLLER, 59).

Vgl. ausführlicher zu diesen speziellen Tatbeständen Art. 712h N 59 ff.

b. *Beschränkte Deliktsfähigkeit*

Der beschränkten Geschäftsfähigkeit der Stockwerkeigentümergemeinschaft entspricht ein ebenfalls auf den Bereich der Verwaltung und Nutzung der gemeinschaftlichen Sache beschränkte Deliktsfähigkeit. Von Bedeutung ist die beschränkte Deliktsfähigkeit der Stockwerkeigentümergemeinschaft im Zusammenhang mit der Werk- und Grundeigentümerhaftung (Art. 58 OR und Art. 679 ZGB). Aus Praktikabilitätsgründen rechtfertigt es sich, entgegen der solidarischen Haftung beim gewöhnlichen Miteigentum (Art. 646 N 112; OFTINGER, Haftpflichtrecht, Bd. I [4.A., Zürich 1975], 342 f; a. M. LIVER, SPR V/1 71) beim Stockwerkeigentum für diese Tatbestände eine ausschliessliche und direkte Haftung der Gemeinschaft anzunehmen (vgl. BBl *1962* II 1419; LIVER, GS Marxer 192; K. MÜLLER, 41; CH. MÜLLER, 58; WEBER, SJZ *1979* 120; grundsätzlich g. M., aber bezüglich der Ausschliesslichkeit der Haftung der Gemeinschaft a. M. FREI, 83 ff; unklar FRIEDRICH, § 45 N 9). Eine ordnungsgemässe Verwaltung verlangt nämlich, das gemeinschaftliche Grundstück so zu unterhalten und zu nutzen, dass keine Schädigungen Dritter vorkommen. Allfällige Ersatzansprüche aus den genannten Haftungstatbeständen lassen sich deshalb als Kosten bezeichnen, die mit der Verwaltung zusammenhängen (vgl. Art. 712h Abs. 2 Ziff. 2). Auch geniesst der Dritte genügend Sicherheit, wenn er sich an die

Gemeinschaft halten kann. Vgl. dagegen zur Behandlung der Ansprüche aus Art. 41 ff OR hinten N 71 ff.

61 Zu beachten ist, dass sich die Deliktsfähigkeit der Stockwerkeigentümergemeinschaft nur auf den Bereich der gemeinschaftlichen Verwaltung und Nutzung des gemeinschaftlichen Grundstücks erstreckt. Daher dürfen Ansprüche aus Werk- oder Grundeigentümerhaftung lediglich dann gegenüber der Stockwerkeigentümergemeinschaft geltend gemacht werden, wenn Schaden oder Gefahr von Teilen der gemeinschaftlichen Sache ausgehen, die *nicht im Sonderrecht* der Stockwerkeigentümer stehen.

62 Die Gemeinschaft hat unter Umständen auch für deliktisches Verhalten ihres Verwalters einzustehen, sofern dessen ausservertragliche Schädigungshandlung im Zusammenhang mit der Verwaltung des gemeinschaftlichen Grundstücks steht. Diese Haftung der Gemeinschaft ergibt sich jedoch lediglich unter den Voraussetzungen von Art. 55 OR (Art. 55 ZGB ist wegen fehlender Organqualität des Verwalters [Art. 712m N 8 und Art. 712q N 12] nicht anwendbar, vgl. vorn N 54), wobei zu bemerken ist, dass das Erfordernis der persönlichen Unterordnung des Verwalters (vgl. allgemein dazu OFTINGER/STARK, Haftpflichtrecht, Bd. II/1 [4.A., Zürich 1987], § 20 N 59 ff) selten vorliegen wird (vgl. auch FREI, 89, und K. MÜLLER, 42). Immerhin ist eine Geschäftsherrenhaftung der Gemeinschaft aus Art. 55 OR möglich und kann auch nicht durch eine Reglementsbestimmung ausgeschlossen werden (FREI, 89). Gemäss Art. 55 Abs. 2 OR verbleibt der Stockwerkeigentümergemeinschaft aber das Recht, gestützt auf den Verwaltervertrag (Art. 97 ff OR, Art. 321e OR, Art. 398 OR) oder nach Art. 41 ff OR auf den Verwalter Rückgriff zu nehmen (vgl. dazu Art. 712q N 65 ff).

c. Abgrenzungen

aa. Keine unmittelbare solidarische Haftung der einzelnen Stockwerkeigentümer neben der Gemeinschaft

63 Forderungen, die in den Schuld- und Haftungsbereich der Gemeinschaft (vorn N 60 ff) fallen, spalten sich nicht in Teilforderungen gegen die einzelnen Stockwerkeigentümer auf (LIVER, GS Marxer 192; CH. MÜLLER, 49). Umstritten ist jedoch, ob die Gläubiger die Stockwerkeigentümer, die für Verpflichtungen der Gemeinschaft nur mittelbar haften, auch direkt belangen können. Dies ist zu verneinen (g. M. CH. MÜLLER, 49 f; FREI, 71 ff, mit eingehender Begründung; so wohl auch LIVER, GS Marxer 192;

a. M. FRIEDRICH, § 45 N 3; AMONN, BlSchK *1968* 4f; OTTIKER, 250, mit Hinweis auf die Sicherheit des Gläubigers), und zwar mit folgender Begründung:

- Eine solidarische Haftungsordnung müsste im Gesetz vorgesehen sein 64 (vgl. Art. 143 Abs. 2 OR). Der Gesetzgeber hat aber bewusst auf die solidarische Haftung der Stockwerkeigentümer verzichtet (vgl. BBl *1962* II 1491; Art. 712i N 4, N 6 und vorn N 60).
- Die gesetzlich angestrebte formelle Verselbständigung der Stockwerkei- 65 gentümergemeinschaft für den Bereich der gemeinschaftlichen Verwaltung würde illusorisch gemacht und die Betreibung erschwert (allenfalls verschiedene Betreibungsorte).
- Der Gläubiger der Gemeinschaft ist durch eine grundsätzlich ausschliess- 66 liche Haftung der Gemeinschaft nicht benachteiligt, sieht doch das Gesetz vor, dass einerseits die Beitragsforderungen der Gemeinschaft gegenüber den einzelnen Stockwerkeigentümern im Ausmasse der Verpflichtungen der Gemeinschaft ex lege in deren Vermögen entstehen und dass andererseits diese Beitragsforderungen durch ein Gemeinschaftspfandrecht (Art. 712i) und ein Retentionsrecht (Art. 712k) gesichert werden können (vgl. dazu Art. 712i N 6).

Folgt man dieser Betrachtungsweise, würde dem beklagten Stockwerkeigen- 67 tümer nicht – analog dem Recht der Kollektivgesellschaft – die Einrede der Vorausklage offenstehen, sondern schon die Einrede fehlender Passivlegitimation.

Unumstritten ist, dass die in Art. 403 OR für das Auftragsrecht vorgesehene 68 solidarische Haftung der Auftraggeber vor dem Stockwerkeigentumsrecht zurücktritt, weil es sich bei den Stockwerkeigentümern um eine Gemeinschaft handelt, die hinsichtlich der gemeinschaftlichen Verwaltung eine eigene Haftungsordnung besitzt (GAUTSCHI, Art. 403 N 3b und N 6b; FRIEDRICH, § 45 N 5; FREI, 75 ff; CH. MÜLLER, 58; K. MÜLLER, 40).

Zu beachten ist immerhin, dass für den Fall der zumindest teilweisen frucht- 69 losen Betreibung gegen die Gemeinschaft dem Gläubiger das Recht zusteht, die nicht erhältlichen Forderungen auf dem Umwege eines Pfandrechts zu Lasten der einzelnen Stockwerkeigentümer (Art. 712i und dort N 24ff) von diesen *anteilsmässig* einzufordern (hinten N 95). Insofern besteht also eine Ausnahme vom Grundsatz der ausschliesslichen Haftung der Stockwerkeigentümergemeinschaft im Rahmen ihrer Verwaltungstätigkeit (vgl. dazu hinten N 95).

bb. Ausschliessliche Haftung der einzelnen Stockwerkeigentümer

70 Ansprüche, die nicht in einem funktionellen Zusammenhang mit der gemeinschaftlichen Nutzung und Verwaltung stehen, können gegenüber der Stockwerkeigentümergemeinschaft nicht geltend gemacht werden. In folgenden Fällen sind beispielsweise ausschliesslich die einzelnen Stockwerkeigentümer zu belangen:

71 – Vertragliche und ausservertragliche Ansprüche, die sich aus der Ausübung des dem einzelnen Stockwerkeigentümer zu stehenden Sonderrechts ergeben oder mit diesem in einem funktionellen Zusammenhang stehen, sind gegenüber dem betreffenden Stockwerkeigentümer geltend zu machen (z. B. Forderungen aus Werkverträgen im Zusammenhang mit dem Innenausbau i. S. v. Art. 712a Abs. 2; Forderungen aus Kaufverträgen über einzelne Stockwerkeigentumsanteile; Ansprüche aus unerlaubter Handlung, die sich im Bereich des Sonderrechts abwickeln).

72 – Begehen alle oder einige Stockwerkeigentümer eine unerlaubte Handlung (Art. 41 ff OR), haften die betreffenden Stockwerkeigentümer als mehrere Schädiger solidarisch gemäss Art. 50 Abs. 1 OR (vgl. FREI, 78 f; FRIEDRICH, § 45 N 8). Hiervon ausgenommen ist die Haftung der Gemeinschaft nach den beiden Tatbeständen von Art. 58 OR und Art. 679 ZGB (vgl. dazu vorn N 60).

73 – Die Stockwerkeigentümer haften selbstverständlich auch dann solidarisch, wenn sie eine entsprechende Erklärung gegenüber einem Gläubiger abgegeben haben (Art. 143 Abs. 1 OR).

74 – Ansprüche aus Verpflichtungsgeschäften im Zusammenhang mit Verfügungen, welche das gemeinschaftliche Grundstück betreffen, sind gegenüber den einzelnen Stockwerkeigentümern geltend zu machen, da diese Handlungen ausserhalb des Bereichs der gemeinschaftlichen Verwaltung liegen (vgl. aber die Ausnahmen in Art. 712h Abs. 2 Ziff. 3 und 4; vgl. dazu vorn N 57 ff). Darunter fallen beispielsweise der Anspruch auf Eigentumsübertragung auf einen vom gemeinschaftlichen Grundstück abparzellierten Teil aufgrund eines Rechtsgeschäfts und der Anspruch auf Abgabe der Grundbuchanmeldung zur Eintragung einer vertraglich vereinbarten Dienstbarkeit, welche das gemeinschaftliche Grundstück (die sog. Stammparzelle) belastet. Derartige Verpflichtungen belasten ausschliesslich die Stockwerkeigentümer und zwar nach den Regeln des allgemeinen Schuldrechts (Art. 646 N 108 ff; K. MÜLLER, 40; CH. MÜLLER, 47 und 64).

cc. Sonderfall

Nur in einem besonderen Fall kann der Gläubiger von Gemeinschaftsschulden nach der zumindest teilweise erfolglosen Betreibung gegen die Gemeinschaft subsidiär die einzelnen Stockwerkeigentümer anteilsmässig belangen: Weil die Stockwerkeigentümergemeinschaft nicht konkursfähig ist (Art. 712f N 66 und hinten N 100), kann sie nur ausgepfändet werden. Nach Pfändung der Beitragsforderungen gegenüber den Stockwerkeigentümern darf sich der Gläubiger diese an Zahlungsstatt abtreten lassen (Art. 131 Abs. 1 SchKG) und sein Guthaben von den einzelnen Stockwerkeigentümern – nacheinander – eintreiben (Art. 131 Abs. 2 SchKG; vgl. zur praktischen Problematik dieses Vorgehens CH. MÜLLER, 52f, vgl. dazu auch Art. 712i N 49 und hinten N 102).

3. Beschränkte Prozess- und Betreibungsfähigkeit

a. Verfahrensrechtliche Stellung der Stockwerkeigentümergemeinschaft

aa. Grundlagen

Die Stockwerkeigentümergemeinschaft ist lediglich in beschränktem Umfang prozessfähig. Die Bestimmung in Art. 712l Abs. 2, wonach der Gemeinschaft der Stockwerkeigentümer die Prozess- und Betreibungsfähigkeit zukommt, ist formell jener in Art. 562 OR betreffend die Kollektivgesellschaft nachgebildet. Obschon die *Stockwerkeigentümergemeinschaft nicht rechtsfähig* ist, wird ihr somit kraft besonderer gesetzlicher Anordnung im Rahmen der gemeinschaftlichen Verwaltungstätigkeit formell *Partei- und Prozessfähigkeit* verliehen (BBl *1962* II 1518; FRIEDRICH, § 37 N 8; STRÄULI/MESSMER, § 27/28 N 2; WALDER, § 8 N 7; HABSCHEID, N 327; HÄFLIGER, 139; REY, ZSR *1980* I 263). Grundsätzlich ist der Parteibegriff zwar ein Begriff des Prozessrechts (HABSCHEID, N 321; kritisch HÄFLIGER, 139f), doch hat der Zivilrechtsgeber in Art. 712l Abs. 2 angeordnet, die Stockwerkeigentümergemeinschaft sei so zu behandeln, wie wenn ihr in bestimmtem Ausmass Parteifähigkeit zukäme.

77 Im Bereich der gemeinschaftlichen Verwaltung wird die Gemeinschaft wie eine parteifähige juristische Person behandelt (KUNZ, 78; FREI, 100). Die Stockwerkeigentümer treten als *Einheit,* nicht als Streitgenossen auf: Der Gemeinschaftsname ist die Bezeichnung (entsprechend Art. 562 OR für die Kollektivgesellschaft; vgl. LIVER, SPR V/1 107), unter welcher sie gemeinschaftlich klagen und eingeklagt bzw. betreiben und betrieben werden kann (K. MÜLLER, 36; FREI, 100; teilweise unklar HÄFLIGER, 139f; vgl. auch GULDENER, 126, HABSCHEID, N 324, und STRÄULI/MESSMER, § 27/28 N 2, betreffend die Kollektivgesellschaft). Diese von der Miteigentümergemeinschaft abweichende Behandlung ist deshalb gerechtfertigt, weil die Stockwerkeigentümergemeinschaft auf Dauer angelegt ist und intensiver am Rechtsverkehr teilnimmt (FREI, 92f). Die gesetzlich vorgesehene Einheitsbehandlung wird auch nicht durch den Verweis auf Art. 70 Abs. 1 SchKG hinfällig, weil bei dieser Vorschrift vorausgesetzt ist, dass die Personenmehrheit am gleichen Ort betrieben werden kann und der gleichen Betreibungsart unterliegt, was auf die Stockwerkeigentümer nicht zutreffen muss. Deshalb ist in den Prozess- und Betreibungsschriften nur die Sammelbezeichnung (Bezeichnung als Stockwerkeigentümergemeinschaft und örtliche Lage des gemeinschaftlichen Grundstücks) anzuführen (vgl. dazu auch hinten N 84).

78 In materiellrechtlicher Hinsicht ist indessen der besondere Charakter der Stockwerkeigentümergemeinschaft als blosse Rechtsgemeinschaft ohne eigene Rechtspersönlichkeit zu beachten. Ihre Prozessfähigkeit ist beschränkt. Sie ist das prozessuale Spiegelbild der Handlungsfähigkeit (KUMMER, 63; GULDENER, 127; HABSCHEID, N 325) und ihre *umfangmässigen Grenzen* entsprechen denjenigen der Handlungsfähigkeit der Stockwerkeigentümergemeinschaft (FREI, 100; REY, recht *1984* 67). Hinsichtlich der Kriterien für die umfangmässige Bestimmung der Prozessfähigkeit kann somit auf jene für die Handlungsfähigkeit der Stockwerkeigentümergemeinschaft verwiesen werden (vorn N 49ff).

79 Die Gemeinschaft der Stockwerkeigentümer kann nicht nur in Zivilprozessen formell parteifähig sein, sondern auch in anderen Verfahren. So kann sie z. B. als Steuersubjekt in steuerrechtlichten Verfahren als parteifähig behandelt werden (vgl. auch Art. 712h N 59ff), ebenso in anderen Verwaltungsverfahren (vgl. auch ZBl *1985* 504ff betreffend der Parteifähigkeit einer Stockwerkeigentümergemeinschaft bei raumplanerischen Verfahren). Die Parteifähigkeit der Stockwerkeigentümergemeinschaft in Verwaltungsverfahren ergibt sich direkt aufgrund des materiellen Bundesprivatrechts (Art. 712l Abs. 2). Immerhin ist der Vorbehalt anzubringen, dass das Verwal-

tungsrecht vom Zivilrecht abweichende Verfahrensregeln aufstellen kann (vgl. IMBODEN/RHINOW, Schweizerische Verwaltungsrechtsprechung [5.A., Basel 1976], Nr. 28 B II und III).

bb. Vertretung der Gemeinschaft im Prozess

Für die Vornahme prozessualer Handlungen muss die Stockwerkeigentümergemeinschaft einen Vertreter bestellen. Dieser erhebt die Klagen im Namen der Gemeinschaft, und an ihn sind alle Klagen gegen die Gemeinschaft sowie alle Prozessschriften zu richten (für den Fall, dass im Zeitpunkt der Klageeinleitung noch kein Vertreter bestellt ist, vgl. hinten N 83). 80

In der Regel wird der Verwalter als Vertreter der Gemeinschaft auftreten. Kraft Art. 712t Abs. 2 geniesst dieser eine gesetzliche Prozessvollmacht für alle Angelegenheiten, die im summarischen Verfahren erledigt werden (vgl. dazu auch hinten N 89), ohne dass es noch einer speziellen Ermächtigung durch die Stockwerkeigentümergemeinschaft bedarf (K. MÜLLER, 137; FREI, 102). Für die Vertretung der Gemeinschaft in Prozessen, die im ordentlichen Verfahren durchgeführt werden, benötigt der Verwalter gemäss Art. 712t Abs. 2 aber grundsätzlich eine besondere Bevollmächtigung durch die Stockwerkeigentümerversammlung. In dringenden Fällen kann der Verwalter jedoch auch in ordentlichen Verfahren Prozesse anheben oder aufnehmen; die Ermächtigung muss jedoch nachgeholt werden (vgl. ausführlich dazu Art. 712t N 48 ff). 81

Während sich eine allgemeine Prozessvollmacht des Verwalters grundsätzlich auf alle Angelegenheiten der gemeinschaftlichen Verwaltung erstreckt (vgl. K. MÜLLER, 136f; MATHYS, BJM *1972* 282), beschränkt sich die Vollmacht anderer Vertreter der Stockwerkeigentümergemeinschaft (z. B. eines Stockwerkeigentümers, eines Anwalts) regelmässig auf den Einzelfall (FREI, 103; GULDENER, 123; Art. 712t N 70 und N 73). 82

Prozessschriften (wie z. B. Klageschrift, Aufforderung zur Kautionsleistung usw.) sind grundsätzlich an den Verwalter oder an den im konkreten Fall bezeichneten Vertreter der Gemeinschaft zu richten. Fehlt indessen ein solcher (z. B. bei der Klage auf richterliche Einsetzung eines Verwalters, Art. 712q), so sind die Prozessschriften allen Stockwerkeigentümern zuzustellen (vgl. FREI, 124f; WEBER, 436; a. M. FRIEDRICH, § 39 N 8, der davon auszugehen scheint, dass die Zustellung an einen der Stockwerkeigentümer genüge). Eine Verpflichtung des Einzelnen zur Vornahme von Verwaltungs- 83

handlungen besteht lediglich im Rahmen von Art. 2 (vgl. Art. 712g N 29 ff) und wird somit die Inempfangnahme von Zustellungen und die Weiterleitung an die übrigen Stockwerkeigentümer nur selten betreffen. In concreto wird eine derartige Pflicht wohl nur dann zu bejahen sein, wenn es um die dringlich gebotene Abwendung von Verlusten geht (vgl. auch FREI, 124 f). Empfehlenswert ist es, mit der ersten Zustellung an alle Stockwerkeigentümer die Aufforderung zu verbinden, einen Zustellungsbevollmächtigten zu bezeichnen und für den Fall, dass diesem Wunsch nicht nachgekommen wird, den Richter zu ersuchen, einen bestimmten Stockwerkeigentümer als solchen zu ernennen (vgl. auch WEBER, 436).
Vgl. zum Ganzen auch Art. 712t N 57 ff.

cc. Gerichtsstand

84 Gerichtsstand und Betreibungsort ist der *Ort der gelegenen Sache* (Art. 712l Abs. 2; FRIEDRICH, § 57 N 11 und N 15; vgl. auch § 6 der zürcherischen ZPO). Unerheblich ist somit, wo sich der Wohnsitz einzelner Stockwerkeigentümer oder jener des Verwalters befindet. Es genügt, wenn im Betreibungs- oder Klagebegehren der Name der Stockwerkeigentümergemeinschaft (vorn N 15 f) und die Ortsbezeichnung des gemeinschaftlichen Grundstücks angegeben wird.

85 Für Streitigkeiten unter den Stockwerkeigentümern sieht das ZGB (im Gegensatz zum deutschen Recht, vgl. § 51 WEG) keinen einheitlichen Gerichtsstand vor. Ein solcher ist deshalb nach den Vorschriften des kantonalen Prozessrechts zu bestimmen, wobei die Gerichtsstandgarantie von Art. 59 BV nicht verletzt werden darf (FRIEDRICH, § 57 N 13). Indessen ist zu beachten, dass für eine Klage, welche eine erhebliche «sachenrechtliche Komponente» aufweist (z. B. Ausschlussklage), der Ort der gelegenen Sache als Gerichtsstand angenommen werden darf (BGE *105* Ia 25 Erw 1c; § 6 Abs. 2 der zürcherischen ZPO und dazu STRÄULI/MESSMER, § 6 N 16 ff; vgl. zur gerichtlichen Einsetzung eines Verwalters auch Art. 712q N 102 ff).

dd. Prozessuale Grundsätze und Zuständigkeitsbestimmungen

86 Hinsichtlich des *Prozessablaufs* ist – ähnlich wie bei der Kollektivgesellschaft (für diese vgl. SIEGWART, Art. 562 N 7) – folgendes zu beachten (vgl. zum Ganzen auch FREI, 100 ff):

– Der Prozess läuft für oder gegen die Stockwerkeigentümergemeinschaft 87
in ihrem jeweiligen Personenstand. Ein allfälliger Wechsel im Personenstand der Gemeinschaft zufolge eines Ein- oder Austrittes von Stockwerkeigentümern während des Prozesses vermag den Prozessverlauf nicht zu beeinflussen oder zu hemmen. Die neu in die Gemeinschaft eintretenden Stockwerkeigentümer nehmen den Prozess im jeweiligen Verfahrensstadium auf und werden dementsprechend von der Rechtshängigkeit betroffen.
– Die materielle Rechtskraft eines Urteils über den Bestand einer gegen- 88
über der Stockwerkeigentümergemeinschaft eingeklagten Forderung bewirkt, dass im Falle einer Klageabweisung jeder (auch der später eintretende) Stockwerkeigentümer die Einrede der abgeurteilten Sache erheben kann. Bei Gutheissung der Klage kann sich der (nach der allgemeinen Regel gegenüber der Gemeinschaft anteilsmässig haftende, vgl. Art. 712h N 9 ff) Stockwerkeigentümer vorbehältlich persönlicher Einreden gegenüber der Gemeinschaft nicht der (persönlichen) Inanspruchnahme durch diese entziehen (vgl. GULDENER, 311, und SIEGWART, Art. 562 N 12).

Die Vorschriften über die *sachliche Zuständigkeit* und das Verfahren finden 89
sich in den kantonalen Zivilprozessordnungen (vgl. Art. 52 SchlT). Das Gesetz schreibt indessen in folgenden Fällen, in denen die Stockwerkeigentümergemeinschaft an einem Prozess teilnimmt, ausdrücklich oder sinngemäss vor, dass die Kantone ein rasches Verfahren vorzusehen haben (summarisches Verfahren vor dem Einzelrichter, vgl. z. B. § 215 Ziff. 34 und Ziff. 36 der zürcherischen ZPO; vgl. dazu auch BBl *1962* II 1504 f; FREI, 101 f; STRÄULI/MESSMER, § 215 N 72 und N 75):

– Einsprache gegen die Veräusserung oder Belastung eines Stockwerkeigentumsanteils (Art. 712c Abs. 3; vgl. Art. 712c N 104);
– richterliche Anordnung notwendiger Massnahmen zur Erhaltung des Wertes oder der Gebrauchsfähigkeit der gemeinschaftlichen Sache (Art. 647; vgl. Art. 647 N 66 ff);
– richterliche Anordnung der Eintragung eines gesetzlichen Pfandrechts gemäss Art. 712i (Art. 712i N 54 f);
– richterliche Einsetzung oder Abberufung eines Verwalters (Art. 712q und Art. 712r; vgl. Art. 712q N 102 ff).

b. Beschränkte aktive Prozess- und Betreibungsfähigkeit

90 Die beschränkte aktive Prozess- und Betreibungsfähigkeit der Stockwerkeigentümergemeinschaft ist die verfahrensrechtliche Konsequenz aus ihrer ebenfalls beschränkten Vermögens- und Handlungsfähigkeit (vorn N 17 f): Soweit die Stockwerkeigentümergemeinschaft von Gesetzes wegen fähig ist, unter ihrem Namen durch Rechtsgeschäfte Vermögen zu erwerben, muss sie auch die Möglichkeit haben, die daraus entstehenden vermögensrechtlichen Ansprüche im eigenen Namen auf dem Prozess- und Betreibungswege durchzusetzen (FREI, 91; CH. MÜLLER, 32 f).

91 Der Stockwerkeigentümergemeinschaft kommt die Prozessfähigkeit vor allem, aber keineswegs nur im Zusammenhang mit dem Verwaltungsvermögen zu, sondern im ganzen Bereich gemeinsamer Nutzung und Verwaltung von gemeinschaftlichen Teilen des im Miteigentum stehenden Objekts (vgl. dazu Art. 712g N 13 ff). Darüber hinaus ist die Gemeinschaft ganz allgemein immer dann prozessfähig, «wenn es um Rechtsbegehren geht, die von den Stockwerkeigentümern ... in ihrer Eigenschaft als gemeinschaftliche Eigentümer der zu Stockwerkeigentum aufgeteilten Liegenschaft (dem gemeinschaftlichen Grundstück, vgl. zur Terminologie Art. 712a N 28) anhängig gemacht werden» (FREI, 103; vgl. auch WEBER, SJZ *1979* 120, und StenBull NR *1963* 189).

92 Die Stockwerkeigentümergemeinschaft kann z.B. folgende Ansprüche und Klagen in ihrem eigenem Namen geltend machen (vgl. zum Ganzen auch WEBER, SJZ *1979* 120):
– Ansprüche auf Behebung von Baumängeln bzw. Geltendmachung von Gewährleistungsklagen (BGE *106* II 11 ff, vgl. dazu REY, recht *1984* 64 ff; BGE *109* II 423 ff; BGE 111 II 458 und dazu LIVER, ZBJV *1987* 145 ff);
– (zedierter) Anspruch aus Schlechterfüllung eines Ingenieurvertrages (BGE *108* II 194 ff);
– Ansprüche aus Kaufverträgen über Objekte des Verwaltungsvermögens (vorn N 23 f);
– Ansprüche aus Mietverträgen, falls das Mietobjekt auf den Namen der Stockwerkeigentümergemeinschaft eingetragen ist (vgl. vorn N 35 f);
– Schadenersatzansprüche aus unerlaubter Handlung Dritter, des Verwalters oder von Stockwerkeigentümern, welche Schäden an gemeinschaftlichen Objekten verursacht haben (vgl. vorn N 31);

- Ansprüche aufgrund von Art. 641 Abs. 2 (actio negatoria, rei vindicatio) und von Art. 679 (Grundeigentümerhaftung), sofern sich diese auf gemeinschaftliche Teile beziehen (z. B. materielle Immissionen, dazu Art. 679 N 155), obschon die Stockwerkeigentümergemeinschaft nicht Trägerin des Eigentumsrechts ist; sie kann hinsichtlich unrichtiger Einschreibungen auf dem Blatt des gemeinschaftlichen Grundstücks Grundbuchberichtigungsklage (Art. 975) erheben;
- Ansprüche auf Beitragsleistungen der Stockwerkeigentümer (Art. 712h) und Anspruch auf Eintragung des gesetzlichen Pfandrechts (Art. 712i Abs. 2);
- Ansprüche gegenüber den einzelnen Stockwerkeigentümern auf Einhaltung reglementarischer Bestimmungen oder auf Befolgung von Beschlüssen der Gemeinschaft (jedoch nur insofern, als diese im Zusammenhang mit der gemeinschaftlichen Nutzung und Verwaltung stehen);
- Geltendmachung des Einspracherechts gegen die Veräusserung oder Nutzungsüberlassung eines Stockwerkeigentumsanteils (Art. 712c Abs. 3; vgl. Art. 712c N 95 ff);
- Klage auf Ernennung oder Abberufung des Verwalters (Art. 712q Abs. 1; Art. 712r Abs. 2, vgl. dazu auch FREI, 104).

Soweit es sich bei den vorstehend beispielhaft aufgezählten Ansprüchen um vermögensrechtliche Forderungen handelt, kann die Stockwerkeigentümergemeinschaft den betreffenden Schuldner auch betreiben.

Weil der funktionelle Zusammenhang zur Verwaltungstätigkeit fehlt, ist die Prozessfähigkeit der Stockwerkeigentümergemeinschaft zur klageweisen Geltendmachung zedierter Minderungsansprüche aus Kaufverträgen über einzelne Stockwerkeigentumsanteile zu verneinen (zutreffend der Entscheid der II. Zivilkammer des Zürcher Obergerichts, ZR *1978* Nr. 117; a. M. die III. Zivilkammer desselben Gerichts in ZR *1978* Nr. 116; vgl. dazu auch REY, recht *1984* 67, und vorn N 27 ff).

Ob die Stockwerkeigentümergemeinschaft gegenüber einem Stockwerkeigentümer die Ausschlussklage erheben kann, ist eine Frage der Sachlegitimation. Wie beim gewöhnlichen Miteigentum (Art. 649b/c N 22) ist auch beim Stockwerkeigentum die Aktivlegitimation der Gemeinschaft zur Ausschlussklage nicht gegeben (vgl. BGE *105* Ia 23 betreffend eine von 14 Stockwerkeigentümern angehobene und vom Bezirksgericht Albula gutgeheissene Klage).

c. Beschränkte passive Prozess- und Betreibungsfähigkeit

aa. Allgemeines

96 Ansprüche, die in einem funktionellen Zusammenhang mit der gemeinschaftlichen Nutzung und Verwaltung stehen (dazu vorn N 17f), können klageweise gegenüber der Stockwerkeigentümergemeinschaft als formelle Einheit (vorn N 76ff) geltend gemacht werden. Desgleichen können Forderungen auf dem Betreibungsweg gegen die Gemeinschaft in ihr Vermögen vollstreckt werden. Als Gerichtsstand und Betreibungsort kommt dabei nur der *Ort der gelegenen Sache* in Betracht (vorn N 84f).

97 Der Umfang der passiven Prozess- und Betreibungsfähigkeit der Gemeinschaft ist vorgezeichnet durch den Umfang der Vermögensfähigkeit (vorn N 17f) sowie durch die Haftungsordnung (vorn N 53ff). Sie stellt eine Konsequenz der beschränkten Vermögens- und Handlungsfähigkeit dar (FREI, 91ff; CH. MÜLLER, 52), weil die Prozess- und Betreibungsfähigkeit der Gemeinschaft nur soweit sinnvoll sein kann, als ein Haftungssubstrat vorhanden ist.

bb. Beschränkte passive Prozessfähigkeit

98 Entsprechend der beschränkten Handlungsfähigkeit der Gemeinschaft erstreckt sich deren passive Prozessfähigkeit grundsätzlich nur auf den Bereich ihrer Nutzungs- und Verwaltungstätigkeit (vorn N 4 6f). Beispielsweise können folgende Klagen gegenüber der Stockwerkeigentümergemeinschaft erhoben werden:
- Forderungsklagen Dritter aus Kauf- und Werkverträgen;
- Klage auf Bezahlung des Baurechtszinses, falls das gemeinschaftliche Gebäude im Baurecht erstellt ist;
- Forderungsklagen aus unerlaubter Handlung (z.B. aufgrund von Art. 58 OR oder Art. 679) und aus ungerechtfertigter Bereicherung (Art. 62ff OR);
- Klage auf Ernennung und Abberufung des Verwalters (Art. 712q Abs. 1 und Art. 712r Abs. 2; vgl. Art. 712q N 102ff);
- Klage auf Erstellung eines Reglements (Art. 712g Abs. 3; vgl. Art. 712g N 94ff);

– Anfechtungsklage gegen einen Beschluss der Stockwerkeigentümerversammlung (Art. 712m Abs. 2 i. V. m. Art. 75) sowie gegen einen Beschluss eines mit Entscheidungskompetenzen ausgestatteten Ausschusses (Art. 712m Abs. 1 Ziff. 3 und dort N 39).

cc. Beschränkte passive Betreibungsfähigkeit

Forderungen, die in einem funktionellen Zusammenhang mit der gemeinschaftlichen Verwaltung stehen, können auf dem Betreibungsweg gegen die Gemeinschaft in deren Vermögen vollstreckt werden. Zutreffend weist FRIEDRICH (§ 39 N 5) darauf hin, dass die Betreibung gegen die Gemeinschaft deren Vertretung durch den Verwalter voraussetzt. Hat die Gemeinschaft keinen Verwalter bestellt, kann der betreibende Gläubiger die richterliche Ernennung eines Verwalters beantragen (Art. 712q Abs. 2; FREI, 95). Es fragt sich jedoch, ob ausnahmsweise in bestimmten Fällen im Betreibungsverfahren gegen die Gemeinschaft auf einen durch diese oder den Richter ernannten Verwalter verzichtet werden kann. Hat nämlich ein Stockwerkeigentümer beispielsweise einen Werkvertrag als Vertreter der Stockwerkeigentümergemeinschaft abgeschlossen, so hat er in dieser Funktion faktisch eine Verwalterstellung ausgeübt, weshalb er bei Betreibungen gegen die Gemeinschaft als Vertreter betrachtet werden könnte und damit den Verwalter für diese Angelegenheit ersetzt. 99

Die Gemeinschaft ist *nicht konkursfähig,* sie unterliegt nur Betreibungen auf Pfändung (vgl. Art. 39 i. V. m. Art. 42 SchKG; vgl. auch Art. 712f N 66, sowie FRIEDRICH, SJK *1305* 11; FREI, 95; AMONN, BlSchK *1968* 4 Anm. 5; CH. MÜLLER, 54). Dies hat aber für den Gläubiger der Gemeinschaft keinen materiellen Nachteil zur Folge, entstehen doch im Ausmasse der Verpflichtungen der Gemeinschaft ex lege Beitragsforderungen in ihrem Verwaltungsvermögen (Art. 712h Abs. 1 und Art. 712l Abs. 1). 100

Haftungssubstrat bilden alle Objekte des Verwaltungsvermögens (vorn N 19 ff), jedoch nicht das gemeinschaftliche Grundstück (vgl. Art. 712f N 67). Besondere Bedeutung kommt dabei den Beitragsforderungen zu. In der Betreibung gegen die Stockwerkeigentümergemeinschaft kann der Gläubiger die Beitragsforderungen der Gemeinschaft gegenüber dem einzelnen Stockwerkeigentümer pfänden lassen (Art. 712i). Hier auf steht ihm die Möglichkeit offen, die Eintragung dieses mittelbaren Pfandrechts im Grundbuch zu verlangen. Auf diese Weise haften die gepfändeten Stock- 101 werkeigentumsanteile mittelbar auch für Forderungen von Gemeinschaftsgläubigern (vgl. ausführlich dazu Art. 712i N 38 ff und N 49).

102 Sind Beitragsforderungen verpfändet (Art. 712i), verweigern die betreffenden Stockwerkeigentümer jedoch immer noch die Erfüllung und strengt der Verwalter keine Betreibung an, so kann der Gläubiger entweder an Zahlungsstatt in die Rechte der betriebenen Stockwerkeigentümergemeinschaft eintreten oder sich von ihr eine Vollmacht zur Eintreibung der Forderungen geben lassen (Art. 131 SchKG). Im letzteren Fall hat er so viele Betreibungen gegen die säumigen Stockwerkeigentümer einzuleiten, als die Gemeinschaft Mitglieder hat.
Vgl. dazu auch Art. 712f N 66 f.

Art. 712 m

D. Organisation
I. Versammlung der Stockwerkeigentümer
1. Zuständigkeit und rechtliche Stellung

¹ Ausser den in andern Bestimmungen genannten hat die Versammlung der Stockwerkeigentümer insbesondere die folgenden Befugnisse:
1. in allen Verwaltungsangelegenheiten, die nicht dem Verwalter zustehen, zu entscheiden;
2. den Verwalter zu bestellen und die Aufsicht über dessen Tätigkeit zu führen;
3. einen Ausschuss oder einen Abgeordneten zu wählen, dem sie Verwaltungsangelegenheiten übertragen kann, wie namentlich die Aufgabe, dem Verwalter beratend zur Seite zu stehen, dessen Geschäftsführung zu prüfen und der Versammlung darüber Bericht zu erstatten und Antrag zu stellen;
4. jährlich den Kostenvoranschlag, die Rechnung und die Verteilung der Kosten unter den Eigentümern zu genehmigen;
5. über die Schaffung eines Erneuerungsfonds für Unterhalts- und Erneuerungsarbeiten zu befinden;
6. das Gebäude gegen Feuer und andere Gefahren zu versichern und die üblichen Haftpflichtversicherungen abzuschliessen, ferner den Stockwerkeigentümer, der seine Räume mit ausserordentlichen Aufwendungen baulich ausgestaltet hat, zur Leistung eines zusätzlichen Prämienanteils zu verpflichten, wenn er nicht eine Zusatzversicherung auf eigene Rechnung abschliesst.

² Soweit das Gesetz nicht besondere Bestimmungen enthält, finden auf die Versammlung der Stockwerkeigentümer und auf den Ausschluss die Vorschriften über die Organe des Vereins und über die Anfechtung von Vereinsbeschlüssen Anwendung.

D. Organisation
I. Assemblée des copropriétaires
1. Compétence et statut juridique

¹ Outre celles qui sont mentionnées dans d'autres dispositions, l'assemblée des copropriétaires a notamment les attributions suivantes:
1. Régler les affaires administratives qui ne sont pas de la compétence de l'administrateur;
2. Nommer l'administrateur et surveiller son activité;
3. Désigner un comité ou un délégué, auquel elle peut confier des tâches administratives, notamment celles de conseiller l'administrateur, contrôler sa gestion et soumettre à l'assemblée un rapport et des propositions à ce sujet;
4. Approuver chaque année le devis des frais annuels, les comptes et la répartition des frais entre les copropriétaires;
5. Décider la création d'un fonds de rénovation pour les travaux d'entretien et de réfection;
6. Assurer le bâtiment contre l'incendie et d'autres risques et conclure les assurances responsabilité civile usuelles, en outre obliger le copropriétaire qui a fait des dépenses extraordinaires pour aménager ses locaux à payer une part de prime supplémentaire, sauf s'il a conclu une assurance complémentaire pour son propre compte.

² Sauf dispositions spéciales de la loi, les règles applicables aux organes de l'association et à la contestation de ses décisions s'appliquent à l'assemblée des copropriétaires et au comité.

D. Ordinamento I. Assemblea dei comproprietari 1. Competenza e stato giuridico	¹ Oltre le competenze menzionate in altre disposizioni, spetta all'assemblea dei comproprietari: 1. decidere in tutti gli affari amministrativi che non competono all'amministratore; 2. nominare l'amministratore e vegliare sulla sua opera; 3. nominare un comitato o un delegato con compiti amministrativi, come quelli di consigliare l'amministratore, esaminarne la gestione e fare rapporto e proposte all'assemblea a questo riguardo; 4. approvare ogni anno il preventivo, il resoconto e la ripartizione delle spese fra i comproprietari; 5. decidere la costituzione di un fondo di rinnovazione per i lavori di manutenzione e di rinnovazione; 6. assicurare l'edificio contro il fuoco ed altri pericoli, stipulare le assicurazioni usuali di responsabilità civile e obbligare il comproprietario che abbia fatto delle spese straordinarie per sistemare i suoi locali, a pagare una parte del premio aggiuntivo, se non ha stipulato per suo conto un'assicurazione completiva. ² Ove la legge non disponga altrimenti, all'assemblea e al comitato sono applicabili le norme sull'associazione concernenti gli organi e la contestazione delle risoluzioni sociali.

			Note	Seite
Übersicht	Materialien		1	364
	Literatur		2	364
	Rechtsvergleich		3	364
	I.	*Allgemeines*	7	369
		1. Grundzüge der Organisation der Stockwerkeigentümergemeinschaft	7	369
		2. Funktion der Stockwerkeigentümerversammlung	12	370
		3. Gesetzliche Regelung der Stockwerkeigentümerversammlung	14	371
		a. Art.712m-712p	14	371
		b. Anwendung von Vereinsrecht	15	371
		c. Weitere Rechtsquellen	18	372
	II.	*Die Befugnisse der Stockwerkeigentümerversammlung*	19	373
		1. Gesetzlicher Aufgabenbereich	19	373
		a. Grundlagen	19	373
		b. Verwaltungsangelegenheiten (Ziff. 1)	21	373
		c. Bestellung und Beaufsichtigung des Verwalters (Ziff. 2)	24	374
		d. Bestellung und Beaufsichtigung eines Ausschusses (Ziff. 3)	26	375
		aa. Allgemeines	26	375
		bb. Bestellung und Zusammensetzung	29	375

		Note	Seite
cc.	Rechtsstellung und Abberufung	35	377
d.	Zuteilung bestimmter Aufgaben	38	378
e.	Wirtschaftlich-finanzielle Grundsatzentscheide (Ziff. 4)	42	379
f.	Schaffung eines Erneuerungsfonds (Ziff. 5)	44	379
g.	Abschluss von Versicherungen (Ziff. 6)	50	381
2. Schranken rechtsgeschäftlicher Kompetenzzuordnung		55	382
a.	Allgemeines	55	382
b.	Zwingende Kompetenzen der Sockwerkeigentümer und anderer Organe	57	383
c.	Mindestbefugnisse der Stockwerkeigentümerversammlung	59	384

III. Beschlussfassung in der Stockwerkeigentümerversammlung — 61 — 385

		Note	Seite
1. Das Stimmrecht der Stockwerkeigentümer		61	385
a.	Grundsätzliches zu Stimmrecht und Stimmkraft	61	385
b.	Kopfstimmrecht und Wertquotenstimmrecht	63	385
aa.	Grundlagen und gesetzliche Regelung	63	385
bb.	Grenzen rechtsgeschäftlicher Abweichungen	66	387
c.	Schranken der Stimmrechtsausübung	69	388
aa.	Verzicht auf die Stimmrechtsausübung	69	388
bb.	Verbot der Stimmrechtsausübung	70	389
aaa.	Im Falle des Ausschlusses aus der Gemeinschaft	71	389
bbb.	Im Falle von Untergemeinschaften	72	389
ccc.	Im Falle einer Interessenkollision	73	389
d.	Stellvertretung in der Versammlung	77	391
aa.	Grundlagen	77	391
bb.	Zulässigkeit von Vertretungsbeschränkungen	80	392
cc.	Unzulässigkeit von Delegiertenversammlungen	83	393
e.	Weitere Mitwirkungs- und Schutzrechte	85	393
2. Quoren der Beschlussfassung		89	395
a.	Grundlagen	89	395
b.	Erforderliche Quoren	92	396
aa.	Einstimmigkeit	93	396
bb.	Qualifizierte Mehrheit (nach Köpfen und Anteilen)	103	397
cc.	Einfache Mehrheit	110	397
c.	Berechnung der Mehrheit	111	398
aa.	Mehrheit der in der Versammlung anwesenden Stockwerkeigentümer	111	398
bb.	Grundsatz der absoluten Mehrheit	114	398

		Note	Seite
cc.	Mehrheit aller Anteile bei qualifiziertem Quorum	115	399
d.	Fall der Stimmengleichheit	116	399
e.	Gemeinschaft mit zwei Stockwerkeigentümern	117	400
3. Schriftliche Beschlussfassung		118	400
a.	Zirkulationsbeschlüsse	118	400
b.	Urabstimmung	121	401
4. Anfechtung von Versammlungsbeschlüssen		126	402
a.	Allgemeines	126	402
b.	Anfechtungsklage	127	402
c.	Anfechtungstatbestände	128	403
d.	Anfechtbare Akte	131	403
e.	Legitimation	136	405
f.	Verfahrensfragen	140	406
g.	Abgrenzung der Anfechtbarkeit gegenüber der Nichtigkeit von Versammlungsbeschlüssen	146	407

1 Materialien   BBl *1962* II 1490f, 1517, 1519f; StenBull NR *1963* 188f, 199f, 210f, 214, 221ff, 226f, 530f, 685; StenBull StR *1963* 209, 218ff, 220f, 285, 376.

2 Literatur   Neben den im allgemeinen Schrifttumsverzeichnis aufgeführten Werken sind hier noch zu beachten: WOLFHART BÜRGI, Die Aktiengesellschaft, Zürcher Kommentar, Bd.V/5b/2: Art.698–738, Zürich 1969; FORSTMOSER/MEIER-HAYOZ, Einführung in das schweizerische Aktienrecht, 3.A., Bern 1983; ERNST HAFTER, Personenrecht, Berner Kommentar, Bd.I, Bern 1910; BRIGITTE TANNER, Quoren für die Beschlussfassung in der Aktiengesellschaft, Diss Zürich 1987.

3 Rechtsvergleichung   Vgl. auch die Ausführungen in den Vorbemerkungen zu den Art.712aff N 52–81, die Bemerkungen in Art.712n N 4, 18 und 39, in Art.712p N 7 und N 13 sowie hinten N 26, 44, 81, 120 und N 138.

Deutschland: Besonders zu beachten sind die §§ 10, 20–25 und 29 WEG. Die Verwaltung des gemeinschaftlichen Eigentums obliegt nach Massgabe von § 20 WEG der Wohnungseigentümerversammlung (§§ 21ff WEG) und dem – stets unerlässlichen – Verwalter (§§ 26ff); überdies ist auch die fakultative Einsetzung eines Verwaltungsbeirats vorgesehen (§ 29 WEG; vgl. Art.712q N 3). Obschon die Wohnungseigentümergemeinschaft nach herrschender Lehre keine juristische Person ist (vgl. die Vorbemerkungen zu den Art.712aff N 59f), hat es sich – wie bei uns – eingebürgert, die Funktionsträger als Organe zu bezeichnen (vgl. BÄRMANN/PICK/MERLE, § 20 N 5). Während der Verwalter das ausführende und das die Gemeinschaft nach aussen repräsentierende Organ ist, ist die Wohnungseigentümerversammlung das die anderen Funktionsträger wählende und für grundlegende Entscheide zuständige Willensbildungsorgan (BAUR, 279). Von ihrer Struktur her orientieren sich die Vorschriften der §§ 20 ff WEG zwar in erster Linie an den §§ 744 ff BGB (Bruchteilsgemeinschaft), doch enthalten sie auch vereinsrechtliche und genossenschaftsrechtliche Elemente (BÄRMANN/PICK/MERLE, N 4 vor § 20). Wie der Bereich der Verwaltung im allgemeinen (vgl. dazu Art. 712g N 3), so ist auch jener der Wohnungseigentümerversammlung sehr flexibel ausgestaltet worden. Überhaupt sind beinahe alle im WEG getroffenen Regelungen in bezug auf die Wohnungseigentümerversammlung dispositiver Natur und können durch Vereinbarung der Wohnungseigentümer (vgl. dazu Art. 7 12g N 3) abgeändert oder konkretisiert werden (vgl. etwa die §§ 20, 21 Abs. 1 und 3, § 23 Abs. 1, § 24 Abs. 2 usw.; vgl. dazu auch BÄRMANN/PICK/MERLE, N 12 ff vor § 10 und § 24 N 3).

Die Versammlung wird vom Verwalter mindestens einmal im Jahr einberufen (§ 24 Abs. 1 WEG); er führt grundsätzlich auch den Vorsitz in der Versammlung (§ 24 Abs. 5 WEG). Darüber hinaus ist der Verwalter zur Einberufung der Versammlung verpflichtet, wenn dies mindestens ein Viertel der Wohnungseigentümer schriftlich und unter Angabe der Gründe verlangen oder wenn ein Fall eingetreten ist, für den eine Vereinbarung der Wohnungseigentümer die Einberufung verlangt (§ 24 Abs. 2 WEG). Kommt der Verwalter dieser Pflicht nicht nach, steht den Wohnungseigentümern eine Klage gegen den Verwalter auf Einberufung zu (vgl. BÄRMANN/PICK/MERLE, § 24 N 7). Die Einberufung hat schriftlich zu erfolgen, wobei die Frist zwischen Einberufung und Abhaltung der Versammlung mindestens eine Woche betragen soll, es sei denn, es liege ein Fall besonderer Dringlichkeit vor (§ 24 Abs. 4 WEG).

Gültige Versammlungsbeschlüsse können nur gefasst werden über Gegenstände, die bei der Einberufung bezeichnet worden sind (Traktandierung; § 24 Abs. 2 WEG). Gültigkeitsvoraussetzung ist sodann die Beschlussfähigkeit; diese ist gegeben, wenn die erschienenen stimmberechtigten Wohnungseigentümer mehr als die Hälfte der Miteigentumsanteile, berechnet nach der im Grundbuch eingetragenen Grösse dieser Anteile, vertreten (§ 25 Abs. 3 WEG; WEITNAUER, § 25 N 2). Wird die Beschlussunfähigkeit der Versammlung festgestellt, so muss eine zweite Versammlung einberufen werden, für welche kein Präsenzquorum mehr aufgestellt ist (§ 25 Abs. 4 WEG; vgl. dazu WEITNAUER, § 25 N 4f). In der Versammlung steht jedem Stockwerkeigentümer *eine* Stimme zu (Kopfprinzip), wobei für die Annahme grundsätzlich das einfache Mehr genügt (vgl. dazu BÄRMANN/ PICK/MERLE, § 25 N 1ff). Beschlüsse können rechtsverbindlich nicht nur in der Versammlung gefasst werden, sondern ausnahmsweise auch im Zirkularverfahren. Dann ist allerdings Einstimmigkeit erforderlich (sog. schriftlicher Universalbeschluss, § 23 Abs. 3 WEG; vgl. ausführlich dazu BÄRMANN/PICK/MERLE, § 23 N 15ff).

Österreich: Besonders zu beachten sind § 14 und 15 ÖWEG sowie die §§ 825ff ABGB. 4

Das ÖWEG kennt keine eigentlichen Organisationsvorschriften für die Wohnungseigentümergemeinschaft. Mit Ausnahme einiger Bestimmungen betreffend den Verwalter und der Festlegung von Quoren hinsichtlich der gemeinschaftlichen Verwaltung sind deshalb für die Organisation der Gemeinschaft und insbesondere für die Wohnungseigentümerversammlung die §§ 825 ff ABGB heranzuziehen (vgl. dazu auch die Vorbemerkungen zu den Art. 646 ff N 53 ff).

Die Hauptfunktion der Versammlung der Mit- bzw. Wohnungseigentümer besteht in der Anordnung ordentlicher und ausserordentlicher Verwaltungshandlungen. Im Rahmen der ordentlichen Verwaltung der Liegenschaft gilt dabei grundsätzlich das Mehrheitsprinzip, wobei der Wert der einzelnen Miteigentumsanteile massgebend ist (Kapitalstimmrecht). Für Massnahmen der ausserordentlichen Verwaltung gilt das Einstimmigkeitsprinzip, allerdings unter dem Vorbehalt der Möglichkeit, einen eventuellen Widerspruch zu übergehen (§ 15 Abs. 3 Ziff. 1–3 ÖWEG). Die Grenzziehung zwischen den beiden Verwaltungsbereichen wird erleichtert durch die Aufzählung zahlreicher Beispiele ordentlicher Verwaltungshandlungen in Ziff. 1–8 von § 14 Abs. 1 ÖWEG.

5 *Italien:* Besonders zu beachten sind die Art. 1105, 1135–1139 CCit, die Art. 66 f disp. att. cod. civ. der Einführungs- und Übergangsbestimmungen sowie allgemein die Regeln der «comunione», Art. 1100–1116 CCit. Das italienische Recht verleiht vorab jedem einzelnen Stockwerkeigentümer sehr weitgehende selbständige Verwaltungsbefugnisse. Daneben obliegt die Verwaltung in erster Linie der Versammlung (»assemblea die condomini', Art. 1135 ff CCit) und dem Verwalter («amministratore», Art. 1 130 ff CCit; vgl. Bosisio, 77). Weitere Organe, so etwa ein «consiglio di condominio» (Ausschuss), können zusätzlich bestellt werden. Ausschliesslich zuständig ist die Stockwerkeigentümerversammlung für die in Art. 1135 CCit genannten Befugnisse (vgl. Stassano, Art. 1135 Nr. 7), nämlich für die Bestellung und Abberufung des Verwalters, die Genehmigung des Kostenvoranschlages und der Verteilung der Kosten unter den Eigentümern, die Genehmigung des Rechenschaftsberichtes des Verwalters, die Anordnung ausserordentlicher Unterhaltsarbeiten (soweit es sich nicht um dringliche Massnahmen handelt) und die Verwendung der verbleibenden Gelder. Die Versammlung kann bei Bedarf auch einen Spezialfonds schaffen.

Die Stockwerkeigentümerversammlung wird vom Verwalter nach pflichtgemässem Ermessen oder auf Verlangen von mindestens zwei Stockwerkeigentümern, die mindestens ein Sechstel des Gebäudewertes vertreten, einberufen. Nach unbenütztem Ablauf einer zehntägigen Frist seit Antragstellung kann die Minderheit schliesslich von Gesetzes wegen selbst zur Einberufung schreiten (Art. 66 Abs. 1 disp. att. cod. civ.). Das italienische Recht schreibt weiter eine zwingende Mindestfrist von fünf Tagen zwischen Einberufung und Abhaltung der Versammlung vor (Art. 66 Abs. 3 i. V. m. Art. 72 disp. att. cod. civ.); eine allfällige zweite Versammlung hat innert zehn Tagen seit der ersten stattzufinden. Ferner ist eine vorgängige Unterrichtung über den Verhandlungsgegenstand erforderlich (Art. 1105 Abs. 3 i. V. m. Art. 1139 CCit). Die nichtgehörige Ankündigung von Traktanden stellt einen absoluten Nichtigkeitsgrund für an der Versammlung gefasste Beschlüsse dar (Stassano, Art. 1136 Nr. 30 ff).

Für die *Beschlussfassung* ist zwingend die Form der Generalversammlung vorgeschrieben (Art. 1108 Abs. 1 Ziff. 2 CCit, Art. 1136 i. V. m. Art. 1138

Abs. 1 CCit). Zirkulationsbeschluss oder Urabstimmung sind unzulässig (BOSISIO, 82). Eine blosse Mehrheit nach Köpfen («Kopfstimmrecht») kennt das italienische Stockwerkeigentumsrecht nicht. Basis des Stimmrechts ist gemäss Art. 1105 Abs. 2 CCit vielmehr die Anteilsstärke, wobei die Mehrheitsberechtigung aufgrund der in der Versammlung anwesenden oder vertretenen Stockwerkeigentümer erfolgt (Art. 1136 Abs. 2 CCit und Art. 67 Abs. 1 disp. att. cod. civ.). Beschlüsse betreffend Änderung der Zweckbestimmung des Grundstücks oder der Sache selbst sowie betreffend Umgestaltung des Verhältnisses zwischen Miteigentum und Sondereigentum bedürfen der Einstimmigkeit (Art. 1108 Abs. 3 i. V. m. Art. 1111 Abs. 2 CCit). Im übrigen weist das italienische Stockwerkeigentumsrecht eine Vielfalt qualifizierter Mehrheitserfordernisse auf (vgl. etwa Art. 1108 Abs. 1, 1136 Abs. 3 und 4, 1136 Abs. 5 i. V. m. Art. 1120 Abs. 1, 1138 Abs. 3 CCit). Die Versammlungsbeschlüsse sind zu protokollieren und vom Verwalter in ein privates Spezialregister einzutragen (Art. 1136 Abs. 7 CCit), wobei diesem Eintrag allerdings keine konstitutive Bedeutung zukommt. Damit ein Beschluss auch im Innenverhältnis wirksam ist, bedarf er überdies der Verkündung (Art. 1137 Abs. 3 CCit); ist diese erfolgt, ist der Beschluss für alle Stockwerkeigentümer verbindlich (Art. 1137 Abs. 1 CCit). Beschlussfähig ist die Stockwerkeigentümerversammlung, wenn zwei Drittel aller Stockwerkeigentümer, die mindestens zwei Drittel des Wertes des gemeinschaftlichen Grundstückes vertreten, anwesend sind (Art. 1136 Abs. 1 CCit). In einer zweiten Versammlung bedarf es immer noch je ein Drittel der Anteile und der Personen (Art. 1136 Abs. 3 CCit). Der Ausschluss eines Stockwerkeigentümers vom Stimmrecht – wie aus der Gemeinschaft (vgl. Art. 712d N 5) – ist im CCit *nicht* vorgesehen, weil hier das Sondereigentum grundsätzlich im Vordergrund steht (FRIEDRICH, ZSR *1956* 244a). Mehrere an einem Stockwerkeigentumsanteil dinglich berechtigte Personen haben das Stimmrecht einheitlich auszuüben, wobei die Abgabe der Willenserklärungen durch einen gemeinsamen Vertreter erfolgt. Der Nutzniesser ist in allen Fragen der ordentlichen Verwaltung und des Gebrauches der gemeinschaftlichen Sache stimmberechtigt (Art. 67 Abs. 2 und 3 disp. att. cod. civ.).

Eine *Anfechtung von Versammlungsbeschlüssen* kommt nur bei Verstössen gegen das Gesetz oder das Reglement in Frage (Art. 1137 CCit), insbesondere dann, wenn Beschlüsse schwere Schädigungen der gemeinsamen Sache zur Folge hätten (Art. 1109 Abs. 1 i. V. m. Art. 1139 CCit) oder wenn gewisse Einberufungsvorschriften und qualifizierte Quorumsbestimmungen verletzt wurden (z. B. Art. 1105 Abs. 3, Art. 1109 Abs. 1 und Art. 1108 Abs. 1 i. V. m. Art. 1109 Abs. 1 CCit, jeweils i. V. m. Art. 1139 CCit). Die Frist für die Anfechtung, welche für Anwesende mit der Beschlussfassung und für Abwesende mit der Bekanntgabe beginnt (Art. 1137 Abs. 3 CCit), beträgt dreissig Tage. Das italienische Recht kennt daneben auch nichtige Beschlüsse (so etwa im schon erwähnten Fall fehlender Traktandierung). Für Nichtigkeitsklagen gilt keine Frist.

Dem Minderheitenschutz dienen einerseits die (nur durch einstimmigen Beschluss abänderbare) Zweckbestimmung des Grundstücks und andererseits die Klagerechte des einzelnen Stockwerkeigentümers oder einer Minderheit. Bei Unterlassen der notwendigen Verwaltungshandlungen, bei unmöglicher Mehrheitsbildung oder bei Nichtausführung von Beschlüssen hat jeder einzelne Stockwerkeigentümer eine mit dem Verwalter konkurrierende Klagebefugnis (Art. 1105 Abs. 4 i. V. m. Art. 1139 CCit; STASSANO, Art. 1131 Nr. 146 ff).

6 *Frankreich:* Besonders zu beachten sind die Art. 17 und 22–26 des Gesetzes vom 10. Juli 1965 sowie die Art. 7, 8 und 50 des Dekrets vom 17. März 1967.
Das französische Recht hat im Unterschied zur schweizerischen Gesetzgebung (vgl. hinten N 9) – der Organisation der Wohnungseigentümergemeinschaft weitgehend unabänderbare, wenig flexible Strukturen verliehen und den Organen, der Eigentümerversammlung (assemblée générale), dem Verwalter (syndic) und einem eventuell einzusetzenden Hausbeirat (conseil syndical; vgl. dazu Art. 712q N 6) – einen jeweils fest umrissenen Aufgabenbereich zugeteilt. Im Rahmen dieser gesetzlich vorgeschriebenen Organisation ist die Gestaltungsfreiheit der Wohnungseigentümer stark eingeschränkt (Art. 43 des Gesetzes; vgl. dazu auch die Vorbemerkungen zu den Art. 712a ff N 74 f).
Die Wohnungseigentümerversammlung ist *Willensbildungsorgan* (Art. 17 Abs. 1 des Gesetzes). Ihre Aufgaben erstrecken sich vornehmlich auf die Bereiche der Verwaltung der gemeinschaftlichen Teile, der Erhaltung des Gebäudes sowie der Festsetzung und Änderung der Gemeinschaftsordnung (vgl. FERID/SONNENBERGER, 639). Die Versammlung ist mindestens einmal pro Jahr einzuberufen, im übrigen auf Antrag des Verwalters (Art. 7 und 8 des Dekrets). Ruft der Verwalter die Versammlung pflichtwidrig nicht ein, ist deren Einberufung durch den Präsidenten des Hausbeirates (vgl. dazu Art. 712q N 6), durch das Gericht oder durch einen gerichtlich speziell hierzu bestellten, provisorischen Verwalter möglich (Art. 50 des Dekrets). Über Einberufung und Durchführung der Versammlung können die Wohnungseigentümer im Reglement detaillierte Bestimmungen aufstellen (Art. 22 Abs. 1 des Gesetzes; vgl. FERID/SONNENBERGER, 639).
Mit der *Beschlussfassung* befassen sich die zwingenden Normen von Art. 22–26 des Gesetzes. Das Stimmrecht des einzelnen Wohnungseigentümers bemisst sich grundsätzlich nach der Grösse seines Miteigentumsanteils (Art. 22 des Gesetzes). Art. 23 enthält eine ausführliche Regelung für die Stimmrechtsausübung in den Fällen, da die Wohnung einer Eigentümergemeinschaft gehört, ein Anteil im Miteigentum steht oder an einem Anteil eine Nutzniessung besteht. Für die Stimmrechtsausübung von Ehepaaren sind überdies auch die Normen des ehelichen Güterrechts zu beachten (Art. 1421, 1424 und 1428 CCfr).
Jeder Stockwerkeigentümer hat das unentziehbare Recht, sich in der Versammlung vertreten zu lassen. Das Gesetz beschränkt die Vertretung in der Versammlung indessen, indem es die Anzahl der Mandate in einer Hand auf drei begrenzt und die Bevollmächtigung des Verwalters ausschliesst (Art. 22 Abs. 3 und 4 des Gesetzes; MICHAUD, 40).
Eine rechtswirksame Beschlussfassung setzt grundsätzlich die einfache Mehrheit der *anwesenden* oder vertretenen Wohnungseigentümer voraus (Art. 24 des Gesetzes). Art. 25 des Gesetzes sieht für einige besondere Angelegenheiten die einfache Mehrheit *aller* Eigentümer vor (z. B. für die Wahl und Abberufung eines Verwalters; Art. 712q N 6), während für die

in Art. 26 Abs. 1 aufgeführten Beschlüsse eine Dreiviertelmehrheit vorgeschrieben ist; dasselbe Quorum ist überdies für Massnahmen zur Verbesserung des Gebäudes sowie für die Errichtung von Zusatz- und Aufbauten erforderlich (Art. 30 ff des Gesetzes). Einstimmigkeit ist nur in seltenen Fällen erforderlich (vgl. z.B. Art. 26 Abs. 3 des Gesetzes). Alle Beschlüsse sind zu protokollieren und den Wohnungseigentümern schriftlich mitzuteilen. Sie können innert zwei Monaten ab Zustellung an die Wohnungseigentümer angefochten werden, so insbesondere wegen Verfahrens- und Formfehlern sowie wegen Kompetenzüberschreitungen (Art. 14 Abs. 1 des Gesetzes; vgl. ausführlich dazu GIVORD/GIVERDON, Nr. 465).

I. Allgemeines

1. Grundzüge der Organisation der Stockwerkeigentümergemeinschaft

Die Stockwerkeigentümer sind durch ihre Rechtsposition als Miteigentümer eines Grundstücks zwingend zu einer Gemeinschaft verbunden (vgl. die Vorbemerkungen zu den Art. 712a ff N 45 ff). Weil dem Stockwerkeigentümer eine dem Alleineigentümer sehr nahe kommende Stellung verliehen werden soll, hat der Gesetzgeber der Gemeinschaft keine eigene Rechtspersönlichkeit zuerkannt, sondern sie als blosse Rechtsgemeinschaft ausgestaltet, in welcher die einzelnen Teilhaber (und nicht die Gemeinschaft als solche) berechtigt und verpflichtet sind (Vorbemerkungen zu den Art. 712a ff N 45 ff). Auch so verbleibt aber ein ansehnlicher Bereich, in welchem ein einheitliches Vorgehen aller Stockwerkeigentümer notwendig oder doch sachgerecht ist: Die Besorgung gemeinschaftlicher Angelegenheiten. 7

Auch eine so lose Gemeinschaft wie diejenige der Stockwerkeigentümer kommt ohne eine in den Grundzügen vom Gesetz vorgezeichnete *Organisation* nicht aus (BBl *1962* II 1490f, und StenBull NR *1963* 188f). Die verschiedenen Aufgaben bzw. *Organfunktionen* (Willensbildung, Geschäftsführung, Vertretung) müssen bestimmten Funktions- bzw. *Organträgern* zugewiesen werden. So sind denn auch der Stockwerkeigentümergemeinschaft körperschaftsähnliche Züge verliehen und die verschiedenen Aufgaben auf verschiedene *Organe* verteilt worden. Der hier verwendete Ausdruck «Organ» ist allerdings nicht im streng juristischen Sinn zu verstehen: Obschon die Stockwerkeigentümergemeinschaft keine juristische Person ist (vgl. die Vorbemerkungen zu den Art. 712a ff N 44 ff) und somit keine Organe im engeren körperschaftlichen Sinne haben kann (so schon BBl *1962* II 1519; vgl. 8

zur Definition des Organs OFTINGER/STARK, Schweizerisches Haftpflichtrecht, Bd.II/ 1 [4.A., Zürich 1987], 274; MEIER-HAYOZ/FORSTMOSER, § 2 N 20; vgl. dazu auch BGE *105* Ia 24 Erw. 1c), wird dieser Ausdruck im folgenden in Übereinstimmung mit der übrigen Literatur – ähnlich wie im Recht der Personenhandelsgesellschaften – in einem untechnischen Sinn dennoch verwendet (vgl. zum Ganzen REY, ZSR *1980* I 264f; FRIEDRICH, § 29 N 1, und SJK *1304* 1f; CH. MÜLLER, 35; K. MÜLLER, 70; ; MAGNENAT, 105; MICHAUD, 20f; RIEMER, ZBGR *1975* 261; STEINAUER, § 34 N 1305ff; WEBER, SJZ *1979* 117).

9 In der Absicht, den Stockwerkeigentümern eine den jeweiligen konkreten Verhältnissen entsprechende Ausgestaltung der Organisation zu ermöglichen, hat der Gesetzgeber mit den Art. 712m–Art. 712t eine ausserordentlich elastische gesetzliche Grundlage geschaffen (vgl. auch LIVER, GS Marxer 190). Er hat sich mit einem Minimum an zwingenden Anordnungen begnügt und der Gemeinschaft eine weitgehende *Organisationsautonomie* eingeräumt.

10 Einziges zwingend vorgeschriebenes Organ ist die – vorab mit Willensbildungsfunktion versehene – Stockwerkeigentümerversammlung (Art. 712m–Art. 712p). Im Hinblick auf eine ordnungsgemässe Abwicklung der gemeinschaftlichen Angelegenheiten ging der Gesetzgeber zwar davon aus, dass der Versammlung der Stockwerkeigentümer ein Verwalter zur Seite gestellt werden sollte, der alle Exekutivfunktionen ausübt (BBl *1962* II 1491ff; vgl. Art. 712q N 13ff), er hat aber im Interesse der Flexibilität und Elastizität der Stockwerkeigentümergemeinschaft auf dessen zwingende Einsetzung verzichtet; immerhin steht dem einzelnen Stockwerkeigentümer ein Anspruch auf richterliche Bestellung eines Verwalters zu (Art. 712q und dort N 102ff).

11 Anzumerken ist, dass die konkrete Bedeutung der Stockwerkeigentümerversammlung immer auch davon abhängig ist, ob ein Verwalter bestellt ist oder nicht. Die Stockwerkeigentümerversammlung ist indessen – wie auch immer die konkrete Ausgestaltung der Gemeinschaft im Einzelfall erfolgt – das oberste Organ (nachfolgend N 12f).

2. Funktion der Stockwerkeigentümerversammlung

12 Die Stockwerkeigentümerversammlung übt im Rahmen der Gemeinschaftsordnung die «oberste Gewalt» aus (FRIEDRICH, SJK *1304* 2). Ihr obliegt es, die grundlegenden Entscheide über die gemeinschaftlichen Angelegenheiten zu treffen, sie ist einziges *Willensbildungsorgan*. Wei-

tere Organe (so der Verwalter oder ein Ausschuss), die fakultativ vorgesehen werden können und deren Wahl grundsätzlich durch die Versammlung der Stockwerkeigentümer er folgt, erfüllen demgegenüber hauptsächlich ausführende Funktionen (BBl *1962* II 1519; StenBull NR *1963* 226; FRIEDRICH, § 29 N 1; CH. MÜLLER, 87; WEBER, 309 f). Immerhin können diese Organe gewisse Hilfeleistungen im Rahmen der Willensbildungsfunktion erbringen, indem sie etwa Beschlüsse der Versammlung vorbereiten (vgl. z. B. für den Ausschuss hinten N 38 ff).

Der Zuständigkeitsbereich der Versammlung, das Verfahren der Beschlussfassung und die Umschreibung der Mitwirkungs- und Schutzrechte der Stockwerkeigentümer bedürfen umsichtiger Regelung. Dies nicht nur, weil es sich bei der Besorgung der gemeinschaftlichen Angelegenheiten oft um wirtschaftlich bedeutungsvolle Aufgaben handelt und Mehrheitsbeschlüsse auch gegenüber der ablehnenden Minderheit wirken, sondern auch deshalb, weil Beschlüsse für die Rechtsnachfolger der beteiligten Stockwerkeigentümer Geltung haben (Art. 649a; vgl. dazu auch Art. 712g N 83 f). 13

3. Gesetzliche Regelung der Stockwerkeigentümerversammlung

a. Art. 712m–712p

Das Gesetz enthält in den Art. 712m–712p einige wenige Vorschriften über die Stockwerkeigentümerversammlung (nicht eine umfassende Normierung; vgl. nachfolgend N 15 ff). *Art. 712m* regelt vorwiegend den formellen und materiellen Zuständigkeitsbereich. Die *Art. 712n* und *712p* betreffen Einberufung und Leitung der Versammlung sowie deren Beschlussfähigkeit und stellen somit formelles Organisationsrecht dar. *Art. 712o* enthält eine – partikuläre – Regelung der Mitwirkungsrechte der Stockwerkeigentümer für den Fall, dass an einem Stockwerkeigentumsanteil mehrere Personen dinglich berechtigt sind. 14

b. Anwendung von Vereinsrecht

Die gesetzliche Regelung der Stockwerkeigentümerversammlung konnte innerhalb des Abschnittes über das Stockwerkeigentum nur deswegen so knapp gehalten werden, weil neben den aus dem Recht des 15 gewöhnlichen Miteigentums heranzuziehenden Normen (hinten N 18) durch Art. 712m Abs. 2 vor allem das Vereinsrecht in wichtigen Punkten als anwendbar erklärt worden ist. Diese Verweisung wurde mit dem hohen Bekanntheitsgrad des Vereinsrechts in der Bevölkerung begründet (BBl *1962* II 1519).

16 Der Legalverweis auf das Vereinsrecht ist nicht nur dann zu beachten, wenn das Stockwerkeigentumsrecht eine Frage im Zusammenhang mit der Versammlung der Stockwerkeigentümer (oder des Ausschusses) überhaupt nicht beantwortet, sondern auch dann, wenn seine Antwort unvollständig ist (z. B. Minderheiteneinberufungsrecht, Art. 712n N 10ff). Im einzelnen kann jedoch die Heranziehung des Vereinsrechts problematisch sein.

17 Was den Umfang der Verweisung von Art. 712m Abs. 2 betrifft, so ergibt sich aus dem Wortlaut und aus der systematischen Stellung der Verweisung, dass das Vereinsrecht nur auf die *Versammlung* der Stockwerkeigentümer und – wo ein solcher vorhanden ist – auf den *Ausschuss* anzuwenden ist, nicht dagegen auf die gesamte Organisation der Stockwerkeigentümergemeinschaft (RIEMER, ZBGR *1975* 258 und 264). Art. 712m Abs. 2 verweist deshalb lediglich auf die Bestimmungen betreffend die Vereinsversammlung, also auf die Art. 64–68, sowie ausdrücklich auf die Anfechtungsklage von Art. 75. Indessen ist aufgrund seiner funktionalen Bedeutung auch Art. 63 Abs. 2, der die zwingenden Vorschriften des Vereinsrechts bezeichnet, anwendbar (RIEMER, ZBGR *1975* 258 f).

c. Weitere Rechtsquellen

18 Neben der Regelung von Art. 712m–712p und derjenigen des Vereinsrechts sind noch weitere Gesetzesbestimmungen für die Stockwerkeigentümerversammlung massgebend. So enthält vor allem das übrige Stockwerkeigentumsrecht diverse Einzelanordnungen betreffend die Versammlung der Stockwerkeigentümer (vgl. z. B. Art. 712c Abs. 2, Art. 712e Abs. 2, Art. 712g, Art. 712i Abs. 2, Art. 712r Abs. 2 usw.). Entsprechend der Ausgestaltung des Stockwerkeigentums als besonders ausgestaltetes Miteigentum (vgl. die Vorbemerkungen zu den Art. 712a ff N 31 ff) sind überdies auch die Bestimmungen des gewöhnlichen Miteigentums zu beachten, insbesondere die Art. 647 ff. Diese Vorschriften betreffen indessen meistens nicht das Organisationsrecht, sondern die erforderlichen Quoren für die Beschlussfassung (vgl. hinten N 89 ff).

II. Die Befugnisse der Stockwerkeigentümerversammlung

1. Gesetzlicher Aufgabenbereich

a. Grundlagen

Die Fassung von Art. 712m Abs. 1, wonach einzelne Tätigkeitsbereiche der Stockwerkeigentümerversammlung konkret umschrieben sind, geht auf einen Antrag der ständerätlichen Kommission zurück (StenBull StR *1963* 220; vgl. demgegenüber den sich aufs Grundsätzliche beschränkende Entwurf des Bundesrates, Art. 712m und BBl *1962* II 1531 sowie den Zusatz der nationalrätlichen Kommission in Art. 712h^{bis}, StenBull NR *1963* 225). Diese Aufzählung der Kompetenzen, welche der Versammlung zustehen, ist nicht abschliessend; der Gesetzgeber verweist ausdrücklich auf aus anderen Bestimmungen sich ergebende Zuständigkeiten (z. B. Art. 647 ff, Art. 712e Abs. 2, Art. 712g Abs. 2 und Abs. 3, Art. 712r Abs. 1; siehe im einzelnen auch die Zusammenstellung bei CH. MÜLLER, 87 f). [19]

Als oberstes Organ ist die Stockwerkeigentümerversammlung überdies in allen Fragen zuständig, die nicht kraft gesetzlicher Anordnung (z. B. Art. 647 Abs. 2 Ziff. 2 Vornahme dringlicher Massnahmen; dazu Art. 647 N 71 ff) oder rechtsgeschäftlicher Vereinbarung einem anderen Organ zugewiesen sind (vgl. ausführlich dazu hinten N 55 ff). Es besteht somit eine *Vermutung zugunsten der Zuständigkeit der Stockwerkeigentümerversammlung* (FRIEDRICH, SJK *1304* 3; STEINAUER, § 34 N 1311). [20]

b. Verwaltungsangelegenheiten (Ziff. 1)

Art. 712m Abs. 1 Ziff. 1 statuiert die Kompetenz der Versammlung der Stockwerkeigentümer, in allen Verwaltungsangelegenheiten zu entscheiden, die nicht dem Verwalter zustehen (vgl. dazu hinten N 58 sowie Art. 712s N 10 und N 15 f). Es ist dies die Folge ihrer Stellung als oberstes Organ der Gemeinschaft (vgl. vorn N 12 f). Überdies weist die Gemeinschaft im Bereiche der Verwaltung körperschaftsähnliche Züge auf: nur sie (und nicht der einzelne Stockwerkeigentümer oder die Gesamtheit der Stockwerkeigentümer) kann tätig werden. [21]

22 Was unter «Verwaltungsangelegenheiten» zu verstehen ist, ergibt sich aus dem Begriff der Verwaltung an sich. Danach handelt es sich um Handlungen tatsächlicher oder rechtlicher Natur, die dazu bestimmt sind, das betreffende Rechtsgut zu erhalten, zu mehren oder der seinem Zweck entsprechenden Verwendung zuzuführen. Die Verwaltung im Stockwerkeigentumsrecht ist mithin Geschäftsführung im gemeinschaftlichen Interesse. Davon zu unterscheiden ist die Verwaltung, die jedem Stockwerkeigentümer bezüglich seiner Stockwerkeinheit zusteht (Art. 712a Abs. 2 und Art. 712a N 57 ff). Ausführlich zum Begriff und zum Umfang der Verwaltung in Art. 712g N 13 ff.

23 Die in den Art. 647–647e für das Miteigentum gesetzlich vorgesehene Verwaltungsordnung findet gemäss Art. 712g Abs. 1 und 2 auch beim Stockwerkeigentum Anwendung, allerdings unter Vorbehalt allfälliger rechtsgeschäftlicher Änderungen (Art. 712g Abs. 3; vgl. ausführlich dazu Art. 712g N 66 ff und N 78 ff).

c. Bestellung und Beaufsichtigung des Verwalters (Ziff. 2)

24 Art. 712m Abs. 1 Ziff. 2 statuiert die – an sich selbstverständliche – Befugnis der Stockwerkeigentümerversammlung, den Verwalter zu bestellen und die Aufsicht über seine Tätigkeit auszuüben. Die Bestellung eines Verwalters durch die Stockwerkeigentümergemeinschaft wird vom schweizerischen Recht nicht zwingend angeordnet. Es besteht aber ein unentziehbarer Anspruch jedes einzelnen Stockwerkeigentümers, die Einsetzung eines Verwalters durch den Richter zu verlangen, wenn die Bestellung durch die Versammlung der Stockwerkeigentümer nicht zustande kommt (Art. 712q Abs. 1). Als ob erstem Organ wird der Versammlung der Stockwerkeigentümer zudem auch das Abberufungsrecht explizit zuerkannt. Zur Bestellung und Abberufung des Verwalters im einzelnen vgl. die Bemerkungen zu den Art. 712q und 712r.

25 Der Stockwerkeigentümerversammlung obliegt schliesslich die Aufsicht über den Verwalter als vollziehendem Organ. Sie wird ihr erleichtert durch die vom Verwalter vorzulegenden Berichte, Rechnungen und Anträge (vgl. Art. 712m Ziff. 4–6; vgl. ausführlich dazu Art. 712q N 61 ff).

d. Bestellung und Beaufsichtigung eines Ausschusses (Ziff. 3)

aa. Allgemeines

Gemäss Art. 712m Abs. 1 Ziff. 3 kann die Versammlung einen Ausschuss oder Abgeordneten wählen (vgl. auch den «Verwaltungsbeirat» gemäss § 29 WEG oder den «conseil syndical» im französischen Wohneigentumsrecht; dazu vorn N 3 und N 6). Die Bestellung eines solchen Organs ist nicht zwingend (Art. 712g N 26 und vorn N 12); sie liegt im freien Ermessen der Stockwerkeigentümer. Da es der Stockwerkeigentümergemeinschaft gestützt auf den Grundsatz weitgehender Gemeinschaftsautonomie ohnehin freistehen würde, weitere Organe zu bestellen bzw. Kontrollmöglichkeiten zu schaffen (z. B. Wahl einer Treuhandstelle mit der Aufgabe, Jahresrechnung und Jahresabschlüsse zu prüfen; WEBER, 412), hat Art. 712m Abs. 1 Ziff. 3 lediglich deklaratorische Bedeutung. 26

Ein Ausschuss soll in erster Linie beratende und überwachende Funktionen ausüben (vgl. hinten N 38). Die Einsetzung eines Ausschusses dürfte deshalb vor allem in grösseren Gemeinschaften sinnvoll sein. Kommen ihm gar Entscheidungsbefugnisse zu, erscheint es in einer Grossüberbauung mit mehreren Häusern – entsprechend der Minderheitenschutzregelung im Aktienrecht (Art. 708 Abs. 4 OR) – angebracht, jeder Interessengruppe (Untergemeinschaft, vgl. Art. 712b N 86 ff) das Recht einzuräumen, mindestens *einen* Vertreter in den Ausschuss abzuordnen bzw. zur Wahl vorzuschlagen. 27

Über die innere Organisation des Ausschusses sagt das Gesetz nichts. Die Stockwerkeigentümer können für die Tätigkeit des Ausschusses ein Reglement erlassen oder die Kompetenz dazu dem Ausschuss selber einräumen (zu den Regelungsgegenständen WEBER, 414). Zum Beispiel erschiene die Protokollierung von Beschlüssen des Ausschusses als zweckmässig. Fehlt eine entsprechende Reglementierung, kommt Vereinsrecht zur Anwendung (Art. 712m Abs. 2 und vorn N 17; RIEMER, ZBGR *1975* 258; WEBER, 415). 28

bb. Bestellung und Zusammensetzung

Das Gesetz äussert sich nicht zum Verfahren der Bestellung und zur Zusammensetzung des Ausschusses. 29
Der Ausschuss kann aus einer beliebigen Anzahl von Mitgliedern bestehen; die Möglichkeit der Bestellung nur *eines* Abgeordneten wird im Gesetz so- 30

gar ausdrücklich genannt. Mitglieder können sowohl die Stockwerkeigentümer selbst als auch aussenstehende Dritte sein. Eine juristische Person ist wählbar. Dagegen kann der Verwalter nicht zugleich auch Mitglied des Ausschusses sein, da die beiden Funktionen sich gegenseitig ausschliessen (WEBER, 413; MICHAUD, 92f; BÄRMANN/PICK/MERLE, § 29 N12).

31 Die rechtswirksame *Bestellung des Ausschusses* kommt wie jene des Verwalters (Art. 712q N 76 ff) durch den organschaftlichen Akt der *Beschlussfassung in der Stockwerkeigentümerversammlung* und durch den *Abschluss eines entsprechenden schuldrechtlichen Vertrages* zwischen der Gemeinschaft der Stockwerkeigentümer und den Mitgliedern des Ausschusses zustande (vgl. dazu hinten N 35 ff). Der Beschluss der Stockwerkeigentümerversammlung bedarf grundsätzlich (wie jener bei der Bestellung des Verwalters, Art. 712q N 89 ff) lediglich des einfachen Mehrs der anwesenden Stockwerkeigentümer. Im Reglement kann aber für den Bestellungsbeschluss eine qualifizierte Mehrheit vorgesehen werden. Es ist aber auch zulässig, die Frage, ob überhaupt ein Ausschuss eingesetzt werden soll, von einem qualifizierten Mehr (Art. 712g Abs. 3) abhängig zu machen, während hierauf die konkrete Wahl der Mitglieder mit der einfachen Mehrheit vorgenommen wird (vgl. zu den Quoren der Beschlussfassung i. a. hinten N 89 ff).

32 Der einzelne Stockwerkeigentümer hat – anders als beim Verwalter (Art. 712q Abs. 1 und dort N 102 ff) – keinen vom Gesetz verliehenen, richterlich durchsetzbaren Anspruch auf Einsetzung eines Ausschusses. Ist der Ausschuss jedoch im Begründungsakt oder im Reglement vorgesehen, ist die Gemeinschaft – bis zur Abänderung der entsprechenden Bestimmungen mit den erforderlichen Mehrheiten – an jene rechtsgeschäftlich fundierte Ordnung gebunden (FRIEDRICH, § 38 N 2).

33 Bei den von den Stockwerkeigentümern im Begründungsakt oder im Reglement niedergelegten Bestimmungen handelt es sich – wie bei den Statuten einer Körperschaft – trotz abstrakter Fassung nicht um objektives Recht, sondern um eine rechtsgeschäftliche Regelung der Rechtsverhältnisse der Gemeinschaft (VON TUHR/PETER, § 20 I; HEINI, SPR II 562f; ZR *1926* Nr. 67). Im Falle der Nichterfüllung (z. B. Nichtwahl des im Reglement vorgesehenen Ausschusses durch Abgabe von Nein-Stimmen oder wegen vorzeitigen Verlassens der Versammlung) kann der einzelne Stockwerkeigentümer den Richter anrufen. Dessen Gestaltungsbefugnis geht jedoch – in Ermangelung einer ausdrücklichen gesetzlichen Grundlage – nicht so weit, dass er von sich aus Ausschussmitglieder ernennen könnte. Ob aber die Verurteilung der Stockwerkeigentümer zur Mitwirkung an der Bestellung des

Ausschusses in Form eines Versammlungsbeschlusses durchsetzbar ist, erscheint zweifelhaft (WEBER, 414; vgl. auch BÄRMANN/PICK/MERLE, § 29 N 5); allenfalls entstehen aber bei Nichtbeachtung einer richterlichen Anordnung Schadenersatzpflichten.

Ein einstimmiger Verzicht aller Stockwerkeigentümer auf die Bestellung eines reglementarisch vorgesehenen Ausschusses ist dagegen zulässig. 34

cc. Rechtsstellung und Abberufung

Entsprechend der Rechtslage beim Verwalter (vgl. 35 Art. 712q N 34ff) führt der zweiteilige Bestellungsakt (vorn N 31) zu einem einheitlichen Rechtsverhältnis zwischen Ausschuss und Stockwerkeigentümergemeinschaft. Dieses Rechtsverhältnis, welches inhaltlich primär durch die Ordnung des Stockwerkeigentumsrechts geprägt wird (hinten N 38ff; vgl. auch Art. 712q N 57ff), ist im übrigen regelmässig als Auftrag (Art. 394ff OR) zwischen den Ausschussmitgliedern einerseits und der Gemeinschaft andererseits zu qualifizieren. Nur ausnahmsweise wird ein Arbeitsvertrag (Art. 319ff OR) oder gar ein Innominatkontrakt vorliegen (vgl. im einzelnen zur entsprechenden Bestimmung der Rechtsnatur beim Verwaltervertrag Art. 712q N 37ff).

Wie beim Verwalter (Art. 712q N 34ff) ist auch beim Ausschuss klar zwi- 36 schen organschaftlicher bzw. rechtsgemeinschaftlicher (Bestellung und Abberufung) und schuldrechtlicher Komponente (Abschluss und Beendigung des Auftrags bzw. Arbeitsvertrags) zu unterscheiden. Deshalb ist beispielsweise die Frage nach der Amtsdauer bzw. nach der Möglichkeit der Abberufung des Ausschusses nicht aufgrund der Auflösungsregeln des Auftragsrechts (Art. 404 OR) oder des Arbeitsvertragsrechts (Art. 337f OR) zu beantworten, sondern ausschliesslich aufgrund des Stockwerkeigentumsrechts (vgl. Art. 712q N 41 und Art. 712r N 7; scheinbar a. M. MICHAUD, 91f, und WEBER, 414). Weil indessen Art. 712m Abs. 1 Ziff. 3 keine diesbezügliche Regelung enthält, ist die für das Verwalterverhältnis massgebende Regelung von Art. 712r Abs. 1 (nicht aber auch jene von Abs. 2 und Abs. 3) per analogiam heranzuziehen. Der Versammlung der Stockwerkeigentümer steht somit das Recht zu, den Ausschuss (auch bei rechtsgeschäftlicher Vereinbarung einer bestimmten Amtszeit, nachfolgend N 37) jederzeit und voraussetzungslos abzuberufen (vgl. dazu Art. 712r N 8ff; a. M. MICHAUD, 91f; WEBER, 414). Entsprechend diesem Recht der Stockwerkeigentümerversammlung auf jederzeitige Abberufung steht dem Ausschuss (gleich wie dem Verwalter; Art. 712r N 30 ff) ein jederzeitiges Demissionsrecht zu.

37 Während sich die Frage der Abberufung und der Demission ausschliesslich nach Stockwerkeigentumsrecht beurteilt, müssen die Wirkungen dieser Beendigung des Amtes auf das zugrundeliegende obligatorische Vertragsverhältnis nach den massgeblichen Vertragsauflösungsregeln (Art. 404 OR und Art. 339 f OR) beurteilt werden (vgl. dazu Art. 712r N 36). Das je derzeitige Abberufungs- bzw. Demissionsrecht schliesst somit nicht aus, rechtsgeschäftlich eine bestimmte Amtszeit des Ausschusses (z. B. ein Jahr, Einsetzung für eine bestimmte Aufgabe) zu vereinbaren. Diese vertragliche Abrede tangiert die «organschaftliche» Abberufungs- bzw. Demissionsmöglichkeit nicht, begründet aber im Falle einer zur Unzeit erfolgenden Abberufung oder Demission Schadenersatzfolgen (Art. 712r Abs. 1 per analogiam i. V. m. Art. 404 Abs. 2 OR bzw. Art. 337 f OR; vgl. zur entsprechenden Rechtslage beim Verwalterverhältnis Art. 712r N 40 ff).

dd. *Zuteilung bestimmter Aufgaben*

38 Das Gesetz zählt nicht abschliessend auf, welche Aufgaben einem Ausschuss übertragen werden dürfen. Zu den Befugnissen eines Ausschusses gehören regelmässig die Beratung des Verwalters, die Überprüfung seiner Geschäftsführung sowie diesbezügliche Berichterstattungen und Antragstellungen an die Versammlung. Die – meist unerlässliche – genauere Umschreibung der Kompetenzen obliegt jedoch der Stockwerkeigentümerversammlung.

39 Neben den im Gesetz genannten *Kontrollfunktionen* kann die Stockwerkeigentümergemeinschaft dem Ausschuss auch *Entscheidungskompetenzen* einräumen (in praktischer Hinsicht skeptisch FRIEDRICH, ZBGR *1973* 150). Denkbar ist etwa, den Ausschuss mit dem Abschluss von Rechtsgeschäften zu betrauen (mit höherer Kompetenzsumme als der Verwalter) oder ihm das Recht zum Aufstellen der Hausordnung einzuräumen (vgl. WEBER, 417). Dabei sind allerdings zwingend festgelegte Befugnisse der Versammlung (hinten N 59 ff) und des Verwalters (Art. 712s N 15 f) zu beachten, welche nicht dem Ausschuss übertragen werden dürfen. So ist es ausgeschlossen, dem Ausschuss die Kompetenz einzuräumen, den Verwalter abzuberufen (Art. 712r N 9).

40 Zulässig dürfte es sein, dem Ausschuss die Funktion eines *Vermittlungsorgans* bei Streitigkeiten unter den Stockwerkeigentümern in Bagatell-Angele-

genheiten zu übertragen (K. MÜLLER, 75, mit Verweisen; FRIEDRICH, § 38 N 10; vgl. auch Art. 712g N 113).

Besondere Aufgaben, die dem Ausschuss bzw. dessen Präsidenten übertragen werden dürfen, sind die Befugnisse, 41
- den Verwalter zu vertreten (FRIEDRICH, § 41 Abs. 1; MICHAUD, 96; K. MÜLLER, 75; vgl. dazu auch Art. 712q N 30);
- die Stockwerkeigentümergemeinschaft in bestimmten Angelegenheiten zu vertreten (Art. 712t N 71);
- eine ausserordentliche Versammlung einzuberufen (Art. 712n N 13);
- beim Ausarbeiten der Traktandenliste mitzuwirken (MICHAUD, 95f);
- die Versammlung zu leiten (FRIEDRICH, § 30 N 8; WEBER, 416).

e. Wirtschaftlich-finanzielle Grundsatzentscheide (Ziff. 4)

Die Stockwerkeigentümerversammlung hat gemäss Art. 712m Abs. 1 Ziff. 4 jährlich den Kostenvoranschlag, die Jahresrechnung und die Verteilung der Kosten unter den Eigentümern zu genehmigen. Damit kommt ihr die Kompetenz zu, wirtschaftlich-finanzielle Grundsatzentscheide zu fällen; weder der Verwalter noch ein allfälliger Ausschuss können allein über den Finanzhaushalt der Gemeinschaft bestimmen. 42

Zum Kostenvoranschlag und zur Jahresrechnung vgl. im einzelnen Art. 712s N 43 ff, zur Verteilung der gemeinschaftlichen Kosten vgl. Art. 712h N 27 und Art. 712s N 47 ff. 43

f. Schaffung eines Erneuerungsfonds (Ziff. 5)

Art. 712m Abs. 1 Ziff. 5 gibt der Versammlung die Befugnis, über die *Schaffung* eines Erneuerungsfonds zu befinden, schreibt einen solchen aber nicht zwingend vor (anders das deutsche Recht, § 21 Abs. 5 Ziff. 4; vgl. aber zur Diskussion um die zwingende Natur dieser Bestimmung BÄRMANN/PICK/MERLE, § 21 N 97, und WEITNAUER, § 21 Rz 17). Der Zweck dieses Fonds besteht vor allem darin, zu verhindern, dass kostspielige Reparaturen (die nicht aus den laufenden Beiträgen bestritten werden können) die Stockwerkeigentümer erst im Zeitpunkt ihrer Ausführung erheblich belasten und dass die Ersteigentümer fast keine, die Rechtsnachfolger jedoch wegen den regelmässig in späteren Jahren anfallenden Erneuerungsarbeiten recht hohe Beiträge leisten müssen (FRIEDRICH, § 20 N 2; CH. MÜLLER, 42; WEBER, 474). Dagegen dient dieser Fonds nicht zur Bestreitung der laufenden Verwaltungskosten (vgl. zum Verwaltungsfonds Art. 712l N 43). Zum Erneuerungsfonds als Teil des Verwaltungsvermögens, vgl. Art. 712l N 44 f. 44

45 Zur Schaffung eines Erneuerungsfonds bedarf es von Gesetzes wegen nur eines *einfachen Mehrheitsbeschlusses*. Im Reglement kann jedoch ein qualifiziertes Quorum vorgesehen werden. Zugleich mit der Konstituierung sollten die Höhe der einmaligen und/oder periodischen Einlagen, das Vorgehen bei der Beanspruchung der Gelder (sachliche Voraussetzungen), die maximale Höhe des Fonds und Richtlinien für die ertragbringende Anlage durch den Verwalter festgelegt werden (vgl. FRIEDRICH, § 20 N 3; MICHAUD, 73; zur Berechnung der Beiträge vgl. WEBER, 475).

46 Ist schon die Einrichtung fakultativ (vorn N 44), so steht auch die *Äufnung* eines Erneuerungsfonds im Belieben der Gemeinschaft. Damit hat sich die Ansicht des Ständerates durchgesetzt, welcher der «Zwingend»-Erklärung des Erneuerungsfonds durch den Nationalrat (von diesem eingefügter Art. 712h^{bis}) entgegengetreten ist (vgl. StenBull NR *1963* 225, 530f und StenBull StR *1963* 220, 285; der bundesrätliche Entwurf sah eine «Soll»-Vorschrift vor, E 712g Abs. 3). Immerhin hat der Gesetzgeber der Wünschbarkeit, einen Erneuerungsfonds zu schaffen, dadurch Ausdruck verliehen, dass er diese Möglichkeit sowohl im Rahmen der Versammlungsgeschäfte als auch in Art. 712l Abs. 1 ausdrücklich erwähnt (FRIEDRICH, § 20 N 1). In der Praxis besteht denn auch häufig ein Erneuerungsfonds (PETER-RUETSCHI, Erfahrungen 11).

47 Am Erneuerungsfonds sind alle Stockwerkeigentümer im Verhältnis ihrer Wertquoten mitberechtigt. Diese Mitberechtigung (eine dem Miteigentum entsprechende Berechtigung; vgl. Art. 712l N 12) ist mit der Rechtsposition als Stockwerkeigentümer und dadurch mit dem rechtlichen Schicksal des im Miteigentum stehenden Grundstücks untrennbar verbunden. Einer selbständigen Verfügung durch die Stockwerkeigentümer ist sie deshalb entzogen (vgl. ausführlich dazu Art. 712l N 11ff; vgl. weiter FRIEDRICH, § 20 N 4; MICHAUD, 80; WEBER, 476). Der einzelne Stockwerkeigentümer kann die von ihm einbezahlten Beträge nicht zurückfordern und weder aufgrund des Gesetzes noch aufgrund rechtsgeschäftlicher Vereinbarung die Auflösung des Fonds verlangen. Der Erwerber eines Stockwerkeigentumsanteils tritt bezüglich des Erneuerungsfonds eo ipso in die Rechte und Pflichten des Veräusserers ein.

48 Die *Auflösung* des Erneuerungsfonds ist – wie die Schaffung (vorn N 45) – durch einfachen Mehrheitsbeschluss möglich (abweichend von Art. 650 Abs. 1 und Art. 712f Abs. 2; vgl. dazu WEBER, 476, insb. Anm. 111).

49 Die *Verwaltung* des Erneuerungsfonds obliegt dem Verwalter. Konkretisierende Anordnungen, wie der Erneuerungsfonds am sinnvollsten zu verwal-

ten ist, hat dagegen die Stockwerkeigentümerversammlung zu treffen (z. B. Höhe der Einlagen, Vorgehen bei Beanspruchung der Gelder usw.; vorn N 45; FRIEDRICH, § 20 N 3; MICHAUD, 73; WEBER, 475). Unterlässt die Versammlung die Festlegung präziser Richtlinien, obliegt es dem Verwalter, das Erforderliche vorzukehren. Ausführlich zur Verwaltung des Erneuerungsfonds in N 55 ff von Art. 712s.

g. Abschluss von Versicherungen (Ziff. 6)

50 Die Gemeinschaft der Stockwerkeigentümer ist im Bereiche gemeinschaftlicher Angelegenheiten handlungs- und vermögensfähig (Art. 712l Abs. 1). Ebenso ist sie in beschränktem Rahmen für von ihr verursachte Schäden haftbar, sei es aus Vertrag, sei es aus deliktischem Verhalten (Art. 712l N 53 ff). Um sich gegen unerwartet anfallende Belastungen abzusichern, drängt sich der Abschluss von Versicherungen auf (vgl. PETER-RUETSCHI, Erfahrungen 36). Das ZGB legt zwar den Abschluss von Versicherungen in das Ermessen der Stockwerkeigentümer (Art. 712m Abs. 1 Ziff. 6), doch ist nach den meisten kantonalen Rechten der Abschluss einer Gebäudeversicherung, die insbesondere Brand- und Elementarschäden deckt, obligatorisch.

51 Der Entwurf des Bundesrates hatte noch ein Obligatorium für die wichtigsten Versicherungen vorgesehen (Art. 712g Abs. 1; vgl. auch BBl *1962* II 1517). Der Nationalrat hat entgegen seiner Kommission in erster Lesung am Obligatorium festgehalten (StenBull NR *1963* 221–225). Demgegenüber hat sich der Ständerat – vor allem wegen des Fehlens obligatorischer Brandversicherungsanstalten in zwei Kantonen – für die Freiwilligkeit des Versicherungsabschlusses ausgesprochen (StenBull StR *1963* 218f); der Nationalrat hat sich hierauf dem entsprechenden Beschluss angeschlossen (StenBull NR *1963* 530).

52 Obschon das Gesetz in Art. 712m Abs. 1 Ziff. 6 vom «Abschluss» spricht, handelt es sich dabei genau genommen bloss um die interne Willensbildung. Die Versammlung als solche ist ja nicht Exekutivorgan. Ordnet die Versammlung den Abschluss von Verträgen an, so bedarf sie noch eines für sie handelnden Vertreters. Der eigentliche Abschluss von Versicherungsverträgen wird deshalb zumeist durch den Verwalter vorgenommen (Art. 712s N 40), allenfalls durch einen besonders bevollmächtigten Stockwerkeigentümer (vgl. Art. 712t N 68 ff).

53 Zur Anordnung des Abschlusses von Versicherungen bedarf es eines *einfachen Mehrheitsbeschlusses* in der Versammlung (eine einvernehmliche Qualifizierung des Quorums ist allerdings zulässig). Zugleich ist festzulegen, welche Gefahren und Risiken konkret zu versichern sind, ob neben der (obliga-

torischen) Brandversicherung eine Haftpflicht-, Wasserschaden-, Tank-, Glasschaden-, Mobiliar- (z. B. wenn gemeinsam Gartengeräte, Rasenmäher, Spielplatzzubehör usw. angeschafft werden) oder Unfallversicherung (z. B. wenn ein Hauswart beschäftigt wird) abzuschliessen sei. Weiter ist abzuklären, welche Einrichtungen die Stockwerkeigentümer selber zu versichern haben (z. B. Glas- und Einbruchdiebstahlversicherung; vgl. FRIEDRICH, § 23 N 1).

54 Soweit der Abschluss von Versicherungen eine gemeinschaftliche Angelegenheit darstellt, sind deren Prämien, wie die übrigen gemeinschaftlichen Kosten, grundsätzlich entsprechend den Wertquoten zu verteilen (Art. 712h Abs. 1 und dort N 15f). Derjenige Stockwerkeigentümer, der seine Räume in baulicher Hinsicht besonders luxuriös ausgestaltet, ist jedoch zur Leistung eines zusätzlichen Prämienanteils verpflichtet, sofern er nicht nachweist, dass er eine Zusatzversicherung auf eigene Kosten abgeschlossen hat (Art. 712m Abs. 1 Ziff. 6 a. E.). Dabei handelt es sich um eine Konkretisierung des allgemeinen Grundsatzes von Art. 712h Abs. 3, wonach eine stärkere Belastung durch einen Einzelnen bei der Kostenverteilung zu berücksichtigen ist (Art. 712h N 20; Voraussetzung dazu ist die ziffernmässige Ausscheidung der entsprechenden Versicherungswerte; FRIEDRICH, § 23 N 2). Sind die Versicherungssummen Grundlage für die Höhe öffentlich-rechtlicher Abgaben (Beleuchtungssteuern, Kehrichtabfuhrgebühren, Strassenreinigungsabgaben), hat der einen hohen Versicherungswert verursachende Stockwerkeigentümer entsprechend Abs. 1 Ziff. 6 a. E. davon vorweg einen Anteil zu übernehmen (FRIEDRICH, § 23 N 3).

2. Schranken rechtsgeschäftlicher Kompetenzzuordnung

a. Allgemeines

55 Die gesetzlich vorgesehene Verwaltungsorganisation des Stockwerkeigentumsrechts ist äusserst flexibel und elastisch ausgestaltet (vorn N 9). Dennoch wird auch hier die Freiheit zur inhaltlichen Ausgestaltung durch zwingende Bestimmungen beschränkt. Zu den unabdingbaren Vorschriften des Stockwerkeigentumsrechts gehören vorab all jene, deren zwingender Charakter sich aus dem Gesetz ergibt (vgl. z. B. Art. 712n Abs. 2: «... sind zu ...»; Art. 712p Abs. 2: «... ist eine ...» usw.), ebenso aber auch

jene, welche die Grundstruktur des Stockwerkeigentums bilden (vgl. auch Art. 712g Abs. 2 und dort N 71).

Die wichtigsten Einschränkungen der Ausgestaltungsfreiheit betreffen primär die Möglichkeit, die gesetzlich vorgezeichnete Kompetenzordnung rechtsgeschäftlich abzuändern. Diese Schranken finden sich in den zwingenden, unentziehbaren und unübertragbaren Rechten und Pflichten der einzelnen Funktionsträger (vgl. auch Art. 712s Abs. 2 und dort N 10 ff). Im Mittelpunkt steht hierbei die Stockwerkeigentümerversammlung als einziges zwingend vorgeschriebenes Organ (vgl. vorn N 10). Ihr gesetzlich vorgezeichneter Wirkungskreis kann indessen sowohl in bestimmtem Masse vergrössert als auch eingeschränkt werden. 56

b. Zwingende Kompetenzen der Stockwerkeigentümer und anderer Organe

Mit der Revision des Miteigentumsrechts hat der Gesetzgeber zugleich den Schutz des einzelnen Mit- bzw. Stockwerkeigentümers gegenüber der Mehrheit verstärkt. Verschiedene Rechte des einzelnen Gemeinschaftsmitgliedes sind zwingend ausgestaltet worden: Jeder Stockwerkeigentümer hat das unentziehbare Recht auf Durchführung dringlicher Massnahmen (Art. 647 Abs. 2 Ziff. 2) und auf Vornahme gewöhnlicher Verwaltungshandlungen (Art. 647a Abs. 1). Diese Kompetenzen können lediglich durch die Bestellung eines Verwalters eingeschränkt werden (vgl. ausführlich dazu Art. 712s N 12 ff). Ebenfalls zwingender Natur ist das Recht des einzelnen Stockwerkeigentümers, bei vorgängigem ablehnendem Beschluss der Versammlung die Einsetzung oder Abberufung eines Verwalters durch den Richter zu verlangen, letzteres allerdings nur bei Missachtung wichtiger Gründe durch die Versammlung (vgl. Art. 712q Abs. 1 und Art. 712r Abs. 2 sowie die entsprechenden Bemerkungen dazu). 57

Neben der Stockwerkeigentümerversammlung können weitere Organe eingesetzt werden, eine Möglichkeit, die vom Gesetzgeber vorgezeichnet worden ist, indem er den Bereich des Verwalters in den Art. 712q–Art. 712t ausführlich geregelt hat und überdies in Art. 712m Abs. 1 Ziff. 3 den Ausschuss erwähnt hat. Weil aber diese weiteren Organe nicht zwingend einzusetzen sind, kommen ihnen grundsätzlich auch keine unentziehbaren Befugnisse zu. Eine Beschränkung ihrer vom Gesetz vorgezeichneten Aufgaben ist zulässig (vgl. FRIEDRICH, § 42 N 12; WEBER, 317). Allerdings muss hinsichtlich 58 des Verwalters differenziert werden: Wird ein Verwalter auf Begehren eines Stockwerkeigentümers vom Richter bestellt, *müssen* ihm, da der Einzelne Anspruch auf einen Verwalter mit den gesetzlich umschriebenen Kompetenzen hat, die Befugnisse aus Art. 712s zukommen (ausführlich dazu Art. 712s N 15 f; vgl. auch FRIEDRICH, § 42 N 12; WEBER, 460).

c. Mindestbefugnisse der Stockwerkeigentümerversammlung

59 Angesichts des Kompetenzenkatalogs von Art. 712m Abs. 1 sowie der Verweisung auf weitere Befugnisse der Stockwerkeigentümerversammlung stellt sich die Frage, wie weit diese Kompetenzen unentziehbare Befugnisse der Versammlung darstellen bzw. wie weit diese mittels Rechtsgeschäft (vorab durch ein Reglement) anderen Organen übertragen werden dürfen. Entgegen K. MÜLLER, der beim Verhältnis zwischen Verwalter und Stockwerkeigentümerversammlung davon ausgeht, dass alle ordentlichen Verwaltungshandlungen dem Verwalter, alle ausserordentlichen dagegen der Stockwerkeigentümerversammlung zustehen sollen (K. MÜLLER, 119 f), ist bei der Festlegung des Rahmens gesetzlicher Mindestbefugnisse der Stockwerkeigentümerversammlung vom Grundsatz der Unabhängigkeit und des Selbstbestimmungsrechts der Stockwerkeigentümerversammlung auszugehen: In all denjenigen Kompetenzen der Versammlung sind zwingende Mindestbefugnisse zu erblicken, auf welche diese nicht ohne Aufgabe ihrer Stellung als oberstes, unabhängiges und zwingendes (Willensbildungs-) Organ der Stockwerkeigentümergemeinschaft verzichten kann.

60 Bei den zwingenden *Mindestbefugnissen* der Stockwerkeigentümerversammlung handelt es sich (neben denjenigen, deren zwingender Charakter aus dem Gesetze ersichtlich ist; vgl. vorn N 55 f) vorab um alle *Verwaltungshandlungen,* die von Gesetzes wegen eines *Mehrheitsbeschlusses* bedürfen (vgl. für das Aktienrecht auch TANNER, § 1 Rz 46). Sodann stellen all jene Kompetenzen, die die *Wahl, Beaufsichtigung und Abberufung anderer, gewillkürter Organe* betreffen (vgl. Art. 712m Abs. 1 Ziff. 2 und Art. 712r Abs. 1 betreffend den Verwalter, Art. 712m Abs. 1 Ziff. 3 betreffend den Ausschuss), zwingende Mindestbefugnisse der Versammlung dar.

III. Beschlussfassung in der Stockwerkeigentümerversammlung

1. Das Stimmrecht der Stockwerkeigentümer

a. Grundsätzliches zu Stimmrecht und Stimmkraft

Personenverbindungen können keinen natürlichen Willen haben. Der Verbandswille wird durch Zusammenfassung der natürlichen Einzelwillen der Verbandsmitglieder gebildet. Das Stimmrecht gibt die Befugnis, an eben dieser gemeinschaftlichen Willensbildung mitzuwirken. Es gehört zu den unentziehbaren und unverzichtbaren Mitgliedschaftsrechten, denn es besteht nicht nur im Interesse der Beteiligten, indem es ihnen unmittelbar das Recht auf Teilnahme an der Willensbildung verleiht, sondern es ist auch für das Funktionieren einer Personenvereinigung unentbehrlich. Im Einzelfall kann ein Stockwerkeigentümer zwar auf die Ausübung seines Stimmrechts verzichten; im voraus kann es ihm aber auch mit seinem Einverständnis nicht entzogen werden (vgl. zur entsprechenden Rechtslage im Aktienrecht FORSTMOSER/MEIER-HAYOZ, § 34 N 14ff).

Der gegenständliche Umfang des Stimmrechts des Stockwerkeigentümers ergibt sich aus den der Stockwerkeigentümerversammlung durch Gesetz, Begründungsakt und Reglement eingeräumten Kompetenzen. Der Mindestumfang entspricht dabei den gesetzlich festgelegten Minimalbefugnissen der Versammlung als oberstem Organ der Gemeinschaft (dazu vorn N 12f; vgl. auch PESTALOZZI, Mehrstimmrecht in Generalversammlung und Urabstimmung der Genossenschaft [Diss Zürich 1977], 10f). Die Stimmkraft, das heisst das Gewicht der Einzelstimme im Rahmen des Gesamtbeschlusses, hängt von der konkreten Stimmrechtsbemessung in der betreffenden Gemeinschaft ab (PESTALOZZI, a.a.O. 17, mit weiteren Verweisen; WEBER, 320f).

b. Kopfstimmrecht und Wertquotenstimmrecht

aa. Grundlagen und gesetzliche Regelung

Die Ordnung der Stimmkraft der Stockwerkeigentümer erweist sich im einzelnen als eine anspruchsvolle Aufgabe. Der Gesetzgeber hat – mit Ausnahmen im Bereich der qualifizierten Beschlussfassung (Art. 647b Abs. 1, Art. 647d Abs. 1, Art. 712g Abs. 3) – weder das Kopfstimm-

noch das Wertquotenstimmrecht zwingend vorgeschrieben. Einerseits ist die Beteiligung an der Stockwerkeigentümergemeinschaft vermögensrechtlicher Natur; danach müsste den Stockwerkeigentümern mit mehreren oder grösseren Stockwerkeigentumsanteilen eine erhöhte Stimmkraft zugestanden werden. Andererseits bilden die Stockwerkeigentümer eine auf ein bestimmtes Objekt bezogene Personengemeinschaft aus grundsätzlich gleichberechtigten Personen; ein Einzelner mit grossem Anteil soll – da nicht die finanzielle Beteiligung im Vordergrund steht – nicht der Gemeinschaft seinen Willen aufzwingen können (FRIEDRICH, SJK *1304* 6; WEBER, 321). Das Kopfstimmrecht scheint somit dem Wesen des Stockwerkeigentums und der Struktur der Stockwerkeigentümergemeinschaft am ehesten zu entsprechen (FRIEDRICH, § 34 N 1; CH. MÜLLER, 91; WEBER, 321; RIEMER, ZBGR *1975* 262). Gestützt auf die dispositive Anordnung von Art. 67 Abs. 1 (i. V. m. Art. 712m Abs. 2) ist denn auch im Stockwerkeigentumsrecht das Kopfstimmrecht die Regel für die Stimmrechtsbemessung.

64 Grundsätzlich hat jeder Stockwerkeigentümer *eine* Stimme. Dies gilt auch für den Eigentümer mehrerer Stockwerkeigentumsanteile (FRIEDRICH, § 32 N 5; CH. MÜLLER, 92; MICHAUD, 36f; MAGNENAT, 110; STEINAUER, § 34 N 1317b). Die Bemessung des Stimmrechts nach Köpfen ist jedoch nicht zwingender Natur. Eine gegenteilige Ordnung ist – abgesehen von der qualifizierten Mehrheitsbildung, bei der eine Mehrheit nach Köpfen und nach Anteilen verlangt wird – zulässig (FRIEDRICH, § 34 N 13; MICHAUD, 36; WEBER, 322, mit weiteren Verweisen). Die dispositive Natur des Kopfstimmprinzips ermöglicht es den Stockwerkeigentümern, Unterschiede im Wert der Anteile auch im Stimmrecht angemessen zu berücksichtigen. Im *Begründungsakt* oder durch einstimmigen Beschluss im *Reglement* können – sofern nicht zwingendes Recht (oder allenfalls ein allgemeiner Rechtsgrundsatz, z. B. Art. 2) verletzt wird – folgende Anordnungen getroffen werden (WEBER, 323; FRIEDRICH, § 34 N 13):

– Bemessung des Stimmrechts nach *Stockwerkeinheiten* (pro Einheit eine Stimme). Stockwerkeigentümer, die mehrere Einheiten besitzen, haben mehrere Stimmen;
– Bemessung des Stimmrechts nach *Anteilsgrösse*, unter Verzicht auf das Kopfstimmprinzip;
– Bemessung des Stimmrechts nach Köpfen *und* Anteilen (im Sinne einer Kumulation von Kopf- und Wertstimmen). Diese Lösung sieht das Gesetz zwingend für die Beschlussfassung mit qualifiziertem Mehr vor (Art. 647b Abs. 1, Art. 647d Abs. 1, Art. 712g Abs. 3);

– Bemessung des Stimmrechts nach Köpfen *oder* Anteilen, je nach der konkreten Angelegenheit (Aufspaltung der Stimmrechtszuständigkeit; vgl. im einzelnen WEBER, 323).

Das Wertquotenstimmrecht wird – in der einen oder anderen Form – in der Praxis häufig vorgesehen.

65

bb. Grenzen rechtsgeschäftlicher Abweichungen

Dem Mehrheitsprinzip kommt im Rahmen der Stockwerkeigentümergemeinschaft besondere Bedeutung zu, weil der Mehrheitsbeschluss bindende Wirkung auch gegenüber Rechtsnachfolgern eines Stockwerkeigentümers erlangt, und weil ferner diese Beschlüsse selbst bei gewissen Form- und Inhaltsmängeln gültig sind, sofern sie nicht innert Monatsfrist angefochten werden. Schon im Falle des gewöhnlichen Mehrheitsprinzips – wie es kraft Gesetzes regelmässig gilt – und mehr noch bei rechtsgeschäftlicher Abweichung vom dispositiv vorgesehenen Kopfstimmrecht stellt sich die Frage nach dem Schutz der überstimmten Minderheit. Wohl trägt die einvernehmliche Abweichung vom Kopfstimmprinzip häufig zu einer willkommenen Anpassung an die konkreten Verhältnisse in der Gemeinschaft bei; doch birgt sie auch die Gefahr, dass fragwürdige Machtstellungen aufgebaut werden. Es sind deshalb Schranken der Mehrheitsmacht festzulegen und der Minderheit unentziehbare Schutzrechte zuzuerkennen (eingehend dazu WEBER, 324 ff; derselbe, ZBGR *1979* 159 ff).

66

Was die Grenzen rechtsgeschäftlicher Stimmrechtsgestaltung betrifft, fehlt es allerdings an konkreten gesetzlichen Anordnungen. Immerhin gibt es allgemein einerseits zwingende Vorschriften zum Beispiel hinsichtlich der Beschlussfassung (vgl. hinten N 90) und sind andererseits das Stimmrecht wie auch das Teilnahmerecht als unverzichtbare Rechte anerkannt (vgl. hinten N 69 und N 85 ff). Schranken können sich sodann durch allgemeine Rechtsgrundsätze ergeben (vgl. dazu auch Art. 712a N 44), so durch

67

– Art. 2 als Rechtsgrundlage auch für die Gebote der Gleichbehandlung, der schonenden Rechtsausübung, des treugemässen Verhaltens und für das Verbot des Institutsmissbrauchs;
– Art. 27 mit Schutz der Einzelpersönlichkeit vor übermässiger Bindung;
– Art. 20 OR mit dem Verbot des Verstosses gegen die guten Sitten als möglichem Regulativ gegen Missbräuche der Vertragsfreiheit.

Allerdings überprüft das Bundesgericht die Vereinbarkeit von Mehrheitsbeschlüssen mit allgemeinen Rechtsgrundsätzen nicht frei. In freiwilliger Be-

68

schränkung seiner Kognitionsbefugnisse auf die *offenbare Rechtsverletzung* lehnte es das Bundesgericht bisher ab, Mehrheitsbeschlüsse auf ihre Angemessenheit hin zu kontrollieren; es hebt solche Beschlüsse nur auf, wenn sie *willkürlich* sind (vgl. zur Anfechtung von Beschlüssen einer AG BGE 99 II 62 und dort zitierte Rechtsprechung). Das Bundesgericht geht im allgemeinen davon aus, dass die von der Mehrheit getroffene Entscheidung grundsätzlich interessengerecht ist und nimmt deshalb keine Abwägung von Minderheits- und Mehrheitsinteressen vor. Es stellt sich auf den Standpunkt, dass missbräuchliche Stimmrechtsausübung nicht schon dann vorliege, wenn die Mehrheit ihre eigenen Interessen jenen der Gesamtheit oder einer Minderheit voranstelle (vgl. BGE *100* II 389). Dieser Rechtsprechung kann angesichts der richterlichen Aufgabe, neben den Interessen der Mehrheit auch die Interessen der Minderheit angemessen zu berücksichtigen, nicht beigepflichtet werden (kritisch zur Rechtsprechung des Bundesgerichts WEBER, 327f; WOLFAHRT F. BÜRGI, Das Problem des Minderheitenschutzes im schweizerischen Aktienrecht, SAG *1956/57,* 81ff; allgemein MEIER-HAYOZ/ZWEIFEL, Der Grundsatz der schonenden Rechtsausübung im Gesellschaftsrecht, in: FS Harry Westermann [Karlsruhe 1974], 389ff). In der neueren Rechtsprechung Deutschlands wird beispielsweise die Wirksamkeit einer vertraglichen Stimmrechtsregelung unter dem Gesichtspunkt geprüft, ob einem Einzelnen eine völlig beherrschende, die anderen Gemeinschafter majorisierende Stellung eingeräumt wird (Nachweise bei WEBER, 332f). Folge der Bejahung eines Rechtsmissbrauchs wäre u. E. eine richterlich angeordnete Stimmrechtsbeschränkung.

c. Schranken der Stimmrechtsausübung

aa. Verzicht auf die Stimmrechtrechtsausübung

69   Das Stimmrecht des Stockwerkeigentümers gehört zu den unverzichtbaren Rechten (vgl. vorn N 67). Ein Stockwerkeigentümer kann nicht allgemein im voraus darauf verzichten. Zulässig ist hingegen die Nichtausübung des Stimmrechts im Einzelfall.

bb. Verbot der Stimmrechtsausübung

Das Stimmrecht ist ein – auf der Zugehörigkeit zur Stockwerkeigentümergemeinschaft basierendes – Mitgliedschaftsrecht. Es kann nicht generell entzogen, wohl aber kann dessen Ausübung unter bestimmten, eng umschriebenen Voraussetzungen untersagt werden. 70

aaa. Im Falle des Ausschlusses aus der Gemeinschaft

Zur Ausschlussklage bedarf es gemäss Art. 649b Abs. 2 – der auch auf die Stockwerkeigentümergemeinschaft Anwendung findet – «der Ermächtigung durch einen Mehrheitsbeschluss aller Miteigentümer mit *Ausnahme des Beklagten*». Derjenige, mit dem die Fortsetzung des Gemeinschaftsverhältnisses unzumutbar erscheint, ist somit kraft Gesetzes vom Stimmrecht ausgeschlossen, wenn die anderen Stockwerkeigentümer über seinen Ausschluss aus der Gemeinschaft befinden. Darüber hinaus bleibt er allerdings – vorbehältlich einer anderslautenden richterlichen Anordnung – auch nach dem Ausschlussurteil *bis zum Verkauf* (oder zur Versteigerung) seines Stockwerkeigentumsanteils Mitglied der Gemeinschaft und somit stimmberechtigt (Art. 649b und 649c N 19). 71

bbb. Im Falle von Untergemeinschaften

Stehen auf demselben Grundstück mehrere, zu Stockwerkeigentum aufgeteilte Gebäude, so rechtfertigt es sich unter Umständen, in bestimmten Fragen die Ausübung des Stimmrechts auf einen engeren Kreis von Stockwerkeigentümern einzugrenzen (z. B. auf die Benützer von hausinternen Waschküchen, Fahrradkellern usw., also allgemein auf die von einer Gebrauchsordnung Betroffenen). Die Entscheidungskompetenzen solcher Untergemeinschaften (vgl. allgemein dazu Art. 712b N 82 ff) sind im Reglement genau festzulegen (vgl. im einzelnen WEBER, 339 f, mit Hinweisen auf die deutsche Praxis; vgl. dazu auch Art. 712b N 86 ff). 72

ccc. Im Falle einer Interessenkollision

Wenn in einer Angelegenheit zwischen einem Stockwerkeigentümer und der Gemeinschaft eine Interessenkollision besteht, stellt sich die Frage, ob und inwieweit das Stimmrecht (angesichts der Gefahr un- 73 sachlicher Stimmabgabe) des entsprechenden Stockwerkeigentümers ruht. Hauptfall einer solchen Interessenkollision bildet der *Abschluss eines Rechtsgeschäftes* zwischen einem Stockwerkeigentümer und der Gemeinschaft (z. B. Bauaufträge der Gemeinschaft oder Lieferung bestimmter Sachen). Entsprechende Situationen kann es geben bei der Einleitung oder Erledigung eines *Rechtsstreites,* dessen Parteien einerseits die Gemeinschaft und andererseits ein Stockwerkeigentümer sind, oder bei der Fassung eines *Decharge-Beschlusses* an die Adresse des Verwalters, der zugleich Stockwerkeigentümer ist.

74 Das schweizerische Stockwerkeigentumsrecht enthält – im Gegensatz zum deutschen Recht (§ 25 Abs. 5 WEG) – keine ausdrückliche Regelung, die zwingend einen Stimmrechtsausschluss bei Interessenkollisionen vorsieht. Es ist deshalb, gestützt auf die Verweisung von Art. 712m Abs. 2, die Bestimmung des Vereinsrechts (Art. 68) heranzuziehen, wonach ein Mitglied bei der Beschlussfassung über ein Rechtsgeschäft oder einen Rechtsstreit zwischen ihm, seinem Ehegatten und einer mit ihm in gerader Linie verwandten Person und dem Verein bzw. der Stockwerkeigentümergemeinschaft vom Stimmrecht ausgeschlossen ist (RIEMER, ZBGR *1975* 264; CH. MÜLLER, 93; HAUGER, 226). Einige Autoren erachten allerdings die für das Vereinsrecht geltende Regelung als zu eng und zu unsachgemäss (vgl. dazu FRIEDRICH, SJK *1304* 7; MICHAUD, 45f; STEINAUER, § 34 N 1318c; vgl. dagegen zur Rechtfertigung WEBER, 337). Sie begründen dies teils mit der Fragwürdigkeit, den Decharge-Beschluss mit Art. 68 erfassen zu wollen (STUDER, 69f; vgl. allgemein zur Decharge Art. 712q N 68ff), teils mit der kaum angebrachten Weite der subjektiven Voraussetzungen bei Art. 68 (die z. B. zur Verzerrung der Stimmrechtsverhältnisse in einem überwiegend von Verwandten bewohnten Haus führen; vgl. FRIEDRICH, SJK *1304* 7; MICHAUD, 45f), teils schliesslich ganz allgemein mit der unterschiedlichen Interessenlage bei Verein und Stockwerkeigentümergemeinschaft. Anstelle von Art. 68 wollen diese Autoren sich mit Lösungen begnügen, die sie aus allgemeinen Rechtsgrundsätzen herleiten, insbesondere aus dem Gebot von Treu und Glauben (WEBER, 336ff; STUDER, 69; vgl. zur Rechtslage bei der Aktiengesellschaft BGE *83* II 64).

75 Der Ausschluss von der Ausübung des Stimmrechts bei Interessenkollisionen bedeutet nicht, dass der betreffende Stockwerkeigentümer von der Teilnahme an der Stockwerkeigentümerversammlung an sich oder von den übrigen Mitwirkungsrechten ausgeschlossen ist. Zulässig ist auch die Mitwirkung desselben an Wahlen, die seine Person betreffen, sei es zum Verwalter,

zum Vorsitzenden der Versammlung oder zum Ausschussmitglied (BGE *39* II 483; RIEMER, ZBGR *1975* 264; STUDER, 70; wohl aber besteht eine Ausstandspflicht bei der Festsetzung der Besoldung; vgl. K. MÜLLER, 113; für den Verein vgl. EGGER, Art. 68 N 4).

Der Stimmrechtsausschluss kann rechtsgeschäftlich nicht generell wegbedungen werden (WEBER, 338; für den Verein vgl. EGGER, Art. 68 N 5). Dagegen ist eine rechtsgeschäftliche Erweiterung des Verbots der Ausübung des Stimmrechts zulässig, z. B. 76

- wenn mehrere Mitberechtigte den vorgeschriebenen gemeinsamen Vertreter nicht bestellen (vgl. auch Art. 712o N 5);
- wenn ein Stockwerkeigentümer gewissen, genau konkretisierten finanziellen Verpflichtungen *schuldhaft* nicht nachkommt (WEBER, 339, mit Hinweisen auf die deutsche Doktrin).

d. Stellvertretung in der Versammlung

aa. Grundlagen

Grundsätzlich kann ein Stockwerkeigentümer sein Stimmrecht durch einen Vertreter ausüben lassen (einer persönlichen Anwesenheit bedarf es nicht; vgl. Art. 712p, wo von «anwesenden oder vertretenen» Mitgliedern die Rede ist). Das Gesetz sieht keine Beschränkung der Stellvertretung vor; zu Recht, denn es gibt hier – im Gegensatz etwa zu wirtschaftlichen Unternehmen – auch kaum Tatsachen, die geheimgehalten werden müssten (FRIEDRICH, § 32 N 6; derselbe, SJK *1304* 7; CH. MÜLLER, 93; WEBER, 341). 77

Liegt eine rechtsgültige Vollmacht vor, nimmt der Stellvertreter in der Versammlung die Stellung des Vollmachtgebers ein. Ebenso unterliegt er – z. B. bei Vorliegen einer Interessenkollision zwischen der Gemeinschaft und dem Vertretenen – allfälligen Stimmrechtsbeschränkungen (CH. MÜLLER, 93 f; vgl. auch für die Aktiengesellschaft FORSTMOSER/MEIER-HAYOZ, § 35 N 48). 78

Unter Umständen kann es sich als notwendig erweisen, die Stimmberechtigung des in der Versammlung auftretenden Stellvertreters zu überprüfen, so z. B. wenn dieser den übrigen Stockwerkeigentümern unbekannt ist oder wenn die interne Ermächtigung eines von mehreren Berechtigten an einem Stockwerkeigentumsanteil zweifelhaft erscheint (vgl. auch Art. 712o N 6). 79

Diese Prüfung ist vom Vorsitzenden der Versammlung vorzunehmen (vgl. WEBER, 349 Anm. 217; vgl. für das Aktienrecht TANNER, § 4 Rz 4), wobei anzumerken ist, dass an die Prüfung keine hohen Anforderungen gestellt werden können und dürfen, zumal – anders als etwa im Aktienrecht (vgl. ausführlich dazu TANNER, § 4 Rz 5) – regelmässig keine schriftlichen Bescheinigungen über die Stimmberechtigung eines Versammlungsteilnehmers bestehen. Zudem kann ein Versammlungsleiter weder ein fehlendes Stimm- bzw. Vertretungsrecht begründen noch ein bestehendes beseitigen; er hat keine richterliche Funktion (vgl. auch TANNER, § 4 Rz 4).

bb. Zulässigkeit von Vertretungsbeschränkungen

80 Strukturell betrachtet ist die Stockwerkeigentümergemeinschaft eine sachenrechtliche Objektsgemeinschaft; sie weist jedoch auch personenbezogene Komponenten auf, die unter Umständen die Einschränkung des Teilnehmerkreises an der Versammlung rechtfertigen. In der Praxis wird häufig bestimmt, dass nur gewisse Personen (z. B. Familienmitglieder oder andere Stockwerkeigentümer) bevollmächtigt werden dürfen (WEBER, 341). Allerdings müssen solche Vertretungsbeschränkungen entweder schon im Begründungsakt enthalten sein oder deren spätere Aufnahme ins Reglement muss einstimmig beschlossen werden (CH. MÜLLER, 94). Die Befugnisse der gesetzlichen Vertreter (z. B. des Vormundes oder des Konkursverwalters) und der Organe juristischer Personen bleiben davon unberührt (HAUGER, 223).

81 Das schweizerische Stockwerkeigentumsrecht enthält keine Anordnung darüber, wie weit das Vertretungsrecht konkret beschränkt werden darf (anders z. B. das französische Recht, wo ein Bevollmächtigter nicht mehr als *drei* Stockwerkeigentümer vertreten darf; vorn N 6). Ausgeschlossen ist jedoch das gänzliche Verbot der Vertretung (STUDER, 66; CH. MÜLLER, 94; WEBER, 341; a. M. für das deutsche Recht BÄRMANN/PICK/MERLE, § 25 N 18); ebenso muss bei einer unzumutbaren Benachteiligung des Betroffenen (wenn der zu Vertretende aus physischen oder psychischen Gründen zu sachgemässem eigenen Handeln ausserstande ist) eine Vertretung möglich sein (WEBER, 342, mit weiteren Verweisen). Vor allem in grösseren Gemeinschaften ist auch im übrigen mit der Einschränkung der Vertretungsbefugnis Zurückhaltung am Platz (so auch FRIEDRICH, § 32 N 6; MICHAUD, 40 f), weil die personale Verbundenheit schwächer ist und überdies die Gefahr besteht,

dass die Versammlung nicht beschlussfähig ist oder doch qualifizierte Mehrheitsbeschlüsse nicht zustandekommen.

Als Vertreter wird häufig der Verwalter bestimmt. Damit steigt die Chance, dass jeweils die Beschlussfähigkeit der Versammlung erreicht wird. Doch bringt dieses Vorgehen den Nachteil mit sich, dass der Verwalter in für ihn wichtigen Angelegenheiten wie z. B. der Decharge bereits über einen Grossteil der Stimmen verfügt (vgl. MICHAUD, 41 f; WEBER, 343). Es ist deshalb als zulässig zu erachten, dem Verwalter im Reglement die Übernahme solcher Vertretungen zu untersagen oder nur in beschränktem Ausmass zu erlauben (anders FRIEDRICH, § 32 N 7, und WEBER, 343, die für ein derartiges Verbot einen einfachen Mehrheitsbeschluss genügen lassen wollen). 82

cc. Unzulässigkeit von Delegiertenversammlungen

Bei sehr grossen Gemeinschaften kann die Durchführung der Stockwerkeigentümerversammlung (vor allem wegen mangelnder Beschlussfähigkeit) zu Schwierigkeiten führen. Das Genossenschaftsrecht kennt – bei einem Bestand von dreihundert und mehr Mitgliedern – die Delegiertenversammlung (Art. 892 Abs. 1 OR). Die Praxis lässt auch im Vereinsrecht Delegiertenversammlungen zu (BGE *48* II 156; EGGER, Art. 64 N 3; HEINI, SPR II 560 ff.; dagegen ist sie bei der AG unzulässig: FORSTMOSER/MEIER-HAYOZ, § 19 N 11). Mithin stellt sich die Frage, ob die Verweisung von Art. 712m Abs. 2 auf das Vereinsrecht auch die Zulässigkeit der Delegiertenversammlung umfasse. 83

Die Teilnahme am Stockwerkeigentum ist – abgesehen von den praktischen Schwierigkeiten bei der Bemessung der Stimmkraft – qualitativ und strukturell nicht gleich zu bewerten wie beim Verein (und der Genossenschaft). Auch ist die Verbundenheit mit den Regelungsgegenständen (nämlich der Ordnung der täglichen Lebensverhältnisse) besonders eng. Die Einführung der Delegiertenversammlung beim Stockwerkeigentum muss deshalb als unzulässig erachtet werden (eingehend WEBER, 345 f; vgl. zur Rechtslage in Deutschland vorn N 3). 84

e. Weitere Mitwirkungs- und Schutzrechte

Die Befugnisse zur Mitwirkung an der Willensbildung der Gemeinschaft setzen neben dem Stimmrecht noch weitere Rechte voraus, die überwiegend der tatsächlichen Wahrnehmung desselben dienen. Im 85

Vordergrund steht dabei das Recht zur Teilnahme an der Stockwerkeigentümerversammlung (sog. *Teilnahmerecht*). Der gegenständliche Umfang dieses unverzichtbaren Rechts entspricht nicht demjenigen des Stimmrechts. Auch dem Stockwerkeigentümer, dessen Stimmrecht z. B. wegen einer Interessenkollision ruht, steht das Teilnahmerecht zu (vgl. vorn N 75). Ein genereller Ausschluss des Stockwerkeigentümers von der Teilnahme ist nicht gerechtfertigt; zulässig dürfte höchstens ein beschränktes Ausübungsverbot sein wegen offensichtlich rechtsmissbräuchlichen Verhaltens oder ungebührlichen Benehmens (vgl. WEBER, 356 f).

86 Dritte (z. B. Mitglieder eines Ausschusses oder einer Kontrollstelle) haben kein Recht zur Teilnahme an der Stockwerkeigentümerversammlung. Sie können aber zugelassen werden, sei es von Fall zu Fall, sei es aufgrund entsprechender Bestimmungen im Reglement.

87 Mit dem Recht zur Teilnahme an der Stockwerkeigentümerversammlung sind weitere Rechte verbunden:
– Das Recht auf *Einladung* und Bekanntgabe der Traktanden (Art. 712n N 22 ff).
– Das *Meinungsäusserungsrecht* (sog. Debatterecht): An der Stockwerkeigentümerversammlung darf sich jeder Stockwerkeigentümer grundsätzlich frei äussern. Das Debatterecht steht ihm zunächst hinsichtlich der angekündigten Traktanden zu. Aber auch zu nicht traktandierten Geschäften und Angelegenheiten darf der Stockwerkeigentümer seine Meinung äussern; eine Beschlussfassung über diese Gegenstände ist aber nur im Falle einer Universalversammlung oder bei entsprechendem Vorbehalt im Reglement zulässig (vgl. Art. 712n N 24). Eine generelle Beschränkung des Meinungsäusserungsrechts ist (auch wenn das Stimmrecht infolge einer Interessenkollision ruht) unzulässig; immerhin besteht das Recht aber nur im Rahmen des Möglichen (z. B. Redezeitbeschränkung) und Angemessenen (es gilt der Grundsatz der Proportionalität; STUDER, 60; vgl. auch BÄRMANN/PICK/MERLE, § 25 N 50).
– Das *Antragsrecht* innerhalb der angekündigten Traktanden: Jeder Stockwerkeigentümer hat das Recht, zu den auf der Traktandenliste angekündigten Gegenständen Anträge zu stellen (zum Antragsrecht bezüglich Traktandierung Art. 712n N 25). Es gelten entsprechende Grundsätze wie beim Debatterecht.
– Das *Recht, sich vertreten zu lassen* (vgl. vorn N 77 ff).

88 Zu den Mitwirkungsrechten hinzu treten die *Schutzrechte*:
– Das Recht, *Einsicht* zu nehmen in diejenigen Akten (Jahresabrechnungen,

Protokolle usw.) und *Auskunft* zu erhalten über diejenigen Angelegenheiten, deren Kenntnisse für die Ausübung der Mitverwaltungsrechte wesentlich sind (vgl. STUDER, 58; K. MÜLLER, 97f; WEBER, 358). Demgegenüber haben Dritte – vorbehältlich einer anderslautenden Regelung – keine Einsichts- und Auskunftsrechte.
- Das Recht der Minderheit, eine Stockwerkeigentümerversammlung *einberufen zu lassen* (Art. 712n N 10ff).
- Das Recht, Versammlungsbeschlüsse anzufechten (hinten N 136).

2. Quoren der Beschlussfassung

a. Grundlagen

Die Art. 712m–712p enthalten keine Anordnungen hinsichtlich der Quoren für die Beschlussfassung; immerhin finden sich in anderen Bestimmungen des Stockwerkeigentumsrechts vereinzelt Quorumsbestimmungen (vgl. z. B. Art. 712c Abs. 1 und 2, Art. 712g Abs. 2 und 3 usw.). Es kommen deshalb vorwiegend die Vorschriften des Miteigentums- und Vereinsrechts zur Anwendung. Einerseits verweist Art. 712g Abs. 1 für die Zuständigkeit zu Verwaltungshandlungen und baulichen Massnahmen auf die Regelung im Miteigentumsrecht, mithin auf die Art. 647–647e. Andererseits finden gemäss Art. 712m Abs. 2 aber auch die Bestimmungen des Vereinsrechts auf die Stockwerkeigentümerversammlung Anwendung. Nach herrschender Lehre sind die Quorumsbestimmungen dem Miteigentumsrecht zu entnehmen, währenddem für die Berechnung dieser Mehrheiten auf die Vorschriften des Vereinsrechts abzustellen ist (LIVER, ZBJV *1965* 309; WEBER, 371; Art. 647 N 26 mit weiteren Verweisen). 89

Die Quorumsbestimmungen sind (abgesehen von wenigen Ausnahmen, z. B. die dem einzelnen Stockwerkeigentümer vorbehaltenen Massnahmen [Art. 647 Abs. 2], die Abberufung des Verwalters [Art. 712r N 15ff] sowie die Mitwirkung aller Stockwerkeigentümer bei der Verfügung über das gemeinschaftliche Grundstück; FRIEDRICH, § 36 N 18 und § 47 N 23) nicht zwingender Natur. Die Beschlussfassung kann deshalb zum Zwecke der Stärkung des Minderheitenschutzes gegenüber der gesetzlichen Ordnung grundsätzlich *erschwert* werden (FRIEDRICH, § 55 N 4; CH. MÜLLER, 100; K. MÜLLER, 164 und dort Art. 44; WEBER, 385; kritisch, jedoch ohne nähere Begründung LIVER, ZBJV *1965* 312; vgl. auch Art. 712g N 69 und für das Aktienrecht 90

TANNER, § 5 Rz 18a ff). Umstritten ist dagegen, ob das Quorum *erleichtert* werden kann (bejahend: CH. MÜLLER, 100; WEBER, 386; verneinend: FRIEDRICH, § 55 N 4). Die Frage kann nicht allgemein beantwortet werden. Sie ist für jeden Bereich einzeln abzuklären.

91 Für die Ordnung der Zuständigkeit zu Verwaltungshandlungen lässt Art. 712g Abs. 2 Abänderungen der Quoren – unter Vorbehalt der zwingenden Bestimmungen des Miteigentumsrechts – ausdrücklich zu, vorausgesetzt allerdings, dass alle Stockwerkeigentümer zustimmen.

b. Erforderliche Quoren

92   Vorgesehen sind die Einstimmigkeit, die qualifizierte Mehrheit (in der Form der Kumulierung der Mehrheit nach Köpfen mit der Mehrheit nach Anteilen) und die einfache Mehrheit. Zur Rechtfertigung des Einstimmigkeits- bzw. Mehrheitsprinzips vgl. LIVER, ZBJV *1964* 261 ff; WEBER, 383 ff.

aa. Einstimmigkeit

93   Vor allem folgende Anordnungen bedürfen eines einstimmigen Beschlusses der Stockwerkeigentümerversammlung:

94 – Luxuriöse bauliche Massnahmen (Art. 647e Abs. 1), wobei eine rechtsgeschäftliche Erleichterung dieses Quorums nicht ausgeschlossen ist (Art. 647e N 5 mit weiteren Verweisen; vgl. auch hinten N 106);

95 – Verfügung über das gemeinschaftliche Grundstück (z. B. Bestellung einer Dienstbarkeit, Art. 712g N 51) sowie die Änderung der Zweckbestimmung (Art. 648 Abs. 2), soweit die Stockwerkeigentümer nicht ein anderes Quorum vereinbart haben (Art. 648 Abs. 2 und dort N 25 ff und N 53; kritisch zur Abweichung vom Grundsatz der Einstimmigkeit im Stockwerkeigentumsrecht FRIEDRICH, § 47 N 23; vgl. auch WEBER, 205 f);

96 – Abänderung der Sonderrechtsbereiche (Art. 712e N 27 ff);

97 – Festlegung (gewillkürter) gemeinschaftlicher Teile (Art. 712b Abs. 3 und dort N 81);

98 – Begründung, Änderung und Aufhebung des Vorkaufsrechts (Art. 712c Abs. 1 und dort N 19 sowie N 26);

99 – Begründung, Änderung und Aufhebung des Einspracherechts (Art. 712c Abs. 2 und dort N 88);

- Quotenänderung (Art. 712e Abs. 2 und dort N 45 f); 100
- Aufhebung des Stockwerkeigentums (Art. 712f Abs. 2); 101
- Abänderung der gesetzlichen Zuständigkeitsordnung für Verwaltungs- 102
handlungen und bauliche Massnahmen, selbst wenn diese im Reglement
enthalten ist (Art. 712g Abs. 2 und dort N 90).

bb. Qualifizierte Mehrheit (nach Köpfen und Anteilen)

setzen insbesondere folgende Anordnungen voraus: 103
- Wichtigere Verwaltungshandlungen (Art. 647b Abs. 1), wobei dieses Quo- 104
rum sowohl verschärft als auch erleichtert werden darf (Art. 647b N 3);
- nützliche bauliche Massnahmen (Art. 647d Abs. 1 und dort N 19 f); 105
- luxuriöse bauliche Massnahmen, sofern ein Nichtzustimmender durch 106
diese Massnahmen in seinem Nutzungs- und Gebrauchsrecht nicht dauernd beeinträchtigt wird und ihm für eine vorübergehende Beeinträchtigung Ersatz geleistet und sein Kostenanteil übernommen wird (Art. 647e
Abs. 2 und dort N 6ff);
- Erlass und Abänderung eines Reglementes (Art. 712g Abs. 3 und dort 107
N 86ff);
- Beschlussfähigkeit der ersten Stockwerkeigentümerversammlung 108
(Art. 712p Abs. 1 und dort N 10ff);
- Aufhebung eines reglementarisch begründeten besonderen Nutzungs- 109
rechts (vgl. Art. 712g N 48).

cc. Einfache Mehrheit

Für alle Beschlüsse, die nicht der Einstimmigkeit oder der 110
qualifizierten Mehrheit bedürfen, genügt die einfache Mehrheit (z. B.
Art. 647a Abs. 2, Art. 647c, Art. 649b Abs. 2, Art. 712m Abs. 1 Ziff. 2–6,
Art. 712t Abs. 2 sowie etwa der Erlass einer Hausordnung und eines Verwaltungsreglements. A.M. bezüglich der Wahl von Verwalter und Ausschuss
i. S. v. Art. 712m Abs. 1 Ziff. 2 und 3: LIVER, SPR V/1 103; MAGNENAT, 114f;
HAUGER, 253).

c. Berechnung der Mehrheit

aa. Mehrheit der in der Versammlung anwesenden Stockwerkeigentümer

111 Über die allgemeinen Angelegenheiten der gemeinschaftlichen Verwaltung beschliesst die *Mehrheit der in der Versammlung anwesenden Stockwerkeigentümer,* nicht die Mehrheit aller Mitglieder der Gemeinschaft (zur dogmatischen Begründung und zum Meinungsstand in der Lehre vgl. Art. 647 N 26).

112 Die Frage, ob bei einer Abstimmung die Mehrheit der anwesenden oder der stimmenden Stockwerkeigentümer erforderlich ist, beantwortet sich aufgrund der Verweisung von Art. 712m Abs. 2 durch die massgebende Bestimmung des Vereinsrechts. Abs. 2 von Art. 67 spricht nicht von der Mehrheit der stimmenden, sondern von der *Mehrheit der anwesenden Mitglieder* (LIVER, ZBJV *1965* 309 und SPR V/1 101; FRIEDRICH, SJK *1304* 8; STEINAUER, § 34 N 1316 und 1316a; STUDER, 47; WEBER, 390; PIERRE ENGEL, Le calcul des votes et des majorités en droit privé suisse, SJZ *1985* 302 ff, 303; für das Vereinsrecht auch EGGER, Art. 66/67 N 8, und HEINI, SPR II 562. Ungeachtet des klaren Wortlautes wird von einem Teil der Doktrin indessen die Mehrheit der stimmenden Mitglieder für ausreichend erachtet; so von CH. MÜLLER, 104, und K. MÜLLER, 73; für das Vereinsrecht vgl. HAFTER, Art. 66/67 N 7). Die Mehrheitsberechnung aufgrund der in der Versammlung anwesenden Stockwerkeigentümer ist allerdings nicht zwingender Natur, so dass im Reglement die *Mehrheit der stimmenden Stockwerkeigentümer* für die Beschlussfassung als ausreichend erklärt werden darf (ENGEL, a.a.O. 303 f; FRIEDRICH, § 34 Abs. 1 und N 1; WEBER, 391).

113 Aufgrund der Materialien zur Stockwerkeigentumsnovelle lässt sich hinsichtlich der Mehrheitsberechnung keine schlüssige Willensäusserung des historischen Gesetzgebers feststellen (vgl. StenBullNR *1963* 527 f; ähnlich WEBER, 390 f; a. M. CH. MÜLLER, 104). Die hier vertretene Auffassung übersieht nicht, dass mit der Berechnung der Mehrheit aufgrund der Anwesenden insofern ein gewisser Nachteil verbunden ist, als Stimmenthaltungen als Nein-Stimmen gelten. Ein Abweichen vom Wortlaut von Art. 67 Abs. 2 lässt sich u. E. jedoch nicht begründen.

bb. Grundsatz der absoluten Mehrheit

114 Ein Beschluss bedarf grundsätzlich der *absoluten Mehrheit* der Stimmen der anwesenden Stockwerkeigentümer (also mehr als der Hälfte der Stimmen, Art. 67 Abs. 2). In Sachfragen ist die relative Mehrheit

(also mehr Stimmen, als andere Anträge erhalten) jedenfalls nicht ausreichend (WEBER, 392; FRIEDRICH, § 34 N 2, und SJK *1304* 8; CH. MÜLLER, 101; K. MÜLLER, 73; zum Begriff und zur Bedeutung des absoluten Mehrs vgl. auch TANNER, § 2 Rz 42 ff); bei mehreren Anträgen sind allenfalls Eventualabstimmungen vorzunehmen. Hingegen kann bei Wahlen vom zweiten Wahlgang an das relative Mehr als genügend erklärt werden (STUDER, 45; WEBER, 393; a. M. CH. MÜLLER, 101; vgl. zur Wahl des Verwalters Art. 712q N 90).

cc. Mehrheit aller Anteile bei qualifiziertem Quorum

Anders als bei der Mehrheit nach Personen (vorn N 111 ff) ist für qualifizierte Beschlüsse die *Mehrheit aller Anteile* (z. B. $^{501}/_{1000}$), nicht nur die Mehrheit der in der Versammlung anwesenden oder vertretenen Anteile erforderlich (Art. 712g Abs. 3; CH. MÜLLER, 105). Es erscheint aber grundsätzlich (wenn nicht einem einzelnen ein unangemessenes Übergewicht bei der Beschlussfassung eingeräumt werden soll) als zulässig, rechtsgeschäftlich nur die Mehrheit der anwesenden Miteigentumsanteile vorzusehen (vgl. WEBER, 393; Abwesende sind durch die Beschlussfähigkeitsvoraussetzungen geschützt; vgl. auch Art. 712p N 8 ff). 115

d. Fall der Stimmengleichheit

Bei Stimmengleichheit ist noch kein wirksamer positiver Beschluss zustande gekommen. Wohl kann der einzelne Stockwerkeigentümer dringliche Massnahmen selbst vornehmen (Art. 647 Abs. 2 Ziff. 2) bzw. für die Anordnung gewisser Massnahmen den Richter anrufen (Art. 647 Abs. 2 Ziff. 1). Daneben kann auch der Verwalter aufgrund seiner Rechtsstellung gewisse Massnahmen aus eigener, ihm direkt durch das Gesetz eingeräumter Kompetenz anordnen (Art. 712s Abs. 1 i. f. und dort N 60 ff). Um das Nichtzustandekommen eines (befürwortenden) Beschlusses infolge Stimmengleichheit – insbesondere in kleineren Gemeinschaften – zu vermeiden, kann im Reglement (also rechtsgeschäftlich) der *Stichentscheid* z. B. des Verwalters oder des Versammlungsvorsitzenden vorgesehen werden. Die Zulässigkeit des Stichentscheides ist, weil ein Verstoss gegen das Gleichgewichtsprinzip nicht vorliegt, für die Beschlussfassung zu bejahen (so für den Verein EGGER, Art. 66/67 N 9, und HEINI, SPR II 562; ebenso für die Stockwerkeigentümergemeinschaft FRIEDRICH, § 34 N 15 ff, und SJK *1304* 10 f; 116

WEBER, 393 f; a. M. STUDER, 64, mit der Begründung, der Vorsitz sei – im Hinblick auf die Gleichbehandlung – kein sachenrechtlich genügendes Kriterium für die Verstärkung der Stimmkraft).

e. Gemeinschaft mit zwei Stockwerkeigentümern

117 Besteht die Gemeinschaft aus *zwei Stockwerkeigentümern* und kommt kein Beschluss zustande, dürfte mangels besonderer (z. B. reglementarischer) Regeln praktisch lediglich die Ausschlussklage als Ausweg in Frage kommen, soweit nicht eine andere Lösung des Problems möglich ist (vgl. z. B. betreffend die Abberufung eines Verwalters Art. 712r N 16 mit weiteren Verweisen; vgl. auch FRIEDRICH, § 51 N 11; zu den Ausschlussgründen vgl. Art. 649b und 649c N 7 f sowie Art. 712 f N 16).

3. Schriftliche Beschlussfassung

a. Zirkulationsbeschlüsse

118 Im schweizerischen Stockwerkeigentumsrecht fehlt eine Bestimmung, die sich mit dem schriftlichen Beschlussverfahren befasst. Nach Art. 66 Abs. 2 wird jedoch die schriftliche Zustimmung *aller* Vereinsmitglieder zu einem Antrag dem Beschluss einer Versammlung gleichgestellt. Dieses Vorgehen ist gestützt auf Abs. 2 von Art. 712m auch auf die Stockwerkeigentümergemeinschaft anwendbar. Somit müssen sich sämtliche Stockwerkeigentümer bei schriftlicher Beschlussfassung einig sein. Verweigert auch nur ein einzelner seine schriftliche Zustimmung, muss eine Versammlung abgehalten werden (LIVER, GS Marxer 191; derselbe, SPR V/1 101; FRIEDRICH, § 34 N 9; RIEMER, ZBGR *1975* 262; CH. MÜLLER, 105; MICHAUD, 44). Einstimmige schriftliche Beschlüsse sind als Zirkulationsbeschlüsse zu bezeichnen (Randtitel zu Art. 716 OR; FRIEDRICH, § 34 N 8; derselbe, SJK *1304* 5, mit Begriffspräzisierung; CH. MÜLLER, 106; unzutreffend K. MÜLLER, 74, der dieses Vorgehen als Urabstimmung bezeichnet).

119 Zirkulationsbeschlüsse sind insbesondere dann von Bedeutung, wenn eine Massnahme unbestritten ist und sich die Durchführung einer Versammlung nicht lohnt. Eine ausdrückliche Reglementsbestimmung ist wegen der vorhandenen gesetzlichen Grundlage (Art. 712m Abs. 2 i. V. m. Art. 66 Abs. 2; CH. MÜLLER, 106; WEBER, 397; a. M. K. MÜLLER, 74) nicht erforderlich. Hin-

gegen kann das schriftliche Verfahren einstimmig ausgeschlossen werden, weil der einzelne Stockwerkeigentümer keinen unentziehbaren Anspruch auf die Möglichkeit schriftlicher Stimmabgabe hat (CH. MÜLLER, 106).

Ein Zirkulationsbeschluss ist zustande gekommen, wenn die letzte Zustimmungserklärung eingegangen ist. Eine von einem Einzelnen abgegebene schriftliche Stimme ist jedoch bereits mit dem Empfang durch den Verwalter bindend (WEBER, 398 f, mit Hinweisen auf die in Deutschland umstrittene Rechtslage). Kommt in der Versammlung z. B. ein einstimmiger Beschluss mangels genügender Anwesenheit nicht zustande, ist es zulässig, die schriftliche Zustimmung der Abwesenden und der in der Versammlung Ablehnenden nachzuholen. Es muss aber Einstimmigkeit vorliegen; von den in der Versammlung Zustimmenden ist eine schriftliche Bestätigung einzuholen (FRIEDRICH, § 34 N 10; EGGER, Art. 64 N 6; a. M. WEBER, 399, für den Fall, dass sich die Zustimmenden aus dem Versammlungsprotokoll ermitteln lassen). Hingegen ist es unzulässig, lediglich die zur Erreichung des qualifizierten Quorums erforderlichen Stimmen nachträglich einzusammeln. [120]

b. Urabstimmung

Die Urabstimmung (Randtitel Art. 880 OR) bezeichnet jene Art der Beschlussfassung, bei welcher die Zustimmung der Mitglieder ausserhalb der Versammlung in schriftlicher Form erfolgt, im Gegensatz zum Zirkulationsbeschluss aber nur die Zustimmung der Mehrheit (nicht Einstimmigkeit) erforderlich ist (sog. schriftliche Mehrheitsbeschlüsse). [121]

Genossenschaften mit mehr als 300 Mitgliedern können statutarisch Urabstimmungen vorsehen (Art. 880 OR); Praxis und Lehre haben dasselbe Vorgehen für Vereine mit zahlreichen Mitgliedern anerkannt (BGE *48* II 156; EGGER, Art. 64 N 6; HEINI, SPR II 560; TUOR/SCHNYDER, 128). [122]

Kraft der Verweisung von Art. 712m Abs. 2 auf das Vereinsrecht müsste somit die Urabstimmung auch in der Stockwerkeigentümergemeinschaft zulässig sein. Im Stockwerkeigentumsrecht ist das Verfahren der Urabstimmung jedoch nicht unproblematisch, weil bei der im Vordergrund stehenden Aufgabe optimaler Nutzung und Werterhaltung des Gebäudes der Einzelne direkt mitwirken sollte; andererseits spricht das Risiko der Beschlussunfähigkeit der Versammlung (z. B. bei gewöhnlichen Routinegeschäften in einer Ferienhaussiedlung) für deren Zulässigkeit. Die Durchführung von Urabstimmungen wird deshalb allgemein als zulässig erachtet, wenn auch teilweise nur mit Zurückhaltung (FRIEDRICH, § 34 N 12; derselbe, SJK *1304* 5; CH. MÜLLER, 107; RIEMER, ZBGR *1975* 262; MICHAUD, 44 f). [123]

124 Qualifizierte gesetzliche Mehrheitserfordernisse zwingenden Charakters (vorn N 90) müssen aber auch in der Urabstimmung beachtet werden (RIEMER, ZBGR *1975* 262). Die Anordnung einer Urabstimmung ist dann unzulässig, wenn die Mehrheit nur darauf ausgeht, die Mitwirkungsrechte der Minderheit (z. B. das Debatterecht) auszuhöhlen (WEBER, 400).

125 Die Möglichkeit, Urabstimmungen durchzuführen, bedarf wie im Genossenschafts- und Vereinsrecht der rechtsgeschäftlichen Grundlage. Entsprechend der dortigen Regelung ist die schriftliche Stimmabgabe nur gestattet, wenn das im Begründungsakt oder später durch einstimmigen Beschluss aller Stockwerkeigentümer (Art. 712g Abs. 2) so vorgesehen wird. Dabei ist es sinnvoll, auch Einzelheiten (z. B. über die Berechnung der Mehrheiten) im Reglement zu regeln (RIEMER, ZBGR *1975* 262; WEBER, 400).

4. Anfechtung von Versammlungsbeschlüssen

a. Allgemeines

126 Art. 712m Abs. 2 verweist für die Anfechtung von Versammlungsbeschlüssen ausdrücklich auf Art. 75, womit das Gesetz dem einzelnen Stockwerkeigentümer ein wirksames *Schutzrecht* gegenüber der Gemeinschaft zur Verfügung stellt. Mit dem Mittel der Anfechtung von Versammlungsbeschlüssen kann sich der Einzelne gegen rechtswidriges Verhalten der Mehrheit zur Wehr setzen (FRIEDRICH, SJK *1304* 11). Die Verweisung auf das Vereinsrecht erlaubt es, bei Beschlüssen der Stockwerkeigentümerversammlung auf die in Rechtsprechung und Lehre vertiefte und differenzierte Erfassung des vereinsrechtlichen Anfechtungsrechts Bezug zu nehmen (vgl. vor allem EGGER, Art. 75 N 1ff; HAFTER, Art. 75 N 4ff; HEINI, SPR II 548ff; RIEMER, ZBGR *1975* 265f.). Zu beachten ist ferner die dem Vereinsrecht weitgehend entsprechende aktienrechtliche Regelung der Anfechtung von Generalversammlungsbeschlüssen mit der noch viel reichhaltigeren Praxis (vgl. dazu vor allem BÜRGI, Art. 706 N 1ff; FORSTMOSER/MEIER-HAYOZ, § 21 N 14ff).

b. Anfechtungsklage

127 Die Anfechtungsklage ist eine *Gestaltungsklage,* über die nur durch Urteil, nicht auch durch Vergleich entschieden werden kann (BGE *80* I 389 Erw 4). Die Geltendmachung der Anfechtung durch blosse

Einrede ist ausgeschlossen. Die im Falle der Gutheissung der Klage vom Richter getroffenen Anordnungen wirken (ähnlich wie die richterliche Aufhebung eines Generalversammlungsbeschlusses bei der Aktiengesellschaft; Art. 706 OR) *ex tunc* und *erga omnes* (EGGER, Art. 75 N 31; WALDER, Zivilprozessrecht [3.A., Zürich 1983], § 26 N 110).

c. Anfechtungstatbestände

Der Anfechtung unterliegen aufgrund der anwendbaren vereinsrechtlichen Bestimmung von Art. 75 einerseits *Gesetzesverletzungen*, andererseits Verstösse gegen die Statuten. Unter Gesetz ist über das Stockwerkeigentumsrecht im engeren Sinne hinaus die Gesamtheit der das Stockwerkeigentum betreffenden Normen, geschriebene oder ungeschriebene (z. B. Gleichbehandlungsprinzip), zu verstehen (EGGER, Art. 75 N 20f; FORSTMOSER/MEIER-HAYOZ, § 21 N 15; vgl. auch BGE *69* II 248 ff). Den Statuten des Vereinsrechts entspricht im Stockwerkeigentumsrecht die Gesamtheit der in der betreffenden Gemeinschaft massgeblichen rechtsgeschäftlichen Beziehungen, z. B. der Begründungsakt, das Reglement, die Hausordnung usw. (vgl. RIEMER, ZBGR *1975* 265; STUDER, 82 f; WEBER, 404 f). 128

Eine rechtsgeschäftliche Einschränkung der Anfechtungstatbestände ist in beschränktem Rahmen, nämlich hinsichtlich konkretisierter Einzelfälle, die verzichtbare Rechte betreffen, möglich. Auch eine rechtsgeschäftliche Erweiterung der Anfechtungstatbestände ist zulässig (vgl. für das Aktienrecht BÜRGI, Art. 706 N 2). Nicht überprüfbar ist ein Beschluss jedoch auf seine Angemessenheit und Zweckmässigkeit hin (BGE *100* II 392 f für die Aktiengesellschaft; WEBER, 405). 129

Zur Abgrenzung gegenüber den Nichtigkeitstatbeständen vgl. hinten N 146 ff. 130

d. Anfechtbare Akte

Anfechtbar sind in erster Linie *Beschlüsse der Stockwerkeigentümerversammlung* (nicht dagegen zweiseitige Rechtsgeschäfte oder Verfügungen der Gemeinschaft; vgl. EGGER, Art. 75 N 8). Den Versammlungsbeschlüssen gleichgestellt sind die *Urabstimmung* und der *Zirkulationsbeschluss* (wobei letzterer – da definitionsgemäss einstimmig zu fassen [vorn N 118 und N 120] – nur nach einer allfälligen Ungültigerklärung der Zu- 131 stimmung wegen Grundlagenirrtums usw. angefochten werden kann; vgl. hinten N 136 a. E.).

132 Anfechtbar sind auch die im Gesetz als solche nicht ausdrücklich erwähnten sogenannten Spezialbeschlüsse (RIEMER, ZBGR *1975* 264; WEBER, 405), so z. B.:
- Der Einsprache-Beschluss im Falle der Veräusserung, Belastung mit Nutzniessung oder Wohnrecht, Vermietung usw. (Art. 712 c Abs. 2);
- der Beschluss über den Ausschluss eines Stockwerkeigentümers aus der Gemeinschaft (Art. 649b Abs. 2; zu beachten ist indessen, dass die Gemeinschaft *nicht* zur Ausschlussklage legitimiert ist; Art. 649b/c N 22; Art. 712l N 95);
- der Beschluss, der die Abberufung des Verwalters ablehnt (Art. 712r Abs. 2; FRIEDRICH, § 39 N 16).

133 Hat ein *Ausschuss* (vorn N 26 ff) nicht nur *Beratungs-,* sondern auch *Entscheidungskompetenzen,* sind dessen Beschlüsse in diesem Bereich aufgrund des Gesetzeswortlautes (Art. 712m Abs. 2 i. V. m. Art. 75) ebenfalls anfechtbar (RIEMER, ZBGR *1975* 265; WEBER, 406; a. M. FRIEDRICH, § 37 N 4; MICHAUD, 66).

134 Eine vom *Verwalter* getroffene Massnahme dürfte *ausnahmsweise* dann anfechtbar sein, wenn dadurch Mitgliedschaftsrechte beeinträchtigt werden (z. B. Bussenausfällung durch den Verwalter; vgl. BGE *52* I 75) und keine Weiterzugsmöglichkeit an die Versammlung besteht (so für das Vereinsrecht auch HEINI, SPR II 549; WEBER, 406. FRIEDRICH, § 37 N 4, lehnt dagegen die Anfechtbarkeit von Verfügungen des Verwalters grundsätzlich ab). Je nach Art der Rechtsverletzung kommt dabei – im Gegensatz zur Anfechtung eines Versammlungsbeschlusses – eine Gestaltungs-, Leistungs- oder Feststellungsklage in Frage (HEINI, SPR II 549 Anm. 45). Die Anfechtbarkeit einer solchen Massnahme dürfte in der Praxis jedoch äusserst selten sein, da bei einer Verletzung der Mitgliedschaftsrechte wohl meistens Nichtigkeit vorliegt (vgl. hinten N 146).

135 In den übrigen Fällen sind Anordnungen des Verwalters *nicht anfechtbar.* Die rechtsgeschäftliche Einführung eines solchen Anfechtungsrechts ist abzulehnen (vgl. zur entsprechenden Rechtslage bei der Aktiengesellschaft Art. 706 Abs. 1 OR; BÜRGI, Art. 706 N 6; nach BGE *76* II 63 liegt ein qualifiziertes Schweigen des Gesetzgebers [und keine Lücke] vor). Das Reglement kann jedoch gegen Massnahmen des Verwalters ein Rekursrecht an die Versammlung vorsehen (vgl. dazu FRIEDRICH, § 46).

e. Legitimation

Die *Aktivlegitimation* zur Anfechtung steht *jedem Stockwerkeigentümer* zu (absolut unentziehbares und unverzichtbares Recht; vgl. FORSTMOSER/MEIER-HAYOZ, § 21 N 14; EGGER, Art. 75 N 27; BÜRGI, Art. 706 N 1). Voraussetzung ist das Vorliegen eines Anfechtungsinteresses (nicht notwendig ist der Nachweis eines persönlichen Interesses, etwa einer Vermögensbeeinträchtigung; es genügt z.B. die Absicht, die Gemeinschaftsinteressen zu wahren; vgl. für die AG BGE *86* II 167). Der Anfechtende muss gegen den Antrag gestimmt (nicht verlangt wird ein ausdrücklicher Protest) oder sich seiner Stimme enthalten haben. Anfechtungsberechtigt ist auch, wer in der Versammlung nicht anwesend war (STEINAUER, § 34 N 1321; EGGER, Art. 75 N 27; BGE *74* II 43). Ein Nichtteilnehmer darf allerdings nicht nachträglich zugestimmt haben. Ein Zustimmender müsste, um die Anfechtungsberechtigung zu erlangen, vorerst seine Stimmabgabe aufgrund eines Willensmangels (z.B. wegen Grundlagenirrtums oder Täuschung) unverbindlich erklären lassen, ansonsten ein Verstoss gegen Art. 2 (venire contra factum proprium) vorläge (vgl. BÜRGI, Art. 706 N 60). 136

Aktivlegitimiert sind weiter der *Vertreter* von gemeinschaftlich dinglich Berechtigten (Art. 712o Abs. 1) und der *Nutzniesser,* soweit er stimmberechtigt ist (Art. 712o Abs. 2; FRIEDRICH, § 37 N 7). 137

Dritte (z.B. auch der Nutzniesser in Angelegenheiten, in denen ihm das Stimmrecht fehlt) haben *kein* Anfechtungsrecht. Nicht zur Anfechtung legitimiert sind somit auch der Verwalter (FRIEDRICH, § 37 N 6 und SJK *1304* 12; WEBER, 408; es fehlt eine dem Aktienrecht [Art. 706 Abs. 1 und 3 OR] nachgebildete Norm, die auch den Verwalter zur Anfechtung legitimiert) und jene Mitglieder des Ausschusses, die nicht Stockwerkeigentümer sind. Weil Art. 75 nur die Gemeinschaftsmitglieder schützen will, ist auch die *rechtsgeschäftliche* Einführung eines Anfechtungsrechts des Verwalters (der nicht Stockwerkeigentümer ist) ausgeschlossen (g.M. K. MÜLLER, 140; RIEMER, ZBGR *1975* 266; EGGER, Art. 75 N 7, betreffend den Verein; a.M. FRIEDRICH, § 37 N 6 und N 17, sowie SJK *1304* 12; MICHAUD, 65; STUDER, 86; WEBER, 408, mit der Begründung, Art. 75 beabsichtige neben der Wahrung der mitgliedschaftlichen Rechtsstellung des Einzelnen ebensosehr den Schutz der Gemeinschaft im allgemeinen, weshalb die Einräumung des Anfechtungsrechts an den Verwalter – gestützt auf Art. 712s Abs. 3 – durchaus sinnvoll sei. Aber nicht alles, was rechtspolitisch erwünscht ist, darf ohne Gesetzesänderung als geltendes Recht deklariert werden. Nach deutschem 138

Recht ist der Verwalter ausdrücklich zur Klage legitimiert; § 43 Abs. 1 Ziff. 2 und 4 WEG).

139 *Passivlegitimiert* ist die Stockwerkeigentümergemeinschaft. Die Klage ist deshalb gegen die Gemeinschaft als solche, nicht gegen die einzelnen Stockwerkeigentümer zu richten (FRIEDRICH, § 37 N 8; RIEMER, ZBGR *1975* 265; STUDER, 86; CH. MÜLLER, 108; WEBER, SJZ *1979* 120). Zur passiven Prozessfähigkeit der Stockwerkeigentümergemeinschaft i. a. vgl. Art. 712l N 96 ff.

f. Verfahrensfragen

140 Die *Anfechtungsfrist* dauert aufgrund der anwendbaren vereinsrechtlichen Bestimmung von Art. 75 einen Monat seit Kenntnisnahme des Beschlusses. Es handelt sich um eine *Verwirkungsfrist,* deren Einhaltung von Amtes wegen zu prüfen ist (BGE *85* II 536 ff, *76* II 241 f). Nach Ablauf der Frist geht das Klagerecht unter (HEINI, SPR II 549 Anm. 47). Ein Beschluss bleibt hernach ungeachtet seines Mangels wirksam (FRIEDRICH, SJK *1304* 11).

141 Einer rechtsgeschäftlichen Verkürzung oder Verlängerung dieser Frist steht die herrschende Lehre ablehnend gegenüber (BÜRGI, Art. 706 N 67; BGE *86* II 88; FRIEDRICH, § 37 N 16; a. M. bei Vorliegen sachgemässer Gründe WEBER, 409, mit Verweisen auf die deutsche Lehre).

142 Die Anfechtungsfrist läuft beim Verein (und damit auch beim Stockwerkeigentum) vom Moment der Kenntnisnahme an (BGE *90* II 346/47: Moment der Kenntnisnahme des *ganzen Inhalts* eines Beschlusses; anders bei den Körperschaften des Handelsrechts mit Fristbeginn am Tage der Beschlussfassung: Art. 706 Abs. 4 OR, Art. 808 Abs. 5 OR, Art. 891 Abs. 2 OR; zur rechtsgeschäftlichen Vereinbarung eines anderen Fristenlaufs [z. B. ab Beschlussdatum] vgl. WEBER, 409); damit besteht unter Umständen während längerer Zeit die Unsicherheit bezüglich einer möglichen Anfechtung. Es empfiehlt sich deshalb (auch im Hinblick auf den gesetzlichen Ausschluss des Klagerechts des Zustimmenden), das Versammlungsgeschehen sorgfältig zu protokollieren und die Beschlüsse den Abwesenden in leicht beweisbarer Form zuzustellen (Verkürzung der Frist; zur Problematik vgl. RIEMER, ZBGR *1975* 266).

143 *Gerichtsstand* für die Anfechtungsklage ist (entsprechend Art. 712l Abs. 2) der Ort der gelegenen Sache (CH. MÜLLER, 108; RIEMER, ZBGR *1975* 265; STEINAUER, § 34 N 1324).

Die einstimmige Vereinbarung, dass ein *Schiedsgericht* zuständig sein soll, 144
ist zulässig, wobei die Zusammensetzung des Schiedsgerichts die nötige Unabhängigkeit gewährleisten muss (FRIEDRICH, § 37 N 18; RIEMER, ZBGR *1975* 265; HEINI, SPR II 551, betreffend den Verein).
Beim Weiterzug eines Urteils über die Anfechtung eines Beschlusses der 145
Stockwerkeigentümerversammlung durch *Berufung an das Bundesgericht* ist zu beachten, dass es sich dabei um einen Streit vermögensrechtlicher Natur im Sinne von Art. 44 Abs. 1 und Art. 46 OG (Minimalstreitwert 8000 Franken) handelt (BGE *108* II 77 und ZBGR *1985* 55 ff).

g. Abgrenzung der Anfechtbarkeit gegenüber der Nichtigkeit von Versammlungsbeschlüssen

Art. 75 erwähnt die Nichtigkeit eines Versammlungsbe- 146
schlusses nicht ausdrücklich. Diese ist aber ausnahmsweise, ähnlich wie im Aktienrecht (vgl. FORSTMOSER/MEIER-HAYOZ, § 21 N 17), gegeben, wenn ein Beschluss gegen qualifizierte, besonders wichtige Formvorschriften, gegen zwingende privatrechtliche Fundamentalnormen (z. B. gute Sitten, Recht der Persönlichkeit), gegen unverzichtbare Rechte der Stockwerkeigentümer, gegen die Strukturelemente des Stockwerkeigentums oder gegen (zwingende) Bestimmungen des öffentlichen Rechts verstösst (RIEMER, ZBGR *1975* 267; WEBER, 403; vgl. auch FRIEDRICH, § 37 N 12; STEINAUER, § 34 N 1319 f; CH. MÜLLER, 108 f; BÜRGI, Art. 706 N 8 ff; weitergehende Ausführungen betreffend absolut und relativ zwingende Rechte der Stockwerkeigentümer bei STUDER, 74 ff). Die Nichtigkeit eines Versammlungsbeschlusses kann jederzeit (unter Vorbehalt der Schranke von Art. 2) und auch vom Zustimmenden geltend gemacht werden (RIEMER, ZBGR *1975* 267) – klageweise oder einredeweise, innerhalb oder ausserhalb eines Prozesses (FRIEDRICH, § 37 N 12). Der Richter hat allenfalls lediglich den Nichtbestand eines Beschlusses festzustellen (FRIEDRICH, SJK *1304* 11; CH. MÜLLER, 108; EGGER, Art. 75 N 12). Die Nichtigkeit wirkt *ex tunc*.

Die Nichtigkeit eines Beschlusses kann auf formellen und/oder materiellen 147
Mängeln beruhen und ist u. a. anzunehmen, wenn:
– eine nach Gesetz oder Reglement dazu nicht kompetente Person die Versammlung einberuft (vgl. BGE *71* I 387 f) oder nicht alle Stockwerkeigentümer eingeladen werden;
– Quorenbestimmungen verletzt werden (Art. 712g Abs. 3, Art. 712p Abs. 1. Ob eine Quorenverletzung zur Nichtigkeit eines Beschlusses führt, ist in

der Lehre allerdings umstritten. Die bundesgerichtliche Rechtsprechung ist schwankend: Bejahend BGE *78* III 48, verneinend BGE *86* II 88);
- ein Beschluss über einen generellen Ausschluss von Verfügungen über einzelne Stockwerkeigentumsanteile gefasst wird (Widerspruch zur Struktur des Miteigentums);
- durch einen Beschluss vorgesehen wird, Objekte zu erwerben, welche nicht Gegenstand des Verwaltungsvermögens sein können (vgl. Art. 712l N 19ff und BBl *1962* II 1491, 1518);
- ein Beschluss die Zuweisung zwingend gemeinschaftlicher Teile zu Sonderrecht (dazu Art. 712b N 8ff) zum Inhalt hat;
- der Verzicht auf das Anfechtungsrecht (Art. 75; vgl. auch vorn N 136) oder der Entzug des Stimmrechts beschlossen wird;
- Beschluss gefasst wird über Gegenstände in Verletzung von Art. 67 Abs. 3 (blosse Anfechtbarkeit wird angenommen im Entscheid BJM *1969* 116). Vgl. statt vieler RIEMER, ZBGR *1979* 267f.

148 Die Verletzung einer zwingenden Gesetzesnorm führt nicht immer zur Nichtigkeit (BGE *80* II 271ff und *93* II 30; EGGER, Art. 75 N 14; RIEMER, ZBGR *1975* 267 und dort in Anm. 52 zit. Literatur). Ob Nichtigkeit oder bloss Anfechtbarkeit vorliegt, ist deshalb im Einzelfall zu prüfen, wobei im Zweifel (aus Gründen der Rechtssicherheit) nur Anfechtbarkeit anzunehmen ist (CH. MÜLLER, 109; WEBER, 403).

Art. 712 n

2. Einberufung und Leitung

¹ Die Versammlung der Stockwerkeigentümer wird vom Verwalter einberufen und geleitet, wenn sie nicht anders beschlossen hat.

² Die Beschlüsse sind zu protokollieren, und das Protokoll ist vom Verwalter oder von dem den Vorsitz führenden Stockwerkeigentümer aufzubewahren.

2. Convocation et présidence

¹ L'assemblée des copropriétaires est convoquée et présidée par l'administrateur, si elle n'en a pas décidé autrement.

² Les décisions doivent être l'objet d'un procès-verbal que conserve l'administrateur ou le copropriétaire qui assume la présidence.

2. Convocazione e presidenza

¹ L'assemblea dei comproprietari è convocata e presieduta dall'amministratore, salvo che essa non disponga altrimenti.

² Delle deliberazioni è steso verbale, custodito dall'amministratore o dal comproprietario che presiede all'assemblea.

		Note	Seite
Übersicht	Materialien	1	410
	Literatur	2	410
	Rechtsvergleichung	3	410
	I. Allgemeines	4	410
	II. Einberufung der Versammlung	6	411
	1. Zuständigkeit zur Einberufung	6	411
	a. Der Verwalter	6	411
	b. Jeder Stockwerkeigentümer	8	411
	c. Ein Fünftel aller Stockwerkeigentümer	10	412
	d. Der Ausschuss	13	413
	e. Der Richter	14	413
	2. Einberufungsverfahren	15	414
	a. Adressaten der Einberufung	15	414
	b. Einberufungsfrist	18	414
	c. Einberufungsform	22	415
	d. Traktandenliste	23	416
	aa. Inhalt	23	416
	bb. Antragsrecht auf Traktandierung	25	417
	3. Einberufung der «zweiten Versammlung»	27	418
	III. Leitung der Versammlung	29	418
	IV. Das Protokoll	32	419
	1. Bedeutung	32	419
	2. Protokollführung	33	419
	3. Aufbewahrung des Protokolls	37	420
	4. Mangelhafte Führung und Aufbewahrung des Protokolls	38	421

1 Materialien	BBl *1962* II 1519; StenBull NR *1963* 227, 685; StenBull StR *1963* 221, 376.	
2 Literatur	Vgl. die Angaben im allgemeinen Schrifttumsverzeichnis.	
3 Rechtsvergleichung	Vgl. die Angaben in den Vorbemerkungen zu den Art. 712a ff N 52–81, in Art. 712m N 3–6 sowie hinten N 4 a. E., N 18 und N 39.	

I. Allgemeines

4   Art. 712n regelt in Abs. 1 die Zuständigkeit zur Einberufung der Stockwerkeigentümerversammlung und statuiert in Abs. 2 die Pflicht zur Protokollierung der Versammlungsbeschlüsse sowie zur Aufbewahrung der Protokolle. Darüber hinaus enthält das Stockwerkeigentumsrecht keine weiteren konkreten Bestimmungen, welche das Verfahren zur Einberufung der Versammlung regeln. Es sind deshalb – aufgrund des ausdrücklichen Verweises in Art. 712m Abs. 2 – das Vereinsrecht (Art. 64 und Art. 67 Abs. 3) und darüber hinaus die detailliertere Ordnung des Aktienrechts (Art. 699 ff OR) sowie allenfalls allgemeine Rechtsgrundsätze beizuziehen (FRIEDRICH, § 30 N 1 und 2; WEBER, 360). Da an einer möglichst präzisen Ausgestaltung des Einberufungsverfahrens nicht nur die Gemeinschaft interessiert ist, sondern jeder Stockwerkeigentümer (das nur schon, weil dadurch unter anderem vermieden werden kann, dass der Einzelne von Mehrheitsbeschlüssen, die seine Stellung tangieren, überrascht wird; FRIEDRICH, § 30 N 2), empfiehlt sich eine Konkretisierung des Verfahrens im Reglement (vgl. FRIEDRICH, § 30 N 1–7; K. MÜLLER, 162; PETER-RUETSCHI, 73 f; eingehender ist die Regelung in Deutschland, vgl. die §§ 23–25 WEG).

5   Im Zusammenhang mit der Durchführung der Stockwerkeigentümerversammlung sind ausser Art. 712n auch die für die *Beschlussfähigkeit* (Art. 712p) und die *Beschlussfassung* (die teils im Recht des gewöhnlichen Miteigentums, teils im Vereinsrecht geregelt ist; vgl. Art. 712m N 15 ff) anwendbaren Bestimmungen zu beachten.

II. Einberufung der Versammlung

1. Zuständigkeit zur Einberufung

a. Der Verwalter

Art. 712n Abs. 1 legt – unter Vorbehalt einer anderen Regelung – die Zuständigkeit des Verwalters zur Einberufung der Versammlung fest. Da er die laufenden Geschäfte im Bereich der gemeinschaftlichen Verwaltung führt (Art. 712s N 22 ff), soll er auch darüber entscheiden, ob und wann eine Versammlung einzuberufen ist. Ebenso verfügt er regelmässig über Mitgliederlisten, Adresslisten usw., die das einberufende Organ (vor allem in nicht ganz übersichtlichen Verhältnissen) benötigt (STUDER, 55 f; CH. MÜLLER, 88).

Die Festlegung des Zeitpunktes für die Durchführung einer Versammlung steht grundsätzlich im Ermessen des Verwalters. Aufgrund von Art. 712m Abs. 1 Ziff. 4, wonach der Kostenvoranschlag, die Jahresrechnung und die Kostenverteilung von den Stockwerkeigentümern *jährlich* zu genehmigen sind, ergibt sich, dass jedes Jahr mindestens *eine Versammlung* stattfinden muss (sog. *ordentliche Versammlung*; FRIEDRICH, § 30 N 7; WEBER, 360; vgl. auch § 24 Abs. 1 WEG). Im übrigen gebietet die pflichtgemässe Erfüllung der Aufgaben des Verwalters, dass dieser immer dann die Durchführung einer Versammlung anordnet, wenn dies aufgrund des Geschäftsganges als erforderlich erscheint (sog. *ausserordentliche Versammlung*). Zusätzlich können im Reglement besondere Fälle vorgesehen werden, in denen eine Versammlung einzuberufen ist.

b. Jeder Stockwerkeigentümer

Hat eine Gemeinschaft *keinen* Verwalter bestellt (zur fakultativen Bestellung vgl. Art. 712m N 10 und Art. 712q N 8), ist jeder Stockwerkeigentümer – analog dem Recht gemäss Art. 647a, gewöhnliche Verwaltungshandlungen vorzunehmen – zur Einberufung der Versammlung berechtigt (FRIEDRICH, § 30 N 6; CH. MÜLLER, 89; RIEMER, ZBGR *1975* 259). Der einzelne Stockwerkeigentümer hat sich somit nicht vorgängig zwecks Bestellung eines Verwalters an den Richter zu wenden (dadurch würde der

Verwalter, entgegen den Vorstellungen des Gesetzgebers, zum notwendigen Organ der Gemeinschaft; WEBER, 365; CH. MÜLLER, 89). Davon zu unterscheiden ist der Fall, wo ein Verwalter zwar vorhanden ist, dieser aber untätig bleibt (vgl. hinten N 14).

9 Ist kein Verwalter vorhanden, erscheint es als zweckmässig, das Einberufungsrecht jedes einzelnen Stockwerkeigentümers im Reglement vorzusehen (vgl. FRIEDRICH, § 30 Abs. 5, und RIEMER, ZBGR *1975* 259).

c. Ein Fünftel aller Stockwerkeigentümer

10 Hat eine Gemeinschaft einen Verwalter bestellt, so ist gemäss Art. 64 Abs. 3, der durch die Verweisung in Art. 712m Abs. 2 auch für die Stockwerkeigentümergemeinschaft gilt, ein Fünftel aller Stockwerkeigentümer berechtigt, die Einberufung der Versammlung (durch den Verwalter) *zu verlangen* (RIEMER, ZBGR *1975* 260; CH. MÜLLER, 89; STUDER, 56; PETER-RUETSCHI, 45; MICHAUD, 27; zurückhaltend FRIEDRICH, § 30 N 6). Unbestritten ist, dass es sich bei dieser Quorumsbestimmung um eine halbzwingende Norm handelt, die durch Vereinbarung nicht verschärft, wohl aber erleichtert werden darf (WEBER, 361; CH. MÜLLER, 89; STUDER, 56; MICHAUD, 27; für das Vereinsrecht vgl. EGGER, Art. 64 N 8 und HEINI, SPR II 557). Die gesetzlich oder reglementarisch vorgeschriebene Anzahl von Stockwerkeigentümern ist aber nicht befugt, die Versammlung selber einzuberufen, auch dann nicht, wenn der Verwalter untätig bleibt, es sei denn, im Reglement werde dies ausdrücklich so vorgesehen (vgl. hinten N 14 i. f.).

11 Zur Beantwortung der Frage, ob sich der Fünftel nach Personen oder Anteilen berechnet, ist davon auszugehen, dass bei der Stockwerkeigentümergemeinschaft stärker als bei Gesellschaften des Handelsrechts die einzelnen Personen und nicht das Ausmass der Kapitalbeteiligungen im Vordergrund stehen. Dies zeigt sich vor allem darin, dass – sofern nichts anderes vereinbart ist – das Kopfstimmprinzip gilt, wobei jeder Stockwerkeigentümer nur eine Stimme hat (vgl. Art. 712o N 5). Es entspricht daher dem Wesen unserer Stockwerkeigentumsordnung am besten, wenn für die Berechnung des Fünftels auf die Kopfzahl abgestellt wird (FRIEDRICH, SJK *1304* 4; WEBER, 362, mit eingehender Begründung; a. M. MICHAUD, 27, der eine Kumulation von Kopf- und Wertquotenstimmen verlangt, und FRIEDRICH, § 30 Abs. 4).

12 Das Begehren um Einberufung einer Versammlung kann – mangels gesetzlicher Vorschrift – mündlich oder schriftlich erfolgen (Schriftlichkeit wird da-

gegen verlangt bei der AG [Art. 699 Abs. 3 OR] und der GmbH [Art. 809 Abs. 2 OR]). Selbstverständlich ist auch bei einem mündlichen Begehren der Zweck der Einberufung anzugeben (WEBER, 368; für den Verein EGGER, Art. 64 N 8). Bei grösseren Gemeinschaften empfiehlt es sich aus Beweisgründen, für das Begehren reglementarisch die Schriftform anzuordnen. Weigert sich der Verwalter, dem Begehren um Einberufung einer Versammlung nachzukommen, kann der Richter angerufen werden (hinten N 14f).

d. Der Ausschuss

Ein Einberufungsrecht des Ausschusses ist im Gesetz nicht vorgesehen. Wenn die Stockwerkeigentümer aber einen Ausschuss bestellt haben, können sie ihm – unter gewissen Voraussetzungen (z. B. Abwesenheit, Verhinderung oder Weigerung des Verwalters) – im Reglement auch die Befugnis zur Einberufung der Versammlung einräumen (FRIEDRICH, § 30 Abs. 4 und § 38 N 9; K. MÜLLER, 75; MICHAUD, 29; WEBER, 363). 13

e. Der Richter

Weigert sich der Verwalter, eine aufgrund des Gesetzes oder des Reglements notwendig gewordene oder von einem Fünftel der Stockwerkeigentümer verlangte Versammlung einzuberufen, kann er vom Gericht, auf entsprechende Klage eines Stockwerkeigentümers hin, dazu angehalten werden (RIEMER, ZBGR *1975* 259f; FRIEDRICH, ZBGR *1973* 149 Anm. 61; WEBER, 364; für den Verein vgl. BGE *73* II 2, und EGGER, Art. 64 N 10). Bei weiterer Untätigkeit ist dessen Abberufung – mit einfacher Stimmenmehrheit – an sich möglich (Art. 712r N 8ff), aber, weil es nicht zur Einberufung einer Versammlung kommt, nicht realisierbar, ebensowenig die richterliche Abberufung aus wichtigem Grund (vgl. dazu Art. 712r N 15ff). Mit WEBER (365) ist deshalb – in Analogie zu Art. 699 Abs. 4 OR – die Möglichkeit zu bejahen, dass der Richter, auf Begehren eines Stockwerkeigentümers hin, die Einberufung direkt anordnet (demgegenüber hält MICHAUD, 28, dafür, dass dem einzelnen Stockwerkeigentümer lediglich die Rechtsbehelfe nach Art. 647 Abs. 2 und Art. 647a Abs. 1 zustehen). Die Stockwerkeigentümergemeinschaft kann diesen unsicheren und komplizierten Weg vermeiden, wenn sie im Reglement für einen solchen Fall jedem Stockwerkeigentümer ein Einberufungsrecht zuerkennt (FRIEDRICH, § 30 N 6; RIEMER, ZBGR *1975* 259). 14

2. Einberufungsverfahren

a. Adressaten der Einberufung

15 Damit der Wille der Mehrheit der Stockwerkeigentümer als Wille der Gemeinschaft selbst gilt, muss sichergestellt sein, dass alle Beteiligten die Möglichkeit haben, an der Versammlung teilzunehmen. Zur Versammlung ist deshalb jeder Stockwerkeigentümer einzuladen.

16 Steht ein Stockwerkeigentumsanteil im Mit- oder Gesamteigentum, so haben die berechtigten Eigentümer ihre Stimme durch einen gemeinsamen Vertreter abzugeben (Art. 712o Abs. 1). Eine gesetzliche Bestimmung, wonach sie einen Vertreter zur Inempfangnahme rechtserheblicher Mitteilungen zu bestellen haben, fehlt dagegen im Gesetz. Deshalb empfiehlt es sich, dass der Verwalter jedem Mit- oder Gesamteigentümer eines Stockwerkeigentumsanteils eine formgerechte Einladung zur Versammlung zustellt (WEBER, 370f; HANS-JOACHIM ZIEGE, NJW 1973 2185f). Dasselbe gilt auch für den Eigentümer und den Nutzniesser eines Stockwerkeigentumsanteils (Art. 712o Abs. 2), sofern er den Nutzniesser kennt und sofern nicht – gestützt auf eine Abmachung zwischen ihnen – zum vornherein eindeutig feststeht, welcher der beiden stimmberechtigt ist (vgl. dazu Art. 712o N 9ff).

17 Praktische Gründe sprechen dafür, im Reglement vorzusehen, dass mehrere an einem Stockwerkeigentumsanteil Berechtigte einen gemeinsamen Zustellungsbevollmächtigten zu bezeichnen haben (WEBER, 371; ZIEGE, [zit. vorn N 16] 2186). Ebenso empfiehlt sich die reglementarische Anordnung, dass Stockwerkeigentümer mit Wohnsitz im Ausland einen im Inland wohnenden Zustellungsadressaten bezeichnen müssen (FRIEDRICH, § 32 N 9 und § 32 Abs. 4).

b. Einberufungsfrist

18 Weder das Stockwerkeigentums- noch das Vereinsrecht schreiben eine Einberufungsfrist vor (anders das Recht der AG [Art. 700 Abs. 1 OR], der GmbH [Art. 809 Abs. 4 OR], der Genossenschaft [Art. 882 Abs. 1 OR] sowie das deutsche und französische Stockwerkeigentumsrecht [§ 24 Abs. 3 WEG: 1 Woche; Art. 9 des Dekrets vom 17. März 1967: 15 bzw. 8 Tage]). Mangels gesetzlicher Vorschrift ist die Einberufungsfrist unter Wür-

digung der Grösse der Gemeinschaft und der Verhältnisse im konkreten Fall so zu bemessen, dass den Adressaten sowohl die Vorbereitung der Versammlung als auch die Teilnahme daran vernünftigerweise möglich sind (RIEMER, ZBGR *1975* 260; STUDER, 54; für das Vereinsrecht vgl. EGGER, Art. 64 N 11). Unter Berücksichtigung von Art. 712p Abs. 2, wonach eine zweite Versammlung nicht vor Ablauf von zehn Tagen seit der ersten stattfinden darf, und in Analogie zu Art. 700 Abs. 1 OR, dürfte die minimale Einberufungsfrist zehn Tage betragen (FRIEDRICH, § 30 N 4; CH. MÜLLER, 89; MICHAUD, 31; HAUGER, 216). Das Ansetzen einer ungenügenden Einberufungsfrist ist ein formeller Mangel, der zur Nichtigkeit eines Versammlungsbeschlusses führen kann (Art. 712m N 46 f).

In Anbetracht der mangelnden gesetzlichen Regelung empfiehlt sich, im Reglement eine den konkreten Verhältnissen angepasste Frist vorzusehen. Ist ein ordentlicher Versammlungstag reglmtarisch festgelegt (z. B. jährlicher oder halbjährlicher), dürfte für die üblichen Traktanden die Einhaltung einer minimalen Einberufungsfrist nicht erforderlich sein (STUDER, 54; zurückhaltend WEBER, 366, insb. Anm. 46). 19

Ist im Begründungsakt oder durch nachherige Vereinbarung ein Einspracherecht gemäss Art. 712c Abs. 2 (Einsprache gegen Veräusserung, Belastung mit Nutzniessung oder Wohnrecht sowie Vermietung eines Stockwerkeigentumsanteils) vorgesehen, ist die Einberufungsfrist so anzusetzen, dass ein Einsprachebeschluss innert der gesetzlich vorgesehenen Frist von 14 Tagen seit Mitteilung des Einsprachegrundes von der Versammlung gefasst und dem betreffenden Stockwerkeigentümer bekanntgegeben werden kann (vgl. Art. 712c N 96 f; CH. MÜLLER, 89). 20

Sind alle Stockwerkeigentümer an der Versammlung anwesend oder vertreten (sog. *Universalversammlung*; vgl. auch Art. 701 OR für die AG), stellt sich die Frage nach der Angemessenheit der Einberufungsfrist nicht. Durch vorbehaltlose Teilnahme verzichten die Anwesenden auf die Geltendmachung eines entsprechenden Formfehlers (STUDER, 56 f; WEBER, 370; HAUGER, 215). Die Zulässigkeit von Universalversammlungen in der Stockwerkeigentümergemeinschaft ist unbestritten (LIVER, SPR V/1 101; CH. MÜLLER, 90; MICHAUD, 32). 21

c. *Einberufungsform*

Bezüglich der Form der Einberufung findet sich weder im Stockwerkeigentums- noch im Vereinsrecht eine Regelung (dagegen ist Schriftlichkeit zwingend angeordnet bei der Aktiengesellschaft [Art. 699 22

Abs. 3 OR] und dispositiv bei der GmbH [Art. 809 Abs. 4 OR]. Bei der Genossenschaft herrscht Formfreiheit [Art. 881 Abs. 2 OR]). Sowohl die schriftliche als auch die mündliche Einberufung sind – mangels rechtsgenügender Grundlage und im Hinblick auf die Tatsache, dass die konkreten Verhältnisse für eine mündliche Einladung genügend übersichtlich sein können – zulässig (WEBER, 367; a. M. MICHAUD, 30, der analog der aktienrechtlichen Regelung Schriftlichkeit verlangt). Im Reglement kann jedoch das Erfordernis der schriftlichen Einberufung (vor allem aus Beweisgründen, etwa im Hinblick auf die Traktandenliste, vgl. nachfolgend N 23 ff) vorgesehen werden (vgl. FRIEDRICH, § 30 Abs. 1).

d. Traktandenliste

aa. Inhalt

23   Die Beschlussfassung in der Versammlung setzt voraus, dass die Traktanden – ausser im Falle einer Universalversammlung (vgl. vorn N 21) – gehörig angekündigt sind (Art. 712m Abs. 2 i. V. m. Art. 67 Abs. 3). Sinn und Zweck der Traktandenliste ist es, den Stockwerkeigentümern die Orientierung darüber zu vermitteln, ob die Teilnahme an der Versammlung zweckmässig oder gar notwendig sei, und den Teilnahmewilligen die Vorbereitung der zur Verhandlung kommenden Geschäfte zu ermöglichen (CH. MÜLLER, 90; EGGER, Art. 64 N 12; im deutschen Recht ist die rechtzeitige Bekanntgabe der Traktandenliste Gültigkeitsvoraussetzung für die Beschlüsse der Versammlung, vgl. § 23 Abs. 2 WEG und STUDER, 54).

24   Wie im Vereinsrecht genügt es, wenn die Verhandlungsgegenstände auf der Traktandenliste angegeben sind (Art. 67 Abs. 3; vgl. die weitergehenden Bestimmungen im Aktien- und Genossenschaftsrecht Art. 696 OR, Art. 700 Abs. 1 OR, Art. 833 Abs. 1 OR). Eine rechtsgeschäftliche Erweiterung der Anforderungen (beispielsweise die Statuierung einer Pflicht zur Zustellung oder Auflage von Unterlagen wie Rechnungen und Berichten) ist angesichts der dispositiven Natur der vereinsrechtlichen Verfahrensvorschriften (Art. 63 Abs. 1; HEINI, SPR II 559) zulässig. Darüber hinaus kann im Reglement – gestützt auf den Wortlaut von Art. 67 Abs. 3 – vorgesehen werden, dass auch über nicht angekündigte Traktanden abgestimmt werden darf (RIEMER, ZBGR *1975* 263; MICHAUD, 30; zurückhaltend FRIEDRICH, SJK *1304* 4). Ein solcher Vorbehalt ist aber nicht zu empfehlen, da er leicht zur Quelle von Streit und Unzufriedenheit werden könnte (CH. MÜLLER, 90).

Fehlt eine solche Bestimmung im Reglement und wird dennoch über ein nicht angekündigtes Traktandum Beschluss gefasst, ist dieser anfechtbar oder sogar nichtig (anders nur im Falle einer Universalversammlung; CH. MÜLLER, 90).

bb. Antragsrecht auf Traktandierung

Im Zusammenhang mit der Bedeutung der gehörigen Ankündigung der Verhandlungsgegenstände stellt sich die Frage, wem in der Stockwerkeigentümergemeinschaft ein Antragsrecht auf Traktandierung bestimmter Verhandlungsgegenstände zusteht. *Ein Fünftel aller Stockwerkeigentümer* kann – da nach herrschender Lehre das Recht auf Antragstellung als Teil des Rechts auf Einberufung einer Versammlung aufgefasst wird (vgl. für die Aktiengesellschaft FORSTMOSER/MEIER-HAYOZ, Aktienrecht [3.A., Bern 1983], § 35 N 40) – beim Verwalter die Ankündigung einzelner Gegenstände zur Beschlussfassung in der Versammlung beantragen. Den *einzelnen Stockwerkeigentümern* steht dieses Recht auf alle Fälle dann zu, wenn kein Verwalter bestellt ist und der Einzelne somit zur Einberufung der Versammlung ermächtigt ist (vgl. vorn N 8). Umstritten ist dagegen, ob ein solches Recht den einzelnen Stockwerkeigentümern generell zustehe (für das Vereinsrecht postuliert HEINI, SPR II 560 Anm. 21, ein entsprechendes Antragsrecht des einzelnen Mitgliedes gegenüber dem Vorstand; ebenso für das Aktienrecht PETER FORSTMOSER, Der Aktionär als Förderer des Gemeinwohls?, ZSR *1973* I 21 f, und WERNER STAUFFACHER, Das Antragsrecht des Aktionärs, SJZ *1973* 320 ff; für das Stockwerkeigentum vgl. MICHAUD, 30 f; ein solches Recht wird abgelehnt von PETER JÄGGI, Aktionär und Tagesordnung der Generalversammlung, SAG *1966* 26 ff, und ebenso von WEBER, 369 f, und STUDER, 61). Über die im Vereins- und Aktienrecht vorgebrachten Günde hinaus spricht hier noch die alleineigentümerähnliche Stellung des einzelnen Stockwerkeigentümers zugunsten einer generellen Zulassung eines solchen Antragsrechts. Eindeutig ist die Rechtslage natürlich dann, wenn im Reglement eine entsprechende Regelung getroffen wird.

In der Versammlung selber ist eine Erweiterung der Traktandenliste durch den einzelnen Stockwerkeigentümer nur in beschränktem Umfang möglich; er hat lediglich die Möglichkeit, Abänderungs- und Zusatzanträge zu den bekanntgemachten Traktanden zu stellen. Andernfalls würde ja der Sinn und Zweck der Traktandenliste (sich auf die zu behandelnden Geschäfte vorbereiten zu können) unterlaufen (vgl. BGE *103* II 141). Auf einen von einem einzelnen Stockwerkeigentümer in der Versammlung erstmals zur Behandlung beantragten Gegenstand kann nur im Falle einer Universalversammlung eingetreten werden (was bei kleineren Gemeinschaften relativ häufig vorkommt; vgl. STUDER, 61).

3. Einberufung der «zweiten Versammlung»

27   Ist die Versammlung der Stockwerkeigentümer *nicht* beschlussfähig (zur Beschlussfähigkeit vgl. Art. 712p Abs. 1 und dort N 8f), hat eine zweite Versammlung stattzufinden (Art. 712p Abs. 2). Für deren Einberufung gelten grundsätzlich dieselben Voraussetzungen wie für die Einberufung der ersten Versammlung (vorn N 15ff). Zu beachten ist jedoch die (zwingende) Vorschrift, dass die zweite Versammlung nicht vor Ablauf von *zehn Tagen* seit der ersten stattfinden darf (Art. 712p Abs. 2). Unter Beobachtung dieser zehntägigen Frist kann zugleich mit der Einladung zur ersten Versammlung das Datum einer allfälligen zweiten Versammlung bekanntgegeben werden (K. MÜLLER, 72).

28   Zur zweiten Versammlung vgl. die Bemerkungen zu Art. 712p.

III. Leitung der Versammlung

29   Der Verwalter leitet gemäss Art. 712n Abs. 1 die Stockwerkeigentümerversammlung, sofern diese selbst nichts anderes beschliesst. Diese vom Gesetz vorgesehene (dispositive) Regelung rechtfertigt sich durch den Umstand, dass der Verwalter meistens über die von der Versammlung zu behandelnden Gegenstände gut im Bilde ist. Allerdings kann es angesichts des Postulats der Objektivität und Unabhängigkeit der Versammlungsleitung fragwürdig sein, diese Aufgabe einem «Exekutivorgan» zu überlassen (vgl. die Kritik bei STUDER, 62f; WEBER, 379; MICHAUD, 33; zur Stellung des Verwalters als «Exekutivorgan» vgl. Art. 712q N 13f). Ob eine andere Person (sei es ein Stockwerkeigentümer, sei es ein Dritter) zum Versammlungsleiter bestimmt werden soll, ist aufgrund der konkreten Umstände zu entscheiden. Ein geeigneter Versammlungsleiter kann insbesondere auch der Vorsitzende eines allfällig vorhandenen Ausschusses sein (vgl. Art. 712m N 41).

30   Bei der Wahl eines Versammlungsleiters durch die Stockwerkeigentümerversammlung stellt sich die Frage nach den erforderlichen Mehrheiten. Sofern das Reglement nicht eine bestimmte Person (den Verwalter, den Ausschussvorsitzenden, den ältesten Stockwerkeigentümer usw.) als Versammlungsleiter vorsieht, kann ein solcher zu Beginn der Versammlung mit *einfacher Mehrheit* gewählt werden (Art. 712m N 110). Andernfalls ist *vor* der Wahl eines neuen Vorsitzenden eine *Reglementsänderung* erforderlich, die

einer qualifizierten Mehrheit bedarf (Art. 712m N 107, Art. 712g N 86 ff). Anders verhält es sich nur dann, wenn der reglementarisch bestimmte Vorsitzende erklärt, auf die Leitung der Versammlung zu verzichten.

Die Aufgaben des Vorsitzenden der Stockwerkeigentümerversammlung sind im Gesetz nicht näher umschrieben. Es ist deshalb aufgrund des Verweises in Art. 712m Abs. 2 das Vereinsrecht heranzuziehen. Danach hat der Versammlungleiter – wie der Vorsitzende einer Vereinsversammlung – insbesondere die ordnungsgemässe Einberufung und die Beschlussfähigkeit zu prüfen, für die Behandlung der Traktanden zu sorgen, die Diskussionen zu leiten und Abstimmungen sowie Wahlen durchzuführen (EGGER, Art. 66/67 N 6; CH. MÜLLER, 90). Eine besondere Bedeutung kommt dem Versammlungsvorsitzenden dann zu, wenn er befugt ist, im Falle von Stimmengleichheit den Stichentscheid zu fällen (Art. 712m N 116).

IV. Das Protokoll

1. Bedeutung

Art. 712n Abs. 2 schreibt vor, dass die Versammlungsbeschlüsse zu protokollieren und die Protokolle aufzubewahren sind. Die Protokollierung ist deshalb von Bedeutung, weil Versammlungsbeschlüsse für allfällige Rechtsnachfolger sowie für Erwerber beschränkter dinglicher Rechte an einem Stockwerkeigentumsanteil (vgl. Art. 712a N 95 ff) *verbindlich* sind (Art. 649a und Art. 712m N 13). Darüber hinaus bildet das Versammlungsprotokoll Grundlage für die dem Stockwerkeigentümer zustehenden Kontrollrechte (STUDER, 64).

2. Protokollführung

Das Gesetz regelt die Protokollführung nicht detailliert. Art. 712n Abs. 2 schreibt lediglich vor, dass ein Beschlussprotokoll (nicht aber ein Verhandlungsprotokoll) geführt werden muss. Es empfiehlt sich deshalb (besonders bei grösseren Gemeinschaften), Ausführungsbestimmungen im Reglement zu erlassen (CH. MÜLLER, 91; WEBER, 395). Einerseits kann es sich als sinnvoll erweisen, im Reglement auch die Protokollierung der wichtigsten Erläuterungen des Vorsitzenden sowie die bedeutsamsten Voten der Teilnehmer vorzuschreiben. Damit kann die Auslegung der Beschlüsse und – insbesondere für die Rechtsnachfolger der Stockwerkeigentümer – der Überblick über die Rechtslage im Innenbereich des Gemeinschaftsverhältnisses erleichtert werden (vgl. MICHAUD, 34f; WEBER, 394). Andererseits bedürfen Fragen wie die Unterzeichnung des Protokolls oder dessen Genehmigung (z.B. in der nächsten Versammlung) einer Klärung. Enthält das Reglement keine diesbezüglichen Vorschriften, sind – da mangels gesetzlicher Regelung dieses Institutes nicht auf das Vereinsrecht gegriffen werden kann – die im Recht der Aktiengesellschaft geltenden Grundsätze entsprechend heranzuziehen (vgl. Art. 702 Abs. 2 OR, Art. 722 Abs. 3 OR; FORSTMOSER/MEIER-HAYOZ [zit. vorn N 25], § 19 N 22). Erforderlich ist demgemäss insbesondere die Unterzeichnung des Protokolls durch den Versammlungsvorsitzenden und den Protokollführer oder, wo kein Vorsitzender vorhanden ist, durch alle Anwesenden (STUDER, 65).

34 Das Gesetz legt nicht ausdrücklich fest, wer das Protokoll zu führen hat. Im Zweifel wird es (entsprechend der Aufbewahrungspflicht, Art. 712n Abs. 2 a.E.) der *Verwalter* oder der *Versammlungsvorsitzende* sein. Das Reglement kann aber auch einen Dritten mit dieser Aufgabe betrauen (WEBER, 395).

35 Die Frist zur Anfechtung von Versammlungsbeschlüssen beträgt einen Monat seit Kenntnisnahme (Art. 712m N 140; RIEMER, ZBGR *1975* 266). Jene Stockwerkeigentümer, die nicht an der Versammlung teilgenommen haben, erhalten regelmässig erst mit der Zustellung des Protokolls Kenntnis vom Inhalt der (sie bindenden) Beschlüsse. Damit nicht eine längere Ungewissheit über deren Gültigkeit herrscht, ist es sinnvoll, dem Protokollführer im Reglement eine bestimmte *Frist* anzusetzen, innert der das Protokoll zu erstellen ist, und den Verwalter zu verpflichten, *allen* Stockwerkeigentümern eine Kopie des Beschluss-Protokolls zuzustellen (CH. MÜLLER, 91; WEBER, 395).

36 Bei Fehlerhaftigkeit des Protokolls ist grundsätzlich massgebend, was in der Versammlung tatsächlich beschlossen worden ist. Indessen kann ein falsch festgehaltener Beschluss durch nachträgliche Genehmigung Gültigkeit erlangen (CH. MÜLLER, 91).

3. Aufbewahrung des Protokolls

37 Das Gesetz schreibt ausdrücklich vor, dass die Protokolle vom Verwalter oder vom Versammlungsvorsitzenden *aufzubewahren* sind (Art. 712n Abs. 2; nach FRIEDRICH, § 30 N 10, obliegt die Aufbewahrungspflicht in erster Linie dem Verwalter und nur, wo ein solcher nicht vorhan-

den ist, dem Vorsitzenden). Umstritten ist – mangels gesetzlicher Grundlage – die *Aufbewahrungsdauer*. Enthält das Reglement keine entsprechenden Vorschriften, ist für die Aufbewahrung der Protokolle die Existenzdauer der Stockwerkeigentümergemeinschaft als massgebend zu erachten, d.h. die Protokolle sind ohne zeitliche Beschränkung aufzubewahren. Damit sind auch die Rechtsnachfolger der an einem Beschluss beteiligten Stockwerkeigentümer in der Lage, jederzeit von allen sie bindenden Beschlüssen Kenntnis zu nehmen (MICHAUD, 83; WEBER, 396; a.M. K. MÜLLER, 129f, der die Aufbewahrungsdauer – in Analogie zu Art. 962 OR betreffend Personen, die zur Führung von Geschäftsbüchern verpflichtet sind – auf zehn Jahre festlegen möchte; gegen eine analoge Anwendung von Art. 962 OR, aber ohne andere Lösung, FRIEDRICH, § 43 N 9).

4. Mangelhafte Führung und Aufbewahrung des Protokolls

Erfüllt der Verwalter oder der Versammlungsvorsitzende seine Pflicht zur Protokollierung oder zur Aufbewahrung der Protokolle mangelhaft oder überhaupt nicht, ist er für allfällig eintretende Schäden grundsätzlich haftbar (vgl. dazu FRIEDRICH, § 30 N 11). 38

Ob ein Schaden zufolge mangelhafter Führung oder Aufbewahrung des Protokolls geltend gemacht werden kann, hängt in dessen von den konkreten Umständen des Einzelfalles ab. Eine Haftung aus Schlechterfüllung oder Nichterfüllung des Verwaltervertrages kann jedenfalls nicht a priori verneint werden (vgl. Art. 712q N 65ff). Eine vertragliche Haftung kennt in der gleichen Sache auch das deutsche Recht (vgl. BÄRMANN/PICK/MERLE, § 24 N 31; vgl. dagegen FRIEDRICH, § 30 N 11, der ausschliesslich eine deliktische Haftung annimmt). 39

Art. 712 o

3. Ausübung des Stimmrechtes	¹ Mehrere Personen, denen ein Stockwerk gemeinschaftlich zusteht, haben nur eine Stimme, die sie durch einen Vertreter abgeben. ² Ebenso haben sich der Eigentümer und der Nutzniesser eines Stockwerkes über die Ausübung des Stimmrechtes zu verständigen, ansonst der Nutzniesser in allen Fragen der Verwaltung mit Ausnahme der bloss nützlichen oder der Verschönerung und Bequemlichkeit dienenden baulichen Massnahmen als stimmberechtigt gilt.
3. Exercice du droit de vote	¹ Lorsque plusieurs personnes sont propriétaires en commun d'un étage, elles n'ont qu'une voix et l'expriment par un représentant. ² De même, le copropriétaire et l'usufruitier d'un étage s'entendent sur l'exercice du droit de vote sinon l'usufruitier vote sur toutes les questions d'administration, exception faite des travaux de constructions qui sont seulement utiles ou servent à l'embellissement ou à la commodité.
3. Diritto di voto	¹ Ove un piano o una porzione di piano appartenga in comune a più persone, esse hanno diritto collettivamente a un voto, reso da un loro rappresentante. ² Il proprietario e l'usufruttuario di un piano o d'una porzione di piano si accordano circa l'esercizio del diritto di voto; altrimenti il voto spetta in tutte le questioni amministrative all'usufruttuario, salvo per i lavori di costruzione meramente utili oppure diretti ad abbellire o a rendere più comoda la cosa.

		Note	Seite
Übersicht	Materialien	1	422
	Literatur	2	422
	Rechtsvergleichung	3	422
	I. Allgemeines	4	423
	II. Die Ausübung des Stimmrechts bei gemeinschaftlichem Eigentum an einem Stockwerkeigentumsanteil (Abs. 1)	5	423
	III. Die Ausübung des Stimmrechts bei Nutzniessung (Abs. 2)	9	425

1	Materialien	BBl *1962* II 1519f; StenBull NR *1963* 226f, 685; StenBull StR *1963* 221, 376.
2	Literatur	Neben den Angaben im allgemeinen Schrifttumsverzeichnis ist hier noch zu beachten: FORSTMOSER/MEIER-HAYOZ, Einführung in das schweizerische Aktienrecht, 3.A., Bern 1983.
3	Rechtsvergleichung	Vgl. die Angaben in den Vorbemerkungen zu den Art. 712a ff N 52–81 sowie in Art. 712m N 3–6.

I. Allgemeines

Der Nachteil des altrechtlichen Stockwerkeigentums, dass 4
sich die Zahl der Stockwerkeigentümer (insb. im Erbfall) laufend vermehrte
(unter gleichzeitiger Aufsplitterung der Stockwerkeigentumsanteile), sollte
in der Stockwerkeigentumsnovelle von 1963 vermieden werden. Einerseits
wurde die «unkontrollierte» Aufsplitterung von Stockwerkeigentumsanteilen durch die Bestimmung von Art. 712b verhindert, andererseits wurde in
Art. 712o der Grundsatz festgelegt, dass bei mehreren dinglich Berechtigten
an einem Stockwerkeigentumsanteil lediglich *eine* Stimme je Anteil abgegeben werden darf (BBl *1962* II 1519f). Diese Regelung hat insbesondere für
Untergemeinschaften Bedeutung (vgl. Art. 712b N 84 und hinten N 5).
Art. 712o beschränkt sich indessen auf die Regelung der Stimmrechts*ausübung*. Für weitere Fragen sind die Grundsätze betreffend die Struktur der
Stockwerkeigentümergemeinschaft bzw. jene des Vereinsrechts massgebend
(vgl. ausführlich dazu Art. 712m N 14ff).

II. Die Ausübung des Stimmrechts bei gemeinschaftlichem Eigentum an einem Stockwerkeigentumsanteil (Abs. 1)

Sind mehrere Personen an einem Stockwerkeigentumsan- 5
teil gemeinschaftlich als *Miteigentümer* (z. B. an mehreren Garagen, die zusammen einen Stockwerkeigentumsanteil bilden) oder als *Gesamteigentümer*
(so in der Erbengemeinschaft, bei ehevertraglicher Gütergemeinschaft oder
in der einfachen Gesellschaft) dinglich berechtigt (sog. Untergemeinschaften; vgl. dazu Art. 712b N 83ff), steht ihnen nur *eine* Stimme zu; sie haben
das Stimmrecht *einheitlich auszuüben* (vgl. auch Art. 690 Abs. 1 OR). Für die
interne Willensbildung sind dabei die Vorschriften des entsprechenden Gemeinschaftsverhältnisses massgebend (BBl *1962* II 1519f; StenBull NR *1963*
226; FRIEDRICH, § 32 N 2; MICHAUD, 37). Gemäss Art. 712o Abs. 1 erfolgt die
Abgabe der Willenserklärung durch einen *gemeinsamen Vertreter,* der ebenfalls nach Massgabe des betreffenden Gemeinschaftsverhältnisses bestimmt
wird (FRIEDRICH, SJK *1304* 7; STEINAUER, § 34 N 1318a). Es ist somit auch

bei einem im Miteigentum stehenden Stockwerkeigentumsanteil nicht möglich, das Stimmrecht quotenmässig, entsprechend der internen Berechtigung, aufzuspalten.

6 Erscheint nur einer von mehreren an einem Stockwerkeigentumsanteil Berechtigten, ist davon auszugehen, dass dieser zur Vertretung berechtigt ist (Duldungs- oder Anscheinsvollmacht; vgl. im einzelnen WEBER, 348 f). Haben die Mit- oder Gesamteigentümer einen gemeinsamen Vertreter bestellt, kann dieser die Stimme für die von ihm vertretene Gemeinschaft abgeben und damit auch eine allfällige Minderheit binden. Können sich die betroffenen Gemeinschafter nicht auf eine einheitliche Stimmabgabe einigen, so wäre eine trotzdem erfolgte Stimmabgabe unwirksam. Es ist daher u. U. erforderlich, bei Abgabe der Stimme durch einen Mitberechtigten dessen Ermächtigung durch die übrigen zu prüfen (vgl. dazu Art. 712m N 79).

7 Liegt bei einem von mehreren Mitberechtigten ein *Stimmrechtsauschlussgrund* vor, kann es trotzdem Fälle geben, in denen eine Stimmrechtsausübung möglich ist. Grundsätzlich sind solche Situationen aber aufgrund des «Innenverhältnisses» zwischen den Mitberechtigten zu beurteilen: Ist z. B. ein Miteigentümer bzw. Gesamteigentümer handlungsunfähig, müsste sein gesetzlicher Vertreter im Innenbereich handeln. Sollte dagegen ein Interessenkonflikt eines der Mitberechtigten vorliegen, ist zu differenzieren: Steht eine Abstimmung bevor, in der es darum geht, ob mit einem der dinglich Mitberechtigten an einem Stockwerkeigentumsanteil ein Rechtsgeschäft abgeschlossen werden soll oder nicht (z. B. Abschluss eines Verwaltervertrages i. V. m. der Bestellung zum Verwalter), ist eine nach interner Beschlussfassung in der Stockwerkeigentümerversammlung abgegebene Stimme rechtswirksam. Handelt es sich dagegen um ein Geschäft, bei dem es vorwiegend um die Person eines der dinglich Mitberechtigten geht (z. B. um den Abschluss eines Vertrages mit ihm oder einem Dritten, um die Höhe der Verwalterentschädigung, um die Haftung für ausstehende Kostenbeiträge, um Erteilung der Decharge usw.), muss das Stimmrecht der dinglich Mitberechtigten ruhen (vgl. zu den Schranken der Ausübung des Stimmrechts Art. 712m N 69 ff).

8 Art. 712o Abs. 1, der das einheitliche Auftreten mehrerer an einem Stockwerkeigentumsanteil Berechtigter durch einen Vertreter verlangt, bezieht sich nur auf die Ausübung des Stimmrechts. Für die Ausübung anderer Rechte aus dem Stockwerkeigentum und für die Verfügung über einen Anteil ist auf das der Mehrheitsberechtigung zugrunde liegende Gemeinschaftsverhältnis abzustellen (FRIEDRICH, § 32 N 4).

III. Die Ausübung des Stimmrechts bei Nutzniessung (Abs. 2)

Entsprechend dem gesetzgeberischen Motiv (vgl. vorn N 4) sollte auch bei Vorliegen einer Nutzniessung und eines Wohnrechts (nachstehend N 13) die Stimmberechtigung bezüglich eines Stockwerkeigentumsanteils nicht aufgespalten werden. Bei derartigen Verhältnissen ist deshalb die Stimme in der Stockwerkeigentümerversammlung ebenso einheitlich auszuüben wie im Fall, da ein Stockwerkeigentumsanteil im gemeinschaftlichen Eigentum steht (vgl. vorn N 5). Anders als im Aktienrecht (vgl. Art. 690 Abs. 2 OR; vgl. dazu CHRISTOPH VON GREYERZ, Die Aktiengesellschaft, in: SPR VIII/2 [Basel 1982], 1 ff, 132 ff) bestimmt nun aber Art. 712o Abs. 2, dass sich der Eigentümer und der Nutzniesser über die Ausübung des Stimmrechts – generell oder von Fall zu Fall – zu verständigen haben, wobei subsidiär zumindest in Teilbereichen der Nutzniesser als stimmberechtigt gilt (vgl. hinten N 11 f). 9

Innerhalb der allgemeinen gesetzlichen Schranken (insb. im Rahmen von Art. 759 und 762, die das Aufsichts- und Einspracherecht des Eigentümers gegenüber dem Nutzniesser regeln) können Eigentümer und Nutzniesser grundsätzlich eine beliebige Regelung treffen. Sie können dem einen oder anderen die Befugnis zur Ausübung des Stimmrechts einräumen oder eine Unterscheidung nach sachlichen Kriterien vornehmen. Eine Vereinbarung, wonach beide einheitlich zu stimmen und andernfalls Stimmenthaltung zu üben hätten, ist dagegen unzulässig (BBl *1962* II 1520; FRIEDRICH, § 33 N 1; STEINAUER, § 34 N 1318b; a. M. WEBER, 351). 10

Fehlt es an einer Verständigung zwischen dem Eigentümer und dem Nutzniesser oder kann eine solche nicht dargetan werden (es ist ein Nachweis zu verlangen, wobei es vom Einzelfall abhängt, in welcher Form dieser zu leisten ist; vgl. FRIEDRICH, § 33 N 2, und WEBER, 351, insb. Anm. 229), findet die subsidiäre gesetzliche Regelung von Art. 712o Abs. 2 Anwendung: Der Nutzniesser ist in allen Fragen der Verwaltung mit Ausnahme der bloss nützlichen oder der Verschönerung und Bequemlichkeit dienenden baulichen Massnahmen stimmberechtigt. Die Verfügung über den Stockwerkeigentumsanteil ist dagegen dem Eigentümer überlassen (vgl. insb. für das gewöhnliche Miteigentum auch das Urteil des Appellationsgerichts des Kantons Basel-Stadt in SJZ *1973* 324). 11

12 Auch bei einstimmig zu fassenden Beschlüssen (z. B. bei Abänderung der Nutzungs- und Verwaltungsordnung [Art. 712g Abs. 2] hinsichtlich *notwendigen* Massnahmen, nicht aber etwa bei Zweckänderungsbegehren [Art. 648 Abs. 2], d. h. allgemein bei Fragen, die die Substanz der Rechte des Stockwerkeigentümers aushöhlen könnten; STEINAUER, § 34 N 1318b) kann der Nutzniesser stimmberechtigt sein (WEBER, 352; MICHAUD, 38; a. M. FRIEDRICH, § 33 N 3, der für Beschlüsse, die der Einstimmigkeit aller Stockwerkeigentümer bedürfen, das Stimmrecht *nur* dem Eigentümer zugestehen will).

13 Obschon das Gesetz nur die *Nutzniessung* als solche erwähnt (vgl. Art. 712o Abs. 2 i. V. m. Art. 745 ff), ist Art. 712o Abs. 2 entsprechend auch auf das *Wohnrecht* (Art. 776 ff) anwendbar. Dies ergibt sich vor allem aufgrund von Art. 776 Abs. 2, wonach das Wohnrecht lediglich ein Spezialfall der Nutzniessung ist (TUOR/SCHNYDER, 720 f; PIOTET, SPR V/1 642 f; vgl. auch Syst. Teil N 262 f, und REY, Syst. Teil N 76 f; CH. MÜLLER, 93; MICHAUD, 37; STEINAUER, § 34 N 1318b). Ist jedoch nur ein Mitbenutzungsrecht (und nicht ein ausschliessliches Wohnrecht am Stockwerkeigentumsanteil) vereinbart, so hat der Eigentümer – entsprechend der Regelung, dass er die laufenden Unterhaltskosten zu tragen hat (Art. 778 Abs. 2) – allein als stimmberechtigt zu gelten (CH. MÜLLER, 93; WEBER, 355). Allerdings können, weil Art. 712o Abs. 2 dispositiver Natur ist, der Wohnungsberechtigte und der Eigentümer auch eine andere Regelung des Stimmrechts vereinbaren (CH. MÜLLER, 93).

Art. 712 p

4. Beschlussfähigkeit

¹ **Die Versammlung der Stockwerkeigentümer ist beschlussfähig, wenn die Hälfte aller Stockwerkeigentümer, die zugleich zur Hälfte anteilsberechtigt ist, mindestens aber zwei Stockwerkeigentümer, anwesend oder vertreten sind.**

² **Für den Fall der ungenügenden Beteiligung ist eine zweite Versammlung einzuberufen, die nicht vor Ablauf von zehn Tagen seit der ersten stattfinden darf.**

³ **Die zweite Versammlung ist beschlussfähig, wenn der dritte Teil aller Stockwerkeigentümer, mindestens aber zwei, anwesend oder vertreten sind.**

4. Quorum

¹ L'assemblée des copropriétaires peut délibérer valablement si la moitié de tous les copropriétaires, mais au moins deux, représentant en outre au moins la moitié de la valeur des parts, sont présents ou représentés.

² Si l'assemblée n'atteint pas le quorum, une seconde assemblée est convoquée, qui peut se tenir au plus tôt dix jours après la première.

³ La nouvelle assemblée peut délibérer valablement si le tiers de tous les copropriétaires, mais deux au moins, sont présents ou représentés.

4. Costituzione dell'assemblea

¹ L'assemblea dei comproprietari è legalmente costituita con l'intervento o la rappresentanza della metà degli stessi, ma di almeno due, che rappresentino in pari tempo almeno la metà del valore della cosa.

² Se l'assemblea non è in numero, è convocata una seconda, che può essere tenuta almeno dieci giorni dopo la prima.

³ L'assemblea di seconda convocazione delibera validamente con l'intervento o la rappresentanza di un terzo di tutti i comproprietari, ma di almeno due.

		Note	Seite
Übersicht	Materialien	1	428
	Literatur	2	428
	Rechtsvergleichung	3	428
	I. Allgemeines	4	428
	II. Die Beschlussfähigkeit der ersten Versammlung (Abs. 1)	8	429
	1. Voraussetzungen	8	429
	2. Abänderbarkeit des gesetzlichen Quorums	10	430
	a. Erschwerung	10	430
	b. Erleichterung	12	430
	III. Die Beschlussfähigkeit der zweiten Versammlung (Abs. 2 und 3)	13	431

1 Materialien	BBl *1962* II 1519; Stenbull NR *1963* 226f, 531, 685; StenBull StR *1963* 221, 285, 376.
2 Literatur	Vgl. die Angaben im allgemeinen Schrifttumsverzeichnis.
3 Rechtsvergleichung	Vgl. die Angaben in den Vorbemerkungen zu den Art. 712a ff N 52–81, in Art. 712m N 3–6 sowie hinten N 7, N 13 und N 15.

I. Allgemeines

4   Während für die Beschlussfassung grundsätzlich das Kopfstimmprinzip gilt (vgl. Art. 712m N 63 f), ist für das Vorliegen der Beschlussfähigkeit die Zahl der anwesenden (oder vertretenen) Stockwerkeigentümer massgebend, die zugleich mindestens zur Hälfte anteilsberechtigt sind (sog. doppeltes Quorum). Die Beschlüsse der Stockwerkeigentümergemeinschaft binden nämlich nicht nur alle Beteiligten (d. h. auch Ablehnende, Stimmenthalter und Abwesende), sondern ebenso – unabhängig vom Grundbucheintrag – deren Rechtsnachfolger (Art. 649a; vgl. auch Art. 712m N 13). Deshalb sollen *Beschlussfähigkeitsvorschriften,* die eine Mindestbeteiligung sowohl nach Köpfen als auch nach Anteilen verlangen, Gewähr dafür bieten, dass die für die Gemeinschaft relevanten Entscheidungen von einer bestimmten Mitgliederzahl und einem bestimmten Anteilspotential getragen werden (FRIEDRICH, SJK *1304* 4). Indem die Minderheit nicht in einem ihr genehmen Zeitpunkt (z. B. in der Ferienzeit) Beschlüsse von allenfalls grosser Tragweite fassen kann, für die ansonsten keine Mehrheit zu finden wäre, *schützt Art. 712p die Mehrheit* (CH. MÜLLER, 95; HAUGER, 216; WEBER, 373).

5   Das schweizerische Recht kennt Beschlussfähigkeitsvoraussetzungen (das sog. doppelte Quorum) weder beim Verein (vgl. EGGER, Art. 66/67 N 7) noch bei der Genossenschaft; bei der Aktiengesellschaft bestehen sie nur in besonders wichtigen Angelegenheiten (vgl. die Art. 649, 655 und 658 OR). Qualifizierte Anwesenheitsvorschriften fehlen auch im Recht der Personengesellschaften. Für die ausdrückliche Verankerung einer minimalen Beteiligung im Stockwerkeigentumsrecht waren vor allem zwei Gründe massgebend (vgl. CH. MÜLLER, 95 f):

6   – Die unmittelbare Beitragspflicht: Bereits die Anordnung von notwendigen Verwaltungsmassnahmen kann die Stockwerkeigentümer unmittelbar zu Beiträgen in erheblichem Ausmass verpflichten.

– Die Grösse der Stockwerkeigentümergemeinschaft: Da die Stockwerkeigentümergemeinschaften meist relativ klein sind (nicht unbedingt so in Deutschland; vgl. WEBER, 374), ist ein Versammlungsbesuch zumutbar und hat die Stimme des Einzelnen entsprechendes Gewicht.

II. Die Beschlussfähigkeit der ersten Versammlung (Abs. 1)

1. Voraussetzungen

Das Gesetz schreibt in Art. 712p Abs. 1 vor, dass die Stockwerkeigentümerversammlung nur gültig Beschluss fassen kann, wenn die Hälfte *aller* Stockwerkeigentümer (nach Personen), die zugleich *zur Hälfte* (nach Wertquoten) anteilsberechtigt sind, mindestens aber deren zwei anwesend oder vertreten sind. Die Beschlussfähigkeit setzt somit ein doppeltes Quorum voraus: Weder die personelle noch die wirtschaftliche Hälfte genügt je für sich allein. Im Gegensatz zur Beschlussfassung, bei der die gleiche Zahl von Ja- und Nein-Stimmen nicht zur Annahme eines Antrages führt (vgl. Art. 712m N 116), bedarf es bei der Beschlussfähigkeit *keiner Mehrheit* (der Präsenz) von Köpfen und Anteilen. Die Anwesenheit von genau der Hälfte der Stockwerkeigentümer genügt, soweit dies nach den konkreten Gegebenheiten möglich ist (z. B. zwei von vier Stockwerkeigentümern mit zusammen $^{500}/_{1000}$ der Wertquoten; vgl. WEBER, 374). Für die Feststellung der Beschlussfähigkeit ist – gleich wie für die Beschlussfassung (vgl. Art. 712m N 111 ff) – die Zahl der anwesenden und vertretenen, nicht aber diejenige der stimmenden Stockwerkeigentümer massgebend (FRIEDRICH, § 31 N 3; CH. MÜLLER, 95). Daher sind auch z. B. wegen einer Interessenkollision nicht stimmberechtigte Stockwerkeigentümer (vgl. dazu Art. 712m N 73 ff) mitzuzählen (WEBER, 374 Anm. 99; vgl. da gegen § 25 Abs. 3 WEG, wonach die Beschlussfähigkeit nach den stimmberechtigten Wohnungseigentümern bemessen wird; vgl. auch BÄRMANN/PICK/MERLE, § 25 N 35). Die Voraussetzungen der Beschlussfähigkeit müssen nicht nur zu Beginn der Versammlung, sondern auch noch im Moment der Beschlussfassung tatsächlich gegeben sein (WEBER, 374). Fehlt die Beschlussfähigkeit (z. B. dadurch, dass ein Stockwerkeigentümer die Versammlung vor der Abstimmung verlässt) und kommt es dennoch zu einer Abstimmung, ist der Versammlungsbeschluss anfechtbar oder gar nichtig (vgl. Art. 712m N 146f). Entfällt die Beschlussfähigkeit im Laufe der Versammlung, muss für diejenigen Traktanden, über die noch nicht abgestimmt wurde, eine zweite Versammlung einberufen werden (HAUGER, 217f; vgl. hinten N 13ff).

2. Abänderbarkeit des gesetzlichen Quorums

a. Erschwerung

10   Art. 712p Abs. 1 schützt die Mehrheit (vgl. vorn N 4). Eine Erschwerung der Beschlussfähigkeit durch Erhöhung des gesetzlich vorgesehenen Quorums ist deshalb – da nicht die Stellung der Mehrheit geschwächt, sondern höchstens das Risiko der Beschlussunfähigkeit vergrössert wird – zulässig. Allerdings bedarf sie (wie eine Erschwerung der Beschlussfassung; vgl. Art. 712m N 90f) der Aufnahme in den Begründungsakt oder der späteren einstimmigen Anordnung (CH. MÜLLER, 96; WEBER, 374).

11   Eine ausdrückliche gesetzliche Obergrenze für die Erhöhung des Quorums fehlt. Der rechtsgeschäftlichen Gestaltungsfreiheit der Stockwerkeigentümer werden hier nur durch allgemeine Rechtsgrundsätze Schranken gesetzt (wie etwa durch das Rechtsmissbrauchsverbot, vgl. dazu WEBER, 374f und 282).

b. Erleichterung

12   Die gesetzliche Ordnung über die Beschlussfähigkeit ist *einseitig zwingend.* Eine Erleichterung der Anforderungen an die Beschlussfähigkeit der Versammlung ist nicht zulässig (FRIEDRICH, § 31 N 4, und SJK *1304* 5; CH. MÜLLER, 97; MICHAUD, 47; WEBER, 375; HAUGER, 219; diese Auslegung entspricht auch der Regelung im Aktienrecht [Art. 636 und 648 Abs. 1 OR] und im Genossenschaftsrecht [Art. 888 Abs. 2 OR]). Anders als bei der Beschlussfassung wird eben nicht die Minderheit, sondern die Mehrheit geschützt; diese soll nicht durch eine aktive Minderheit in ihren Rechten beeinträchtigt werden können.

III. Die Beschlussfähigkeit der zweiten Versammlung (Abs. 2 und 3)

Ist die erste Versammlung von Anfang an nicht beschlussfähig oder wird sie im Laufe der Versammlung beschlussunfähig (vgl. vorn N 9f), muss gemäss Art. 712p Abs. 2 eine zweite Versammlung einberufen werden, die nicht vor Ablauf von zehn Tagen seit der ersten stattfinden darf. Die zehntägige Frist (sie wurde vom Nationalrat vorgeschlagen und hat sich gegenüber der von Bundesrat und Ständerat vorgeschlagenen dreitägigen Frist durchgesetzt; vgl. StenBull NR *1963* 226f und 531; StenBull StR *1963* 221 und 283; BBl *1962* II 1531) ist zwingend (CH. MÜLLER, 89; WEBER, 371 und 376f; Art. 712n N 27). In erster Linie bezweckt die Vorschrift, eine missbräuchliche Ansetzung der zweiten Versammlung unmittelbar im Anschluss an die erste zu verhindern (in diesem Sinne ausdrücklich der welsche Berichterstatter im Nationalrat, GALLI, StenBull NR *1963* 226, und der Berichterstatter im Ständerat, BOLLA, StenBull StR *1963* 221). Daneben soll auch für die Vorbereitung der neuen Versammlung genügend Zeit eingeräumt werden. Eine Eventualeinberufung mit dem Inhalt, dass bei Beschlussunfähigkeit der ersten Versammlung eine zweite – sofort oder eine halbe Stunde später – einberufen werden soll, ist mithin unwirksam (zur deutschen Rechtslage, wo trotz Fehlens einer Frist die zweite Versammlung erst *nach* Feststellung der Beschlussunfähigkeit der ersten einberufen werden darf, vgl. BÄRMANN/PICK/MERLE, § 25 N 44). Unter Wahrung der zehntägigen Frist kann jedoch *zugleich* mit der Einladung zur ersten Versammlung eine bedingte Einladung zur zweiten Versammlung verbunden werden (Art. 712n N 27; K. MÜLLER, 72). Der Tag nach der ersten Versammlung gilt dabei als erster Tag der Frist. 13

Die zweite Versammlung ist gemäss Art. 712p Abs. 3 beschlussfähig, wenn *ein Drittel* aller Stockwerkeigentümer (nach Personen), mindestens aber zwei, anwesend oder vertreten sind (zur unbeschränkt beschlussfähigen zweiten Versammlung nach WEG vgl. BÄRMANN/PICK/MERLE, § 25 N 41 ff; HAUGER, 219). Unerheblich ist die wirtschaftliche Beteiligung, d.h. das Ausmass der vertretenen Anteile (CH. MÜLLER, 95; HAUGER, 219; WEBER, 376). Die Berechnung des Quorums erfolgt nach den für die erste Versammlung geltenden Gesichtspunkten (vgl. vorn N 8ff); ebenso dürfen aus den erwähnten Überlegungen heraus die Voraussetzungen der Beschlussfähigkeit nur erschwert, nicht aber erleichtert werden. 14

15 Ist auch die zweite Versammlung nicht beschlussfähig, braucht keine dritte einberufen zu werden. Fehlt eine genügende Präsenz, gewährleistet das Gesetz die Lebensfähigkeit der Gemeinschaft dadurch, dass jeder Stockwerkeigentümer sowie der Verwalter erforderliche Massnahmen entweder selber treffen dürfen (Art. 647 Abs. 2 Ziff. 1 und 2, Art. 712s Abs. 1 und dort N 12 ff und N 60 ff) oder durch den Richter anordnen lassen können (Art. 712q Abs. 1, Art. 712g Abs. 3; vgl. auch FRIEDRICH, SJK *1304* 5; STEINAUER, § 34 N 1315; MICHAUD, 47 ; WEBER, 377).

Art. 712 q

II. Der Verwalter
1. Bestellung

¹ Kommt die Bestellung des Verwalters durch die Versammlung der Stockwerkeigentümer nicht zustande, so kann jeder Stockwerkeigentümer die Ernennung des Verwalters durch den Richter verlangen.

² Das gleiche Recht steht auch demjenigen zu, der ein berechtigtes Interesse daran hat, wie dem Pfandgläubiger und dem Versicherer.

II. Administrateur
1. Nomination

¹ Si l'assemblée des propriétaires n'arrive pas à nommer l'administrateur, chaque copropriétaire peut demander au juge de le nommer.

² Le même droit appartient à celui qui a un intérêt légitime, notamment à un créancier gagiste ou un assureur.

II. Amministratore
1. Nomina

¹ Se l'assemblea dei comproprietari non s'accorda sulla nomina dell'amministratore, ciascuno di essi può chiedere al giudice di nominarlo.

² Il medesimo diritto spetta a chiunque abbia un interesse legittimo, come il creditore pignoratizio e l'assicuratore.

			Note	Seite
Übersicht	Materialien		1	434
	Literatur		2	434
	Rechtsvergleichung		3	435
	I.	*Allgemeines*	7	439
	II.	*Funktionen des Verwalters*	10	440
		1. Grundfunktion	10	440
		2. Übersicht über die einzelnen Funktionen	13	441
		a. Vollzugsfunktion	13	441
		b. Vertretungsfunktion	15	442
		c. Weitere Funktionen	17	443
	III.	*Person des Verwalters*	19	443
		1. Kreis möglicher Verwalter	20	444
		2. Anforderungen an die Person des Verwalters	24	445
		3. Vertretung, Substitution und Beizug von Hilfspersonen	27	446
	IV.	*Rechtsstellung des Verwalters*	34	447
		1. Grundlagen	34	447
		2. Rechtsnatur des Verwaltervertrages	37	449
		a. Allgemeines	37	449
		b. Auftrag	39	450
		c. Arbeitsvertrag	44	452
		d. Innominatkontrakt	47	453
		3. Zustandekommen und Änderung des Verwaltervertrages	48	454
		a. Vertragsparteien	48	454
		b. Form des Vertrages	50	455
		c. Abschluss des Vertrages	53	456
		d. Änderung des Vertrages	55	457

		Note	Seite
4. Inhalt des Verwaltervertrages		57	457
5. Überwachung und Verantwortlichkeit des Verwalters		61	460
a. Aufsicht über die Tätigkeit des Verwalters		61	460
b. Verantwortlichkeit des Verwalters gegenüber der Stockwerkeigentümergemeinschaft		65	461
aa. Haftungsgrundlagen		65	461
bb. Haftungsausschluss und Entlastung (Decharge)		68	462
c. Verantwortlichkeit des Verwalters gegenüber Dritten		72	464
V. Bestellung des Verwalters		76	464
1. Grundlagen		76	464
2. Kompetenzordnung		79	465
a. Primäre Zuständigkeit der Stockwerkeigentümerversammlung		79	465
b. Subsidiärer Anspruch auf richterliche Verwalterbestellung		83	467
3. Bestellung durch die Stockwerkeigentümerversammlung		85	468
a. Einberufung einer Stockwerkeigentümerversammlung und Antragsrecht		85	468
b. Wahlverfahren		89	469
c. Wirkungen der Wahl		95	471
d. Mängel der Bestellung		96	471
e. Exkurs: Bestellung des Verwalters durch einseitige Erklärung		97	472
4. Bestellung durch den Richter		102	473
a. Allgemeines		102	473
b. Voraussetzungen des Individualanspruchs		103	473
aa. Fehlen eines Verwalters		103	473
bb. Nichtzustandekommen der Bestellung durch die Stockwerkeigentümerversammlung		105	474
c. Anspruchsberechtigte		108	476
aa. Jeder Stockwerkeigentümer (Abs. 1)		108	476
bb. Jeder interessierte Dritte (Abs. 2)		110	476
d. Verfahren		112	477
e. Inhalt und Wirkungen des richterlichen Entscheids		114	477

1 Materialien   BBl *1962* II 1492 ff, 1520; StenBull NR *1963* 189, 199 f, 211, 214, 226 f, 531 f, 685; StenBull StR *1963* 208, 221 f, 376.

2 Literatur   Neben den im allgemeinen Schrifttumsverzeichnis aufgeführten Werken sind hier noch zu beachten: WOLFAHRT BÜRGI, Die Aktiengesellschaft,

Zürcher Kommentar, Bd.V/5b/2: Art.698–738, Zürich 1969; FORSTMOSER/MEIER-HAYOZ, Einführung in das schweizerische Aktienrecht, 3.A., Bern 1983; GAUCH/SCHLUEP, Schweizerisches Obligationenrecht, Allgemeiner Teil, 4.A., Zürich 1987; JOSEF HOFSTETTER, Der Auftrag und die Geschäftsführung ohne Auftrag, in: SPR VII/2, Basel/Stuttgart 1979, 1 ff; MANFRED REHBINDER, Der Arbeitsvertrag, Berner Kommentar, Bd.VI/2/1: Art.319–330a, Bern 1985; SCHÖNENBERGER/STAEHLIN, Der Einzelarbeitsvertrag, Zürcher Kommentar, Bd.V/2c/1: Art.319–330a, 3.A., Zürich 1984; STRÄULI/MESSMER, Kommentar zur Zürcherischen Zivilprozessordnung, 2.A., Zürich 1982; WERNER VON STEIGER, Die Gesellschaft mit beschränkter Haftung, Zürcher Kommentar, Bd.V/5c: Art.772–827, Zürich 1965.

Rechtsvergleichung   Vgl. auch die Ausführungen in den Vorbemerkungen zu den Art.712a ff   3
N 52–81 und die Bemerkungen in Art.712r N 19, in Art.712s 15 und 17, in Art.712t N 39 und 52 sowie hinten N 3–6, N 8, 25, 35 und N 76.

Deutschland: Besonders zu beachten sind die §§ 20 Abs.2, 24, 26–29 WEG.

Der Verwalter ist ein *obligatorisches Organ* der Wohnungseigentümergemeinschaft, auf seine Bestellung kann nicht verzichtet werden (§ 20 Abs.2 WEG; BÄRMANN/PICK/MERLE, N 14 vor § 10; WEITNAUER, § 10 N 10). Die Bestellung des Verwalters erfolgt im allgemeinen durch einen Mehrheitsbeschluss der Wohnungseigentümer (§ 26 Abs.1 WEG, ein Quorum, das nicht erschwert werden darf; BÄRMANN/PICK/MERLE, § 26 N 38), seltener durch eine entsprechende Willenserklärung in der Gemeinschaftsordnung (vgl. dazu Art.712g N 3 und Art.712m N 3) oder schliesslich im Sinne einer ultima ratio durch den Richter (§ 26 Abs.3 WEG; vgl. dazu WEITNAUER, § 26 N 1 und N 16 ff; BÄRMANN/PICK/MERLE, § 26 N 31 ff). Denkbar ist aber auch die Einsetzung eines Verwalters durch den teilenden Eigentümer in der gemäss § 8 Abs.2 i.V.m. § 5 Abs.4 WEG einseitig aufgestellten Teilungserklärung (WEITNAUER, § 26 N 1 und N 16; vgl. auch Art.712d N 3). Gleich wie nach schweizerischem Recht (vgl. hinten N 34 ff) folgt auch nach deutschem Recht dem gemeinschaftsrechtlichen Akt der Bestellung der Abschluss eines schuldrechtlichen Verwaltervertrages. Dieser charakterisiert sich entweder als (unentgeltlicher) Auftrag (§§ 662 ff BGB) oder als entgeltlicher Geschäftsbesorgungsvertrag (§ 675 BGB; vgl. WEITNAUER, § 26 N 9); denkbar ist aber auch das Vorliegen eines Dienstvertrages (BÄRMANN/PICK/MERLE, § 26 N 61). Zu beachten bleibt ferner, dass der Verwalter höchstens auf fünf Jahre bestellt werden darf (§ 26 Abs.1 WEG), wobei allerdings eine Wiederwahl unter den Bedingungen von § 26 Abs.2 WEG zulässig ist (WEITNAUER, § 26 N 11 und 13).

Gemäss § 26 Abs.1 WEG kann die Abberufung des Verwalters mit der einfachen Mehrheit der stimmenden Wohnungseigentümer (vgl. dagegen im schweizerischen Recht hinten N 112 f) beschlossen werden. Die Voraussetzungen für die Abberufung des Verwalters durch die Wohnungseigentümerversammlung können auf das Vorliegen wichtiger Gründe beschränkt werden; andere Beschränkungen sind unzulässig, so vor allem die Einführung eines qualifizierten Quorums (§ 26 Abs.1 WEG; BÄRMANN/PICK/MERLE, § 26 N 63 ff; WEITNAUER, § 26 N 21 ff). Nicht vorge-

sehen ist im WEG die Abberufung des Verwalters durch den Richter. Möglich ist aber das Erzwingen der Abberufung des Verwalters durch ein Begehren im Sinne von § 21 Abs. 4 i. V. m. § 43 bzw. § 45 Abs. 3 WEG (vgl. dazu WEITNAUER, § 26 N 17 i. V. m. N 22; vgl. auch BÄRMANN/PICK/ MERLE, § 24 N 7, die ebenfalls eine zwangsweise Abberufung des Verwalters bejahen, hierfür aber einen anderen Weg beschreiten wollen).
Der Verwalter ist das Exekutivorgan der Wohnungseigentümergemeinschaft. Er hat die Beschlüsse der Wohnungseigentümerversammlung auszuführen, die laufenden Geschäfte zu tätigen (vgl. im einzelnen § 27 WEG) und hat ferner kalenderjährlich einen Wirtschaftsplan aufzustellen sowie Rechnung zu legen (§ 28 WEG). Wenngleich die Aufgaben des Verwalters in den §§ 27 und 28 detailliert aufgelistet sind, so ist diese Aufzählung doch nicht erschöpfend. Bei den in § 27 Abs. 1 und 2 aufgeführten Befugnissen des Verwalters handelt es sich um *gesetzliche Mindestbefugnisse* (WEITNAUER, § 27 N 1c). BÄRMANN/PICK/MERLE (§ 27 N 9f) befürworten überdies auch die Unabdingbarkeit von § 27 Abs. 4 WEG. Während Abs. 1 von § 27 WEG die Geschäftsführung betrifft, räumt § 27 Abs. 2 dem Verwalter eine *gesetzliche Vertretungsmacht* in den in Ziff. 1–4 und Ziff. 6 genannten Fällen ein; zur Führung von Prozessen ist er indessen nur aufgrund eines Beschlusses der Wohnungseigentümerversammlung berechtigt (§ 27 Abs. 2 Ziff. 4; vgl. dazu ausführlich BÄRMANN/PICK/ MERLE, § 27 N 11 f und N 35 ff; WEITNAUER, § 27 N 6 ff). Weil der Verwalter sich im Geschäftsverkehr oft als solcher ausweisen muss, verleiht ihm § 27 Abs. 5 WEG den Anspruch, von den Wohnungseigentümern die Ausstellung einer Vollmachtsurkunde zu verlangen (vgl. zu Bedeutung und Wirkung einer solchen Urkunde BÄRMANN/PICK/MERLE, § 27 N 77 ff).
Um den Verwalter bei der Durchführung seiner Aufgaben zu unterstützen, kann durch einfachen Mehrheitsbeschluss der Wohnungseigentümer ein Verwaltungsbeirat bestellt werden (§ 29 WEG), der aus drei Wohnungseigentümern besteht (§ 29 Abs. 1 WEG). Im Verhältnis zum Verwalter hat der Verwaltungsbeirat ausschliesslich Ergänzungsfunktion: Er kann den Wirtschaftsplan, die Rechnungslegung und die Kostenvorschläge prüfen, bevor diese der Versammlung vorgelegt werden (§ 29 Abs. 3 WEG).

4   *Österreich:* Besonders zu beachten sind die §§ 17 und 18 ÖWEG sowie die §§ 836f, 1009, 1010, 1012 und 1013 ABGB.
Die Einsetzung des Verwalters und dessen Abberufung aus wichtigen Gründen erfolgt grundsätzlich durch Mehrheitsbeschluss der Wohnungseigentümer (§ 14 Abs. 1 Ziff. 5 ÖWEG). § 15 Abs. 1 Ziff. 5 ÖWEG gibt überdies jedem Miteigentümer das Recht auf richterliche Bestellung eines Verwalters und – im Falle grober Pflichtverletzung – auf Abberufung. Das Gesetz enthält ferner in § 18 eine unabdingbare Kündigungsordnung: Ist der Verwalter auf unbestimmte Zeit gewählt worden, so kann die Mehrheit der Miteigentümer (ebenso der Verwalter selbst) das Verwalterverhältnis unter der Beachtung einer dreimonatigen Frist aufkündigen; wurde der Verwalter für mehr als fünf Jahre bestellt, so kann ihm dennoch nach Ablauf von fünf Jahren ohne Angabe von Gründen von der Mehrheit der Miteigentümer gekündigt werden (§ 18 Abs. 1 Ziff. 2 ÖWEG).

Weil der Wohnungseigentümergemeinschaft keine juristische Persönlichkeit zukommt (vgl. die Vorbemerkungen zu den Art. 712a ff N 66), ist der Verwalter auch nicht Organ im technischen Sinne. Er ist vielmehr bevollmächtigter Vertreter der Wohnungseigentümergemeinschaft (vgl. § 17 Abs. 1 ÖWEG; BÄRMANN/PICK/MERLE [4.A.], Einl. N 295). Seine Vertretungsmacht umfasst alle Angelegenheiten, welche die Verwaltung (nicht nur die ordentliche) der Liegenschaft mit sich bringt. Grundsätzlich können die Befugnisse und Aufgaben des Verwalters durch Vereinbarung geregelt werden. Gemäss § 17 Abs. 3 ÖWEG dürfen indessen die dem Verwalter als Machthaber nach dem 22. Hauptstück des zweiten Teils des ABGB zukommenden Befugnisse (§§ 1002 ff) weder aufgehoben noch beschränkt werden.

Italien: Besonders zu beachten sind die Art. 1129–1131, 1133, 1136 Abs. 4, 1138 Abs. 4 CCit, die Art. 63 Abs. 1 und 3 sowie Art. 65 der Einführungs- und Übergangsbestimmungen.

Jeder Stockwerkeigentümer hat einen unentziehbaren und unverzichtbaren Anspruch auf *Bestellung eines Verwalters,* sobald mehr als vier Stockwerkeigentümer vorhanden sind (Art. 1129 Abs. 1 CCit). Erfolgt keine Bestellung durch die Versammmlung der Stockwerkeigentümer, hat jeder einzelne bzw. eine Minderheit von ihnen das Recht, den Richter anzurufen (PERLINGIERI, 525). Den Beteiligten steht es frei, einen Stockwerkeigentümer oder einen Aussenstehenden als Verwalter zu wählen (BOSISIO, 80; JANUZZI/JANUZZI, 385). Jeder Stockwerkeigentümer darf sich als Verwalter bewerben und bei der Wahl auch mitstimmen. Bestellung wie Abberufung des Verwalters bedürfen eines qualifizierten Mehrheitsbeschlusses gemäss Art. 1136 Abs. 4 CCit. Gleichzeitig dürfen nicht mehrere Personen als Verwalter tätig sein (JANUZZI/JANUZZI, 385, mit weiteren Verweisen).

Das Verhältnis zwischen Stockwerkeigentümergemeinschaft und Verwalter beruht regelmässig auf einem *Auftragsverhältnis,* seltener auf einem Dienstvertrag (JANUZZI/JANUZZI, 401; PERLINGIERI, 528). Grundsätzlich wird der Verwalter für ein Jahr bestellt (Art. 1129 Abs. 2 CCit). Bei Vorliegen eines Auftragsverhältnisses kann der Verwalter von der Versammlung jedoch jederzeit abberufen werden, wobei die Regeln des Auftragsrechts Anwendung finden (PERLINGIERI, 526 und 529; BOSISIO, 79). Erfolgt die Abberufung ohne Rechtsgrund, stehen dem Verwalter allenfalls Schadenersatzansprüche zu (Art. 1129 Abs. 2 CCit; JANUZZI/JANUZZI, 387). Steht der Verwalter in einem Dienstverhältnis, ist ein Rücktritt vom Verwaltervertrag sowohl seitens des Verwalters als auch seitens der Gemeinschaft bei Vorliegen wichtiger Gründe jederzeit möglich. Art. 1129 Abs. 3 CCit nennt im weiteren Gründe, bei deren Vorliegen der Richter die Abberufung auf entsprechendes Verlangen vornehmen darf und muss (schwerwiegende Unregelmässigkeiten oder Unterlassung der Rechnungslegung während zweier Jahre). Die Pflicht zur Eintragung der Bestellung und der Abberufung des Verwalters ins Immobiliarregister ist zwingend (Art. 1129 Abs. 4 CCit), hat jedoch keine konstitutive Wirkung (STASSANO, Art. 1129 Nr. 42 ff).

Wie in der Schweiz pflegt man auch in Italien den Verwalter im untechnischen Sinne als «Organ» oder «Exekutivorgan» zu bezeichnen (K. MÜL-

LER, 81, mit Verweisen auf die italienische Lehre; BOSISIO, 82). Seine gesetzlichen Mindestbefugnisse sind in den Art. 1130 CCit und Art. 63 Abs. 1 und 3 disp. att. cod. civ. aufgezählt. Dazu gehören insbesondere die Ausführung der Beschlüsse der Versammlung und die Überwachung der Einhaltung des Reglements, die Regelung des Gebrauchs der gemeinschaftlichen Sache, der Einzug der Beiträge zu Kosten und Lasten, die Durchführung von Erhaltungs- und Schutzmassnahmen bezüglich der Rechte an den gemeinschaftlichen Teilen und die jährliche Rechnungslegung. Der Verwalter darf überdies im Rahmen der einfachen Verwaltung und der rechtmässigen Beschlüsse der Versammlung gegen Missbräuche einzelner Stockwerkeigentümer einschreiten, soweit dies erforderlich ist. Ein Initiativrecht des Verwalters besteht dagegen nur in beschränktem Rahmen (Art. 1135 Abs. 2 CCit).

Die Vertretungsmacht des Verwalters ist in Art. 1131 CCit sowie in Art. 63 Abs. 1 und 65 disp. att. cod. civ. geregelt. Er besitzt im Rahmen seiner Befugnisse auch die Vollmacht zur Vertretung der Gemeinschaft in Prozessen (Art. 1131 CCit), in Aktivprozessen allerdings nur in beschränktem Ausmass.

6   *Frankreich:* Besonders zu beachten sind die Art. 17, 18 und 25 Abs. 1 lit. c des Gesetzes sowie die Art. 32 ff des Dekrets.

Die Bestellung eines Verwalters wird vom Gesetz zwingend vorgeschrieben. Für die Wahl in der Versammlung ist das einfache Mehr aller Wohnungseigentümer erforderlich (Art. 25 Abs. 1 lit. c des Gesetzes). Fehlt ein Verwalter, kann jeder Wohnungseigentümer gerichtliche Bestellung beantragen (Art. 17 Abs. 3 des Gesetzes und Art. 46 des Dekrets). Ist ein Verwalter zwar bestellt, aber verhindert oder zur Erfüllung seiner Aufgaben nicht imstande, kann vom Richter ein provisorischer Verwalter (administrateur provisoire) eingesetzt werden (Art. 18 Abs. 3 des Gesetzes, Art. 49 des Dekrets).

Da der Wohnungseigentümergemeinschaft juristische Persönlichkeit zukommt, ist die Stellung des Verwalters diejenige eines echten Exekutivorgans (BÄRMANN/PICK/MERLE [4.A.], Einl. N 37; KISCHINEWSKY, Nr. 350 ff; GIVORD/GIVERDON, Nr. 339; a. M. FERID/SONNENBERGER, 640). Zwischen dem Verwalter und der Gemeinschaft besteht ein Auftragsverhältnis. Soweit das Gesetz oder das Dekret nicht besondere Regelungen enthalten, kommen somit die Art. 1984 ff CCfr zur Anwendung. Dies trifft insbesondere auch für die Beendigung des Verwalteramtes zu: Hier sind ausschliesslich die Normen über den Auftrag massgebend. Daraus ergibt sich die besondere Konsequenz, dass eine gerichtliche, auf Art. 1184 CCfr gestützte Abberufung des Verwalters als unzulässig gilt (GIVORD/GIVERDON, Nr. 359; FERID/SONNENBERGER, 641). Eine richterliche Vertragsauflösung ist selbst dann nicht möglich, wenn das Gericht den Verwalter zwecks Anordnung einer provisorischen Verwaltung seiner Funktionen enthebt, z. B. in dem Fall, da er die Versammlung pflichtwidrig nicht einberuft (vgl. Art. 712m N 6). Der Verwaltervertrag kann seitens der Wohnungseigentümergemeinschaft jederzeit durch einen Versammlungsbeschluss widerrufen werden, selbst wenn der Verwalter auf eine bestimmte Dauer eingesetzt wurde. In einem solchen Fall können dem Verwalter aber u. U. Schadenersatzansprüche zustehen (vgl. ausführ-

lich dazu GIVORD/GIVERDON, Nr. 358). Der Verwalter seinerseits hat ebenfalls das Recht zur jederzeitigen Vertragsauflösung.
Der *Verwalter* vollzieht die Beschlüsse der Versammlung, überwacht die Durchführung der Gemeinschaftsordnung, unterhält das gemeinschaftliche Gebäude, führt die Bücher und vertritt die Wohnungseigentümergemeinschaft nach aussen (Art. 17 Abs. 1 und Art. 18 Abs. 1 des Gesetzes, Art. 32 ff des Dekrets). Weitere Pflichten des Verwalters ergeben sich aus dem Auftragsrecht der Art. 1984 ff CCfr. Abweichungen vom Auftragsrecht bestehen aber insofern, als der Verwalter gestützt auf Art. 18 des Gesetzes in notwendigen Verwaltungsangelegenheiten auf eigene Verantwortung handeln kann (auch ohne vorherigen Beschluss der Versammlung oder sogar entgegen einem solchen Beschluss; vgl. ATTIAS, II. Nr. 158; FERID/SONNENBERGER, 640 f) und dass er seine Pflichten grundsätzlich nicht delegieren darf (Art. 18 Abs. 2 des Gesetzes). Im Verhältnis zur Versammlung besteht von Gesetzes wegen eine strenge Trennung der Kompetenzbereiche. So ist insbesondere die Wahl des Verwalters zum Versammlungsvorsitzenden ausgeschlossen (Art. 22 Abs. 4 des Gesetzes; vgl. auch zum Verbot der Stimmrechtsausübung des Verwalters als Vertreter von Wohnungseigentümern Art. 712 m N 6).
Im Normalfall *kann,* bei genossenschaftlich organisierten Eigentümergemeinschaften (vgl. dazu die Vorbemerkungen zu den Art. 712 a ff N 79) *muss* dem Verwalter ein *Hausbeirat* (conseil syndical) zur Seite gestellt werden (Art. 21 und Art. 17 Abs. 4 des Gesetzes). Der fakultative wie der obligatorische Hausbeirat hat aber lediglich Ergänzungsfunktion, indem er den Verwalter unterstützen und zugleich überwachen soll; Exekutivfunktionen des Verwalters dürfen ihm nicht übertragen werden, dafür aber gewisse, klar umschriebene Aufgaben der Versammlung (Art. 26 Abs. 3 des Dekrets).

I. Allgemeines

In jeder Personenvereinigung kommt der Verwaltungsorganisation im Hinblick auf eine ordnungsgemässe Abwicklung der gemeinschaftlichen Angelegenheiten eine entscheidende Bedeutung zu. Dies gilt auch für das nur lose Gebilde einer Nutzungs- und Verwaltungsgemeinschaft der Stockwerkeigentümer. Neben einer den konkreten Verhältnissen angepassten *Verwaltungsordnung* im Reglement (Art. 712 g, Art. 647–Art. 647 e) bedarf es einer sachgerechten Ausgestaltung der *Verwaltungsorganisation* (Art. 712 m ff; vgl. auch Art. 712 m N 8 ff). Zentrale Figur im Rahmen dieser Kompetenz- und Aufgabenverteilung ist, wenn auch nicht zwingend, so doch regelmässig der Verwalter (statt vieler LIVER, GS Marxer 190). 7

Der Verwalter hat alle wesentlichen Exekutivfunktionen wahrzunehmen. 8
Ihm obliegt die «Ausführung der Bestimmungen und Beschlüsse über die

Verwaltung und Benutzung» der gemeinschaftlichen Teile (Art. 712s; BBl *1962* II 1492f; StenBull NR *1963* 226); er hat die Stockwerkeigentümergemeinschaft nach aussen zu vertreten (Art. 712t) und muss ganz allgemein «zum Rechten sehen» (BBl *1962* II 1493). Obschon also dem Verwalter eine sehr bedeutsame Stellung zukommt, ist es für die liberale und flexible Ausgestaltung des schweizerischen Stockwerkeigentumsrechts kennzeichnend, dass die Bestellung eines Verwalters (im Gegensatz zum deutschen, französischen und italienischen Recht; vgl. vorn N 3 und 5 f) nicht zwingend angeordnet wird. Immerhin verleiht das Gesetz aber in Art. 712q Abs. 1 jedem Stockwerkeigentümer zur Wahrung seiner Interessen einen unentziehbaren, im Verhältnis zur generellen Kompetenz der Stockwerkeigentümerversammlung (Art. 712m Abs. 1 Ziff. 2) subsidiären Anspruch, vom Richter die Einsetzung eines Verwalters zu verlangen (Art. 712q Abs. 1; vgl. hinten N 102 ff). Weil an einer ordnungsgemässen Verwaltung auch anderen Personen gelegen sein kann, steht das gleiche Recht auch denjenigen Dritten zu, die ein berechtigtes Interesse haben (Art. 712q Abs. 2; vgl. hinten N 110 f).

9 Die Bestellung des Verwalters erfolgt in einem zweiteiligen Akt, der jedoch zu einem einheitlichen Rechtsverhältnis führt: Die Wahl durch die Stockwerkeigentümergemeinschaft und die Annahme durch den Gewählten bzw. die richterliche Ernennung mit dem entsprechenden Akzept des Ernannten bilden die Voraussetzung zum Abschluss des Verwaltervertrages (hinten N 53 f). Dieser Vertrag wird grundsätzlich als Auftrag im Sinne der Art. 394 ff OR zu qualifizieren sein; denkbar ist aber auch das Vorliegen eines Arbeitsvertrages (Art. 319 ff OR; hinten N 37 ff). Inhalt und Umfang der Rechtsstellung des Verwalters ergeben sich generell aus seiner organähnlichen Stellung innerhalb der stockwerkeigentumsrechtlichen Ordnung (insb. aus Art. 712s und Art. 712t), in ihrer konkreten Ausgestaltung im Einzelfall aber aus dem Verwaltervertrag. Über die Tätigkeit des Verwalters übt die Stockwerkeigentümerversammlung die Aufsicht aus (Art. 712m Abs. 1 Ziff. 2 und dort N 24 f, hinten N 61 ff).

II. Funktionen des Verwalters

1. Grundfunktion

10   Der Wirkungskreis des Verwalters ist gross (vgl. die Übersicht über seinen Aufgabenbereich hinten N 13 ff). Er erstreckt sich auf sämtliche Bereiche der gemeinschaftlichen Verwaltung (vgl. Art. 712s Abs. 1)

und der Vertretung der Stockwerkeigentümergemeinschaft (Art. 712t). Dies erfordert vom Verwalter nicht nur Sachkenntnis in wirtschaftlicher Hinsicht, sondern vor allem auch Erfahrung, psychologisches Geschick, Umsicht und Zuverlässigkeit (BBl *1962* II 1520; FRIEDRICH, § 39 N 1; K. MÜLLER, 79). LIVER (GS Marxer 191) vergleicht die Funktion des Verwalters in der Stockwerkeigentümergemeinschaft treffend eher mit der Stellung eines Direktors einer Gesellschaft als mit derjenigen eines Verwaltungsrates oder Vorstandes.

Im Rahmen der Verwaltungsorganisation übt der Verwalter eine sehr wichtige Funktion aus. Angesichts der vielfältigen ihm vom Gesetz und im Einzelfall noch zusätzlich durch die Stockwerkeigentümer übertragenen Aufgaben hängt die Funktionsfähigkeit der Gemeinschaft regelmässig entscheidend von ihm ab (FRIEDRICH, § 39 N 1; K. MÜLLER, 77ff; LIVER, GS Marxer 190f). Obschon die Versammlung der Stockwerkeigentümer – ähnlich wie die Mitgliederversammlung im Verein – das oberste Organ ist und auch die Aufsicht über den Verwalter ausübt (Art. 712m Abs. 1 Ziff. 2 und dort N 24f), nimmt der Verwalter vor allem in grösseren Stockwerkeigentümergemeinschaften zumindest faktisch die zentrale Stellung ein.

Zu beachten bleibt, dass der Verwalter infolge der fehlenden juristischen Persönlichkeit der Stockwerkeigentümergemeinschaft nicht Organ im körperschaftlichen Sinne ist (vgl. ausführlich dazu Art. 712m N 8).

2. Übersicht über die einzelnen Funktionen

a. Vollzugsfunktion

Die Hauptfunktion des Verwalters besteht im Vollzug der Bestimmungen und Beschlüsse der Stockwerkeigentümergemeinschaft über die Verwaltung und Benutzung des gemeinschaftlichen Grundstücks (Art. 712s Abs. 1; BBl *1962* II 1492f; FRIEDRICH, § 39 N 1; LIVER, GS Marxer 190; K. MÜLLER, 77). Damit überbindet das Gesetz – in klarer Unterscheidung zwischen interner Geschäftsführungsbefugnis und externer Vertretungsmacht (FREI, 116; MATHYS, BJM *1972* 282; vgl. zu diesem Unterschied im allgemeinen MEIER-HAYOZ/FORSTMOSER, § 2 N 80ff) – dem Verwalter ausdrücklich die vollumfängliche Geschäftsführungsbefugnis im Bereiche der gemeinschaftlichen Verwaltung. In dieser Funktion ist der *Verwalter* also das *ausführende Organ* der Gemeinschaft und handelt für diese.

14 Die Tätigkeit des Verwalters erschöpft sich nicht bloss in der Wahrnehmung der einzelnen ihm durch Gesetz oder Rechtsgeschäft explizit übertragenen Vollzugsaufgaben. Vielmehr soll er überall dort tätig wer den, wo es zur Aufrechterhaltung des ungestörten Zusammenlebens unter den Stockwerkeigentümern, zur reibungslosen Abwicklung aller mit der Verwaltung und Benutzung des gemeinschaftlichen Grundstücks zusammenhängenden Fragen oder zur Abwehr bzw. Beseitigung von Schädigungen erforderlich ist (Art. 712s Abs. 1 i. f; BBl *1962* II 1492 f; FRIEDRICH, § 39 N 2; LIVER, GS Marxer 190; K. MÜLLER, 78 f). Doch gilt es zu beachten, dass der Verwalter trotz seiner umfassenden Geschäftsführungsbefugnis (und trotz der zumeist faktisch sehr bedeutsamen Stellung) im Verhältnis zur Stockwerkeigentümergemeinschaft in einem rechtlichen Subordinationsverhältnis steht (FRIEDRICH, § 42 N 2; vgl. auch Art. 712m Abs. 1 Ziff. 2 und hinten N 61 ff).

b. Vertretungsfunktion

15 Als Korrelat zur rein intern wirkenden Geschäftsführungsbefugnis (vorn N 13) steht dem Verwalter von Gesetzes wegen auch die Vertretung der Stockwerkeigentümergemeinschaft nach aussen zu (Art. 712t). Weil die Gemeinschaft als solche für das rechtsgeschäftliche Handeln nach aussen aus Gründen der Praktikabilität in der Regel eines Vertreters bedarf (Art. 712l N 52; LIVER, SPR V/1 103; FREI, 110; zu eng K. MÜLLER, 77), räumt das Gesetz dem Verwalter in Art. 712t Abs. 1 für alle Angelegenheiten der gemeinschaftlichen Verwaltung, die in den Bereich seiner gesetzlichen Aufgaben fallen, die Vertretungsbefugnis und die Vertretungsmacht (vgl. dazu Art. 712t N 7ff) ein. Damit befindet sich die (im Vergleich etwa zu einer AG eingeschränkte) externe Vertretungsmacht ohne anderslautende rechtsgeschäftliche Vereinbarung (vgl. dazu Art. 712t N 15ff) im Einklang mit der internen Geschäftsführungsbefugnis (BBl *1962* II 1494; MATHYS, BJM *1972* 282; K. MÜLLER, 135; LIVER, GS Marxer 192 und SPR V/1 103).

16 Die gesetzliche Prozessvollmacht des Verwalters erfährt nun aber eine wesentliche Einschränkung: Der Verwalter geniesst nämlich lediglich für Zivilprozesse im summarischen Verfahren eine (umfassende) gesetzliche Prozessvollmacht. Für Zivilprozesse im ordentlichen Verfahren bedarf er dagagen einer ausdrücklichen Ermächtigung durch die Stockwerkeigentümerversammlung (Art. 712s Abs. 2; vgl. dazu Art. 712t N 44ff). Anzufügen bleibt noch, dass die Gemeinschaft der Stockwerkeigentümer zur Vornahme prozessualer Handlungen immer einen Vertreter benötigt (Art. 712t N 37).

c. Weitere Funktionen

Die Vertretungsmacht des Verwalters wirkt nicht nur extern, sondern auch intern gegenüber den einzelnen Stockwerkeigentümern (LIVER, GS Marxer 190). So überwacht er für die Gemeinschaft als Ganzes namentlich die Einhaltung der gesetzlichen und reglementarischen Vorschriften sowie der Hausordnung, verhandelt als Vertreter der Gemeinschaft mit einzelnen Stockwerkeigentümern (etwa über die Einräumung eines Vorkaufsrechts zugunsten der Gemeinschaft), leitet grundsätzlich die Stockwerkeigentümerversammlung (Art. 712n Abs. 1; vgl. dazu K. MÜLLER, 78f) und wird wohl auch Streitigkeiten unter den Stockwerkeigentümern zu schlichten versuchen. Vielfach wird er z.B. auch Vorschläge für bauliche Massnahmen oder für Reglementsänderungen zuhanden der Stockwerkeigentümerversammlung erarbeiten. Zudem fungiert der Verwalter oft auch als Auskunftsperson, an die sich die ratsuchenden Stockwerkeigentümer wenden können (K. MÜLLER, 78f). 17

Diese weiteren, exemplifikativ erwähnten Funktionen zeigen auf, dass dem Verwalter über die in Art. 712s und Art. 712t aufgezählten Aufgaben hinaus weitere gesetzliche (vgl. z.B. Art. 712n Abs. 1), reglementarische und insbesondere faktische Funktionen zukommen. Begrenzt ist die Ausgestaltung der Verwalterstellung lediglich durch zwingende Normen des Gesetzes, so insbesondere durch unentziehbare Kompetenzen des einzelnen Stockwerkeigentümers und der Stockwerkeigentümerversammlung (vgl. ausführlich dazu Art. 712s N 11 ff). Im übrigen ist zu beachten, dass diverse Funktionen, so z.B. die Leitung der Stockwerkeigentümerversammlung, die Kompetenz zum Abschluss besonderer Rechtsgeschäfte, die Schlichtung von Streitigkeiten unter den Stockwerkeigentümern usw., auch einem Ausschuss (Art. 712m Abs. 1 Ziff. 3) übertragen werden können (Art. 712m N 38ff und Art. 712s N 10). 18

III. Person des Verwalters

Angesichts der vielseitigen Aufgaben eines Verwalters kommt der Wahl desselben höchste Bedeutung zu. Die Eigenschaften, die ein Verwalter aufweisen muss, bestimmen sich vor allem nach den konkreten Verhältnissen, insbesondere nach der Grösse und der Struktur der jeweiligen Stockwerkeigentümergemeinschaft. Das Gesetz selbst stellt keine be- 19 sonderen subjektiven Voraussetzungen für die Übernahme eines Verwalterpostens auf (FRIEDRICH, § 39 N 4; K. MÜLLER, 110; MICHAUD, 67; vgl. aber zur Frage, ob Handlungsfähigkeit erforderlich ist, hinten N 24f).

1. Kreis möglicher Verwalter

20 Zum Verwalter kann eine *natürliche Person,* sei es ein *Stockwerkeigentümer,* sei es ein *aussenstehender Dritter,* gewählt werden. Der Gedanke der Objektivität und Neutralität spricht zwar, gerade wenn höhere sachliche und fachliche Anforderungen an das Amt gestellt werden, eher für die Bestellung eines Dritten zum Verwalter (Prinzip der Drittorganschaft; vgl. K. MÜLLER, 79; FREI, 111f). In kleineren Stockwerkeigentümergemeinschaften kann dagegen die Nähe und die Vertrautheit mit den gegebenen Verhältnissen wichtiger sein als andere Eigenschaften (K. MÜLLER, 79). Totz allfällig daraus entstehenden Interessenkonflikten ist die Selbstorganschaft als zulässig zu erachten (so auch FRIEDRICH, § 39 N 9; K. MÜLLER, 79 und 110f; FREI, 112; vgl. auch BGE *90* II 386f betreffend den Willensvollstrecker, der sich in einer ähnlichen Interessenlage befindet). Immerhin ist zu beachten, dass den Verwalter in derartigen Fällen ab und zu eine Ausstandspflicht treffen kann (vgl. dazu Art. 712m N 73ff). Ähnlich wie bei körperschaftlich strukturierten Gesellschaften (vgl. MEIER-HAYOZ/FORSTMOSER, § 2 N 86) sind die Stockwerkeigentümer allerdings nicht verpflichtet, das Verwalteramt anzunehmen; deren aus der gemeinsamen dinglichen Berechtigung erwachsende partielle Mitverwaltungspflicht (vgl. dazu Art. 712g N 29ff) reicht nicht so weit (vgl. auch WEBER, 422).

21 Da es sich bei der Verwaltungstätigkeit nicht um die Erbringung höchst persönlicher Leistungen handelt, kann auch eine *juristische Person* als Verwalter bestellt werden (z.B. Immobilien-, Treuhand- oder Verwaltungsgesellschaft, Bank usw.; FRIEDRICH, § 39 N 10; K. MÜLLER, 111; MICHAUD, 67f; WEBER, 421). Dabei ist die juristische Person als Verwalter durch eine oder mehrere zeichnungsberechtigte natürliche Personen vertreten.

22 Im weiteren kann auch eine *Personenmehrheit* als Verwalter bestellt werden, so etwa durch Zuweisung der Verwalterfunktion an eine *Personengesellschaft* (Kollektiv- oder Kommanditgesellschaft, Art. 562ff OR und Art. 594ff OR). Möglich ist überdies die Bestellung von *zwei bzw. mehreren Personen,* die sich in die Erfüllung der Verwaltungsaufgaben *ohne Vorliegen eines Gesellschaftsverhältnisses* teilen, z.B. in der Form der gemeinschaftlichen Ausübung eines Auftrages (Art. 403 Abs. 2 OR; K. MÜLLER, 109; MICHAUD, 68;

WEBER, 421 f). Zulässig wäre auch eine Aufgabenteilung im Rahmen eines Arbeitsvertrages (z. B. «Job-Sharing»; vgl. dazu REHBINDER, Art. 319 N 25 ff). Dabei ist aber zu beachten, dass die Aufgabenteilung im Innern und die Vertretungsmacht nach aussen klar geregelt werden müssten (FRIEDRICH, § 39 N 11; WEBER, 421 f). Ohne entsprechende spezielle Anordnung durch die Stockwerkeigentümerversammlung hätten die mehreren Verwalter gemeinsam zu handeln (kollektive Abgabe der Willenserklärung, Art. 403 Abs. 2 OR; K. MÜLLER, 109; MICHAUD, 68).

Welcher dieser Varianten der Vorzug zu geben ist, wird im Einzelfall unter Abwägung aller objektiven (Grösse und Struktur der Gemeinschaft, finanzielle Aspekte usw.) und subjektiven Kriterien (Bedürfnisse der Stockwerkeigentümergemeinschaft, persönliche Eigenschaften des oder der möglichen Anwärter auf das Verwalteramt usw.) zu entscheiden sein. Ob es sinnvoll ist, etwa das die gemeinschaftlichen Gebäude erstellende Unternehmen (Baugesellschaft, Generalunternehmen usw.) zum Verwalter zu bestellen, ist fraglich. Zwar ist dieses mit den sachlichen und finanziellen Gegebenheiten meist bestens vertraut. Dennoch besteht oft die Gefahr einer Interessenkollision (z. B. bei Gewährleistungsansprüchen; vgl. auch WEBER, 421). Ähnliche Vorbehalte sind anzubringen, wenn der durch einseitige Willenserklärung Stockwerkeigentum begründende Eigentümer eines Grundstücks sich zum Verwalter wählen lässt bzw. sich selbst als Verwalter einsetzt (vgl. dazu auch hinten N 97 ff). 23

2. Anforderungen an die Person des Verwalters

Besondere subjektive Anforderungen an die Person des Verwalters werden vom Gesetz nicht aufgestellt. Die herrschende Lehre verlangt aber das Vorhandensein voller Handlungsfähigkeit des Verwalters (K. MÜLLER, 110; MICHAUD, 67; WEBER, 423). Unseres Erachtens ist diese in Anlehnung an das Recht des Willensvollstreckers (vgl. dazu PIOTET, SPR VI/1 157, und ESCHER, Art. 517 N 3) entstandene Auffassung nicht überzeugend. Es ist nicht einzusehen, weshalb nicht schon das Vorliegen blosser Urteilsfähigkeit genügen soll, wie dies in entsprechenden Verhältnissen im schweizerischen Recht ganz allgemein der Fall ist: So beim Stellvertreter (Art. 32 OR; vgl. statt vieler VON TUHR/PETER, 301; GAUCH/SCHLUEP, Nr. 978; a. M. KELLER/SCHÖBI, 64 f), beim Prokuristen (vgl. MEIER-HAYOZ/FORSTMOSER, § 5 N 237) oder beim vertretungsberechtigten Organ einer Körperschaft (insb. einer AG, Art. 707 und Art. 717 OR; vgl. BÜRGI, Art. 707 N 14; FORSTMOSER/ 24

MEIER-HAYOZ, § 22 N 4; BUCHER, Art. 19 N 352 ff, jeweils mit weiteren Verweisen).

25 Darüber hinaus müssen keine weiteren Voraussetzungen erfüllt sein. Insbesondere wird weder Mitgliedschaft in der Stockwerkeigentümergemeinschaft verlangt (vgl. auch § 26 Abs. 1 WEG und Art. 1129 CCit; K. MÜLLER, 110), noch ist ein spezieller Befähigungsausweis erforderlich (WEBER, 423; vgl. auch BÄRMANN/PICK/MERLE, § 26 N 9). Es ist Sache der Stockwerkeigentümer, sich darüber zu vergewissern, ob der in Aussicht genommene Verwalter den an seinen Tätigkeitsbereich gestellten Anforderungen genügt (FRIEDRICH, § 39 N 9), so insbesondere etwa, was die Fähigkeiten zur Abwicklung der finanziellen Angelegenheiten betrifft.

26 Ebensowenig wird verlangt, dass der Verwalter seinen Wohnsitz am Orte der betreffenden Stockwerkeigentümergemeinschaft bzw. im gemeinschaftlichen Gebäude hat. Indessen muss er gemäss Art. 712t Abs. 4 eine gut erreichbare Adresse für an die Gemeinschaft gerichtete Zustellungen haben (Zustellungsdomizil; vgl. ausführlich dazu Art. 712t N 61 ff).

3. Vertretung, Substitution und Beizug von Hilfspersonen

27 Nicht geregelt ist auch die Frage, wer den Verwalter bei Verhinderung (z. B. wegen Krankheit, Abwesenheit, Interessenkollision) vertritt. Den Stockwerkeigentümern stehen hierbei verschiedene Regelungsmöglichkeiten offen (vgl. auch FRIEDRICH, § 41 N 5 ff; WEBER, 432 f):

28 – Verzicht auf die Ernennung eines Stellvertreters bei kürzerer Abwesenheit des Verwalters;

29 – Bestimmung eines Stellvertreters ad hoc;

30 – Bezeichnung eines Stellvertreters im Reglement (z. B. der Stockwerkeigentümer mit der grössten Wertquote, der Vorsitzende des Ausschusses; vgl. dazu auch Art. 712m N 41);

31 – Wahl eines Stellvertreters gleichzeitig mit der Bestellung des Verwalters (unter den gleichen Voraussetzungen; zugleich ist aber zu konkretisieren, wann der Stellvertreter tätig werden kann bzw. darf oder muss).

32 Im Interesse einer geordneten Verwaltung empfiehlt es sich, im Reglement eine *Vertretungsordnung* vorzusehen. Damit können Funktionsstörungen und Unstimmigkeiten unter den Stockwerkeigentümern vermieden werden. Im übrigen gelten für die Person eines Stellvertreters die gleichen Grundsätze wie für den Verwalter selber (WEBER, 432 f; vgl. dazu vorn N 24 ff; zur

Problematik einer namentlichen Nennung des Stellvertreters im Reglement vgl. auch hinten N 56 und N 93).

Die Frage, ob *Substitution* oder der *Beizug von Hilfspersonen* (vgl. zu dieser Unterscheidung GAUCH/SCHLUEP, Nr. 1684a ff mit weiteren Verweisen) zulässig ist, muss aufgrund des konkreten Verwaltervertrages (dazu hinten N 37 ff und N 60) nach den einschlägigen Normen des Obligationenrechts beurteilt werden (vgl. Art. 321 und Art. 398 Abs. 3 OR). Auszugehen ist dabei von der Tatsache, dass die Stockwerkeigentümergemeinschaft i. d. R. auf die persönlichen Fähigkeiten und das persönliche Können des Verwalters vertraut und deshalb regelmässig ein persönliches Tätigwerden des Verwalters erwartet (K. MÜLLER, 105 f). Da indessen teils sachliche (Umfang der Aufgaben, Grösse der Gemeinschaft, Natur der zu leistenden Tätigkeit usw.), teils persönliche Gründe (z. B. fehlende fachliche Qualifikation des Verwalters für besondere Tätigkeiten wie Prozessführung, Erstellung von Bauplänen usw.) den Beizug von anderen Personen zur Erfüllung der Verwalteraufgaben notwendig machen bzw. als ratsam erscheinen lassen (z. B. auch die Bestellung eines Ausschusses, Art. 712m Abs. 1 Ziff. 3 und dort N 26 ff; vgl. dazu K. MÜLLER, 105 ff), ist im Interesse der Klarheit und der Rechtssicherheit (insbesondere auch hinsichtlich der Haftungsordnung) eine Regelung dieses Problemkreises im Verwaltervertrag oder allenfalls im Reglement sinnvoll.

IV. Rechtsstellung des Verwalters

1. Grundlagen

34 Die Rechtsbeziehungen zwischen dem Verwalter und der Stockwerkeigentümergemeinschaft sind im Gesetz nur in Teilbereichen geordnet (vgl. Art. 712s und Art. 712t). Eine generelle Charakterisierung der Rechtsstellung des Verwalters fehlt. Infolge der allgemeinen Verweisung von Art. 712m Abs. 2 auf das Vereinsrecht (vgl. Art. 712m N 15 ff), aufgrund der Tatsache auch, dass der Verwalter wie ein körperschaftliches Organ i. d. R. durch Versammlungsbeschluss bestellt wird (hinten N 85 ff), sowie ganz allgemein angesichts der körperschaftsähnlichen Ausgestaltung der Stockwerkeigentümergemeinschaft (vgl. die Vorbemerkungen zu den Art. 712a ff N 47 ff), liegt es jedoch nahe, das Wesen der Beziehungen zwischen Verwalter und Stockwerkeigentümergemeinschaft analog demjenigen

zwischen Vorstand/Verwaltung einerseits und Körperschaft andererseits zu erfassen (vgl. K. MÜLLER, 80f; MATHYS, BJM *1972* 274 und 277). Hier geht die herrschende Lehre bekanntlich davon aus, dass zum organkreativen Wahlakt (Beschluss der Gesellschafterversammlung und Annahme seitens des Gewählten) der Abschluss eines Verwaltervertrages hinzukommen müsse. Bezüglich der Rechtsstellung des Organs nimmt sie aber das Vorliegen eines einheitlichen, organschaftliche und schuldrechtliche Elemente aufweisenden Rechtsverhältnisses an (sog. *Einheitstheorie;* vgl. z. B. FORSTMOSER/MEIER-HAYOZ, § 23 N 2; MEIER-HAYOZ/FORSTMOSER, § 2 N 87; BÜRGI, Art. 708 N 1 und N 8; VON STEIGER, Art. 812 N 3).

35 Obschon diese für das schweizerische Gesellschaftsrecht entwickelte Lehre einerseits direkt auf körperschaftliche Organe im eigentlichen Sinne (Art. 54/55) zugeschnitten ist und wenngleich diese Konstruktion nicht von der Qualifizierung des Rechtsverhältnisses in bezug auf die Abgrenzung zwischen Organstellung, Auftrag und Arbeitsvertrag enthebt (FORSTMOSER/MEIER-HAYOZ, § 23 N 3; FRIEDRICH, ZBGR *1973* 146; vgl. auch MATHYS, BJM *1972* 274ff), so kann sie u. E. doch per analogiam für das Stockwerkeigentumsrecht übernommen werden (unklar MATHYS, BJM *1972* 274ff, und WEBER, 425). Ähnlich wie für das körperschaftliche Organ ist u. E. für die Rechtsstellung des Verwalters das Vorliegen eines *einheitlichen, zweiseitigen Rechtsverhältnisses* anzunehmen (g. M. FRIEDRICH, ZBGR *1973* 146; K. MÜLLER, 114; unklar WEBER, 425. Vgl. im Unterschied dazu die deutsche Lehre, welche streng zwischen konstitutivem Bestellungsakt und schuldrechtlichem Verwaltervertrag unterscheidet; vgl. z. B. BÄRMANN/PICK/MERLE, § 26 N 31; WEITNAUER, § 26 N 3; WEBER, 424, jeweils mit weiteren Verweisen). Immerhin ist zu beachten, dass sich aufgrund der fehlenden Organeigenschaft des Verwalters (Vorbemerkungen zu den Art. 712aff N 51, Art. 712m N 8 und vorn N 12, jeweils mit weiteren Verweisen) eine teilweise unterschiedliche Ausgestaltung der Rechtsstellung des Verwalters im Vergleich mit jenem des Exekutivorgans einer juristischen Person ergeben kann. Dies zeigt sich vor allem darin, dass das Gesetz in Art. 712t eine ausführliche Ordnung der Vertretungsbefugnis des Verwalters enthält, wogegen ein Organ hiefür keine ausdrückliche Ermächtigung braucht und eo ipso dank seiner Organeigenschaft für die Gemeinschaft handelt (K. MÜLLER, 81; MATHYS, BJM *1972* 277f; WEBER, 441). Trotz dieser Differenzierung besteht aber kein überzeugendes Argument, die Rechtsstellung des Verwalters einer Stockwerkeigentümergemeinschaft grundlegend verschieden zu behandeln von jener eines geschäftsführenden Organs einer Körperschaft (insbesondere bei Drittor-

ganschaft; vgl. auch VON STEIGER, Art. 812 N 2 ff, betreffend die Bestellung eines Dritten als Geschäftsführer einer GmbH). Dieses als Einheit zu betrachtende Rechtsverhältnis zwischen dem Verwalter und der Stockwerkeigentümergemeinschaft hat seine feste Basis eindeutig im Stockwerkeigentumsrecht (zwingende Gesetzesvorschriften, Reglement usw.; vgl. auch hinten N 57), wird jedoch regelmässig durch besondere individuelle Vereinbarungen ergänzt (z. B. hinsichtlich Amtsdauer und Entschädigung für geleistete Arbeit; vgl. auch VON STEIGER, Art. 812N 3 ff, betreffend die GmbH). Ins Gewicht fällt die Unterscheidung von «organschaftlichen» und schuldrechtlichen Komponenten innerhalb des einheitlichen Verwalterverhältnisses vor allem bei dessen Begründung und Beendigung (vgl. dazu hinten N 53 f und Art. 712r N 35 ff). 36

2. Rechtsnatur des Verwaltervertrages

a. Allgemeines

Charakteristischer Inhalt des Verwaltervertrages sind Pflichten des Verwalters zum Erbringen bestimmter, im wesentlichen durch die Art. 712s und Art. 712t umschriebener Leistungen (vgl. dazu hinten N 57 ff) für eine gewisse Dauer unter Wahrung der Interessen der Stockwerkeigentümergemeinschaft und unter Beachtung der nötigen Sorgfalt. Der Verwaltervertrag gehört somit zum Kreis der Arbeitsleistungsverträge (K. MÜLLER, 81; MATHYS, BJM *1972* 278; WEBER, 440 f). 37

Für die Qualifizierung des Verwaltervertrages kommen von den gesetzlich geregelten Typen der Arbeitsleistungsverträge einzig der Arbeitsvertrag (Art. 319 ff OR) und der einfache Auftrag (Art. 394 ff OR) in Frage (vgl. K. MÜLLER, 81; MATHYS, BJM *1972* 278; FRIEDRICH, § 40 N 4). Gemäss Art. 394 Abs. 2 OR sind Arbeitsleistungsverträge, die nicht einer besonderen Vertragsart unterstellt sind, nach den Vorschriften über den Auftrag zu beurteilen. Umstritten ist allerdings, ob daneben noch Raum für Arbeitsleistungsverträge sui generis bleibt. Entgegen der bisherigen, allerdings schwankenden Rechtsprechung des Bundesgerichts (vgl. z. B. BGE *104* II 110 ff, *106* II 159; a. M. noch BGE *83* II 525 ff betreffend einen Liegenschaftenverwaltervertrag) und einem Teil der Lehre (insb. GAUTSCHI, Art. 394 N 56; für den Verwaltervertrag vgl. K. MÜLLER, 82; MATHYS, BJM *1972* 278; MICHAUD, 62) ist indessen in Übereinstimmung mit der herrschenden Dok- 38 trin (vgl. z. B. HOFSTETTER, SPR VII/2 24 ff; GUHL/MERZ/KUMMER, 445 und 459; SCHÖNENBERGER/STAEHLIN, Art. 319 N 33 ff, jeweils mit weiteren Verweisen) und der neueren Tendenz des Bundesgerichts (BGE *109* II 466 und *110* II 380 ff, wonach zumindest gemischte Verträge mit dem Wortlaut des Gesetzes vereinbar sein sollen) ein solcher numerus clausus bei Arbeitsleistungsverträgen abzulehnen. Somit dürfte im konkreten Einzelfall auch die Qualifizierung des Verwaltervertrages als atypischer Arbeitsleistungsvertrag nicht ausgeschlossen sein (so teilweise WEBER, 441 ff; vgl. dazu auch hinten N 47).

b. Auftrag

39 Der Auftrag stellt im Normalfall die geeignetste Vertragsform für den Verwaltervertrag dar (FRIEDRICH, § 40 N 4 ff, und ZBGR *1973* 147 ff; LIVER, GS Marxer 190; MATHYS, BJM 1972 278 f; K. MÜLLER, 82 und 85; MICHAUD, 62 f; MAGNENAT, 114; FREI, 110 f). Dies deshalb, weil die typischen Merkmale des Auftrags wie Treue- und Sorgfaltspflicht, besonderes Vertrauensverhältnis (i. d. R. persönliche Mandatsausführung), relativ grosse Freiheit in der Erbringung der Arbeitsleistung und organisatorisch selbständige Stellung des Beauftragten (vgl. dazu HOFSTETTER, SPR VII/2 32 ff; GUHL/MERZ/KUMMER, 461 ff) in adäquater Weise mit der üblichen Rechtsstellung eines Verwalters (vorn N 10 ff) übereinstimmen. Der Auftrag erscheint mithin ganz besonders auf die Tätigkeit eines Vermögens- bzw. Liegenschaftsverwalters zugeschnitten, indem er auf die Sachkunde einer meist freiberuflich für einen oder mehrere Auftraggeber arbeitenden Person, zu der ein besonderes Vertrauensverhältnis besteht, ausgerichtet ist (HOFSTETTER, SPR VII/29; K. MÜLLER, 82; MATHYS, BJM *1972* 279 ff).

40 In der Literatur zum Verwaltervertrag sind allerdings angesichts des zwingenden Widerrufs- bzw. Kündigungsrechts von Art. 404 OR (vgl. dazu hinten N 42) Bedenken geäussert worden. Die Anordnung von Art. 404 OR widerspreche nämlich dem praktischen Bedürfnis, den Verwaltervertrag mit einer fest umschriebenen zeitlichen Bindung oder zumindest für eine längere Dauer abzuschliessen (vgl. K. MÜLLER, 83; FRIEDRICH, § 40 N 5, und ZBGR *1973* 147 f). Aus diesem Grunde wurde verschiedentlich, Bezug nehmend auf derartige oder ähnliche Verhältnisse, argumentiert, dass Art. 404 OR nur für typische, entgeltliche oder höchstpersönliche Aufträge zwingend sei (vgl. etwa FRIEDRICH, ZBJV *1955* 477 f; GUHL/MERZ/KUMMER, 466; EUGEN BUCHER, Hundert Jahre schweizerisches Obligationenrecht, ZSR *1983* II 251 ff, 325 f; WEBER, 444; ausführlich dazu vor allem JÜRG PEYER, Der Wi-

derruf im schweizerischen Auftragsrecht [Diss Zürich 1974], 123 ff, 199 ff) und dass demzufolge das jederzeitige Widerrufs- bzw. Kündigungsrecht unter bestimmten – zumeist aber nicht näher präzisierten – Voraussetzungen bei atypischen Aufträgen wegbedungen werden dürfe (für den Verwaltervertrag vgl. WEBER, 444 f). Dieser Ansicht kann in bezug auf den Verwaltervertrag nicht gefolgt werden:

- Die in der Lehre feststellbaren Unsicherheiten hinsichtlich der Bedeutung des Widerrufsrechts von Art. 404 OR für den Verwaltervertrag beruhen u. E. auf einer Überbewertung der vertraglichen Komponente des Verwalterverhältnisses. Bei dessen Auflösung steht nämlich der «organschaftliche» Akt der Abberufung (als Gegenstück zum Wahlakt) bzw. der Demission im Vordergrund. Dagegen ist die Beendigung der schuldrechtlichen Beziehungen eine blosse Folgeerscheinung dieses Untergangs der «Organfunktion»; erst hier im schuldrechtlichen Bereich stellt sich die Frage nach der Bedeutung des Widerrufsrechts von Art. 404 Abs. 1 OR. Art. 712r regelt mithin (in Übereinstimmung mit dem Grundsatz des allgemeinen Vollmachtenrechts von Art. 34 Abs. 1 OR; vgl. dazu VON TUHR/PETER, 359 und 366 f) nur, aber dafür ausschliesslich, die Möglichkeit und Wirkung der «organschaftlichen» Abberufung im Sinne der Amtsenthebung (vergleichbar dem Vollmachtenwiderruf, Art. 34 Abs. 1 OR). Was dagegen die Auflösung des schuldrechtlichen, individuellen Verwaltervertrages betrifft, beschränkt sich Art. 712r Abs. 1 mit einer schlichten Verweisung auf das Vertragsrecht («... unter Vorbehalt allfälliger Entschädigungsansprüche ...»). Klarzustellen ist somit, dass die *rechtsgeschäftliche Auflösung des Verwaltervertrages primär einen «organschaftlichen» Akt darstellt und insoweit nichts mit Art. 404 Abs. 1 OR zu tun hat, sondern ausschliesslich Art. 712r (i. V. m. Art. 34 Abs. 1 OR) untersteht* (so auch BÜRGI, Art. 708 N 19, für die Auflösung des Verwaltungsratsmandates bei der AG; ähnlich FRIEDRICH, § 40 N 6, und ZBGR *1973* 147; a. M. K. MÜLLER, 83; vgl. ausführlich dazu Art. 712r N 7 ff).

- Aufgrund der dargelegten, bei der Aufhebung des Verwalterverhältnisses massgeblichen Unterscheidung («organschaftliche» Abberufung und schuldrechtliche Beendigung des Verwaltervertrages) ergibt sich folgerichtig, dass lediglich bei der (sich als Folge der Amtsenthebung bzw. Demission ergebenden) Beendigung des Auftragsverhältnisses zwischen der Möglichkeit des jederzeitigen Widerrufs und den durch einen «zur Unzeit» erfolgten (aber gültigen) Widerruf ausgelösten Schadenersatzfolgen zu differenzieren ist. Weil die *Regelung von Art. 404 OR* nach ständiger

Rechtsprechung des Bundesgerichts (vgl. z. B. BGE *59* II 261, *103* II 130, *104* II 116, *106* II 159 und *109* II 467) und herrschender Lehre (vgl. z. B. OSER/SCHÖNENBERGER, Art. 404 N 2 f; GAUTSCHI, Art. 404 N 10a ff; HOFSTETTER, SPR VII/2 52 ff; FRIEDRICH, § 40 N 5) immer *zwingenden Charakter* hat (die kritischen Stimmen hierzu sind denn auch weitgehend als rechtspolitische Postulate zu verstehen; eine Änderung des zwingenden Charakters dieser Bestimmung auf dem Wege der richterlichen Rechtsfortbildung lässt sich nicht verwirklichen), können sich lediglich bei einer zur «Unzeit» erfolgenden der Abberufung oder Demission Entschädigungsansprüche ergeben (Art. 404 Abs. 2 OR).

43 *Hinsichtlich der Auflösungsmöglichkeiten des Verwalterverhältnisses überlagert somit die «organschaftliche» Regelung von Art. 712r Abs. 1 jene des Auftragsrechts (Art. 404 Abs. 1 OR)* und verweist lediglich für die schuldrechtlichen Folgen einer derartigen Auflösung auf das Vertragsrecht. Zu beachten ist indessen, dass weder die Bestimmung von Art. 712r Abs. 1 noch jene von Art. 404 Abs. 1 OR die Vertragsparteien daran hindert, einen auf Dauer angelegten Auftrag (als Dauerschuldverhältnis) abzuschliessen (vgl. HOFSTETTER, SPR VII/2 17 f; GAUTSCHI, Art. 394 N 62a; REHBINDER, Art. 319 N 50; a. M. K. MÜLLER, 83). Zwar ist die Vereinbarung einer bestimmten Amtszeit im Lichte der zwingenden Anordnung von Art. 712r Abs. 1 (wie auch jener von Art. 34 Abs. 1 und Art. 404 Abs. 1 OR) hinsichtlich der Möglichkeit vorzeitiger Auflösung unwirksam, kann jedoch gemäss Art. 404 Abs. 2 OR i. V. m. Art. 712r Abs. 1 («...Vorbehalt allfälliger Entschädigungsansprüche...») Schadenersatzansprüche wegen zur «Unzeit» erfolgender Abberufung oder Demission auslösen (FRIEDRICH, ZBGR *1973* 148 f; MATHYS, BJM *1972* 280 f; vgl. ausführlich dazu Art. 712r N 38 ff).

c. Arbeitsvertrag

44 Die scheinbaren Schwierigkeiten bei der Qualifizierung des Verwaltervertrages als Auftrag (vorn N 38 ff) haben vereinzelt dazu geführt, bei der Vereinbarung einer bestimmten Amtsdauer ohne weiteres das Vorliegen eines Arbeitsvertrages (Art. 319 ff OR) anzunehmen (so vor allem K. MÜLLER, 85; anscheinend auch LIVER, ZBJV *1965* 310). Dieser Ansicht gegenüber sind Vorbehalte am Platz: Einerseits kann infolge der Personenbezogenheit des Arbeitsverhältnisses nur eine natürliche Person Arbeitnehmer sein, nie aber – was in der Praxis häufig anzutreffen ist – eine juristische Person (vgl. dazu REHBINDER, Art. 319 N 19; SCHÖNENBERGER/STAEHLIN,

Art. 319 N 4). Andererseits müssten für eine solche Qualifizierung sämtliche wesentlichen Merkmale des Arbeitsvertrages erfüllt sein (Arbeitsleistung, Entgeltlichkeit, privatrechtliches Dauerschuldverhältnis, Eingliederung in eine fremde Arbeitsorganisation und Unterordnung unter die Direktionsgewalt des Arbeitgebers; vgl. dazu REHBINDER, Art. 319 N 1 ff; SCHÖNENBERGER/STAEHLIN, Art. 319 N 2 ff).

Die wesentlichen Begriffsmerkmale eines Arbeitsvertrages dürften nur selten erfüllt sein. Insbesondere dort, wo die Verwaltertätigkeit einer juristischen Person übertragen wird (vgl. vorn N 21) oder wo der Verwalter seine Funktion unentgeltlich ausübt, kommt die Qualifizierung des Verwaltervertrages als Arbeitsvertrag im Sinne der Art. 319 ff OR nicht in Betracht. Zudem dürfte trotz des Aufsichts- und des Abberufungsrechts der Gemeinschaft (Art. 712m Abs. 1 Ziff. 2 und Art. 712r) das erforderliche Subordinationsverhältnis im arbeitsrechtlichen Sinne (vgl. dazu auch vorn N 10 f) nicht immer erfüllt sein. Im allgemeinen ist deshalb die Subsumtion des Verwaltervertrages unter die Bestimmungen des Arbeitsvertrages nur dann zweifelsfrei anzunehmen, wenn eine natürliche Person ihre Arbeitskraft ganz oder zumindest zu einem wesentlichen Teil der Stockwerkeigentümergemeinschaft entgeltlich zur Verfügung stellt (FRIEDRICH, § 40 N 4; MATHYS, BJM *1972* 280 f; MICHAUD, 62; WEBER, 442 f). Allenfalls könnte dies aber bei grösseren oder sehr grossen Gemeinschaften der Fall sein, wo der Verwalter lediglich die administrativen Belange der Verwaltung betreut (FRIEDRICH, § 40 N 4; teilweise a. M. K. MÜLLER, 86 und 114, sowie LIVER, ZBJV *1965* 310).

Anzufügen bleibt, dass die besonderen arbeitsvertraglichen Kündigungsregeln (Art. 334 ff OR) – ähnlich wie das Widerrufsrecht gemäss Art. 404 OR (vorn N 41 f) – nicht mit dem jederzeitigen Abberufungsrecht gemäss Art. 712r kollidieren. Art. 712r regelt vielmehr bloss, dafür aber ausschliesslich, die Amtsenthebung des Verwalters, wogegen nach den Art. 334 ff OR, vor allem auch dank der Verweisung von Art. 712r Abs. 1, lediglich die schuldrechtlichen Folgen der Amtsenthebung zu beurteilen sind (insb. allfällige Lohnfortzahlungsansprüche; vgl. FRIEDRICH, § 40 N 6; MATHYS, BJM *1972* 281; vgl. vorn N 41 und ausführlich dazu Art. 712r N 38 ff).

d) *Innominatkontrakt*

Die Frage, ob ein konkreter Verwaltervertrag allenfalls als gemischter Vertrag oder als contractus sui generis zu qualifizieren sei, kann sich nur stellen, wenn man einen numerus clausus für Arbeitsleitstungsverträge ablehnt (vgl. dazu vorn N 38). Da indessen i. d. R. keine Hindernisse für die Qualifizierung des Verwaltervertrages als einfacher Auftrag bestehen (vorn N 39 ff) oder allenfalls auch das Vorliegen eines Arbeitsvertrages bejaht werden kann, besteht u. E. nur selten die Notwendigkeit, ein Vertragsverhältnis sui generis anzunehmen. Insbesondere kann es nicht angehen, das zwingende Widerrufsrecht von Art. 404 OR, welches teilweise für das Stockwerkeigentumsrecht als system- und zweckwidrig erachtet wird (vorn N 40), über den Umweg der Konstruktion eines Innominatkontraktes zu eliminieren, wenn sonst alle essentialia bzw. typenspezifischen Merkmale des Auftrages erfüllt sind. Diese Konstruktion wäre zudem völlig untauglich, weil ohnehin für die Abberufung bzw. die Demission gar nicht Art. 404 OR, sondern allein die zwingende Anordnung von Art. 712r zur Anwendung gelangt (vorn N 41). Das alles schliesst allerdings nicht aus, dass ein konkreter Verwaltervertrag in Ausnahmefällen keinem der gesetzlich geregelten Verträge zweifelsfrei zugeordnet werden kann. Dann würde sich unter eingangs erwähnter Voraussetzung die Frage stellen, ob allenfalls ein Vertrag sui generis vorliegt.

3. Zustandekommen und Änderung des Verwaltervertrages

a. Vertragsparteien

48 Der Verwaltervertrag kommt zwischen dem gewählten (dazu hinten N 89 ff) Verwalter und der Gemeinschaft der Stockwerkeigentümer zustande.

49 In der Regel wird vor oder nach dem Bestellungsbeschluss ein Vertreter der Stockwerkeigentümergemeinschaft mit dem Verwalter noch die genaueren Vertragsbedingungen aushandeln (vgl. auch hinten N 95). Der als Stellvertreter der Gemeinschaft Handelnde hat sich an den Umfang der ihm mit dem Beschluss erteilten Vollmacht zu halten (Art. 33 Abs. 2 OR). Mit dem definitiven Abschluss des Verwaltervertrages berechtigt und verpflichtet der Vertreter der Gemeinschaft direkt die Stockwerkeigentümergemeinschaft (VON TUHR/PETER, 397 f).

b. Form des Vertrages

Der Abschluss des Verwaltervertrages ist vom Gesetz keiner besonderen Form unterstellt. Verwalterverträge können also auch mündlich abgeschlossen werden (Art. 11 Abs. 1 OR; vgl. auch Art. 320 Abs. 1 OR). Nimmt z. B. der bestellte Verwalter nach erfolgter Kenntnisnahme des Versammlungsbeschlusses ohne weiteres seine Arbeit auf, was besonders bei kleineren Stockwerkeigentümergemeinschaften oft der Fall sein dürfte, so ist der Vertrag formfrei zustande gekommen. Die Aufgaben des Verwalters sowie dessen Vertretungsbefugnisse ergeben sich dann lediglich aus dem Gesetz (Art. 712s und Art. 712t; Art. 394ff OR), die Entlöhnung bestimmt sich nach billigem Ermessen. 50

Weil die gesetzlichen Regeln betreffend die Rechte und Pflichten des Verwalters lediglich einen weiten Rahmen individueller, der Gemeinschaft am besten dienender Ausgestaltungsmöglichkeiten darstellen, ist im Interesse der Klarheit und der Rechtssicherheit die schriftliche Abfassung des Vertrages empfehlenswert. Dies gilt sowohl für kleinere wie auch für grössere Gemeinschaften (teilweise a. M. K. MÜLLER, 88, der davon ausgeht, dass ein mündlicher Vertrag und eine schriftliche Vollmacht durchaus genügten), vor allem aber dort, wo von der gesetzlichen Kompetenzregelung der Art. 712s und Art. 712t abgewichen werden soll (vgl. zum ganzen auch MATHYS, BJM *1972* 275; WEBER, 446). Zu beachten bleibt, dass bei Arbeitsverträgen (vgl. dazu vorn N 44ff) aus Gründen der Rechtssicherheit und zum Schutze des Arbeitnehmers zahlreiche Einzelabreden zu ihrer Gültigkeit der Schriftform bedürfen (Art. 320 Abs. 1 OR; vgl. z. B. die Vereinbarung einer pauschalen Auslagenvergütung, Art. 327a Abs. 2 OR, oder die Abänderung der Kündigungsfristen, Art. 336b Abs. 2 OR; vgl. zum Ganzen REHBINDER, Art. 320 N 14). 51

Wenngleich sich die schriftliche Abfassung des Verwaltervertrages aus verschiedenen Gründen als vorteilhaft erweist, drängt sich eine vollumfängliche Verankerung der getroffenen Abreden im Reglement nicht auf. Dies führte lediglich zu einer unnötigen Aufblähung der Gemeinschaftsordnung und hätte zur Folge, dass für alle auch noch so marginalen Änderungen des Verwaltervertrages die strenge Quorumsbestimmung von Art. 712g Abs. 3 zur Anwendung gelangte (z. B. für die Anpassung des Verwalterhonorars; FRIEDRICH, § 40 N 2; MATHYS, BJM *1972* 276; WEBER, 446; vgl. zur Änderung des Verwaltervertrages hinten N 55f). Immerhin ist eine *Aufzählung der wichtigsten Aufgaben und Befugnisse des Verwalters im Reglement* sinn- 52 voll, dient dies doch der Klarheit im Verhältnis zwischen den einzelnen Stockwerkeigentümern untereinander und zum Verwalter (FRIEDRICH, § 43 N 2; vgl. auch den diesbezüglichen Vorschlag von FRIEDRICH, § 43, und von MICHAUD, 110ff). Die namentliche Nennung des Verwalters (und auch seines Stellvertreters) im Reglement ist indessen ebensowenig zu empfehlen, weil bei einer Neuwahl eines Verwalters die Änderung der überholten Bestimmung ebenfalls der Quorumsvorschrift von Art. 712g Abs. 3 unterliegt. Immerhin untersteht die Wahl selbst auch in einem solchen Fall der Quorumsbestimmung von Art. 712m Abs. 1 Ziff. 2 (einfache Mehrheit; vgl. dazu Art. 712m N 110 und hinten N 89).

c. Abschluss des Vertrages

53   Die *rechtswirksame Bestellung* des Verwalters kommt durch *Beschlussfassung* in der Versammlung der Stockwerkeigentümer (Art. 712m Abs. 1 Ziff. 2) *und* dem *Abschluss des Verwaltervertrages* zustande. Wie bereits dargelegt (vorn N 34ff), bilden Wahl des Verwalters und Abschluss des Verwaltervertrages eine Einheit (Einheitstheorie). Dabei kommt dem «organschaftlichen» Akt des Beschlusses der Stockwerkeigentümerversammlung die Funktion des internen Willensbildungsprozesses und zumeist auch der Willenserklärung der Stockwerkeigentümergemeinschaft zu (vgl. dazu GAUCH/SCHLUEP, Nr. 125; VON TUHR/PETER, 145). Diese Willenserklärung ist Offerte und bedarf der Annahme durch den Gewählten. Auf dieser Basis erfolgt dann die individuelle schuldrechtliche Ausgestaltung des Rechtsverhältnisses (K. MÜLLER, 114; MATHYS, BJM *1972* 274; WEBER, 424; vgl. auch BÜRGI, Art. 708 N 1, zur Wahl eines Verwaltungsrates in der AG, und VON STEIGER, Art. 812 N 3, betreffend die Bestellung eines Nichtgesellschafters zum Geschäftsführer einer GmbH).

54 In der Praxis wird diese rechtlich klare Trennung der beiden Vorgänge bei der Verwalterbestellung (der «organschaftliche» und der schuldrechtliche) allerdings selten beachtet, was indessen kaum grössere Probleme aufwirft. So ist es durchaus möglich, dass ein in Aussicht genommener Verwalter nach seiner Wahl einfach die Arbeit aufnimmt, ohne dass nähere Konkretisierungen seines Aufgabenbereiches vorgenommen wurden (vgl. auch vorn N 50ff). Mit dem Antritt seines Amtes nimmt dann der Verwalter die Offerte zum Abschluss des Verwaltervertrages mit dem gesetzlich umschriebenen Kompetenzrahmen konkludent an (K. MÜLLER, 114; MATHYS, BJM *1972* 275; WEBER, 445f). Regelmässig wird der konkrete Inhalt des Verwal-

tervertrages aber im Anschluss an die Wahl zwischen dem Gewählten und einem Vertreter der Stockwerkeigentümergemeinschaft ausgehandelt oder der Inhalt des Verwaltervertrages wird schon mit einem potentiellen Bewerber vorbereitet und dann mit dem Vorschlag zur Bestellung des Verwalters der Stockwerkeigentümergemeinschaft unterbreitet (WEBER, 445).

d. Änderung des Vertrages

Das Vorgehen bei Änderungen des Verwaltervertrages entspricht grundsätzlich demjenigen beim Abschluss des Vertrages: Wiederum bedarf es eines entsprechenden Beschlusses der Stockwerkeigentümerversammlung zwecks interner Willensbildung und der Annahme durch den Verwalter, um den notwendigen Konsens zu erreichen (vgl. vorn N 53). Verweigert der Verwalter das Akzept, so besteht der Verwaltervertrag mit dem bisherigen Inhalt weiter. 55

Es ist jedoch zu beachten, dass die Änderung des Inhaltes eines Verwaltervertrages auch auf anderem Wege erreicht werden kann. Verweist nämlich der Verwaltervertrag z.B. für die Konkretisierung der Verwalteraufgaben auf das Reglement (vgl. auch vorn N 52) und werden diese Reglementsbestimmungen durch einen Beschluss gemäss Art. 712g Abs. 3 geändert, so bekommt auch der Verwaltervertrag einen anderen Inhalt. Indessen ist auch in diesem Falle ein Konsens zwischen dem Verwalter und der Stockwerkeigentümergemeinschaft notwendig, weshalb die Reglementsänderung im Verhältnis zum im Amt befindlichen Verwalter eine Vertragsänderungsofferte darstellt. Der Verwalter hat dann nur die Möglichkeit, diese Vertragsänderung vollumfänglich zu akzeptieren (z.B. durch den Weiterverbleib im Amt) oder vom Amt und somit auch vom Vertrage zurückzutreten. Gerade in einem solchen Fall zeigt sich auch, dass das jederzeitige unabdingbare Kündigungsrecht des Verwalters gemäss Art. 404 OR durchaus sinnvoll ist (vgl. dazu vorn N 41 ff). 56

4. Inhalt des Verwaltervertrages

Für die bei der Umschreibung der vertraglichen Rechte und Pflichten des Verwalters anwendbaren Rechtsquellen gilt nachstehende Reihenfolge: 57
- Zwingende Normen des Stockwerkeigentumsrechts;
- zwingende Normen des Auftrags- oder Arbeitsvertragsrechts;
- konkrete Vertragsbestimmungen;

- Anordnungen im Reglement (vgl. dazu FRIEDRICH, § 43, und vorn N 36 und N 52);
- dispositive Vorschriften des Stockwerkeigentumsrechts;
- dispositive Vorschriften des Auftrags- oder Arbeitsvertragsrechts (vgl. dazu K. MÜLLER, 88 ff).

58 Schon aus Gründen der Übersichtlichkeit ist es daher empfehlenswert, die einzelnen Aufgaben, Befugnisse, Rechte und Pflichten des Verwalters in einem einheitlichen Vertragsdokument schriftlich festzuhalten (vgl. dazu vorn N 51 ff). Um so mehr noch drängt sich eine derartige Fixierung auf, wo von der gesetzlichen Regelung – soweit dies möglich ist (vgl. Art. 712s N 10 ff) – abgewichen oder wo diese in bestimmter Weise konkretisiert wird (vgl. dazu vor allem Art. 712s N 22 ff).

59 Infolge der flexiblen Ausgestaltungsmöglichkeiten der einzelnen Verwalterfunktionen (vorn N 13 ff) sowie aufgrund der unterschiedlichen Strukturen von Stockwerkeigentümergemeinschaften (Grösse, bauliche und wirtschaftliche Verhältnisse, personelle Zusammensetzung usw.) ist es nicht möglich, einen Mustervertrag zu entwerfen, der Anspruch auf Allgemeingültigkeit und Vollständigkeit erheben kann. Immerhin sollte ein Verwaltervertrag grundsätzlich folgende Bestimmungen und Regelungen enthalten (vgl. dazu FRIEDRICH, § 40 N 7; K. MÜLLER, 88; MICHAUD, 110 ff; WEBER, 446 ff):

60 - Bezeichnung der Vertragsparteien und der örtlichen Lage des gemeinschaftlichen Grundstücks;
- Vertragsbeginn, Vertragsdauer und Vertragsbeendigung (vgl. dazu aber vorn N 41 f und Art. 712r);
- Regelung der Entschädigung (vgl. auch Art. 394 Abs. 3 OR):
- - Fixum und allfällige Indexierung,
- - Auslagenersatz;
- Regelung, ob und inwieweit Substitution oder der Beizug von Hilfspersonen zulässig ist (vgl. vorn N 33);
- Aufgaben des Verwalters (vgl. ausführlich dazu Art. 712s N 19 ff):
- - Verkehr mit den Stockwerkeigentümern wie interner Schriftwechsel, Zustellungen und Mitteilungen an die einzelnen Stockwerkeigentümer (z. B. über den Eintritt eines Vorkaufsfalles),
- - Aufgaben bei der Abnahme des Gebäudes (z. B. Erhebung der Mängelrüge, Geltendmachung von Gewährleistungsansprüchen),
- - Überwachung des Zustandes des gemeinschaftlichen Grundstücks und der gemeinschaftlichen Anlagen, Aufrechterhaltung der Betriebsbereitschaft usw.,

- – Veranlassung der erforderlichen Reparaturen und Renovationen unter Festlegung einer Kompetenzsumme für selbständige Erteilung von Aufträgen,
- – Anordnung dringlicher baulicher Massnahmen,
- – Erfüllung der wirtschaftlich-finanziellen Aufgaben (Finanzverwaltung, Rechnungsführung, Inkasso der Beiträge, Abwicklung des Zahlungsverkehrs usw.),
- – Rechenschaftsablegung (vgl. Art. 400 Abs. 1 OR),
- – Herausgabepflicht (vgl. Art. 400 Abs. 1 OR),
- – Einberufung, Organisation und evtl. Leitung der Stockwerkeigentümerversammlung (vgl. Art. 712n Abs. 1 und dort N 29 ff),
- – Führung und Aufbewahrung des Protokolls (vgl. Art. 712n Abs. 2 und dort N 34 und N 37),
- – Anstellung und Überwachung eines Hauswartes,
- – allenfalls Vermietung gemeinschaftlicher Räume,
- – Abschluss notwendiger Versicherungen (vgl. Art. 712m Abs. 1 Ziff. 6 und dort N 50 ff),
- – Erarbeitung von Vorschlägen für bauliche Massnahmen, Reglementsänderungen usw.,
- – Kompetenz zum Erlass einer Hausordnung, von internen Weisungen usw.,
- – Ergreifen von Sanktionen bei Verletzung der Gemeinschaftsordnung (vgl. Art. 712g N 115),
- – Auskunftserteilung an ratsuchende Stockwerkeigentümer,
- – Verwaltung des Erneuerungsfonds (vgl. Art. 712s N 55 ff);
- Vertretung der Gemeinschaft nach aussen (vgl. ausführlich dazu Art. 712t N 7 ff):
- – Vertretungsbefugnis im Aussenbereich der gemeinschaftlichen Verwaltung,
- – Vertretungsbefugnis in Prozessen, allenfalls auch der Beizug eines Rechtsanwaltes in Prozessen und Verwaltungsverfahren;
- Zustellungsdomizil (Art. 712t Abs. 4 und dort N 61 ff).

5. Überwachung und Verantwortlichkeit des Verwalters

a. Aufsicht über die Tätigkeit des Verwalters

61 Gemäss Art. 712m Abs. 1 Ziff. 2 übt die Stockwerkeigentümerversammlung die Aufsicht über die Tätigkeit des Verwalters aus. Diese der Versammlung ex lege zustehende Befugnis kann auch an einen allfällig bestellten Ausschuss delegiert werden (Art. 712m Abs. 1 Ziff. 3; vgl. Art. 712m N 39).

62 Was unter «Aufsicht» über die Tätigkeit des Verwalters zu verstehen ist, präzisiert das Gesetz nicht. Immerhin ergibt sich aus der Funktion des Verwalters als Exekutivorgan (vorn N 13 f), dass dieser der Stockwerkeigentümerversammlung Berichte, Unterlagen usw. über seine Tätigkeit vorzulegen hat. Falls es die Stockwerkeigentümergemeinschaft wünscht, hat er der Versammlung einen (evtl. ausführlichen) Rechenschaftsbericht zu unterbreiten. Diese Pflicht erwächst dem Verwalter regelmässig aus dem Verwaltervertrag (Art. 400 Abs. 1 OR, Art. 321b und Art. 321d OR; vgl. dazu HOFSTETTER, SPR VII/2 89 f). Mit der Pflicht zur Rechenschaftsablegung immanent verknüpft ist die Pflicht zur Führung einer laufenden Rechnung und zur Aufbewahrung der entsprechenden Belege, Akten usw. (K. MÜLLER, 90). Aus der Bestimmung von Art. 712s Abs. 2 (Verteilung der Kosten und Lasten, Rechnungsstellung an die Stockwerkeigentümer usw.) sowie aus dem allgemeinen Auftragsrecht (vgl. HOFSTETTER, SPR VII/2 92; GAUTSCHI, Art. 400 N 27 ff) ergibt sich zudem die Pflicht, eine schriftliche Gesamtabrechnung zu erstellen (K. MÜLLER, 90; vgl. auch Art. 712s N 43). Die entsprechenden Akten sind – gleich wie die Protokolle – während der gesamten Existenzdauer der Stockwerkeigentümergemeinschaft aufzubewahren (vgl. dazu auch Art. 712n N 37).

63 Neben dem Recht, vom Verwalter Rechenschaftsablegung in wirtschaftlich-finanzieller Hinsicht zu verlangen, besteht die Aufsicht der Stockwerkeigentümerversammlung auch darin, dass sie vom Verwalter über alle Belange der gemeinschaftlichen Verwaltung Auskunft oder diesbezügliche Änderungsvorschläge fordern kann (vgl. auch K. MÜLLER, 90; STUDER, 59). Es wird im Einzelfall aufgrund der konkreten Verhältnisse und Ereignisse zu beurteilen sein, wie weit sich das Aufsichtsrecht der Stockwerkeigentümerversammlung erstreckt (vgl. auch HOFSTETTER, SPR VII/289 f). Dessen Aus-

übung unterliegt aber immerhin den Schranken von Art. 2 (Verbot des Rechtsmissbrauchs; vgl. auch STUDER, 58).

Mit dem Aufsichtsrecht eng verknüpft sind auch die Sanktionsmassnahmen, die der Stockwerkeigentümerversammlung gegenüber dem Verwalter zustehen. Von Gesetzes wegen sind dies die Verweigerung der Dechargeerteilung (hinten N 68 ff), das Abberufungsrecht von Art. 712r sowie die Geltendmachung von Haftungsansprüchen aus dem Verwaltervertrag (nachfolgend N 65 ff). Darüber hinaus können die Sanktionsmöglichkeiten auch rechtsgeschäftlich erweitert werden, so insbesondere durch Statuierung von Konventionalstrafen (Art. 160 ff OR; vgl. allgemein zu den Sanktionen der Gemeinschaftsordnung Art. 712g N 111 ff). 64

b. Verantwortlichkeit des Verwalters gegenüber der Stockwerkeigentümergemeinschaft

aa. Haftungsgrundlagen

Die Verantwortlichkeit des Verwalters gegenüber der Stockwerkeigentümergemeinschaft beurteilt sich infolge fehlender besonderer Anordnungen im Stockwerkeigentumsrecht (Art. 712a ff) ausschliesslich nach vertraglichen Grundsätzen (FRIEDRICH, § 40 N 9; unklar derselbe aber in § 30 N 11). Mit dem Abschluss des Verwaltervertrages hat der Verwalter die Verpflichtung übernommen, die ihm übertragenen Aufgaben unter Beachtung der nötigen Sorgfalt vertrags- bzw. weisungsgemäss zu erfüllen (vgl. Art. 321a i.V.m. Art. 321d OR, Art. 394 Abs. 1 i.V.m. Art. 397 OR). Kennzeichnend für den Verwaltervertrag ist überdies, dass der Verwalter nicht für den Erfolg seiner Tätigkeit einzustehen braucht (K. MÜLLER, 102; vgl. auch BGE 83 II 529). 65

Die Haftung des Verwalters gegenüber der Gemeinschaft ist dieselbe, ob er nun im Arbeits- oder Auftragsverhältnis steht (vgl. Art. 398 Abs. 1 OR; FRIEDRICH, § 40 N 9; LIVER, ZBJV *1965* 311; K. MÜLLER, 102). Er haftet nur für Schäden, die er der Stockwerkeigentümergemeinschaft absichtlich oder fahrlässig zugefügt hat (Art. 97 OR, Art. 321e Abs. 1 und Art. 398 Abs. 1 OR; vgl. dazu REHBINDER, Art. 321e N 2 ff, und HOFSTETTER, SPR VII/2 94 ff). 66

Gemäss Art. 101 OR haftet der Verwalter nicht nur für eigenes Verschulden, sondern auch für den Schaden, den eine von ihm befugterweise zugezogene 67

Hilfsperson (vgl. dazu vorn N 33) in der Ausübung ihrer Verrichtungen schuldhaft verursacht hat (vgl. dazu statt vieler GAUCH/SCHLUEP, Nr. 1678 ff; VON TUHR/ESCHER, 122 ff). Der unbefugte Beizug einer Hilfsperson stellt dagegen eine (positive) Vertragsverletzung des Verwalters dar, wofür er direkt aus Art. 97 OR haftet, daneben allenfalls auch aus Art. 101 (vgl. GAUCH/SCHLUEP, Nr. 1692; GUHL/MERZ/KUMMER, 219). Dieselbe Rechtsfolge tritt ein, wenn der Verwalter unbefugterweise einen Substituten zur Auftragsbesorgung heranzieht (Art. 399 Abs. 1 OR, der allerdings zu eng gefasst ist; vgl. GAUCH/SCHLUEP, Nr. 1684c und Nr. 1692; HOFSTETTER, SPR VII/2 73). Hat der Verwalter indessen den Substituten befugterweise beauftragt, so haftet er lediglich für die gehörige Sorgfalt bei der Auswahl und Instruktion des Dritten (Art. 399 Abs. 2 OR; vgl. ausführlich dazu HOFSTETTER, SPR VII/2 73, mit weiteren Verweisen auf Literatur und Rechtsprechung). Anzumerken bleibt, dass ein allfällig angestellter Hauswart dann weder Hilfsperson des Verwalters (Art. 101 OR) noch Substitut im Sinne von Art. 399 OR ist, wenn er in einem direkten Vertragsverhältnis zur Stockwerkeigentümergemeinschaft steht. Immerhin kann der Verwalter gegenüber der Stockwerkeigentümergemeinschaft für Handlungen eines Hauswartes aus dem Verwaltervertrag haftbar sein, wenn er bei der Auswahl und Instruktion desselben seine Sorgfaltspflichten verletzt hat oder wenn er seiner allfälligen Aufsichtspflicht nicht nachgekommen ist (vgl. K. MÜLLER, 103).

bb. *Haftungsausschluss und Entlastung (Decharge)*

68 Die Haftung des Verwalters kann gemäss den allgemeinen Grundsätzen von Art. 100 und Art. 101 Abs. 2 OR beschränkt werden. Dies dürfte allerdings nur selten vorkommen (vgl. auch K. MÜLLER, 103). Ein für das Stockwerkeigentum weitaus bedeutenderer Fall eines Haftungsausschlusses bildet dagegen die *Decharge* (Entlastung): «Die sogenannte Dechargeerklärung durch die Generalversammlung [in casu die Stockwerkeigentümerversammlung] enthält die Erklärung, dass gegen die entlasteten Organe [den Verwalter] aus deren Geschäftsführung während einer bestimmten Geschäftsperiode keine Forderungen geltend gemacht werden» (BGE *51* II 70). Obschon die Entlastungsmöglichkeit in den Art. 712a ff nirgends ausdrücklich festgelegt ist, findet sie auch im Stockwerkeigentumsrecht Anwendung. Sie ist nicht nur auf juristische Personen beschränkt (vgl. z. B. Art. 698 Abs. 2 Ziff. 4 OR für die AG), sondern gilt ganz allgemein im Geschäftsfüh-

rungsrecht (K. MÜLLER, 103; GAUTSCHI, Art. 395 N 15a ff; VON TUHR/ ESCHER, 179) und findet ihre Rechtsgrundlage mittelbar auch im Aufsichtsrecht der Stockwerkeigentümerversammlung (Art. 712m Abs. 1 Ziff. 3; STUDER, 69; WEBER, 314) sowie in der Verweisung von Art. 712m Abs. 2 auf das Vereinsrecht, welches das Institut der Decharge ebenfalls kennt (vgl. EGGER, Art. 69 N 9).

Inhalt des Dechargebeschlusses bildet die Erklärung der Stockwerkeigentümerversammlung, dass eine Forderung gegenüber dem Verwalter nicht besteht (negatives Schuldanerkenntnis, eventueller Erlass; vgl. GAUCH/ SCHLUEP, Nr. 1909; VON TUHR/ESCHER, 179). Die Wirkungen der Decharge bleiben auf diejenigen Forderungen beschränkt, über die sich die Stockwerkeigentümerversammlung ein Bild machen konnte und deren Bestehen aus den Unterlagen erkennbar war (FORSTMOSER/MEIER-HAYOZ, § 18 N 18 f; BÜRGI, Art. 698 N 84 ff; PETER FORSTMOSER, Die aktienrechtliche Verantwortlichkeit [2.A., Zürich 1987], N 437 ff; VON TUHR/ESCHER, 179; vgl. auch BGE 95 II 327 ff). Neben der generellen, die gesamte Tätigkeit des Verwalters während einer bestimmten Periode umfassenden Decharge kann auch eine spezielle, sich nur auf einzelne Geschäfte beziehende Entlastung erteilt werden (vgl. auch BÜRGI, Art. 698 N 72; FORSTMOSER, a.a.O. N 435). 69

Die Entlastung kann formfrei durch einfachen Mehrheitsbeschluss der Stockwerkeigentümerversammlung erfolgen (vgl. für das Vereinsrecht EGGER, Art. 69 N 9). Kraft Art. 712n Abs. 2 muss jedoch der Dechargebeschluss im Protokoll vermerkt werden (vgl. Art. 712n N 32 f). Aus Gründen der Rechtssicherheit (Beweislage, insb. hinsichtlich des Wirkungsumfanges) ist es empfehlenswert, den Umfang der Decharge zu umschreiben. Überdies ist dem Verwalter eventuell eine schriftliche Entlastungserklärung auszustellen, insbesondere bei Beendigung des Verwaltervertrages (K. MÜLLER, 103 f). 70

Der Verwalter ist indessen, sollte er selbst Stockwerkeigentümer sein und somit auch an der Stockwerkeigentümerversammlung als grundsätzlich stimmberechtigtes Gemeinschaftsmitglied teilnehmen, beim Beschluss über die Dechargeerteilung kraft Art. 68 i. V. m. Art. 712m Abs. 2 vom Stimmrecht ausgeschlossen (Art. 712m N 73; K. MÜLLER, 104; vgl. auch STUDER, 69 f, der zwar im Ergebnis zum gleichen Schluss kommt, sich statt auf Art. 68 aber auf Art. 2 beruft). 71

Vgl. für weitere Einzelfragen der Decharge (allerdings im Aktienrecht, das aber weitgehend analog anwendbar ist) FORSTMOSER/MEIER-HAYOZ, § 18 N 16 ff; FORSTMOSER, (zit. vorn N 69) N 410 ff; BÜRGI, Art. 698 N 70 ff.

c. Verantwortlichkeit des Verwalters gegenüber Dritten

72 Grundsätzlich verpflichtet der Verwalter bei der Ausübung seiner Tätigkeit direkt die Stockwerkeigentümergemeinschaft, ohne dass er selber gegenüber Dritten verantwortlich wird (vgl. Art. 712l N 21 und N 24). Es gibt aber Fälle, in denen der Verwalter Dritten gegenüber direkt für seine Handlungen einstehen muss.

73 Besonders bedeutsam ist die direkte Haftung des Verwalters gegenüber Dritten bei der *vollmachtlosen Stellvertretung* (Art. 38 f OR). Hat der Verwalter eine Handlung vorgenommen, welche über die ihm vom Gesetz verliehene (Art. 712t) oder von der Gemeinschaft erteilte Vollmacht hinausgeht und liegt auch keine Duldungs- oder Anscheinsvollmacht vor, ist also die Stockwerkeigentümergemeinschaft grundsätzlich weder berechtigt noch verpflichtet (vgl. dazu Art. 712t N 36), so wird der Verwalter dem Dritten gegenüber unter den Voraussetzungen und im Umfang von Art. 39 OR schadenersatzpflichtig (K. MÜLLER, 104 f; zur Frage, ob es sich dabei um einen Anwendungsfall der Culpa-Haftung oder um eine Haftung aus Art. 41 ff OR handelt vgl. GAUCH/SCHLUEP, Nr. 1054, und VON TUHR/PETER, 404, jeweils mit weiteren Verweisen).

74 Ferner hat der Verwalter dem Dritten gegenüber selbstverständlich für eigene deliktische Handlungen einzustehen (Art. 41 ff OR). Überdies ist er unter den Voraussetzungen von Art. 55 OR auch für durch von ihm beigezogene Hilfspersonen verursachte widerrechtliche Schädigungen haftbar (vgl. K. MÜLLER, 105).

75 Verantwortlichkeitsansprüche gegenüber dem Verwalter können auch kraft öffentlichen Rechts bestehen. Zu erwähnen ist insbesondere eine mögliche strafrechtliche Verantwortlichkeit des Verwalters (vgl. z. B. Art. 292 StGB; vgl. auch K. MÜLLER, 105).

V. Bestellung des Verwalters

1. Grundlagen

76 Das Gesetz sieht nicht zwingend die Einsetzung eines Verwalters vor. Die in Art. 712m Abs. 1 Ziff. 2 statuierte Befugnis zur Bestellung eines Verwalters ist als Kompetenznorm aufzufassen, aus der keine Verpflichtungen erwach-

sen (BBl *1962* II 1493f). Ein Verwalterzwang, wie er zum Teil in ausländischen Rechtsordnungen vorgesehen ist (z. B. in Art. 1129 CCit; vgl. dazu vorn N 5), liesse sich ohnehin kaum durchsetzen (BBl *1962* II 1493; LIVER, GS Marxer 190). Beim Verwalter handelt es sich also nicht um einen zwingend vorgeschriebenen Funktionsträger (BBl *1962* II 1493; FRIEDRICH, § 39 N 3; K. MÜLLER, 112; LIVER, SPR V/1 103; MICHAUD, 22 und 59).

Um indessen die Verwirklichung einer geordneten Verwaltungsorganisation 77 sicherzustellen, wollte der Gesetzgeber den Entscheid, ob ein Verwalter bestellt werden soll, nicht der Willkür der Mehrheit überlassen (BBl *1962* II 15 20; K. MÜLLER, 112). Deshalb hat er dem einzelnen Stockwerkeigentümer und jedem interessierten Dritten einen unabdingbaren und unverzichtbaren Anspruch eingeräumt, die Einsetzung eines Verwalters gerichtlich zu erzwingen, sofern die freiwillige Bestellung eines Verwalters nicht zustande kommt. Art. 712q befasst sich also nicht mit dem Normalfall der Bestellung des Verwalters durch die Stockwerkeigentümerversammlung (vgl. hiefür Art. 712m Abs. 1 Ziff. 2), sondern mit der Möglichkeit der richterlichen Bestellung eines solchen (STUDER, 87f; vgl. dazu hinten N 102ff).

Das systematische Verhältnis zwischen Art. 712m Abs. 1 Ziff. 2 und Art. 712q 78 ist weitgehend ungeklärt (vgl. WEBER, 435). Es bedarf daher des Rückgriffs auf die Regeln des Vereinsrechts (vgl. Art. 712m Abs. 2). Zu beachten sind sodann die Verwaltungsordnung des Miteigentumsrechts (vgl. Art. 712g) sowie die allgemeinen Grundsätze des Stockwerkeigentumsrechts.

2. Kompetenzordnung

a. Primäre Zuständigkeit der Stockwerkeigentümerversammlung

Art. 712m Abs. 1 Ziff. 2 räumt der Versammlung der Stock- 79 werkeigentümer die Befugnis ein, den Verwalter zu bestellen. Es handelt sich hierbei um eine *unabdingbare und unübertragbare Kompetenz der Stockwerkeigentümerversammlung* (BBl *1962* II 1493); eine Delegation der Befugnis zur Verwalterbestellung an einen anderen Funktionsträger (z. B. den Ausschuss) oder an einen Dritten ist nicht zulässig (g. M. FRIEDRICH, § 39 N 9; WEBER, 429f; MAGNENAT, 114; a. M. K. MÜLLER, 117f). Der Grundsatz des Körperschaftsrechts, wonach die Wahl des Exekutivorgans nicht Dritten überlassen werden darf, sondern Aufgabe der Mitgliederversammlung ist (sog. Selbstbestimmungsrecht; vgl. etwa HEINI, SPR II 522 und 566), gilt entsprechend auch für das Stockwerkeigentumsrecht.

80 Die Unzulässigkeit, die Kompetenz zur Bestellung des Verwalters zu delegieren, ergibt sich vor allem auch aus Art. 712q, der festhält, dass ein einzelner Stockwerkeigentümer oder ein Dritter nur dann beim Richter die Einsetzung eines Verwalters verlangen darf, wenn die Bestellung des Verwalters durch die Stockwerkeigentümerversammlung nicht zustande gekommen ist. Insofern zeigt sich, dass der Gesetzgeber auch im Stockwerkeigentumsrecht vom (verbandsrechtlichen) Grundsatz der Unabhängigkeit und des Selbstbestimmungsrechts ausgegangen ist, jedoch infolge der besonderen Interessenstruktur (dingliche Mitberechtigung, geordnete Verwaltung) ein Korrektiv in Form des Anspruchs auf richterliche Intervention geschaffen hat (hinten N 105f).

81 Obschon die Verwalterbestellung zwingend und unübertragbar in die Kompetenz der Stockwerkeigentümerversammlung fällt, ist in der Literatur die Frage aufgeworfen worden, ob die Bestellung des Verwalters von der Mitwirkung oder Zustimmung Dritter (z. B. Grundpfandgläubiger, Gemeinwesen) abhängig gemacht werden dürfe (teilweise bejahend FRIEDRICH, § 39 N 13f). Unseres Erachtens muss mit WEBER (429f) davon ausgegangen werden, dass der Vorbehalt der Zustimmung Dritter für die Eigenständigkeit der Stockwerkeigentümergemeinschaft und für die Fähigkeit der freien Willensbildung der Stockwerkeigentümerversammlung eine unzulässige Beeinträchtigung darstellt (FRIEDRICH, § 39 N 14, spricht dagegen nur von einer «empfindlichen Beeinträchtigung»; vgl. allgemein dazu auch HEINI, SPR II 522 und 566 betreffend den Verein, sowie BGE *67* I 262ff betreffend den Vorbehalt der Zustimmung eines Gemeinwesens zur Bestellung eines Organs in der Genossenschaft).

82 Die anlässlich der Gesetzesberatung in den eidgenössischen Räten diskutierte (und bejahte) Frage, ob es zulässig sei, sich im Begründungsakt direkt auf einen bestimmten Verwalter zu verpflichten (vgl. StenBull NR *1963* 199f, 211, 214), betrifft dagegen einen anderen Fall. Es geht dabei um die erstmalige Einsetzung eines Verwalters im Begründungsakt, welche durch den Konsens aller Stockwerkeigentümer getragen werden muss (Einstimmigkeit; vgl. Art. 712d Abs. 2 Ziff. 1) bzw. vom Begründer des Stockwerkeigentums mittels einseitiger Begründungserklärung angeordnet werden kann (vgl. Art. 712d Abs. 2 Ziff. 2; vgl. auch MATHYS, BJM *1972* 275f, und hinten N 97ff). Hier wird keine Wahlkompetenz delegiert. Überdies besteht auch in einem derartigen Fall das jederzeitige Abberufungsrecht gemäss Art. 712r

(StenBull NR *1963* 200, 214). Nach einer erfolgreichen Ausübung des Abberufungsrechts fällt die Neuwahl eines Verwalters zwingend in die Kompetenz der Stockwerkeigentümerversammlung.

b. Subsidiärer Anspruch auf richterliche Verwalterbestellung

Ist die Kompetenz der Stockwerkeigentümerversammlung 83
zur Bestellung des Verwalters unabdingbar und nicht einschränkbar (vorn N 97 ff), so stellt sich die Frage, welche Bedeutung dem in Art. 712q Abs. 1 und Abs. 2 statuierten Individualanspruch des Stockwerkeigentümers und des interessierten Dritten auf richterliche Intervention zukommt. Wie bereits dargelegt (vorn N 79 f), ist die Formulierung «kommt die Bestellung des Verwalters durch die Versammlung der Stockwerkeigentümer nicht zustande» nach zwei Seiten hin von Bedeutung: Einerseits bestätigt der Gesetzgeber die Funktion der Stockwerkeigentümerversammlung als oberstes Organ der Stockwerkeigentümergemeinschaft und somit auch deren grundsätzliche Kompetenz zur Wahl des Verwalters. Andererseits wollte er infolge der besonderen Struktur der Stockwerkeigentümergemeinschaft (dingliche Mitberechtigung, fehlende Pflicht zur Einsetzung eines Verwalters, partielle Mitverwaltungspflicht usw.) und damit auch der besonderen Interessenstruktur (z. B. konkret ausgewiesenes Bedürfnis nach geordneter Verwaltung) diesen für die Funktionsfähigkeit der Gemeinschaft u. U. bedeutsamen Entscheid nicht dem Willen der Mehrheit überlassen (BBl *1962* II 1520; vgl. auch vorn N 77). Deshalb musste ein Korrektiv zum Schutze des einzelnen Stockwerkeigentümers gefunden werden. Weil die Bestellung eines Verwalters im Stockwerkeigentumsrecht nicht zwingend ist, konnte indessen nicht eine dem Körperschaftsrecht entsprechende Regelung getroffen werden, die in derartigen Fällen die Auflösung der Köperschaft anordnet (vgl. z. B. Art. 77 ZGB, Art. 625 Abs. 2 OR und Art. 89 HRV). Die Lösung des schweizerischen Gesetzgebers besteht vielmehr darin, dem Stockwerkeigentümer und jedem interessierten Dritten zum Schutze seiner Interessen einen unabdingbaren und unverzichtbaren Anspruch auf richterliche Intervention zwecks Einsetzung eines Verwalters einzuräumen (Art. 712q; vgl. auch STUDER, 88).

Der in Art. 712q jedem Stockwerkeigentümer und jedem Dritten, der ein be- 84
rechtigtes Interesse nachweist, zugestandene *Individualanspruch* hat somit

eindeutig *subsidiären Charakter*. Er besteht nur wenn und soweit, als ein entsprechender Beschluss der Stockwerkeigentümerversammlung nicht zustande gekommen ist (Art. 712q Abs. 1 1. Halbsatz; vgl. auch Abs. 2 «das gleiche Recht»). Voraussetzung für die Geltendmachung dieses Individualanspruchs ist also, dass die Stockwerkeigentümerversammlung einem entsprechenden Begehren eines Stockwerkeigentümers nicht nachkommen will oder nicht nachkommen kann (WEBER, 435; unklar K. MÜLLER, 115; ausführlich dazu hinten N 105 ff).

3. Bestellung durch die Stockwerkeigentümerversammlung

a. Einberufung einer Stockwerkeigentümerversammlung und Antragsrecht

85   Für eine rechtsgültige Wahl eines Verwalters sind primär die formrichtige Einberufung sowie die formrichtige Traktandierung des Wahlgeschäftes erforderlich. Das Antragsrecht ist dabei grundsätzlich bereits im Recht auf Einberufung einer Stockwerkeigentümerversammlung enthalten (Art. 712n N 25). Wird der Antrag zur Wahl eines Verwalters allerdings erst in der Versammlung eingebracht, so darf darauf lediglich im Falle einer Universalversammlung eingetreten werden. Andernfalls ist die Einberufung einer zweiten Versammlung notwendig (Art. 712n N 27). Im Antragsrecht enthalten ist nicht nur das Recht, generell die Wahl eines Verwalters zu verlangen, sondern auch das Recht, bestimmte Personen vorzuschlagen.

86 Betreffend die Einberufung und den Antrag auf Wahl eines Verwalters gelten die allgemeinen, in Art. 712n N 15 ff dargelegten Grundsätze. Hier ist lediglich noch auf zwei besondere Varianten hinzuweisen:

87 – Will ein Verwalter sein Amt zur Verfügung stellen, so ist er gemäss Art. 712n Abs. 1 ohne anderslautende Reglementsbestimmung befugt, eine Stockwerkeigentümerversammlung mit dem Traktandum «Neuwahl eines Verwalters» einzuberufen.

88 – Ist noch kein Verwalter bestellt, so steht jedem einzelnen Stockwerkeigentümer das Einberufungs- und Antragsrecht zu (Art. 712n N 8; K. MÜLLER, 113).

b. Wahlverfahren

Die Bestellung des Verwalters erfolgt durch einen Versammlungsbeschluss mit der *einfachen Mehrheit der anwesenden Stockwerkeigentümer* (Art. 712m Abs. 1 Ziff. 2, Art. 712m Abs. 2 i. V. m. Art. 67 Abs. 2). Die einfache Mehrheit genügt auch dann, wenn dem Verwalter über die gewöhnliche Verwaltung hinausgehende Befugnisse erteilt werden, weil die Wahl in ein Amt keine wichtigere Verwaltungshandlung im Sinne von Art. 647b Abs. 1 darstellt (Art. 647b N 10; g. M. FRIEDRICH, § 35 N 9 und § 39 N 4; derselbe, SJK *1305* 2; MICHAUD, 60; WEBER, 426; a. M. LIVER, SPR V/1 103; MAGNENAT, 115; FLATTET, 33; HAUGER, 253; STEINAUER, § 34 N 1327a). Immerhin ist zu beachten, dass für eine extensivere Umschreibung der Verwalterkompetenzen im Begründungsakt oder im Reglement die Quorumsbestimmungen von Art. 712g Abs. 2 und 3 zur Anwendung gelangen können (STEINAUER, § 34 N 1 327a; vgl. auch vorn N 52). Diese Bestimmungen betreffen indessen nicht den Wahlakt, sondern die rechtsgeschäftliche Umschreibung der Rechtsstellung des Verwalters (ebenso WEBER, 291; vgl. dazu auch vorn N 57 ff). 89

Liegen den Stockwerkeigentümern mehrere Vorschläge betreffend die Person des Verwalters vor, so ist zur rechtsgültigen Wahl im ersten Wahlgang das absolute Mehr erforderlich, in späteren Wahlgängen dagegen das relative Mehr ausreichend (Art. 712m N 114; K. MÜLLER, 113; EGGER, Art. 66/67 N 8). Steht die Wahl eines Stockwerkeigentümers zum Verwalter zur Diskussion, so darf dieser sowohl an der Versammlung als auch an der Wahl selbst teilnehmen; ihn trifft keine Ausstandspflicht (vgl. dazu Art. 712 N 75). 90

Mit WEBER (426) erscheint es als zulässig, den Verwalter unter einer aufschiebenden oder auflösenden Bedingung zu wählen (z. B. unter der Bedingung des vorgängigen Verkaufs einer bestimmten Mindestzahl von Stockwerkeigentumsanteilen), zumal damit weder die Rechtsstellung des Verwalters noch die Willensfreiheit der Stockwerkeigentümergemeinschaft in unzulässiger Weise eingeengt werden. Im Gegensatz zur Statuierung eines Zustimmungsvorbehalts (vgl. dazu vorn N 81) wird hier der Eintritt der Rechtswirkungen der Verwalterbestellung von einem objektiven Ereignis abhängig gemacht. Betrachtet man den Wahlakt als Willenserklärung der Stockwerkeigentümergemeinschaft (vorn N 53 und hinten N 95), ist nur diese mit einer Bedingung verknüpft. Tritt die Bedingung ein, kann der Verwalter mit seinem Akzept die Verwalterbestellung rechtsgültig zustande bringen (auf- 91 schiebende Bedingung) bzw. den Vertrag dahinfallen lassen (auflösende Bedingung; zur Auflösung des Verwalterverhältnisses infolge des Eintritts einer resolutiven Bedingung vgl. Art. 712r N 34).

92 Was die Erschwerung der Beschlussfassungsvorschriften betrifft (vgl. Art. 712m N 90), erweist sich eine (an sich zulässige) Beschränkung der Gestaltungsmöglichkeiten der Stockwerkeigentümerversammlung weder als notwendig noch als sinnvoll: Kommt nämlich eine Bestellung nicht zustande, steht jedem einzelnen Stockwerkeigentümer der Individualanspruch auf Bestellung des Verwalters durch den Richter zu (Art. 712q Abs. 1; hinten N 102 ff).

93 Gegen eine an sich zulässige namentliche Nennung des Verwalters im Reglement (vgl. vorn N 32) bestehen Bedenken, erfordert doch eine spätere Bestellung eines neuen Verwalters neben dem eigentlichen Wahlakt zugleich auch eine Änderung des Reglements, was nur mit dem qualifizierten Mehr gemäss Art. 712g Abs. 3 erreicht werden kann (vorn N 56). Faktisch wird damit also für die Verwalterbestellung ein qualifiziertes Mehr eingeführt (MATHYS, BJM *1972* 275 f; WEBER, 427).

94 Die in der Praxis anzutreffende Variante, wonach (vor allem) Immobilienfirmen, die Stockwerkeigentum durch einseitige Erklärung begründen, zugleich mit dem Verkaufsvertrag über einen Stockwerkeigentumsanteil mit dem Käufer einen «Verwaltervertrag» abschliessen, nach welchem die Verkäuferin für eine bestimmte Zeit als Verwalterin eingesetzt wird, ist fragwürdig. Soweit von der Begründerin des Stockwerkeigentumsverhältnisses vor Verkauf des ersten Stockwerkeigentumsanteils analog dem Erlass des Reglementes (vgl. Art. 712g N 81) ein Verwalter bestellt wurde, ist dies zwar zulässig, aber nicht unproblematisch (hinten N 97 ff). Der zusätzlich mit dem Käufer abgeschlossene «Verwaltervertrag» hat nämlich für die Rechtsstellung des Verwalters gegenüber der Gemeinschaft keine Bedeutung (MATHYS, BJM *1972* 276, und WEBER, 427) und vermag deshalb auch keine Schadenersatzansprüche gegenüber der Stockwerkeigentümergemeinschaft bei der Abberufung des Verwalters (Art. 712r) auszulösen (vgl. allgemein zur Verabredung einer bestimmten Amtszeit vorn N 41 f und Art. 712r N 9 f). Wurde vor Verkauf des ersten Anteils hingegen kein Verwalter bestellt, so vermag auch die Summe aller gegenüber der Gemeinschaft unwirksamen einzelvertraglichen Verpflichtungen der Stockwerkeigentümer den gemäss Art. 712m Abs. 1 Ziff. 2 erforderlichen Beschluss nicht zu ersetzen, weshalb die Bestellung eines Verwalters als Organ überhaupt nicht zustande gekommen ist (MATHYS, a.a.O., und WEBER, a.a.O.).

c. Wirkungen der Wahl

Kommt in der Stockwerkeigentümerversammlung eine gültige Wahl einer bestimmten (natürlichen oder juristischen) Person (vorn N 20 ff) zustande, so bedarf es zur Vollendung einer rechtswirksamen Bestellung des Verwalters noch der Annahme durch den Gewählten. Hinzukommen wird regelmässig der Abschluss eines Verwaltervertrages zur individuellen Ausgestaltung der schuldrechtlichen Elemente dieses primär gemeinschaftsrechtlichen Rechtsverhältnisses (Höhe der Entschädigung, Dauer usw.).
Vgl. ausführlich zum Abschluss des Verwaltervertrages vorn N 53.

95

d. Mängel der Bestellung

Der Wahlakt selbst kann an einem Mangel leiden, so z. B. wenn die Verwalterwahl nicht gehörig traktandiert war (vgl. vorn N 85), wenn das erforderliche Quorum bei richtiger Berechnungsweise (vgl. dazu vorn N 89) nicht erfüllt war oder wenn gar kein eigentlicher Beschluss vorliegt (vgl. dazu auch vorn N 94). Soweit ein Bestellungsbeschluss vom Richter als nichtig erklärt oder eine entsprechende Anfechtungsklage gutgeheissen wird (vgl. zur Unterscheidung zwischen Anfechtbarkeit und Nichtigkeit Art. 712m N 146 ff), muss der Verwaltervertrag als nicht zustande gekommen betrachtet werden, weil es an der Gegenseitigkeit der Willensäusserungen (Art. 1 OR) fehlt (vgl. vorn N 53 zum Zustandekommen des Vertrages). Wurde in der Zwischenzeit der Verwaltervertrag als rechtsgültig betrachtet und wurden Leistungen erbracht, so dürfte wohl ein faktisches Vertragsverhältnis vorliegen (vgl. dazu GAUCH/SCHLUEP, Nr. 244 ff; SCHÖNENBERGER/ JÄGGI, Das Obligationenrecht, Zürcher Kommentar, Bd. V/1a: Art. 1–17 OR [3. A., Zürich 1973], Art. 1 N 549 ff), welches entsprechend den Regeln von Art. 320 Abs. 2 OR oder von Art. 419 ff OR (echte Geschäftsführung ohne Auftrag) zu liquidieren ist. Dritte, die während dieser Zeit im Vertrauen auf das rechtsgültige Bestehen der Vertretungsbefugnis des Verwalters Ansprüche gegenüber der Gemeinschaft erworben haben, werden entsprechend den Regeln über die faktische Gesellschaft (vgl. MEIER-HAYOZ/FORSTMOSER, § 1 N 34 f) in ihrem Vertrauen geschützt.

96

e. Exkurs: Bestellung des Verwalters durch einseitige Erklärung

97 Bei der Begründung von Stockwerkeigentum durch Immobilienfirmen kommt es hin und wieder vor, dass im Zeitpunkt der Begründungserklärung auch schon ein Verwalter eingesetzt wird. Soweit und solange noch alle Stockwerkeigentumsanteile in einer Hand vereinigt sind, kann durch bloss einseitige Erklärung sowohl ein Reglement erlassen als auch ein Verwalter eingesetzt werden (Art. 712d N 94 und Art. 712g N 81). Wenn der Begründer des Stockwerkeigentums sich selbst als Verwalter einsetzt, kommt der Verwaltervertrag formell durch Selbstkontrahieren zwischen dem Verwalter und der noch nicht entstandenen Stockwerkeigentümergemeinschaft zustande (zur Möglichkeit der Vertretung einer noch nicht bestehenden Person bzw. Personenmehrheit vgl. VON TUHR/PETER, 387). Es handelt sich dabei also um die antizipierte Festlegung eines Verwaltervertrages, der erst mit der Veräusserung mindestens eines Stockwerkeigentumsanteils materiell seine Wirkung entfaltet.

98 Mit diesem Vorgehen lassen sich alle Konsensprobleme vermeiden, die sich aus Art. 712g Abs. 2 und 3 hinsichtlich der Ausgestaltung der Rechtsstellung des Verwalters und aus Art. 712m Abs. 1 Ziff. 2 hinsichtlich der Verwalterwahl ergeben können. Indessen ist zu beachten, dass auch ein solcherart eingesetzter Verwalter unter dem Damoklesschwert des jederzeitigen Abberufungsrechts von Art. 712r steht. Zudem ergeben sich Bedenken verschiedener Art gegenüber einer derartigen Verwalterbestellung:

99 – Es besteht die Gefahr, dass bei einem solchen Vorgehen (vor allem dann, wenn sich der Begründer des Stockwerkeigentums selbst als Verwalter einsetzt) dem Verwalter von Beginn an durch das Reglement übermässige Kompetenzen eingeräumt werden, die später nur noch mit qualifiziertem Mehrheitsentscheid im Sinne von Art. 712g Abs. 2 oder Abs. 3 abgeändert werden können (vgl. auch Art. 712g N 86 ff).

100 – Zudem sind die Verwalterbefugnisse sehr oft nur auf die subjektiven Bedürfnisse des ersten Verwalters ausgerichtet. Dies kann zu erheblichen Funktionsstörungen führen (vgl. auch WEBER, 427).

101 – Bei einer nicht vom breiten Konsens der Gemeinschaftsmitglieder getragenen Verwalterpersönlichkeit fehlt die für ein erspriessliches Zusammenwirken nötige Vertrauensbasis. Eine Sanierung bringt oft erst die Abberufung des Verwalters und die Wahl einer der Gemeinschaft genehmen Person.

4. Bestellung durch den Richter

a. Allgemeines

Art. 712q verleiht jedem Stockwerkeigentümer und jedem 102
Dritten, der ein berechtigtes Interesse hat, einen unentziehbaren *Individualanspruch* auf richterliche Bestellung eines Verwalters. Dieser Anspruch auf richterliche Intervention ist indessen *subsidiär*. Dessen Geltendmachung wird nämlich von der *doppelten Voraussetzung* abhängig gemacht, dass sich *kein Verwalter im Amt* befindet und dass eine *Bestellung durch die Versammlung der Stockwerkeigentümer nicht zustande gekommen* ist (vgl. ausführlich zur Bedeutung von Art. 712q Abs. 2 vorn N 83 f). Weitere Voraussetzungen werden nicht aufgestellt. Insbesondere müssen keine Gründe (z. B. Bedürfnisnachweis, Funktionsstörungen in der Stockwerkeigentümergemeinschaft) vorgebracht werden (WEBER, 433).

b. Voraussetzungen des Individualanspruchs

aa. Fehlen eines Verwalters

Die Bestellung eines Verwalters kann beim Richter nur be- 103
gehrt werden, wenn ein solcher fehlt. Diese Situation liegt vor, wenn z. B. (vgl. dazu auch WEBER, 434 f):
- Noch nie ein Verwalter bestellt worden ist;
- der bisherige Verwalter abberufen und kein neuer bestellt worden ist;
- nach Ablauf der vereinbarten Vertragsdauer das Rechtsverhältnis nicht ausdrücklich oder konkludent weitergeführt wird;
- der Verwalter stirbt bzw. die als Verwalterin eingesetzte juristische Person aufgelöst wird (vgl. Art. 712r N 33 f);
- eine auflösende Bedingung des Anstellungsverhältnisses eintritt;
- der Verwalter vom Amt zurücktritt.

Ausgeschlossen ist u. E. indessen das Begehren, wenn ein Verwalter zwar im 104
Amt, aber (infolge Krankheit, Abwesenheit usw.) dauernd oder vorübergehend an der Ausübung seiner Funktionen gehindert und ein Stellvertreter bezeichnet oder gewählt ist (vgl. dazu vorn N 27 ff; g. M. WEBER, 435; a. M. K. MÜLLER, 115). Sollte dies nicht zutreffen, so ist entsprechend der Voraussetzung von Art. 712q, dass ein Bestellungsbeschluss der Stockwerkeigentü-

merversammlung nicht zustande kommt (dazu hinten N 89 ff), das Begehren um die richterliche Ernennung eines Stellvertreters zuzulassen. Ein Verwalter kann dagegen nicht ernannt werden, da sich ein solcher noch im Amt befindet (a. M. WEBER, 435; BÄRMANN/PICK/MERLE, § 26 N 50; K. MÜLLER, 115). Vielmehr müsste der betreffende Verwalter zuerst abberufen werden (vgl. auch BGE *71* I 389, wo das Bundesgericht die Wahl eines zweiten Vorstandes ohne rechtsgültige Abberufung des ersten als mit der Grundordnung des Vereinsrechts unvereinbar und deshalb für nichtig erklärt hat). Auch ist es u. E. grundsätzlich unzulässig, mit der Klage auf Abberufung eines Verwalters (Art. 712r Abs. 2) zugleich die Klage auf Einsetzung eines neuen Verwalters (Art. 712q) zu verbinden, weil auch nach einer richterlichen Abberufung der Stockwerkeigentümergemeinschaft die Gelegenheit zur Ausübung ihrer primären Wahlkompetenz gegeben werden muss (vgl. dazu hinten N 105 ff und Art. 712r N 16 f).

bb. Nichtzustandekommen der Bestellung durch die Stockwerkeigentümerversammlung

105   Der klare Wortlaut von Art. 712q Abs. 1 («Kommt die Bestellung des Verwalters durch die Versammlung der Stockwerkeigentümer nicht zustande ...») lässt keine Zweifel darüber aufkommen, dass für die Geltendmachung des Individualanspruchs nicht nur das Fehlen eines Verwalters vorausgesetzt wird, sondern dass darüber hinaus die Stockwerkeigentümerversammlung einem entsprechenden Begehren eines Stockwerkeigentümers (vgl. dazu vorn N 85 ff) nicht nachkommt bzw. aus sachlichen Gründen nicht nachkommen kann (FRIEDRICH, § 39 N 5; WEBER, 435; unklar K. MÜLLER, 115). Grundsätzlich wird sich also die Versammlung der Stockwerkeigentümer mit diesem Traktandum auseinanderzusetzen haben. Erst wenn diese trotz erfolgter Diskussion keinen Beschluss fasst oder einen ablehnenden Entscheid fällt, ist der Weg für den Individualanspruch offen. Gleiches trifft zu, wenn der Stockwerkeigentümer bzw. der Dritte (Art. 712q Abs. 2, «Das gleiche Recht ...») nachweisen kann, dass die Beschlussfähigkeit dauernd fehlt (vgl. dazu Art. 712p N 8 ff), dass eine Versammlung trotz Antrag eines Stockwerkeigentümers nicht einberufen wurde oder nicht einberufen werden konnte (z. B. Ferien- oder Landesabwesenheit aller übrigen Stockwerkeigentümer, insb. bei kleineren Gemeinschaften) bzw. dass sein Antrag in der Versammlung nicht behandelt und auch nicht auf eine spätere Versammlung verschoben wurde (ähnlich WEBER, 435).

Ausnahmsweise wird der einzelne Stockwerkeigentümer indessen direkt, 106
d. h. ohne vorgängige Anrufung der Stockwerkeigentümerversammlung, den
Richter zwecks Einsetzung eines Verwalters anrufen können: Gemäss
Art. 647 Abs. 2 Ziff. 2 i. V. m. Art. 712g Abs. 1 hat der Stockwerkeigentümer
das unentziehbare und unverzichtbare Recht zur Vornahme dringlicher, objektiv gebotener Massnahmen ohne vorgängige Anrufung der Stockwerkeigentümergemeinschaft (Art. 647 N 71 ff). Sinnvollerweise wird man diese
Bestimmung im Zusammenhang mit Art. 712q nicht nur in dem engen Sinne
auslegen, dass der einzelne Stockwerkeigentümer in dringlichen Fällen die
gebotenen Verwalterfunktionen selbst auszuüben habe (eine solche Handlungspflicht kann sich nur aus Art. 2 ergeben; vorn N 20 und Art. 712g
N 29 ff), sondern darf in extensiver Interpretation annehmen, dass der
Stockwerkeigentümer auch zur Geltendmachung seines Individualanspruchs auf richterliche Einsetzung eines Verwalters befugt ist (so wohl
auch STUDER, 88 f Eine direkte Anwendung von Art. 647 Abs. 2 Ziff. 1 fällt
dagegen ausser Betracht, weil für die Anrufung des Richters gemäss dieser
Bestimmung wiederum ein Beschluss der Stockwerkeigentümerversammlung vorausgesetzt ist; Art. 647 N 64). Dies ist insbesondere dann bedeutsam, wenn der antragstellende Stockwerkeigentümer weder fachlich (z. B.
für dringende Prozesshandlungen, Geltendmachung von Gewährleistungsansprüchen) noch aus sachlichen Gründen (z. B. Grösse bzw. Umfang der
erforderlichen Massnahmen) in der Lage ist, die entsprechenden Massnahmen anzuordnen oder vorzunehmen. Eine derartige Auslegung entspricht
u. E. sowohl der Struktur des Stockwerkeigentumsrechts im allgemeinen als
auch der Absicht des Gesetzgebers im besonderen, zwar den Verwalter nicht
von Amtes wegen einzusetzen, aber dem einzelnen Stockwerkeigentümer
mit Art. 712q einen Rechtsbehelf zur Wahrung seiner Interessen an einer geordneten Verwaltung zur Verfügung zu stellen (vorn N 77). Dieses Recht aus
Art. 647 Abs. 2 Ziff. 2 steht allerdings einem Dritten nicht zu.

Kann also ein Stockwerkeigentümer nachweisen bzw. glaubhaft machen, 107
dass ein dringender Handlungsbedarf im Sinne von Art. 647 Abs. 2 Ziff. 2
vorliegt, ist er mit seinem Begehren um richterliche Bestellung eines Verwalters ohne weitere Voraussetzungen zuzulassen (ähnlich WEBER, 435; vgl.
auch BÄRMANN/PICK/MERLE, § 26 N 51). Dies wird namentlich dann der
Fall sein, wenn die rechtzeitige Einberufung einer Versammlung zur Wahrung von Prozessfristen, Gewährleistungsfristen oder zur sofortigen Ausführung dringender administrativer Aufgaben (Steuererklärung, Rechnungsabschluss usw.) gar nicht möglich ist (vgl. auch Art. 647 N 77). Überdies wird

der Richter in entsprechender Weise direkt anzugehen sein, wenn der antragstellende Stockwerkeigentümer nachweisen kann, dass ein Bestellungsbeschluss in der Versammlung ohnehin nicht zustande kommen würde (g. M. WEBER, 435).

c. Anspruchsberechtigte

aa. Jeder Stockwerkeigentümer (Abs. 1)

108 Jeder Stockwerkeigentümer kann die richterliche Ernennung eines Verwalters begehren (Art. 712q Abs. 1). Dieser Individualanspruch ist unentziehbar (BBl *1962* II 1493; K. MÜLLER, 52 und 112; WEBER, 433). Ein Nachweis bestimmter Gründe für die Verwalterbestellung braucht grundsätzlich nicht vorgebracht zu werden; insbesondere muss nicht ein objektiviertes Bedürfnis für die Bestellung eines Verwalters bestehen (K. MÜLLER, 116; WEBER, 419 und 433). Lediglich beim Vorgehen gemäss Art. 647 Abs. 2 Ziff. 2 (vorn N 106f) muss die materielle Notwendigkeit der Verwalterbestellung glaubhaft gemacht werden (vgl. auch STUDER, 89).

109 Der antragstellende Stockwerkeigentümer kann die Einsetzung einer bestimmten Person als Verwalter beim Richter beantragen oder auf einen entsprechenden persönlichen Antrag verzichten. Der Richter ist nicht an einen Vorschlag gebunden, sondern bezeichnet nach pflichtgemässem Ermessen eine ihm geeignet erscheinende Person (K. MÜLLER, 116). Soweit aber gegenüber einer vorgeschlagenen Person keine schwerwiegenden Bedenken bestehen, wird er in der Regel diesem Vorschlag folgen (K. MÜLLER, 116; WEBER, 433; HAUGER, 256).

bb. Jeder interessierte Dritte (Abs. 2)

110 Einen Individualanspruch auf Bestellung eines Verwalters hat auch jeder Dritte, «der ein berechtigtes Interesse daran hat» (Art. 712q Abs. 2). Dies ist deshalb gerechtfertigt, weil ein mit der Gemeinschaft in (dauerndem) geschäftlichem oder amtlichem Verkehr stehender Dritter darauf angewiesen ist, eine klare Zuständigkeitsordnung und insbesondere einen Vertreter der Gemeinschaft vorzufinden (BBl *1962* II 1493).

111 Der Dritte, der diesen Anspruch geltend machen will, muss ein «berechtigtes Interesse» nachweisen. Diese Berechtigung kann sich sowohl aus rechtli-

chen als auch aus tatsächlichen Gründen ergeben (FRIEDRICH, § 39 N 5). Entscheidend ist in allen Fällen das berechtigte Anliegen des Dritten, seine Rechte aus dem geschäftlichen oder amtlichen Verkehr mit der Gemeinschaft durchsetzen zu können (vgl. BBl *1962* II 1493 f; LIVER, SPR V/1 103). Das Gesetz erwähnt als berechtigten Dritten lediglich den Pfandgläubiger und den Versicherer (Art. 712q Abs. 2 i. f). Diese Aufzählung ist jedoch nicht abschliessend. Weitere Dritte können je nach den konkreten Umständen gewöhnliche Gläubiger, Bauunternehmer, Mieter und Pächter, Versorgungsbetriebe (Gas-, Wasser-, Stromlieferant usw.) sowie Behörden aller Stufen sein (LIVER, SPR V/1 103; K. MÜLLER, 115 f).

d. Verfahren

Prozessuale Vorschriften hinsichtlich der Einleitung und der Durchführung des Begehrens fehlen im Gesetz. Dem Wesen dieses einem sachenrechtlichen Gemeinschaftsverhältnis entspringenden Individualanspruchs entspricht aber der einheitliche Gerichtsstand am Ort der gelegenen Sache (FRIEDRICH, § 39 N 7; MICHAUD, 61; WEBER, 436; vgl. auch § 6 Abs. 2 der zürcherischen ZPO und dazu STRÄULI/MESSMER, § 6 N 17; vgl. ferner Art. 712l N 84 f). Angemessen scheint ein einfaches und möglichst rasches Verfahren (BBl *1962* II 1505; Art. 712l N 89 f; FRIEDRICH, § 39 N 7; K. MÜLLER, 116; WEBER, 436. Vgl. § 215 Ziff. 34 der zürcherischen ZPO, wonach das summarische Verfahren vor dem Einzelrichter zur Anwendung gelangt, sowie Art. 647 N 66 und BGE *97* II 323 für die entsprechende verfahrensrechtliche Ausgestaltung des Anspruchs aus Art. 647 Abs. 2 Ziff. 1). 112

Aktivlegitimiert ist jeder Stockwerkeigentümer (vorn N 108 ff) und jeder interessierte Dritte (vorn N 110 ff). Passivlegitimiert ist die Gemeinschaft der Stockwerkeigentümer (Art. 712l N 98). Weil die Zustellung der Prozessschriften an einen Verwalter nicht möglich ist, sind diese grundsätzlich allen Stockwerkeigentümern zuzustellen (vgl. dazu Art. 712l N 83). 113

e. Inhalt und Wirkungen des richterlichen Entscheids

Inhalt des richterlichen Entscheids ist die Ernennung einer bestimmten Person zum Verwalter; an einen Vorschlag des Antragstellers ist er dabei nicht gebunden (vorn N 109). Der Inhalt der Anstellungsbe- 114 dingungen muss dabei nicht festgelegt werden. Sinnvollerweise wird der Richter aber die in Aussicht genommene Person zur Umschreibung der wichtigsten Grundzüge der Rechte und Pflichten des Verwalters sowie zur Festlegung eines Honorars beiziehen und diese Modalitäten festsetzen (K. MÜLLER, 116; WEBER, 436f; BÄRMANN/PICK/MERLE, § 26 N 55). Zu beachten ist indessen, dass der Richter nicht ohne zwingende Gründe in die Autonomie der Stockwerkeigentümergemeinschaft eingreifen soll. So darf er u. E. nur dann und nur soweit von der gesetzlichen Regelung der Art. 712s und Art. 712t abweichen, als es die konkreten Umstände dringend erfordern oder wenn der Antragsteller lediglich die Bestellung eines Verwalters für eine bestimmte Aufgabe verlangt (z. B. für die finanzielle Sanierung einer Stockwerkeigentümergemeinschaft; g. M. WEBER, 437). Grundsätzlich stehen einem richterlich eingesetzten Verwalter also die gesetzlichen Mindestbefugnisse von Art. 712s und Art. 712t zu. Wird ein Entgelt für den Verwalter nicht festgelegt, so bestimmt sich dieses in einem späteren Streitfall nach richterlichem Ermessen.

115 Obschon die richterliche Einsetzung eines Verwalters für eine bestimmte Zeit dem Wesen des Individualanspruchs als subsidiäres Recht auf richterliche Intervention (vgl. vorn N 102) am ehesten entspricht und zudem in Art. 712r Abs. 3 ausdrücklich verankert wird, spricht nichts dagegen, den Verwalter u. U. lediglich für die Erfüllung einer bestimmten Aufgabe ohne zeitliche Umschreibung oder generell auf unbestimmte Zeit zu ernennen (g. M. WEBER, 437). In diesem Sinne statuiert Art. 712r Abs. 3 also keine zwingende Verpflichtung des Richters zur zeitlichen Begrenzung des Verwalterverhältnisses. Dort, wo die Verwalterbestellung aufgrund des Vorgehens gemäss Art. 647 Abs. 2 Ziff. 2 i. V. m. Art. 712q Abs. 1 verlangt wird (vorn N 106f), ist indessen die Verwalterbestellung auf unbestimmte Dauer unzulässig. Fällt die Dringlichkeit der Massnahme bzw. der Handlungsbedarf weg (z. B. durch Lösung des konkreten Problems), so muss auch die richterliche Interventionsmassnahme beendet werden.

116 Der richterliche Entscheid entfaltet – vorbehältlich bereits angeordneter vorsorglicher Massnahmen – seine Wirksamkeit mit dem Eintritt der Rechtskraft. Seine Wirkung beschränkt sich indessen darauf, eine Willenserklärung der Stockwerkeigentümergemeinschaft (welche normalerweise durch die Beschlussfassung erfolgt, vgl. vorn N 89ff) zu ersetzen (K. MÜLLER, 116; WEBER, 437). Deshalb erübrigt sich nach dem richterlichen Entscheid die Annahmeerklärung des gerichtlich bestellten Verwalters nicht. Regelmässig erfolgt denn auch die richterliche Bestellung des Verwalters

erst dann, wenn der Richter sich darüber vergewissert hat, dass der zu Ernennende das Amt annimmt. In diesem Falle liegt die Zustimmung des Verwalters schon im Gerichtsverfahren vor. Die nähere Ausgestaltung des Verwaltervertrages wird üblicherweise den Parteien überlassen.

Ist die richterliche Ernennung ungültig (z. B. wegen schwerwiegender Verfahrensmängel) und handelt der richterlich bestellte Verwalter ohne Wissen um die Nichtigkeit des Entscheids trotzdem, so kann er entsprechend den Regeln über das faktische Vertragsverhältnis Aufwendungsersatz verlangen.

Art. 712 r

2. Abberufung

¹ Durch Beschluss der Versammlung der Stockwerkeigentümer kann der Verwalter unter Vorbehalt allfälliger Entschädigungsansprüche jederzeit abberufen werden.

² Lehnt die Versammlung der Stockwerkeigentümer die Abberufung des Verwalters unter Missachtung wichtiger Gründe ab, so kann jeder Stockwerkeigentümer binnen Monatsfrist die richterliche Abberufung verlangen.

³ Ein Verwalter, der vom Richter eingesetzt wurde, kann ohne dessen Bewilligung vor Ablauf der Zeit, für die er eingesetzt ist, nicht abberufen werden.

2. Révocation

¹ L'assemblée des copropriétaires peut révoquer en tout temps l'administrateur, sous réserve de dommages-intérêts éventuels.

² Si, au mépris de justes motifs, l'assemblée refuse de révoquer l'administrateur, tout copropriétaire peut, dans le mois, demander au juge de prononcer la révocation.

³ L'administrateur nommé par le juge ne peut pas être révoqué sans l'assentiment de celui-ci avant le terme fixé à ses fonctions.

2. Revoca

¹ L'assemblea dei comproprietari può revocare in ogni tempo l'amministratore, riservata l'azione di risarcimento.

² Se, nonostante un grave motivo, l'assemblea nega di revocare l'amministratore, ogni comproprietario può, entro un mese, domandarne la revoca al giudice.

³ L'amministratore nominato dal giudice non può, senza il consenso di questo, essere revocato prima del decorso del tempo fissato al suo ufficio.

Übersicht

		Note	Seite
Materialien		1	481
Literatur		2	481
Rechtsvergleichung		3	481
I.	*Allgemeines*	4	481
II.	*Abberufung des Verwalters*	7	482
	1. Grundlagen	7	482
	2. Abberufung durch die Stockwerkeigentümerversammlung (Abs. 1)	8	483
	a. Abberufungsfreiheit und Verfahren	8	483
	b. Wirkungen und Mängel der Abberufung	11	485
	3. Abberufung durch den Richter aus wichtigem Grund (Abs. 2)	15	486
	a. Allgemeines	15	486
	b. Voraussetzungen des Individualanspruchs	16	486
	aa. Verweigerung der Abberufung durch die Stockwerkeigentümerversammlung	16	486

	Note	Seite
bb. Missachtung wichtiger Gründe durch die Stockwerkeigentümerversammlung	18	487
c. Anspruchsberechtigter	22	489
d. Verfahren und Wirkungen des Entscheids	24	490
4. Richterliche Bewilligung zur Abberufung eines vom Richter eingesetzten Verwalters (Abs. 3)	27	491
III. Demission des Verwalters	30	492
IV. Weitere Beendigungsgründe	33	493
V. Folgen der Beendigung des Verwalterverhältnisses	35	493
1. Zeitliche und inhaltliche Wirkungen beim Eintritt eines Beendigungsgrundes	35	493
2. Erfüllung der gegenseitigen schuldrechtlichen Verpflichtungen	38	494
a. Allgemeine vertragliche Abwicklung	38	494
b. Entschädigungsansprüche im besonderen	40	495
3. Nachwirkende Treuepflicht	43	496

Materialien	BBl *1962* II 1520; StenBull NR *1963* 227, 531f, 685; StenBull StR *1963* 222, 376.	1
Literatur	Neben den im allgemeinen Schrifttumsverzeichnis aufgeführten Werken sind hier noch zu beachten: WOLFAHRT BÜRGI, Die Aktiengesellschaft, Zürcher Kommentar, Bd.V/5b/2: Art.698–738, Zürich 1969; GAUCH/ SCHLUEP, Schweizerisches Obligationenrecht, Allgemeiner Teil, 4.A., Zürich 1987; JOSEF HOFSTETTER, Der Auftrag und die Geschäftsführung ohne Auftrag, in: SPR VII/2, Basel/Stuttgart 1979, 1ff; WERNER VON STEIGER, Die Gesellschaft mit beschränkter Haftung, Zürcher Kommentar, Bd.V/5c : Art.772–827, Zürich 1965.	2
Rechtsvergleichung	Vgl. die Angaben in den Vorbemerkungen zu den Art.712aff N 52–81, in Art.712q N 3–6 sowie hinten N 19.	3

I. Allgemeines

Gegenstand des Art.712r ist ein einziger Beendigungsgrund des Verwalterverhältnisses: die Abberufung. Von anderen Gründen, die zur Beendigung des Verwalterverhältnisses führen, ist im Gesetz nicht die Rede: Von der Demission des Verwalters (hinten N 30ff), von dessen Tod und von der Auflösung der Stockwerkeigentümergemeinschaft (hinten N 33f). Allen diesen Beendigungsgründen ist indessen gemeinsam, dass sich deren Gestaltungswirkung auf das Erlöschen der «Organfunktion», der Ge- 4 schäftsführungs- und Vertretungsbefugnis, beschränkt. Für die vollumfängliche Beendigung der Rechtsbeziehungen zwischen Verwalter und Gemeinschaft ist überdies die Liquidation des schuldrechtlichen Verwaltervertrages erforderlich. Dem entspricht der in Abs. 1 statuierte «Vorbehalt allfälliger Ersatzansprüche», der für alle Fälle der Beendigung des Verwalterverhältnisses massgebend ist (hinten N 40 ff).

5 Gleich wie für die Bestellung ist die Stockwerkeigentümerversammlung auch für die Abberufung des Verwalters primär zuständig (Abs. 1). Ebenfalls als Korrelat zur Individualklage auf Bestellung hat der Gesetzgeber dem einzelnen Stockwerkeigentümer einen im Verhältnis zur Kompetenz der Stockwerkeigentümerversammlung subsidiären Anspruch auf richterliche Abberufung des Verwalters eingeräumt (Abs. 2). Da indessen die Abberufung des Verwalters einen wesentlich härteren Eingriff in das Selbstbestimmungsrecht und in die Organisationsfreiheit der Stockwerkeigentümergemeinschaft darstellt, wurde dieser Individualanspruch im Vergleich zu jenem auf Bestellung in zweifacher Hinsicht eingeschränkt: Zum einen kann er nur geltend gemacht werden, wenn die Stockwerkeigentümerversammlung bei ihrem die Abberufung ablehnenden Entscheid wichtige Gründe missachtet hat (hinten N 18 ff), zum andern steht dieser Anspruch nur dem einzelnen Stockwerkeigentümer zu, nie aber einem (noch so interessierten) Dritten (hinten N 23 f).

6 Darüber hinaus erleidet das Selbstbestimmungsrecht der Stockwerkeigentümergemeinschaft, welches nicht durch rechtsgeschäftliche Vereinbarungen beschränkt werden kann (hinten N 9 f), eine weitere gesetzliche Einschränkung: Wurde ein Verwalter vom Richter eingesetzt, so kann dieser von der Stockwerkeigentümerversammlung grundsätzlich nur mit richterlicher Bewilligung wieder abberufen werden. Dies ist eine notwendige Folge des Individualanspruchs gemäss Art. 712q, der ohne diese Einschränkung weitgehend wirkungslos wäre (hinten N 27 ff).

II. Abberufung des Verwalters

1. Grundlagen

7   Ähnlich wie die aktienrechtliche (Art. 705 OR) und die vereinsrechtliche Vorschrift (Art. 65 Abs. 2 und 3) regelt auch Art. 712r nur, dafür aber ausschliesslich (vgl. Art. 712q N 41), die Frage der Amts- bzw.

Funktionsenthebung des Verwalters. Durch die Abberufung wird nicht das ganze durch die Bestellung begründete Rechtsverhältnis, sondern lediglich die «Organfunktion» des Verwalters sofort beendigt (vgl. auch Art. 34 Abs. 1 zum Widerruf der Stellvertretungsermächtigung). Für den Untergang des Rechtsverhältnisses zwischen dem Verwalter und der Stockwerkeigentümergemeinschaft insgesamt ist dagegen der schuldrechtliche Verwaltervertrag massgebend (vgl. hinten N 36 ff; WEBER, 430; BÜRGI, Art. 705 N 4 f und Art. 708 N 19; EGGER, Art. 65 N 11; a.M. K. MÜLLER, 142 ff). Diese Unterscheidung zwischen Amtsenthebung (Widerruf der Vollmacht) und schuldrechtlichen Folgen ist (gleich wie in Art. 65 Abs. 2 ZGB, Art. 34 Abs. 1 OR und Art. 705 Abs. 2 OR) in Art. 712r Abs. 1 ausdrücklich festgehalten, indem allfällige Entschädigungsansprüche des Verwalters vorbehalten werden (FRIEDRICH, § 40 N 6, und ZBGR 1973 147; a.M. K. MÜLLER, 142 ff; ausführlich dazu hinten N 40 ff). Deshalb können auch die arbeitsvertraglichen Kündigungsregeln (Art. 334 ff OR) nicht mit dem Abberufungsrecht von Art. 712r kollidieren (Art. 712q N 46 und hinten N 10).

2. Abberufung durch die Stockwerkeigentümerversammlung (Abs. 1)

a. Abberufungsfreiheit und Verfahren

Art. 712r Abs. 1 bestimmt, dass der Verwalter von der 8 Stockwerkeigentümergemeinschaft jederzeit ohne Angabe von Gründen abberufen werden kann. Hierfür ist wie bei der Bestellung (Art. 712q N 85 ff) ein Versammlungsbeschluss mit der einfachen Mehrheit der anwesenden Stockwerkeigentümer erforderlich (STEINAUER, § 34 N 1331; WEBER, 450); dies gilt auch dann, wenn der Verwalter mit einer qualifizierten Mehrheit (vgl. dazu Art. 712q N 89) bestellt wurde (a. M. K. MÜLLER, 144 f). Formelle Voraussetzung für die Abberufung ist, dass ein entsprechender Antrag formrichtig traktandiert wurde (vgl. dazu auch Art. 712q N 85). Materiell dagegen ist die Abberufung unter dem Vorbehalt von Art. 712r Abs. 3 an keine weiteren Voraussetzungen, insbesondere nicht an das Vorliegen wichtiger Gründe gebunden (Art. 712r Abs. 2 e contrario; FRIEDRICH, § 39 N 15; STEINAUER, § 34 N 1331; WEBER, 450; vgl. auch BÜRGI, Art. 705 N 1 ff, betreffend die Aktiengesellschaft). Ist der Verwalter zugleich Mitglied der Stockwerkeigentümergemeinschaft (vgl. dazu Art. 712q N 20), so darf er gleich wie bei seiner Wahl auch beim Beschluss über seine Abberufung mitstimmen (vgl. Art. 712m N 75 und Art. 712q N 90; betreffend die Aktiengesellschaft vgl. BÜRGI, Art. 705 N 3).

9 Die Kompetenz zur Abberufung kommt als Korrelat zur Wahlkompetenz zwingend der Stockwerkeigentümerversammlung zu; sie ist unübertragbar und unverzichtbar (FRIEDRICH, § 39 N 15; MICHAUD, 63; STEINAUER, § 34 N 1331; WEBER, 450 und 453; vgl. auch BÜRGI, Art. 705 N 6, betreffend die Aktiengesellschaft; a. M. K. MÜLLER, 143 f). Das freie Abberrufungsrecht kann weder dem Ausschuss (selbst wenn dessen Entscheid nachträglich von der Versammlung gebilligt werden sollte) noch einem einzelnen Stockwerkeigentümer (es kann sich, im Gegensatz zur Bestellung [vgl. Art. 712q N 106 f], nicht um eine dringliche Massnahme im Sinne von Art. 647 Abs. 2 Ziff. 2 handeln; hinten N 17) noch einem Dritten übertragen werden (WEBER, 450). Vgl. im übrigen betreffend die grundsätzliche Kompetenzordnung die entsprechenden Bemerkungen zur Bestellung, Art. 712q N 79 ff.

10 Die der Stockwerkeigentümerversammlung zustehende Abberufungsfreiheit kann auch in sachlicher oder verfahrensrechtlicher Hinsicht nicht durch Vereinbarungen der Beteiligten eingeschränkt werden. So darf die Abberufung weder vom Nachweis wichtiger Gründe noch von der Zustimmung Dritter abhängig gemacht (vgl. dazu Art. 712q N 81), noch an an eine erschwerte Beschlussfassung geknüpft werden (FRIEDRICH, § 39 N 15; MICHAUD, 63; WEBER, 453 f; kritisch für das Aktienrecht BRIGITTE TANNER, Quoren für die Beschlussfassung in der Aktiengesellschaft [Diss Zürich 1987], 175 ff mit weiteren Verweisen). Weil es sich bei der Abberufung lediglich um eine – vom Verwaltervertrag grundsätzlich unabhängige – Funktionsenthebung handelt (vorn N 7), können vor allem auch die Vereinbarung einer bestimmten Amtsdauer im Verwaltervertrag bzw. die arbeitsrechtlichen Kündigungsregeln (Art. 334 ff OR) keine Beschränkung der Abberufungsfreiheit bewirken (FRIEDRICH, § 39 N 15; MICHAUD, 63; WEBER, 452 f; a. M. K. MÜLLER, 143 f). Diese haben lediglich Auswirkungen auf allfällige Ersatzansprüche (hinten N 36 und N 40 ff). Ihre einzige Schranke findet die Abberufungsfreiheit im Rechtsmissbrauchsverbot von Art. 2 Abs. 2. Ein Verstoss gegen diesen Grundsatz kann dann vorliegen, wenn die Abberufung nicht im Interesse der Gemeinschaft liegt, sondern als Rechtsmissbrauch (Willkür) der Mehrheit erscheint (vgl. BÜRGI, Art. 705 N 6, und SJZ *1953* 295 f, betreffend die AG).

b. Wirkungen und Mängel der Abberufung

Die Abberufung charakterisiert sich als *auflösendes Gestaltungsrecht* (Amtsenthebung) und muss als einseitiger empfangsbedürftiger Willensakt vom Verwalter zur Kenntnis genommen werden; eine Annahme durch den Verwalter ist nicht erforderlich (vgl. BÜRGI, Art. 705 N 8, betreffend die Aktiengesellschaft). Die Wirkung der Abberufung tritt *ex nunc* ein (vgl. auch HOFSTETTER, SPR VII/2 48, zu derselben Wirkung des Widerrufsrechts von Art. 404 Abs. 1 OR). Indessen ist zu beachten, dass die Gestaltungswirkung nur bezüglich der Amtsenthebung und dem Verlust der Vertretungsbefugnis eintritt; es bedarf darüber hinaus noch der schuldrechtlichen Liquidation des Verwaltervertrags (vgl. auch VON TUHR/PETER, 366; vorn N 7 und hinten N 38 ff zu den Folgen der Beendigung des Verwalterverhältnisses). 11

Gleich wie der Bestellungsbeschluss kann auch der Beschluss betreffend die Abberufung des Verwalters an einem Mangel leiden. Die beiden wichtigsten Fälle solcher Mängel sind in Art. 712r Abs. 2 und Abs. 3 festgehalten: 12

– Missachtet die Stockwerkeigentümerversammlung bei der Verweigerung der Abberufung wichtige Gründe, so steht jedem Stockwerkeigentümer die Klage auf Abberufung durch den Richter zu (Art. 712r Abs. 2; vgl. dazu hinten N 15 ff). Insofern ist also zu beachten, dass die Abberufungsfreiheit der Stockwerkeigentümerversammlung zwar in positiver Hinsicht nicht durch materielle Erfordernisse (z. B. wichtige Gründe) eingeschränkt ist, in negativer Hinsicht (Verweigerung der Abberufung) aber durch die Individualklage auf richterliche Abberufung (Art. 712r Abs. 2) tangiert wird (vgl. auch FRIEDRICH, § 39 N 16). 13

– Wurde der Verwalter aufgrund einer Klage gemäss Art. 712q Abs. 1 oder Abs. 2 eingesetzt, so ist dessen Abberufung vor Ablauf der Zeit, für die er ernannt ist, nur mit richterlicher Bewilligung möglich (Art. 712r Abs. 3; vgl. dazu hinten N 27 ff). Beschliesst die Stockwerkeigentümerversammlung dennoch die Abberufung ohne richterliche Bewilligung, so ist dieser Beschluss grundsätzlich unwirksam; der vom Richter eingesetzte Verwalter verbleibt weiter im Amt. Immerhin könnte dieser Beschluss auch als Antrag auf richterliche Bewilligung ausgelegt werden, der dann aber beim Richter vorzubringen ist. Auch in diesem Fall tritt jedoch die Gestaltungswirkung der Abberufung erst mit dem richterlichen Entscheid ein (vgl. dazu hinten N 29 und N 35). 14

3. Abberufung durch den Richter aus wichtigem Grund (Abs. 2)

a. Allgemeines

15   Ähnlich wie bei der Bestellung eines Verwalters wollte der Gesetzgeber auch bei der Frage nach dessen Abberufung den entsprechenden Entscheid der Stockwerkeigentümerversammlung (vorn N 8 ff) nicht allein der Willkür der Mehrheit überlassen (vgl. dazu auch Art. 712q N 83). Als Korrelat zum Anspruch auf richterliche Verwalterbestellung (Art. 712q Abs. 1) hat er deshalb dem einzelnen Stockwerkeigentümer einen unübertragbaren und unverzichtbaren, im Verhältnis zur Kompetenz der Stockwerkeigentümerversammlung *subsidiären Individualanspruch* eingeräumt, *vom Richter die Abberufung des Verwalters zu verlangen* (Art. 712r Abs. 2). Da indessen ein richterlicher Abberufungsentscheid einen weit härteren Eingriff in die Organisationsautonomie und in das Selbstbestimmungsrecht der Stockwerkeigentümergemeinschaft darstellt (vgl. auch vorn N 9f), ist die richterliche Intervention vom *Vorliegen wichtiger Gründe* abhängig. Insofern ist der Individualanspruch auf richterliche Abberufung, im Gegensatz zu jenem auf richterliche Verwalterbestellung, zusätzlich zur formellen Voraussetzung der Verweigerung einer Abberufung durch die Stockwerkeigentümergemeinschaft auch an eine materielle Voraussetzung geknüpft.

b. Voraussetzungen des Individualanspruchs

aa. Verweigerung der Abberufung durch die Stockwerkeigentümerversammlung

16   Primäre Voraussetzung zur Geltendmachung des Individualanspruchs auf richterliche Intervention zwecks Abberufung des Verwalters ist, dass die Versammlung der Stockwerkeigentümer die Abberufung des Verwalters abgelehnt hat (Art. 712r Abs. 2 1. Halbsatz). Grundsätzlich ist deshalb erforderlich, dass die Versammlung einen Antrag auf Abberufung mittels Mehrheitsbeschluss ablehnt (K. MÜLLER, 145). An diese formelle Voraussetzung dürfen indessen nicht zu strenge Anforderungen gestellt werden (g. M. FRIEDRICH, § 39 N 17). Gleichzustellen mit der ausdrücklichen Ablehnung eines entsprechenden Antrags sind deshalb die Fälle, in denen

die Beschlussfähigkeit (vgl. dazu Art. 712p N 105) nicht erreicht wird (vgl. auch ZBGR *1985* 269 ff, wo eine Beschlussfassung über die Abberufung des Verwalters daran scheiterte, dass der als Verwalter amtierende Stockwerkeigentümer sowohl nach Köpfen als auch nach Wertquoten eine Stimmkraft von 50% hatte und sich so erfolgreich gegen einen ihn betreffenden Abberufungsbeschluss wehrte) oder in denen der Antragsteller, besonders bei Dringlichkeit, glaubhaft macht, sowohl der Verwalter als auch mindestens ein Fünftel der Stockwerkeigentümer (vgl. dazu Art. 712n N 6f und N 10ff) verweigerten die Einberufung einer Versammlung (FRIEDRICH, § 39 N 17; WEBER, 454).

Unzulässig ist hingegen, dem einzelnen Stockwerkeigentümer gleich wie beim Anspruch auf Bestellung (Art. 712q N 106f) das Recht zuzugestehen, gestützt auf Art. 647 Abs. 2 Ziff. 2 direkt ohne vorgängige Anrufung der Stockwerkeigentümerversammlung zwecks Abberufung des Verwalters an den Richter zu gelangen (g. M. WEBER, 450). Zum einen ist der richterliche Abberufungsentscheid ein weit härterer Eingriff in das Selbstbestimmungsrecht der Gemeinschaft als jener bezüglich der Bestellung, zum andern setzt das Erfordernis der «Missachtung wichtiger Gründe» (Art. 712r Abs. 2) zwingend voraus, dass die Stockwerkeigentümerversammlung mit einem entsprechenden Begehren angegangen wurde, d. h. dass sie darüber entschieden hat oder dass zumindest die geforderte Einberufung einer Versammlung ohne überzeugende Begründung abgelehnt worden ist (vgl. auch WEBER, 450). 17

bb. Missachtung wichtiger Gründe durch die Stockwerkeigentümerversammlung

Die Stockwerkeigentümerversammlung muss bei ihrem ablehnenden Entscheid wichtige Gründe missachtet haben. Was unter einem wichtigen Grund im Sinne von Art. 712r Abs. 2 zu verstehen ist, muss im Einzelfall unter Würdigung aller konkreten Umstände beurteilt werden (vgl. Art. 4), wobei aber u. E. mit abnehmender Zahl der Antragsteller nicht ein härterer Massstab angelegt werden darf (g. M. WEBER, 455; a. M. K. MÜLLER, 145). Grundsätzlich ist davon auszugehen, dass ein wichtiger Grund immer dann vorliegt, wenn den Betroffenen die Fortsetzung des Verwalterverhältnisses nach Treu und Glauben nicht mehr zugemutet werden darf bzw. kann, weil das diesem Rechtsverhältnis immanente Vertrauensverhältnis (Art. 712q N 33 und N 39) fehlt bzw. zerstört worden ist (vgl. BÄR- 18

MANN/PICK/MERLE, § 26 N 15; WEBER, 455). Nicht erforderlich ist jedoch, dass die Zerstörung des Vertrauensverhältnisses auf ein schuldhaftes oder gar böswilliges Verhalten des Verwalters zurückzuführen ist (vgl. auch BÄRMANN/PICK/MERLE, § 15 ff; WEITNAUER, § 26 N 5a). Die Berufung auf einen vom Antragsteller, einem andern Stockwerkeigentümer oder von der Gemeinschaft der Stockwerkeigentümer insgesamt verursachten wichtigen Grund wird in der Regel als rechtsmissbräuchliche Geltendmachung dieses Rechts qualifiziert werden müssen und keinen Rechtsschutz verdienen (Art. 2 Abs. 2).

19 Ein wichtiger Grund im Sinne von Art. 712r Abs. 2 kann etwa dann gegeben sein, wenn der Verwalter (vgl. dazu auch BÄRMANN/PICK/MERLE, § 26 N 15, für das deutsche Recht; WEBER, 452 f):
– Seinen Aufgaben dauernd nicht nachkommt, wie z. B.:
– – Verweigerung der Rechnungslegung (vgl. Art. 712q N 62),
– – nicht ordnungsgemässe oder erheblich verzögerte Protokollführung,
– – Verweigerung von beschlussmässig verlangten Berichten;
– die ihm anvertrauten Gelder unsorgfältig verwaltet;
– sich eigenmächtig über Beschlüsse der Stockwerkeigentümerversammlung hinwegsetzt;
– die Stockwerkeigentümer schikaniert, beschimpft usw.;
– unerlaubterweise Hilfspersonen oder Substituten beizieht (vgl. Art. 712q N 33);
– sich auch während oder ausserhalb seiner Verwaltertätigkeit eines unehrenhaften Verhaltens schuldig macht;
– ganz allgemein in grober Weise gegen die Treuepflicht verstösst.

20 Nicht als wichtige Gründe aufgefasst werden können indessen die rechtmässige Ausübung eines Rechts (vgl. z. B. Art. 712n Abs. 1 [Einberufung der Stockwerkeigentümerversammlung], Art. 712s Abs. 1 [Vornahme dringlicher Massnahmen] usw.), leichte Verzögerungen bei der Verwaltungsführung, kleinere Unhöflichkeiten sowie persönliche Vorurteile gegenüber Mitgliedern der Stockwerkeigentümergemeinschaft (vgl. auch BÄRMANN/PICK/MERLE, § 26 N 18; WEBER, 453).

21 Soweit die Stockwerkeigentümergemeinschaft die Abberufungsklage im Reglement festhält (vgl. dazu etwa das Reglement von FRIEDRICH, § 39 Abs. 4), steht es den Stockwerkeigentümern frei, in der Gemeinschaftsordnung auch die von ihr als «wichtig» eingestuften Gründe aufzuzählen. Gleich wie bei der Statuierung des Einspracherechts gegen die Veräusserung eines Stockwerkeigentumsanteils (vgl. Art. 712c Abs. 3 und dort N 101) ist der Richter

aber an eine solche Enumeration nicht gebunden. Immerhin kann eine Aufzählung von als wichtig erachteten Gründen zur Folge haben, dass sich die Stockwerkeigentümerversammlung bei der Beratung über einen eventuellen Abberufungsbeschluss nicht leichtfertig über das Vorliegen entsprechender Rügen hinwegsetzen darf.

c. Anspruchsberechtigter

Das Gesetz nennt als zur Geltendmachung des Individualanspruchs auf Abberufung des Verwalters Berechtigten ausschliesslich den einzelnen Stockwerkeigentümer, wogegen dem Dritten im Unterschied zum Bestellungsanspruch (Art. 712q Abs. 2) ein solches Recht nicht zuerkannt wird. Während der Ausarbeitung des Gesetzes ist indessen von Bankenkreisen ein entsprechendes Bedürfnis angemeldet worden (vgl. MARKUS LUSSER, Das Stockwerkeigentum in der Sicht der Banken, NZZ 25. Januar 1963, 3). Gestützt darauf und mit dem Argument, der Dritte dürfe «nicht nur die blosse Einsetzung irgendeines Verwalters, sondern selbstverständlich die Bestellung einer kompetenten Person verlangen», nimmt K. MÜLLER (145; ihm folgend WEBER, 455) an, dass das Abberufungsrecht gemäss Art. 712r Abs. 2 als notwendige Ergänzung zu Art. 712q Abs. 2 auch interessierten Dritten zustehen soll. Dieser Ansicht ist zu widersprechen: Zum einen findet sie weder im Gesetzeswortlaut noch in den Materialien (vgl. zu den entsprechenden Stellen vorn N 1) eine Stütze. Gerade ein derart starker Eingriff in die Organisationsfreiheit und in das Selbstbestimmungsrecht der Stockwerkeigentümergemeinschaft, wie es die Individualklage auf richterliche Abberufung des Verwalters darstellt (vgl. auch vorn N 15), müsste aber ausdrücklich im Gesetz verankert sein. Zum andern hat die Bestimmung von Art. 712q Abs. 2 den Charakter einer Ausnahmebestimmung (vgl. Art. 712q N 83 f; vgl. auch STUDER, 89), die entgegen K. MÜLLER (145) auch ohne korrelierende Präzisierung von Art. 712r Abs. 2 einen Sinn hat: Der Gesetzgeber wollte damit nur sicherstellen, dass ein mit der Stockwerkeigentümergemeinschaft in Verkehr tretender Dritter eine klare Zuständigkeitsordnung und insbesondere einen Vertreter der Gemeinschaft vorfindet (BBl *1962* II 1493). Ein Anspruch auf *kompetente* Verwaltung wurde dem Dritten aber *nicht* eingeräumt.

Der Individualanspruch auf Abberufung gemäss Art. 712r Abs. 2 kann somit immer nur den einzelnen Stockwerkeigentümern zustehen. Einem Dritten kommt unter keinem Rechtstitel ein Abberufungsrecht zu. Unzulässig ist

u. E. auch, dass ein Dritter während des Bestehens eines Verwalterverhältnisses kraft Art. 712q Abs. 2 die Neuwahl eines Verwalters begehrt, womit der amtierende Verwalter eo ipso als abberufen zu betrachten wäre (so aber K. MÜLLER, 115 und 145; WEBER, 455). Ein deratiges Vorgehen würde nicht nur die Voraussetzungen des Individualanspruchs auf Bestellung gemäss Art. 712q Abs. 2 missachten (vgl. Art. 712q N 102 ff), sondern auch eine klare Gesetzesumgehung darstellen, welche mit der Grundordnung des Stockwerkeigentumsrechts nicht vereinbar ist (vgl. auch BGE *71* I 389, wo das Bundesgericht die Wahl eines neuen Vereinsvorstandes ohne rechtsgültige Abberufung des ersten als mit der Grundordnung des Vereinsrechts unvereinbar und daher für nichtig erklärt hat).

d. *Verfahren und Wirkungen des Entscheids*

24 Für die örtliche (und sachliche) Zuständigkeit und für die prozessuale Durchführung des Abberufungsverfahrens kann grundsätzlich auf das bei der Bestellung Ausgeführte verwiesen werden (Art. 712q N 112 f). Zu beachten ist aber, dass das Begehren um richterliche Abberufung binnen Monatsfrist seit dem ablehnenden Versammlungsbeschluss bzw. seit der Weigerung, die Versammlung einzuberufen, einzureichen ist (Art. 712r Abs. 2).

25 Die Klage auf Abberufung ist eine *materielle Gestaltungsklage,* mit welcher die Auflösung des Verwalterverhältnisses ex nunc herbeigeführt wird (Gestaltungsurteil; vgl. dazu MAX GULDENER, Schweizerisches Zivilprozessrecht [3.A., Zürich 1979], 212 und dort auch Anm. 26). Indessen ist zu beachten, dass durch das Gestaltungsurteil lediglich ein vorläufiger Rechtszustand geschaffen wird (Funktionsenthebung; vgl. vorn N 7), der einer weiteren Abwicklung, nämlich der Liquidation des Verwaltervertrages durch die Vertragsparteien bedarf (vgl. auch GULDENER, a.a.O. 213).

26 Zu beachten bleibt weiter, dass mit dieser Gestaltungsklage nicht zugleich die Leistungsklage auf Einsetzung eines neuen Verwalters gemäss Art. 712q Abs. 1 erhoben werden darf (Art. 712q N 104). Unzulässig ist es ausserdem, die Gestaltungswirkung des richterlichen Abberufungsentscheids direkt mit der Leistungsklage auf Bestellung eines Verwalters gemäss Art. 712q Abs. 1 zu verlangen (vorn N 16 f und Art. 712q N 83 f und N 105). Eine weitere *materielle Wirkung* des richterlichen Abberufungsentscheids besteht darin, dass die Wiederwahl des abberufenen Verwalters so lange ausgeschlossen ist, als der wichtige Grund weiterbesteht (FRIEDRICH, § 39 N 18; WEBER, 455).

4. Richterliche Bewilligung zur Abberufung eines vom Richter eingesetzten Verwalters (Abs. 3)

Die richterliche Bestellung eines Verwalters (Art. 712q) wäre weitgehend sinnlos, wenn die Versammlung der Stockwerkeigentümer diesen Verwalter jederzeit wieder abberufen könnte. Zur Abberufung eines richterlich eingesetzen Verwalters ist daher gemäss Art. 712r Abs. 3 die richterliche Bewilligung erforderlich. Weil eine derartige Abberufung formell eine Abberufung durch den Richter darstellt, bedarf es eines entsprechenden Antrags der Stockwerkeigentümergemeinschaft, welchem ein Versammlungsbeschluss mit der einfachen Mehrheit entsprechend Art. 712r Abs. 1 vorauszugehen hat (vgl. auch WEBER, 439). Überdies muss unter den Voraussetzungen von Art. 712r Abs. 2 (vgl. dazu vorn N 22f) auch dem einzelnen Stockwerkeigentümer ein entsprechendes Recht zugestanden werden (ebenso WEBER, 439f). 27

Den Entscheid fällt der Richter nach pflichtgemässem Ermessen. Er wird die Abberufung regelmässig dann bewilligen, wenn der Verwalter, der seinerzeit für ein bestimmtes Vorhaben oder wegen eines dringenden Handlungsbedarfs bestellt wurde (vgl. hierzu Art. 712q N 115), seine Aufgabe erfüllt hat, ebenso dann, wenn sich der richterlich bestellte Verwalter als unfähig erweist. Grundsätzlich hat der Richter seinen Entscheid auch davon abhängig zu machen, ob die Stockwerkeigentümerversammlung gewillt ist, einen neuen «ordentlichen» Verwalter zu bestellen (vgl. auch MICHAUD, 66). Nur ausnahmsweise wird er eine Bewilligung zur Abberufung des richterlich bestellten Verwalters auch ohne entsprechenden Willen der Versammlung erteilen; vorausgesetzt ist hierfür allerdings, dass der verwalterlose Zustand von allen Stockwerkeigentümern gewünscht wird (entsprechende einstimmige Willenserklärung der Stockwerkeigentümerversammlung) und kein Begehren nach Art. 712q Abs. 1 oder Abs. 2 zu erwarten ist (vgl. auch WEBER, 439). 28

Für das Verfahren und die Wirkungen der richterlichen Bewilligung gilt das vorn N 24ff Gesagte. Eine Besonderheit zeigt sich nur darin, das es sich um ein sogenanntes Einparteienverfahren handelt, zu dem die Gemeinschaft der Stockwerkeigentümer als solche aktivlegitimiert ist (Art. 712l). 29

III. Demission des Verwalters

30 Dem jederzeitigen Abberufungsrecht der Stockwerkeigentümerversammlung muss – ähnlich wie dies auch für die Verwaltung juristischer Personen gilt (vgl. BÜRGI, Art. 705 N 7 ff, Art. 708 N 19 und Art. 726 N 26 ff; FORSTMOSER/MEIER-HAYOZ, Einführung in das schweizerische Aktienrecht [3.A., Bern 1983], § 22 N 22; HEINI, SPR II 567; VON STEIGER, Art. 812 N 6) – aus Gründen der Parität (sowie des Nichtbestehens einer Pflicht zur Funktionsausübung; vgl. Art. 712q N 20) ein unverzichtbares und unabdingbares Recht auf jederzeitige und voraussetzungslose Demission entsprechen (g.M. FRIEDRICH, ZBGR *1973* 147; MATHYS, BJM *1972* 280f; unklar WEBER, 443 ff).

31 Gleich wie bei der Abberufung ist auch bei der Demission klar zu trennen zwischen der «organschaftlichen» und der schuldrechtlichen Ebene: Das Recht zur Demission ergibt sich nicht aus Art. 404 Abs. 1 OR (so aber wohl BÜRGI, Art. 705 N 7, für die AG, und VON STEIGER, Art. 812 N 6, betreffend die GmbH), sondern einerseits aus den allgemeinen Grundsätzen des Vollmachtenrechts, wonach der Vertreter (in casu der Verwalter) das Recht zum jederzeitigen Verzicht auf seine Vollmacht hat (VON TUHR/PETER, 366; GAUCH/SCHLUEP, Nr. 1004), und andererseits aus Art. 712r Abs. 1 per analogiam. Weil die Demission (wie die Abberufung, vorn N 7 ff) als rechtsgemeinschaftlicher bzw. «organschaftlicher» Akt betrachtet werden muss, der unabhängig vom obligatorischen Grundverhältnis ist, können weder die Vertragsauflösungsregeln des Auftragsrechts (Art. 404 OR) noch jene des Arbeitsvertragsrechts (Art. 337 f OR) mit dem Demissionsrecht kollidieren bzw. dieses einschränken. Sie bewirken vielmehr nur, dass sich bei rechtswirksamer, aber «zur Unzeit» erfolgter Demission Schadenersatzansprüche der Stockwerkeigentümergemeinschaft ergeben können (vgl. dazu hinten N 40 ff).

32 Das Demissionsrecht ist ein einseitiges Rechtsgeschäft, welches sich als *auflösendes Gestaltungsrecht* charakterisiert (vgl. auch vorn N 11 zum Abberufungsrecht). Die Gestaltungswirkung der Demission beschränkt sich auf das Erlöschen der «Organfunktion» bzw. der Vertretungsbefugnis des Verwalters, während die Rechte und Pflichten aus dem Grundverhältnis davon nicht betroffen werden. Es bedarf vielmehr noch der Beendigung dieses Grundverhältnisses entsprechend den schuldrechtlichen Regeln (Art. 712r Abs. 1 per analogiam; vgl. dazu hinten N 38 ff).

IV. Weitere Beendigungsgründe

Neben den besonderen, aus der organschaftsähnlichen 33
Funktion des Verwalters folgenden Beendigungsgründen für das Verwalterverhältnis (Abberufung, Demisssion) ergeben sich aus den allgemeinen Rechtsgrundsätzen und den gesetzlichen Vertragsregeln noch weitere Tatbestände, die zur Beendigung des Verwalterverhältnisses führen. So kann z. B. der Verwaltervertrag zufolge Ablaufs einer vereinbarten Dauer enden, soweit nichts anderes vereinbart worden ist bzw. das Verwalterverhältnis nicht stillschweigend fortgesetzt wird (vgl. Art. 335 OR; WEBER, 449).

Daneben führen auch der Tod des Verwalters bzw. die Auflösung der juri- 34
stischen Person, die als Verwalterin eingesetzt wurde, sowie der Verlust der Urteilsfähigkeit des Verwalters (vgl. dazu Art. 712q N 24) zur Beendigung der Verwalterstellung (vgl. Art. 35 Abs. 1 OR, Art. 338 und Art. 405 Abs. 1 OR; K. MÜLLER, 147 f; WEBER, 449). Ebenso bewirkt der Konkurs des Verwalters in der Regel das Erlöschen des Auftrags und der Vollmacht (Art. 35 Abs. 1 und Art. 405 Abs. 1 OR). Ausnahmsweise kann indessen die Fortführung der Verwalterfunktion dem Verwalter selbst, dem Erben oder dem Vertreter des Verwalters überbunden werden (vgl. Art. 405 Abs. 2 OR; vgl. dazu GAUTSCHI, Art. 405 N 18a ff; HOFSTETTER, SPR VII/2 56 ff). Schliesslich haben auch der Eintritt einer Resolutivbedingung (vgl. Art. 712q N 91) und die Aufhebung des Stockwerkeigentums bzw. die Auflösung der Stockwerkeigentümergemeinschaft (Art. 712f) die Beendigung des Verwalterverhältnisses zur Folge (vgl. K. MÜLLER, 147; WEBER, 449).

V. Folgen der Beendigung des Verwalterverhältnisses

1. Zeitliche und inhaltliche Wirkungen beim Eintritt eines Beendigungsgrundes

Die Wirkungen eines Beendigungsgrundes (Abberufung, 35
Demission usw.) treten im internen Verhältnis erst dann ein, wenn der jeweils andere Vertragspartner davon Kenntnis erhält (Art. 406 OR; vgl. auch vorn N 11 zur Gestaltungswirkung des Abberufungsbeschlusses und vorn N 25 zur Gestaltungswirkung des richterlichen Abberufungsentscheids). Für

das externe Verhältnis ist jedoch grundsätzlich der Zeitpunkt massgebend, in dem der Dritte vom Erlöschen der Vollmacht Kenntnis erhält (Art. 34 Abs. 3 OR; vgl. dazu Art. 712t N 30ff).

36 Die Gestaltungswirkung beim Eintritt eines Beendigungsgrundes beschränkt sich indessen auf das Erlöschen der Ausführungsverpflichtung (obligatio faciendi) und auf das Fälligwerden der sich aus dem Verwaltervertrag ergebenden gegenseitigen Verpflichtungen (vgl. K. MÜLLER, 149; WEBER, 456). Das Rechtsverhältnis zwischen der Stockwerkeigentümergemeinschaft und dem Verwalter geht also durch die Abberufung oder Demission – entsprechend den Grundsätzen des Vollmachtenrechts (vgl. Art. 34 Abs. 1 OR; VON TUHR/PETER, 366) – nicht unter, sondern bedarf noch der Beendigung gemäss den schuldrechtlichen Regeln. Dies wird insbesondere auch durch den «Vorbehalt allfälliger Entschädigungsansprüche» in Art. 712r Abs. 1 zum Ausdruck gebracht (vgl. auch den entsprechenden Vorbehalt in Art. 34 Abs. 1 OR: «...unbeschadet der Rechte...»). Die Kenntnisnahme der Abberufung bzw. der Demission hat also lediglich zur Folge, dass von diesem Zeitpunkt an keine weiteren Verwalterdienste geleistet oder angenommen werden dürfen (K. MÜLLER, 149; WEBER, 456; vgl. auch BÜRGI, Art. 705 N 9). Tätigt der Verwalter dennoch solche Geschäfte, so ist dies als Geschäftsanmassung (Art. 419ff OR) zu qualifizieren (BÜRGI, Art. 705 N 10).

37 Der abberufene Verwalter hat keine Möglichkeit, den Abberufungsbeschluss der Stockwerkeigentümerversammlung oder den Entscheid des Richters anzufechten (vgl. Art. 712m N 138). Eine Klage auf Beibehaltung des Verwaltermandats ist ebenfalls ausgeschlossen (vgl. auch BÜRGI, Art. 705 N 9).

2. Erfüllung der gegenseitigen schuldrechtlichen Verpflichtungen

a. Allgemeine vertragliche Abwicklung

38 Mit dem Eintritt eines Beendigungsgrundes und dem damit verbundenen Untergang der Ausführungsverpflichtung des Verwalters muss auch zur Liquidation des Verwaltervertrages geschritten werden (Art. 339 und Art. 400ff OR). Der Verwalter hat gegenüber der Stockwerkeigentümergemeinschaft vor allem Anspruch auf die Befreiung von allen in Ausführung der Verwaltertätigkeit eingegangenen Verbindlichkeiten, auf

Auslagenersatz und auf das ausstehende Honorar (Art. 339 f und Art. 402 Abs. 1 OR; vgl. K. MÜLLER, 91 ff und 151; WEBER, 456). Wurde er vorzeitig bzw. fristlos abberufen, so kann er u. U. auch noch Schadenersatz infolge Kündigung zur Unzeit (Art. 404 Abs. 2 OR) oder Lohnfortzahlungsansprüche (Art. 337c OR) geltend machen (hinten N 40 ff).

Der Gemeinschaft der Stockwerkeigentümer stehen gegenüber dem Verwalter neben allfälligen Schadenersatzansprüchen aus vorzeitiger Demission (hinten N 41) vor allem Ablieferungsansprüche zu: Der Verwalter hat die Schlussrechnung zu erstellen und hernach die Vermögenswerte sowie die Akten, die das gemeinschaftliche Grundstück betreffen (z. B. Originale des Errichtungsaktes, des Reglements, der Hausordnung, der Versammlungsprotokolle usw. sowie Doppel von Kauf- oder Mietverträgen) herauszugeben (Art. 339a und Art. 400 OR). Akten über die Geschäftsführung (Buchhaltung, Korrespondenz usw.), welche dem Verwalter zur Sicherung des Beweises seiner Amtsführung dienen, sind erst dann abzuliefern, wenn dem Verwalter gegenüber Decharge (vgl. dazu Art. 712q N 68 ff) erteilt worden ist (BGer, Semjud *1958* 520 f). 39

Vgl. zum Ganzen K. MÜLLER, 150; WEBER, 457 f; HOFSTETTER, SPR VII/2 89 ff.

b. Entschädigungsansprüche im besonderen

Der in Art. 712r Abs. 1 ausdrücklich statuierte «Vorbehalt allfälliger Entschädigungsansprüche» verweist folgerichtig auf die gesetzlichen Bestimmungen des Obligationenrechts, welche die Folgen der vorzeitigen oder fristlosen Abberufung regeln (vgl. dazu auch vorn N 10). Dieser Vorbehalt muss richtigerweise auch für die zur Unzeit erfolgende Demission des Verwalters Geltung haben (vgl. auch BÜRGI, Art. 705 N 17, betreffend die Aktiengesellschaft). 40

Wird der Verwalter «zur Unzeit» abberufen (Art. 404 Abs. 2 OR) oder demissioniert der Verwalter «zur Unzeit», so stehen der betroffenen Vertragspartei u. U. Schadenersatzansprüche zu (zum Begriff der Unzeit vgl. BGE *109* II 469 mit weiteren Verweisen). Dabei ist dem Geschädigten aber nicht das Erfüllungsinteresse zu ersetzen, sondern vielmehr nur der Schaden, der ihm durch den ungünstigen Zeitpunkt der Vertragsauflösung entstanden ist (BÜRGI, Art. 705 N 16; GAUTSCHI, Art. 404 N 19a f; HOFSTETTER, SPR VII/2 50 f). Nur in diesem Zusammenhang kann die Vereinbarung einer bestimmten Amtsdauer des im Auftragsverhältnis stehenden Verwalters rechtlich re- 41 levant sein, indem eine Vertragspartei im Hinblick auf eine längere Vertragsdauer u. U. Vorkehren getroffen hat, die durch die vorzeitige Demission bzw. Abberufung hinfällig geworden sind und nun zu Vermögenseinbussen führen.

42 Besteht indessen zwischen der Stockwerkeigentümergemeinschaft und dem Verwalter ein Arbeitsvertrag (vgl. Art. 712q N 44ff), so ergibt sich aus der – stockwerkeigentumsrechtlich zulässigen – fristlosen Abberufung bzw. Demission ohne wichtigen Grund (Art. 337 OR) eine strengere Haftung: Der geschädigten Partei stehen Entschädigungsansprüche im Umfang des positiven Vertragsinteresses zu (Art. 337c OR).

3. Nachwirkende Treuepflicht

43 Die dem Verwaltervertrag innewohnende Treuepflicht des Verwalters (vgl. Art. 712q N 33 und N 39) überdauert das Verwalterverhältnis insoweit, als dies im Interesse der Stockwerkeigentümergemeinschaft liegt (K. MÜLLER, 151; HOFSTETTER, SPR VII/2 88f). Deshalb hat der Verwalter grundsätzlich alle in Ausübung seiner Tätigkeit erworbenen Kenntnisse über die Gemeinschaft als solche, über einzelne Stockwerkeigentümer und über die geschäftlichen Vorgänge in der Stockwerkeigentümergemeinschaft nach der Beendigung des Verwalterverhältnisses geheimzuhalten. Darüber hinaus hat sich der Verwalter allenfalls auch später für Auskünfte zur Verfügung zu stellen (HOFSTETTER, SPR VII/2 92; WEBER, 457). Der genaue Umfang und die zeitliche Dauer der Diskretions- und Geheimhaltungspflicht ergibt sich aus den Interessen der Stockwerkeigentümergemeinschaft und aus dem Grundsatz von Treu und Glauben (Art. 2; HOFSTETTER, SPR VII/2 88f; K. MÜLLER 151).

Art. 712 s

3. Aufgaben
a. Ausführung der Bestimmungen und Beschlüsse über die Verwaltung und Benutzung

[1] Der Verwalter vollzieht alle Handlungen der gemeinschaftlichen Verwaltung gemäss den Vorschriften des Gesetzes und des Reglementes sowie gemäss den Beschlüssen der Versammlung der Stockwerkeigentümer und trifft von sich aus alle dringlichen Massnahmen zur Abwehr oder Beseitigung von Schädigungen.

[2] Er verteilt die gemeinschaftlichen Kosten und Lasten auf die einzelnen Stockwerkeigentümer, stellt ihnen Rechnung, zieht ihre Beiträge ein und besorgt die Verwaltung und bestimmungsgemässe Verwendung der vorhandenen Geldmittel.

[3] Er wacht darüber, dass in der Ausübung der Sonderrechte und in der Benutzung der gemeinschaftlichen Teile des Grundstückes und Gebäudes sowie der gemeinschaftlichen Einrichtungen die Vorschriften des Gesetzes, des Reglementes und der Hausordnung befolgt werden.

3. Attributions
a. Exécution des dispositions et des décisions sur l'administration et l'utilisation

[1] L'administrateur exécute tous les actes d'administration commune, conformément aux dispositions de la loi et du règlement ainsi qu'aux décisions de l'assemblée des copropriétaires; il prend de son propre chef toutes les mesures urgentes requises pour empêcher ou réparer un dommage.

[2] Il répartit les charges et frais communs entre les copropriétaires, leur adresse facture, encaisse leurs contributions, gère et utilise correctement les fonds qu'il détient.

[3] Il veille à ce que, dans l'exercice des droits exclusifs et dans l'utilisation des parties et installations communes du bien-fonds et du bâtiment, la loi, le règlement de la communauté et le règlement de maison soient observés.

3. Competenze
a. Esecuzione delle disposizioni e decisioni su l'amministrazione e l'uso

[1] L'amministratore compie tutti gli atti dell'amministrazione comune in conformità della legge, del regolamento e delle decisioni dell'assemblea dei comproprietari, e prende direttamente tutte le misure urgenti a impedire o a rimuovere un danno.

[2] Egli ripartisce tra i comproprietari gli oneri e le spese comuni, ne comunica loro il conto, riscuote i loro contributi, amministra ed eroga il danaro disponibile agli scopi cui è destinato.

[3] Egli veglia affinchè nell'esercizio dei diritti esclusivi e nell'uso delle parti e degli impianti comuni del fondo e dell'edificio siano osservati la legge, il regolamento della comunione e quello della casa.

Übersicht		Note	Seite
	Materialien	1	498
	Literatur	2	498
	Rechtsvergleichung	3	498
	I. *Allgemeines*	4	499
	II. *Struktur und Bedeutung von Art. 712s*	7	500
	1. Funktionelle Umschreibung des Aufgabenkreises des Verwalters	7	500

		Note	Seite
2. Schranken der rechtsgeschäftlichen Kompetenzzuordnung		10	501
a. Zwingende Kompetenzen der Stockwerkeigentümer und anderer Organe		10	501
aa. Grundlagen		10	501
bb. Zuständigkeit der Stockwerkeigentümerversammlung		11	501
cc. Zuständigkeit der einzelnen Stockwerkeigentümer		12	502
b. Mindestbefugnisse des Verwalters		15	502
3. Geschäftsführungspflicht		17	503
III. Die Aufgaben des Verwalters im Einzelnen		19	504
1. Vorbemerkung		19	504
2. Vollzug gesetzlicher oder rechtsgeschäftlicher Bestimmungen		22	505
a. Administrative Aufgaben		23	505
b. Finanzielle Verwaltungshandlungen im besonderen (Abs. 2)		43	507
aa. Interne Abwicklung des Zahlungsverkehrs		43	507
aaa. Erstellung des Kostenvoranschlages und der Jahresrechnung		43	507
bbb. Bemessung, Festlegung und Einzug der Beiträge an die gemeinschaftlichen Kosten und Lasten		47	508
bb. Externe Abwicklung des Zahlungsverkehrs		51	509
cc. Verwaltung der Geldmittel		53	509
aaa. Laufendes Verwaltungsvermögen		53	509
bbb. Erneuerungsfonds		55	510
c. Weitere Vollzugsaufgaben		59	511
3. Selbständige Anordnungen (Abs. 1 i. f)		60	511
4. Passive Vertretungsmacht und Weiterleitungspflicht		63	512
5. Weitere Aufgaben		64	512
a. Überwachungsfunktionen (Abs. 3)		64	512
b. Erlass von Hausordnung und Nutzungsreglementen		68	513
c. Beschränkte judikative Aufgaben		70	513
d. Aufgaben ausserhalb der gemeinschaftlichen Verwaltung		72	514

1 Materialien BBl *1962* II 1492 ff; StenBull NR *1963* 189, 226, 531; StenBull StR *1963* 208, 222.

2 Literatur Vgl. die Angaben im allgemeinen Schrifttumsverzeichnis.

3 Rechtsvergleichung Vgl. die Angaben in den Vorbemerkungen zu den Art. 712a ff N 52–81, in Art. 712q N 3–6 sowie hinten N 15 und N 17.

I. Allgemeines

Der Verwalter ist das ausführende Organ der Gemein- 4
schaft (vgl. auch Art. 712q N 13 f; zum Organbegriff im Stockwerkeigentumsrecht vgl. Art. 712m N 8). Art. 712s regelt dabei den Innenbereich (Geschäftsführungsbefugnis), Art. 712t dagegen den Aussenbereich (Vertretungsmacht). Entsprechend dem Marginale «Ausführung der Bestimmungen und Beschlüsse über die Verwaltung und Benutzung» überbindet Art. 712s Abs. 1 dem Verwalter primär eine *Vollzugsfunktion im Rahmen der gemeinschaftlichen Verwaltung*. Diese wird für den Bereich der finanziellen Verwaltungshandlungen in Abs. 2 von Art. 712s noch speziell konkretisiert.
Über den Vollzug gesetzlicher und rechtsgeschäftlich zugewiesener Aufga- 5
ben hinaus überträgt Art. 712s dem Verwalter noch weitere Kompetenzen. So kommt ihm auch die Überwachung der Ausübung von aus dem Sonderrecht fliessenden Befugnissen (Art. 712a N 38 ff) durch die jeweiligen Stockwerkeigentümer sowie die Kontrolle der gesetzes- oder vereinbarungsgemässen Benutzung der gemeinschaftlichen Teile des Grundstücks und des Gebäudes zu (Art. 712s Abs. 3). Zusätzlich wird ihm eine unmittelbare Kompetenz zur Vornahme dringlicher Massnahmen betreffend die Abwehr oder Beseitigung von Schädigungen der Stockwerkeigentümergemeinschaft eingeräumt (Art. 712s Abs. 1 i. f).
Der *Aufgabenkreis des Verwalters* ist grundsätzlich *auf den Bereich der ge-* 6
meinschaftlichen Verwaltung beschränkt. Eine einzige gesetzliche Ausnahme erfährt diese Einschränkung hinsichtlich der passiven Vertretungsmacht des Verwalters (vgl. CH. MÜLLER, 39): Kraft Art. 712t Abs. 3 hat der Verwalter die unentziehbare Kompetenz zur Entgegennahme von Zustellungen an die Gemeinschaft, selbst wenn diese nicht die gemeinschaftliche Verwaltung betreffen (Art. 712t N 59 f). Mit dieser umfassenden passiven Vertretungsmacht verknüpft ist eine entsprechende Weiterleitungspflicht (hinten N 35). Im übrigen darf der Verwalter speziell ermächtigt werden, Aufgaben ausserhalb der gemeinschaftlichen Verwaltung wahrzunehmen (dazu hinten N 72 ff).

II. Struktur und Bedeutung von Art. 712s

1. Funktionelle Umschreibung des Aufgabenkreises des Verwalters

7 Der *Umfang der dem Verwalter zukommenden Geschäftsführungsbefugnis* wird in Art. 712s lediglich *funktionell umschrieben*. Diese Art der Regelung nimmt Rücksicht auf die Vielschichtigkeit des Verwalterverhältnisses, insbesondere auf das Zusammenwirken von gesetzlicher und rechtsgeschäftlicher Normierung (vgl. Art. 712q N 57). Es ist auch kennzeichnend für die flexible Ausgestaltung des schweizerischen Stockwerkeigentumsrechts, dass die Aufgaben des Verwalters nicht vom Gesetz in einem abschliessenden Katalog aufgeführt werden, sondern die konkrete Aufgabenumschreibung weitgehend der Gemeinschaft der Stockwerkeigentümer überlassen bleibt (FRIEDRICH, § 42 N 1).

8 Art. 712s weist eine heterogene Struktur auf. Zum Teil handelt es sich um eine blosse *Verweisungsnorm,* wonach sich der Umfang des gesetzlichen Vollziehungsauftrags an den Verwalter aufgrund anderer gesetzlicher Bestimmungen, aufgrund des Reglements und aufgrund der Beschlüsse der Stockwerkeigentümerversammlung bestimmt. Zum Teil statuiert Art. 712s Abs. 1 i.f auch unmittelbar Befugnisse des Verwalters im Bereiche dringlicher Massnahmen. Abs. 2 von Art. 712s konkretisiert überdies wirtschaftlich-finanzielle Aufgaben im Rahmen der gemeinschaftlichen Verwaltung und Abs. 3 überträgt dem Verwalter Überwachungsfunktionen.

9 Über die aus Art. 712s sich ergebenden Aufgaben hinaus können dem Verwalter weitere Kompetenzen zukommen, die weder auf gesetzlicher noch auf konkreter rechtsgeschäftlicher Anordnung beruhen: So namentlich einzelne faktische Aufgaben im Bereiche der gemeinschaftlichen Verwaltung wie beispielsweise die Auskunftserteilung gegenüber einzelnen Stockwerkeigentümern und die Ausarbeitung von Vorschlägen für bauliche Massnahmen oder Reglementsänderungen (vgl. dazu hinten N 59).

2. Schranken der rechtsgeschäftlichen Kompetenzzuordnung

a. Zwingende Kompetenzen der Stockwerkeigentümer und anderer Organe

aa. Grundlagen

Art. 712s schliesst die Möglichkeit nicht aus, durch Rechts- 10
geschäft Kompetenzen des Verwalters zu begründen und inhaltlich auszugestalten. Die Möglichkeiten rechtsgeschäftlicher Kompetenzzuordnung an den Verwalter finden jedoch ihre Schranke in den zwingenden Bestimmungen über die Verwaltungsorganisation (vgl. ausführlich dazu Art. 712m N 55 ff). Nur soweit nicht unentziehbare und unübertragbare Rechte und Pflichten anderer Funktionsträger betroffen werden, können dem Verwalter rechtsgeschäftlich über den Kreis der in Art. 712s statuierten Kompetenzen hinausgehende Rechte eingeräumt werden. Solche unabdingbaren Zuständigkeitsvorschriften können indessen nur die Stockwerkeigentümerversammlung und die einzelnen Stockwerkeigentümer betreffen, da allfällige weitere Organe (z. B. ein Ausschuss) nicht zwingend einzusetzen sind (Art. 712m N 38 ff).

bb. Zuständigkeit der Stockwerkeigentümerversammlung

Art. 712m Abs. 1 zählt zwar einzelne Bereiche auf, in de- 11
nen grundsätzlich nur die Stockwerkeigentümerversammlung zuständig ist. Es ist jedoch anerkannt, dass nicht alle der im Gesetz aufgeführten Befugnisse zum Kreis der unabdingbaren Mindestbefugnisse der Stockwerkeigentümerversammlung zu zählen sind (vgl. Art. 712m N 59 f). Vielmehr sind nur in denjenigen Kompetenzen der Versammlung zwingende Mindestbefugnisse zu erblicken, auf welche diese als oberstes Organ der Gemeinschaft nicht ohne Aufgabe ihrer Unabhängigkeit und ihres Selbstbestimmungsrecht verzichten kann. Zu diesen unübertragbaren und unabdingbaren Befugnissen der Stockwerkeigentümerversammlung zählen namentlich die Wahl und die Abberufung anderer Organe sowie alle Anordnungen und Massnahmen, die von Gesetzes wegen eines Mehrheitsbeschlusses bedürfen. Vgl. ausführlich dazu Art. 712m N 59 f.

cc. Zuständigkeit der einzelnen Stockwerkeigentümer

12   Die Befugnis zur selbständigen *Durchführung dringlicher Massnahmen* ist ein unentziehbares Recht jedes Stockwerkeigentümers (Art. 647 Abs. 2 Ziff. 2). Soweit jedoch ein Verwalter gewillt und in der Lage ist, die erforderlichen Massnahmen zu ergreifen, geht seine Kompetenz derjenigen jedes einzelnen Stockwerkeigentümers vor (Art. 712s Abs. 1 i. f; Art. 647 N 79; STEINAUER, § 34 N 1339; K. MÜLLER, 121; CH. MÜLLER, 69; vgl. im übrigen auch Art. 712t N 65 f und N 68). Die Kompetenz des einzelnen Stockwerkeigentümers zur Vornahme dringlicher Massnahmen ist deshalb im Verhältnis zu jener des Verwalters lediglich subsidiär, nicht konkurrierend. Die Bezeichnung dieses Rechts des Stockwerkeigentümers als «wohlerworbenes» (so K. MÜLLER, 48; STUDER, 29 ff) ist somit irreführend (vgl. auch Art. 467 N 54 i. V. m. N 72).

13   Jeder Stockwerkeigentümer ist kraft Art. 647a Abs. 1 grundsätzlich auch befugt, *gewöhnliche Verwaltungshandlungen* vorzunehmen. Sobald aber ein Verwalter gewählt ist, geht diese Kompetenz gemäss Art. 647a Abs. 2 (Mehrheitsbeschluss der Stockwerkeigentümerversammlung; vgl. Art. 712q N 89) exklusiv auf diesen über (Art. 647a N 10 f; STEINAUER, § 33 N 1244; K. MÜLLER, 1 21; WEBER, 459).

14   Hinsichtlich der im Sonderrecht stehenden Gebäudeteile kommen dem Verwalter nur ausnahmsweise Befugnisse zu. So, wenn sie ihm rechtsgeschäftlich eingeräumt werden (z. B. ein Vermietungsrecht) oder kraft Gesetzes (Art. 712s Abs. 1 i. f; vgl. hinten N 61), wenn ein Eingriff unumgänglich ist (z. B. Betretungsrecht bei drohendem Schaden). Es ist von Vorteil, wenn diese gesetzlich verankerte Eingriffskompetenz im Reglement konkretisiert wird.

b. Mindestbefugnisse des Verwalters

15   Das schweizerische Recht kennt keine Bestimmung, die dem Verwalter unabdingbar gewisse Mindestbefugnisse verleiht (anders das deutsche Recht, § 27 Abs. 3 WEG; vgl. dazu BÄRMANN/PICK/MERLE, § 26 N 3 und § 27 N 2, N 4 und N 10, sowie WEITNAUER, § 27 N 1c und N 14). Diese lassen sich (entgegen K. MÜLLER, 87 und 121) auch nicht aus der ratio legis herleiten. Wenn man schon auf die Bestellung eines Verwalters verzichten darf (Art. 712q N 8), so muss es auch möglich sein, einem gewählten Verwalter nur wenige Aufgaben zu übertragen, z. B. ihn nur zur Erfüllung ei-

ner einzelnen Verwaltungshandlung zu verpflichten (vgl. auch FRIEDRICH, § 42 N 12; MATHYS, BJM *1972* 283; WEBER, 460 und 462). Eine solche Beschränkung der Geschäftsführungsbefugnis hat indessen nur dann Wirkungen im Aussenbereich, wenn Dritte davon Kenntnis haben. Gutgläubige Dritte müssen und dürfen sich darauf verlassen, dass dem Verwalter im Rahmen der gemeinschaftlichen Verwaltungstätigkeit die gesetzlich umschriebene Vertretungsmacht zukommt (vgl. im einzelnen dazu Art. 712t N 15 ff).

Der Grundsatz, wonach dem Verwalter keine Mindestbefugnisse zugestanden werden müssen, kann allerdings Ausnahmen erfahren. Wird der Verwalter durch den Richter bestellt, stehen ihm grundsätzlich die Befugnisse von Art. 712s und Art. 712t zu. Der Richter darf die Kompetenzen des Verwalters nur dann einschränken, wenn es die konkreten Umstände dringend erfordern oder wenn der Antragsteller die Einsetzung eines Verwalters lediglich für eine bestimmte Aufgabe verlangt (vgl. dazu Art. 712q N 115). Andernfalls könnte durch eine entsprechend enge Umschreibung des Pflichtenhefts der unentziehbare Anspruch des einzelnen Stockwerkeigentümers auf richterliche Einsetzung eines Verwalters praktisch illusorisch gemacht werden (FRIEDRICH, § 42 N 12 und § 44 N 20). Dementsprechend sind lediglich im Falle der richterlichen Bestellung eines Verwalters dessen allfällige Mindestbefugnisse zu beachten (s. auch WEBER, 437 und 460). 16

3. Geschäftsführungspflicht

Der Verwalter steht zur Stockwerkeigentümergemeinschaft in einem Dienstleistungsverhältnis, welches grundsätzlich als Auftrag im Sinne der Art. 394 ff OR zu qualifizieren ist (vgl. Art. 712q N 39 ff). Er ist deshalb zur Vornahme der ihm übertragenen Aufgaben nicht nur berechtigt, sondern grundsätzlich auch verpflichtet (so ausdrücklich die §§ 27 und 28 WEG; vgl. K. MÜLLER, 119). Einzelne Pflichten ergeben sich direkt aus dem Gesetz (so insbesondere die Pflicht zum Erstellen der Jahresrechnung und zum Einziehen der Beiträge, Art. 712s Abs. 2, sowie die Pflicht zum Weiterleiten von Zusendungen an die Gemeinschaft der Stockwerkeigentümer, Art. 712t Abs. 3). 17

Mit der Geschäftsführungsbefugnis des Verwalters ist also grundsätzlich zugleich eine Geschäftsführungspflicht verbunden. Diese Geschäftführungspflicht hat aber ihre Grenzen: Nichtige Beschlüsse der Stockwerkeigentümerversammlung sind nicht zu vollziehen. Soweit ein Versammlungsbe- 18 schluss gegen bestimmte Gültigkeitsvorschriften, gegen öffentlichrechtliche Bestimmungen, gegen unverzichtbare Rechte der einzelnen Stockwerkeigentümer oder gegen solche der Stockwerkeigentümerversammlung verstösst, ist er nichtig (vgl. ausführlich dazu Art. 712m N 146 ff) und somit für den Verwalter nicht verbindlich (K. MÜLLER, 141; vgl. auch GAUTSCHI, Art. 397 N 21a ff). Ist ein Versammlungsbeschluss dagagen bloss anfechtbar, bleibt der Verwalter solange zu dessen Ausführung verpflichtet, als er nicht erfolgreich angefochten wurde. Dabei ist zu beachten, dass dem Verwalter selber kein Anfechtungsrecht zusteht (Art. 712m N 138; vgl. auch hinten N 71).

III. Die Aufgaben des Verwalters im einzelnen

1. Vorbemerkung

19   Die Aufgaben des Verwalters können nach verschiedenen Kriterien gegliedert werden. K. MÜLLER (121 ff) unterscheidet je nach dem Entstehungsgrund zwischen gesetzlichen und rechtsgeschäftlichen Kompetenzen. Demgegenüber teilen MATHYS (BJM *1972* 284 ff) und ihm folgend WEBER (463) die Tätigkeit des Verwalters in formelle, finanzielle und faktische Handlungen ein.

20 Diese Gliederungsversuche vermögen u. E. nicht voll zu befriedigen, weil sie nur ungenügend auf die Struktur der Aufgabenumschreibung in Art. 712s Rücksicht nehmen: Weder ist infolge der starken Interdependenz von gesetzlichen und rechtsgeschäftlichen Anordnungen eine Gliederung nach dem Entstehungsgrund sinnvoll, noch unterscheidet das Gesetz selber zwischen formellen, finanziellen und faktischen Aufgaben. Eine derartige Aufteilung drängt sich (entgegen MATHYS, BJM *1972* 286 f, und WEBER, 463) auch nicht aus Gründen der Haftung des Verwalters auf (nachfolgend N 21).

21 Sinnvoll erscheint vielmehr eine Darstellung der einzelnen Rechte und Pflichten anhand der Struktur von Art. 712s, d.h. in den Kategorien: Vollzugsaufgaben (hinten N 22 ff), selbständige Anordnungen (hinten N 60 ff), passive Vertretungsmacht (hinten N 63) und weitere Aufgaben (hinten N 64). Das vom Verwalter zu beachtende Mass der Sorgfalt (Art. 398 Abs. 1 OR i. V. m. Art. 321e Abs. 2) beurteilt sich in bezug auf den gesamten Aufgabenkreis aufgrund seines Bildungsgrades und seiner Fachkenntnis, wobei allerdings nicht zu verkennen ist, dass dieser allgemeine Sorgfaltsmassstab

je nach der konkreten Aufgabe differenziert anwendbar ist (vgl. dazu REHBINDER, Der Arbeitsvertrag, Berner Kommentar, Bd.VI/2/1: Art.319–330a [Bern 1985], Art.321e N 19ff).

2. Vollzug gesetzlicher oder rechtsgeschäftlicher Bestimmungen

Der weitaus wichtigste Aufgabenkreis des Verwalters besteht in der Erfüllung der Ausführungsverpflichtungen, die ihm vom Gesetz oder durch Rechtsgeschäft auferlegt sind. Es handelt sich dabei vor allem um die Ausübung der administrativen Funktionen im Dienste der Gemeinschaft bzw. im Auftrag der Stockwerkeigentümerversammlung und der einzelnen Stockwerkeigentümer. Besondere Bedeutung haben insbesondere die Aufgaben im Bereiche der finanziellen Angelegenheiten, was denn auch durch Abs.2 von Art.712s speziell hervorgehoben wird. 22

a. Administrative Aufgaben

Der Verwalter hat grundsätzlich den Geschäftsverkehr innerhalb der Stockwerkeigentümergemeinschaft sicherzustellen und die hierfür notwendigen Anordnungen zu treffen. Dazu gehören etwa: 23
- die Einberufung und Leitung der Stockwerkeigentümerversammlung (Art.712n Abs.1, und dort N 6f und N 29ff); 24
- die Protokollierung der Versammlungsbeschlüsse (Art.712n Abs.2, und dort N 33f); 25
- die Besorgung der finanziellen Angelegenheiten (vgl. ausführlich dazu hinten N 43ff); 26
- die Aktenführungspflicht im Rahmen der gesamten Verwaltungstätigkeit (vgl. Art.712q N 62f); 27
- die ordnungsgemässe Aufbewahrung aller Protokolle und aller wesentlichen Akten (vgl. Art.712n N 37 und Art.712q N 62); 28
- die Auskunftserteilung gegenüber den Stockwerkeigentümern (vgl. Art.712q N 18); 29
- die Weiterleitung der an die Stockwerkeigentümergemeinschaft gerichteten Erklärungen von Stockwerkeigentümern, anderen Organen oder aussenstehenden Dritten, die der Verwalter für diese entgegengenommen hat (vgl. Art.712t Abs.3; hinten N 63 und Art.712t N 59). 30

31 Diese Fülle von Aufgaben im Dienste der Stockwerkeigentümergemeinschaft und ihrer Organe (Stockwerkeigentümerversammlung, einzelne Stockwerkeigentümer, evtl. Ausschuss) macht – vor allem bei grösseren Gemeinschaften – die *Festlegung einer internen Verfahrensordnung* erforderlich. So ist es insbesondere sinnvoll, im Reglement auch dort, wo dies nicht schon durch das Gesetz bestimmt ist, festzulegen, in welcher Form und innert welcher Frist der Verwalter den einzelnen Stockwerkeigentümern Zustellungen, Aufforderungen, Mitteilungen usw. zugehen lassen soll bzw. muss. Dies gilt vor allem in bezug auf:

32 – die Einberufung einer Stockwerkeigentümerversammlung und die Bekanntgabe der Traktanden (vgl. ausführlich dazu Art. 712n N 6 f und N 15 ff);

33 – die Erstellung des Protokolls und dessen Zustellung an alle Stockwerkeigentümer (Art. 712n Abs. 2 und dort N 33 ff);

34 – die Benachrichtigung über den Eintritt eines Vorkaufsfalles bzw. über das Vorliegen eines einsprachefähigen Rechtsgeschäfts (Art. 712c N 62 und N 96);

35 – die Weiterleitung der an die Stockwerkeigentümergemeinschaft gerichteten Erklärungen (vorn N 6, N 30 und Art. 712t N 59);

36 – die Bekanntgabe, dass der Verwalter einen Prozess zu führen habe und allenfalls eine Prozessvollmacht benötige (vgl. Art. 712t N 44 ff).

37 Über diese Aufgaben hinaus hat der Verwalter vor allem auch Vorkehrungen zu treffen, die in irgendeiner Weise zum Unterhalt des Gebäudes oder zur ordnungsgemässen Erledigung von Gemeinschaftsangelegenheiten beitragen. Dies sind beispielsweise (FRIEDRICH, § 43; WEBER, 478 f):

38 – die Instandhaltungs- und Reparaturarbeiten;

39 – die Hausreinigung und die Gartenpflege;

40 – der Abschluss von Versicherungsverträgen, die durch die Versammlung angeordnet wurden (Art. 712m Abs. 1 Ziff. 6, und dort N 52);

41 – die Anstellung und Überwachung des Hauswartes sowie allfälliger Hilfspersonen;

42 – die Vermietung gemeinschaftlicher Räume.

b. Finanzielle Verwaltungshandlungen im besonderen (Abs. 2)

aa. Interne Abwicklung des Zahlungsverkehrs

aaa. Erstellung des Kostenvoranschlages und der Jahresrechnung

Die Aufgabe des Verwalters, einen Kostenvoranschlag und eine Jahresrechnung zu erstellen, wird in Art. 712s Abs. 2 nicht ausdrücklich erwähnt. Eine solche Pflicht ergibt sich auch nicht unmittelbar aus Art. 712m Abs. 1 Ziff. 4, der lediglich die Kompetenz der Stockwerkeigentümerversammlung vorsieht, das Budget zu genehmigen. Da der Verwalter aber ohne konkrete Anhaltspunkte bezüglich des Finanzhaushaltes die ihm vom Gesetz übertragenen Aufgaben (Verteilung der gemeinschaftlichen Kosten und Lasten, Verwaltung der Gelder; Art. 712s Abs. 2) nicht erfüllen könnte, muss eine Verpflichtung zur Erstellung des Kostenvoranschlages und der Jahresrechnung dennoch aus Art. 712s Abs. 2 abgeleitet werden (so auch MATHYS, BJM *1972* 287; K. MÜLLER, 90; WEBER, 468). Diese Pflicht ergibt sich überdies aus dem allgemeinen Auftragsrecht (vgl. zum Ganzen auch Art. 712q N 62).

Das schweizerische Recht enthält keine Bestimmungen darüber, welches die formellen Anforderungen an die Erstellung des Kostenvoranschlages und der Jahresrechnung sind. Der Verwalter der Stockwerkeigentümergemeinschaft unterliegt auch nicht der Buchführungspflicht von Art. 957 ff OR (vgl. FRIEDRICH, § 43 N 5). Dennoch ist eine Buchführung, welche die laufenden Einnahmen und Ausgaben enthält, sowie ein Kontenplan für eine ordnungsgemässe Verwaltung unentbehrlich. Die konkreten Anforderungen an die Buchführung lassen sich im Verwaltervertrag genauer umschreiben (WEBER, 469 f; MICHAUD, 71; s. auch das Muster für eine Verwaltungsabrechnung bei K. MÜLLER, 186 ff).

Zu den *Einnahmen* gehören beispielsweise:
- die Beiträge der Stockwerkeigentümer;
- die Zinsen aus angelegten Geldern;
- die Einnahmen aus der Vermietung gemeinschaftlicher Räume.

Unter die *Ausgaben* fallen etwa (vgl. dazu auch Art. 712h Abs. 2, und dort N 34 ff):

- die Auslagen für den laufenden Unterhalt des Gebäudes (z. B. Wartung der Heizung);
- die Kosten für Reparaturen und Erneuerungen der gemeinschaftlichen Objekte;
- die Ausgaben für die Verwaltungstätigkeit (z. B. Büromaterial, Entschädigungen);
- die öffentlichrechtlichen Abgaben und die Versicherungsprämien;
- die Schuldzinsen, inkl. Baurechtszinsen.

bbb. Bemessung, Festlegung und Einzug der Beiträge an die gemeinschaftlichen Kosten und Lasten

47 Die Bemessung der Beiträge, welche die Stockwerkeigentümer an die gemeinschaftlichen Kosten und Lasten zahlen müssen, erfolgt regelmässig aufgrund von Kostenvoranschlägen und von Jahresrechnungen (vgl. vorn N 43 f). Abgesehen von den in Art. 712h Abs. 3 statuierten Ausnahmen sind für den Verteilungsschlüssel die *Wertquoten massgebend* (Art. 712h Abs. 1 und dort N 15 f).

48 Die Beitragsleistungen erfolgen grundsätzlich in Form von Deckungsbeiträgen. Sofern aber eine entsprechende Pflicht rechtsgeschäftlich (im Reglement oder durch Versammlungsbeschluss) vereinbart ist, können auch Kostenvorschüsse geschuldet sein (vgl. ausführlich dazu Art. 712h N 13 f).

49 Die ausstehenden Beiträge sind vom Verwalter einzuziehen. Nötigenfalls hat er betreibungsrechtliche oder gerichtliche Schritte einzuleiten. Kommt ein Stockwerkeigentümer seiner Leistungspflicht nicht nach, steht der Gemeinschaft für die auf die letzten drei Jahre entfallenden Forderungen überdies ein *Pfanderrichtungsanspruch* an dessen Anteil (Art. 712i) sowie ein *Retentionsrecht* an den sich in diesen Räumen befindenden und zur Einrichtung bzw. Benutzung gehörenden beweglichen Sachen (Art. 712k) zu. Diese Ansprüche sind ebenfalls vom Verwalter geltend zu machen (vgl. Art. 712i N 47 und Art. 712k N 67). Ferner hat er die Anteile an den Zinsen und die Amortisationszahlungen zuhanden der Pfandgläubiger von den Stockwerkeigentümern einzuziehen (Art. 712h Abs. 2 Ziff. 4, s. dazu Art. 712h N 63 ff).

50 Neben den Kosten und Lasten hat der Verwalter auch die natürlichen und zivilen Früchte als Objekte gemeinsamer Nutzung auf die einzelnen Stockwerkeigentümer zu verteilen. Geldbeträge kann er entweder quotenproportional auszahlen oder mit den zu leistenden Beiträgen verrechnen (FRIEDRICH, § 15 N 2; K. MÜLLER, 125; WEBER, 473).

bb. Externe Abwicklung des Zahlungsverkehrs

Der Verwalter macht die Forderungen der Gemeinschaft gegenüber Dritten geltend und begleicht die gemeinschaftlichen Schulden. Er ist dabei verpflichtet, die Rechnungen hinsichtlich des Rechtsgrundes und des Umfangs zu prüfen (K. MÜLLER, 122; MATHYS, BJM *1972* 290; WEBER, 471). Ist die Ausgabenkompetenz des Verwalters rechtsgeschäftlich beschränkt, hat er höhere Rechnungen der Versammlung bzw. dem Ausschuss (vgl. Art. 712m N 38 ff) vorzulegen.

Die ausstehenden Forderungen gegenüber Dritten sind vom Verwalter geltend zu machen und allenfalls gerichtlich durchzusetzen. Wird ein Prozess im ordentlichen Verfahren notwendig, braucht er jedoch eine besondere Vollmacht der Gemeinschaft (Art. 712t Abs. 2 und dort N 44 ff).

cc. Verwaltung der Geldmittel

aaa. Laufendes Verwaltungsvermögen

Der Verwalter hat die finanziellen Mittel der Gemeinschaft möglichst sicher anzulegen. Es ist ihm nicht erlaubt, Spekulationspapiere zu erwerben. Das Bedürfnis, einen angemessen Zins zu erzielen, tritt häufig hinter das Interesse zurück, kurzfristig über gemeinschaftliches Kapital verfügen zu können. In der Praxis wird deshalb oft ein Kontokorrent- oder ein Depositenkonto gewählt.

Entgegen K. MÜLLER (126, s. auch 94 und 123) sollte der Zahlungsverkehr im Rahmen des Verwaltungsvermögens nicht über das persönliche Konto des Verwalters abgewickelt werden. Für die Stockwerkeigentümergemeinschaft ist es empfehlenswert, ein eigenes Konto zu eröffnen (g. M. MATHYS, BJM *1972* 291, und WEBER, 472). Einerseits kann sie nur so vor der Gefahr des Geldverlustes im Falle eines gegenüber dem Verwalter durchgeführten Zwangsvollstreckungsverfahrens wirksam geschützt werden. Andererseits ist lediglich bei getrennter Kontenführung ein jederzeitiger Überblick über den Vermögensstand und damit ein besserer Schutz der Gemeinschaft vor allfälligen sachfremden Dispositionen des Verwalters gewährleistet.

bbb. Erneuerungsfonds

55 Um grössere finanzielle Belastungen bei unerwartet auftretenden umfangreichen Reparatur- und Erneuerungsarbeiten am Gebäude zu vermeiden (zu deren Bestreitung die laufenden Beiträge nicht ausreichen), können die Stockwerkeigentümer mit einfachem Mehr beschliessen, einen Erneuerungsfonds zu äufnen (Art. 712m Abs. 1 Ziff. 5; für die Begründung, Auflösung und die Rechtsverhältnisse an diesem Fonds vgl. Art. 712m N 44 ff).

56 Die Stockwerkeigentümer können die Art der Verwaltung des Erneuerungsfonds grundsätzlich frei bestimmen. Festzulegen sind etwa die Höhe der einmaligen und/oder periodischen Einlagen, das Vorgehen bei der Beanspruchung der Gelder (sachliche Voraussetzungen), die konkrete Anlage durch den Verwalter sowie ein allfälliger Höchstbetrag des Fonds (vgl. Art. 7 12m N 45 f). Fehlt es an einer Regelung durch die Stockwerkeigentümerversammlung, hat der Verwalter nach pflichtgemässem Ermessen zu handeln (MATHYS, BJM *1972* 290f). Mehr als an der Höhe des Ertrags muss ihm dabei an der Sicherheit der Anlage gelegen sein.

57 Die einzelnen Beiträge sind auf ein besonderes Konto der Gemeinschaft einzuzahlen (vgl. vorn N 53; FRIEDRICH, § 20 N 4; MATHYS, BJM *1972* 290 f; K. MÜLLER, 126; WEBER, 477).

58 Ohne anderslautende Regelung fällt dem Verwalter auch die Kompetenz zu, die Auszahlungen aus dem Erneuerungsfonds vorzunehmen. Im Reglement kann jedoch angeordnet werden, dass der Verwalter nur mit Zustimmung eines oder mehrerer Stockwerkeigentümer oder aufgrund eines Versammlungsbeschlusses über Gelder des Fonds verfügen darf (Kollektivvollmacht bezüglich des betreffenden Kontos; vgl. dazu Art. 27 Abs. 3 des Reglements von K. MÜLLER, 160). Die Kosten für den laufenden Unterhalt sind dagegen nicht aus dem Erneuerungsfonds zu bestreiten, ausser wenn die Stockwerkeigentümer dies ausdrücklich beschliessen. Der Fonds ist auch nicht dazu bestimmt, eine zulässigerweise ohne einstimmigen Beschluss angeordnete luxuriöse bauliche Massnahme i.S.v. Art. 647e Abs. 2 zu finanzieren, da sonst der Betrag eines ablehnenden Stockwerkeigentümer ebenfalls betroffen würde (WEBER, 477; MICHAUD, 78; vgl. auch BÄRMANN/PICK/MERLE, § 21 N 100).

c. Weitere Vollzugsaufgaben

Dem Verwalter können über den in Art. 712s unmittelbar oder mittelbar festgelegten Aufgabenbereich hinaus noch weitere Vollzugsaufgaben überbunden werden. So kann er z. B. auch beauftragt werden, Vorschläge für bauliche Massnahmen oder für Reglementsänderungen zuhanden der Stockwerkeigentümergemeinschaft zu erarbeiten. Vgl. auch hinten N 64 ff.

3. Selbständige Anordnungen (Abs. 1 i. f.)

Der Verwalter kann kraft Art. 712s Abs. 1 i. f. selbständig die zur Abwehr oder Beseitigung von Schäden notwendigen Anordnungen treffen (zur Prozessführungsbefugnis vgl. Art. 712t N 48 ff). Dieser Individualanspruch ist umfassender ausgestaltet als das entsprechende Recht des Stockwerkeigentümers gemäss Art. 647 Abs. 2 Ziff. 2. Neben präventiven kommen nämlich auch repressive Massnahmen in Frage (vgl. auch WEBER, 479). Für die Dringlichkeit und die Gefahr eines Schadenseintritts als Handlungsvoraussetzungen gelten hingegen dieselben Kriterien (vgl. dazu Art. 647 N 75 f).

Der Verwalter hat auch gegenüber eigenmächtigen Vorkehrungen einzelner Stockwerkeigentümer (z. B. unzulässiges Anbringen von Reklametafeln) sofort einzugreifen. Soweit es die Situation erfordert, steht dem Verwalter das Recht zu, in die zu Sonderrecht ausgeschiedenen Räume (Art. 712b N 45 ff) einzudringen, um die erforderlichen Massnahmen zu treffen. Das Eindringen in den Sonderrechtsbereich ist jedoch nur ausnahmsweise gerechtfertigt, so insbesondere dann, wenn eine vom Sonderrechtsbereich ausgehende Schädigung sich auf gemeinschaftliche Teile auswirkt oder auswirken kann (z. B. bei einem Wasserleitungsbruch oder bei Feuerausbruch in Abwesenheit des betreffenden Stockwerkeigentümers; vgl. auch vorn N 14).

Liegt ein dringlicher Fall vor, ist der Verwalter *verpflichtet,* sofort die erforderlichen Massnahmen zu treffen. Er darf also nicht zuerst eine Versammlung einberufen, wenn konkrete Anordnungen unverzüglich notwendig sind (so auch K. MÜLLER, 128, und WEBER, 480).

4. Passive Vertretungsmacht und Weiterleitungspflicht

63   Kraft Art. 712t Abs. 3 ist der Verwalter nicht nur berechtigt, sondern vor allem auch verpflichtet, alle an die Stockwerkeigentümergemeinschaft gerichteten Zustellungen mit Wirkung für diese entgegenzunehmen (BBl *1962* II 1521; CH. MÜLLER, 39; K. MÜLLER, 128 f). Aus Art. 712t Abs. 3 erwächst dem Verwalter zugleich auch die Pflicht, die erhaltenen Zustellungen an die einzelnen Stockwerkeigentümer weiterzuleiten (vgl. auch vorn N 30).

Vgl. ausführlich zum Wesen dieser einzigen vom Gesetz vorgesehenen Aufgabe des Verwalters ausserhalb der gemeinschaftlichen Verwaltung Art. 712t N 58 ff.

5. Weitere Aufgaben

a. Überwachungsfunktionen (Abs. 3)

64   Nach Abs. 3 von Art. 712s hat der Verwalter darüber zu wachen, dass sich die Stockwerkeigentümer an die Bestimmungen des Gesetzes, des Reglements und der Hausordnung halten. Die Kontrollfunktion des Verwalters bezieht sich dabei nicht nur auf den Gebrauch und die Nutzung der gemeinschaftlichen Teile, Anlagen und Einrichtungen, sondern auch auf die Ausübung der Sonderrechte.

65 Die Kompetenz des Verwalters, die *Ausübung der Sonderrechte* zu überwachen, gehört zu seiner Geschäftsführungsbefugnis (vgl. LIVER, GS Marxer 190), weil damit sowohl die gemeinschaftlichen Teile vor unerlaubten Eingriffen einzelner Stockwerkeigentümer geschützt (vgl. auch Art. 712b N 71 ff) als auch die gemeinschaftliche Verwaltung sichergestellt werden sollen. Das Ausmass der Kontrolle bemisst sich dabei nach den konkreten Umständen. Es ist allerdings sinnvoll, wenn der Verwalter periodisch (z. B. einmal jährlich) den baulichen Zustand jeder Stockwerkeinheit prüft (K. MÜLLER, 127). Ferner wird eine Kontrolle dann notwendig sein, wenn Indizien für einen Verstoss gegen gesetzliche oder rechtsgeschäftliche Verhaltens- bzw. Verbotsnormen vorliegen (vgl. WEBER, 480).

66 Im Hinblick auf die *Benutzung der gemeinschaftlichen Teile, Anlagen und Einrichtungen* hat der Verwalter insbesondere darüber zu wachen, dass ein sachgerechter sowie vorschriftsgemässer Gebrauch (Ordnung und Sauberkeit) gewährleistet ist (K. MÜLLER, 127; WEBER, 481).

Im Falle von Beanstandungen hat der Verwalter die erforderlichen Schritte einzuleiten und allenfalls Sanktionen zu treffen (hinten N 70 ff). 67

b. Erlass von Hausordnung und Nutzungsreglementen

Für den Erlass einer *Hausordnung* ist grundsätzlich die Stockwerkeigentümerversammlung zuständig (zur Hausordnung vgl. im einzelnen Art. 712g N 99 ff). Sie kann diese Kompetenz aber auch dem Verwalter delegieren, entweder umfassend oder so, dass sie sich vorbehält, den Entwurf des Verwalters zu genehmigen oder zu modifizieren (Art. 712g N 100; FRIEDRICH, § 16 N 4f; vgl. auch Art. 54 Abs. 2 des Reglements von K. MÜLLER, 166). 68

Dem Verwalter kann ferner die Kompetenz eingeräumt werden, *Benutzungsreglemente* für gemeinschaftliche Anlagen und Einrichtungen zu erlassen. 69

c. Beschränkte judikative Aufgaben

Dem Verwalter kann das Recht übertragen werden, Streitigkeiten unter den Stockwerkeigentümern zu schlichten (BÄRMANN/PICK/MERLE, § 27 N 25). Da eine solche Kompetenz aber recht hohe Anforderungen an die Person des Verwalters stellt, sollte von der Möglichkeit einer derartigen Kompetenzzuweisung nur zurückhaltend Gebrauch gemacht werden (vgl. auch K. MÜLLER, 130, und WEBER, 482). 70

Ferner kann dem Verwalter das Recht eingeräumt werden, gegenüber sich vorschriftswidrig verhaltenden Stockwerkeigentümern Sanktionen zu ergreifen. Der Katalog möglicher Massnahmen ist vielfältig: Am wenigsten einschneidend sind formlose Mahnungen und schriftliche Verwarnungen (allenfalls verbunden mit der Androhung schwerwiegenderer Massnahmen). Nachhaltiger wirken der Ausschluss von der Benutzung gemeinschaftlicher Anlagen (z. B. Schwimmbad), die Einschränkung von Mitverwaltungsrechten (betreffend Stimmrecht vgl. Art. 712m N 76) oder die Zurückbehaltung eigener Leistungen (s. WEBER, 485 f). Am härtesten trifft den einzelnen Stockwerkeigentümer – neben dem Ausschluss aus der Gemeinschaft (Art. 649b) – die Verhängung einer Busse (eingehend dazu Art. 712g N 110). In dringenden Fällen kann er den Richter im summarischen Verfahren anrufen und durch ihn das vorschriftswidrige Verhalten des betreffenden Stockwerkeigentümers verbieten lassen (FRIEDRICH, § 42 N 8; K. MÜLLER, 127; WEBER, 4 81). Zu beachten aber bleibt, dass das Überwachungsrecht 71 des Verwalters nicht zu einem Anfechtungsrecht gegenüber Beschlüssen der Stockwerkeigentümerversammlung führen darf (Art. 712m N 138 und vorn N 18; g. M. K. MÜLLER, 140; a. M. STUDER, 86).

d. Aufgaben ausserhalb der gemeinschaftlichen Verwaltung

72   Mit Ausnahme der passiven Vertretungsmacht gemäss Art. 712t Abs. 3 (vgl. vorn N 58 ff) ist der gesetzlich vorgesehene Wirkungskreis des Verwalters auf die Angelegenheiten der gemeinschaftlichen Verwaltung beschränkt (vorn N 7ff). Dies schliesst jedoch nicht aus, dass der Verwalter durch die Stockwerkeigentümerversammlung auch zur Wahrnehmung von Aufgaben ausserhalb dieses Aufgabenbereiches ermächtigt werden kann, z. B. zum Abschluss von Werkverträgen betreffend luxuriöser baulicher Massnahmen, die von der Stockwerkeigentümerversammlung einstimmig (Art. 647e Abs. 1; vgl. Art. 712m N 94) beschlossen wurden. Ebenso kann der Verwalter auch von einem einzelnen Stockwerkeigentümer zur Wahrnehmung von Aufgaben aus dem Sonderrechtsbereich beauftragt werden (vgl. auch Art. 712t N 26 f).

73   Die Erweiterung der Aufgaben und Befugnisse des Verwalters über den Rahmen der gemeinschaftlichen Verwaltung hinaus findet ihre Schranke in den zwingenden gesetzlichen Bestimmungen, die unübertragbare Kompetenzen der Stockwerkeigentümerversammlung statuieren (vgl. vorn N 10 ff). Ebensowenig dürfen Entscheidungen, die der Zustimmung aller Stockwerkeigentümer bedürfen (vgl. dazu Art. 712m N 93 ff), an den Verwalter delegiert werden (vgl. auch FRIEDRICH, § 43 N 13). Die Versammlung kann aber die Ausführung bzw. den Vollzug solcher Beschlüsse dem Verwalter übertragen.

74   Zu beachten bleibt, dass der Verwalter in diesem Bereich einer Vollmacht gemäss den Art. 32 ff OR bedarf, um im Geschäftsverkehr die Stockwerkeigentümergemeinschaft oder einen einzelnen Stockwerkeigentümer zu vertreten (ausführlich dazu Art. 712t N 26 f).

Art. 712 t

b. Vertretung nach aussen

¹ Der Verwalter vertritt in allen Angelegenheiten der gemeinschaftlichen Verwaltung, die in den Bereich seiner gesetzlichen Aufgaben fallen, sowohl die Gemeinschaft als auch die Stockwerkeigentümer nach aussen.

² Zur Führung eines anzuhebenden oder vom Gegner eingeleiteten Zivilprozesses bedarf der Verwalter ausserhalb des summarischen Verfahrens der vorgängigen Ermächtigung durch die Versammlung der Stockwerkeigentümer, unter Vorbehalt dringender Fälle, in denen die Ermächtigung nachgeholt werden kann.

³ An die Stockwerkeigentümer insgesamt gerichtete Erklärungen, Aufforderungen, Urteile und Verfügungen können durch Zustellung an den Verwalter an seinem Wohnsitz oder am Ort der gelegenen Sache wirksam mitgeteilt werden.

b. Représentation envers les tiers

¹ L'administrateur représente la communauté et les copropriétaires envers les tiers, pour toutes les affaires qui relèvent de l'administration commune et entrent dans ses attributions légales.

² Sauf en procédure sommaire, l'administrateur ne peut agir en justice comme demandeur ou défendeur sans autorisation préalable de l'assemblée des copropriétaires, sous réserve des cas d'urgence pour lesquels l'autorisation peut être demandée ultérieurement.

³ Les déclarations, sommations, jugements et décisions destinés à l'ensemble des copropriétaires peuvent être notifiés valablement à l'administrateur, à son domicile ou au lieu de situation de situation de la chose.

b. Rappresentanza verso i terzi

¹ L'amministratore rappresenta la comunione e i comproprietari in tutti gli affari dell'amministrazione comune che gli competono per legge.

² Egli non può stare in un giudizio civile come attore o come convenuto senz'esserne precedentemente autorizzato dall'assemblea dei comproprietari, salvo si tratti di procedura sommaria; nei casi urgenti, l'autorizzazione può essere chiesta ulteriormente.

³ Le dichiarazioni, le ingiunzioni, le sentenze e le decisioni destinate collettivamente ai comproprietari possono essere comunicate validamente all'amministratore nel suo domicilio o nel luogo dove trovasi la cosa.

		Note	Seite
Übersicht	Materialien	1	516
	Literatur	2	517
	Rechtsvergleichung	3	517
	I. Allgemeines	4	517
	II. Vertretungsberechtigung des Verwalters in Angelegenheiten der gemeinschaftlichen Verwaltung (Abs. 1)	7	518
	1. Grundlagen	7	518
	2. Rechtsnatur der Vertretungsmacht	9	519

	Note	Seite
3. Entstehung und Untergang der Vertretungsmacht	13	521
4. Gesetzlicher Umfang der Vertretungsmacht	15	522
5. Abänderbarkeit des gesetzlich vermuteten Umfanges der Vertretungsmacht	23	524
a. Beschränkung	23	524
b. Erweiterung	26	526
6. Wirkung der Vertretung durch den Verwalter	28	526
a. Schutz gutgläubiger Dritter	28	526
aa. In bezug auf den Umfang der Vertretungsmacht	28	526
bb. In bezug auf den Bestand der Vertretungsmacht	29	526
cc. Exkurs: Sonderfall des Stellvertreters ohne Verwaltereigenschaft	33	527
b. Berechtigung und Verpflichtung der Stockwerkeigentümergemeinschaft	34	528
III. *Vertretungsberechtigung des Verwalters in Prozessen (Abs. 2)*	37	529
1. Grundlagen	37	529
2. Vertretung in Zivilprozessen	40	530
a. Im summarischen Verfahren	41	530
b. Im ordentlichen Verfahren	44	531
aa. Gewöhnliche Prozessführung	44	531
bb. Dringliche Prozesshandlungen	48	532
c. Rechtsgeschäftliche Änderungen der gesetzlichen Prozessvollmacht	51	533
3. Vertretung in anderen Verfahren	54	534
IV. *Zustellungsdomizil und passive Vertretungsmacht zur Entgegennahme von Zustellungen (Abs. 3)*	57	535
1. Passive Vertretungsmacht	58	535
2. Zustellungsdomizil	61	536
V. *Exkurs: Besonderheiten bei der Vertretung der Stockwerkeigentümergemeinschaft*	64	537
1. Rechtslage bei fehlendem Verwalter	64	537
2. Neben einem Verwalter zur Vertretung befugte Personen	67	538
a. Grundlagen	67	538
b. Die Vertretungsberechtigung des einzelnen Stockwerkeigentümers	68	538
c. Die Vertretungsberechtigung Dritter	71	539

---

1 Materialien   BBl *1962* II 1494, 1521 f, 1533; StenBull NR *1963* 189, 227, 532, 685; StenBull StR *1963* 222, 285, 376.

Literatur	GAUCH/SCHLUEP, Schweizerisches Obligationenrecht, Allgemeiner Teil, 4.A., Zürich 1987; MAX GULDENER, Schweizerisches Zivilprozessrecht, 3.A., Zürich 1979; MAX GUTZWILLER, Verbandspersonen – Grundsätzliches, in: SPR II, Basel/Stutgart 1967, 425 ff; WALTER J. HABSCHEID, Schweizerisches Zivilprozess- und Gerichtsorganisationsrecht, Basel/Frankfurt a. M. 1986; STRÄULI/MESSMER, Kommentar zur Zürcherischen Zivilprozessordnung, 2.A., Zürich 1982; WERNER VON STEIGER, Die Gesellschaft mit beschränkter Haftung, Zürcher Kommentar, Bd.V/5c: Art. 772–827, Zürich 1965; HANS-ULRICH WALDER, Zivilprozessrecht, 3.A., Zürich 1983.	2
Rechtsvergleichung	Vgl. die Angaben in den Vorbemerkungen zu den Art. 712a ff N 52–81, in Art. 712q N 3–6 sowie hinten N 39 und N 52.	3

I. Allgemeines

Dem Verwalter kommt im Rahmen der gemeinschaftlichen Verwaltung eine zentrale Bedeutung zu, weshalb er auch im Aussenbereich das Bindeglied zwischen der Stockwerkeigentümergemeinschaft und Dritten bildet (BBl *1962* II 1494 und 152 1). Weil der Verwalter aber kein Organ im körperschaftlichen Sinne ist (vgl. Art. 712m N 8) und demzufolge nicht eo ipso für die Gemeinschaft handeln kann, hat der Gesetzgeber die Vertretungsbefugnis und vor allem die Vertretungsmacht des Verwalters in Art. 712t ausführlich geregelt (vgl. BBl *1962* II 1494). Daneben können aber auch einzelne Stockwerkeigentümer oder kraft rechtsgeschäftlicher Anordnung auch Dritte zur Vertretung der Stockwerkeigentümergemeinschaft befugt sein (hinten N 71 ff). 4

Der Umfang der Vertretungsmacht des Verwalters wird in Art. 712t funktionell umschrieben: Gemäss der Absicht des Gesetzgebers soll die Vertretungsmacht des Verwalters grundsätzlich mit dessen interner Geschäftsführungsbefugnis übereinstimmen und sich somit auf alle Angelegenheiten der gemeinschaftlichen Verwaltung erstrecken, die in den gesetzlichen Aufgabenbereich des Verwalters fallen. Art. 712t verweist zur Bestimmung des Umfanges der Vertretungsmacht mithin auf Art. 712s. Dieser Grundsatz, welcher im Sinne eines Gutglaubensschutztatbestandes in Art. 712t Abs. 1 bezüglich rechtsgeschäftlicher Handlungen des Verwalters verankert ist (hinten N 15 ff), erfährt indessen Einschränkungen: Zum einen kommt dem Verwalter in Zivilprozessen (zu anderen Verfahren hinten N 54 ff) lediglich eine eingeschränkte Prozessführungsbefugnis zu, indem er ausserhalb des summarischen Verfahrens vorgängig um eine ausdrückliche Ermächtigung 5 durch die Stockwerkeigentümerversammlung nachsuchen muss (Art. 712t Abs. 2; hinten N 44 ff). Andererseits kann der vom Gesetz vermutete Umfang der Vertretungsmacht des Verwalters rechtsgeschäftlich eingeschränkt werden. Wirkung nach aussen entfalten interne Beschränkungen der Vertretungsbefugnis des Verwalters in dessen nur, wenn sie dem Dritten ausdrücklich zur Kenntnis gebracht worden sind (hinten N 20 ff und N 28).

6 Während sich die *aktive* Vertretungsmacht des Verwalters infolge der auf die gemeinschaftliche Verwaltung beschränkten Handlungs- und Prozessfähigkeit der Stockwerkeigentümergemeinschaft (Art. 712l und dort N 46 ff und N 76 ff) lediglich auf Angelegenheiten der gemeinschaftlichen Verwaltung bezieht, ist die *passive* Vertretungsmacht des Verwalters gemäss Abs. 3 von Art. 712t auf den gesamten Rechtskreis der Stockwerkeigentümergemeinschaft ausgedehnt. Mit dieser Regelung, die zugleich auch die Bezeichnung des Zustellungsdomizils der Stockwerkeigentümergemeinschaft am Wohnsitz des Verwalters oder alternativ am Ort der gemeinschaftlichen Sache vorsieht, soll sichergestellt werden, dass ein Dritter die Gemeinschaft in all ihren Angelegenheiten in möglichst einfacher und sicherer Weise erreichen kann (hinten N 57 ff).

II. Vertretungsberechtigung des Verwalters in Angelegenheiten der gemeinschaftlichen Verwaltung (Abs. 1)

1. Grundlagen

7 Die Wahrnehmung der dem Verwalter zugedachten Vollzugsaufgaben in Angelegenheiten der gemeinschaftlichen Verwaltung bedingt sinnvollerweise, dass der Verwalter in Erfüllung dieser Aufgaben auch Rechte und Pflichten mit Wirkung für die Gemeinschaft der Stockwerkeigentümer begründen kann. Deshalb bedarf er einer Vollmacht zur Vertretung der Gemeinschaft nach aussen (vgl. FRIEDRICH, § 44 N 1; FREI, 116). Im Interesse der Verkehrssicherheit hat sich der Gesetzgeber indessen – auch mit Blick auf das Gesellschaftsrecht (FREI, 118) – nicht mit einem Verweis auf das allgemeine Stellvertretungsrecht der Art. 32 ff OR begnügt, sondern hat Inhalt und Umfang der Vertretungsberechtigung des Verwalters für rechtsgeschäftliche Handlungen in Art. 712t Abs. 1 umschrieben (vgl. BBl *1962* II 1494). Indem sie auf die Angelegenheiten der gemeinschaftlichen

Verwaltung, die in den Bereich der gesetzlichen Aufgaben des Verwalters fallen, beschränkt ist, stimmt sie grundsätzlich mit der in Art. 712s umschriebenen internen Geschäftsführungsbefugnis überein (hinten N 15 ff). Anzufügen ist, dass diesem Vertretungsrecht des Verwalters nicht nur gegenüber Dritten, sondern auch intern gegenüber den einzelnen Stockwerkeigentümern Wirkung zukommt (z. B. bei der Eintragung eines Grundpfandrechts gemäss Art. 712i; LIVER, GS Marxer 190; FRIEDRICH, § 44 N 2).

Schliesst der Verwalter (oder ein anderer Bevollmächtigter; vgl. hinten 8 N 71 ff) für die Stockwerkeigentümergemeinschaft mit Dritten Rechtsgeschäfte ab, sind zwei Aspekte klar zu trennen: Es geht einerseits um das Problem, inwieweit der Verwalter berechtigt ist, für die Stockwerkeigentümergemeinschaft Rechtsgeschäfte abzuschliessen (Frage der Vertretungs*befugnis*), und andererseits um das Problem, inwieweit das rechtsgeschäftliche Handeln im Namen der Gemeinschaft der Stockwerkeigentümer dieser zugerechnet werden darf (Frage der Vertretungs*macht;* vgl. dazu MEIER-HAYOZ/FORSTMOSER, § 2 N 82; FREI, 116). Mit der u. E. geglückten Regelung von Art. 712t Abs. 1 hat der Gesetzgeber die Vermutung aufgestellt, dass die interne Geschäftsführungsbefugnis nicht nur das Korrelat der internen Vertretungsbefugnis darstellt, sondern auch jenes der externen Vertretungsmacht (BBl *1962* II 1494; LIVER, GS Marxer 192 und SPR V/1 103; MATHYS, BJM *1972* 282; K. MÜLLER, 135; FREI, 119 f). Es darf indessen nicht übersehen werden, dass mit der Bestimmung von Art. 712t Abs. 1 primär die Frage der Vertretungsmacht beantwortet wird (FREI, 117 ff; MATHYS, BJM *1972* 283; K. MÜLLER, 135; WEBER, 463 f). Art. 712t Abs. 1 bestimmt mit anderen Worten vorab den für Dritte massgebenden Bereich des rechtlichen Könnens des Verwalters hinsichtlich der Möglichkeit, durch seine Handlungen unmittelbar für die Stockwerkeigentümergemeinschaft Rechtswirkungen zu erzeugen (FREI, 118; K. MÜLLER, 135; vgl. auch MEIER-HAYOZ/FORSTMOSER, § 2 N 82 a. E.; vgl. dazu hinten N 34 ff). Inhalt und Umfang der Vertretungs*befugnis* ergeben sich demgegenüber vorab aus dem konkreten Rechtsverhältnis zwischen dem Verwalter und der Stockwerkeigentümergemeinschaft und nur bei Fehlen von solchen Abmachungen aus Art. 712t Abs. 1 (hinten N 15 ff).

2. Rechtsnatur der Vertretungsmacht

Weil die Stockwerkeigentümergemeinschaft keine juristi- 9 sche Person ist, ist der Verwalter nicht Organ im eigentlichen Sinne (vgl. Art. 712m N 8 und Art. 712q N 12). Die Vertretung der Stockwerkeigentümergemeinschaft durch den Verwalter ist somit nicht organschaftliche Vertretung im Sinne von Art. 55 (vgl. dazu GUTZWILLER, SPR II 479 ff, 486 f; VON TUHR/PETER, 378; MEIER-HAYOZ/FORSTMOSER, § 2 N 19 ff). Ebensowenig handelt es sich um den Fall einer gesetzlichen Vertretung (FREI, 110 ; K. MÜLLER, 87 und 133; MATHYS, BJM *1972* 282 f). Vielmehr statuiert Art. 712t Abs. 1 einen eigenen, auf den Grundlagen des allgemeinen Stellvertretungsrechts (Art. 32 ff OR) basierenden Tatbestand einer *gesetzlichen Vertretungsmacht* (BBl *1962* II 14 94; VON TUHR/PETER, 377 f; FREI, 110 f; K. MÜLLER, 87; LIVER, ZBJV 1965 310; vgl. zur Unterscheidung zwischen gesetzlicher Vertretung i. e. S. und gesetzlicher Vertretungsmacht VON TUHR/PETER, 379).

10 Der *gesetzliche* Charakter dieser Vertretungsmacht zeigt sich hinsichtlich ihres Bestandes und bezüglich ihres Umfanges. Ihr *Bestand* ergibt sich (wie bei der Vertretung von Verbandspersonen; vgl. dazu GUTZWILLER, SPR II 486) unmittelbar kraft Gesetzes mit der Bestellung des Verwalters durch die Stockwerkeigentümerversammlung (Art. 712q N 85 ff und hinten N 13; vgl. auch VON TUHR/PETER, 377 f). Ihr *Umfang* bemisst sich grundsätzlich nicht nach einer individuellen rechtsgeschäftlich erteilten Vollmacht der Stockwerkeigentümerversammlung (Art. 3 3 Abs. 2 OR), sondern nach einer generellen Gesetzesbestimmung des Stockwerkeigentumsrechts (Art. 712t Abs. 1; vgl. entsprechend für die Verbandspersonen GUTZWILLER, SPR II 486). Im Unterschied zum Vertretungsrecht bei den Verbandspersonen bezieht sich die gesetzliche Vertretungsmacht des Verwalters aber nicht auf sämtliche Aktivitäten einer Stockwerkeigentümergemeinschaft; vielmehr ist sie beschränkt auf den Kreis von Angelegenheiten der gemeinschaftlichen Verwaltung (Art. 712t Abs. 1; ausführlich dazu hinten N 15 ff; vgl. allgemein dazu auch VON TUHR/PETER, 382).

11 Diese Abweichung vom Vertretungsrecht der juristischen Personen ist deshalb gerechtfertigt, weil sich im Unterschied zu diesen (wie auch zu den Handelsgesellschaften ohne eigene Rechtspersönlichkeit) innerhalb der Stockwerkeigentümergemeinschaft die Funktion des Verwalters eindeutig typisieren lässt: Es geht nicht darum, dass von einer Vereinigung von Personen mit gemeinsamen Mitteln ein gemeinsamer Zweck verfolgt wird , sondern nur um die Aufgabe einer gemeinsamen sacherhaltenden Nutzung und Verwaltung eines gemeinschaftlichen Grundstücks (Vorbemerkungen zu den Art. 712a ff N 50; vgl. auch FREI, 118; STUDER, 7 f), worauf sich die Vertretungsmacht des Verwalters zu beschränken hat. Deshalb erübrigt sich – anders als bei den Handelsgesellschaften mit je unterschiedlichem Gesellschaftszweck (vgl. Art. 42 HRV) – richtigerweise auch ein Registereintrag,

welcher erst über den im Einzelfall verfolgten Zweck Aufschluss erteilt (ebenfalls rechtfertigend LIVER, ZBJV *1965* 310; kritisch dagegen FRIEDRICH, ZSR *1956* 212a; K. MÜLLER, 133; FREI, 121 f; vgl. dazu auch hinten N 20 ff).

Art. 712t Abs. 1 statuiert einen im Vergleich sowohl zum allgemeinen Stellvertretungsrecht (Art. 32 ff OR) als auch zum Vertretungsrecht der Verbandspersonen verschiedenen, eigenständigen Tatbestand der Vertretungsmacht (vgl. auch GUHL/MERZ/KUMMER, 133, die betreffend die Vertretung von Rechtsgemeinschaften hinsichtlich der handelnden Personen von einer «eigentümlichen Mittelstellung zwischen Organen und Stellvertretern» sprechen). Voraussetzung und Wirkung der Vertretung der Stockwerkeigentümergemeinschaft durch den Verwalter beurteilen sich deshalb primär nach den Grundsätzen des Stockwerkeigentumsrechts (vgl. allgemein zu den Tatbeständen gesetzlicher Vertretungsmacht VON TUHR/PETER, 382 ff). Doch ist zu beachten, dass für Fragen, welche nicht durch stockwerkeigentumsrechtliche Bestimmungen beantwortet werden, die allgemeinen Grundsätze des Vollmachtenrechts der Art. 32 ff OR heranzuziehen sind (vgl. VON TUHR/PETER, 351; vgl. auch MEIER-HAYOZ/FORSTMOSER, § 5 N 218, betreffend die Handlungsvollmachten der Art. 458 ff OR, sowie GUTZWILLER, SPR II 487, für die Vertretung von Verbandspersonen). 12

3. Entstehung und Untergang der Vertretungsmacht

Die Vertretungsmacht des Verwalters entsteht ex lege mit dessen rechtswirksamer Bestellung (vgl. dazu Art. 712q N 85 ff). Eine Publikation der Verwaltereigenschaft in einem öffentlichen Register ist nicht vorgesehen (vgl. Art. 33a ff und Art. 78 ff GBV; vgl. auch FREI, 117 f und 121 f, sowie vorn N 11). Ebensowenig ist die Ausstellung einer schriftlichen Vollmachtsbestätigung gesetzlich vorgeschrieben. In gewissen Fällen ist es indessen von Vorteil, wenn sich der Verwalter mittels einer (nicht konstitutiven) Ernennungsurkunde Dritten gegenüber ausweisen kann (vgl. dazu hinten N 13). 13

Mit dem Eintritt eines Beendigungsgrundes geht grundsätzlich auch die Vertretungsmacht des Verwalters unter (vgl. Art. 712r N 35 f). Die für gewöhnliche Vollmachten aufgestellten Erlöschensgründe (Art. 34 f OR) gelten mithin auch für die Vertretungsberechtigung des Verwalters. Soweit indessen dem Dritten die Abberufung des Verwalters bzw. dessen Demission nicht mitgeteilt wurde, wird dieser gemäss Art. 34 Abs. 3 OR in seinem Vertrauen auf den Bestand und den Umfang der ihm kundgegebenen Voll- 14 macht geschützt. Das muss insbesondere dort gelten, wo dem Verwalter eine Vollmachtsurkunde ausgestellt, aber nach dessen Abberufung nicht zurückverlangt wurde (vgl. VON TUHR/PETER, 371 ff; GAUCH/SCHLUEP, Nr. 1037).

4. Gesetzlicher Umfang der Vertretungsmacht

15 Gemäss Art. 712t Abs. 1 vertritt der Verwalter die Stockwerkeigentümergemeinschaft «in allen Angelegenheiten der gemeinschaftlichen Verwaltung, die in den Bereich seiner gesetzlichen Aufgaben fallen». Mit diesem Verweis auf Art. 712s befinden sich kraft gesetzlicher Vermutung (vgl. zur Entkräftung dies er Vermutung hinten N 24f) die interne Vertretungsbefugnis und die externe Vertretungsmacht in Korrelation (vgl. vorn N 7; vgl. zum Umfang der Geschäftsführungsbefugnis Art. 712s N 19ff).

16 Obschon diese mittels Verweisung auf Art. 712s vorgenommene Umschreibung der Vertretungsmacht des Verwalters auf den ersten Blick als ausreichend erscheint, bedarf sie der Präzisierung (ebenso STEINAUER, § 34 N 1357). Zu den in Art. 712t Abs. 1 genannten «gesetzlichen Aufgaben» des Verwalters zählen nämlich nicht nur die in den Art. 712a ff und den Art. 646 ff expressis verbis erwähnten Verwalteraufgaben, sondern auch all jene Vollzugsaufgaben, die sich aus dem Reglement und den Beschlüssen der Stockwerkeigentümerversammlung ergeben (vgl. Art. 712s Abs. 1; FRIEDRICH, § 44 N 6; FREI, 119; K. MÜLLER, 135). Der Umfang der Vertretungsmacht eines Verwalters ist also nicht schlechthin aus dem Gesetze ersichtlich, sondern ist im Einzelfall entsprechend den konkreten Umständen verschieden (STEINAUER, § 34 N 1357, vgl. auch VON TUHR/PETER, 381 Anm. 13). Weil der Dritte indessen keine Einsicht in die diesbezüglichen Akten der Stockwerkeigentümergemeinschaft hat, scheint unklar zu sein, auf welchen Umfang der Vertretungsmacht eines Verwalters er vertrauen darf.

17 Art. 712t verfolgt das Ziel, mit einer *funktionellen Umschreibung der Vertretungsmacht des Verwalters* das Vertrauen Dritter möglichst umfassend zu schützen bzw. einen möglichst hohen Grad an Verkehrssicherheit zu gewährleisten (BBl *1962* II 1494, 1521; vgl. FRIEDRICH, § 44 N 4). Ein Teil der Doktrin (FRIEDRICH, § 44 N 4f; LIVER, ZBJV *1965* 310; scheinbar auch FREI, 120 Anm. 79; unklar WEBER, 465) befürwortet deshalb eine Gleichstellung der Vertretungsmacht des Verwalters mit dem Umfang der Vertretungsmacht eines *Prokuristen* (Art. 459 Abs. 1 OR: Rechtshandlungen, die der Zweck des Gewerbes *mit sich bringen kann*), K. MÜLLER (135 f) hingegen mit demjenigen eines *Handlungsbevollmächtigten* (Art. 462 Abs. 1 OR: Rechts-

handlungen, die der Betrieb eines nach kaufmännischer Art geführten Gewerbes *gewöhnlich mit sich bringt).* Diese Lösungsansätze vermögen nicht voll zu befriedigen:

- Angesichts des Wortlautes von Art. 712t Abs. 1 («... Angelegenheiten der gemeinschaftlichen Verwaltung, die in den Bereich ... fallen ...») würde die Anlehnung an die Handlungsvollmacht von Art. 462 Abs. 1 OR eine ungerechtfertigte Einschränkung der Vertretungsmacht des Verwalters darstellen, welche nicht mit dessen zentraler Stellung inner halb der Stockwerkeigentümergemeinschaft vereinbar ist (so auch LIVER, ZBJV *1965* 311; FREI, 120 Anm. 79). 18
- Eine Gleichstellung der Vertretungsmacht des Verwalters mit jener des Prokuristen (Art. 459 Abs. 1 OR) birgt demgegenüber die Gefahr einer allzu extensiven Ausdehnung der Vertretungsmacht des Verwalters in sich: Der Prokurist gilt gutgläubigen Dritten gegenüber nämlich für alle (gewöhnlichen und aussergewöhnlichen) Rechtshandlungen als ermächtigt, die *der Zweck des Unternehmens* objektiv betrachtet mit sich bringen kann, wobei die Praxis diesen Rahmen relativ weit gezogen hat (vgl. dazu MEIER-HAYOZ/FORSTMOSER, § 5 N 219 ff; GUHL/MERZ/KUMMER, 146; WEBER, 465; BGE *95* II 450 und *84* II 170). Art. 712t Abs. 1 stellt demgegenüber auf einen engeren Geschäftskreis des Verwalters ab, indem dessen Vertretungsmacht lediglich *Angelegenheiten der gemeinschaftlichen Verwaltung* erfasst, die *vom Verwalter zu besorgen* sind. 19

Für die Umschreibung der Vertretungsmacht des Verwalters, auf welche ein gutgläubiger Dritter gemäss Art. 712t Abs. 1 vertrauen darf, kann somit nicht auf das Recht der kaufmännischen Stellvertretung (Art. 458 ff OR) zurückgegriffen werden. Der besonderen Natur dieser gesetzlichen Vertretungsmacht (vorn N 9ff) entsprechend ist vom *Begriff der gemeinschaftlichen Verwaltung* auszugehen. Nur in den Bereichen der gemeinschaftlichen Verwaltung, verstanden als Geschäftsführung im gemeinschaftlichen Interesse (Art. 647 N 2f; Art. 712g N 13 f), kann ein Verwalter kraft Art. 712t Abs. 1 überhaupt zur Vertretung ermächtigt sein. Darüber hinaus ist *einschränkend* darauf abzustellen, ob eine *konkrete Rechtshandlung in den «gesetzlichen» Geschäftskreis des Verwalters fällt.* Da indessen der gesetzliche Aufgabenbereich des Verwalters in Art. 712s bloss funktionell umschrieben wird (vgl. Art. 712s N 7f), ist dem Dritten die Prüfung, ob die betreffende Verwaltungshandlung des Verwalters auf das Reglement oder auf Beschlüsse der Stockwerkeigentümerversammlung abgestützt ist, nicht zumutbar und meist praktisch nicht möglich. Mithin muss es ausreichend sein, wenn sich der Dritte hinsichtlich 20 der Kompetenzen des Verwalters nach Treu und Glauben auf den von der Stockwerkeigentümergemeinschaft geschaffenen Rechtsschein verlässt (hinten N 24 und N 33; vgl. auch VON TUHR/PETER, 358). Eine absolute Schranke findet der gute Glaube des Dritten hinsichtlich der Kompetenzen des Verwalters jedoch in den gesetzlich normierten, zwingenden Kompetenzen der Stockwerkeigentümergemeinschaft und der einzelnen Stockwerkeigentümer (vgl. dazu Art. 712s N 11 ff).

21 Ein Dritter darf sich also immer dann auf die Verbindlichkeit einer Rechtshandlung des Verwalters verlassen, wenn diese vernünftigerweise den Interessenbereich der gemeinschaftlichen Verwaltung betrifft und wenn er in guten Treuen annehmen darf, dass im konkreten Fall die nämliche Rechtshandlung im Rahmen der «gesetzlichen Aufgaben» des Verwalters gemäss Art. 712s liege (ebenso STEINAUER, § 34 N 1357). Der gute Glaube des Dritten ist dabei zu vermuten (Art. 3 Abs. 1; vgl. zu den Einschränkungen hinten N 23 ff).

22 Zu den Rechtshandlungen, welche gemeinhin in den Bereich der gesetzlichen Verwaltungskompetenzen des Verwalters fallen, gehören z. B. (vgl. dazu Art. 712s N 22 ff; FRIEDRICH, § 44 N 7; STEINAUER, § 34 N 1358):
– der Abschluss von Verträgen mit dem Hauswart, mit dem Reinigungspersonal, mit Hilfspersonen usw.;
– der Abschluss der durch die Versammlung angeordneten Versicherungsverträge betreffend das gemeinschaftliche Grundstück;
– der Abschluss von Werkverträgen über Reparaturen am gemeinschaftlichen Gebäude usw.;
– die Vermietung gemeinschaftlicher Räume;
– die Anlage von Geldern auf Postscheck- oder Bankkonten und der Bezug von diesen Konti.

5. Abänderbarkeit des gesetzlich vermuteten Umfanges der Vertretungsmacht

a. Beschränkung

23 Zum Schutze der Verkehrssicherheit ist die Vertretungsmacht des Verwalters in Art. 712t Abs. 1 in dem Sinne gesetzlich fixiert worden, dass diese umfangmässig mit der internen Geschäftsführungsbefugnis

übereinstimmt (vorn N 15 ff). Dies schliesst jedoch nicht aus, dass die Geschäftsführungs- und die Vertretungsbefugnis des Verwalters im Innenverhältnis gegenüber der gesetzlichen Regelung eingeschränkt werden kann. Nach aussen entfaltet aber eine derartige Beschränkung der Vertretungsbefugnis grundsätzlich keine Wirkung. Die Vertretungsmacht kann gegenüber Dritten, die sich aufgrund der konkreten Umstände nach Treu und Glauben auf den Rechtsschein verlassen, nicht eingeschränkt werden (BBl *1962* II 1494; FRIEDRICH, § 44 N 16 und ZBGR *1964* 329; MATHYS, BJM *1972* 283 f; K. MÜLLER, 135; STEINAUER, § 34 N 1357; WEBER, 464).

Die gesetzliche Vermutung, dass die Vertretungsmacht des Verwalters im vollen Umfang gemäss Art. 712t Abs. 1 besteht, kann rechtswirksam gegenüber Dritten nur durch externe Kundgabe der internen Beschränkung entkräftet werden. Eine Einschränkung der Vertretungsmacht ist also nur dann und nur soweit wirksam, als Dritte (etwa durch Zirkulare oder persönliche Mitteilung) davon Kenntnis erlangt haben und somit nicht mehr in gutem Glauben von dem in Art. 712t Abs. 1 umschriebenen Umfang der Vertretungsmacht ausgehen können (vgl. Art. 33 Abs. 3 OR; vgl. dazu auch vorn N 16 und N 20 f). Dritte brauchen sich somit ihnen unbekannte Beschränkungen nicht entgegenhalten zu lassen (FRIEDRICH, § 44 N 16; FREI, 120; MATHYS, BJM *1972* 284; K. MÜLLER, 136). Fahrlässige Unkenntnis einer Beschränkung vermag das Vertrauen auf den Rechtsschein nicht zu zerstören, zumal der in Art. 933 Abs. 2 OR zum Ausdruck gebrachte Grundsatz um so mehr dort gilt, wo es sich um Tatsachen handelt, die gar nicht eintragungsfähig sind (vgl. dazu VON STEIGER, Art. 814 N 9; ROLF BÄR, ZBJV *1987* 253 f). Weil eine Einsichtnahme des Dritten in ein öffentliches Register nicht möglich ist (vgl. vorn N 13) und dem Dritten Abklärungen über die tatsächliche Rechtslage nicht zuzumuten sind, muss dessen Vertrauen auf den Umfang der Vertretungsmacht gemäss Art. 712t Abs. 1 umfassend geschützt werden. Art. 3 Abs. 2 ist in der Regel nicht anwendbar, da der Dritte einer zwar falschen, aber angesichts der gesetzlichen Vermutung von Art. 712t Abs. 1 vertretbaren Ansicht folgt (qualifizierte Unklarheit der rechtlichen Verhältnisse; vgl. ausführlich dazu PETER JÄGGI, Berner Kommentar, Einleitungsband [Bern 1962], Art. 3 N 112 i. V. m. N 41).

Zu beachten bleibt ferner, dass durch zusätzliche Bevollmächtigungen Dritter die Vertretungsmacht des Verwalters grundsätzlich nicht eingeschränkt wird (vgl. ausführlich dazu hinten N 67 ff).

b. Erweiterung

26 Die Stockwerkeigentümergemeinschaft hat auch die Möglichkeit, den Verwalter über den in Art. 712t Abs. 1 vorgesehenen Rahmen hinaus zur Vertretung der Gemeinschaft zu ermächtigen. Dies kann mittels einer Generalvollmacht oder einer Spezialvollmacht (z.B. für Verpfändung von Miteigentumsanteilen oder für die Vermietung von Räumen im Sonderrecht) erfolgen (FRIEDRICH, § 44 N 19; K. MÜLLER, 96 und 100 f).

27 Für die Erweiterung der Vertretungsbefugnis bedarf der Verwalter somit stets einer besonderen rechtsgeschäftlichen Vollmacht. Diese wird ihm entweder durch das Reglement oder durch einen Versammlungsbeschluss erteilt. Anwendbar sind die Regeln über das allgemeine Stellvertretungsrecht (Art. 32 ff OR; FRIEDRICH, § 44 N 19; CH. MÜLLER, 39).

6. Wirkung der Vertretung durch den Verwalter

a. Schutz gutgläubiger Dritter

aa. In bezug auf den Umfang der Vertretungsmacht

28 Hinsichtlich des Umfanges der Vertretungsmacht des Verwalters schützt Art. 712t Abs. 1 das Vertrauen gutgläubiger Dritter *umfassend* (vorn N 20 ff). Dritte dürfen sich, ohne dass eine besondere Kenntnisgabe an sie durch die Stockwerkeigentümergemeinschaft oder durch den Verwalter selbst (z.B. durch die Vorweisung einer Vollmachtsurkunde) erfolgt ist, darauf verlassen, dass dem Verwalter im Umfang des Art. 712t Abs. 1 die Vertretungsmacht zusteht.

bb. In bezug auf den Bestand der Vertretungsmacht

29 In bezug auf den Bestand der Vertretungsmacht, d.h. hinsichtlich der Frage, ob jemand Verwalter ist oder nicht, wird *das Vertrauen des gutgläubigen Dritten* hingegen nur *in beschränktem Rahmen* geschützt. Grundsätzlich muss sich ein Dritter nämlich darüber vergewissern, dass er es mit dem Verwalter einer bestimmten Stockwerkeigentümergemeinschaft zu tun habe *(Legitimationsprüfung)* und dass es sich wirklich um diese Person handelt *(Identitätsprüfung)*. Hierzu ist folgendes anzumerken:

– Weil eine Publikation der Verwaltereigenschaft in einem öffentlichen Register nicht möglich ist (vorn N 13), wird der Dritte zwecks Legitimationsprüfung vom Verwalter u. U. den Nachweis seiner Verwaltereigenschaft verlangen. Ein derartiger Nachweis (der z. B. durch einen Auszug aus dem entprechenden Protokoll der Stockwerkeigentümerversammlung, vgl. dazu auch Art. 712q N 50 ff, oder durch Vorlage einer notariellen Beurkundung, welche ihn [ohne konstitutive Wirkung; FRIEDRICH, § 44 N 13 f; FREI, 122; vgl. allgemein dazu auch VON TUHR/PETER, 357] als Verwalter ausweist, erbracht werden kann) bewirkt indessen ebenso wie die formlose Mitteilung der Stockwerkeigentümergemeinschaft nur für den Fall einen Schutz, wo der Dritte in guten Treuen auf den Bestand der Vertretungsmacht vertrauen konnte und ihm die Abberufung bzw. die Demission des Verwalters nicht mitgeteilt wurde (Art. 34 Abs. 3 OR; FRIEDRICH, § 44 N 13; vgl. auch VON TUHR/PETER, 3 71 f; GAUCH/SCHLUEP, Nr. 1036 f). 30

– Die Vertretungswirkung tritt überdies ein, wenn der Verwalter zum Zeitpunkt der Rechtshandlung noch keine Kenntnis von seiner Abberufung hatte (Art. 37 Abs. 1 OR). Soweit der Dritte von der Abberufung ebenfalls keine Kenntnis hatte (Art. 37 Abs. 2 OR), wird er auch ohne externe Kundgabe der Vertretungsmacht (vorn N 24) in seinem Vertrauen geschützt (vgl. dazu auch GAUCH/SCHLUEP, Nr. 1049 ff). 31

Die allgemeinen Beendigungsgründe der Art. 34 f OR bewirken in jedem Fall den Untergang der Vertretungsmacht, ohne dass der Dritte sich auf den guten Glauben berufen könnte (Art. 712r N 35 f und vorn N 13 f; vgl. auch VON TUHR/PETER, 372 f). 32

cc. Exkurs: Sonderfall des Stellvertreters ohne Verwaltereigenschaft

Sowohl aus Art. 33 Abs. 3 OR als vor allem auch aus der funktionellen Bedeutung von Art. 712t Abs. 1 ergibt sich ein weiterer Tatbestand des Vertrauensschutzes gutgläubiger Dritter: Ist kein Verwalter im Amt und tritt statt dessen lediglich ein Stellvertreter im Sinne der Art. 32 ff OR auf (vgl. dazu hinten N 24 ff), so ist u. U. nicht die tatsächliche Ermächtigung, sondern der von der Stockwerkeigentümerversammlung geschaffene Rechtsschein massgebend. Duldet oder unterstützt sie nämlich, dass ein blosser Stellvertreter der Gemeinschaft wie ein Verwalter im Rechtsverkehr auftritt, so muss sie sich gegenüber gutgläubigen Dritten die aufgrund des 33

Vertrauensprinzips für diese erkennbare Vertretungsmacht gemäss Art. 712t Abs. 1 anrechnen lassen, selbst wenn der Vertreter gar nicht Verwalter im Sinne der Art. 712q ff ist (vgl. auch GUHL/MERZ/KUMMER, 139, betreffend die organschaftliche Vertretung; MEIER-HAYOZ/FORSTMOSER, § 5 N 218, N 234 und N 268, betreffend die Handlungsvollmachten der Art. 458 ff OR).

b. Berechtigung und Verpflichtung der Stockwerkeigentümergemeinschaft

34 Die vom Verwalter im Bereich der gemeinschaftlichen Verwaltung zulässigerweise (vgl. Art. 712t Abs. 1) begründeten Rechte und Pflichten entstehen direkt bei der Stockwerkeigentümergemeinschaft (vgl. Art. 712l N 21 ff und N 53 ff). Mit der Wendung «sowohl die Gemeinschaft als auch die Stockwerkeigentümer» werden in Art. 712t Abs. 1 nicht zwei unterschiedliche Rechtsträger umschrieben. Vielmehr wird damit nur bestätigt, dass die Stockwerkeigentümergemeinschaft im Bereiche der gemeinschaftlichen Verwaltung trotz beschränkter Handlungs- und Vermögensfähigkeit bloss formelle Rechtsträgerin ist (vgl. Art. 712l Abs. 1), dass aber materiell die einzelnen Stockwerkeigentümer entsprechend ihren Wertquoten Träger der Rechte und Pflichten sind (ebenso FRIEDRICH, § 44 N 3; FREI, 115f; vgl. ausführlich dazu Art. 712l N 11 ff).

35 Soweit die vom Verwalter vorgenommene Rechtshandlung dessen Vertretungsbefugnis überschritten hat, diese aber von der Vertretungsmacht gemäss Art. 712t Abs. 1 gedeckt ist und dem gutgläubigen Dritten somit die Unwirksamkeit des Rechtsgeschäfts nicht entgegengehalten werden kann, wird die Stockwerkeigentümergemeinschaft gegenüber dem Dritten berechtigt und verpflichtet (vgl. dazu vorn N 20 ff und N 30 f). Die dadurch geschädigte Stockwerkeigentümergemeinschaft kann gegenüber dem fehlbaren Verwalter gestützt auf Art. 397 ff OR i. V. m. Art. 97 OR Schadenersatzansprüche geltend machen. Allenfalls kommen im Innenverhältnis aber auch die Regeln über die Geschäftsführung ohne Auftrag (Art. 419 ff OR) zur Anwendung (vgl. dazu VON TUHR/PETER, 400; K. MÜLLER, 138).

36 Kann dem Dritten eine Kompetenzüberschreitung des Verwalters gestützt auf Art. 712t Abs. 1 bzw. infolge Zerstörung des guten Glaubens durch Kenntnisgabe der eingeschränkten Vertretungsbefugnis (dazu vorn N 24) rechtswirksam entgegengehalten werden, tritt die Vertretungswirkung infolge fehlender Vertretungsmacht selbstverständlich nicht ein; es sei denn, die Rechtshandlung werde durch die Stockwerkeigentümergemeinschaft

nachträglich genehmigt (Art. 38 Abs. 1 OR). Lehnt die Gemeinschaft eine Genehmigung des fraglichen Rechtsgeschäfts ab, wird der Verwalter dem Dritten unter den Voraussetzungen von Art. 39 OR schadenersatzpflichtig (vgl. allgemein zu den Folgen rechtsunwirksamer Vertretung VON TUHR/PETER, 400 ff ; GAUCH/SCHLUEP, Nr. 1014 ff; KELLER/SCHÖBI, 88 ff).

III. Vertretungsberechtigung des Verwalters in Prozessen (Abs. 2)

1. Grundlagen

37 Die Gemeinschaft der Stockwerkeigentümer ist im Umfang der gemeinschaftlichen Verwaltung prozessfähig (Art. 712l Abs. 2). Die Prozessfähigkeit der Stockwerkeigentümergemeinschaft ist nichts anderes als das prozessuale Spiegelbild ihrer (beschränkten) Handlungsfähigkeit (Art. 712l N 46). Zur Wahrnehmung dieser beschränkten Prozessfähigkeit bedarf die Stockwerkeigentümergemeinschaft eines Vertreters, der für sie prozessuale Handlungen vornehmen kann (vgl. FREI, 102).

38 Zur Vertretung der Stockwerkeigentümergemeinschaft in Prozessen aller Art befugt können sein: Dritte, insbesondere Rechtsanwälte, einzelne Stockwerkeigentümer oder der Verwalter. Während sich aber die Vertretungsbefugnis Dritter und einzelner Stockwerkeigentümer (unter Vorbehalt direkter gesetzlicher Einzelbefugnisse, hinten N 65 f und N 68) immer aufgrund einer besonderen *rechtsgeschäftlichen* Vollmacht durch die Stockwerkeigentümergemeinschaft ergibt (hinten N 70 ff), statuiert Art. 712t Abs. 2 eine beschränkte (nachfolgend N 40 ff) *gesetzliche* Vollmacht des Verwalters zur Führung von Zivilprozessen (zu anderen Verfahren vgl. hinten N 54 ff).

39 Abs. 2 von Art. 712t enthält eine – im Vergleich zur Umschreibung der Vertretungsmacht körperschaftlicher Organe (vgl. z. B. Art. 69; Art. 717 und Art. 814 OR) – singuläre Bestimmung. Während der Verwalter in bezug auf Rechtsgeschäfte eine gesetzliche Vertretungsmacht im Umfange aller Angelegenheiten der gemeinschaftlichen Verwaltung, die in den Bereich seiner gesetzlichen Aufgaben fallen, besitzt (Art. 712t Abs. 1 und dazu vorn N 15 ff), erfährt seine Befugnis, die Stockwerkeigentümergemeinschaft in Zivilprozessen (zu anderen Verfahren hinten N 54 ff) zu vertreten, eine wesentliche Einschränkung: Ausserhalb des summarischen Verfahrens bedarf

der Verwalter zur Vornahme prozessualer Handlungen einer ausdrücklichen Ermächtigung der Stockwerkeigentümerversammlung. Mit dieser Regelung hat der Gesetzgeber dem – auch in § 27 Abs. 2 Ziff. 5 WEG zugrunde liegenden (vgl. BÄRMANN/PICK/MERLE, § 27 N 56 ff; WEITNAUER, § 27 N 11) – Gedanken Rechnung getragen, dass mit der Führung von Zivilprozessen oft erhebliche Prozesskostenrisiken, die Beeinträchtigung des Ansehens der Gemeinschaft nach aussen oder die Gefährdung bestehender Rechtsbeziehungen mit Dritten usw. verbunden sein können. Die Entscheidung, ob ein solches Verfahren anzustrengen und durchzuführen sei, soll deshalb vom Willen der Mehrheit der Stockwerkeigentümer getragen sein (BBl *1962* II 1521; LIVER, SPR V/1 103; FREI, 102; MATHYS, BJM *1972* 282; GILLIOZ, SJZ *1984* 284; K. MÜLLER, 136 f).

2. Vertretung in Zivilprozessen

40   Hinsichtlich der Befugnis des Verwalters zur Führung von Zivilprozessen unterscheidet das Gesetz in Art. 712t Abs. 2 zwischen dem summarischen und dem ordentlichen Verfahren. Begriffsbestimmung und Anwendungsbereich dieser Verfahrensarten sowie die Frage, wie diese Verfahren im einzelnen ausgestaltet sind, erfolgen nach der jeweiligen kantonalen Zivilprozessordnung (Art. 52 SchlT i. V. m. Art. 64 Abs. 3 BV; vgl. auch BBl *1962* II 1521; FRIEDRICH, § 44 N 11). Dennoch ist zu beachten, dass das Bundesrecht in verschiedenen Teilbereichen zwecks einheitlicher Verwirklichung des Bundesprivatrechts (vgl. GULDENER, 59; WALDER, § 3 N 15 f) ausnahmsweise in die kantonale Zivilgerichtsbarkeit eingreift (betreffend der vom Bundesrecht angeordneten Anwendung des summarischen bzw. raschen Verfahrens im Stockwerkeigentumsrecht vgl. Art. 712l N 89).

a. Im summarischen Verfahren

41   Art. 712t Abs. 2 hält expressis verbis fest, dass dem Verwalter zur Vertretung der Stockwerkeigentümergemeinschaft im summarischen Verfahren eine gesetzliche Prozessvollmacht zukommt und er deshalb keiner Spezialvollmacht durch die Stockwerkeigentümergemeinschaft bedarf. Die Risiken eines solchen Verfahrens erschienen dem Gesetzgeber als nicht derart gravierend, dass eine vorgängige Genehmigung durch die Stockwerkeigentümerversammlung nötig wäre (BBl *1962* II 1521).

Der Verwalter ist aufgrund von Art. 712t Abs. 2 z. B. befugt, ein Rechtsöff- 42
nungsbegehren zu stellen, die Ausweisung von Mietern einer gemeinschaftlichen Wohnung (vgl. Art. 282 SchKG) oder Besitzesschutzmassnahmen
(Art. 926 ff) zu veranlassen, die Vollstreckung rechtskräftiger gerichtlicher
Entscheide sowie (super-) provisorische Massnahmen (vgl. dazu aber hinten
N 49) zu verlangen (GILLIOZ, SJZ *1984* 285; K. MÜLLER, 137; vgl. auch § 222
der zürcherischen ZPO und dazu STRÄULI/MESSMER, § 222 N 1ff; § 326 und
§ 402 ff der bernischen ZPO sowie Art. 345 ff der Walliser ZPO). Ebenso ist
er befugt, gegen den Entscheid des Gerichts (i. d. R. des Einzelrichters) im
summarischen Verfahren ein Rechtsmittel zu ergreifen.

Die Stockwerkeigentümergemeinschaft wird insbesondere auch im Einspra- 43
cheverfahren gemäss Art. 712c Abs. 3 vom Verwalter vertreten (vgl. im übrigen auch Art. 712i N 47 und Art. 712k N 67); hier ergibt sich die Ermächtigung immanent schon daraus, dass die Stockwerkeigentümerversammlung
mit ihrem Einsprachebeschluss das Verfahren einleitet (vgl. auch FRIEDRICH,
§ 44 N 11).

b. Im ordentlichen Verfahren

aa. Gewöhnliche Prozessführung

Für die Führung eines Zivilprozesses im ordentlichen Ver- 44
fahren (auf der Kläger- wie auf der Beklagtenseite) bedarf der Verwalter gemäss Art. 712t Abs. 2 grundsätzlich einer vorgängigen Ermächtigung durch
die Stockwerkeigentümerversammlung (zur Begründung dieser Regelung
vgl. vorn N 39). Diese Prozessvollmacht, deren Erteilungsvoraussetzungen
ausschliesslich dem materiellen Recht unterstehen (vgl. auch STRÄULI/MESSMER, § 34 N 2), wird dem Verwalter durch einen Beschluss der Stockwerkeigentümerversammlung mit einfacher Mehrheit eingeräumt (FREI, 103;
FRIEDRICH, § 44 N 9; STEINAUER, § 34 N 1359; unklar GILLIOZ, SJZ *1984*
284f; anders beim gewöhnlichen Miteigentum, vgl. Art. 647b N 6).

Mit Ausnahme der Erteilungsvoraussetzungen (vorstehend N 44) untersteht 45
die Vollmacht des Verwalters zur Führung von Zivilprozessen im ordentlichen Verfahren primär dem kantonalen Zivilprozessrecht, subsidiär den
Art. 32 ff OR (STRÄULI/MESSMER, § 34 N 1; HABSCHEID, § 23 N 365 ff; WALDER, § 10 N 10; a. M. MICHAUD, 87, der die ausschliessliche Anwendung der
Art. 32 ff OR befürwortet). Der Sinn von Art. 712t Abs. 2 wird indessen nur
dann erfüllt, wenn für jeden Prozess im ordentlichen Verfahren eine eigene

Vollmacht ausgestellt wird (keine Generalvollmacht für jeden künftig möglichen Prozess; vgl. vorn N 39 und hinten N 52).

46 In der Prozessvollmacht ist auch festzulegen, ob der Verwalter in eigener Kompetenz zum Abschluss eines (gerichtlichen oder aussergerichtlichen) Vergleiches berechtigt ist (vgl. z.B. § 35 der zürcherischen ZPO und dazu STRÄULI/MESSMER, § 35 N 1f) oder ob ein Genehmigungsvorbehalt zugunsten der Stockwerkeigentümerversammlung besteht. Ebenso ist in der Vollmacht festzulegen, ob der Verwalter berechtigt ist, von sich aus ein Rechtsmittel einzulegen.

47 Die Wirkung des Widerrufs der Prozessvollmacht untersteht grundsätzlich dem kantonalen Zivilprozessrecht, wobei allerdings die Art. 34 f OR zum indest subsidiär anwendbar sind (vgl. auch § 37 der zürcherischen ZPO und dazu STRÄULI/MESSMER). Voraussetzung des Widerrufs einer dem Verwalter eingeräumten Prozessvollmacht ist – entsprechend der Rechtslage bei deren Erteilung (vorn N 44) – ein einfacher Mehrheitsbeschluss der Stockwerkeigentümerversammlung.

bb. Dringliche Prozesshandlungen

48 Grundsätzlich muss der Verwalter *vor* der Vornahme einer Prozesshandlung um eine Vollmacht nachsuchen (Art. 712t Abs. 2). Der Verwalter hat aber kraft Art. 712t Abs. 2 i.f. in dringenden Fällen («cas d'urgence», «casi urgenti») die Kompetenz, Prozesse, die im Zusammenhang mit der gemeinschaftlichen Verwaltung stehen (vgl. Art. 712l Abs. 2 und dort N 76 ff), ohne Rücksicht auf das Vorliegen einer Vollmacht anzuheben oder aufzunehmen. Insofern stellt diese Bestimmung das vertretungsrechtliche Gegenstück zu jener von Art. 712s Abs. 1 i.f. betreffend die Berechtigung zur Vornahme dringlicher Massnahmen dar (vgl. Art. 712s N 60 ff und nachfolgend N 49 ff). Immerhin muss der Verwalter in diesem Fall *nachträglich* die Ermächtigung zur Führung des Prozesses einholen (BBl *1962* II 1521; FREI, 103; STEINAUER, § 34 N 1359).

49 Dieses Vorgehen ist aber auf die *Fälle besonderer Dringlichkeit* beschränkt (GAUTHIER, FS Flattet 233; GILLIOZ, SJZ *1984* 287). Es ist nur zulässig, wenn eine rechtzeitige Einholung der erforderlichen Vollmacht nicht oder nur unter (erheblicher) Gefahr von Nachteilen für die Stockwerkeigentümergemeinschaft (insb. bei Passivprozessen) möglich ist: So etwa beim Begehren um provisorische Massnahmen, für deren Erledigung ein Prozess im ordentlichen Verfahren erforderlich ist, z.B. bei der Abwehr unzulässiger nachbar-

rechtlicher Immissionen (Art. 684), wenn die Bekämpfung verbotener Einwirkungen nicht auf dem Wege eines Befehlsverfahrens möglich ist (vgl. dazu Art. 684 N 4ff, insb. N 7; GAUTHIER, FS Flattet 233).

Der Zeitpunkt, bis zu welchem die Prozessvollmacht gemäss Art. 712t Abs. 2 nachgebracht werden muss, bestimmt sich aufgrund des kantonalen Zivilprozessrechts (vgl. allgemein zur Problematik dieser nachträglichen Einholung einer Prozessvollmacht GILLIOZ, SJZ *1984* 286f, und GAUTHIER, FS Flattet 233 f). Grundsätzlich wird der Richter dem Verwalter *und* der Stockwerkeigentümergemeinschaft (vgl. STRÄULI/MESSMER, § 38; ZR *1961* Nr. 94) hierzu eine Frist ansetzen (vgl. z. B. § 38 Abs. 1 der zürcherischen ZPO; GILLIOZ, SJZ *1984* 285). Die Beibringung der erforderlichen Vollmacht hat rückwirkende Kraft (STRÄULI/MESSMER, § 38; vgl. zur Problematik der Kostentragung bei verweigerter Prozessvollmacht GILLIOZ, SJZ *1984* 287; STRÄULI/MESSMER, § 38 und § 108 N 3). 50

c. *Rechtsgeschäftliche Änderungen der gesetzlichen Prozessvollmacht*

Die gesetzliche Vollmacht des Verwalters zur eigenständigen Führung von Zivilprozessen im summarischen Verfahren für die und namens der Stockwerkeigentümergemeinschaft kann durch die Stockwerkeigentümerversammlung eingeschränkt werden (z. B. durch Statuierung eines Genehmigungsvorbehalts der Stockwerkeigentümerversammlung). Bezüglich der Wirkungen von internen Vollmachtsbeschränkungen kommen die für die Einschränkung der Vertretungsmacht des Verwalters zur Vornahme rechtsgeschäftlicher Handlungen massgebenden Grundsätze zur Anwendung (vorn N 23ff; vgl. auch MICHAUD, 87). Insbesondere ist eine derartige Einschränkung dem zuständigen Gericht kundzutun (vgl. auch STRÄULI/MESSMER, § 27/28 N 4). 51

Eine Erweiterung der gesetzlichen Vollmacht des Verwalters zur Führung von Zivilprozessen im summarischen Verfahren ist nicht möglich, da die Stockwerkeigentümergemeinschaft nur im Umfange von Art. 712l Abs. 2 prozessfähig ist (vgl. Art. 712l N 76ff). Überdies ist die Regelung von Art. 712t Abs. 2 betreffend die Vertretung der Stockwerkeigentümergemeinschaft durch den Verwalter in Zivilprozessen, welche im ordentlichen Verfahren durchgeführt werden, zum Schutz sowohl der Stockwerkeigentümergemeinschaft als auch der einzelnen Stockwerkeigentümer erlassen worden und stellt zwingendes Recht dar (vgl. BBl *1962* II 1521). Die Einräumung ei- 52 ner generellen Vollmacht an den Verwalter für beliebige zukünftige Prozesse ist deshalb unwirksam (a. M. K. MÜLLER, 137). Für jeden einzelnen Zivilprozess im ordentlichen Verfahren bedarf es der ausdrücklichen Ermächtigung des Verwalters durch die Stockwerkeigentümerversammlung (a. M. BÄRMANN/PICK/MERLE, § 27 N 58, und WEITNAUER, § 27 N 11a, für das deutsche Recht).

53 Zulässig ist es indessen, im Reglement oder im Verwaltervertrag ergänzende Bestimmungen über Fragen der Prozessführung zu statuieren (vgl. auch K. MÜLLER, 137). Insbesondere ist es sinnvoll, die Ermächtigung oder Verpflichtung des Verwalters zum Beizug eines Rechtsanwaltes zu regeln.

3. Vertretung in anderen Verfahren

54 Die Stockwerkeigentümergemeinschaft kann auch in anderen als zivilprozessrechtlichen Verfahren prozessfähig sein (vgl. Art. 712l N 79). Während Art. 712t Abs. 2 unmittelbar auch für alle betreibungsrechtlichen Handlungen und Verfahren Anwendung findet (vgl. GILLIOZ, SJZ *1984* 285; STEINAUER, § 34 N 1359a, erscheint es unklar, ob diese Regelung auch für Verwaltungsverfahren (z. B. betreffend Steuern, öffentlichrechtlicher Abgaben, Bau- und Planungsverfahren usw.) gilt. Der deutsche und der italienische Gesetzestext sprechen nämlich ausdrücklich nur von «Zivilprozess» bzw. «giudizio civile», der französische Wortlaut ist dagegen umfassender und lautet: «agir en justice».

55 Gleich wie sich die Frage, ob die Stockwerkeigentümergemeinschaft in einem Verwaltungsverfahren prozessfähig ist, primär aufgrund von Art. 712l Abs. 2 beurteilt (vgl. Art. 712l N 79), ist auch die Frage, wer befugt sei, die Stockwerkeigentümergemeinschaft in einem verwaltungsrechtlichen Verfahren zu vertreten, grundsätzlich nach privatrechtlichen Grundsätzen zu beantworten. Unter Vorbehalt besonderer, vor allem abweichender verwaltungsrechtlicher Verfahrensregeln sind die zivilrechtlichen Normen, mithin auch Art. 712t Abs. 2, anwendbar.

56 Immerhin ist die unterschiedliche Struktur von Zivilprozessen und Verwaltungsverfahren zu berücksichtigen, was u. U. eine Anpassung der Regelung von Art. 712t Abs. 2 an die administrativrechtlichen Bestimmungen erfordert. Dem Sinn von Art. 712t Abs. 2 entsprechend wird deshalb u. E . in Verwaltungsverfahren grundsätzlich eine besondere Bevollmächtigung des Verwalters zu verlangen sein.

IV. Zustellungsdomizil und passive Vertretungsmacht zur Entgegennahme von Zustellungen (Abs. 3)

Abs. 3 von Art. 712t hat eine zweifache Bedeutung: Er bestimmt sowohl den Ort als auch die Person für die rechtswirksame Zustellung von Erklärungen, Aufforderungen, Urteilen und Verfügungen, welche an die Stockwerkeigentümergemeinschaft gerichtet sind. Diese Doppelstruktur (Bezeichnung von Zustellungsdomizil und Verleihung passiver Vertretungsmacht) ist auf die Zusammenlegung der Absätze 3 und 4 des bundesrätlichen Entwurfs durch die eidgenössischen Räte zurückzuführen (vgl. zu den entsprechenden Materialien vorn N 1). Die Umgestaltung des Gesetzesentwurfes in den Räten hat insbesondere hinsichtlich der Bestimmung des Zustellungsdomizils zu einigen Unsicherheiten in der Literatur geführt (hinten N 61). 57

1. Passive Vertretungsmacht

Zur Sicherstellung und Vereinfachung des Verkehrs Dritter mit der Stockwerkeigentümergemeinschaft wird der Verwalter durch Art. 712t Abs. 3 zum passiven Vertreter der Gemeinschaft bestimmt. Der Verwalter wird nicht nur berechtigt sondern auch verpflichtet, an die Stockwerkeigentümergemeinschaft gerichtete Zustellungen mit Wirkung für diese entgegenzunehmen (vgl. Art. 712s N 30). Diese Bestimmung ist einseitig-zwingender Natur. Dies ergibt sich daraus, dass der einzelne Stockwerkeigentümer (mit Ausnahme der Pflicht zum eigenständigen Handeln gemäss Art. 647 Abs. 2 Ziff. 2 i. V. m. Art. 2) nicht zur Vertretung der Stockwerkeigentümergemeinschaft oder zur Entgegennahme von an die Gemeinschaft gerichteten Zustellungen verpflichtet ist (Art. 712g N 29 ff und hinten N 63; FREI, 124). 58

Die Besonderheit dieser passiven Vertretungsmacht des Verwalters zeigt sich in ihrem weiten Umfang: Anders als die aktive Vertretungsmacht ist sie nicht auf den Bereich der gemeinschaftlichen Verwaltung beschränkt, sondern umfasst den gesamten Rechtskreis der Stockwerkeigentümergemeinschaft. Sie erfasst auch an die Stockwerkeigentümergemeinschaft gerichtete Zustellungen, die keine Angelegenheiten der gemeinschaftlichen Verwaltung betreffen, im Verhältnis zwischen Dritten und der Stockwerkeigentü- 59 mergemeinschaft, z. B. in Expropriationsverfahren oder in Prozessen um das Eigentum am Grundstück (BBl *1962* II 1521; CH. MÜLLER, 39; FREI, 125; STEINAUER, § 34 N 1360). Ihre Schranke findet diese einzige ausserhalb der gemeinschaftlichen Verwaltung liegende gesetzliche Aufgabe des Verwalters (vgl. CH. MÜLLER, 39) in der Entgegennahme von Zustellungen zuhanden von einzelnen Stockwerkeigentümern: Die Stellvertretungswirkung gemäss Art. 712t Abs. 3 tritt nur dann ein, wenn die Zustellung einen Stockwerkeigentümer in seiner Eigenschaft als Mitglied der Gemeinschaft betrifft, nicht aber, wenn sie im Zusammenhang mit seinem Sonderrecht steht (BBl *1962* II 1521; immerhin sind in diesen Fällen die Regeln über die Geschäftsführung ohne Auftrag, Art. 419 ff OR, sowie Art. 38 OR zu beachten).

60 Wird eine Mitteilung dem Verwalter zugestellt, gilt sie ex lege als der Stockwerkeigentümergemeinschaft zugekommen (vgl. auch VON TUHR/PETER, 395 ff). Mit der Inempfangnahme z. B. einer Willenserklärung durch den Verwalter wird kraft Art. 712t Abs. 3 fingiert, sie sei allen Stockwerkeigentümern zugegangen. Zur Wahrung von Fristen genügt deshalb die fristgemässe Zustellung an den Verwalter, auch wenn die einzelnen Stockwerkeigentümer erst nach Fristablauf davon Kenntnis erhalten.

2. Zustellungsdomizil

61 Zustellungsdomizil der Stockwerkeigentümergemeinschaft für an sie gerichtete Erklärungen, Aufforderungen, Urteile und Verfügungen ist der *Wohnsitz des Verwalters oder der Ort der gelegenen Sache* (der Entwurf des Bundesrates hatte nur den Ort der gelegenen Sache vorgesehen, E Art. 712t Abs. 4; BBl *1962* II 1521 f und 1533; vgl. auch die ursprüngliche Zustimmung zu dieser Regelung durch den Ständerat, StenBull StR *1963* 222). Unter dem Zustellungsort am Wohnsitze des Verwalters ist in Abweichung von Art. 23 dessen private Postadresse, bei hauptberuflichen Verwaltern bzw. Handelsgesellschaften deren Geschäftsadresse zu verstehen.

62 Mit dieser Regelung, welche eine direkte Folge der umfassenden passiven Vertretungsmacht des Verwalters darstellt, wird bezweckt, dass ein Dritter den Verwalter in möglichst einfacher und sicherer Weise erreichen kann. Entsprechend dem klaren Wortlaut von Art. 712t Abs. 3 und unter Berücksichtigung des Zwecks dieser Bestimmung sind diese beiden *Domizile alternativ* und *nicht kumulativ* vorgesehen (StenBull NR *1963* 532; FRIEDRICH, § 57 N 5; K. MÜLLER, 128 f; a. M. scheinbar FREI, 126 f, und LIVER, SPR V/1 103 Anm. 9).

Es ist deshalb u. E. nicht zwingend erforderlich, dass der Verwalter, der 63
nicht im gemeinschaftlichen Gebäude wohnt oder dort seinen Geschäftssitz
hat, einen Briefkasten im gemeinschaftlichen Gebäude unterhält oder einen
Stockwerkeigentümer als seinen Vertreter bezeichnet (so aber LIVER, SPR
V/1 103 Anm. 9, und FREI, 127. Zu beachten ist überdies, dass eine entsprechende Pflicht des einzelnen Stockwerkeigentümers zur Entgegennahme
von an die Stockwerkeigentümergemeinschaft gerichteten Zustellungen in
deren Namen grundsätzlich nicht besteht; vgl. Art. 712g N 29 ff). Immerhin
ist der Verwalter aufgrund des Zwecks von Art. 712t Abs. 3 verpflichtet, dafür besorgt zu sein, dass ihn an die Stockwerkeigentümergemeinschaft gerichtete Zustellungen sicher und ohne Verzögerungen erreichen können (so
auch K. MÜLLER, 129). Er kann diese Pflicht z. B. dadurch erfüllen, dass er
im gemeinschaftlichen Gebäude einen Anschlag mit Name und Adresse des
Verwalters anbringt (vgl. auch LIVER, SPR V/1 103 Anm. 9, mit Verweis auf
das türkische Stockwerkeigentumsrecht, welches eine entsprechende Pflicht
statuiert; kritisch FREI, 127) oder dass er im Geschäftsverkehr sowie im Verkehr mit Behörden und Gerichten entprechendes Briefpapier verwendet,
aus dem das Zustellungsdomizil ersichtlich ist. Überdies kann der Verwalter
– ohne dass ihn eine rechtliche Verpflichtung trifft – im gemeinschaftlichen
Gebäude einen Briefkasten unterhalten.

V. Exkurs: Besonderheiten bei der Vertretung der Stockwerkeigentümergemeinschaft

1. Rechtslage bei fehlendem Verwalter

Die Bestellung eines Verwalters ist nicht zwingend vorge- 64
sehen (vgl. ausführlich dazu Art. 712q N 8). Wenn ein solcher nicht eingesetzt wurde und kein Fall gesetzlicher Vertretungsberechtigung der einzelnen Stockwerkeigentümer vorliegt (dazu nachfolgend N 65), ist es Sache der
Stockwerkeigentümerversammlung, jeweils einen Vertreter der Gemeinschaft für die vorzunehmenden Rechtshandlungen zu bezeichnen (vgl. auch
STEINAUER, § 34 N 1356a).
Solange kein Verwalter bestellt ist, kommt jedem Stockwerkeigentümer das 65
Recht zu, die Stockwerkeigentümergemeinschaft im Rahmen dringlicher
Massnahmen (Art. 647 Abs. 2 Ziff. 2) und im Bereiche gewöhnlicher Verwaltungsmassnahmen (Art. 647a Abs. 1) zu vertreten. Insoweit ist er gesetzlicher

Vertreter der Stockwerkeigentümergemeinschaft (Art. 647 N 78 und Art. 647a N 12). Überdies kann jeder einzelne Stockwerkeigentümer durch Versammlungsbeschluss auch zu weitergehender Vertretung der Gemeinschaft ermächtigt werden. Zu beachten bleibt, dass der Stockwerkeigentümer durch Art. 648 Abs. 1 nicht etwa gesetzlicher Stellvertreter der Gemeinschaft wird, sondern bloss das Recht zur Fürsorge für die Sache in bestimmtem Ausmasse erhält; insofern ist die Wendung in Art. 648 Abs. 1 «... zu vertreten ...» missverständlich (vgl. ausführlich dazu Art. 648 N 4ff).

66 Die Vertretung der Stockwerkeigentümergemeinschaft durch eine Person, der nicht Verwaltereigenschaft zukommt, richtet sich grundsätzlich (betreffend den Stockwerkeigentümer unter Vorbehalt der gesetzlichen Vertretungsmacht von Art. 647 Abs. 2 Ziff. 2 und Art. 647a Abs. 1) nach den Regeln des allgemeinen Stellvertretungsrechts (Art. 32 ff OR; vgl. auch vorn N 26 f). U.U. kann sich indessen eine Vertretungswirkung im Umfange von Art. 712t Abs. 1 ergeben, wenn die Stockwerkeigentümergemeinschaft das Auftreten eines blossen Stellvertreters als Verwalter duldet oder diesen Rechtsschein selbst erzeugt hat (vgl. dazu vorn N 33).

2. Neben dem Verwalter zur Vertretung befugte Personen

a. Grundlagen

67 Die in der Literatur anzutreffende Kontroverse hinsichtlich der Frage, ob die Vertretungsmacht des Verwalters exklusiv sei (so vor allem K. MÜLLER, 132 f; a. M. MATHYS, BJM *1972* 284, und WEBER, 465; unklar FRIEDRICH, § 44 N 18, und FREI, 111 f), entpuppt sich bei näherer Betrachtung als wenig relevant. In konsequenter Unterscheidung von Vertretungs*befugnis* und Vertretungs*macht* (vgl. dazu vorn N 8) kann es sich bei dieser Kontroverse nicht um die Frage nach der «Exklusivität der Vertretungsmacht des Verwalters» handeln (zumal sich die Exklusivität der Vertretungsmacht nur bei gesetzlicher Vertretung i. e. S. ergeben kann; vgl. VON TUHR/PETER, 379, 382 i. V. m. 385). Vielmehr stellt sich das Problem, ob einerseits der (kraft des Verweises von Art. 712t Abs. 1 auf Art. 712s vermutete) gewöhnliche Umfang der Vertretungsbefugnis des Verwalters durch die Zuweisung von Vertretungsbefugnissen an andere Organe oder Personen eingeschränkt werden und ob andererseits diese Einschränkung Dritten gegenüber Wirkung entfalten kann.

(Art. 712m Abs. 1 Ziff. 3 und dort N 41) oder einen Dritten mit bestimmten Vertretungsbefugnissen betraut. Neben dem Verwalter und allenfalls einem Stockwerkeigentümer (vorn N 68 ff) können also auch weitere Personen zur Vertretung der Stockwerkeigentümergemeinschaft befugt sein, sei es im Bereiche der gemeinschaftlichen Verwaltung, sei es in anderen Bereichen. Häufig wird es auch vorkommen, dass der Verwalter aufgrund einer speziellen Ermächtigung einen Rechtsanwalt zur Führung eines Prozesses beizieht.

72 Obschon gemäss Art. 398 Abs. 3 OR (bzw. Art. 321 OR) von der Stockwerkeigentümergemeinschaft im allgemeinen die persönliche Auftragsausführung durch den Verwalter erwartet werden darf, ist u. U. eine Kompetenzdelegation an einen Dritten, in casu an einen Rechtsanwalt, durchaus sinnvoll, ja sogar geboten. Dasselbe gilt auch für einen allfällig eingesetzten Ausschuss. Es ist von Vorteil, entsprechende Regelungen ins Reglement aufzunehmen (vgl. ausführlich dazu Art. 712q N 60).

73 Weil das ZGB für die Vertretung der Stockwerkeigentümergemeinschaft durch einen Dritten (auch einen Ausschuss) keine dem Art. 712t Abs. 1 entsprechende Anordnung enthält, beurteilt sich die Rechtsstellung dieser zusätzlichen Vertreter nach den Grundsätzen des allgemeinen Stellvertretungsrechts (Art. 32 ff OR) bzw. nach den kantonalen Zivilprozessordnungen (vgl. vorn N 45 f).

74 Soweit die Einräumung einer Vertretungsbefugnis an eine vom Verwalter verschiedene Person die üblicherweise vorliegende Vertretungsbefugnis des Verwalters gemäss Art. 712s einschränkt, stellt sich die Frage nach den Wirkungen dieser internen Beschränkung im Aussenverhältnis. Diese ist nach den vorn N 23 ff dargelegten Grundsätzen über den Gutglaubensschutz Dritter in bezug auf den Umfang der Vertretungsmacht des Verwalters zu beurteilen.

b. Die Vertretungsberechtigung des einzelnen Stockwerkeigentümers

Ist ein Verwalter im Amt, so wird die Vertretungsberechtigung des einzelnen Stockwerkeigentümers im Bereiche dringlicher Massnahmen und gewöhnlicher Verwaltungshandlungen (vgl. vorn N 65 f) weitgehend zurückgedrängt: Nur noch in dem Fall, da der Verwalter nicht gewillt oder nicht in der Lage ist, dringliche Massnahmen vorzunehmen bzw. anzuordnen, steht dem einzelnen Stockwerkeigentümer die gesetzliche Vertretungsmacht zu (Art. 647 N 78 f; ausführlich dazu Art. 712s N 12 f). 68

Problematisch bleibt indessen der Bereich der für den Dritten erkennbaren Vertretungsbefugnis, mithin der Umfang der Vertretungsmacht des einzelnen Stockwerkeigentümers (vgl. dazu vorn N 20 ff). Wenn ein Verwalter bestellt und dies für den Dritten erkennbar ist bzw. dem Dritten mitgeteilt wurde (vgl. auch Art. 647a N 12), muss entsprechend den Regeln über die Kompetenzausscheidung zwischen Verwalter und Stockwerkeigentümer (vgl. dazu Art. 712s N 12 ff) von der primären bzw. im Bereiche der gewöhnlichen Verwaltungshandlungen von der ausschliesslichen Vertretungsmacht des Verwalters ausgeg angen werden. Erst und nur dann, wenn der einzelne Stockwerkeigentümer dem Dritten gegenüber nachzuweisen bzw. glaubhaft zu machen vermag, dass der Verwalter untätig bleibt, ist er zur Vertretung der Stockwerkeigentümergemeinschaft im Bereiche dringlicher Massnahmen berechtigt und kann damit für die Gemeinschaft verbindliche Massnahmen (z. B. Abschluss von Werkverträgen, prozessuale Handlungen im summarischen Verfahren) vornehmen oder anordnen. 69

Es ist indessen nicht ausgeschlossen, dass ein einzelner Stockwerkeigentümer neben oder gemeinsam mit dem Verwalter (Kollektivermächtigung) in weiteren Bereichen zur Vertretung der Stockwerkeigentümergemeinschaft ermächtigt wird. Umfang und Wirkung dieser weitergehenden Vertretungsberechtigung beurteilen sich aber nach den Art. 32 ff OR bzw. im Prozessfall aufgrund des kantonalen Zivilprozessrechts (vgl. auch vorn N 45 f). 70

c. Die Vertretungsberechtigung Dritter

Im Innenverhältnis darf die Geschäftsführungs- und die Vertretungsbefugnis des Verwalters in beinahe beliebigem Rahmen eingeschränkt werden (vgl. Art. 712s N 60 ff). Dies kann u. a. auch dadurch geschehen, dass die Stockwerkeigentümerversammlung einen Ausschuss 71

Sachregister

N = Randnote / a. E. = am Ende der betreffenden Note
Allfällige Hauptstellen sind *kursiv* gedruckt. Vgl. im übrigen auch die der Kommentierung jedes Gesetzesartikels vorausgehende Inhaltsübersicht und das Sachregister im Band IV, 1.Abt., 1.Tbd.

Abänderung, s. Änderung
Abberufung,
– des Ausschusses, s. dort
– des Verwalters, s. dort
Abgaben, Art. 712h N 59 ff; Art. 712l N 59
Abgeordneter, Art. 712m N 30, s. im übrigen Ausschuss
Akkreszenz, s. Anwachsung
Akzessionsprinzip, Vorbem. N 6, N 28 ff, N 32, N 70, N 77; Art. 712a N 3, N 29; Art. 712b N 17
Altrechtliches Stockwerkeigentum, Vorbem. N 11 f, *N 82 ff;* Art. 712d N 18, *N 22 f*
Amtsdauer
– des Ausschusses, Art. 712m N 37
– des Verwalters, Art. 712q N 37, N 41 f, N 60, N 94, N 115; Art. 712r N 10, N 33
Anfechtung von Versammlungsbeschlüssen, Art. 712a N 60; Art. 712g N 109; Art. 712m N 68, *N 126 ff;* Art. 712n N 33; Art. 712q N 96
Anlagen, gemeinsame, Art. 712b N 32 ff; Art. 712g N 23
Anmerkung, Art. 712 N 100; Art. 712b N 56, N 85; *Art. 712d N 58 ff,* N 64; Art. 712g N 85, N 92
Anteil, Stockwerkeigentumsanteil, s. dort
Antenne, Art. 712b N 35
Anträge, s. Traktanden
Antragsrecht, Art. 712g N 95; Art. 712m N 87; Art. 712n N 25; Art. 712q N 85 ff
Anwachsung, Art. 712a N 119, N 121 f; Art. 712e N 33, N 35, N 41
Anwartschaft, Vorbem. N 25; Art. 712d N 88
Appart-Hotels, Art. 712a N 14, N 27, N 52, N 60; Art. 712g N 22
Arbeitsvertrag, Art. 712m N 35; Art. 712q *N 55 ff,* N 51; Art. 712r N 39, N 42
Arrest, Art. 712i N 8; Art. 712k N 80 ff
Aufhebung des Stockwerkeigentums
– Allgemeines, Vorbem. N 38; Art. 712e N 36 f; *Art. 712f N 4 ff;* Art. 712g N 98; Art. 712m N 101

– Aufhebungsanspruch, Art. 712f N 5, N 12, *N 47 ff*
– Aufhebungserklärung, Art. 712f N 11, *N 43 ff*
– Aufhebungsvereinbarung, Art. 712f N 11, *N 28 ff*
– richterliche?, Art. 712f N 41 f
Aufteilungsplan, Art. 712a N 105; *Art. 712b N 78 ff;* Art. 712d N 34, *N 50 ff,* N 58, *N 111;* Art. 712f N 58
Auftrag, Art. 712m N 35; *Art. 712q N 39 ff;* Art. 712r N 39, N 42; Art. 712s N 17
Auskunftsrecht, Art. 712m N 88
Ausland, Erwerb von Grundstücken durch Personen im A., Vorbem. N 21; *Art. 712a N 26 f;* Art. 712c N 59; Art. 712k N 81
Ausscheidung von gemeinschaftlichen Objekten und Objekten des Sonderrechts,
– Allgemeines, Art. 712b N 4 ff, *N 71 ff;* Art. 712e N 19
– Änderung der A., *Art. 712b N 81;* Art. 712e N 27 ff; Art. 712m N 96
– Einzelprobleme, Art. 712b N 16 ff, N 53 ff, N 83 ff, N 89 ff
– Feststellung der A., s. auch Aufteilungsplan, *Art. 712b N 78 ff;* Art. 712d N 34, 50 ff, N 62, N 71, N 94, N 111; Art. 712m N 97
– gemeinschaftliche Objekte, s. dort
– Nachbargemeinschaften, s. dort
– Objekte des Sonderrechts, s. dort
Ausschluss eines Stockwerkeigentümers, Vorbem. N 38; *Art. 712f N 16; Art. 712g N 110;* Art. 712i N 6; Art. 712m N 71, N 132
Ausschuss
– Allgemeines, Art. 712g N 10, N 26; Art. 712h N 51; Art. 712m N 17, *N 26 ff*
– Abberufung, Art. 712m N 36 f
– Bedeutung, Art. 712m N 26 ff; Art. 712q N 33
– Befugnisse, Art. 712g N 100; Art. 712l N 52; Art. 712m N 27, *N 38 ff,* N 58, N 86, N 133; Art. 712n N 13, N 29; Art. 712q N 61, N 79; Art. 712r N 9

- Bestellung, Art. 712m N 26, N 29, *N 31ff*
- Zusammensetzung, Art. 712m N 30

Äussere Gestalt des gemeinschaftlichen Gebäudes, Art. 712a N 72, N 79 ff; Art. 712b N 14, *N 19ff,* N 31, N 59, N 70, N 74

Autoabstellplatz, Art. 712a N 115; Art. 712b N 10, N 49, *N 56;* Art. 712d N 61; Art. 712g N 39, N 44, N 50

Autoeinstellhalle, s. Garage

Balkon, s. auch Terrasse, Art. 712a N 72, N 81; Art. 712b N 29, N 58, N 70

Bauhandwerkerpfandrecht, Art. 712a N 102; Art. 712i N 10, N 12, N 24, N 56 f; Art. 712l N 58

Bauliche Ausgestaltung
- des gemeinschaftlichen Grundstücks, Art. 712a N 72, N 81; Art. 712b N 29, N 58, N 70; Art. 712g N 97
- des Stockwerkeigentumsanteils, s. dort

Bauliche Massnahmen, s. Verwaltung des gemeinschaftlichen Grundstücks

Baurecht, Art. 712a N 29f, N 108f; *Art. 712b N 8ff,* N 41, N 65; Art. 712d N 12, N 15, N 25 ff, N 87, N 89, N 95; Art. 712e N 15; Art. 712f N 25 ff; Art. 712h N 65; Art. 712l N 57

Befugnisse
- des Ausschusses, s. dort
- des Stockwerkeigentümers in bezug auf die gemeinschaftliche Benutzung und Verwaltung, Art. 712a N 38 f; *Art. 712g N 28,* N 33, N 71; Art. 712h N 29; Art. 712i N 48; Art. 712k N 61; Art. 712l N 24; Art. 712m N 90, N 115, N 136; Art. 712n N 8 ff, N 14, N 22; Art. 712q N 8, N 105 ff; Art. 712r N 15 ff; *Art. 712s N 12ff*
- der Versammlung, s. dort
- des Verwalters, s. dort
- Mindestbefugnisse, s. dort

Begründung des Stockwerkeigentums, s. auch dort
- Allgemeines, *Art. 712d N 7ff*
- Begründungsakt, Art. 712b N 78 f f; Art. 712c N 19, N 88, N 94; Art. 712d N 63, *N 66ff;* Art. 712e N 8, N 14 ff; Art. 712g N 36, N 42, N 72; Art. 712m N 33, N 62, N 64; Art. 712q N 82
- Begründungserklärung, Art. 712c N 21 f; Art. 712d N 51, N 56, N 67, *N 89ff,* N 109 ff;

Art. 712e N 15; Art. 712g N 81; Art. 712q N 97 ff
- Begründungsvertrag, Art. 712c N 19 f, N 56, N 67, *N 71ff,* N 109 ff; Art. 712e N 15

Begünstigung, des Stockwerkeigentumsanteils, Art. 712a N 114 ff

Beitragspflicht, s. Beiträge

Beiträge der Stockwerkeigentümer
- Allgemeines, Art. 712h N 4, N 8, N 59 ff; Art. 712s N 45, *N 47ff*
- Arten
- – Allgemeines, Art. 712h N 10 ff
- – Deckungsbeiträge, Art. 712h N 11 f; Art. 712i N 31; Art. 712k N 26; Art. 712s N 48
- – Vorschüsse, Art. 712h N 13 f; Art. 712i N 32; Art. 712k N 27; Art. 712s N 48
- Beitragsforderungen der Gemeinschaft, Art. 712h N 28; Art. 712i N 6, N 26 ff; Art. 712k N 23 ff, N 30
- Beitragspflicht, Art. 712g N 29 f; *Art. 712h N 9ff, N 30ff;* Art. 712l N 20
- Sicherung der Beitragsforderungen, s. auch Gemeinschaftspfandrecht und Retentionsrecht, Art. 712h N 28; *Art. 712i N 4ff,* N 26 ff; *Art. 712k N 4ff,* N 80 ff; Art. 712l N 8, N 101 f

Belastung, s. dingliches Recht, beschränktes; Dienstbarkeit, Grundlast, Pfandrecht

Benutzung
- gemeinschaftliche, s. gemeinschaftliche Objekte, Benutzung
- des Stockwerkeigentumsanteils, s. dort

Benutzungsordnung, s. Verwaltungsordnung oder Reglement

Bepflanzung, Art. 712a N 77

Beruf, s. Gewerbe

Berufliche Vorsorge, Vorbem. N 22 ff

Beschluss
- Allgemeines, Art. 712c N 96 ff; Art. 712g N 38, N 98; Art. 712m N 60, N 66 ff, *N 89ff;* Art. 712n N 5
- Anfechtung, s. dort
- Beschlussfähigkeit
- – Allgemeines, Art. 712e N 10; Art. 712e N 108; Art. 712n N 5, N 31; *Art. 712p N 4ff;* Art. 712q N 105; Art. 712r N 16
- – Abänderbarkeit des Beschlussquorums, Art. 712p N 10 ff
- schriftliche Beschlussfassung, s. Urabstimmung und Zirkulationsbeschluss

- Beschlussquoren, s. Quorum
- Wirkung, Art. 712m N 13; Art. 712n N 32, N 37; s. im übrigen auch beim Reglement

Beschränkte dingliche Rechte, s. dingliches Recht, beschränktes; Dienstbarkeit, Grundlast, Pfandrecht

Beschränkte Handlungs-, Prozess- und Betreibungsfähigkeit der Stockwerkeigentümergemeinschaft, s. Betreibungsfähigkeit, Handlungsfähigkeit, Prozessfähigkeit

Besonderes Nutzungsrecht, s. Nutzungsrecht, besonderes

Bestandteil, Art. 712a N 32; Art. 712b N 41, N 42

Betreibung, s. Zwangsvollstreckung

Betreibungsfähigkeit der Stockwerkeigentümergemeinschaft
- Allgemeines, Vorbem. N 47; Art. 712l N 6, *N 46 ff*
- aktive, Art. 712l N 90 ff
- passive, Art. 712l N 96 f, N 99 ff
- Umfang, Art. 712l N 48, N 90 ff

Boden, Vorbem. N 29; Art. 712a N 29 ff, N 32, N 62; Art. 712b N 8 ff, N 37, N 69

Busse, s. Geldstrafe

Dach, Vorbem. N 29; Art. 712b N 15, N 55; Art. 712g N 23

Dachterrasse, Art. *712b N 30 f,* N 59; Art. 712g N 44

Debatterecht, s. Meinungsäusserungsrecht

Decharge, Art. 712m N 73 f, N 82; Art. 712o N 7; *Art. 712q N 68 ff;* Art. 712r N 39

Decke, Art. 712a N 32, N 62; Art. 712b N 15, N 54; Art. 712e N 34, N 53

Deckungsbeiträge, Art. 712h N 11 f; Art. 712i N 31; Art. 712k N 26; Art. 712s N 48

Delegiertenversammlung, Unzulässigkeit der D., Art. 712m N 83 f

Demission
- des Ausschusses, Art. 712m N 37; Art. 712t N 14
- des Verwalters, Art. 712q N 41; Art. 712r N 4, N 30 ff, N 39

Dereliktion, Art. 712e N 41; Art. 712f N 14, *N 57*

Dienstbarkeit, Vorbem. N 8 f, N 88 f, N 95, N 98; Art. 712a N 36, N 68 ff, *N 104 ff;* Art. 712b N 11, N 64; Art. 712c N 15; Art. 712d N 40; *Art. 712g N 49 ff*

Dingliches Recht, beschränktes
- Allgemeines, Vorbem. N 34; Art. 712a N 29 ff; Art. 712c N 46; Art. 712d N 38 ff; Art. 712k N 16, N 62; Art. 712l N 37 f
- Dienstbarkeit, s. dort
- am gemeinschaftlichen Grundstück, Art. 712a N 96 ff; Art. 712d N 41 ff; Art. 712e N 44; Art. 712g N 49 ff
- am Stockwerkeigentumsanteil, Art. 712a N 95 ff, s. im übrigen Gemeinschaftspfandrecht und Retentionsrecht
- Grundlast, s. dort
- Pfandrecht, s. dort
- Realobligation, s. dort
- Retentionsrecht, s. dort

Dringliche Massnahmen, s. Verwaltung des gemeinschaftlichen Grundstücks

Duldungspflicht des Stockwerkeigentümers, Art. 712g N 35 f

Eigener Zugang, als Voraussetzung der Sonderrechtsbegründung, Art. 712a N 107, N 109; Art. 712b N 48, *N 61 ff*

Einberufung der Versammlung, s. Stockwerkeigentümerversammlung

Einfache Gesellschaft, Art. 712a N 12, N 18; Art. 712d N 82; Art. 712e N 33; Art. 712g N 43; Art. 712i N 29; Art. 712l N 20

Einfamilienhaus, als Objekt des Stockwerkeigentums, Art. 712a N 35; *Art. 712b N 16 ff,* N 52

Einsichtsrecht, Art. 712m N 88

Einspracherecht
- Allgemeines, Art. 712a N 50 f, N 84, N 91, N 111; *Art. 712c N 5 ff, N 85 ff;* Art. 712e N 53; Art. 712f N 17, N 19; Art. 712n N 20
- Änderung, Art. 712c N 88, N 94
- Begründung, *Art. 712c N 88;* Art. 712d N 74
- einsprachefähige Rechtsgeschäfte, Art. 712c N 87, *N 90 ff*
- Geltendmachung, Art. 712c N 85 f, *N 95 ff;* Art. 712n N 20
- – wichtiger Grund, Art. 712c N 100 ff
- – Wirkungen, Art. 712c N 90
- Rechtsbehelfe gegenüber der Einsprache, Art. 712c N 103 ff; Art. 712m N 132
- Vormerkung, Art. 712c N 89; Art. 712d N 56

Einwirkungen, s. Immissionen

Entstehungsgeschichte, Vorbem. *N 3 ff,* N 53 f, N 61 f, N 68 ff, N 73 ff

Erbgang, Begründung von Stockwerkeigentum im E., Art. 712d N 85, N 88, N 97 ff, N 101, N 103, *N 105 ff,* N 112 ff; Art. 712g N 72
Erneuerungsfonds, Art. 712h N 10; Art. 712i N 29; Art. 712l N 44; *Art. 712m N 44 ff;* Art. 712s N 55 ff
Ersatzformen für Stockwerkeigentum
– Allgemeines/Erscheinungsformen, Vorbem. N 7 ff, N 87 ff, N 94 ff
– grundbuchliche Behandlung, Art. 712d N 10, *N 24*
Estrich, Art. 712b N 67, N 69

Familienwohnung, Art. 712a N 17
Fenster, Art. 712a N 81; Art. 712b N 21, *N 22 ff,* N 70
Feststellungsklage, Art. 712c N 103; Art. 712i N 55
Früchte, Art. 712g N 17 ff; Art. 712s N 50
Fundament, Vorbem. N 29; Art. 712b N 15; Art. 712g N 23
Funktion
– der Stockwerkeigentümerversammlung, s. dort
– des Verwalters, s. dort

Garage, s. auch Autoabstellplatz, Art. 712a N 101; Art. 712b N 43, N 51, N 56, N 63, N 65, N 67, N 69, N 85; Art. 712d N 61; Art. 712g 43, N 44; Art. 712h N 38
Garten, Art. 712b N 10; Art. 712g N 39, N 50
Gebäudeteile, elementare, Art. 712b N 12 ff
Gebrauch
– der gemeinschaftlichen Objekte, s. dort
– der Sonderrechtsobjekte, Art. 712a N 41 ff
Gebühren, s. Abgaben
Geldstrafen, Art. 712g N 110, 115; Art. 712s N 71
Gemeinschaft, s. Miteigentümergemeinschaft, Stockwerkeigentümergemeinschaft, Untergemeinschaft oder Wohnungseigentümergemeinschaft
Gemeinschaftliche Kosten und Lasten, s. auch Kosten, Lasten
– Allgemeines, Art. 712g N 11, N 98; Art. 712h N 4 ff; Art. 712m N 42 ff, N 52; Art. 712s N 46
– Abgrenzungen, Art. 712h N 45 ff
– Arten, Art. 712h N 34 ff

– Tragung durch die Stockwerkeigentümer, s. auch Verteilungsschlüssel, Art. 712b N 33; Art. 712e N 11 f; Art. 712s N 47
– Verteilungsschlüssel, Art. 712h N 4, *N 15 ff;* Art. 712m N 54
– – Änderung des V., *Art. 712h N 17 ff,* N 27, N 66 ff; Art. 712m N 54
– – gewillkürter, Art. 712b N 33; *Art. 712h N 21 ff,* N 25
– – gesetzlicher, Art. 712e N 11 f; Art. 712h N 15 f, N 66 ff
Gemeinschaftliche Objekte (s. dagegen auch Sonderrecht, Objekte des S.)
– Allgemeines, Art. 712b N 6 ff; Art. 712h N 45 ff
– Benutzung, Art. 712b N 32 ff, N 83 ff, N 86 ff; Art. 712g N 11 f, N 16, *N 37 ff, N 53 ff,* N 96 f, N 104; Art. 712h N 22 ff, N 48, N 66 ff; Art. 712m N 54
– Gebrauch, s. Benutzung
– gewillkürte, *Art. 712b N 42 ff;* Art. 712d N 73
– Kasuistik, Art. 712b N 33 ff, N 43
– zwingende, Art. 712b N 8 ff
Gemeinschaftliches Eigentum, s. Miteigentum, Gesamteigentum, Stockwerkeigentum
Gemeinschaftspfandrecht
– Bedeutung, Art. 712a N 105; Art. 712f N 67; Art. 712h N 28, N 30; *Art. 712i N 4 ff;* Art. 712k N 55
– Begriff, Art. 712i N 5, N 9, *N 15 ff*
– Belasteter, Art. 712i N 5, N 9, N 24, N 41
– Berechtigter, Art. 712i N 5, N 9, N 23, N 46 ff
– Entstehung, Art. 712g N 28; Art. 712i N 9, N 11, N 16, N 19, N 37, *N 45 ff*
– Geltendmachung, Art. 712i N 21 ff
– Rang, Art. 712i N 59
– Rechtsnatur, Art. 712i N 5, *N 19 ff*
– Umfang, Art. 712i N 9, N 26 ff, N 33 ff
– Untergang, Art. 712i N 63 ff
– Wirkungen, Art. 712i N 58 ff
Gerichtsstand, Art. 712d N 79; Art. 712g N 82, N 98 a. E.; Art. 712i N 6; *Art. 712l N 84 f,* N 96; Art. 712m N 143; Art. 712q N 112
Gesamteigentum, Vorbem. N 28; Art. 712a N 12 f, N 18, N 23 f; Art. 712d N 35
Geschäftsführungsbefugnis, des Verwalters, s. dort
Gesellschaft, s. Einfache Gesellschaft, Kollektivgesellschaft, Kommanditgesellschaft

Gewerbe, Art. 712a N 21, N 42, N 44 ff, N 62,
N 77, N 106, N 115; Art. 712k N 36
Gewöhnliche Verwaltungshandlungen, s. Verwaltung des gemeinschaftlichen Grundstücks
Grundbuch, Vorbem. N 17, N 86, N 92;
Art. 712d N 15 ff; Art. 712e N 14, N 56;
Art. 712f N 24, N 26 f; Art. 712k N 55
Grundbuchbeschwerde, Art. 712d N 65
Grundbucheintrag, s. auch Anmerkung und
Vormerkung, Vorbem. N 86, N 92;
Art. 712a N 15, N 100; Art. 712b N 76;
Art. 712d N 7, N 10 ff, N 25 ff; Art. 712f
N 58; Art. 712h N 30; Art. 712i N 35,
N 50ff; Art. 712l N 39 ff
Grunddienstbarkeit, s. Dienstbarkeit
Grundlast, Art. 712a N 94, *N 112f;* Art. 712d
N 40; Art. 712l N 32
Grundpfandrecht, s. auch Pfandrecht, Vorbem.
N 13; Art. 712a N 96 ff; Art. 712f N 61 ff;
Art. 712g N 15 ff, N 30; Art. 712l N 58
Grundstück, gemeinschaftliches
– Begriff, Art. 712a N 28
– Belastung, Art. 712a N 96 ff
Gründungsgesellschaft, Art. 712d N 81 f
Güterrecht, eheliches, Art. 712a N 16 ff

Haftung
– anteilsmässige der Stockwerkeigentümer,
Art. 712a N 58; Art. 712e N 12, N 42;
Art. 712h N 12, N 65; Art. 712i N 4, N 6,
N 28; Art. 712l N 63 ff
– der Stockwerkeigentümergemeinschaft,
Art. 712h N 12, N 58; *Art. 712l N 53ff,*
N 60 ff, N 98; Art. 712m N 50
– des Verwalters, Art. 712l N 54, N 62;
Art. 712n N 38 f; Art. 712q N 65 ff; Art. 712t
N 35
– solidarische?, Art. 712d N 43; Art. 712g
N 12; Art. 712h N 31; Art. 712i N 4;
Art. 712k N 4; Art. 712l N 60, *N 63ff*
Handelsgesellschaft, s. Kollektivgesellschaft,
Kommanditgesellschaft
Handlungsfähigkeit
– der Stockwerkeigentümergemeinschaft,
– – Allgemeines, Vorbem. N 47; Art. 712l
N 6, *N 46ff*
– – Deliktsfähigkeit, Art. 712l N 6, N 60 ff
– – Geschäftsfähigkeit, Art. 712l N 6, N 22 ff,
N 49 ff
– – Umfang, Art. 712l N 48, N 61

– des Verwalters, Art. 712q N 24
Hausordnung
– Allgemeines, Art. 712a N 39; Art. 712g N 99
– Erlass/Änderung, Art. 712g N 98, *N 100;*
Art. 712m N 39, N 110; Art. 712s N 68
– Inhalt, Art. 712a N 55, N 73; Art. 712g N 38,
N 99, *N 103f*
– Wirkung, Art. 712g N 102
Hauswart, Art. 712m N 53
Heizung
– Allgemeines, Art. 712g N 23
– zentrale Heizungsanlagen, Art. 712b N 39 ff
Horizontales Stockwerkeigentum, s. Stockwerkeigentum, Arten

Jahresrechnung, Art. 712h N 14, N 28;
Art. 712i N 33; Art. 712m N 26 a. E., N 42 f;
Art. 712s N 43ff
Jalousien, Art. 712a N 81; Art. 712b N 27
Immissionen, Art. 712a N 44 ff, *N 74ff,* N 106;
Art. 712g N 61, N 104
Innominatkontrakt, Art. 712m N 35; Art. 712q
N 47
Installationen, Art. 712a N 62, N 72, N 80;
Art. 712b N 69
Interessenabwägung, Vorbem. N 42 f;
Art. 712a N 10, N 38, N 68 ff, N 75, N 79,
N 81; Art. 712b N 5, N 70, *N 71ff,* N 89 ff;
Art. 712g N 37, N 96
Interessenkollision, Art. 712m N 73 ff, N 78,
N 85; Art. 712o N 7
Intertemporales Recht, Vorbem. N 12, *N 82ff;*
Art. 712b N 60; Art. 712c N 15
Juristische Person, Vorbem. N 12, N 44, N 46,
N 47 ff, N 59, N 72; Art. 712a N 11;
Art. 712d N 37 , N 82; Art. 712g N 83;
Art. 712l N 77; Art. 712m N 8 N 21;
Art. 712q N 21, N 45, N 68; Art. 712t N 10 f

Kamin, Art. 712b N 33 a. E., N 69
Keller, Art. 712b N 49, N 67, N 69
Klagen
– Allgemeines, Art. 712a N 67, *N 123ff;*
Art. 712c N 76; Art. 712g N 105 ff
– aus Besitz, Art. 712a N 123, N 125 f;
Art. 712g N 105
– aus Eigentum, Art. 712a N 123 f; Art. 712g N 105
– gegen die Stockwerkeigentümergemeinschaft, s. auch passive Prozessfähigkeit,
Art. 712g N 95; Art. 712m N 139

Kollektivgesellschaft, Art. 712a N 12; Art. 712l
    N 4, N 20, N 46, N 67, N 77
Kombiniertes Stockwerkeigentum, s. Stockwerkeigentum, Arten
Kommanditgesellschaft, Art. 712a N 12;
    Art. 712l N 4, N 46
Kompetenzausscheidung, Art. 712m N 55 ff;
    Art. 712q N 18, N 79 ff; *Art. 712s N 10ff*
Kompetenzen, s. Befugnisse
Konkurs, Art. 712 f N 93; Art. 712k N 28;
    Art. 712l N 20, N 75, N 100
Kontrollstelle, s. auch Ausschuss, Art. 712g
    N 27; Art. 712m N 86
Konventionalstrafe, Art. 712d N 90
Körperschaft, s. juristische Person
Kosten, Art. 712h N 7, s. im übrigen gemeinschaftliche Kosten
Kostenvoranschlag, Art. 712m N 42; *Art. 712s
    N 43ff*

Lasten, Art. 712h N 7, s. im übrigen gemeinschaftliche Lasten
Leistungspflichten des Stockwerkeigentümers,
    Art. 712a N 79; *Art. 712g N 29ff;* Art. 712h
    N 4
Leitung der Versammlung, Art. 712m N 41
    a. E.; Art. 712n N 29 ff; Art. 712q N 17;
    Art. 712s N 24
Leitungen, Art. 712a N 36; Art. 712g N 23
Liegenschaft
– Begriff, Art. 712a N 28; Art. 712 f N 20
– als Objekt des Stockwerkeigentums,
    Art. 712a N 29ff; Art. 712d N 25 ff, N 89, N 95
– als zwingend gemeinschaftliches Objekt,
    Art. 712b N 8 ff
Lift, Art. 712b N 33; Art. 712g N 23
Liquidation, bei Aufhebung des Stockwerkeigentums, s. dort
Literatur, Gesamtverzeichnis S. XII, Schrifttumsübersichten jeweils auch in N 2 zu jedem kommentierten Artikel
Loggia, Art. 712b N 28, N 57
Luxuriöse bauliche Massnahmen, s. Verwaltung des gemeinschaftlichen Grundstücks

Maschinen, Art. 712a N 32
Massnahmen, s. Verwaltung des gemeinschaftlichen Grundstücks
Materialien, Vorbemerkungen zu den
    Art. 712a ff N 14 ff, Hinweise auf die einschlägigen Materialien jeweils in N 1 zu jedem kommentierten Artikel
Mauern, s. auch Wände, Vorbem. N 29;
    Art. 712b N 15; Art. 712e N 34; Art. 712g N 23
Meinungsäusserungsrecht, Art. 712m N 87
Mieter-Aktiengesellschaft, Vorbem. N 10, N 99
Mindestbefugnisse
– Allgemeines, Art. 712m N 55 ff, N 62;
    Art. 712s N 10
– des Stockwerkeigentümers, Art. 712g N 28;
    Art. 712m N 57; *Art. 712s N 12ff*
– der Stockwerkeigentümerversammlung,
    Art. 712m N 38, *N 59f,* N 62; Art. 712r N 11
– des Verwalters, Art. 712m N 58; Art. 712q
    N 114; Art. 712s *N 15 f*
Miteigentum, s. auch Stockwerkeigentum
– Allgemeines, s. auch die Kommentierung
    der Art. 646–651 im Band IV, 1.Abt., 1.Tbd.
– Abgrenzung zum Stockwerkeigentum, *Vorbem. N 36ff;* Art. 712c N 4 f; Art. 712d
    N 83 ff, N 89 f; Art. 712 f N 4 ff; Art. 712l
    N 60, N 77
– Anteil, s. Stockwerkeigentumsanteil
– Aufhebung, Art. 712 f N 31 ff
– Gebrauchsordnung, s. Reglement
– Objekte, s. Objekte des Stockwerkeigentums
– Revision der Miteigentumsordnung, Vorbem. N 14 ff; Art. 712g N 65
– an einem Stockwerkeigentumsanteil, s. auch
    Untergemeinschaft, Art. 712a N 12 ff;
    Art. 712b N 83ff
– Stockwerkeigentum als qualifiziertes Miteigentum, s. auch Stockwerkeigentum,
    Rechtsnatur, Vorbem. N 31 ff
– Umwandlung in Stockwerkeigentum,
    Art. 712d N 83 ff
– Zuständigkeitsordnung, Art. 712g N 65
Miteigentümergemeinschaft, s. auch Untergemeinschaft
Mitwirkungspflichten des Stockwerkeigentümers?, *Art. 712g N 29ff;* Art. 712l N 83;
    Art. 712m N 33; Art. 712q N 20 a. E.
Mitwirkungsrechte, s. auch Stimmrechte,
    Art. 712m N 85 ff
Musik, Art. 712a N 56, N 77

Nachbargemeinschaften, Art. 712b N 15,
    N 89ff; Art. 712h N 46
Nachbarrecht, s. auch Immissionen, Art. 712a
    N 74 ff; Art. 712g N 61

Nachschusspflicht?, Art. 712h N 12; Art. 712i
N 4, N 25, N 38
Name der Stockwerkeigentümergemeinschaft,
Art. 712l N 15f
Nebenräume, Art. 712b N 16ff, *N 66f*, N 85
Nichtigkeit, Vorbem. N 91; Art. 712d N 24
– von Versammlungsbeschlüssen, Art. 712m
 N 146ff; Art. 712q N 96
Notwendige bauliche Massnahmen, s. Verwaltung des gemeinschaftlichen Grundstücks
Notwendige Verwaltungshandlungen, s. Verwaltung des gemeinschaftlichen Grundstücks
numerus clausus, s. Typenfixierung und Typengebundenheit
Nützliche bauliche Massnahmen, s. Verwaltung des gemeinschaftlichen Grundstücks
Nutzniessung, Art. 712a N 111; Art. 712c N 91;
 Art. 712g N 50; Art. 712h N 32; Art. 712l
 N 38; Art. 712m N 137; Art. 712o N 9ff
Nutzung
– Abgrenzungen, Art. 712b N 71ff
– des gemeinschaftlichen Grundstücks,
 Art. 712g N 17ff; N 98
– der Sonderrechtsräume, s. Stockwerkeigentumsanteil
Nutzungs- und Verwaltungsordnung, s. Reglement
Nutzungsrecht, besonderes, Art. 712b N 11,
 N 31 a. E., N 86; Art. 712g N 42, N 44ff,
 N 49, N 61; Art. 712h N 47

Öffentliche Beurkundung, Art. 712a N 86,
 N 89; Art. 712b N 81; Art. 712c N 14, N 19;
 Art. 712d N 46ff, N 62, N 69, N 85f, N 92,
 N 109ff; Art. 712e N 47ff; Art. 712f N 39;
 Art. 712g N 72; Art. 712i N 51
Organe der Stockwerkeigentümergemeinschaft
– Allgemeines/Begriff, Vorbem. N 51;
 Art. 712g N 7, N 10, *N 24ff;* Art. 712l N 54,
 N 62; Art. 712m N 8, N 12f; Art. 712q N 8,
 N 12, N 35; Art. 712t N 4
– Ausschuss, s. dort
– gewillkürte, Art. 712g N 10, N 26f;
 Art. 712m N 9ff; Art. 712q N 8
– Stockwerkeigentümerversammlung, s. dort
– Verwalter, s. dort
– zwingendes, s. Stockwerkeigentümerversammlung, Art. 712g N 25; Art. 712m N 10, N 56
Organisation der Stockwerkeigentümergemeinschaft, Art. 712g N 7ff, N 24ff; Art. 712m
 N 7ff, N 55ff

Ort der gelegenen Sache, s. Gerichtsstand
Ortsgebrauch, Art. 712a N 75; Art. 712g N 40

Parkplatz, s. Autoabstellplatz und Garage
Parteifähigkeit, der Stockwerkeigentümergemeinschaft, Art. 712l N 76ff
Pfandrecht, s. auch Grundpfandrecht und Zwangsvollstreckung
– Allgemeines, Art. 712a N 96ff; Art. 712h
 N 63ff; Art. 712i N 15ff, N 30; Art. 712k
 N 74; Art. 712s N 49
– Belastungsobjekte, *Art. 712a N 96ff;*
 Art. 712d N 41ff; Art. 712f N 60ff; Art. 712i
 N 15
– Gemeinschaftspfandrecht, s. dort
– am Stockwerkeigentumsanteil, s. auch Gemeinschaftspfandrecht, Vorbem. N 25;
 Art. 712a N 96ff; Art. 712d N 41ff
Pfändung, des Stockwerkeigentumsanteils,
 Art. 712f N 68ff, N 82ff
Protokoll, Art. 712d N 59; Art. 712m N 28;
 Art. 712n N 4, *N 32ff;* Art. 712q N 62; Art.
 712s N 25, N 28, N 33; Art. 712t N 30
Prozessfähigkeit der Stockwerkeigentümergemeinschaft
– Allgemeines, Vorbem. N 47; Art. 712h
 N 55; Art. 712l N 26, *N 46ff, N 76ff*
– aktive, Art. 712g N 106; Art. 712l N 26,
 N 90ff
– passive, Art. 712c N 103; Art. 712g N 107;
 Art. 712l N 96ff
– Umfang, Art. 712l N 48, *N 90ff;* Art. 712t
 N 54
– Vertretung der Gemeinschaft im Prozess,
 s. Vertretung
– in Verwaltungsverfahren, Art. 712l N 86ff

Quorum
– Allgemeines, Art. 712m N 89ff
– Änderung gesetzlicher Qu., Art. 712c N 99;
 Art. 712m N 31, *N 90*, N 94f, N 104, N 106;
 Art. 712p N 10ff; Art. 712q N 92; Art. 712r N 10
– Anwesenheitsquorum, Art. 712m N 111
– Berechnung, Art. 712m N 111ff
– Beschlussfähigkeitsquorum, s. Beschlussfähigkeit
– Beschlussquoren
– – Allgemeines, Art. 712m N 66ff
– – einfache Mehrheit, Art. 712c N 98;
 Art. 712e N 50ff; Art. 712g N 100;

Art. 712h N 27 ; Art. 712i N 48; Art. 712m
N 31, N 45, N 53, *N 110,* N 121; Art. 712n
N 30; Art. 712q N 70, N 91; Art. 712r
N 27
– – Einstimmigkeit, Art. 712d N 80; Art. 712e
N 45; Art. 712f N 28; Art. 712g N 22,
N 48, N 51, N 66f, N 86; Art. 712m N 64,
N 91, *N 93ff,* N 120
– – qualifizierte Mehrheit, Art. 712c N 30;
Art. 712g N 48, N 76, N 100; Art. 712h
N 27; Art. 712m N 63, *N 103ff,* N 115;
Art. 712q N 93
– Quorum zur Einberufung der Stockwerkeigentümerversammlung, Art. 712n N 10ff
Quoten, s. Wertquoten
Quotenproportionale Kosten- und Lastenverteilung, Art. 712e N 11ff; Art. 712h N 4, N 15ff

Realobligation, Art. 712a N 79, N 112;
Art. 712c N 6, N 18, N 32, N 74; Art. 712d
N 56; Art. 712g N 36, N 83; Art. 712h N 9;
Art. 712i N 4, N 9, N 19f; Art. 712k N 17f;
Art. 712l N 7f
Rechenschaftsablegung, durch den Verwalter,
Art. 712q N 62; Art. 712r N 38f
Rechtsgemeinschaft, Vorbem. *N 45ff;*
Art. 712b N 83ff; Art. 712g N 4; Art. 712l
N 14, N 46; Art. 712m N 7f
Rechtsvergleichung, s. die Vorbemerkungen zu
den Art. 712a ff N 52–81 sowie jeweils N 3
zu den einzelnen kommentierten Artikeln
Reglement
– Allgemeines, Vorbem. N 18; Art. 712g
N 78ff
– Abgrenzung zur Hausordnung, Art. 712g
N 99
– Änderung, Art. 712g N 67, N 81, *N 89ff;*
Art. 712h N 27; Art. 712m N 107
– Anspruch auf Erlass durch den Richter,
Art. 712g N 38, N 94ff; Art. 712l N 98
– Erlass, Art. 712d N 94; Art. 712g N 28, N 81,
N 86ff; Art. 712m N 107, N 110
– Form, Art. 712g N 92
– Inhalt, s. statt unzähliger Verweise die Übersicht in Art. 712g N 97f
– Rechtsnatur, Art. 712g N 82ff
– Wirkung gegenüber Dritten, Art. 712d N 79,
N 94; Art. 712g N 77, N 82ff, N 98 a. E.
Retentionsrecht
– Allgemeines, Art. 712h N 28, N 30; *Art. 712i*

N 4ff; Art. 712k N 4ff, N 12ff; Art. 712s
N 49
– Begriff, Art. 712k N 12
– Belasteter, Art. 712i N 5
– Berechtigter, Art. 712i N 5; Art. 712k N 6,
N 21f
– Durchsetzung, Art. 712k N 10, N 60f,
N 62ff, *N 66ff*
– Entstehung, Art. 712k N 8, N 12, *N 20*
– Gegenstand, Art. 712k N 6, N 16f, N 32ff
– Prosequierung, Art. 712k N 71f
– Rechtsnatur, Art. 712i N 5, *N 13ff,* N 20, N 62
– Sicherstellung, Art. 712k N 54, N 73f
– Umfang, Art. 712h N 32; Art. 712k N 6,
N 19, N 23ff, N 58
– Untergang, Art. 712k N 8, N 54, N 59,
N 75ff
– Wirkung, Art. 712k N 57ff, N 69ff

Sammelgarage, s. Garage
Sanktionen
– bei Verletzung der Gemeinschaftsordnung,
s. auch Ausschluss und Einspracherecht,
Art. 712g N 98, *N 111ff;* Art. 712s N 71
– gegen den Verwalter, Art. 712q N 64,
N 65ff, N 68ff
Sauna, Art. 712b N 38, N 51
Schiedsgericht, Art. 712c N 104; Art. 712d
N 79; Art. 712g N 82, N 94; Art. 712m N 144
Schlichtung von Streitigkeiten, Art. 712g
N 110, N 113; Art. 712m N 40; Art. 712q
N 17; Art. 712s N 70
Schlichtungsinstanz, Art. 712g N 27
Schuldbetreibung, s. Zwangsvollstreckung
Schuldbrief, Art. 712d N 48f
Schutz des Stockwerkeigentümers, Art. 712a
N 123ff; Art. 712b N 71ff; Art. 712c N 76;
Art. 712g N 106
Schwimmbad, Art. 712b N 37, N 87; Art. 712g
N 39
Sicherung der Beitragsforderungen, s. Gemeinschaftspfandrecht und Retentionsrecht
Sondereigentum, Vorbem. N 29, N 31, N 55ff;
Art. 712a N 110; Art. 712b N 16, N 30, N 72
Sonderrecht
– Begriff, *Vorbem. N 33f;* Art . 712g N 71ff
– Inhalt, *Art. 712a N 38ff;* Art. 712b N 71ff
– Objekte des S.
– – Allgemeines, Art. 712b N 7, N 9, N 15,
N 22ff, N 32 a. E., N 38, N 40, *N 45f*

– – Aufhebung, Art. 712e N 36f
– – Benutzung, s. Stockwerkeigentumsanteil, Benutzung
– – Kasuistik, Art. 712b N 18, N 54ff, *N 68ff*
– Rechtsnatur, Vorbem. N 34
– Schranken, Art. 712a N 44ff, N 68ff
– Vermutung für, Art. 712b N 5, N 72, *N 75ff*
– Voraussetzungen zur Bildung von S.
– – Allgemeines, Art. 712b N 5, *N 45ff*
– – Abgeschlossenheit, Art. 712b N 47ff
– – eigener Zugang, Art. 712a N 107, N 109; Art. 712b N 48, *N 61ff*
– – wirtschaftliche Einheit, Art. 712b N 46, N 51, N 54f, N 61; Art. 712e N 35
Stellvertretung, s. Vertretung
Steuern, s. auch Abgaben, Art. 712d N 70; Art. 712h N 4, *N 59ff;* Art. 712l N 59
Stichentscheid, Art. 712m N 116
Stimmrecht
– Allgemeines, Art. 712e N 9f; *Art. 712m N 61ff*
– Ausschluss vom St., Art. 712c N 98; Art. 712m N 69, N 76; Art. 712o N 7; Art. 712q N 71
– Ausübung, Art. 712m N 66ff
– Kopfstimmrecht, Art. 712m N 63ff; Art. 712n N 11; Art. 712p N 4
– bei Nutzniessung, Art. 712o N 9ff
– bei Personenmehrheiten (Untergemeinschaften), Art. 712b N 84; Art. 712m N 16f; Art. 712o N 5ff
– Schranken der Ausübung, Art. 712c N 98; Art. 712m N 69ff, N 85
– Stimmengleichheit, Art. 712m N 116; Art. 712n N 31
– Wertquotenstimmrecht, Art. 712e N 9f; *Art. 712m N 63ff*
– bei Wohnrecht, Art. 712o N 13
– Vertretung, Art. 712m N 77ff
Stockwerkeigentum
– Allgemeines, Vorbem. N 28ff
– Altrechtliches, s. dort
– Anteil, s. Stockwerkeigentumsanteil
– Arten
– – echtes, Vorbem. N 29, N 70, N 77
– – horizontales, Art. 712a N 35
– – kombiniertes, Art. 712a N 35f; Art. 712g N 97; Art. 712h N 68
– – unechtes, Vorbem. N 30, N 61, N 64
– – vertikales, Art. 712a N 35; Art. 712b N 16ff; Art. 712h N 68

– Begriff, Art. 712a N 7ff
– Begründung
– – Allgemeines, Art. 712d N 7ff, N 66ff
– – Begründungserklärung, s. dort
– – durch Erbteilung, Art. 712d N 85, N 88, N 97ff, N 101, N 103, N 105ff, N 112ff
– – Formvorschriften, Art. 712d N 69, N 112ff
– – Grundbucheintrag, Art. 712d N 7, N 10ff, N 25ff
– – rechtsgeschäftliche, Art. 712d N 66ff
– – durch richterliches Urteil?, Art. 712d N 101ff
– Entstehungsgeschichte, s. dort
– Ersatzformen, s. dort
– Gebrauchsordnung, s. dort und Reglement
– grundbuchliche Behandlung, Art. 712a N 122; Art. 712b N 78ff; *Art. 712d N 10ff, N 25ff;* Art. 712f N 10ff
– intertemporales Recht, s. dort
– Objekte des Stockwerkeigentums, Art. 712a N 29ff; Art. 712b N 8ff, N 42; Art. 712d N 70
– als qualifiziertes Miteigentum, s. Rechtsnatur
– Rechtsnatur, Vorbem. N 28ff; Art. 712a N 7; Art. 712b 4, N 6; Art. 712g N 12; Art. 712h N 13
– Subjekte des Stockwerkeigentums
– – Allgemeines, Art. 712a N 11ff; Art. 712d N 81ff, N 95ff
– – Ausländer, Art. 712a N 26f
– – juristische Personen, Art. 712a N 11; Art. 712d N 95
– – natürliche Personen, Art. 712a N 11ff; Art. 712d N 95ff
– – Personenmehrheiten, s. auch Untergemeinschaften, Art. 712a N 12ff
– Umwandlung in Miteigentum, Art. 712c N 80; Art. 712f N 13, N 30, N 58
– Untergang, Art. 712c N 78; *Art. 712f N 4ff*
– Verbreitung, Vorbem. N 20f
Stockwerkeigentumsanteil, s. auch Sonderrecht
– Begriff, Art. 712a N 28
– bauliche Ausgestaltung, Art. 712a N 53, *N 61ff;* Art. 712d N 7, N 28, N 30ff
– Belastung, Art. 712a N 93ff; Art. 712i N 24ff, N 30
– Begünstigung, Art. 712a N 114ff
– Benutzung, *Art. 712a N 41ff;* Art. 712s N 65

- Gebrauch, s. Benutzung
- grundbuchliche Behandlung, Art. 712d N 16ff, N 32ff; Art. 712e N 56
- als eigenes Rechtsobjekt, Vorbem. N 39; Art. 712a N 83ff
- Unterhalt, s. Unterhaltspflicht
- Veräusserung, Art. 712a N 85ff; Art. 712e N 31ff
- Verfügung, Vorbem. N 45; *Art. 712a N 83ff;* Art. 712c N 4ff
- Vermietung, Art. 712a N 42, N 50ff; Art. 712k N 39ff; Art. 712l N 21
- Verwaltung, Art. 712a N 51f, N 57ff; Art. 712g N 21; Art. 712h N 45ff
- Verzicht, Art. 712a N 118ff; Art. 712e N 38ff; Art. 712f N 57; Art. 712h N 9

Stockwerkeigentumseinheit, s. zum Begriff Art. 712a N 28

Stockwerkeigentümergemeinschaft
- Allgemeines, Vorbem. N 42f; Art. 712a N 42; Art. 712b N 71ff; Art. 712g N 24; Art. 712l N 4ff; Art. 712m N 63
- Funktion, Vorbem. N 50
- Organisation, Art. 712g N 7ff; Art. 712m N 7ff
- Rechtsnatur, Vorbem. N 40, *N 44ff;* Art. 712a N 10; Art. 712l N 46ff; Art. 712m N 7
- Wohnungseigentümergemeinschaft, s. dort

Stockwerkeigentümerversammlung
- Allgemeines, Art. 712g N 10, N 25; Art. 712h N 53; Art. 712m N 7ff
- ausserordentliche, Art. 712n N 7
- Befugnisse
- - Allgemeines, Art. 712c N 96ff; Art. 712h N 27; Art. 712m N 9, *N 19f;* Art. 712q N 85ff; Art. 712r N 8ff
- - gesetzliche, Art. 712m N 19ff
- - Mindestbefugnisse, Art. 712m N 38, *N 59f,* N 62; Art. 712q N 79ff
- Beschlussfassung, s. Beschluss
- Einberufung, Art. 712c N 96ff; Art. 712m N 41, N 88; Art. 712n N 4, *N 6ff;* Art. 712q N 85ff, N 105, N 107; Art. 712s N 24
- Funktion, Art. 712m N 11, N 12ff, N 20ff; Art. 712q N 11, N 83
- Leitung, s. dort
- ordentliche, Art. 712n N 7
- Stimmrecht, s. dort
- Vorsitz, Art. 712n N 29ff, N 33f

- zweite, Art. 712c N 97; Art. 712n N 27; Art. 712p N 13ff

Subjektiv-dingliches Recht, s. Sonderrecht

Summarisches Verfahren, Art. 712c N 104; Art. 712h N 55; Art. 712i N 54; Art. 712l N 89; Art. 712q N 112; Art. 712s N 5

Teilnahme an der Versammlung, Art. 712g N 33; Art. 712m N 85ff

Teilung
- i. S. von Aufhebung (des Stockwerkeigentums), s. dort
- i. S. von Ausscheidung, s. Ausscheidung von gemeinschaftlichen Objekten und Objekten des Sonderrechts

Teilungsklage, Ausschluss der T., Art. 712f N 5

Terrasse, s. Dachterrasse

Terrassenhaus, Art. 712a N 36, N 76

Time-Sharing, Vorbem. N 70; *Art. 712a N 14f,* N 52; Art. 712d N 36

Traktanden, Art. 712m N 87; Art. 712q N 85

Traktandenliste, Art. 712m N 41; Art. 712n N 23ff

Treppe, Art. 712b N 33, N 54, N 62; Art. 712e N 34; Art. 712g N 39, N 56; Art. 712h N 38

Türen, Art. 712a N 32, N 81; Art. 712b N 48f, N 70, N 92; Art. 712h N 45

Typenfixierung, Vorbem. N 98; Art. 712a N 14; Art. 712b N 73

Typengebundenheit, Vorbem. N 9, N 98; Art. 712a N 14

Universalversammlung, Art. 712n N 21

Untergang
- des Baurechts, Art. 712f N 9, N 25ff, N 50f
- der Liegenschaft, Art. 712f N 9, N 20ff, N 50f
- des Stockwerkeigentums, s. dort

Untergemeinschaft
- Allgemeines, *Art. 712a N 12ff,* N 37; Art. 712b N 56, *N 82ff;* Art. 712e N 33, N 41; Art. 712g N 42f, N 60; Art. 712h N 31, N 68; Art. 712m N 27, N 72
- Arten, Art. 712a N 121; *Art. 712b N 82ff*
- Stimmrechtsausübung, Art. 712b N 84; Art. 712n N 16f; Art. 712o N 5ff

Unterhaltspflicht, Art. 712a N 79ff

Unterhaltskosten, Art. 712h N 35ff; Art. 712l N 21, N 23, N 44

Sachregister 551

Unterlassungspflicht des Stockwerkeigentümers, Art. 712a N 72
Urabstimmung, Art. 712m N 121 ff

Veranda, Art. 712b N 28, N 57, N 70
Veräusserung des Stockwerkeigentumsanteils
- Allgemeines, Art. 712a N 85 ff; Art. 712e N 31 ff
- Beschränkungen
- - Allgemeines, Art. 712a N 84 ff, N 90 ff; Art. 712c N 4 ff
- - Einspracherecht, s. dort
- - Vorkaufsrecht, s. dort

Vereinbarungen der Stockwerkeigentümer, s. Begründung, Reglement und Zuständigkeitsordnung
Vermittlungsinstanz, s. auch Schlichtungsinstanz, Art. 712g N 27, N 113; Art. 712am N 40
Vermögen der Stockwerkeigentümergemeinschaft, s. Verwaltungsvermögen
Vermögensfähigkeit der Stockwerkeigentümergemeinschaft
- Allgemeines, Vorbem. N 48; Art. 712a N 86 f; Art. 712b N 40; Art. 712c N 31; Art. 712e N 33; Art. 712f N 67; Art. 712h N 28; Art. 712i N 67; *Art. 712l N 4 ff, N 48,* N 50, N 90; Art. 712m N 47, N 50
- Umfang, Art. 712l N 6, N 17 f, N 90

Vermutung für Sonderrecht, Art. 712b N 5, N 72, N 75 ff
Versammlung der Stockwerkeigentümer, s. Stockwerkeigentümerversammlung
Versammlungsbeschlüsse, s. Beschluss
Versicherung, Art. 712a N 66; Art. 712h N 20, N 56; *Art. 712m N 50 ff*
Vertikales Stockwerkeigentum, s. Stockwerkeigentum, Arten
Vertretung
- der Stockwerkeigentümergemeinschaft
- - Allgemeines, Art. 712l N 52; Art. 712q N 15; Art. 712t N *34 ff,* N 67
- - im Rechtsverkehr, s. Geschäftsführungs- bzw. Vertretungsbefugnis
- - in Prozessen, Art. 712i N 54; *Art. 712l N 80 ff;* Art. 712q N 16
- - durch den Ausschuss, Art. 712m N 39
- - durch Dritte, Art. 712l N 52; Art. 712t N 33, N 38, N 66, *N 71 ff*
- - durch einen Stockwerkeigentümer,

Art. 712l N 24, N 52; Art. 712t N 65, *N 68 ff*
- - durch den Verwalter, Art. 712i N 24; Art. 712l N 52, N 81; Art. 712q N 13 f, N 73; Art. 712s N 72 ff; Art. 712t N 4 ff
- des Stockwerkeigentümers in der Versammlung, Art. 712m N 77 ff
- des Verwalters, Art. 712m N 41; Art. 712q N 27 ff, N 67
- Vertretungsbefugnis des Verwalters, s. Verwalter
- Vertretungsmacht des Verwalters, s. Verwalter

Verwalter
- *Allgemeines, Vorbem. N 40; Art. 712g N 10, N 26; Art. 712m N 24 f; Art. 712q N 7 ff*
- Abberufung
- - Allgemeines, Art. 712m N 132; Art. 712q N 40 ff, N 46, N 104; *Art. 712r N 4 ff*
- - Anspruch jedes Stockwerkeigentümers auf A., Art. 712g N 28; Art. 712r N 15 ff
- - durch den Richter, Art. 712l N 98; Art. 712r N 14
- - - aus wichtigem Grund, Art. 712r N 13 ff
- - - richterliche Bewilligung, Art. 712r N 27 ff
- - durch die Stockwerkeigentümerversammlung, Art. 712m N 24, N 90; *Art. 712r N 8 ff,* N 16
- - Mängel der A., Art. 712r N 12 ff
- - Wirkung, Art. 712q N 41 ff; Art. 712r N 7, N 11 ff, N 25 f, N 35 ff
- Amtsdauer, Art. 712q N 37, N 41, N 60, N 94, N 115; Art. 712r N 10, N 33
- Aufsicht über den V., Art. 712m N 24 f; Art. 712q N 45, *N 61 ff*
- Befugnisse
- - Allgemeines, Art. 712a N 59; Art. 712c N 62, N 96; Art. 712g N 100; Art. 712h N 28; Art. 712i N 47; Art. 712k N 67; Art. 712m N 49, N 52, N 57 f, N 138; Art. 712n N 6 f, N 29; Art. 712q N 18; *Art. 712s N 4 ff*
- - Mindestbefugnisse, Art. 712m N 58; Art. 712q N 114; Art. 712s N 15 f
- - Übersicht, Art. 712q N 60; Art. 712s N 19 ff
- Bestellung
- - Allgemeines, Art. 712q N 8 f, N 34 ff, *N 76 ff*

– – Anspruch jedes Stockwerkeigentümers auf B., Vorbem. N 40; Art. 712g N 28; Art. 712m N 24; Art. 712q N 8, N 83 f, N 102, *N 105ff*
– – Anspruch Dritter, Art. 712q N 110f
– – durch einseitige Erklärung, Art. 712q N 94, N 97ff
– – durch den Richter, Art. 712l N 98; Art. 712m N 24; Art. 712q N 77, N 83, N 102ff, N 112ff; Art. 712r N 27
– – durch die Stockwerkeigentümerversammlung, Art. 712m 24; Art. 712q N 77, *N 79ff, N 85ff*
– – Mängel der B., Art. 712q N 96f, N 117
– Entschädigung, Art. 712q N 44, N 60, N 114; Art. 712r N 40ff
– Funktionen, Art. 712l N 54; Art. 712m N 10; Art. 712q N 8, *N 10ff,* N 62; Art. 712s N 4ff; Art. 712t N 4
– Person des V., Art. 712q N 19ff, N 60
– Rechtstellung, Art. 712q N 34ff; Art. 712r N 4, N 7
– Urteilsfähigkeit des V., Art. 712q N 24; Art. 712r N 34
– Vertretung der Stockwerkeigentümergemeinschaft
– – Allgemeines, Art. 712l N 81; Art. 712q N 8, N 15 f, N 73; Art. 712s N 9, N 72 f; *Art. 712t N 4ff*
– – Vertretungsbefugnis, Art. 712q N 15, N 35; Art. 712t 5, N 8, N 15
– – Vertretungsmacht
– – – Allgemeines, Art. 712q N 13, N 15; Art. 712t N 5, N 8, *N 9ff*
– – – Entstehung, Art. 712t N 13
– – – Umfang, Art. 712t N 5, N 9ff, N 15ff, N 23ff, N 41 ff
– – – Untergang, Art. 712t N 14
– – in Verwaltungsverfahren, Art. 712t N 54
– – in Zivilprozessen, Art. 712l N 81 f; Art. 712q N 16; *Art. 712t N 37ff*
– – – im ordentlichen Verfahren, Art. 712t N 44ff
– – – im summarischen Verfahren, Art. 712t N 41ff
– Vertretung des V., Art. 712m N 41; Art. 712q *N 27ff,* N 67 N 104
– Verwaltervertrag
– – Allgemeines, Art. 712q N 9, *N 34ff*
– – Abschluss, Art. 712q N 53, N 97ff, N 1 16

– – Änderung, Art. 712q N 55ff
– – Auflösung, Art. 712q N 41ff, N 91; Art. 712r N 4, N 11 a. E., *N 35ff*
– – Form, Art. 712q N 50, N 58
– – Inhalt, Art. 712q N 49, N 54, *N 57ff,* N 62
– – Rechtsnatur, Art. 712l N 54; Art. 712q N 37ff
Verwaltung
– Allgemeines, Vorbem. N 19; *Art. 712g N 7ff,* N 13, N 20ff, N 29ff, N 64ff; Art. 712q N 4ff
– Abgrenzung zwischen den verschiedenen Verwaltungshandlungen, Art. 712a N 57; Art. 712b N 4, N 71 ff; Art. 712g N 20f; Art. 712m N 22
– des gemeinschaftlichen Grundstücks
– – Allgemeines, Vorbem. N 42; Art. 712b N 4; Art. 712g *N 7ff;* Art. 712l N 17; *Art. 712m N 21ff;* Art. 712s *N 19ff;* Art. 712t N 10f, N 20
– – bauliche Massnahmen, Art. 712b N 37; Art. 712g N 12, N 28, N 69; Art. 712m N 94, N 105f
– – dringliche Massnahmen, Art. 712g N 34; Art. 712l N 24; Art. 712q N 106f; Art. 712r N 9; Art. 712s N 12
– – gewöhnliche V., Art. 712m N 57; Art. 712s N 13
– – notwendige V., Art. 712g N 69
– – nützliche, Art. 712a N 110; Art. 712g N 69; Art. 712h N 19; Art. 712m N 105
– – wichtigere V., Art. 712c N 30; Art. 712m N 104
– Kosten der V., Art. 712h N 49ff
– des Stockwerkeigentumsanteils, s. dort
Verwaltungsfonds, Art. 712h N 10; Art. 712l N 43
Verwaltungspflicht des Stockwerkeigentümers?, Art. 712g N 29ff, N 34
Verwaltungsordnung, s. auch Reglement, Art. 712g N 7ff, N 11; Art. 712m N 23; Art. 712q N 7
Verwaltungsorganisation, s. auch Zuständigkeitsordnung, Art. 712g N 7ff, N 77; Art. 712q N 7, N 11, N 77
Verwaltungsvermögen
– Allgemeines, Vorbem. N 49; Art. 712i N 4, N 6; Art. 712l N 4ff
– Bedeutung, Art. 712l N 7ff
– als Haftungssubstrat, Art. 712f N 66f; Art. 712l N 8, N 50, N 101

Unterlassungspflicht des Stockwerkeigentümers, Art. 712a N 72
Urabstimmung, Art. 712m N 121 ff

Veranda, Art. 712b N 28, N 57, N 70
Veräusserung des Stockwerkeigentumsanteils
– Allgemeines, Art. 712a N 85 ff; Art. 712e N 31 ff
– Beschränkungen
– – Allgemeines, Art. 712a N 84 ff, N 90 ff; Art. 712c N 4 ff
– – Einspracherecht, s. dort
– – Vorkaufsrecht, s. dort
Vereinbarungen der Stockwerkeigentümer, s. Begründung, Reglement und Zuständigkeitsordnung
Vermittlungsinstanz, s. auch Schlichtungsinstanz, Art. 712g N 27, N 113; Art. 712am N 40
Vermögen der Stockwerkeigentümergemeinschaft, s. Verwaltungsvermögen
Vermögensfähigkeit der Stockwerkeigentümergemeinschaft
– Allgemeines, Vorbem. N 48; Art. 712a N 86 f; Art. 712b N 40; Art. 712c N 31; Art. 712e N 33; Art. 712f N 67; Art. 712h N 28; Art. 712i N 67; *Art. 712l N 4 ff, N 48, N 50, N 90*; Art. 712m N 47, N 50
– Umfang, Art. 712l N 6, N 17 f, N 90
Vermutung für Sonderrecht, Art. 712b N 5, N 72, N 75 ff
Versammlung der Stockwerkeigentümer, s. Stockwerkeigentümerversammlung
Versammlungsbeschlüsse, s. Beschluss
Versicherung, Art. 712a N 66; Art. 712h N 20, N 56; *Art. 712m N 50 ff*
Vertikales Stockwerkeigentum, s. Stockwerkeigentum, Arten
Vertretung
– der Stockwerkeigentümergemeinschaft
– – Allgemeines, Art. 712l N 52; Art. 712q N 15; Art. 712t N *34 ff*, N 67
– – im Rechtsverkehr, s. Geschäftsführungs- bzw. Vertretungsbefugnis
– – in Prozessen, Art. 712i N 54; *Art. 712l N 80 ff;* Art. 712q N 16
– – durch den Ausschuss, Art. 712m N 39
– – durch Dritte, Art. 712l N 52; Art. 712t N 33, N 38, N 66, *N 71 ff*
– – durch einen Stockwerkeigentümer,
Art. 712l N 24, N 52; Art. 712t N 65, *N 68 ff*
– – durch den Verwalter, Art. 712i N 24; Art. 712l N 52, N 81; Art. 712q N 13 f, N 73; Art. 712s N 72 ff; Art. 712t N 4 ff
– des Stockwerkeigentümers in der Versammlung, Art. 712m N 77 ff
– des Verwalters, Art. 712m N 41; Art. 712q N 27 ff, N 67
– Vertretungsbefugnis des Verwalters, s. Verwalter
– Vertretungsmacht des Verwalters, s. Verwalter
Verwalter
– *Allgemeines*, Vorbem. N 40; Art. 712g N 10, N 26; Art. 712m N 24 f; Art. 712q N 7 ff
– *Abberufung*
– – Allgemeines, Art. 712m N 132; Art. 712q N 40 ff, N 46, N 104; *Art. 712r N 4 ff*
– – Anspruch jedes Stockwerkeigentümers auf A., Art. 712g N 28; Art. 712r N 15 ff
– – durch den Richter, Art. 712l N 98; Art. 712r N 14
– – – aus wichtigem Grund, Art. 712r N 13 ff
– – – richterliche Bewilligung, Art. 712r N 27 ff
– – durch die Stockwerkeigentümerversammlung, Art. 712m N 24, N 90; *Art. 712r N 8 ff*, N 16
– – Mängel der A., Art. 712r N 12 ff
– – Wirkung, Art. 712q N 41 ff; Art. 712r N 7, N 11 ff, N 25 f, N 35 ff
– Amtsdauer, Art. 712q N 37, N 41, N 60, N 94, N 115; Art. 712r N 10, N 33
– Aufsicht über den V., Art. 712m N 24 f; Art. 712q N 45, *N 61 ff*
– Befugnisse
– – Allgemeines, Art. 712a N 59; Art. 712c N 62, N 96; Art. 712g N 100; Art. 712h N 28; Art. 712i N 47; Art. 712k N 67; Art. 712m N 49, N 52, N 57 f, N 138; Art. 712n N 6 f, N 29; Art. 712q N 18; *Art. 712s N 4 ff*
– – Mindestbefugnisse, Art. 712m N 58; Art. 712q N 114; Art. 712s N 15 f
– – Übersicht, Art. 712q N 60; Art. 712s N 19 ff
– Bestellung
– – Allgemeines, Art. 712q N 8 f, N 34 ff, *N 76 ff*

– – Anspruch jedes Stockwerkeigentümers
auf B., Vorbem. N 40; Art. 712g N 28;
Art. 712m N 24; Art. 712q N 8, N 83 f,
N 102, *N 105ff*
– – Anspruch Dritter, Art. 712q N 110 f
– – durch einseitige Erklärung, Art. 712q
N 94, N 97 ff
– – durch den Richter, Art. 712l N 98;
Art. 712m N 24; Art. 712q N 77, N 83,
N 102 ff, N 112 ff; Art. 712r N 27
– – durch die Stockwerkeigentümerversammlung, Art. 712m 24; Art. 712q N 77,
N 79ff, N 85ff
– – Mängel der B., Art. 712q N 96 f, N 117
– Entschädigung, Art. 712q N 44, N 60,
N 114; Art. 712r N 40 ff
– Funktionen, Art. 712l N 54; Art. 712m
N 10; Art. 712q N 8, *N 10ff,* N 62; Art. 712s
N 4 ff; Art. 712t N 4
– Person des V., Art. 712q N 19 ff, N 60
– Rechtstellung, Art. 712q N 34 ff; Art. 712r
N 4, N 7
– Urteilsfähigkeit des V., Art. 712q N 24;
Art. 712r N 34
– Vertretung der Stockwerkeigentümergemeinschaft
– – Allgemeines, Art. 712l N 81; Art. 712q
N 8, N 15 f, N 73; Art. 712s N 9, N 72 f;
Art. 712t N 4ff
– – Vertretungsbefugnis, Art. 712q N 15,
N 35; Art. 712t 5, N 8, N 15
– – Vertretungsmacht
– – – Allgemeines, Art. 712q N 13, N 15;
Art. 712t N 5, N 8, *N 9ff*
– – – Entstehung, Art. 712t N 13
– – – Umfang, Art. 712t N 5, N 9 ff, N 15 ff,
N 23 ff, N 41 ff
– – – Untergang, Art. 712t N 14
– – in Verwaltungsverfahren, Art. 712t N 54
– – in Zivilprozessen, Art. 712l N 81 f;
Art. 712q N 16; *Art. 712t N 37ff*
– – – im ordentlichen Verfahren, Art. 712t
N 44 ff
– – – im summarischen Verfahren, Art. 712t
N 41 ff
– Vertretung des V., Art. 712m N 41;
Art. 712q *N 27ff,* N 67 N 104
– Verwaltervertrag
– – Allgemeines, Art. 712q N 9, *N 34ff*
– – Abschluss, Art. 712q N 53, N 97 ff, N 1 16

– – Änderung, Art. 712q N 55 ff
– – Auflösung, Art. 712q N 41 ff, N 91;
Art. 712r N 4, N 11 a. E., *N 35ff*
– – Form, Art. 712q N 50, N 58
– – Inhalt, Art. 712q N 49, N 54, *N 57ff,* N 62
– – Rechtsnatur, Art. 712l N 54; Art. 712q
N 37 ff
Verwaltung
– Allgemeines, Vorbem. N 19; *Art. 712g
N 7ff,* N 13, N 20 ff, N 29 ff, N 64 ff;
Art. 712q N 4 ff
– Abgrenzung zwischen den verschiedenen
Verwaltungshandlungen, Art. 712a N 57;
Art. 712b N 4, N 71 ff; Art. 712g N 20 f;
Art. 712m N 22
– des gemeinschaftlichen Grundstücks
– – Allgemeines, Vorbem. N 42; Art. 712b
N 4; Art. 712g *N 7ff;* Art. 712l N 17;
Art. 712m N 21ff; Art. 712s *N 19ff;*
Art. 712t N 10 f, N 20
– – bauliche Massnahmen, Art. 712b N 37;
Art. 712g N 12, N 28, N 69; Art. 712m
N 94, N 105 f
– – dringliche Massnahmen, Art. 712g N 34;
Art. 712l N 24; Art. 712q N 106 f;
Art. 712r N 9; Art. 712s N 12
– – gewöhnliche V., Art. 712m N 57; Art. 712s
N 13
– – notwendige V., Art. 712g N 69
– – nützliche, Art. 712a N 110; Art. 712g
N 69; Art. 712h N 19; Art. 712m N 105
– – wichtigere V., Art. 712c N 30; Art. 712m
N 104
– Kosten der V., Art. 712h N 49 ff
– des Stockwerkeigentumsanteils, s. dort
Verwaltungsfonds, Art. 712h N 10; Art. 712l N 43
Verwaltungspflicht des Stockwerkeigentümers?,
Art. 712g N 29 ff, N 34
Verwaltungsordnung, s. auch Reglement,
Art. 712g N 7 ff, N 11; Art. 712m N 23;
Art. 712q N 7
Verwaltungsorganisation, s. auch Zuständigkeitsordnung, Art. 712g N 7 ff, N 77;
Art. 712q N 7, N 11, N 77
Verwaltungsvermögen
– Allgemeines, Vorbem. N 49; Art. 712i N 4,
N 6; Art. 712l N 4 ff
– Bedeutung, Art. 712l N 7 ff
– als Haftungssubstrat, Art. 712 f N 66 f;
Art. 712l N 8, N 50, N 101

- Objekte, Art. 712l N 19 ff, N 50
- – Beitragsforderungen, s. auch dort, Art. 712i N 4, N 6, N 23; Art. 712l N 20
- – dingliche Rechte, Art. 712a N 87; Art. 712c N 31; Art. 712e N 33; Art. 712f N 67; Art. 712i N 89; Art. 712l 33, *N 34 ff*
- – Forderungen gegenüber Dritten, Art. 712l N 21 ff
- Rechtsnatur, Art. 712l N 10 ff
- Rechtszuständigkeit, Vorbem. N 49; Art. 712l N 11 ff; Art. 712m N 47
- Vermögenskomplexe, s. Erneuerungsfonds und Verwaltungsfonds

Verzicht auf den Stockwerkeigentumsanteil, Art. 712a N 118 ff; Art. 712e N 38 ff; Art. 712f N 57; Art. 712h N 9

Vollstreckungsrecht, s. Zwangsvollstreckung

Vorkaufsrecht des Stockwerkeigentümers
- Allgemeines, Vorbem. N 41; Art. 712a N 84, N 90; *Art. 712c N 4 ff;* Art. 712e N 53; Art. 712f N 17 f; Art. 712m N 98
- Änderung, Art. 712c N 4, *N 26,* N 54
- Ausübung, Art. 712c N 13, N 20 ff, N 28, *N 61 ff*
- Begründung, Art. 712a N 90; Art. 712c N 10 f, *N 19 ff;* Art. 712d N 74
- Berechtigter, Art. 712c N 27 ff, N 63
- Inhalt, Art. 712c N 12, *N 25,* N 54 f
- limitiertes, Art. 712c N 19, N 54
- Rechtsnatur, Art. 712a N 90; *Art. 712c N 10 ff,* N 20 f, N 32, N 74
- Untergang, Art. 712c N 11, N 14, N 26, *N 78 ff*
- Vorkaufsfälle, Art. 712c N 24 f, *N 34 ff;* Art. 712f N 78
- Vormerkung im Grundbuch, Art. 712a N 90; Art. 712c N 32 f, N 54 f, N 61, N 74, N 78; Art. 712d N 56
- Wirkungen, Art. 712c N 73 ff

Vormerkung, Art. 712a N 90; Art. 712c N 32 ff, N 89; *Art. 712d N 56 f,* N 63

Vorschüsse, Art. 712h N 13 f; Art. 712i N 32; Art. 712k N 27

Vorwegbelastung, Art. 712h N 26

Wände, Art. 712a N 62, N 72; Art. 712b N 15, N 54, N 69, N 89 ff; Art. 712h N 45 f

Waschküche, Art. 712b N 33, N 51; Art. 712g N 56, N 58, N 62

Weiterleitungspflicht, Art. 712s N 30; N 35, N 63

Wertquote
- Begriff, Art. 712e N 4 ff
- Änderung, Art. 712a N 89; Art. 712b N 81; Art. 712e *N 22 ff, N 45 ff;* Art. 712g N 98; Art. 712m N 96, N 100
- Bedeutung, Art. 712e N 5 ff, *N 9 ff;* Art. 712h N 15 ff
- Berechnung, Art. 712d N 6; Art. 712e N 19 ff
- Berichtigung, Art. 712e N 23, N 25 ff, N 55; Art. 712g N 28
- Festsetzung, Art. 712d N 27, N 34, *N 71;* Art. 712e N 8, *N 14 ff*

Wohnrecht, Art. 712a N 111; Art. 712c N 91; Art. 712h N 32; Art. 712l N 38; Art. 712o N 13

Wohnungseigentum, vgl. die Rechtsvergleichung

Wohnungseigentümergemeinschaft, vgl. die Rechtsvergleichung

Zahlungsverkehr, Abwicklung des Z., Art. 712s N 43 ff

Zeitliche Aufteilung des Stockwerkeigentums, s. Time-Sharing

Zinsen, Art. 712h N 63 ff; Art. 712i N 60; Art. 712k N 42; Art. 712l N 57 ff; Art. 712s N 45, N 49

Zirkularbeschluss, Art. 712m N 118 ff, N 131

Zugehör, Art. 712a N 32; Art. 712b N 42; Art. 712d N 61; Art. 712g N 40

Zuständigkeit, s. Befugnisse

Zuständigkeitsordnung
- Allgemeines, Art. 712g N 12, *N 64 ff;* Art. 712m N 19 f
- Änderung, Art. 712d N 75; Art. 712g N 66 ff, N 74 ff, N 90; Art. 712m N 91, N 102
- Form, Art. 712g N 72 f
- gesetzliche, Art. 712g N 64 ff, N 75
- gewillkürte, Art. 712g N 66 ff
- Inhalt, Art. 712g N 69 ff
- Rechtsnatur, Art. 712g N 77

Zustellungen an die Stockwerkeigentümergemeinschaft, Art. 712l N 83; Art. 712t N 58 ff

Zustellungsdomizil, Art. 712t N 57, N 61 ff

Zustellungsvollmacht, passive, Art. 712l N 83; Art. 712s N 6, N 63; Art. 712t N 58 ff

Zwangsvollstreckung
- gegen einen Stockwerkeigentümer, Vorbem. N 40; Art. 712c N 52 f; Art. 712e N 33; Art. 712f N 60, *N 63 ff;* Art. 712f N 79 ff,

N 82 ff; Art. 712i N 19, N 25, N 66 f;
Art. 712k N 72; Art. 712l N 35
– gegen die Stockwerkeigentümergemeinschaft, Art. 712f Art. 712i N 39; Art. 712l N 96

Zweckbestimmung,
– Allgemeines, Art. 712a N 43; Art. 712b N 40
– des gemeinschaftlichen Grundstücks, Art. 712d N 78; Art. 712g N 13, N 22, N 54; Art. 712m N 95
– des Stockwerkeigentumsanteils, Art. 712a N 42 f, N 63, N 84; Art. 712b N 52; Art. 712e N 33; Art. 712g N 22, N 54, N 85, N 98; Art. 712k N 34